Hans-Günther Beuck
Joachim Dobers
Günter Rabisch
Annely Zeeb

ERLEBNIS Biologie 2

Ein Lehr- und Arbeitsbuch

Schroedel

ERLEBNIS Biologie 2

Herausgegeben von
Hans-Günther Beuck
Joachim Dobers
Günter Rabisch
Annely Zeeb

Bearbeitet von
Hans-Günther Beuck
Joachim Dobers
Eva Döhring
Hartmut Eulner
Alex Knippenberg
Fritz Klöckner
Ernst-August Kuhlmann
Dr. Wolfgang Martin-Beyer
Erhard Mathias
Sabine Nelke
Günter Rabisch
Antje Starke
Rüdiger Stelling
Annely Zeeb

unter Mitarbeit der Verlagsredaktion

Illustrationen:
Liselotte Lüddecke
Brigitte Karnath-Eidner
Tom Menzel
Heike Möller
Ingrid Schobel
Werner Wildermuth

Grundlayout und Pinnwände:
Atelier *tiger*color Tom Menzel

Umschlaggestaltung:
Cordula Hofmann

ISBN 978-3-507-76808-6

© 2001 Bildungshaus Schulbuchverlage
Westermann Schroedel Diesterweg Schöningh
Winklers GmbH, Braunschweig
www.schroedel.de

Das Werk und seine Teile sind urheberrechtlich geschützt. Jede Nutzung in anderen als den gesetzlich zugelassenen Fällen bedarf der vorherigen schriftlichen Einwilligung des Verlages. Hinweis zu § 52a UrhG: Weder das Werk noch seine Teile dürfen ohne eine solche Einwilligung gescannt und in ein Netzwerk eingestellt werden. Dies gilt auch für Intranets von Schulen und sonstigen Bildungseinrichtungen.
Auf verschiedenen Seiten dieses Buches befinden sich Verweise (Links) auf Internet-Adressen. Haftungshinweis: Trotz sorgfältiger inhaltlicher Kontrolle wird die Haftung für die Inhalte der externen Seiten ausgeschlossen. Für den Inhalt dieser externen Seiten sind ausschließlich deren Betreiber verantwortlich. Sollten Sie bei dem angegebenen Inhalt des Anbieters dieser Seite auf kostenpflichtige, illegale oder anstößige Inhalte treffen, so bedauern wir dies ausdrücklich und bitten Sie, uns umgehend per E-Mail davon in Kenntnis zu setzen, damit beim Nachdruck der Verweis gelöscht wird.

Druck A [6] / Jahr 2007

Alle Drucke der Serie A sind im Unterricht parallel verwendbar

Satz und Repro:
Stürtz GmbH, Würzburg
Druck und Bindung:
westermann druck GmbH, Braunschweig

Pinnwand
Hier findest du zusätzlich Bilder und Informationen zum jeweiligen Thema. Aufgaben dazu stehen auf eigenen Pinnzetteln.

Streifzug durch die ...
Hier findest du weitere Informationen zu Themen, die in anderen Bereichen und Fächern von Bedeutung sind.

Übung
Hier findest du Versuche, Aufgaben und Bauanleitungen, die du selbstständig oder mit deinen Mitschülerinnen und Mitschülern ausführen kannst.

Prüfe dein Wissen
Hier findest du vielfältige Aufgaben zum Wiederholen und Vertiefen der Inhalte des Kapitels.

Inhaltsverzeichnis

Zellen und Einzeller

1	**Die Welt des Winzigen** 8	3.1	Zellkerne besitzen Chromosomen 18
	Pinnwand: Blick in die Welt des Winzigen .. 9	3.2	Kein Wachstum ohne Teilung 19
	Übung: Das Mikroskop 10		*Übung:* Chromosomenmodell 20
2	**Wir untersuchen Zellen** 11	3.3	Von der Zelle zum Organismus 21
	Übung: Mikroskopieren 12	4	**Einzeller** 22
	Streifzug durch die Geschichte: Gesehen, aber nicht verstanden – 300 Jahre Zellforschung .. 14	4.1	Amöben – Einzeller ohne feste Gestalt 22
	Streifzug durch die Physik: Wie vergrößern Linsen? 15	4.2	Pantoffeltierchen – hoch spezialisierte Einzeller 23
	Pinnwand: Die Zelle im Elektronenmikroskop 16		*Pinnwand:* Algen 24
3	**Vermehrung und Wachstum von Zellen** 18	4.3	Augentierchen – Tier oder Pflanze? 25
			Übung: Einzeller 26
			Prüfe dein Wissen: Zellen und Einzeller 27

Wirbellose in ihrem Lebensraum

1	**Insekten** 28	1.8	Mit Gift oder ohne? 46
1.1	Blumenwiesen – Treffpunkt vieler Insekten .. 28		*Pinnwand:* Pflanzenschutz 47
	Pinnwand: Insekten 29	1.9	Warum schützen wir Insekten? 48
1.2	Die Honigbiene – ein Insekt beim Blütenbesuch 30		*Streifzug durch die Technik:* „Lauron 2" – sicher auf sechs Beinen 49
1.3	Bienen sind Staaten bildende Insekten 32	2	**Pfui Spinne?** 50
	Pinnwand: Verwandte der Bienen 34		*Pinnwand:* Spinnentiere 51
	Übung: Biene 35	3	**Regenwürmer – Leben unter der Erde** 52
1.4	Die Generationen des Kleinen Fuchses 36		*Übung:* Regenwürmer 53
	Pinnwand: Blüten und Insekten 38	4	**Schnecken lieben feuchte Plätze** 54
1.5	Musikanten unter den Insekten 40		*Übung:* Schnecken 55
	Streifzug durch die Erdkunde: Heuschreckenplage 41		*Pinnwand:* Wirbeltiere und Wirbellose 56
1.6	„Lausige" Zeiten für Grünpflanzen 42		**Prüfe dein Wissen:** Wirbellose in ihrem Lebensraum 57
	Pinnwand: Insekten, die Pflanzen schädigen . 43		
1.7	Lästige Insekten im Haus 44		

Grüne Pflanzen – Grundlage des Lebens

1	**Ohne Pflanzen kein Leben auf der Erde** 58	2.3	Können Pflanzen atmen? 64
	Pinnwand: Leistungen der Pflanzen 59		*Pinnwand:* Holz – ein Pflanzengewebe 65
2	**Pflanzengewebe und ihre Leistungen** 60		*Übung:* Stoffaufnahme und Stoffwechsel der grünen Pflanzen 66
2.1	Stofftransport in der Pflanze 60	2.4	Ohne Mineralstoffe kein Pflanzenwachstum . 69
	Streifzug durch die Chemie: Diffusion durch Osmose 61		*Pinnwand:* Ernährungsspezialisten 70
2.2	Grüne Pflanzen bauen organische Stoffe auf . 62		**Prüfe dein Wissen:** Grüne Pflanzen – Grundlage des Lebens 71

Inhaltsverzeichnis

Ökosysteme

1 Nicht alle Lebensräume sind gleich 73

2 Ökosystem Wald 74
2.1 Wald ist nicht gleich Wald 74
Pinnwand: Der Tropische Regenwald 76
2.2 Der Mischwald ist in Stockwerke gegliedert . 78
Pinnwand: Bäume des Waldes 79
2.3 Die Rotbuche – ein Laubbaum 80
2.4 Die Waldkiefer – ein Nadelbaum 81
2.5 Der Laubwald im Jahreslauf 82
2.6 Moose sind Wasserspeicher 84
2.7 Farne sind Sporenpflanzen 85
2.8 Pilze leben im Waldboden 86
Pinnwand: Pilze des Waldes 87
Übung: Wald 88
2.9 Tiere des Waldes 90
2.10 Ameisen helfen dem Wald 92
2.11 Leben im Waldboden 94
Streifzug durch die Erdkunde: Boden 95
Übung: Bodeneigenschaften 96
Übung: Leben im Waldboden 97
2.12 Nahrungsbeziehungen im Wald 98
2.13 Stoffkreisläufe im Wald 100
2.14 Leistungen des Waldes 102
Pinnwand: Mensch und Wald 103
Streifzug durch die Geschichte:
Wälder früher und heute 104
2.15 Der Wald ist in Gefahr 105
Pinnwand: Belastungen des Waldes 106
2.16 Naturschutz aus Verantwortung –
 das Beispiel LÖWE 107

3 Ökosystem See 108
3.1 Pflanzenzonen eines Sees 108
Pinnwand: Angepasstheit von Wasserpflanzen . 110
Übung: Wasserpflanzen 111
3.2 Wasservögel sind den Zonen des Sees
 angepasst 112
Pinnwand: Wasservögel 113
3.3 Insekten in Teichen und Seen 114
Pinnwand: Wasserinsekten und technische
Erfindungen 116
Übung: Wasserinsekten 117
3.4 Nahrungsbeziehungen im See 118
3.5 Belastungen eines Sees 120
Übung: Wasseruntersuchung 122
Streifzug durch die Sozialkunde:
Was wird aus dem Baggersee? 123

4 Ökosystem Meer 124
4.1 Die Küste – ein besonderes Erlebnis 124
Pinnwand: Funde im Spülsaum 125
4.2 An der Küste herrschen extreme Lebensbedingungen 126
Streifzug durch die Erdkunde:
Küstenschutz und Landgewinnung 127
4.3 Wattbewohner sind dem Lebensraum angepaßt 128
Pinnwand: Tiere im Watt 130
Pinnwand: Pflanzen an der Wattseite 131
4.4 Vögel im Watt und am Strand 132
4.5 Nahrungsbeziehungen im Meer 133
4.6 Nutzung des Meeres 134
Streifzug durch die Wirtschaftslehre:
Fishfarming – Alternative oder Bedrohung? . 135
4.7 Die Meere sind in Gefahr 136
4.8 Nationalparks im Wattenmeer 138
Streifzug durch die Sozialkunde:
Tourismus und die Folgen 139

5 Ökosystem Stadt 140
5.1 Eine Rundfahrt durch die Stadt 140
5.2 In der Stadt herrschen besondere Lebensbedingungen 142
5.3 Pflanzengesellschaften in der Stadt 144
5.4 Tiere in der Stadt 146
Pinnwand: Lieblingstiere der Städter 148
Übung: Untersuchungen im Ökosystem Stadt 149
5.5 Grüne Inseln der Stadt 150
Pinnwand: Laubbäume im Park 152
Pinnwand: Grün statt Grau 153

6 Kleine Ökosysteme in unserer Umgebung .. 154
6.1 Hecken sind lebende Zäune 154
6.2 Hecken gliedern eine Landschaft 156
Pinnwand: Pflanzen der Wildhecke 157
6.3 Eine Wiese im Schulgelände – so oder so? .. 158
6.4 Wiesenpflanzen im Jahreslauf 159
Pinnwand: Wiesenpflanzen 160
Pinnwand: Häufig vorkommende Wildgräser . 161
6.5 Tiere der Wiese 162
Übung: Lebensinseln auf dem Schulgelände . 163

7 Gefahr für unsere Lebensgrundlagen 164
7.1 Belastungen der Luft 164
Streifzug durch die Erdkunde:
Der Treibhauseffekt 165
Streifzug durch die Chemie und Physik:
Das Ozonloch 165
7.2 Trinkwasser in Gefahr 166
Streifzug durch die Technik:
Abwasserreinigung in einer Kläranlage 167
7.3 Wohin mit dem Müll? 168
Streifzug durch die Wirtschaftslehre:
Kreislaufwirtschaft 168
Streifzug durch die Sozialkunde: Agenda 21
– ein Programm für das 21. Jahrhundert 170
Übung: Global denken – lokal handeln 171
Prüfe dein Wissen: Ökosysteme 172

Stoffwechsel des Menschen

1	**Ernährung und Verdauung** 174
1.1	Warum essen und trinken wir? 174
1.2	Nahrung spendet Energie 175
1.3	Kohlenhydrate machen fit 176
1.4	Fette bringen (zu) viel Energie 177
1.5	Eiweiß – nicht nur im Hühnerei 178
	Übung: Nachweise von Nährstoffen 179
1.6	Kleine Mengen – große Wirkung! 180
	Pinnwand: Vitamine, Mineralstoffe und Spurenelemente 181
1.7	Wie ernähre ich mich richtig? 182
	Pinnwand: Lebensmittelkreis 183
1.8	Der Weg der Nahrung 184
1.9	Nährstoffe werden verdaut 186
	Streifzug durch die Chemie: Wie wirken Enzyme? 187
1.10	Zu dick – zu dünn? 188
1.11	Belastungen und Zusatzstoffe 189
1.12	Diabetes – eine Störung im Stoffwechsel . . . 190
	Streifzug durch die Erdkunde: Hunger in der Welt 191

2	**Ausscheidung** 192
3	**Atmung**
3.1	Wie wir atmen 194
3.2	Der Gasaustausch 196
	Streifzug durch die Medizin: Erkrankungen der Atemwege 198
	Übung: Atmung 199
4	**Blut und Blutkreislauf** 200
4.1	Blut erfüllt unterschiedliche Aufgaben 200
	Pinnwand: Blut 201
4.2	Alles fließt: Das Kreislaufsystem 202
	Übung: Untersuchung von Blut und Blutkreislauf 204
	Streifzug durch die Medizin: Blutdruck 205
4.3	Herzinfarkt 206
	Streifzug durch die Medizin: Herztransplantation und Organspende . . . 207
4.4	Auf die Blutgruppe kommt es an! 208
4.5	Das Lymphgefäßsystem 209
	Prüfe dein Wissen: Stoffwechsel des Menschen 210

Sinnesleistungen und Steuerungssysteme des Menschen

1	**Sinnesorgane** 212
1.1	Unsere Sinne erschließen uns unsere Umwelt 212
	Streifzug durch die Physik: Nicht wahrnehmbar, aber wirksam 213
1.2	Unser Auge 214
1.3	Was unsere Augen leisten 216
	Streifzug durch die Physik: Fotografieren . . . 218
	Pinnwand: Optische Täuschungen 219
1.4	Sehfehler und ihre Korrektur 220
	Pinnwand: Erkrankung und Schutz unserer Augen 221
	Übung: Auge 222
1.5	Wie wir hören 224
	Streifzug durch die Physik: Was ist Schall? . . 226
	Streifzug durch die Medizin: Lärm macht krank 226
1.6	Lage- und Bewegungssinn 227
	Übung: Ohr 228
	Pinnwand: Wie Tiere ihre Umwelt wahrnehmen 229
1.7	Geruchs- und Geschmackssinn 230
	Übung: Riechen und Schmecken 231

1.8	Sinne der Haut 232
	Übung: Sinne der Haut 233
2	**Nerven steuern Lebensvorgänge** 234
2.1	Das Nervensystem – ein Nachrichtennetz . . 234
2.2	Nervenzellen stehen untereinander in Kontakt 236
	Streifzug durch die Medizin: Synapsengifte . 236
2.3	Das Rückenmark – eine Schaltzentrale für Reflexe 237
	Übung: Reflexe 238
2.4	Bau des Gehirns 239
2.5	Arbeitsweise des Gehirns 240
2.6	Steuerung ohne Willen 242
	Pinnwand: Schädigungen des Nervensystems . 243
3	**Hormonsystem** 244
3.1	Wie Hormone wirken 244
3.2	Nervensystem und Hormonsystem arbeiten zusammen 246
	Pinnwand: Hormone 247
	Prüfe dein Wissen: Sinnesleistungen und Steuerungssysteme des Menschen 248

Inhaltsverzeichnis

Sexualität des Menschen

1	**Partnerschaft und Verantwortung**	250
	Pinnwand: Formen menschlichen Sexualverhaltens	252
	Pinnwand: Unangenehme Situationen	253
2	**Grundlagen der Sexualität**	254
2.1	Hormone steuern die Entwicklung	254
2.2	Die Entwicklung zur Frau	255
2.3	Der Menstruationszyklus	256
2.4	Die Entwicklung zum Mann	258
2.5	Die Bildung der Spermien	259
3	**Schwangerschaft und Geburt**	260
3.1	Befruchtung und Keimentwicklung	260
3.2	Die Geburt	262
	Streifzug durch die Medizin: Gesundheit für Mutter und Kind	263
4	**Die Entwicklung eines Kindes**	264
	Pinnwand: Möglichkeiten der Medizin	265
5	**Familienplanung**	266
	Pinnwand: Verhütungsmethoden	267
	Streifzug durch die Sozialkunde: Schwanger – was nun?	268
	Prüfe dein Wissen: Sexualität des Menschen	269

Mensch und Gesundheit

1	**Micke: Gesund oder krank?**	270
2	**Mit Stress kann man leben**	272
3	**Infektionskrankheiten und Immunsystem**	274
3.1	Es kann jeden treffen – Infektionskrankheiten	274
	Pinnwand: Infektionskrankheiten und Erreger	275
	Pinnwand: Innen- und Außenparasiten	276
3.2	Masern – eine harmlose Kinderkrankheit?	277
3.3	Stark in der Abwehr: Das Immunsystem	278
3.4	Impfen kann Leben retten	280
3.5	Vorsicht – Malaria!	281
	Pinnwand: Vorbeugen und Heilen	282
3.6	AIDS, eine besondere Infektionskrankheit	284
	Streifzug durch die Medizin: Übertragungswege und Schutz vor HIV-Infektionen	286
	Streifzug durch die Sozialkunde: Toby – ein Junge kämpft gegen AIDS	287
4	**Sucht und Drogen**	288
4.1	Sucht hat viele Gesichter	288
4.2	Rauchen, ein zweifelhafter Genuss	289
	Übung: Gefahren des Rauchens	290
4.2	Alkohol kann süchtig machen	291
4.3	Mit Drogen zum Glück?	292
	Pinnwand: Illegale Drogen	293
	Pinnwand: Fun ohne Drogen	294
	Prüfe dein Wissen: Mensch und Gesundheit	295

Vererbung

1	**Grundlagen des Erbgeschehens**	296
1.1	Warum sind Nachkommen ihren Eltern ähnlich?	296
	Streifzug durch die Geschichte: Ein Mönch entdeckt „Gesetze" des Erbgeschehens	297
1.2	Kreuzungsversuche ergeben Hinweise auf Erbgesetzmäßigkeiten	298
1.3	Erbanlagen können neu kombiniert werden	300
	Übung: Vererbung	301
1.4	Chromosomen – Träger der Erbanlagen	302
1.5	Keimzellen werden anders gebildet als Körperzellen	303
	Streifzug durch die Geschichte: Drosophila – eine kleine Fliege wurde zum großen Forschungsobjekt	304
1.6	Wie der Bauplan der Chromosomen entdeckt wurde	305
1.7	Gene enthalten den Erbcode	306
	Übung: Erbinformationen	308
1.8	Was sind Mutationen?	309

	Pinnwand: Mutationen	310		*Streifzug durch die Medizin:*
	Streifzug durch die Sozialkunde: Tschernobyl			Vorsorgeuntersuchungen 322
	– ein Reaktorunfall und seine Folgen	311		*Pinnwand:* Erbgesundheitspflege einst und

Pinnwand: Mutationen 310
Streifzug durch die Sozialkunde: Tschernobyl
– ein Reaktorunfall und seine Folgen 311
1.9 Modifikationen beeinflussen das Erscheinungsbild 312
Übung: Mutationen – Modifikationen 313
2 Vererbung beim Menschen 314
2.1 Die Methoden der Erbforschung 314
2.2 Zwei Chromosomen bestimmen das Geschlecht 315
2.3 Die Erbregeln gelten auch für Menschen . . . 316
2.4 Erbe oder Umwelt: Ergebnisse der Zwillingsforschung 318
2.5 Vererbte und angeborene Behinderungen
und Krankheiten 320

Streifzug durch die Medizin:
Vorsorgeuntersuchungen 322
Pinnwand: Erbgesundheitspflege einst und
genetische Beratung jetzt 323
**3 Der Mensch nützt die Kenntnisse der
Vererbung** 324
3.1 Herkömmliche Methoden der Tier- und
Pflanzenzucht 324
3.2 Biotechnik in der Tier- und Pflanzenzucht . . 326
3.3 Das Prinzip der Gentechnik 328
3.4 Gentechnik auf dem Vormarsch 329
Pinnwand: Gentechnik – Chancen und
Befürchtungen 331
Prüfe dein Wissen: Vererbung 332

Verhalten

1 Verhalten – was ist das? 334
Pinnwand: Berühmte Verhaltensforscher . . . 335
2 Verhaltensweisen bei Tieren 336
2.1 Wir beobachten das Verhalten der Haus-
sperlinge 336
2.2 Das Fortpflanzungsverhalten der Stichlinge . 338
2.3 Angeborenes und erlerntes Verhalten 339
2.4 Wie Tiere lernen 340
2.5 Tiere können einsichtig handeln 342

2.6 Wie Tiere zusammenleben 343
3 Verhaltensweisen beim Menschen 344
3.1 Angeborenes Verhalten 344
3.2 Lernen und Gedächtnis 345
Übung: Lernen und Gedächtnis 346
Übung: Verhaltensbeobachtungen beim
Zusammenleben 348
Prüfe dein Wissen: Verhalten 349

Evolution

1 Lebewesen haben sich entwickelt 350
1.1 Fossilien – Zeugen der Vorzeit 350
Pinnwand: Fossilien 351
2 Jedes Erdzeitalter hat seine Lebewesen . . 352
Übung: Auf Fossilienjagd 354
3 Belege für die Evolution 356
3.1 Archaeopteryx – ein Brückentier 356
3.2 Lebende Übergangsformen 357
3.3 Vom Urpferd zum heutigen Pferd –
eine lückenlose Ahnenreihe 358
4 Verwandt oder nur ähnlich? 360
Streifzug durch die Chemie:
Wie kann das Leben entstanden sein? 362
5 Ursachen der Evolution 363
5.1 Die Evolution der Evolutionstheorien 363

5.2 Die Entstehung von Arten 364
Übung: Evolution 365
6 Entwicklung des Menschen 366
6.1 16 Knochen verändern das Weltbild 366
6.2 Von Affen und Menschen 367
6.3 Woher kommt der Mensch? 368
Pinnwand: Unsere Vorfahren 372
Streifzug durch die Geschichte:
Aus der Steinzeit direkt zu uns 373
6.4 Die kulturelle Entwicklung des Menschen . . 374
6.5 Vielfalt der Menschen 376
Pinnwand: Menschen – frei und gleich an
Rechten und Würde? 377
6.6 Zukunft der Menschheit 378
Prüfe dein Wissen: Evolution 379

Register 380

Zellen und Einzeller

1 Untersuchung der Wasserpest

1 Die Welt des Winzigen

Auf den Arbeitstischen liegen Lupen und es sind Mikroskope aufgebaut. Noch kann niemand erkennen, was damit untersucht werden soll. Stefan schlägt vor, die Wasserpest aus dem Schulaquarium zu untersuchen. Er nimmt vorsichtig eine Pflanze heraus und betrachtet sie mit dem bloßen Auge. Er erkennt zarte, grüne Blättchen, die an einem festen Stängel wachsen.

Julia will mehr wissen und betrachtet die Wasserpest mit der **Lupe.** Sie erkennt jetzt weitere Einzelheiten des Blättchens. Die grün gefärbte, längliche Blattspreite läuft vorn in einer kurzen Spitze zu. Sie sieht nun auch die Beschaffenheit der Oberfläche. Die Blattfläche ist von feinen Blattadern durchzogen und auf der Oberfläche erkennt sie zahlreiche Unebenheiten.

Anne reicht auch diese Untersuchung nicht aus und sie nimmt ein **Mikroskop** zu Hilfe. Zu ihrer Überraschung tauchen nun neue Einzelheiten auf, die weder mit dem bloßen Auge noch mit der Lupe zu erkennen waren. Bei der 100fachen Vergrößerung des Lichtmikroskopes sieht Anne ein unregelmäßiges Muster von „Kästchen", die man **Zellen** nennt. Bei stärkerer Vergrößerung erkennt sie in den Zellen ovale, grüne Körnchen, die *Chloroplasten*. Die Blattgrünkörner schwimmen in einem milchig, hellen Material, dem *Zellplasma*.

Lichtmikroskope, wie sie Anne benutzt, vergrößern bis 1000fach. Sie geben uns Einblicke in die Welt des Winzigen, die uns mit dem bloßen Auge verborgen bleibt.

> Lupen vergrößern bis etwa 20fach. Lichtmikroskope vergrößern bis zu 1000fach und machen neue Einzelheiten der untersuchten Dinge sichtbar.

1 Welche Größe hätte dieser •, wenn man ihn 1000fach vergrößert? Miss und berechne.

Zellen und Einzeller

BLICK IN DIE WELT DES WINZIGEN

Pinnwand

Libellenflügel: Die Flügel weisen Längsversteifungen auf, die durch Querrippen miteinander verbunden sind. Diese „Knickfaltenstruktur" der sehr leichten Flügel sorgt dafür, dass sie kräftige Flügelschläge aushalten.

20fach

Pollenkorn des Löwenzahns: Durch Form und stachelige Oberfläche „klemmt" der Pollen zwischen den Fortsätzen der Narbe. Eine gute Haftung des Pollens ist die Voraussetzung für eine erfolgreiche Befruchtung.

500fach

Feder: Federstrahlen verankern durch Ausbildung von Häkchen die Federäste untereinander. Dadurch reißt die Fahne der Feder beim Flügelschlagen nicht auf.

50fach

Schmetterlingsflügel: In einer Vertiefung des häutigen Flügels stecken flache Schuppen. Sie überdecken sich dachziegelartig. Durch die Färbung oder durch Lichtbrechung auf den Schuppen entstehen die Farben der Schmetterlingsflügel.

150fach

1 Untersuche mit dem Mikroskop ähnliche Objekte wie auf dieser Seite (zum Beispiel Bienenflügel, Fliegen oder Haare). Beschreibe deine Beobachtungen.

Zellen und Einzeller

Übung   **Das Mikroskop**

A1 Aufbau des Lichtmikroskopes

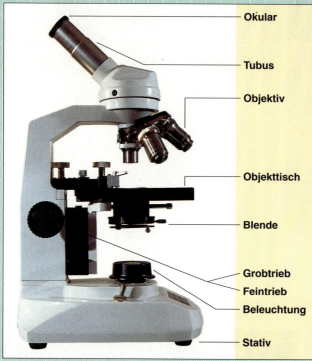

Okular	Linsensystem, durch das man in das Mikroskop schaut. Vergrößerung wie eine Lupe (z. B. 5 ×, 10 ×, 15 ×).
Tubus	Röhre, die Okular und Objektiv miteinander verbindet.
Objektiv	Linsensystem, das über dem Objekt liegt. Es vergrößert stärker als das Okular (z. B. 4 ×, 10 ×, 40 ×). Die gesamte Vergrößerung ergibt sich aus der Okularvergrößerung mal der Objektivvergrößerung (z. B. 10 × 15 = 150fach).
Objekttisch	Hier wird der Objektträger mit dem Untersuchungsobjekt von zwei Federklemmen festgehalten.
Blende	Regelt die Menge des Lichtes, das durch das Loch in der Mitte des Objekttisches fällt (Helligkeitsregelung).
Grobtrieb Feintrieb	Bewegen den Tubus und regeln damit den Abstand zwischen Objektiv und Objekt.
Beleuchtung	Belichtet das Objekt entweder durch eine Glühlampe oder mithilfe eines Spiegels von unten.
Stativ	Grundplatte, auf der das Mikroskop montiert ist.

Präge dir die Aufgaben der Bestandteile des Lichtmikroskopes ein.

V2 Richtiges Mikroskopieren

Material: Haare; Pinzette; Pipette; Objektträger; Wasser; Lichtmikroskop; Deckglas

1 Befestigen des Objektes auf dem Objekttisch

Durchführung: Setze einen Tropfen Wasser auf einen Objektträger. Gib einige Haare in den Wassertropfen. Lege ein Deckglas auf. Lege das Präparat so auf den Objekttisch, dass es sich über der Mitte der Objekttischöffnung befindet. Klemme den Objektträger mit den Klemmen vorsichtig fest.

Aufgaben: a) Betrachte das Mikroskop von der Seite. Stelle die kleinste Vergrößerung ein. Bewege mit dem Grobtrieb Objekttisch und Objektiv so dicht wie möglich aufeinander zu, ohne dass sich Objektiv und das Präparat berühren.

b) Stelle den Spiegel ein oder schalte die Mikroskoplampe ein. Schaue durch das Okular. Drehe mit dem Grobtrieb den Objekttisch vom Objektiv weg, bis ein Haar scharf erscheint. Regele mit dem Feintrieb nach. Stelle mit der Blende die gewünschte Helligkeit und den Kontrast ein.

c) Drehe den Objekttisch mit dem Grobtrieb weiter herunter. Wechsele das Objektiv. Stelle erneut scharf wie beschrieben.

d) Schalte nach dem Mikroskopieren die Lampe aus und stelle die kleinste Vergrößerung ein.

Zellen und Einzeller

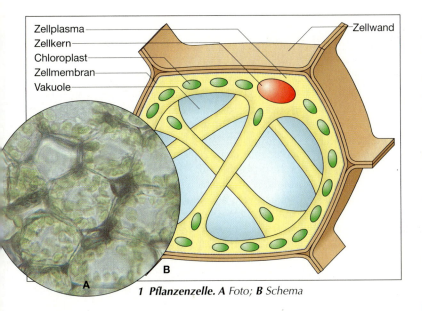

1 Pflanzenzelle. A Foto; B Schema

2 Wir untersuchen Zellen

Untersucht man Pflanzen mit dem Mikroskop, so sieht man, dass sie aus gleichartigen Bausteinen bestehen, den **Zellen.** Sie sind die *kleinsten Bausteine* der Pflanzen und aller anderen Lebewesen.

Bei Pflanzen ist jede Zelle von einer **Zellwand** umgeben. Diese gibt der Zelle Festigkeit und eine bestimmte Gestalt. Die Zellwand besteht aus dem Faserstoff *Zellulose*. Das Zellinnere ist vom zähflüssigen **Zellplasma** ausgefüllt. Es setzt sich hauptsächlich aus *Eiweißstoffen* zusammen und enthält viel Wasser. Ein dünnes Häutchen, die **Zellmembran,** umgibt das Zellplasma. Den meist kugelförmigen **Zellkern** kann man im Plasma gut erkennen. Er ist die „Zentrale" der lebenden Zelle. Von hier aus werden alle Lebensvorgänge in der Zelle gesteuert. Das Zellplasma junger Zellen füllt das Zellinnere fast vollständig aus. Bei älteren Zellen bilden sich Hohlräume mit Zellsaft, die man **Vakuolen** nennt. In ihnen können zum Beispiel Zuckerstoffe oder Salze gelöst sein. Die grüne Farbe der Pflanzen wird durch kleine linsenförmige Zellbestandteile verursacht. Diese *Blattgrünkörner*, auch **Chloroplasten** genannt, enthalten den grünen Farbstoff *Chlorophyll*. Hier findet die Fotosynthese statt.

Nicht nur Pflanzen, sondern auch Tiere und Menschen sind aus Zellen aufgebaut. Diese sind meist etwas kleiner als pflanzliche Zellen. Sie haben keine Zellwand und sind deshalb weich und verformbar. Außerdem findet man bei ihnen keine Chloroplasten und sie bilden auch keine Vakuole. Die übrigen Bestandteile jedoch entsprechen denen der pflanzlichen Zelle. Auch ihr Plasma wird von einer elastischen *Zellmembran* umgeben. Im *Zellplasma* können Fetttröpfchen, tierische Stärke (Glykogen) oder Drüsenflüssigkeiten gespeichert sein. Die Grundsubstanz besteht wie bei den Pflanzen aus Eiweißstoffen. Im Zellplasma liegt der *Zellkern*, der – ebenfalls wie bei den Planzenzellen – die Aufgabe hat, alle Lebensvorgänge in den Zellen zu steuern.

> Zellen sind die kleinsten Bausteine aller Lebewesen. Sie bestehen aus einer Zellmembran, die das Zellplasma umgibt, worin der Zellkern liegt. Pflanzliche Zellen sind zusätzlich von einer Zellwand umgeben, enthalten Chloroplasten und bilden Vakuolen.

1 Erstelle eine Tabelle, in der du die Bestandteile der pflanzlichen Zelle und der tierischen Zelle und ihre Funktionen miteinander vergleichst.

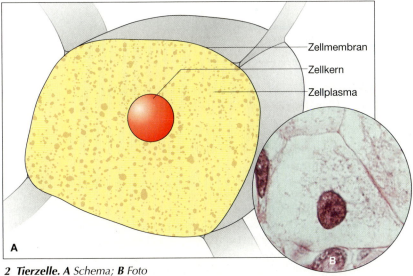

2 Tierzelle. A Schema; B Foto

Zellen und Einzeller

Übung — **Mikroskopieren**

V 1 Untersuchung von Blattzellen der Wasserpest

Material: Wasserpest aus dem Aquarium; Pinzette; Becherglas mit Wasser; Objektträger; Deckgläschen; Lichtmikroskop; Pipette; Filtrierpapier; Zeichenmaterial

Durchführung: Zupfe ein Blättchen der Wasserpest von dem Stängel ab und bringe es auf einen Objektträger. Gib mit der Pipette einen Tropfen Wasser hinzu. Gehe weiter vor wie unten abgebildet.

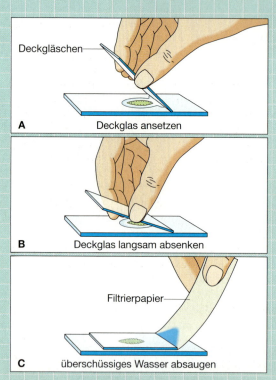

A Deckglas ansetzen
B Deckglas langsam absenken
C überschüssiges Wasser absaugen

Aufgaben: a) Mikroskopiere zunächst mit der Lupenvergrößerung, um dir eine Übersicht zu verschaffen.
b) Untersuche die Abrissstelle bei 150–200facher Vergrößerung. Berichte, was du siehst.

V 2 Untersuchung der Oberhaut von Pflanzen

Material: Stängel von Ampelpflanzen; Blätter von Holunder oder Schwertlilien; Rasierklinge (eine Schneide wird durch Isolierband abgeklebt); Pinzette; Objektträger; Deckgläschen; Pipette; Becherglas mit Wasser; Lichtmikroskop; Zeichenmaterial

Durchführung: Bringe mit der Pipette einen Tropfen Wasser auf einen Objektträger. Ritze den Stängel der Pflanze bzw. das Blatt mit der Rasierklinge ein. Ziehe dann mit der Pinzette ein dünnes Häutchen von der Oberfläche ab. Bringe das Häutchen in den Wassertropfen auf dem Objektträger und lege anschließend ein Deckgläschen auf.

Aufgabe: Betrachte dein Präparat zunächst mit geringer Vergrößerung und suche dir am Rand des Häutchens eine dünne Zellschicht aus. Mikroskopiere mit etwa 200facher Vergrößerung. Zeichne 3–4 Zellen und beschrifte wie auf S. 13 dargestellt.

V 3 Untersuchung von Zwiebelzellen

Material: Küchenzwiebel; Eosin; Messer oder Skalpell; Rasierklinge (eine Schneide wird durch Isolierband abgeklebt); Pinzette; Pipette; Becherglas mit Wasser; Objektträger; Deckgläschen; Filtrierpapier; Lichtmikroskop; Zeichenmaterial

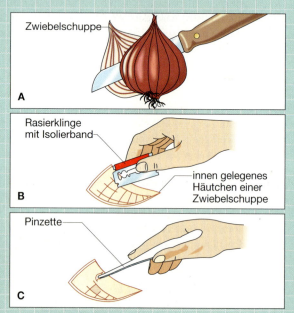

A Zwiebelschuppe
B Rasierklinge mit Isolierband — innen gelegenes Häutchen einer Zwiebelschuppe
C Pinzette

Durchführung: Präpariere eine Zwiebel so, wie es die Abbildung darstellt. Zupfe ein Häutchen mit der Pinzette ab. Bringe es in den Wassertropfen auf dem Objektträger und lege anschließend ein Deckgläschen auf. Tropfe etwas Eosin an den Rand des Deckgläschens. Sauge dann mit dem Filtrierpapier die Lösung durch das Präparat.

Zellen und Einzeller

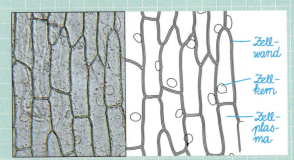

Aufgabe: Vergrößere einen Ausschnitt dann stärker (etwa 200fach). Zeichne 3–4 Zellen und beschrifte wie oben.

V 4 Herstellung eines mikroskopischen Schnittpräparates

Material: Stängelabschnitte einer Ampelpflanze (oder Begonie); Möhre (oder Styropor); Küchenmesser; einseitig abgeklebte Rasierklinge; Haarpinsel; Pipette; Objektträger; Deckgläschen; Lichtmikroskop; Wasser; Filtrierpapier; Zeichenmaterial

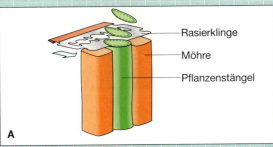

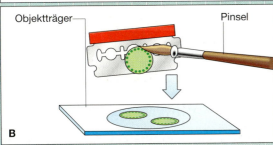

Durchführung: Zunächst musst du dir eine Haltevorrichtung zum Schneiden des Objektes herstellen. Schneide dazu bei einer Möhre die Enden ab. Fertige aus dem Mittelteil durch senkrechte Schnitte zwei etwa 8 cm lange, rechteckige Säulen. Du kannst solche Säulen auch aus Styropor herstellen. Schneide danach ein etwa 4 cm langes Stück aus dem Spross der Pflanze heraus. Klemme den Sprossabschnitt zwischen die beiden Möhrenstückchen. Er soll etwa 2 mm über die Enden der Halterung herausragen (Abbildung A).
Feuchte das Objekt und die Rasierklinge an. Lege dann die Klinge auf den einen Möhrenabschnitt und schneide waagerecht mehrere hauchdünne Scheiben vom Stängel ab. Wiederhole die Schnitte, bis du mehrere brauchbare, dünne Scheiben erhältst. Tupfe mit einem Pinsel auf die Scheibchen, übertrage sie auf den Objektträger und lege ein Deckgläschen auf (Abbildung B).
Aufgaben: a) Mikroskopiere zunächst bei kleiner Vergrößerung. Untersuche das dünnste Präparat. Verwende dann eine stärkere Vergrößerung und betrachte durch vorsichtiges Verschieben des Objektträgers verschiedene Bereiche des Stängelquerschnitts.
b) Fertige eine Zeichnung vom Rand des Stängelquerschnitts an (etwa 10 Zellen). Beschrifte.

V 5 Untersuchung von Mundschleimhaut

Material: Mundschleimhaut; Teelöffel; Iod-Lösung; Pipette; Filtrierpapier; Objektträger; Deckgläschen; Lichtmikroskop; Becherglas; Zeichenmaterial

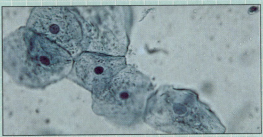

Durchführung: Schabe vorsichtig mit dem Stiel eines gereinigten Teelöffels etwas Schleimhaut von den Innenseiten deiner Wangen ab. Bringe die Probe auf einen Objektträger und füge etwas Wasser hinzu. Lege dann das Deckgläschen auf. Tropfe an den Rand des Deckgläschens mit einer Pipette einen Tropfen Iod-Lösung auf. Sauge mit dem Filtrierpapier die Lösung durch das Präparat.
Aufgabe: a) Mikroskopiere bei ca. 200facher Vergrößerung.
b) Zeichne 3–4 Zellen und beschreibe ihr Aussehen.

Zellen und Einzeller

Streifzug durch die Geschichte

Gesehen, aber nicht verstanden – 300 Jahre Zellforschung

Die ersten Mikroskope wurden von holländischen Optikern bereits 1590 gebaut. Sie waren schon so leistungsfähig, dass man mit ihnen Zellen hätte erkennen können – wenn man das Gesehene auch hätte deuten können! Doch niemand verstand, was er im Mikroskop sah. Mikroskope dienten zu dieser Zeit zur Belustigung anstelle wissenschaftlicher Untersuchungen. Der 30-jährige Krieg (1618–1648) unterbrach dann zunächst die Entwicklung der Mikroskope in weiten Teilen Europas.

Einer der Ersten, die die Welt des Unsichtbaren systematisch untersuchten, war LEEUWENHOEK (1632–1723). Der gelernte holländische Tuchhändler und Hobby-Optiker baute Mikroskope, die aus einer einfachen Metallplatte bestanden. Darin war eine Linse aus Diamant oder Bergkristall eingelassen. Hiermit konnte er eine bis zu 270-fache Vergrößerung erzielen. So entdeckte und beschrieb er rote Blutkörperchen, sowie Bakterien. Er bestimmte Einzeller und andere Mikroorganismen. Die Entdeckung weiterer Zellen und vor allem der Zellbestandteile konnte nur durch die Entwicklung wesentlich leistungsfähigerer Mikroskope erreicht werden.

Ein Zeitgenosse von LEEUWENHOEK war HOOKE (1635–1702). Er verfügte bereits über ein Mikroskop mit mehreren Linsen. Bei der Untersuchung von Schnitten der Rinde von Korkeichen entdeckte er ein Muster von hohlen Kämmerchen. Weil sie ihn an die Zellen von Bienenwaben erinnerten, prägte er den Begriff **Zelle**. In den folgenden Jahrzehnten wurden die Mikroskope durch die Herstellung verzerrungsfreier Linsen ständig verbessert. So entdeckten SCHLEIDEN und SCHWANN um 1840, dass alle Lebewesen aus Zellen aufgebaut sind (Zelltheorie).

Der deutsche Arzt VIRCHOW beobachtete um 1855 erstmalig, wie sich Zellen teilen. So erkannte er, dass sich Zellen durch Teilung vermehren und dann wachsen, bis sie ihre volle Größe erreicht haben.

1590: erste **Mikroskope**, noch keine wissenschaftlichen **Untersuchungen**

1667: HOOK
Entdeckung von Zellen in Kork

1675: LEEUWENHOEK
Untersuchung von Mikroorganismen

1840: SCHLEIDEN und SCHWANN
Zellen – Grundbausteine des Lebens

1855: VIRCHOW
Zellen entstehen aus Zellen

1931: KNOLL und RUSKA
Feinbau der Zelle (Elektronenmikroskop)

3 Meilensteine der Zellforschung

In den nächsten Jahrzehnten wurden neben dem Zellkern immer mehr Zellbestandteile entdeckt. Doch erst mit dem 1931 von KNOLL und RUSKA gebauten Elektronenmikroskop war es möglich, auch den Feinbau von Zellen zu erforschen.

1 Welcher grundsätzliche Unterschied besteht zwischen der Beleuchtungseinrichtung von HOOKES Mikroskop und der moderner Mikroskope? Nimm auch S. 10 zu Hilfe.

1 LEEUWENHOEK erkennt Mikroorganismen

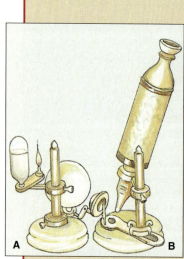

2 Mikroskop von HOOKE.
A Lampe; **B** Mikroskop

Zellen und Einzeller

Wie vergrößern Linsen?

Streifzug durch die Physik

Wir können einen Gegenstand sehen, weil **Lichtstrahlen** von ihm zu unseren Augen gelangen. Treffen diese unter einem bestimmten Winkel zum Beispiel auf Glas, werden sie abgelenkt. Man nennt diesen Vorgang **Lichtbrechung**.

Wie kann man diesen Vorgang nutzen, um etwas zu vergrößern? Wir betrachten dazu zunächst den Vorgang des Sehens mit dem „unbewaffneten" Auge: Im Auge sitzt vorn eine Linse, die ähnlich wirkt wie eine Glaslinse. Sie sammelt die Lichtstrahlen, die von dem angeschauten Gegenstand kommen. Nachdem sie an der Linse gebrochen werden, gelangen sie durch den Augapfel auf die lichtempfindliche Netzhaut (Abbildung 1A). Dort entsteht ein umgekehrtes und seitenverkehrtes Bild, das das Gehirn wieder in die richtige Position „umdreht".

Durch eine nach außen gekrümmte **Sammellinse** (zum Beispiel eine *Lupe*) zwischen Gegenstand und Auge werden die vom Gegenstand ausgehenden Lichtstrahlen schon vor der Augenlinse zum ersten Mal gebrochen (Abbildung 1B). Die Lichtstrahlen treffen nun unter einem anderen Winkel auf die Augenlinse. Nach der zweiten Brechung in der Augenlinse wird der Gegenstand jetzt „größer" auf der Netzhaut abgebildet.

Stärker gewölbte Linsen haben eine größere *Brechkraft* als schwächer gewölbte und vergrößern daher auch stärker.

1 Betrachte die Zahlen 1, 2, 3 auf deinem Geo-Dreieck mit der Lupenvergrößerung des Mikroskopes. Was fällt dir auf?

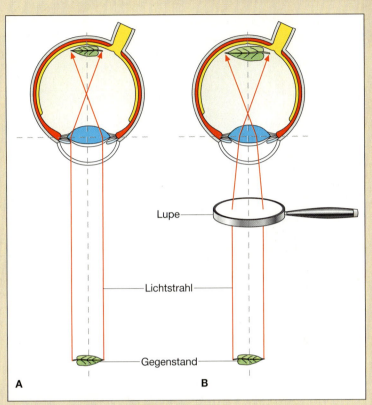

1 Gang der Lichtstrahlen durchs Auge. A durch die Augenlinse; **B** durch Lupe und Augenlinse

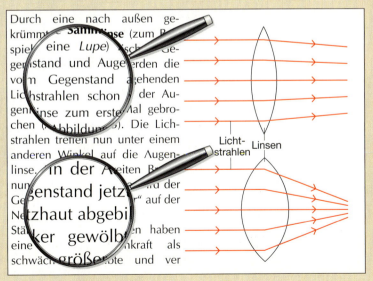

2 Linsenform und Vergrößerung

15

Zellen und Einzeller

Pinnwand

DIE ZELLE IM ELEKTRONENMIKROSKOP

Das Elektronenmikroskop

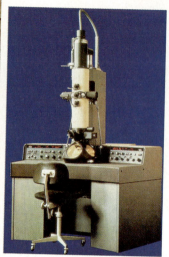

Mit einem **Lichtmikroskop** kann man nur etwa bis 2000-fach vergrößern. Mit **Elektronenmikroskopen (EM)** erreichen wir heute bis 100 000-fache Vergrößerungen. Ein Staubkorn (0,03 mm Durchmesser) ist mit bloßem Auge nicht mehr zu sehen. Mit einem EM können wir noch Einzelheiten des Staubkorns erkennen, die nur 1 millionstel Millimeter groß sind.

Die enorme Vergrößerung wird dadurch erreicht, dass beim EM anstelle von Licht Elektronenstrahlen und statt Linsen Magnete verwendet werden. Das Objekt erscheint auf einem Bildschirm.

Elektronenstrahlen haben ähnliche Eigenschaften wie Lichtstrahlen, besitzen jedoch eine wesentlich kürzere Wellenlänge. Sie dringen nicht sehr tief in die zu untersuchenden Objekte ein. Damit sie das Objekt durchdringen können, müssen sehr dünne Schnitte angefertigt werden. Die Buchseite, auf der dieser Text steht, ist etwa 1 Zehntel Millimeter dick. Man müsste sie noch einmal in hundert Scheiben schneiden, um ein geeignetes Präparat für das EM zu erhalten.

Mit dem EM stellte man fest, dass Zellen **Organellen** wie z. B. Dictyosomen oder Chloroplasten enthalten. Ähnlich wie die Organe in einem Organismus erfüllen sie verschiedene Aufgaben und sorgen so dafür, dass die Zelle leben kann.

Pflanzenzelle im Elektronenmikroskop (Modellbild)

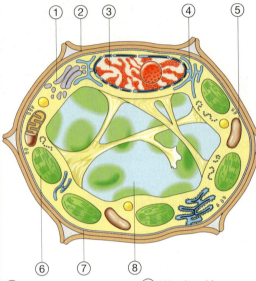

① Dictyosom   ⑤ Mitochondrium
② Zellwand   ⑥ Chloroplast
③ Zellkern   ⑦ Zellmembran
④ Endoplasmatisches   ⑧ Vakuole
　Reticulum

Biomembranen

Biomembranen zeigen einen dreischichtigen Aufbau aus Eiweiß- und Fettstoffen. Sie können bestimmte Stoffe durchleiten oder auch zurückhalten. Sie schaffen getrennte Räume in der Zelle, sodass aufbauende und abbauende Prozesse gleichzeitig ablaufen können.

Die Zellorganellen sind aus Biomembranen aufgebaut oder von ihnen umgeben. In den Organellen sorgen sie für eine Oberflächenvergrößerung.

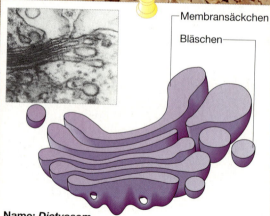

Name: *Dictyosom*
Aufgabe: Dictyosomen setzen sich aus 3 - 12 abgeflachten Säckchen aus Biomembranen zusammen. Sie erzeugen zum Beispiel Drüsenflüssigkeit. An ihren Rändern werden kleine Bläschen abgeschnürt, die die erzeugten Flüssigkeiten zur Zelloberfläche transportieren.
Größe: 0,0003 mm breit (Mensch)

---

1 Nenne Unterschiede zwischen einem Lichtmikroskop und einem Elektronenmikroskop.

2 Was haben alle hier abgebildeten Zellorganellen gemeinsam?

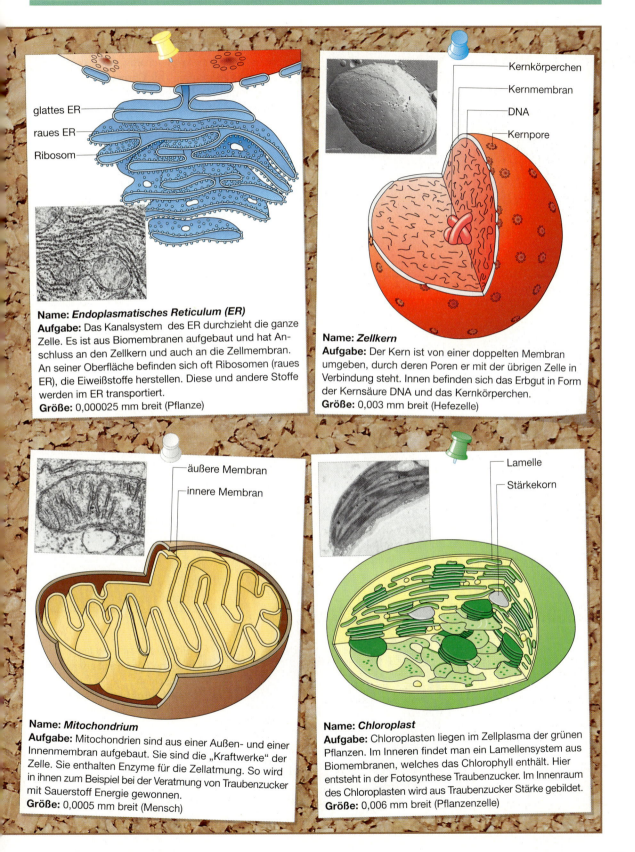

Zellen und Einzeller

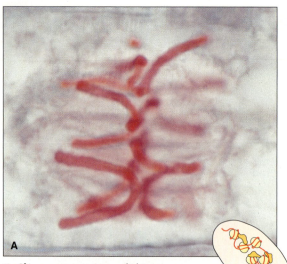

1 Chromosomen. A angefärbt;
B Feinbau (Schema); **C** DNA-Modell

3 Vermehrung und Wachstum von Zellen

3.1 Zellkerne besitzen Chromosomen

Wenn man die Einzelheiten von Zellen im Lichtmikroskop gut erkennen will, muss man sie einfärben. So kann man zum Beispiel durch eine besondere Färbung den **Zellkern** deutlich hervorheben. Dabei färben sich schleifenartige Gebilde in den Zellkernen besonders intensiv an. Deshalb nennt man diese „Kernschleifen" **Chromosomen** – nach dem griechischen Wort für Farbe „chromos".

Nachdem Forscher viele Zellen verschiedener Lebewesen untersucht haben, fanden sie heraus, dass jede Pflanzen- und Tierart in allen Körperzellen eine für sie typische Anzahl von Chromosomen besitzt. Die Zahl der Chromosomen kann zwischen 2 und mehreren hundert Chromosomen schwanken. So enthalten die Zellkerne von Hausmäusen zum Beispiel 40 Chromosomen, die Zellkerne von Löwenzahn 24 Chromosomen. Alle Tier- und Pflanzenarten haben eine gerade Anzahl von Chromosomen, denn jedes Chromosom ist doppelt vorhanden. Jeweils 2 gleichartige Chromosomen bilden ein Chromosomenpaar. Man nennt diese gleichartigen Chromosomen homologe Chromosomen. Der **Chromosomensatz** des Menschen enthält 46 Chromosomen. Bei der Frau sind es 23 Paare homologer Chromosomen. Eine Ausnahme bildet das 23. Paar beim männlichen Chromosomensatz. Die Chromosomen 45 und 46 sind nicht gleichartig. So vermuteten die Biologen schon zu Beginn der Erforschung der Chromosomen, dass diese beiden Chromosomen etwas mit der Ausprägung des Geschlechtes zu tun haben. Tatsächlich enthalten die Chromosomen die Erbinformationen über Aussehen und Verhaltensweisen der Lebewesen.

Vergrößert man ein einzelnes Chromosom stärker, kann man seinen *Feinbau* erkennen. Etwa in der Mitte sitzt ein kugelförmiges Gebilde, das sich besonders stark anfärbt. Man nennt es *Centromer*. Rechts und links davon verlaufen – meist ungleich lange – Schenkel. Sie bestehen aus einer eiweißartigen Hüllsubstanz, der Matrix, die sich nur schwach anfärben lässt. Darin sind kugelförmige Eiweißstoffe von einem Kernfaden umwickelt, sodass eine perlschnurartige Struktur entsteht. Diese „Perlschnur" besteht aus einem riesigen Molekül der **DNA.** Diese chemische Verbindung enthält die gesamte **Erbinformation** der Lebewesen.

– DNA-Faden
– Eiweißstoff
– Centromer

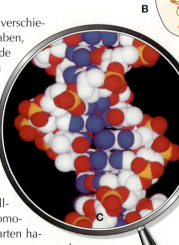

> Chromosomen liegen in den Zellkernen aller Zellen. Alle Lebewesen besitzen eine für sie typische Anzahl von Chromosomen. Chromosomen enthalten die Erbinformation der Lebewesen.

1 Beschreibe anhand der Abbildungen den Feinbau der Chromosomen.
2 Welche Besonderheiten hat die Chromosomenzahl aller Lebewesen?

Stichwort
DNA
Die Abkürzung der chemischen Verbindung für die Kernsäure **D**esoxyribo-**N**ukleinsäure in englischer Schreibweise (Säure = **A**cid).

Zellen und Einzeller

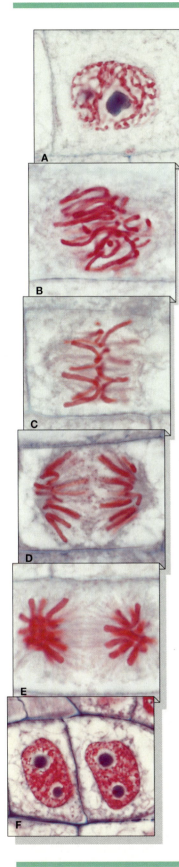

3.2 Kein Wachstum ohne Teilung

Was passiert eigentlich, wenn Lebewesen wachsen? Da ihre Zellen nicht einfach größer werden können, müssen sie sich durch Teilung und anschließendes Wachstum vermehren. Diese **Zellteilungen** laufen ununterbrochen ab. Sie beginnen mit der *Kernteilung*. Zur Veranschaulichung kann man sie in verschiedene Abschnitte (Phasen) einteilen wie hier am Beispiel einer Pflanzenzelle dargestellt:

A Zu Beginn, der *Prophase*, ist der Zellkern noch deutlich vom Zellplasma abgegrenzt. Die Chromosomen erscheinen als lange, dünne Fäden.

B Langsam verkürzen und verdicken sich die Chromosomen, indem sich die Kernfäden spiralig aufwinden. Bei stärkerer Vergrößerung kann man erkennen, dass sich jedes Chromosom in zwei Längshälften, die **Chromatiden,** geteilt hat. Die Kernmembran und das Kernkörperchen lösen sich auf.

C Bei der folgenden *Metaphase* wandern die Chromosomen in die Mitte der Zelle. Inzwischen haben sich feine Plasmafäden von Plasmaverdichtungen, den *Polkappen,* zu den Chromatiden ausgebildet.

D In der *Anaphase* werden die beiden Chromatiden getrennt und zu den entgegengesetzten Polen des Zellkerns gezogen.

E In der *Telophase* rücken die beiden Chromatidengruppen an den Polen dicht zusammen. Es bilden sich zwei neue Tochterkerne mit eigener Kernmembran. Die Anzahl der Chromatiden entspricht der Anzahl der Chromosomen der Ausgangszelle.

F Nun strecken sich die Chromatiden wieder zu langen Fäden. Sie verdoppeln sich in der *Interphase* zu Zwei-Chromatiden-Chromosomen. Danach werden die Kerne deutlich sichtbar und die Kernkörperchen erscheinen wieder. Anschließend erfolgt mit der Bildung der neuen Zellwand die eigentliche Zellteilung. Die Wachstumsteilung, die **Mitose,** ist abgeschlossen.

> Mitose ist eine Zellteilung, bei der sich aus einer Zelle mit einem Zellkern zwei Tochterkerne bilden, die die gleiche Chromosomenzahl haben.

1 Beschreibe anhand der Abbildungen die einzelnen Phasen der Mitose.

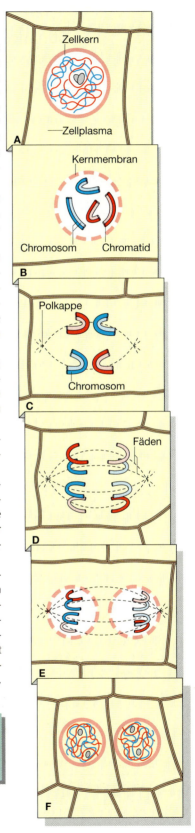

Zellen und Einzeller

Übung — **Chromosomenmodell**

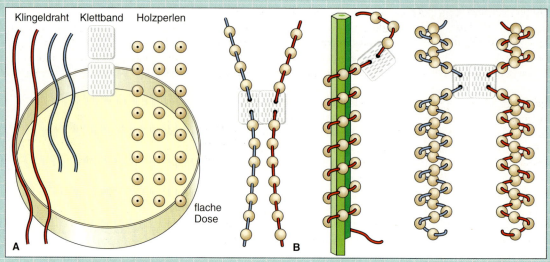

1 Chromosomenmodell. *A Material (Auswahl); B Durchführung*

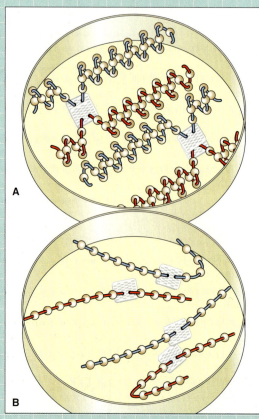

2 Veränderung des Chromosoms während der Kernteilung

V 1 Wir arbeiten mit einem Chromosomenmodell

Material: Käseschachtel oder Margarinebecher; Klingeldraht rot (40 cm) und blau (20 cm); Klettband; ca. 100 kleine durchbohrte Holzperlen von etwa 5 mm Durchmesser; Seitenschneider; Schere; Vorstecher oder dickere Nadel; Holzbrettchen als Unterlage; Bleistift; Klebstoff

Durchführung: Teile zunächst mit dem Seitenschneider den Klingeldraht (2 × 10 cm blau; 2 × 20 cm rot) auf. Schneide dann vom (doppelt liegenden) Klettband zwei kleine Stückchen ab. Lege die 4 Hälften des Klettbandes auf das Brettchen und steche mit dem Vorstecher jeweils zwei Löcher in die Bandstückchen. Ziehe die Klingeldrähte durch die beiden Löcher, fädle dann die Holzperlen auf und fixiere sie mit einem Tropfen Klebstoff. Wickele zum Schluss die Drahtenden über einem Bleistift spiralig auf.

Aufgaben: a) Stelle jetzt aus den Bestandteilen 2 Chromosomenmodelle her und lege sie in die Schachtel.
b) Vergleiche die Teile deiner Modelle mit den Bestandteilen eines Chromosoms.
c) Was wird durch die Käseschachtel symbolisiert?
d) Baue mithilfe der Modelle die Phasen A, B, und E der Kernteilung nach (s. S. 19).
e) Vergleiche die Modellstadien mit Abbildung 2. Welchen Phasen der Kernteilung entsprechen die Abbildungen 2 A und 2 B?

Zellen und Einzeller

3.3 Von der Zelle zum Organismus

Der Bauplan der Zellen und wie sie sich vermehren, ist bei allen mehrzelligen Lebewesen ähnlich. Vom Grundbauplan der Zelle gibt es aber zahlreiche Abwandlungen. Dadurch sind die Zellen an die Aufgaben, die sie zu erfüllen haben, angepasst. Die *Muskelzellen* des menschlichen Körpers zum Beispiel sind langgestreckt und können sich zusammenziehen. Doch trotz dieser Fähigkeit könnte eine einzelne Muskelzelle nicht einmal den kleinen Finger bewegen. Erst im Verbund mit anderen Muskelzellen sind zum Beispiel Bewegungen von Gliedmaßen möglich. Eine solche Einheit gleichartiger Zellen, die eine gemeinsame Aufgabe erfüllen, nennt man **Zellgewebe.** Manche Aufgaben im Körper sind aber nur durch das Zusammenwirken mehrerer verschiedener Gewebe zu erfüllen. Im Auge zum Beispiel muss ein Gewebe aus *Sinneszellen* Lichtreize wahrnehmen und in elektrische Impulse umwandeln. *Nervengewebe* leitet die Impulse anschließend zum Gehirn und eine Hülle aus *Bindegewebe* sorgt dafür, dass diese und viele andere Gewebearten im Auge zusammengehalten werden. Zusammen erfüllen sie die komplexe Aufgabe des Sehens.

Eine solche Einheit, in der verschiedene Gewebe zusammenarbeiten, bezeichnet man als **Organ.**

In einem **Organismus** wie dem Menschen oder einem Tier wirken viele Organe zusammen. Sie sorgen dafür, dass diese Lebewesen lebensfähig sind.

> Zellgewebe setzt sich aus vielen gleichartigen Zellen zusammen. Verschiedene Zellgewebe arbeiten in Organen zusammen und erfüllen gemeinsam eine Aufgabe.

1 Nenne mithilfe der Abbildung 1 Aufgaben von Zellgeweben des menschlichen Körpers und ordne sie Organen zu.

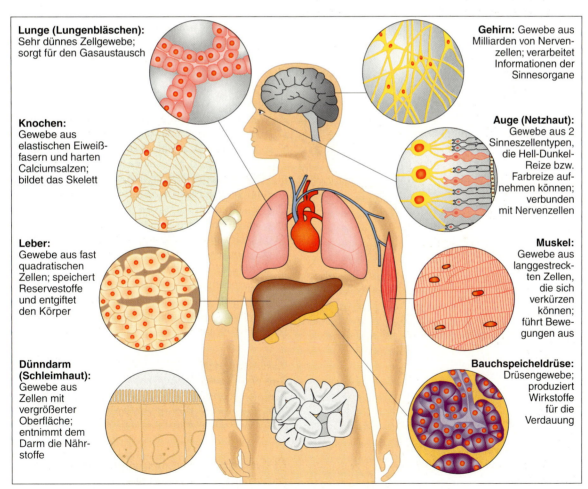

1 Gewebe des Menschen

Zellen und Einzeller

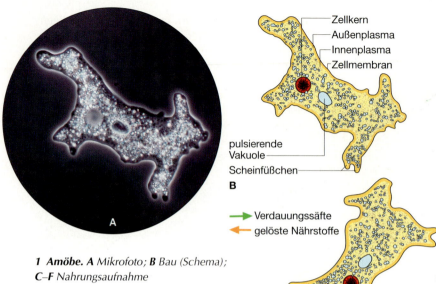

1 Amöbe. A *Mikrofoto;* **B** *Bau (Schema);* **C–F** *Nahrungsaufnahme*

4 Einzeller

4.1 Amöben – Einzeller ohne feste Gestalt

Untersucht man Wasserproben aus dem Schlamm stehender Gewässer oder vom Grunde von Aquarien mit dem Mikroskop, kann man seltsame etwa einen halben Millimeter große, farblose „Eiweißklümpchen" finden. Sie bewegen sich und ändern dabei ständig ihre Gestalt. Es sind **Amöben.**

Sie bestehen nur aus einer einzigen Zelle und gehören deshalb zu den **Einzellern.** Amöben wechseln ständig ihre Gestalt und heißen daher *Wechseltierchen.* Sie bestehen aus *Zellplasma,* bei dem man das beweglichere *Innenplasma* vom zäh fließenden *Außenplasma* unterscheiden kann. Im Innenplasma liegt der *Zellkern.*

Bei der Fortbewegung stülpt die Amöbe in Fließrichtung Plasmafortsät- 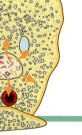 ze – die *Scheinfüßchen* – aus und zieht sich dabei im rückwärtigen Teil der Zelle zusammen. Hindernisse können von den Scheinfüßchen „ertastet" werden. Stößt sie an ein Hindernis, zieht die Amöbe das Scheinfüßchen zurück und stülpt an anderer Stelle ein neues aus. So kriechen Amöben langsam vorwärts auf der Suche nach kleinen Einzellern, Bakterien oder faulenden Pflanzenteilchen. Wenn die Amöbe ein Nahrungsteilchen berührt, stülpt sie ein Scheinfüßchen aus und umschließt dann die Nahrung mit dem gesamten Zellplasma. Dabei entsteht im Plasma eine *Nahrungsvakuole,* in die Verdauungssäfte abgegeben werden. Die verdaute Nahrung wird vom Zellplasma aufgenommen und zum Aufbau körpereigener Stoffe verwendet. Die unverdaulichen Reste gelangen beim Fortkriechen wieder nach außen.

Durch die Zellmembran dringt ständig Wasser ein. Es sammelt sich in einem hellen Bläschen, das erst anschwillt, sich dann öffnet und das Wasser nach außen abgibt. Diese *pulsierende Vakuole* verhindert, dass eingedrungenes Wasser die Amöbe zum Platzen bringt.

Amöben wachsen bis zu einer bestimmten Größe. Dann kommt es nach einer Kernteilung zur Zellteilung und es entstehen zwei kleinere Tochtertiere. Amöben pflanzen sich also *ungeschlechtlich* fort. Wenn ihr Gewässer austrocknet, oder wenn es sehr kalt wird, bilden Amöben Dauerformen, die **Zysten.** Dazu nehmen sie die Gestalt einer Kugel an und bilden eine Hülle aus zähem Schleim. In dieser Zyste überdauern sie, bis sich die Lebensbedingungen wieder verbessern.

> Amöben sind tierische Einzeller ohne feste Gestalt. Bei ihnen werden Bewegung, Ernährung und Vermehrung von einer einzigen Zelle geleistet. Sie pflanzen sich ungeschlechtlich fort.

1 Beschreibe die Fortbewegung der Amöbe und erkläre den Ausdruck Wechseltierchen.

2 Erläutere die Nahrungsaufnahme der Amöbe.

Zellen und Einzeller

4.2 Pantoffeltierchen – hoch spezialisierte Einzeller

Wenn man eine Probe fauligen Wassers unter dem Mikroskop untersucht, entdeckt man oft 0,3 mm kleine Einzeller, die sich rasch durch das Wasser bewegen. Sie erinnern mit ihrer Gestalt an Pantoffeln. **Pantoffeltierchen** schwimmen schraubend durch den Wassertropfen. Sie können ebenso gewandt vorwärts wie rückwärts schwimmen. Wie gelingt ihnen das, obwohl keine Gliedmaßen erkennbar sind?

Anders als bei der Amöbe gibt eine elastische *Zellhaut* dem Pantoffeltierchen eine feste Gestalt. Die Zellhaut ist über den ganzen Körper hinweg mit dünnen Plasmafäden, den *Wimpern,* bedeckt. Diese Wimpern schlagen ständig in einem aufeinander abgestimmten Rhythmus und treiben damit das Tier vorwärts. Ändert sich die Schlagrichtung, kann das Pantoffeltierchen auch rückwärts schwimmen.

Eine Vielzahl von unterschiedlichen Einzellern tragen dieses Wimpernkleid. Sie werden daher alle zu den **Wimpertierchen** gezählt.

Bei genauer Betrachtung fällt eine trichterförmige Einsenkung im Körper des Pantoffeltierchens auf, die sehr dicht mit Wimpern besetzt ist. Man nennt sie *Mundfeld*. Mit diesen Wimpern strudelt das Pantoffeltierchen Nahrungsteilchen in den *Zellmund*. Bakterien und kleine Einzeller gelangen dann durch den *Zellschlund* in das Zellinnere. In Nahrungsbläschen eingeschlossen wandert die Nahrung durch den Körper und wird dabei verdaut. Unverdaute Reste gelangen durch den *Zellafter* nach außen. Eindringendes Wasser wird in der *pulsierenden Vakuole* gesammelt und ausgeschieden.

Pantoffeltierchen haben keine Sinnesorgane, trotzdem reagieren sie auf mechanische und chemische *Reize* sowie auf Temperaturreize.

Pantoffeltierchen vermehren sich überwiegend ungeschlechtlich. Sie können sich mehrere Male am Tag quer teilen. Diese Zellteilung beginnt mit der Teilung beider Kerne. Nachdem die beiden Tochterkerne auseinander gewichen sind, schnürt sich der Zellleib in der Mitte durch. Es sind zwei Einzeltiere entstanden.

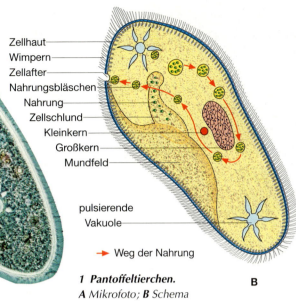

1 Pantoffeltierchen.
A Mikrofoto; B Schema

Pantoffeltierchen sind tierische Einzeller mit einer festen Gestalt. Sie bewegen sich mithilfe von Wimpern fort, nehmen über einen Zellmund Nahrung auf und reagieren auf Umweltreize. Sie vermehren sich überwiegend ungeschlechtlich.

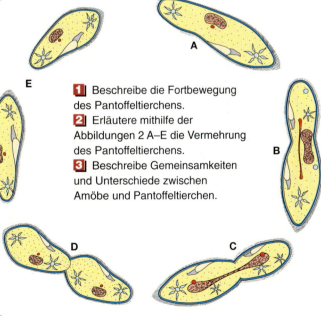

1 Beschreibe die Fortbewegung des Pantoffeltierchens.
2 Erläutere mithilfe der Abbildungen 2 A–E die Vermehrung des Pantoffeltierchens.
3 Beschreibe Gemeinsamkeiten und Unterschiede zwischen Amöbe und Pantoffeltierchen.

2 Vermehrung des Pantoffeltierchens

Zellen und Einzeller

Pinnwand

ALGEN

Einzellige Algen

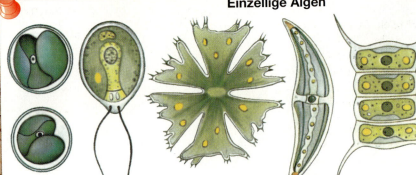

Grüne Kugelalgen (Chlorella) | Hüllenflagellat (Chlamydomonas) | Strahlenstern (Micrasterias) | Mondalge (Closterium) | Gürtelalge (Scenedesmus) | Zackenrädchen (Pediastrum)

Einzellige Grünalgen sind die einfachste Form der Pflanzen. Jede Zelle weist im Lichtmikroskop Zellwand, Zellplasma, Zellkern und Chloroplasten auf wie andere Pflanzenzellen auch. Auch die Fähigkeit, mithilfe der Fotosynthese ihre Nährstoffe selbst herzustellen, haben Algen mit anderen Pflanzen gemeinsam.

Einzellige Grünalgen kommen in großer Formenvielfalt vor. Es gibt kugelige, langgestreckte und sogar sternförmige Formen. Man findet bewegliche Formen mit Geißel ebenso wie unbewegliche. Bei manchen Arten schließen sich mehrere Zellen zusammen. Da sie aber keine echten Gewebe mit spezialisierten Zelltypen ausbilden, werden sie von vielen Wissenschaftlern trotzdem zu den Einzellern gezählt.

Den größten Teil der etwa 800 Arten der einzelligen Grünalgen findet man im Süßwasser. Einige Arten leben jedoch auch an Land, wo sie z. B. den grünen Belag an der Wetterseite der Bäume bilden.

Kieselalgen

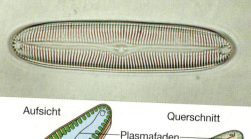

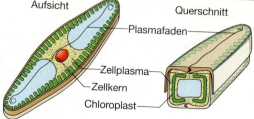

Aufsicht — Querschnitt — Plasmafaden — Zellplasma — Zellkern — Chloroplast

Der grünlich-braune Belag auf Wasserpflanzen und wasserbedeckten Steinen zum Beispiel besteht aus Kieselalgen. Kieselalgen werden von Kieselschalen geschützt, die wie Boden und Deckel einer Schachtel zusammenpassen. Durch einen Längsspalt in den Schalen treten vorn Plasmafäden aus, die hinten wieder in die Zelle einfließen. So bewegt sich die Alge wie ein „Kettenfahrzeug" vorwärts.

Fädige Grünalgen

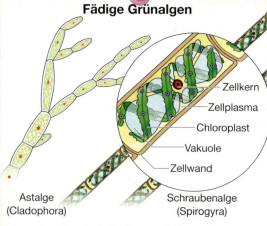

Astalge (Cladophora) — Schraubenalge (Spirogyra) — Zellkern — Zellplasma — Chloroplast — Vakuole — Zellwand

Die „grüne Watte", die im Sommer in Gräben und flachen Tümpeln schwimmt, besteht aus bestimmten Grünalgen. Bei ihnen sind viele Einzelzellen zu unverzweigten oder verzweigten Fäden aneinander gereiht.

1 Überlege, warum viele Arten der im Wasser schwebenden Algen breitflächige Formen und Fortsätze ausgebildet haben. Begründe.

2 Nenne 3 Unterschiede zwischen Kieselalgen und den übrigen einzelligen Grünalgen.

Zellen und Einzeller

4.3 Augentierchen – Tier oder Pflanze?

Mit dem folgenden Versuch kann man im Sommer aus nährstoffreichen Tümpeln besondere Einzeller gewinnen. Eine Wasserprobe wird in ein Glasgefäß gegeben. Das Glasgefäß wird mit einer oben geschlossenen Papprolle abgedunkelt, in der ein kleines Fenster ausgeschnitten ist (Abbildung 1). Entfernt man nach einiger Zeit die Papprolle, kann man einen „grünen Fleck" in Höhe des Fensters erkennen. Es handelt sich um eine Anhäufung von etwa 0,05 mm großen **Augentierchen**. Sie haben sich im Licht angesammelt.

Augentierchen haben eine *Zellmembran*, die schraubenförmig um die Zelle verlaufende Verstärkungen enthält. Damit können sie ihre *spindelförmige Gestalt* verändern. Diese Einzeller können sich sehr schnell fortbewegen. Die Bewegung wird durch eine *Geißel* hervorgerufen, die am Vorderende des Tieres sitzt. Diese Geißel kennzeichnet alle **Geißeltierchen.** Sie entspringt als Plasmafaden in einer kleinen Vertiefung am Vorderende, dem **Geißelsäckchen.** Zahlreiche verdrillte Eiweißfasern bilden einen kräftigen Eiweißfaden. Durch Hin- und Herschlagen und kreisförmige Bewegungen zieht dieser Faden das Augentierchen schraubenförmig in Richtung der Geißel vorwärts.

Über der Geißelwurzel erkennt man einen kleinen rötlichen Fleck, den so genannten *Augenfleck*, nach dem das Tier seinen Namen bekommen hat. Eine Verdickung an der Geißelwurzel ist lichtempfindlich. Fällt Licht auf den darüber liegenden dunklen Augenfleck, wird die Geißelwurzel beschattet. So kann das Augentierchen hell und dunkel und die Richtung der Lichtquelle unterscheiden.

Untersucht man die grüne Färbung des Augentierchens genauer, so stellt man fest, dass sie von zahlreichen *Chloroplasten* stammt. Durch die Fotosynthese kann das Augentierchen selbst Nährstoffe bilden. Ist dieses „Tierchen" nicht doch eine Pflanze?

Tatsächlich ist das Augentierchen sowohl Tier als auch Pflanze. Hält man die Einzeller längere Zeit im Dunkeln, verlieren die Nachkommen die Fähigkeit, Chlorophyll zu bilden. Sie gehen dann zur tierischen Lebensweise über und müssen organische Nahrung aus dem Wasser aufnehmen.

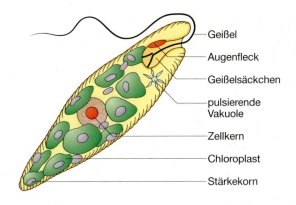

3 Bau eines Augentierchens (Schema)

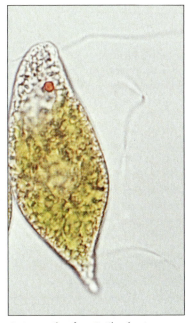

2 Augentierchen (Mikrofoto)

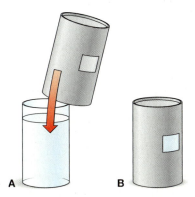

1 Versuch mit Augentierchen

> Augentierchen bewegen ihren spindelförmigen Körper mithilfe einer Geißel schraubenförmig vorwärts. Augentierchen können hell und dunkel unterscheiden. Sie leben mit Chlorophyll als Pflanze oder ohne Chlorophyll als Tier.

1 Warum sammeln sich die Augentierchen im Licht?

2 Stelle in einer Übersicht pflanzliche und tierische Merkmale des Augentierchens zusammen.

Zellen und Einzeller

Übung: Einzeller

Kronentierchen   Schraubentierchen

Nierentierchen

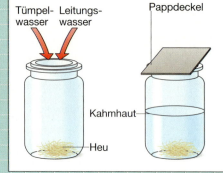

Tümpelwasser — Leitungswasser — Pappdeckel — Kahmhaut — Heu

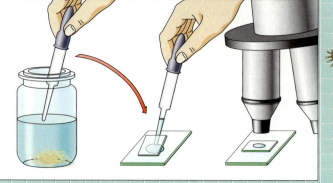

V1 Wir untersuchen Einzeller

Material: Heu oder Möhrenschnitzel; Leitungswasser; Wasser aus einem Tümpel, einem Wassergraben oder abgestandenes Blumenwasser; Einmachglas 1 l; Pappkarton; Pinzette; Objektträger; Deckgläschen; Lichtmikroskop; Zeichenmaterial

Durchführung: Fülle etwas Heu (oder einige Möhrenschnitzel) in das Einmachglas, gib danach ca. 250 ml Leitungswasser hinzu. Gib nun so viel Tümpelwasser hinzu, dass das Einmachglas etwa drei Viertel gefüllt ist. Schneide aus dem Pappkarton einen Deckel und bedecke damit das Einmachglas. Bewahre diesen „Heuaufguss" bei Zimmertemperatur auf. Wähle einen hellen Standort, vermeide aber direkte Sonneneinstrahlung.

Hinweis: Auf der Oberfläche des Heuaufgusses bildet sich nach etwa 3 Tagen eine milchige Haut. Diese *Kahmhaut* wird von einer großen Anzahl von Bakterien und Pilzen gebildet, die mit dem bloßen Auge nicht erkennbar sind. Von diesen Organismen ernähren sich die Einzeller und vermehren sich massenhaft.

Aufgaben: a) Nimm nach 2–3 Tagen mit der Pipette aus verschiedenen Wassertiefen des Heuaufgusses Wasserproben. Stelle von jeder Probe ein Präparat her.
b) Mikroskopiere bei 50–100facher Vergrößerung. Vergleiche die gefundenen Einzeller mit den Abbildungen dieser Seite. Notiere alle Arten, die du zuordnen kannst.
c) Beschreibe Körperform und Fortbewegung einiger Einzeller. Benutze eine etwa 50fache Vergrößerung.
d) Führe nach 8–10 Tagen eine zweite Probenentnahme durch. Vergleiche die entdeckten Einzeller mit denen der ersten Probenentnahme.
e) Vermute, woher die Einzeller im Wasser des Heuaufgusses stammen könnten. Berichte.

V2 Pantoffeltierchen reagieren auf mechanische Reize

Material: Wasserprobe mit Pantoffeltierchen; Tapetenkleister; Watte; Pinzette; Haarpinsel; Objektträger; Deckgläschen; Lichtmikroskop; Zeichenmaterial

Durchführung: Stelle mit dem Tapetenkleister eine Lösung her. Sie dient dazu, dass die Fortbewegung der Einzeller verlangsamt wird. Tupfe einen Tropfen davon mit dem Pinsel auf einen Objektträger. Entnimm dann mit der Pipette eine Wasserprobe unmittelbar unter der Kahmhaut. Gib einen Tropfen der Probe zu der Kleisterlösung. Füge einige Wattefasern hinzu und mikroskopiere.

Aufgabe: Beschreibe und erkläre das Verhalten der Pantoffeltierchen nach Kontakt mit den Wattefasern.

V3 Pantoffeltierchen reagieren auf chemische Reize

Material: wie in V2, jedoch mit Kochsalzkristallen an Stelle von Tapetenkleister und Watte

Durchführung: Setze mit der Pinzette einen Kochsalzkristall in die Mitte eines Präparates mit Pantoffeltierchen und mikroskopiere bei etwa 50facher Vergrößerung.

Aufgabe: Beschreibe das Verhalten der Pantoffeltierchen und gib eine Erklärung für dieses Verhalten.

Zuckrüsseltierchen

Tonnentierchen

Grüne Zahnwalze — Sumpf-„Wurm"

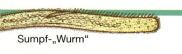
Beulentierchen

Zellen und Einzeller

Prüfe dein Wissen

A1 Die Abbildung zeigt das Schema einer Zelle.
a) Ordne den Ziffern die richtigen Begriffe zu.
b) Nenne die Aufgaben der Bestandteile.
c) Handelt es sich um eine Pflanzenzelle oder um eine Tierzelle? Begründe mit drei Bestandteilen.

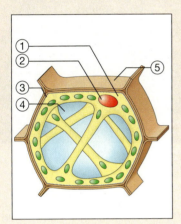

A2 Die Abbildung zeigt das Schema einer Zelle, wie sie sich im Elektronenmikroskop darstellt.
a) Ordne den Ziffern die richtigen Begriffe zu.
b) Nenne die Aufgaben zweier Zellbestandteile.

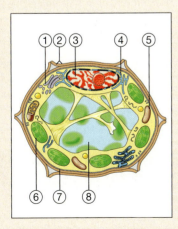

A3 Zellen enthalten Chromosomen. Welche der folgenden Aussagen treffen zu?
a) Chromosomen liegen im Zellplasma.
b) Sie enthalten das Erbgut.
c) Je nach Aufgabe der Zelle sind in ihr eine unterschiedliche Anzahl von Chromosomen enthalten.
d) Sie teilen sich bei der Vermehrung quer durch.
e) Jede Art besitzt die gleiche Anzahl von Chromosomen.

A4 In der folgenden Abbildung sind Phasen der Zellteilung dargestellt.
a) Benenne die dargestellten Phasen und bringe sie in die richtige Reihenfolge.
b) Warum besitzen Lebewesen immer eine gerade Anzahl von Chromosomen?

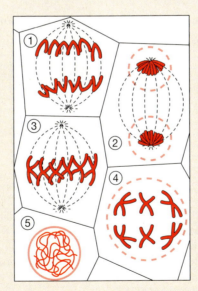

A5 Die Körper der Tiere und des Menschen bestehen aus unterschiedlichen Zellen, Geweben und Organen.
a) Ordne den Ziffern die richtigen Begriffe zu.
b) Nenne die Aufgaben der Zellen.
c) Ordne den Begriffen „Zellgewebe" und „Organ" die richtige Beschreibung zu:
– besteht aus vielen gleichartigen Zellen, die die gleiche Aufgabe haben;
– besteht aus verschiedenen Zellen mit unterschiedlichen Aufgaben.

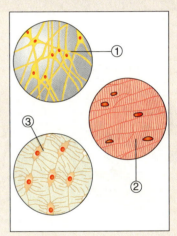

A6 Welche der folgenden Aussagen über Einzeller treffen zu?
a) Amöben bewegen sich mithilfe von Geißeln.
b) Amöben umfließen ihre Beute.
c) Pantoffeltierchen können vorwärts und rückwärts schwimmen.
d) Die pulsierende Vakuole befördert Nahrungsreste nach außen.
e) Der Augenfleck der Augentierchen nimmt Lichtreize wahr.
f) Pflanzliche Einzeller können selbst Nährstoffe herstellen.
g) Pflanzliche Einzeller haben keine Fortbewegungsorgane.

Wirbellose in ihrem Lebensraum

1 **Blumenwiese. A** Lebensraum für viele Insekten; **B** Blüte mit Insekt (Perlmutterfalter)

2 **Bauplan der Insekten** (Biene)

1 Insekten

1.1 Blumenwiesen – Treffpunkte vieler Insekten

Wandert man im Sommer an einem schönen sonnigen Tag an einer blühenden Blumenwiese entlang, summt und zirpt es überall. Man entdeckt Bienen und Schmetterlinge, die von Blüte zu Blüte fliegen. Grashüpfer springen davon. Auch Käfer und Hummeln werden von den bunten Farben der Wiesenblumen angelockt.
Obwohl diese Tiere auf den ersten Blick sehr unterschiedlich aussehen, gehören sie alle zur Tierklasse der **Insekten.** Achtet man auf Gemeinsamkeiten, so fällt auf, dass sich die unterschiedlichen Formen von einem gemeinsamen Grundbauplan ableiten.

> **Stichwort**
> **Wirbellose**
>
> Wirbellose Tiere haben keine Wirbelsäule. Ihnen fehlt ein stützendes Innenskelett. Zu den Wirbellosen gehören z. B. Insekten, Spinnen, Würmer und Schnecken.

Ihr Körper ist wie durch Kerben in drei Abschnitte unterteilt: **Kopf, Brust** und **Hinterleib.** Ein *Chitinpanzer* schützt und stützt den Körper und wirkt damit als Skelett. Weil es außen liegt, nennt man es **Außenskelett.** Sechs gegliederte *Beine* und meistens vier *Flügel* befinden sich am Brustabschnitt. Am Kopf sitzen die *Fühler*, die *Augen* und die *Mundwerkzeuge*.
Insekten ernähren sich unterschiedlich. Viele nehmen pflanzliche Nahrung auf. An den Blättern und Stängeln saugen Blattläuse und Zikaden Pflanzensaft. Käfer fressen Blütenstaub und Blätter. Andere wiederum leben räuberisch und jagen Kleintiere als Beute. So ernähren sich Marienkäfer und Ohrwürmer von Blattläusen, und Weichkäfer lauern auf Blüten nach anderen Blütenbesuchern, die hier Nahrung suchen.

> Insekten haben ein Außenskelett aus Chitin und sind in Kopf, Brust und Hinterleib gegliedert.

1 Insekten werden auch Kerbtiere genannt. Erkläre.

Wirbellose in ihrem Lebensraum

INSEKTEN

Pinnwand

Maikäfer

Größe: 25 bis 30 mm
Lebensweise: frisst Blätter; Larven entwickeln sich im Boden, leben von feinen Wurzeln; Entwicklung dauert 3 - 4 Jahre
Besonderheit: kann bei Massenvermehrung zum Schädling werden

Grünes Heupferd

Größe: 28 bis 42 mm
Lebensweise: frisst Insekten und Pflanzen; springende Fortbewegung; fliegt nur kurze Strecken
Besonderheit: erzeugt zirpende Geräusche durch Aneinanderreiben der Deckflügel

Über Insekten

- Insekten existieren seit über 400 Millionen Jahren.
- Man schätzt, dass es etwa 1,5 Millionen Insektenarten gibt.
- Einige Insekten stellen Stoffe wie Papier, Seide und Wachs her.
- Manche Insekten können Licht erzeugen.
- Viele Arten vermehren sich sehr stark. Blattläuse z. B. haben bei uns neun Generationen pro Jahr. Im Laufe dieser Generationen könnte ein Weibchen theoretisch so viele Nachkommen haben, dass ein Gewicht von 6000 Tonnen erreicht werden würde.

Marienkäfer

Größe: 5,5 bis 8 mm
Lebensweise: frisst Blattläuse; überwintert in Gruppen unter Steinen oder Rinde
Besonderheit: Larven und erwachsene Tiere haben eine große Bedeutung als Schädlingsvertilger

Widderchen

Größe: 18 mm
Lebensweise: Falter saugen bevorzugt an den Blüten von Disteln und Kletten
Besonderheit: Warnfärbung, denn Falter und Raupe können übel riechende Flüssigkeit absondern

1 a) Nenne die Merkmale der Insekten.
b) Welche dieser Merkmale erkennst du bei den Insekten der Pinnwand wieder?

Roter Weichkäfer

Größe: 7 bis 11 mm
Lebensweise: lebt häufig auf Doldenblüten; jagt als Räuber nach anderen Insekten; Larven leben am Boden und fressen Schnecken, Insekten und andere Kleinlebewesen

Wiesenschaumzikade

Größe: 5 bis 7 mm
Lebensweise: saugt Pflanzensäfte
Besonderheit: Larven erzeugen Schaum, der sie vor Austrocknung und vor Feinden schützt

Insektenlarve

Bei vielen Insektenarten und einigen anderen Tiergruppen unterscheidet sich das Jugendstadium sehr stark vom erwachsenen Tier. Ein solches Jugendstadium bezeichnet man als **Larve**. Beim Schmetterling heißen die Larven Raupen, bei Fliegen spricht man von Maden, beim Maikäfer vom Engerling. Solche Larven wandeln sich im Puppenstadium in das fertige Insekt um.

Wirbellose in ihrem Lebensraum

1 Honigbiene beim Pollensammeln

1.2 Die Honigbiene – ein Insekt beim Blütenbesuch

Am Rande eines blühenden Rapsfeldes stehen mehrere Bienenstöcke. Es sind farbige Kästen, die von Imkern zur Honiggewinnung aufgestellt werden. Mehr als 50 000 Tiere leben im Sommer in so einem Stock als Bienenvolk zusammen.

Bei schönem Wetter fliegen tagsüber pausenlos Honigbienen vom Bienenstock auf Nahrungssuche. Beladen mit Pollen und Nektar kehren sie wieder zurück. Der Nektar dient der Pflanze dazu, Insekten anzulocken, die ihre Blüten bestäuben. Dem gleichen Zweck dienen die leuchtenden Blütenfarben.

Wissenschaftler haben festgestellt, dass die Biene mit ihren Augen sehr gut Blütenfarben unterscheiden kann. Schaut man mit einer Lupe den **Kopf** der Biene genauer an, fallen sofort die großen halbkugeligen Augen auf. Man erkennt auf der Oberfläche ein regelmäßiges Sechseckmuster. Jedes Sechseck ist die Linse eines Einzelauges. Etwa 5000 von ihnen bilden das Auge einer Biene. Solche aus vielen Einzelaugen zusammengesetzten Augen nennt man **Facettenaugen** oder Netzaugen. In jedem Einzelauge entsteht ein winziger Bildpunkt. Alle Bildpunkte werden über Nervenzellen zum Gehirn geleitet und dort wieder zu einem Gesamtbild zusammengesetzt. Man kann sich dies wie bei einem Puzzle vorstellen, bei dem sich ein Bild aus zahllosen einzelnen Kärtchen zusammensetzt.

Auch die beiden beweglichen **Fühler** sind am Kopf gut zu erkennen. Bienen tasten und riechen damit.

Um an den Nektar am Grunde der Blüten zu gelangen, krabbelt die Biene in die Blüte hinein. Der zusammengelegte **Saugrüssel** wird ausgeklappt und der Nektar wird mit der Zungenspitze, dem *Löffelchen,* aufgeleckt und mit dem *Rüssel* aufgesaugt.

Bei fast jedem Blütenbesuch bleiben klebrige Pollenkörner im Pelz an der **Brust** der Biene haften. Während des Fluges fegt sie mit den Vorderbeinen den Pollen auf und gibt ihn an die Hinterbeine weiter. Dort sammelt er sich auf der *Fersenbürste.* Wie mit einem Kamm werden dann die Pollenkörner von beiden Hinterbeinen gegenseitig aus der Bürste gekämmt und in einer Vertiefung, dem *Körbchen,* gesammelt. Dieses Organ wird als **Sammelbein** bezeichnet. Im Bienenstock wird dieser Pollen in die Vorratszellen der Waben gefüllt und später an Larven verfüttert.

An der Brust der Biene sitzen auch die vier dünnhäutigen *Flügel.* Beim Flug werden die Vorderflügel mit den Hinterflügeln verhakt, sodass sie gemeinsam schlagen.

2 Bienenstöcke an einem Rapsfeld

Wirbellose in ihrem Lebensraum

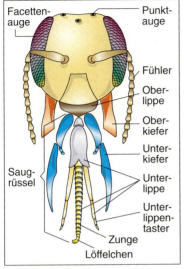

3 **Kopf der Honigbiene**

Der **Hinterleib** ist durch eine dünne Verbindung mit der Brust verbunden. Der *Honigmagen,* in dem der Nektar gesammelt wird, der Darm, sowie der *Stachelapparat* mit dem Stachel, den *Giftdrüsen* und der *Giftblase* liegen im Hinterleib. Der Stachel besteht aus zwei Stechborsten und besitzt Widerhaken. Er ist eine wirksame Waffe gegen andere Insekten und kann aus ihrem Körper unbeschädigt herausgezogen werden. Beim Stich in die menschliche Haut jedoch bleibt der Stachel fest verankert. Die Biene reißt sich den gesamten Stachelapparat aus dem Hinterleib, woran sie stirbt.

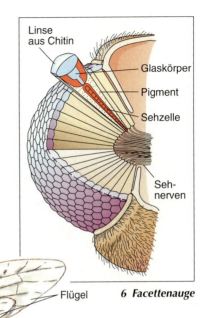

6 **Facettenauge**

5 **Bauplan einer Arbeitsbiene**

4 **Stachel**

Die Honigbiene besucht Blüten, um Nektar und Pollen zu sammeln. Mit Saugrüssel, Netzaugen und Sammelbeinen ist sie an diese Lebensweise angepasst.

1 Erläutere, welche Aufgaben die Fühler der Bienen haben.
2 Beschreibe den Aufbau eines Netzauges. Vergleiche mit dem eines menschlichen Auges. (S. 215)
3 Begründe, warum es für Insekten wichtig ist, dass ihre äußere Hülle stark gegliedert ist.
4 Obstbauern zahlen an den Imker eine Gebühr, damit er Bienenstöcke in der Nähe ihrer Plantagen aufstellt. Erkläre!

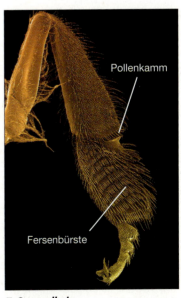

7 **Sammelbein**

Wirbellose in ihrem Lebensraum

1 Im Bienenstock. *A* Blick auf Bienenwabe; *B* Königin mit Arbeiterinnen; *C* Brutwabe

1.3 Bienen sind Staaten bildende Insekten

Bei einem Blick in einen Bienenstock sieht man mehrere dicht nebeneinander hängende senkrechte Holzrahmen. In diese haben Bienen ihre Waben aus Wachs gebaut. Sie bestehen aus einigen tausend sechseckigen Zellen. Auf ihnen drängen sich Bienen dicht an dicht.

Meistens sind es **Arbeiterinnen,** die kleinsten Mitglieder des Bienenvolkes. Bis zu 50 000 können es im Sommer sein. Sie sind Weibchen, haben aber zurückgebildete Eierstöcke und sind daher unfruchtbar.

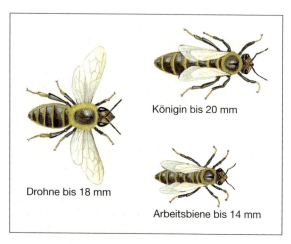

2 *Die drei Bienenformen*

Nur in den Sommermonaten findet man noch einige hundert männliche Tiere im Bienenstock, die **Drohnen.** Man erkennt sie sofort an den auffallend großen Augen und dem plumpen Körper.

Entdeckt man eine einzelne große Biene mit langem, schlankem Hinterleib, ist es die **Königin.** Alle Nachkommen eines Bienenvolkes stammen von ihr ab.

Neben Waben mit *Vorratszellen* für Honig oder Pollen sieht man in anderen Zellen kleine weiße Stifte. Es sind **Eier,** die von der Königin in die Zellen der *Brutwaben* gelegt wurden. Von Mai bis Juni sind es täglich bis zu 1500 Stück.

Schon nach drei Tagen schlüpfen aus den Eiern **Larven.** Diese werden von Arbeiterinnen gefüttert. Junge Larven haben weder Augen noch Beine und werden *Maden* genannt. Sie erhalten eiweißreichen Futtersaft. Ältere Larven dagegen werden mit Pollen und Honig gefüttert. Dann werden die Zellen mit Wachs verschlossen. Die Larve entwickelt sich jetzt zur **Puppe.** Am 21. Tag nach der Eiablage schlüpft eine neue fertige Arbeiterin und nagt sich durch den Deckel.

Im Verlaufe ihres Lebens verrichtet die Arbeitsbiene mehrere Tätigkeiten: Nach dem Schlüpfen beginnt sie sofort, leere Zellen zu reinigen, in die dann die Königin jeweils ein Ei legt. Nach zwei Tagen füttert sie die älteren Larven. Nach dem Heranreifen einer besonderen Kopfdrüse, der *Futtersaftdrüse,* versorgt sie vom 5. Lebenstag an junge Larven und Königinnenlarven mit eiweißreichem Futtersaft. Wenn die Futtersaftdrü-

Wirbellose in ihrem Lebensraum

sen ihre Arbeit einstellen, reifen die *Wachsdrüsen*. Am Hinterleib werden Wachsplättchen ausgeschieden. Die Biene baut nun Wachszellen oder verschließt Zellen mit Wachsdeckeln. Danach verarbeitet sie durch Drüsensäfte in ihrem Honigmagen aufgenommenen Nektar zu Honig und füllt diesen in die Vorratszellen. Es ist der Nahrungsvorrat für den Winter. Weitere Tätigkeiten folgen. Dazu zählen der Abtransport toter Bienen und der Wächterdienst am Einflugloch. Den letzten und längsten Lebensabschnitt verbringt die Arbeitsbiene als *Sammelbiene*.

Im Juni teilt sich das immer größer werdende Volk. Ungefähr die Hälfte der Arbeitsbienen verlässt mit der Königin den Stock, sie *schwärmen*.
Im alten Stock schlüpft eine neue Königin. Sie ist in einer besonderen Zelle, der *Weiselzelle*, herangewachsen. Dort wurde sie in der gesamten Larvenzeit ausschließlich mit Futtersaft ernährt. Auf ihrem Hochzeitsflug wird die junge Königin von mehreren Drohnen begattet. Nachdem sie diese Aufgabe erfüllt haben, werden die Drohnen von den Arbeiterinnen aus dem Bienenstock gezerrt und sterben. Die junge Königin ersetzt nun im Stock die alte. Der Spermavorrat reicht für ihr ganzes Leben.
Honigbienen leben in einer großen Gemeinschaft als Bienenvolk zusammen. Die unterschiedlichen Aufgaben aller Bienen des Volkes sind aufeinander abgestimmt. Es erinnert an das Zusammenleben von uns Menschen in einem Staat. Man bezeichnet daher die Bienen auch als **Staaten bildende Insekten**.

> Ein Bienenvolk besteht aus einer Königin, einigen hundert männlichen Tieren, den Drohnen und vielen tausend Arbeiterinnen. Diese übernehmen während ihres Lebens verschiedene Tätigkeiten in dem Bienenstaat.

4 Honigbienen beim Wabenbau

3 Lebenslauf einer Arbeitsbiene

1 Beschreibe den Lebenslauf einer Arbeiterin. Benutze die Abb. 3.
2 Stelle in einer Tabelle die Körpermerkmale und die Aufgaben der drei Bienenformen zusammen.
3 Obwohl nur eine Königin pro Bienenstaat gebraucht wird, werden immer mehrere Königinnen herangezogen. Begründe dieses Verhalten.

Wirbellose in ihrem Lebensraum

Pinnwand

VERWANDTE DER BIENEN

Hummeln

Hummeln saugen mit ihrem Rüssel Nektar und sammeln Pollen. Sie leben in einjährigen Völkern. Nur die Königin überwintert. Im Laufe eines Jahres wächst ein kleines Volk heran, das aus etwa 300 bis 500 Tieren besteht. Ihre Nester bauen sie aus Moos, Wachs und Baumharz in Erdhöhlen, Baumstubben oder verlassenen Vogelnestern.

Wespen

Wespen leben in Völkern. Ihre Nester bestehen aus einer papierähnlichen Masse, die durch Zerkauen von Holz und Vermischen mit Speichel entsteht. Manche Arten legen ihre Nester in Erdhöhlen an, andere auf Bäumen oder Dachböden. Die Larven werden mit erbeuteten Insekten gefüttert. Erwachsene Tiere ernähren sich von Nektar und dem Saft reifer Früchte. Ein Wespenvolk besteht nur einen Sommer lang. Auch das Nest zerfällt und muss neu angelegt werden. Lediglich einige begattete Königinnen überwintern in der Erde oder in morschem Holz und gründen im Frühjahr neue Völker. Der Nestbau muss zu Beginn von der Königin selbst ausgeführt werden, bis die ersten Arbeiterinnen geschlüpft sind.

Hornissen

Die Hornisse ist unsere größte Wespenart. Sie ist inzwischen so selten geworden, dass sie unseren besonderen Schutz verdient.
Hornissen sind als Höhlenbewohner auf geräumige Baumhöhlen angewiesen. Finden sie solche Nistmöglichkeiten nicht, gehen sie aber auch in leere Nistkästen oder in andere Hohlräume. Dort beginnt die Königin mit dem Nestbau. Etwa 500 Tiere leben im Sommer in einem Volk. Nur die Jungköniginnen erleben den nächsten Frühling. Hornissen leben überwiegend räuberisch.

Erste Hilfe bei Bienenstichen

Anders als bei Wespen oder Hornissenstichen bleibt nach einem Bienenstich der Stachel in der Wunde zurück. Mit dem Daumennagel sollte der Stachel vorsichtig aus der Wunde herausgeschoben werden, damit nicht die noch daran hängende Giftblase ihren Inhalt vollständig in die Wunde entleert.
Auch wenn Schmerz und Juckreiz nach einem Einstich unangenehm sind, genügt es in den meisten Fällen, die angeschwollene Stichstelle mit Eisstücken oder feuchten Umschlägen zu kühlen.
Bei einem Stich in den Mund, in die Nähe der Augen oder wenn eine allergische Reaktion zu befürchten ist, sollte sofort ein Arzt aufgesucht werden.

1 Vergleiche die Lebensweisen von Bienen, Wespen, Hummeln und Hornissen in Form einer Tabelle. Berücksichtige Ernährung, Nestbau, Überwinterung.

Biene

V1 Körperbau der Honigbiene

Material: Lupe oder Stereolupe; Pinzette; Marmeladenglas; Nadel; Zeichenmaterial; Klebstoff; tote Bienen (vom Imker)

Durchführung: Bewahre die Bienen in einem geschlossenen Glas auf. Zur Untersuchung werden die toten Tiere vorsichtig mit der Pinzette in eine geeignete Lage zum Betrachten gebracht.

Aufgaben: a) Lege die Biene auf eine helle Unterlage. Betrachte die Biene mit der Lupe. Fertige eine einfache Skizze an.
Reihenfolge beim Zeichnen: Körpergliederung, Beine (Zahl, Gliederung, …), Flügel, Kopf (Augen, …), Oberfläche des Körpers. Beschrifte die Skizze.
b) Zerlege eine Biene mit Pinzette und Nadel in Kopf, Brust, Hinterleib, Flügel und Beine. Klebe die Teile auf und beschrifte.
c) Vergleiche das Hinterbein mit einem Vorderbein. Finde Gemeinsamkeiten und Unterschiede heraus. Notiere sie.
d) Betrachte mit der Lupe die Flügel. Sind die Vorder- und Hinterflügel miteinander verbunden? Beschreibe die Flügel und zeichne.

A2 Innenskelett – Außenskelett

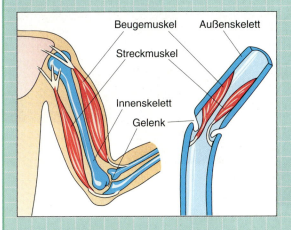

a) Beschreibe anhand der Abbildung den Aufbau des Bewegungsapparates bei Mensch und Insekt.
b) Vergleiche das Zusammenspiel von Muskeln, Gelenken und Skelett bei der Bewegung des menschlichen Unterarms und der eines Insektenbeines.

A3 Bewegung der Bienenflügel

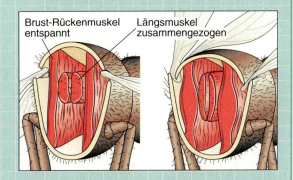

Die Flügel der Bienen sind mit Gelenken am Rückenschild und an den Seitenwänden des Brustabschnitts befestigt. Die Flugmuskeln der Bienen sitzen jedoch nicht direkt an den Flügeln. Dafür sind Muskeln zwischen Rücken und Bauchschild ausgespannt. Zieht sich der Brust-Rückenmuskel zusammen, wird der Rückenschild nach unten gezogen und der Flügel schlägt nach oben.

Beschreibe und skizziere das Heben und Senken der Flügel anhand der Abbildung.

A4 Atmung bei Insekten

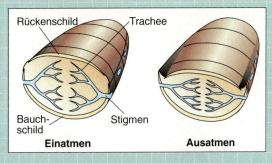

Insekten nehmen Sauerstoff durch eine Reihe kleiner Atemlöcher in dem Chitinpanzer auf. An diese **Stigmen** schließt sich ein System von Röhren an, die **Tracheen**. Durch sie wird Sauerstoff zu den einzelnen Geweben transportiert und Kohlenstoffdioxid nach außen geleitet.

Beschreibe anhand der Abbildung, wie die Atmung bei Insekten funktioniert.

Wirbellose in ihrem Lebensraum

1.4 Die Generationen des Kleinen Fuchses

Schmetterlinge zählen sicherlich zu den schönsten Insekten. Ihre oft prachtvollen Farben werden durch *Flügelschuppen* verursacht. Diese sitzen locker in Vertiefungen der dünnen und durchsichtigen Flügel.
Schon an den ersten sonnigen Vorfrühlingstagen sieht man einige Schmetterlinge im Zickzackflug umhergaukeln. Der **Kleine Fuchs** z. B. überwintert auf Dachböden, in Scheunen oder an anderen geschützten Stellen. Sobald es wärmer wird, erwacht er aus der *Winterstarre* und verlässt schon im zeitigen Frühjahr sein Winterquartier. Sofort beginnt er Nahrung zu suchen. Dazu benützt er seine großen *Netzaugen* und die am Ende verdickten *Fühler*. Die Fühler enthalten zahlreiche haarförmige Geruchsorgane. Sie sind so empfindlich, dass der Falter schon von weitem den Blütenduft wahrnehmen kann. Schmetterlinge, die auch *Falter* heißen, erreichen mit ihrem langen *Saugrüssel*, der aus den beiden rinnenförmigen *Unterkiefern* gebildet wird, Nektar im tiefsten Blütengrund. In Ruhestellung liegt der Saugrüssel wie eine Uhrfeder zusammengerollt unter dem Kopf.
Im Frühjahr sucht der Falter einen Partner, um sich zu paaren. Nach der Paarung heftet das Weibchen des Kleinen Fuchses im Mai seine **Eier** in kleinen Haufen an die Unterseite von Brennnesselblättern. Dieses ist die bevorzugte Futterpflanze der Nachkommen.
Nach der Eiablage stirbt das Weibchen.

1 Kleiner Fuchs. A *Form und Färbung;* **B** *Mundwerkzeuge des Schmetterlings*

A *Eiablage*
B *Eipaket*
C *geschlüpfte Raupen*
D *eingesponnene Raupen*

2 Entwicklung des Kleinen Fuchses (A–H)

Aus den Insekteneiern schlüpfen nach etwa 20 Tagen die winzigen **Larven.** Man nennt sie bei Faltern *Raupen*. Die Raupen sind am ganzen Körper in Ringe gegliedert. Sie haben zusätzlich zu den drei Beinpaaren am Brustabschnitt noch vier Paar ungegliederte *Bauchfüße* und am hintersten Körperabschnitt ein Paar *Nachschieber*.
Raupen aus einem Gelege leben in der ersten Zeit dicht und gesellig beieinander. Dabei spinnen sie mehrere Blätter ihrer Wirtspflanze mit feinen Seidenfä-

den zusammen. So sind sie vor Fressfeinden geschützt. Die wichtigste Tätigkeit einer Raupe ist die Nahrungsaufnahme. Mit der Lupe erkennt man die kräftigen Fresszangen am Kopf. Es sind *beißende Mundwerkzeuge.* Kaum aus dem Ei geschlüpft, beginnt sie, die Blätter ihrer Wirtspflanze zu fressen.

Wenn die Temperaturen nicht zu niedrig sind, wächst die gefräßige Raupe schnell. Da ihr die Haut schon bald zu eng wird, muss dieser äußere Chitinpanzer gewechselt werden. Vor dieser *Häutung* wächst eine neue größere Haut unter der alten. Nun dehnt sich die Raupe, bis die alte Haut aufplatzt und sie buchstäblich „aus der Haut fahren" kann. Die neue, noch ganz zarte und faltige Haut benötigt einige Zeit, um auszuhärten. Nach der zweiten Häutung verändert sich das Aussehen der anfangs dunkel gefärbten Raupe. Sie ist nun behaart und trägt zwei gelbe Längsstreifen auf dem Rücken und je einen an der Seite. Die Häutung wiederholt sich etwa fünfmal, bis die Raupe nach etwa 30 Tagen ihre endgültige Größe erreicht hat. Nun hört sie auf zu fressen und sucht einen geeigneten Platz, um sich zu verpuppen. Mithilfe eines Spinnfadens, der aus einer *Spinndrüse* an ihrem Mund austritt, hängt sie sich kopfunter mit dem Hinterleibsende an Stängeln oder Blättern auf. Jetzt häutet sie sich ein letztes Mal. Aus der Raupe entsteht eine **Puppe.** Diese ist farblich der Umgebung angepasst. Betrachtet man die Puppe von außen, verharrt sie scheinbar regungslos. In ihrem Inneren jedoch verwandelt sie sich. Aus der einfach gebauten plumpen Raupe wird ein Fluginsekt mit anderen äußeren und inneren Organen und völlig anderen Fähigkeiten. Eine solche Verwandlung mit einem Puppenstadium bezeichnet man als **vollkommene Verwandlung.**

Ist die Verwandlung nach etwa 20 Tagen abgeschlossen, platzt bei warmem und trockenem Wetter die Puppenhülle auf und der Falter schlüpft. Verknittert hängen die Flügel an ihm herab. Sofort pumpt der Falter Luft und Flüssigkeit in die Flügeladern. Dadurch entfalten und strecken sie sich. Die Flügel erhalten Spannung. Dann härten sie an der Luft aus. Nach etwa einer Stunde ist der frisch geschlüpfte Falter flugfähig.

> Die Entwicklung eines Schmetterlings erfolgt vom Ei über Larve und Puppe bis zum fertigen Falter. Man bezeichnet sie als vollständige Verwandlung.

E ausgewachsene Raupe
F Puppe
G schlüpfender Falter
H geschlüpfter Falter

1 Wie findet der kleine Fuchs seine Nahrung?
2 Begründe, warum Schmetterlinge einen langen Saugrüssel brauchen.
3 Beschreibe die Entwicklung eines Schmetterlings. Benutze die Abbildungsreihe 2 A bis H.
4 Vergleiche Schmetterling und Raupe.
5 Die Puppe des kleinen Fuchses wird auch „Stürzpuppe" genannt. Finde den Grund dafür.
6 Markiere in einem Kalender einen angenommenen Zeitpunkt der Eiablage und die Dauer der einzelnen Entwicklungsstadien eines Kleinen Fuchses. Wann etwa schlüpft der Falter?
7 Schmetterlinge sind selten geworden. Nenne Gründe und überlege Möglichkeiten, die Überlebenschancen der Schmetterlinge zu verbessern.

Wirbellose in ihrem Lebensraum

Pinnwand

BLÜTEN UND INSEKTEN

Die Wilde Möhre – ein Doldenblütler

Bestäubung: Doldenblütler sind bei ihrer Bestäubung nicht auf eine bestimmte Insektenart angewiesen. Der Nektar ist in den kleinen Blüten auch für Insekten erreichbar, die keine oder nur kurze Rüssel haben. Unzählige Fliegen, Käfer, Bienen und Wespen suchen daher **Doldenblütler** auf und bestäuben die einzelnen Blüten.

Merkmale der Doldenblütler: Viele Einzelblüten sind zu einem schirmförmigen Blütenstand, einer Dolde, zusammengesetzt. Eine Einzelblüte besteht aus 5 zurückgebildeten Kelchblättern, 5 Kronblättern und 5 Staubblättern.

Insektenbestäubung

Etwa 80 % aller heimischen Blütenpflanzen können sich ohne Insekten nicht fortpflanzen. Um diese anzulocken, haben Pflanzen auffällige Blütenfarben und -formen, attraktive Düfte und den nährstoffreichen Nektar entwickelt.
Während die Insekten versuchen, an den Nektar zu gelangen, bleiben Pollenkörner an ihrem Körper haften. Damit fliegen sie zur nächsten Blüte. Wenn dies eine Blüte der gleichen Art ist, wird sie durch den Pollen bestäubt. Dazu müssen einige Pollenkörner auf die Narbe der Blüte gelangen.

Pollenabgabe „unter Druck"

Bestäubung: Landen schwere Insekten, etwa Hummeln, auf der Blüte der Esparsette, wird durch ihr Gewicht das Schiffchen dieses **Schmetterlingsblütlers** nach unten gedrückt. Dadurch liegen nun Staubblätter und das Fruchtblatt frei, die vorher im Innern des Schiffchens verborgen waren. Bei Berührung gelangt nun der Pollen auf die Unterseite des Insekts. Nur schwere Insekten wie Hummeln oder Bienen üben genug Druck aus, um die Staubblätter freizulegen.

Merkmale der Schmetterlingsblütler

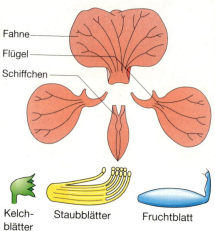

5 Kelchblätter; 5 Kronblätter (1 Fahne, 2 Flügel, 1 Schiffchen aus 2 Kronblättern entstanden); 10 Staubblätter; 1 Fruchtblatt

Wirbellose in ihrem Lebensraum

Ein Landeplatz für Hummeln

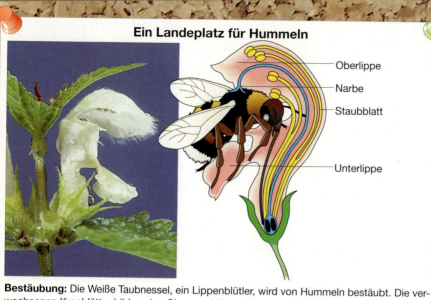

- Oberlippe
- Narbe
- Staubblatt
- Unterlippe

Legende:
- Kronblatt
- Kelchblatt
- Fruchtblatt
- Staubblatt

Bestäubung: Die Weiße Taubnessel, ein Lippenblütler, wird von Hummeln bestäubt. Die verwachsenen Kronblätter bilden eine Ober- und Unterlippe, die den Hummeln als Landeplatz dient. Mit ihrem langen Rüssel erreicht die Hummel den Nektar am Ende der Blütenröhre. Dabei gelangt Pollen auf den Rücken der Hummel, den sie beim nächsten Blütenbesuch an der Narbe abstreift.

Merkmale der Lippenblütler: 5 Kelchblätter; eine in Oberlippe und Unterlippe geteilte Blütenkrone; 2 lange und 2 kurze Staubblätter; 1 Fruchtblatt; vierkantige, hohle Sprossachse; Laubblätter kreuzgegenständig angeordnet

1 An Lichtnelken siehst du keine Bienen. Nenne Gründe.

2 Doldenblütler werden von zahlreichen Insekten besucht. Erkläre.

Spezialitäten für Schmetterlinge

Bestäubung: Die Rote Lichtnelke, die zu den **Nelkengewächsen** gehört, besitzt eine lange und enge Blütenröhre. Bienen und Hummeln gelangen daher mit ihren Mundwerkzeugen nicht zum Grunde der Röhre. Der Nektar kann deshalb nur von Schmetterlingen mit ihren langen Rüsseln erreicht werden. Landen Schmetterlinge auf dem oberen Teil der waagrechten Kronblätter, kommen sie bei weiblichen Blüten mit den Narben in Berührung und streifen vorher aufgenommenen Pollen ab. So werden die Blüten bestäubt.

Merkmale der Roten Lichtnelke: Lange, enge Blütenröhre, die von senkrecht stehenden unteren Abschnitten der 5 Kronblätter gebildet wird. Der röhrenförmige Kelch hält die Kronblätter zusammen. Die Blüten sind eingeschlechtlich, sie enthalten entweder 10 Staubblätter oder nur das Fruchtblatt.

Wirbellose in ihrem Lebensraum

1 Springende Feldheuschrecke

1.5 Musikanten unter den Insekten

Auf Wiesen, an Weg- und Heckenrändern hört man im Sommer ein vielstimmiges, unermüdliches Zirpen. Es sind *Grillen* und *Heuschrecken,* die sich mit Geräuschen verständigen. Sie verstummen sofort, wenn man sich ihnen nähert.

Feldheuschrecken sind grün oder braun gefärbt. Sie haben Fühler, die kürzer als der Körper sind. Meistens werden sie „Grashüpfer" genannt, weil sie sich mit einem weiten Hüpfer in Sicherheit bringen. Dazu stoßen sie sich bei Gefahr mit den kräftigen, zu *Sprungbeinen* ausgebildeten Hintergliedmaßen ab. Dann breiten sie ihre *Flügel* aus und gleiten wieder zu Boden.

Feldheuschrecken sind Pflanzenfresser, die im Sommer und Herbst auf trockenen Wiesen und an Heckenrändern leben. Um zwischen dem Pflanzengewirr einen Partner zu finden, senden sie Lautsignale aus. Sie erzeugen schwirrende und rasselnde Zirptöne. Solche Geräusche entstehen, wenn eine Reihe kleiner Chitinzapfen an der Innenseite der Hinterschenkel, die *Schrillleiste,* in schneller Folge über eine vorstehende Ader der Flügeldecken, die *Schrillader,* gerieben wird. Es klingt so ähnlich, als wenn ein Kamm über eine Tischkante gezogen wird.

Das *Gehörorgan* liegt auf beiden Seiten des ersten Hinterleibsringes. Mit ihm wird nicht nur die Stärke eines

*2 Zirpapparat der Feldheuschrecke. **A** Hinterbein mit Schrillleiste; **B** Modell der Geräuscherzeugung*

3 Gehörorgan der Feldheuschrecke

Wirbellose in ihrem Lebensraum

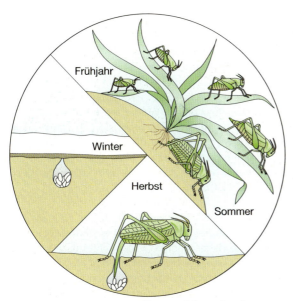

4 Unvollkommene Verwandlung (Feldheuschrecken)

Geräusches erkannt, sondern auch die Richtung, aus der es kommt. Durch einen Wechselgesang können sich Männchen und Weibchen deshalb schnell finden.
Nach der Paarung legen die weiblichen Tiere im Herbst die befruchteten Eier einzeln mithilfe einer *Legeröhre* in die Erde. Die im nächsten Frühjahr schlüpfenden winzigen Larven unterscheiden sich von den ausgewachsenen Tieren nur durch die Größe und das Fehlen der Flügel. In den folgenden Monaten werden die Insekten größer und auch die Flügel wachsen. Da die Chitinhülle nicht mitwächst, platzt sie immer wieder auf und wird abgestreift. Man nennt diesen Vorgang *Häutung*. Von Häutung zu Häutung entwickelt sich aus der Larve langsam ein erwachsenes Insekt. Ein Puppenstadium wie bei Schmetterlingen wird dabei nicht durchlaufen.
Eine solche Entwicklung, bei der ein Puppenstadium fehlt, nennt man eine **unvollkommene Verwandlung**.

> Heuschrecken sind springende Insekten, die sich durch Laute verständigen. Sie entwickeln sich ohne Puppenstadium. Man nennt diese Entwicklung eine unvollkommene Verwandlung.

1 Betrachte die Abb. 4. Welche Körperteile der Heuschrecke sind von Anfang an vorhanden, welche entwickeln sich erst von Häutung zu Häutung?

2 Beschreibe die Unterschiede zwischen unvollkommener Verwandlung der Heuschrecke und der vollkommenen Verwandlung des Schmetterlings (S. 36/37).

Streifzug durch die Erdkunde

Heuschreckenplage

5 Wanderheuschrecke.
A Schwarm; B Einzeltier

Stephan Krall zeigt auf den riesigen Schwarm aus Millionen von Heuschrecken. Schon bald sitzen die Heuschrecken überall. Der Boden erscheint gelbrot von den Leibern der Insekten. Stephan Krall soll für das Entwicklungshilfeministerium neue Wege finden, wie Massenvermehrungen von Heuschrecken verhindert werden können.

Die Gefahr einer Invasion durch **Wanderheuschrecken** betrifft in Afrika den gesamten Sahel, sowie die Länder Nordafrikas. Ein Auslöser für die unregelmäßig auftretende Schwarmbildung sind hohe Niederschläge in mehreren aufeinanderfolgenden Jahren. Die Weibchen legen ihre Eier etwa 10 cm tief in die Erde. Bei ausreichender Feuchtigkeit schlüpfen nach einigen Wochen unzählige Larven. Sie sammeln sich zu Schwärmen. Gemeinsam hüpfen sie auf Nahrungssuche weiter. In diesen Gebieten wächst bald nichts Grünes mehr. Nach 25 Tagen ist die Heuschrecke ausgewachsen und kann fliegen. Nun legt der Schwarm mit dem Wind Hunderte von Kilometern zurück. Innerhalb kürzester Zeit werden ganze Ernten vernichtet.

Die Bekämpfung mit Insektiziden ist manchmal der einzige Ausweg. Dadurch werden aber auch viele andere Tiere getötet. Experten wie Stephan Krall suchen daher nach umweltverträglichen Präparaten, um solche Massenvermehrungen zu verhindern.

Wirbellose in ihrem Lebensraum

1.6 „Lausige" Zeiten für Grünpflanzen

Die ersten Sommertage – „lausige" Zeiten für Grünpflanzen! **Blattläuse** sitzen zu Hunderten dicht gedrängt an den zarten Trieben. Mit ihrem *Saugrüssel* stechen sie Pflanzen an und saugen Pflanzensaft. Wenn den Pflanzen so Wasser mit gelösten Mineralstoffen entzogen wird, kümmern sie und vertrocknen. Hinzu kommt, dass einige Blattlausarten beim Saugen Viren übertragen. Oft treten Blattläuse in Massen auf und werden so zu Schädlingen. Wie kommt es zu so einem massenhaften Auftreten im Frühsommer?

Aus dem Ei der Blattlaus schlüpft im Frühjahr ein *flügelloses Weibchen*. Es wächst schnell heran und häutet sich dabei mehrere Male. Schon nach etwa einer Woche bringt es bis zu 40 lebende Junge zur Welt. Das geschieht ohne Befruchtung durch ein Männchen. Man nennt eine solche Fortpflanzung **Jungfernzeugung**. Alle Nachkommen sind wiederum weiblich und pflanzen sich schon nach wenigen Wochen auf dieselbe Weise fort. So kommt es bei günstigen Witterungs- und Nahrungsbedingungen zu einer raschen Vermehrung. Von der dritten Generation an kommen auch *geflügelte Weibchen* zur Welt. Sie fliegen zu anderen Pflanzen und sorgen für die Verbreitung der Art. Im Herbst werden auch *geflügelte Männchen* geboren, die Weibchen begatten. Diese Weibchen legen daraufhin befruchtete Eier ab, die überwintern.

An den dicht mit Blattläusen besetzten Pflanzentrieben kann man häufig eine interessante Beobachtung machen. Ameisen suchen diese Pflanzensaft saugenden Insekten auf. Sie greifen die Blattläuse jedoch nicht an, sondern „betrillern" mit ihrem Fühler deren Hinterleib. Daraufhin sondern die Blattläuse einen glänzenden Tropfen ab. Dabei handelt es sich um einen zuckerhaltigen Kot, den sogenannten *Honigtau*. Auf diesen haben es die Ameisen abgesehen. Er dient ihnen als Nahrung.

> Blattläuse ernähren sich von Pflanzensaft. Bei massenhaftem Auftreten können sie dadurch Pflanzen schädigen. Blattläuse gebären ohne Befruchtung Junge. Diese Fortpflanzungsweise wird als Jungfernzeugung bezeichnet.

1 Rose mit Blattläusen. A *Wintereier;* **B** *Blattlauskolonie;* **C** *lebend gebärende Blattlaus*

1 Welchen Vorteil hat die Jungfernzeugung?
2 Gärtner bemühen sich, die Eier der Blattläuse zu vernichten, ehe diese ausschlüpfen. Erkläre.
3 Erst im Spätsommer geborene Blattläuse haben Flügel. Erkläre.

Wirbellose in ihrem Lebensraum

Pinnwand

INSEKTEN, DIE PFLANZEN SCHÄDIGEN

Kartoffelkäfer

Größe: Käfer etwa 10 mm; Larve 6 bis 15 mm
Vorkommen: an Nachtschattengewächsen – bevorzugt an Kartoffelpflanzen
Lebensweise: Käfer und Larve fressen an Kartoffelblättern; Überwinterung des Käfers in der Erde; Weibchen legt bis zu 250 Eier innerhalb von zwei bis drei Wochen an die Blattunterseiten

1 Zur Bekämpfung des Kartoffelkäfers steht in einem Gartenbuch von 1950: „Mit jedem Weibchen des Kartoffelkäfers, das du vom Kartoffellaub absammelst, fallen gleich unzählige spätere Käfer aus." Erkläre.

2 Man spricht immer von „wurmstichigen Äpfeln". Warum ist diese Bezeichnung falsch?

3 Welche Gründe werden für das massenhafte Auftreten der Schwammspinner-Raupen genannt?

4 Wodurch können Pflanzen, außer durch Insekten, noch geschädigt werden? Nenne mindestens 2 Beispiele.

Kiefernbuschhornblattwespe

Größe: Wespe 7 bis 10 mm; Larve 25 mm
Vorkommen: Kiefernwälder
Lebensweise: legt Eier in Zeilen an den Nadeln ab; Raupen leben in Kolonien auf Zweigen von Kiefern; 2 Generationen im Jahr; Überwinterung als Puppe in der Nadelstreu

Apfelwickler

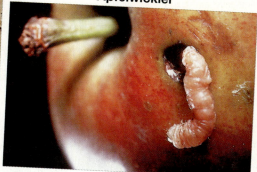

Größe: Schmetterling etwa 15 mm Spannweite; Raupe 18 bis 20 mm
Vorkommen: Mai bis September
Lebensweise: Schmetterling legt Eier an unreife Äpfel; Raupe frisst sich durch das Fruchtfleisch ins Kerngehäuse; Überwinterung in Rindenspalten, Moos und Falllaub

Winterlandschaft im Mai?

Wer im Mai 1993 durch den Stadtwald von Frankfurt fuhr, kam sich vor wie in einer Winterlandschaft. Alles Grün war verschwunden. Blattlose Eichen und Buchen ragten in den Himmel. Kiefern und Lärchen waren nadellos. Grund für die kahlgefressenen Wälder waren vor allem die haarigen Raupen des Schwammspinners, eines Schmetterlings.
Die Hessische Forstliche Versuchsanstalt sah die Erklärung für die beispiellose Vermehrung des Schädlings vor allem in der Klimaentwicklung. Die relativ hohen Temperaturen in den letzten fünf Jahren, die geringen Niederschläge und eine sehr intensive Sonneneinstrahlung kamen dem Schädling entgegen.
Das Bundesministerium für Ernährung, Landwirtschaft und Forsten wies in diesem Zusammenhang auch auf die starke Schadstoffbelastung aus dem Verkehr und den Schornsteinen der Industrie, Kraftwerke und Haushalte hin, die ebenfalls die Bäume des Waldes in ihrer Widerstandsfähigkeit bedrohen.

Wirbellose in ihrem Lebensraum

1.7 Lästige Insekten im Haus

„Endlich allein", denkt mancher, wenn er die Tür hinter sich schließt. Doch richtig allein sind wir eigentlich nie. In unseren Häusern und Wohnungen leben zahlreiche Insektenarten, denn unsere Lebensweise erleichtert es ihnen, dort zu überleben. Die gleichmäßig durch Zentralheizungen gewärmten Räume und flächendeckende Teppichböden schaffen für einige Arten günstige Lebensbedingungen. Andere bevorzugen feuchtwarme Räume wie Küche und Bad oder suchen Verstecke hinter fest montierten Einbauschränken oder Wandverkleidungen. Einige dieser Arten sind harmlos. Manche Insekten jedoch sind **Parasiten** von Haustieren oder Menschen. Wieder andere fressen Holz und schädigen so das Haus oder die Einrichtung. Viele **Vorratsschädlinge** können Allergien bei Menschen auslösen, wenn zum Beispiel Kot oder Körperteile die Vorräte verunreinigen.

Die meisten dieser „Hausinsekten" sind so sehr an das Leben in Wohnungen, Ställen oder Lagerräumen angepasst, dass sie im Freien nicht mehr überleben könnten.

> **Stichwort**
> **Parasiten**
> Lebewesen, die ihre Nahrung anderen Lebewesen entnehmen und diese so schädigen.

Silberfischchen

Vorkommen: feuchtigkeitsabhängig; Badezimmer Küche, Keller
Lebensweise: lichtscheu, nachtaktiv; Eier werden in Spalten und Ritzen abgelegt; frisst stärkehaltige Nahrungsreste und Vorräte, Hautschuppen und Haare
Schaden: Loch- und Schabefraß
Vorbeugung: lüften; Feuchtigkeit vermeiden

Kleidermotte

Vorkommen: Schrank, hinter Fußbodenleisten, an ausgestopften Tieren oder Fellen
Lebensweise: Motten legen 100 bis 200 Eier an Stoffe; Larven leben in selbstgesponnenen Röhren und fressen tierische Textilien: Wolle, Seide, Pelze, Felle, Leder, Federn
Schaden: Lochfraß an tierischen Textilien
Vorbeugung: Motten meiden stark duftende Substanzen wie ätherische Öle vom Zedernholz oder Lavendel

Speckkäfer

Vorkommen: Produkte tierischer Herkunft wie Fleisch, Wurst, Speck, u.ä.: auch an Fellen und Häuten
Lebensweise: Weibchen legt 100 bis 200 Eier an Lebensmitteln ab; verträgt auch niedrige Temperaturen
Schaden: Fraßschäden an Lebensmitteln; Lochfraß an Textilien; Allergien und Darmerkrankungen durch Haare der Larven
Vorbeugung: Lebensmittel kühl und verschlossen lagern; lüften, Sauberkeit

Wirbellose in ihrem Lebensraum

Andere Arten verbringen nur einen Teil ihres Lebens in Häusern. Weibliche *Stechmücken* z. B. suchen den Menschen nur auf, weil sie für die Entwicklung ihrer Eier Blut brauchen und verlassen ihn nach dem Blut saugen.

In seinen Häusern hat der Mensch für eine Vielzahl von Insekten neue Lebensräume geschaffen. Manche parasitieren an Tieren und Menschen, andere richten Schäden an Vorräten, an der Einrichtung oder am Haus selbst an. Sie werden so für den Menschen zu Schädlingen.

1 Nenne Schadinsekten, die in Häusern vorkommen und ordne sie den Räumen zu, in denen sie häufig zu finden sind.

2 Notiere, welche Schäden durch Insekten verursacht werden.

3 Stelle Regeln zur Vorbeugung gegen lästige Insekten im Haus auf.

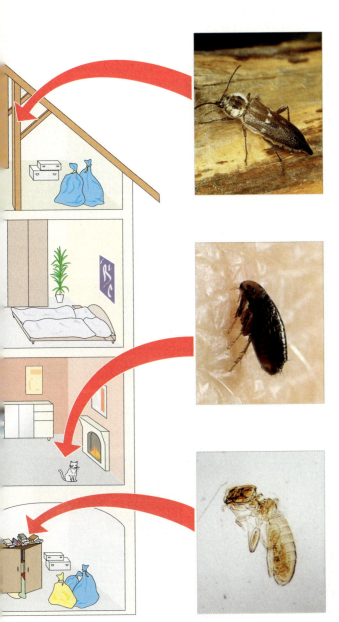

Hausbock

Vorkommen: Weichholz wie Kiefer, Fichte
Lebensweise: Eiablage in Risse von Holz; Larven fressen bis 12 mm dicke Gänge in das Holz, die mit abgenagtem Holzmehl und Kot gefüllt sind; Larvenentwicklung kann 7 bis 10 Jahre dauern
Schaden: Oberfläche des Holzes bleibt oft nur papierdünn stehen; ganze Balken werden allmählich ausgehöhlt; Dachstühle können einstürzen
Vorbeugung: Imprägnierung von Bauholz; Kaminholz nicht zu lange lagern.

Katzenfloh

Vorkommen: Lagerstätten von Katzen
Lebensweise: Eiablage in der Nähe der Wirte; bis 400 Eier; fadenförmige, beinlose Larven ernähren sich vom Kot erwachsener Flöhe
Schaden: schmerzhafte Stiche an Mensch und Katze; es bilden sich Quaddeln mit tagelangem Juckreiz; Allergien
Vorbeugung: Flohhalsbänder; regelmäßiges Säubern der Schlafplätze der Katzen

Bücherlaus

Vorkommen: feuchte Wohnungen, Keller, Büchereien
Lebensweise: ernähren sich hauptsächlich von Bakterien und Schimmelpilzen, die zum Beispiel auf feuchtem Papier wachsen
Schaden: Loch- und Schabenfraß; Allergien
Vorbeugung: Wohnung durch richtiges Heizen und Lüften trocken halten; Lebensmittel in geschlossenen Behältern aufbewahren

Wirbellose in ihrem Lebensraum

1 Chemische Schädlingsbekämpfung

1.8 Mit Gift oder ohne?

Jedes Jahr im Frühjahr sieht man sie auf den Äckern: Traktoren, die einen feinen Sprühnebel aus fast 20 m breiten Auslegern über die Pflanzen verteilen. Es sind Pflanzenschutzmittel, auch *Pestizide* genannt, die zur Bekämpfung von Insekten, Pilzen und „Unkraut" verspritzt werden.

Unsere Kulturpflanzen und viele Wälder werden als *Monokulturen* aus nur einer Pflanzenart angebaut. Insekten, die auf diese Pflanzen spezialisiert sind, finden somit ein Überangebot an Nahrung. Sie vermehren sich massenhaft. Ernteausfälle sind die Folge. Daher werden von den Land- und Forstwirten chemische Gifte eingesetzt, um Insekten von den Kulturpflanzen fern zu halten. Mit der **chemischen Schädlingsbekämpfung** gelingt das schnell und wirksam. Doch es gibt erhebliche Nachteile, denn das Gift tötet auch nützliche Insekten und kann in das Grundwasser gelangen. In Nahrungsketten reichert es sich an und gelangt bis zu den Endverbrauchern. In den letzten Jahren beobachtet man vermehrt, dass viele Insekten gegen Pestizide *resistent* werden. Wissenschaftler suchen daher ständig neue umweltverträgliche Mittel, um gefräßige Insekten zu bekämpfen.

So setzt man bei der **biologischen Schädlingsbekämpfung** verschiedene Lebewesen mit dem Ziel ein, die Zahl der Schädlinge zu verringern. Die Raupen des Maiszünslers z. B., eines Schädlings in Maisfeldern, werden durch massenhafte Freisetzung von Schlupfwespen bekämpft. Außerdem werden *Sexuallockstoffe* eingesetzt. Im Forst werden Borkenkäfer so in tödliche Fallen gelockt. Andere Lockstoffe bewirken, dass die Geschlechtspartner der Schädlinge sich verfehlen und deshalb keine Vermehrung stattfindet.

Heute kombiniert man meistens verschiedene Bekämpfungsmethoden. Man nennt das **integrierte Schädlingsbekämpfung**. Dabei wird sorgfältig kontrolliert, wie stark die Pflanzen befallen sind und welche Maßnahmen zu einem Erfolg führen. Chemischer Pflanzenschutz wird dabei nur eingesetzt, wenn andere Methoden nicht zum Erfolg führen.

> Chemische Schädlingsbekämpfung ist sehr wirksam, bringt aber Probleme für die Natur. Biologische Schädlingsbekämpfung fördert die Nützlinge und schadet der Natur nicht. Bei der integrierten Schädlingsbekämpfung werden beide Methoden miteinander kombiniert.

1 Nenne die Vor- und Nachteile der chemischen und der biologischen Schädlingsbekämpfung.

2 Biologische Schädlingsbekämpfung. **A** Anlocken von Rapskäfern; **B** Ausbringen von Schlupfwespeneiern

Wirbellose in ihrem Lebensraum

PFLANZENSCHUTZ

Resistenz gegen Schädlingsbekämpfungsmittel

Chemische Pflanzenschutzmittel töten die meisten Schädlinge ab. Zufällige Veränderungen im Erbgut (Mutationen) ermöglichen einigen von ihnen das Überleben.
Die Überlebenden vermehren sich und geben die **Resistenz** gegen das Mittel an ihre Nachkommen weiter. Im Lauf der Zeit wird das Mittel deshalb immer weniger wirksam.

„Killerfliegen" liegen auf der Lauer

Oldenburg. Nur das leise Surren der Sprinkleranlage, deren Wasser sofort in brütender Hitze verdampft, ist zwischen Tausenden von winzigen Rhododendren zu hören. Eine große Zahl von Trauermücken zieht lautlos durch die Luft. Ihre Nachkommen machen sich über das Wurzelwerk der Pflanzen her, bis alles Grün in den Gewächshäusern verdorrt. „Doch damit ist jetzt Schluss", unterbricht eine Stimme die Stille. Elke Haase öffnet andächtig eine kleine Schale mit mehr als 300 Killerfliegen mit dem wissenschaftlichen Namen *Coenosia strigipes*. „Wenn jetzt alles gut geht", murmelt Haase, „dann können wir in Zukunft auf die chemische Keule verzichten". Denn die „Killerfliege" hat einen Mordsappetit. Mit reusenartig behaarten Beinen umgreift sie das Opfer, bohrt den mit einem dolchartigen Zahn ausgestatteten Rüssel durch die Chitinhaut ihrer Beute und saugt alles aus. Zurück bleibt eine leere Hülle. Täglich frisst das Insekt, das aussieht wie eine zu klein geratene Stubenfliege, vier bis fünf Beutetiere.
Nord-West-Zeitung

Schlupfwespe

Größe: bis 3 cm
Vorkommen: Felder, Wiesen, Wälder
Lebensweise: Alle Schlupfwespenarten sind Parasiten. Sie legen ihre Eier mithilfe eines Legestachels in die Eier oder Larven des Wirtes. Die aus den Eiern schlüpfenden Larven fressen oder saugen ihren Wirt von innen her auf und töten ihn so ab. Die Schlupfwespe *Trichogramma* z. B. legt ihre Eier in die Larven des Maiszünslers und wird so zum Nützling.

Pflanzenschutz und Trinkwasser

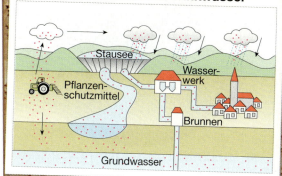

---

1 Wie entsteht Resistenz? Erkläre.

2 Wenn Wissenschaftler massenhaft natürliche Feinde der Schadinsekten züchten und diese in der freien Natur aussetzen, sind die Erfolge nur gering. Im Gewächshaus jedoch werden gute Ergebnisse erzielt. Erkläre.

3 Viele Biologen glauben, dass in Monokulturen auf den Einsatz von Pestiziden nicht verzichtet werden kann. Erkläre.

4 a) Berichte anhand der Abbildung „Pflanzenschutz und Trinkwasser", wie Pflanzenschutzmittel ins Grundwasser gelangen können.
b) Formuliere daraus Ansprüche an ein modernes Pflanzenschutzmittel.

Wirbellose in ihrem Lebensraum

1.9 Warum schützen wir Insekten?

Seit mehr als 300 Millionen Jahren bevölkern Insekten die Erde. Insekten stellen vier Fünftel aller Tiere auf diesem Planeten. Sie überraschen uns mit ihrer unglaublichen Artenvielfalt, mit unvorstellbarer Schönheit, mit sonderbaren Verhaltensweisen und mit raffinierten Überlebensstrategien.
Auch wenn viele Insekten Krankheiten übertragen oder Nutzpflanzen der Menschen schädigen, so gibt es doch genügend Gründe, warum andere Insektenarten geschützt werden sollten.

Ohrwürmer, Marienkäfer, Florfliegen und ihre Larven – sie alle fressen Blattläuse. Keine Frage, dass wir diese Insekten schützen wollen, denn sie sind nützlich. Das Gleiche gilt für die Honigbiene, die z.B. die Blüten der Obstbäume bestäubt und uns Honig liefert. Auch Schmetterlinge und andere Insekten helfen bei der Bestäubung der Blütenpflanzen. Viele der so entstehenden Samen und Früchte sind für den Menschen wichtig.

Eine große Bedeutung haben Insekten in Nahrungsketten, wegen ihrer großen Zahl bilden sie die Lebensgrundlage vieler Tiere. Besonders bei der Aufzucht junger Vögel spielen sie als Eiweiß- und Fettlieferanten eine große Rolle.

Leider sind einige Insektenarten heute selten geworden oder sogar vom Aussterben bedroht. Viele stehen daher in so genannten *„Roten Listen"* der gefährdeten Tiere. Meistens ist die Zerstörung der Lebensräume der Grund für die Gefährdung einer Art. Wenn z.B. alte Holzzäune und Scheunen mit ihren Spalten und Ritzen abgerissen werden, finden viele Insekten keine Nistmöglichkeiten mehr. Auch Bohrlöcher und rissige Narben an alten Bäumen dienen Insekten als Nistplatz. Viele von der Landwirtschaft nicht genutzte artenreiche Wegränder sind wichtige Lebensräume für Schlupfwespen, räuberische Laufkäfer und andere Tiere. Auch sollte jeder Gartenbesitzer versuchen, seinen Garten so zu gestalten, dass er für möglichst viele Insekten und andere Tierarten einen Lebensraum bietet.

> Viele Insektenarten müssen geschützt werden, da sie für den Haushalt der Natur wichtig sind.

1 Zähle Gründe auf, warum Insekten geschützt werden müssen.
2 Nenne Gründe, warum im Garten eine große Artenvielfalt an Insekten erwünscht ist.
3 Warum vermeiden Fachleute den Begriff „Schädling"?

1 Hilfe für Insekten. A *Schmetterling (Tagpfauenauge);*
B *Wildbiene;* **C** *Ohrwurm*

Wirbellose in ihrem Lebensraum

Futterpflanzen für Schmetterlinge

Viele verschiedene blühende Pflanzen wie Salweide, Sommerflieder, Pfefferminze, Salbei, Wiesenkerbel und Distel sind gute Futterpflanzen für ausgewachsene Insekten. Man muss aber auch an die Larven denken. So brauchen die Raupen des Kleinen Fuchses Brennnesseln als Nahrung.

Nisthilfen

Nistplätze für Wildbienen sind in der freien Natur selten geworden. Nisthölzer aus Buche oder Eiche mit Bohrlöchern von 2 bis 10 mm werden an möglichst sonniger Stelle aufgehängt. Auch gebündelte Schilf- oder Strohhalme und hohle Holunder- oder Brombeerzweige sind geeignete Nistplätze.

Unterschlupf für Ohrwürmer

Ein Knäuel Holzwolle, Stroh oder Moos wird mit Bindedraht umwickelt. Den Draht zieht man durch das Abflussloch eines Blumentopfes, sodass sich das Knäuel im Topf befindet. Diesen Ohrwurmtopf hängt man mit der Öffnung nach unten in die Nähe einer Blattlauskolonie so an einen Zweig, dass die Ohrwürmer hineinkrabbeln können.

Streifzug durch die Technik

„Lauron 2" – Sicher auf sechs Beinen

1 Roboter und Insekt.
A Lauron 2; **B** Stabheuschrecke

Als eine der größten Erfindungen des Menschen gilt das Rad. Im Forschungszentrum Informatik der Universität Karlsruhe ist man jedoch anderer Meinung. Das Rad hat einen entscheidenden Nachteil. Es bedarf einer ebenen, möglichst hindernisfreien Fläche. Im unwegsamen Gelände, in Schnee oder im Sand funktioniert es schlecht. Insekten jedoch können sich mit ihren sechs Beinen in jedem Gelände bewegen. Die Wissenschaftler glauben daher, dass es in Zukunft Laufmaschinen geben wird, die wie Insekten laufen.

Als Vorbild für ihre Entwicklung haben Forscher die Stabheuschrecke gewählt. Sie hebt beim Gehen immer drei Gliedmaßen gleichzeitig nach vorn: das vordere und hintere Bein der einen Körperseite und das mittlere der gegenüberliegenden Seite. Die drei anderen Beine sorgen für einen sicheren Stand.

Nach ihrem Vorbild wurde 1993 ein Laufroboter namens Lauron entwickelt. Auch er hat sechs gleich lange Beine. Die einzelnen Gelenke zwischen „Hüfte", „Oberschenkel" und „Unterschenkel" sind nach allen Seiten beweglich. Der Roboter kann deshalb sogar auf dem Rücken laufen. 150 Sensoren kontrollieren und steuern den Bewegungsablauf.

Seine Bewegungen sind aber deutlich unbeholfener als die echter Insekten. Mit der Entwicklung der weiteren Entwicklung der Mikroelektronik jedoch hofft man, den lebenden Vorbildern nahe zu kommen.

Wirbellose in ihrem Lebensraum

2 Pfui Spinne?

Spinnen leben im Verborgenen, seilen sich lautlos an Fäden ab, fangen ihre Beute in Netzen und töten mit Gift. Diese Lebensweise und das fremdartige Aussehen sind sicherlich die Gründe, dass Spinnen bei vielen Menschen so unbeliebt sind. Ist diese Abscheu berechtigt? Schauen wir uns doch einmal eine Spinne genauer an.

Die **Kreuzspinne** ist eine bekannte heimische Spinne. Ihren Namen verdankt sie der hellen kreuzförmigen Zeichnung auf dem gelbbraun bis rot gefleckten Hinterleib.

Der Spinnenkörper besteht aus einem *Kopf-Brustabschnitt* und einem starren *Hinterleib*. Am Kopf-Brustabschnitt liegen acht wenig leistungsfähige *Punktaugen*. An der Brust sitzen vier lange, gegliederte Beinpaare.

Nur schwer entdeckt man das Netz, in dem sie ihre Beute fängt. Wegen seiner Form nennt man es **Radnetz**. Aus sechs *Spinnwarzen* an ihrem Hinterleib tritt aus vielen Öffnungen eine Flüssigkeit aus, die an der Luft zu einem Spinnfaden erhärtet. Je nach Bedarf tritt ein dicker oder dünner, trockener oder klebiger Faden aus. Mit den Spinnenfüßen, die mit Häkchen und Krallen versehen sind, werden viele hauchdünne Fäden zu einem festen, dickeren Faden versponnen. Mit ihm wird das Spinnennetz gebaut. Die „Speichen" des Rades bestehen aus trockenen Fäden. Die Fäden der Fangspirale jedoch sind klebrig. Nur in ihnen verfangen sich Insekten. Die Kreuzspinne webt ein solches Radnetz in etwa einer halben Stunde.

Nach dem Bau des Netzes wartet die Spinne bewegungslos im Zentrum, der *Warte*, oder in einem Versteck, das sie mit dem Netz durch einen *Signalfaden* verbindet. Verfängt sich eine Fliege im Netz, nimmt die Spinne die Erschütterungen mit den Beinen wahr. Sofort stürzt sie sich auf die Beute und untersucht sie mit den Tastern. Beim Biss mit ihren mächtigen Klauenkiefern wird zugleich Gift aus der hohlen Giftklaue in die Beute gespritzt und das Insekt so getötet. Nun presst die Spinne einen Verdauungssaft in die Beute. Dieser verflüssigt das Körperinnere. Den so vorverdauten Nahrungsbrei saugt die Spinne durch den schmalen Mundspalt auf. Diese Art der Verdauung nennt man *Außenverdauung*. Anschließend wird die leere Chitinhülle aus dem Netz entfernt.

Fängt die Spinne viele Insekten, wickelt sie die Beute mit einem Gespinst aus feinen Fäden ein und bewahrt sie als kleine Pakete im Netz als Nahrungsreserve auf.

Spinnen erfüllen mit dem Insektenfang eine wichtige Aufgabe in der Natur. Der Abscheu vor ihnen ist also unberechtigt.

> Spinnen haben acht Beine und sind in Kopfbruststück und Hinterleib gegliedert. Webspinnen bauen Netze, in denen sie Beutetiere fangen.

1 Vergleiche eine Spinne mit einem Insekt. Erstelle eine Tabelle mit den Körpermerkmalen.

2 Beschreibe den Beutefang und den Vorgang der Außenverdauung bei Spinnen.

3 Ein Biologe hat einmal gesagt: „Das Spinnennetz ist die einzige Alarmanlage der Welt, die Einbrecher nicht nur meldet, sondern sie zugleich verhaftet." Erkläre.

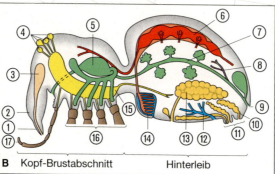

1 Webspinne. A Kopf; **B** Bauplan ① Giftklaue, ② Kieferzange, ③ Giftdrüse, ④ Punktaugen, ⑤ Saugmagen, ⑥ Herz, ⑦ Darm, ⑧ Ausscheidungsorgan, ⑨ After, ⑩ Spinndrüsen, ⑪ Spinnwarzen, ⑫ Röhrentrachee, ⑬ Eierstock, ⑭ Fächertrachee, ⑮ Nervensystem, ⑯ Laufbeine, ⑰ Kiefertaster; **C** Spinnwarzen

3 Regenwürmer – Leben unter der Erde

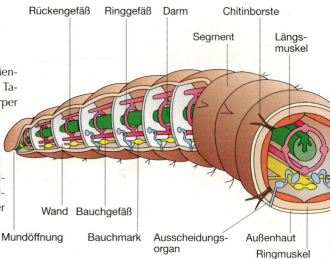

Regenwürmer leben in unseren Gärten in großen Mengen. Fast bei jedem Spatenstich werden einige ans Tageslicht befördert. Man erkennt sofort, dass der Körper des Regenwurms geringelt ist. Er besteht aus vielen gleich großen Segmenten.

Nahe der Erdoberfläche wühlen sich Regenwürmer durch den Boden. Vermodernde Pflanzenteile werden von ihnen mit dem Mund in ihre unterirdischen Röhren gezogen und zusammen mit Mineralteilen des Bodens gefressen. Jeder Gartenbesitzer freut sich über die Aktivitäten des Regenwurms. Die Würmer helfen bei der Zersetzung organischer Substanzen und transportieren tiefer im Boden liegende Mineralstoffe nach oben. Zusätzlich wird der Boden durch die Wühltätigkeit gelockert, besser durchlüftet und das Regenwasser kann schneller versickern. In den Gängen können die Wurzeln der Pflanzen mühelos tiefere Erdschichten erreichen.

Der Bau des Regenwurms ist dieser Lebensweise angepasst. Der Darm durchzieht den gesamten Körper. In ihm wird die Nahrung verdaut. Anschließend treten die Nährstoffe durch die Darmwand ins Blut über. Den Kot setzen Regenwürmer in kleinen Häufchen an der Erdoberfläche ab. Er enthält viele für die Pflanzen wichtige Mineralstoffe.

2 Regenwurm. *Schema*

Regenwürmer besitzen keine Gliedmaßen. Sie können sich in ihren Gängen jedoch schnell fortbewegen. Dabei verkürzen und strecken sie abwechselnd einige Körperabschnitte. Das ist möglich, weil sie einen zweischichtigen *Hautmuskelschlauch* haben, der aus den äußeren Ringmuskeln und aus darunter liegenden Längsmuskeln aufgebaut ist. Ziehen sich die vorderen Ringmuskeln zusammen, wird dieser Teil des Wurmes

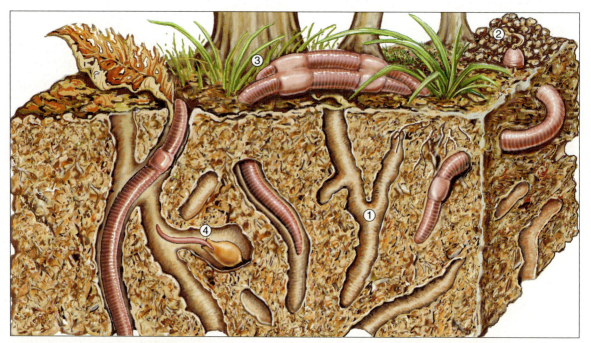

1 Regenwürmer in ihrem Lebensraum. ① Wohnröhre; ② Kothäufchen; ③ bei der Paarung; ④ schlüpfender Regenwurm

Wirbellose in ihrem Lebensraum

lang und dünn. Der Wurm streckt sich und sein Vorderteil wird vorgeschoben. Ziehen sich dagegen die Längsmuskeln zusammen, wird er kurz und dick und der hintere Teil seines Körpers wird nachgezogen. Bei dieser Art der Fortbewegung helfen ihm nach hinten gerichtete Borsten. Je 4 Paar kann man an jedem Segment finden. So wird ein Zurückgleiten verhindert.

Da Regenwürmer in ständiger Dunkelheit leben, ist ihr Sehvermögen nur schwach ausgebildet. Sie können nur Hell und Dunkel mithilfe von Lichtsinneszellen unterscheiden, die in der Körperhaut liegen.

Regenwürmer atmen durch die gesamte Körperoberfläche. Da diese *Hautatmung* nur bei feuchter Hautoberfläche möglich ist, müssen Regenwürmer in feuchter Erde leben. Es sind *Feuchtlufttiere*. Bei starken Regenfällen verlassen sie ihre unterirdischen Gänge, da sie im Wasser nicht genügend Sauerstoff bekommen.

Bei geschlechtsreifen Regenwürmern fällt eine Verdickung auf, die mehrere Segmente umfasst. Sie wird *Gürtel* genannt und dient der Fortpflanzung. Regenwürmer sind Zwitter und begatten sich gegenseitig. Sie haben sowohl männliche als auch weibliche Fortpflanzungsorgane.

> Regenwürmer leben unter der Erde. Sie sind wichtige Bodenverbesserer.

1 Erläutere die Bedeutung des Regenwurms für die Bodenverbesserung.
2 Regenwürmer ertrinken nicht im Wasser, sie ersticken. Erläutere diese Aussage.
3 Welche Aufgaben haben die Ring- und Längsmuskulatur?
4 Erläutere, warum es nicht leicht ist, einen Regenwurm aus seiner Röhre zu ziehen.

Regenwürmer

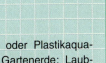

V1 Fortbewegung des Regenwurms

Material: Filterpapier, Regenwurm
Durchführung: Lege einen Regenwurm auf Filterpapier.
Aufgaben: a) Prüfe, ob du Geräusche hörst. Erläutere deine Beobachtung.
b) Beschreibe die Fortbewegung. Nimm dazu auch die Abbildung zu Hilfe.

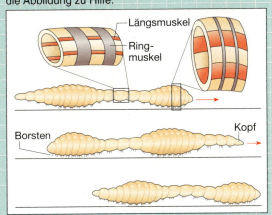

V2 Regenwürmer kompostieren den Boden

Material: größeres Einmachglas oder Plastikaquarium; Kieselsteine, heller Sand; Gartenerde; Laubstreu; 10–15 Regenwürmer; Karton
Durchführung: Fülle Kieselsteine, Gartenerde, Laubstreu und Sand in das Einmachglas. Setze dann die Regenwürmer in die Laubstreu. Hülle das Glas in schwarzen Karton und achte darauf, dass die Erde immer mäßig feucht ist.
Aufgabe: Zeichne die Schichtung vor Beginn des Versuches und nach drei Wochen. Vergleiche und erkläre deine Beobachtungen.
Setze dann die Regenwürmer wieder im Garten aus.

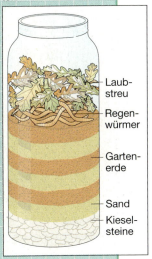

4 Schnecken lieben feuchte Plätze

Nachts und bei regnerischem Wetter kommen die Schnecken aus ihrem Versteck. In unseren Gärten leben besonders häufig die kleinen grauen *Ackerschnecken.* Viel bekannter ist wohl die auffällige *Große Wegschnecke,* die orangerot oder schwarz gefärbt ist. Beide Arten fressen gern Kulturpflanzen.

Neben diesen **Nacktschnecken** leben bei uns auch **Gehäuseschnecken.** Meist sind es die 2–3 cm großen **Schnirkelschnecken** mit unterschiedlich gefärbten Gehäusen. Bei Gefahr oder bei Trockenheit ziehen sich diese Schnecken ganz in ihr Gehäuse zurück. So sind diese *Feuchtlufttiere* vor Austrocknung geschützt.

Die **Weinbergschnecke** ist die größte einheimische Gehäuseschnecke. Langsam kriecht sie über die feuchte Erde und an Pflanzen empor. Von hinten nach vorn verlaufende wellenförmige Muskelkontraktionen der Fußsohle schieben das Tier vorwärts. Dabei hinterlässt es eine silbrige Schleimspur. Diesen Schleim scheidet die Schnecke aus dem *Fuß* aus. Ihre breite *Kriechsohle* gleitet immer auf einer feuchten Schleimbahn.

Am Kopf erkennt man zwei Paar *Fühler.* Am oberen längeren Paar sitzen zwei einfach gebaute *Augen.* Mit dem kürzeren, nach unten gerichteten Tastfühlerpaar wird die Nahrung geprüft. Beide Fühlerpaare kann sie nach innen einziehen.

Die Weinbergschnecke ernährt sich wie die meisten unserer Schnecken von Pflanzen. Mit einer *Raspelzunge,* auf der viele tausend rückwärts gerichteter Zähnchen angeordnet sind, schabt die Schnecke die Pflanzen wie mit einer Feile ab und zerreibt sie am festen Oberkiefer. Die Nahrung gelangt in den Darm, der zusammen mit anderen Organen im spiralig aufgewundenen *Eingeweidesack* im Innern des Gehäuses liegt. Er wird vom *Mantel* bedeckt, der den Kalk für das Gehäuse absondert. Am Mantelrand entdeckt man eine Öffnung, das *Atemloch.* Es führt zur Mantelhöhle, die als *Lunge* wirkt. Hier verlaufen zahlreiche Blutgefäße, die den Sauerstoff aufnehmen. Anschließend fließt das Blut zum Herzen, von wo aus es im ganzen Körper verteilt wird und die Organe frei umspült. Schnecken haben einen *offenen Blutkreislauf.* Zusätzlich atmet die Schnecke noch mit ihrer feuchten Körperoberfläche.

Weinbergschnecken besitzen sowohl männliche als auch weibliche Fortpflanzungsorgane. Sie sind Zwitter. In ihrer *Zwitterdrüse* bilden sich im Frühsommer zugleich Spermien und Eizellen. Wenn sich zwei paarungsbereite Schnecken treffen, pressen sie ihre Kriechsohlen aneinander. Ein Tier überträgt dann Spermien in die vorne rechts am Kopf liegende Geschlechtsöffnung des Partners. Diese werden in der Samentasche gespeichert. Jetzt reifen die Eizellen heran, die nach etwa einem Monat durch Spermien aus der Samentasche befruchtet werden. Dann wühlt die Schnecke mit dem Fuß ein etwa 6 Zentimeter tiefes Loch in lockere Erde und legt dort 40 bis 60 kaum erbsengroße Eier ab. Nach rund vier Wochen schlüpfen die jungen Schnecken.

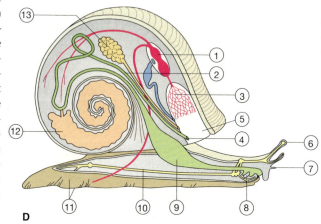

1 Schnecken in ihrem Lebensraum. A Wegschnecke; **B** Schnirkelschnecke; **C** Weinbergschnecke; **D** Bau der Weinbergschnecke. ① Herz; ② Darm; ③ Lunge; ④ After; ⑤ Atemöffnung; ⑥ Fühler mit Augen; ⑦ Tastfühler; ⑧ Raspelzunge; ⑨ Magen; ⑩ Nervensystem; ⑪ Fuß und Kriechsohle; ⑫ Mitteldarmdrüse; ⑬ Zwitterdrüse

Wirbellose in ihrem Lebensraum

2 Fortpflanzung der Weinbergschnecke. *A Paarung; B Eiablage; C junge Schnecken*

Schnecken leben vorwiegend an schattigen, feuchten Plätzen. Es sind Feuchtlufttiere.

1 Schnecken und Regenwürmer sind Feuchtlufttiere. Erkläre.
2 Beschreibe die Fortpflanzung bei Weinbergschnecken. Benutze die Abbildung 2.
3 Berühre den Fühler einer Schnecke vorsichtig mit einem Strohhalm. Beschreibe die Reaktion der Schnecke.
4 Suche das Atemloch bei einer Schnecke. Ermittle, wie oft es sich in einer Minute öffnet.

Schnecken

Übung

V1 Haltung von Schnecken

Material: hohes Glasgefäß oder kleines Aquarium, Sand; Moos; etwas Laubstreu; Fliegengitter; 2 bis 3 Schnecken; Futter (Salat, Kohlblätter)
Durchführung: Richte ein Schneckenterrarium wie in der Abbildung ein. Setze es nie der direkten Sonnenbestrahlung aus. Führe regelmäßig Feuchtigkeit zu, damit der Boden nicht austrocknet. Spüle alle zwei Wochen das Terrarium aus und richte es neu ein. Alle Gegenstände und Pflanzen müssen frei von Spülmitteln bzw. Pflanzenschutzmitteln sein. Füttere täglich. Setze dann die Schnecken wieder aus.

Aufgabe: Beschreibe, wie eine Schnecke frisst.

V2 Wie können Schnecken mit nur einem Fuß laufen?

Material: Glasscheibe; Schnecke
Durchführung: Lass eine Schnecke auf einer Glasscheibe kriechen. Richte die Scheibe langsam auf.
Aufgaben: a) Beobachte die Kriechsohle von unten. Beschreibe, wie sich die Schnecke fortbewegt.

b) Wie viele Zentimeter bewegt sie sich in einer Minute vorwärts?
c) Wie weit käme sie bei gleichmäßiger Geschwindigkeit in einer Stunde?

V3 Gefährliche Kletterpartie?

Material: 2 Wäscheklammern und Rasierklinge oder Rasiermesser; Schnecke; Salatblatt
Durchführung: Klemme eine Rasierklinge zwischen zwei Wäscheklammern. Stelle das Hindernis vor die Schnecke. Locke sie mit einem Salatblatt hinüber.

Aufgabe: Beobachte und erkläre, wie ihr das gelingt.

Wirbellose in ihrem Lebensraum

Pinnwand

WIRBELTIERE UND WIRBELLOSE

Hund und Stubenfliege im Vergleich

Ein Vergleich von Stubenfliege und Hund zeigt, dass sich Insekten und Wirbeltiere nicht nur durch ihre äußere Gestalt unterscheiden. Auch bei den inneren Organen findet man große Unterschiede. Besonders deutlich werden diese beim Skelett und bei den Atmungsorganen.

Gestalt

Hund: Kopf, Rumpf, 2 Beinpaare
Stubenfliege: Kopf, Brust, Hinterleib, 3 Beinpaare, 1 Flügelpaar

Skelett

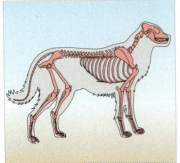

Hund: knöchernes Innenskelett; Wirbelsäule durchzieht als Achse den Körper; Rippen schützen die inneren Organe, die Schädelknochen schützen das Gehirn
Stubenfliege: Außenskelett; es enthält Chitin, ein elastischer aber trotzdem fester Schutz, der zugleich den Körper stützt

Atmung

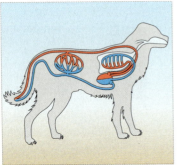

Hund: Sauerstoff wird durch Lungen aufgenommen; Sauerstoff wird an Blutzellen gebunden; Transport des Sauerstoffs durch geschlossenen Blutkreislauf
Stubenfliege: Sauerstoff wird durch Stigmen aufgenommen; Verteilung des Sauerstoffs mit Tracheen, ein verzweigtes Röhrensystem, das den Sauerstoff direkt zu den Zellen transportiert

1. Das Skelett der Insekten wird oft mit einer Ritterrüstung verglichen. Erkläre.
2. Vergleiche Atmung und Blutkreislauf von Weinbergschnecke und Hund. Nimm die Seite 54 zu Hilfe.

Wirbellose in ihrem Lebensraum

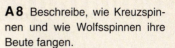

Prüfe dein Wissen

A1 Benenne die abgebildeten Teile des Grundbauplans der Insekten.

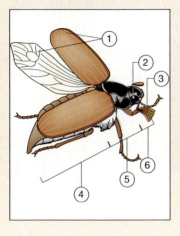

A2 Bienen
a) Benenne die drei Bienenformen.
b) Gib jeweils ihre Aufgaben an.

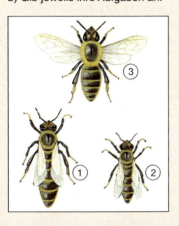

A3 Welche Aussagen sind zutreffend?
a) Heuschrecken durchlaufen eine unvollkommene Verwandlung.
b) Schmetterlinge durchlaufen eine vollkommene Verwandlung.
c) Bei der unvollkommenen Verwandlung fehlt das Larvenstadium.

A4 Bei günstigen Witterungs- und Nahrungsbedingungen vermehren sich Blattläuse sehr schnell. Wie ist das möglich?
a) Sie haben keine natürlichen Feinde.
b) Im Sommer regnet es so selten.
c) Sie pflanzen sich ungeschlechtlich fort.
d) Ameisen beschützen sie.

A5 Nenne 4 Möglichkeiten, Nahrungsmittel vor Insekten zu schützen.

A6 Welche Gründe sprechen für eine biologische Schädlingsbekämpfung?
a) Die biologische Bekämpfung ist wirksamer als die chemische.
b) Mit der biologischen Methode kann man eine Insektenart gezielt bekämpfen.
c) Die biologische Bekämpfung ist billiger, weil man keine Chemikalien kaufen muss.
d) Die biologische Schädlingsbekämpfung schont die Umwelt.
e) Schadstoffanreicherungen in anderen Tieren werden bei der biologischen Methode vermieden.

A7 Ein „Kriech-Tier"?

a) Welches Tier ist hier abgebildet?
b) Wie bewegt es sich vorwärts?
c) Ordne den Ziffern die richtigen Begriffe zu.

A8 Beschreibe, wie Kreuzspinnen und wie Wolfsspinnen ihre Beute fangen.

A9 Welche Aussagen treffen zu?
a) Spinnen sind keine Insekten;
b) Der Spinnenkörper ist in Kopf, Brust und Hinterleib gegliedert;
c) Spinnen legen Eier;
d) Einige Spinnen haben Flügel;
e) Spinnen haben drei Beinpaare;
f) Alle Spinnenarten bauen Netze

A10 Die Abbildung zeigt einen Ausschnitt aus einem Regenwurm. Benenne die Ziffern mit folgenden Begriffen: Körperhaut, Segment, Ringgefäß, Mund.

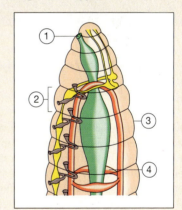

A11 Man sagt, dass Regenwürmer den Boden verbessern. Erkläre.

A12 Unter den Wirbellosen gibt es viele Feuchtlufttiere.
Welche Arten gehören dazu?
a) Schnecken
b) Marienkäfer
c) Hummeln
d) Regenwürmer

Grüne Pflanzen – Grundlage des Lebens

1 Grüne Pflanzen. A Tropischer Regenwald als Pflanzen- und Wasserreservoir; B Pflanzen als Sauerstofflieferanten (Sauerstoffbläschen an der Wasserpest, einer Unterwasserpflanze)

1 Ohne Pflanzen kein Leben auf der Erde

Pflanzen begegnen wir fast überall auf der Erde. Sie kommen auf dem Land und auch in Gewässern vor. Wir finden sie in den feuchtheißen Gebieten der Tropen, aber auch in den kalten Polargebieten. Es gibt sie von mikroskopisch kleinen, einzelligen Organismen bis hin zu Baumriesen. Ihnen allen gemeinsam ist die Fähigkeit, mit Hilfe des Sonnenlichts Nährstoffe zu produzieren und daraus eigene Körpermasse wie Blätter, Holz und Früchte in unvorstellbar großen Mengen herzustellen.

Daher gäbe es ohne grüne Pflanzen auf der Erde kein tierisches und kein menschliches Leben. Pflanzen bilden die Nahrungsgrundlage für Menschen und Tiere.

Wir Menschen beziehen unsere Nahrung sowie Rohstoffe für Wohnung und Kleidung im Wesentlichen aus der Land-, Garten- und Forstwirtschaft. *Nahrungsmittel liefernde Pflanzen* sind z. B. Getreide, Zuckerrüben, Gemüse und Obst. *Futterpflanzen* der Wiesen, Weiden und Felder werden von Haustieren gefressen und kommen dann als Fleisch, Eier und Milcherzeugnisse auf unseren Tisch. Wie sehr der Mensch von den Pflanzen abhängig ist, wird besonders in den Ländern der Dritten Welt – den so genannten Entwicklungsländern – deutlich. Ernteausfälle durch Dürre oder Überschwemmung führen meist zu Hungerkatastrophen. So sterben nach Angaben der Weltgesundheitsorganisation (WHO) allein jedes Jahr 15 bis 20 Millionen Menschen an Unterernährung und Hunger.

Pflanzen dienen aber nicht nur der Ernährung. *Faserpflanzen* wie Baumwolle, Hanf, Jute und Flachs liefern Rohstoffe, die zu Textilien verarbeitet werden. Fast die Hälfte der Weltbevölkerung ist vollständig von *Holz* abhängig. Sie braucht es, um Hütten und Häuser zu bauen und als Brennstoff.

Grüne Pflanzen sind die einzigen Lieferanten von *Sauerstoff*, den Mensch und Tier zum Atmen benötigen. Ohne die weltweite „Grüne Lunge" könnten Tiere und Menschen nicht mehr leben.

> Grüne Pflanzen sind die Grundlage allen Lebens auf der Erde.

1 Informiere dich über die „Leistungen" des Tropischen Regenwaldes und berichte darüber. Nimm die Pinnwand auf S. 76/77 zu Hilfe.

Grüne Pflanzen – Grundlage des Lebens

LEISTUNGEN DER PFLANZEN

Pinnwand

Dattelpalmen kommen vor allem in den Trockengebieten von Marokko in Afrika bis nach Pakistan in Asien vor. Nach einem arabischen Sprichwort steht die Dattelpalme mit den Füßen im Wasser und mit dem Kopf in der glühenden Hitze. Tatsächlich reichen ihre Wurzeln tief bis in das Grundwasser und nehmen dort jährlich etwa 150 000 l Wasser auf. Der Baum verträgt auch Temperaturen bis 52 °C. Die Dattelpalme ist für die Bewohner der Wüstenräume und Oasen von lebenswichtiger Bedeutung. Jährlich liefert sie etwa 70 kg zucker- und eiweißhaltige Früchte. Diese werden entweder frisch gegessen

oder zu Dattelbrot gepresst. Es bildet die tägliche Nahrung. Getrocknet, gepresst und in Leder eingenäht hält es sich über viele Jahre. Die Früchte werden auch zu Marmelade verarbeitet. Die Palme liefert täglich bis zu 10 l „Dattelmilch", die man aus der Krone abzapft. Ein Teil davon wird zu Dattelwein vergoren. Junge Blätter werden als Gemüse gegessen. Ältere dienen als Viehfutter, für Bedachungen und als Flechtmaterial für Matten, Körbe und Hüte. Aus den Stämmen gewinnt man Bauholz. Die Dattelpalme ist somit ein universeller Nahrungsmittel- und Rohstofflieferant der trockenheißen Gebiete.

Ein durchschnittlicher, 17 m hoher Laubbaum mit 1000 m² Blattfläche
- produziert 400 kg organische Stoffe pro Jahr (z. B. Traubenzucker)
- produziert 200 Millionen l Sauerstoff pro Jahr
- verbraucht 2 500 l Wasser pro Jahr für die Sauerstoffproduktion
- „pumpt" 30 000 l Wasser pro Jahr durch seine Organe
- filtert 7 000 kg Luftverunreinigungen pro Jahr (z. B. Staub)
- verhindert durch seine Wurzeln einen Wasserabfluss von 70 000 l pro Jahr

Dürre in Brasilien: Frage von Leben und Tod
Nach einem Bericht im SPIEGEL Nr. 24/1998

Wenn der Regen ausbleibt und die Pflanzen auf den Feldern verdorren, die den Menschen in den Dörfern Nahrung und Einkommen liefern, dann leiden viele Brasilianer unter Hunger. So auch im Jahre 1998. In vielen Dörfern des Bundesstaates Ceará sind die Brunnen versiegt, Mais und Bohnen verdorrt. Der Preis für Reis hat sich verdreifacht – unerschwinglich für die meist arme Bevölkerung. Viele haben schon ihre Hütten verlassen. Auf der Suche nach Wasser und Nahrung irren sie durch die trockene Gegend des brasilianischen Nordens. Ausgezehrte Kinder schwenken vorüberfahrenden Autos leere Blechnäpfe entgegen. Sie betteln um Bohnen, Mais, irgendetwas zu essen. Die neunjährige Raimunda hat zuletzt vor drei Tagen gegessen: eine Handvoll Mehl und ein Kaktusblatt.

Holz: Daten und Fakten

- Weltproduktion an Rundholz für Verarbeitungszwecke: 1,6 Mrd. m³ pro Jahr.
- Weltproduktion an Brennholz und Holzkohle: 1,8 Mrd. m³ pro Jahr.
- Rund 80% des geschlagenen Holzes dienen der Energiegewinnung.
- Über 2 Mrd. Menschen sind beim Kochen und Heizen mangels anderer Energiequellen auf Holz angewiesen.

1 Pro Tag nimmt der Mensch etwa 600 l Sauerstoff auf. Wie lange könnte er von dem Sauerstoff leben, den ein durchschnittlicher Laubbaum an einem Tag produziert?

Grüne Pflanzen – Grundlage des Lebens

2 Pflanzengewebe und ihre Leistungen

2.1 Stofftransport in der Pflanze

Im Frühjahr säen die Landwirte den Mais auf ihren Feldern aus. Nach dem Keimen des Samens bildet sich ein ausgedehntes *Wurzelsystem*. Gleichzeitig wächst die Pflanze in die Höhe. Bis zum Herbst ist aus dem Samen eine bis zu 2 m hohe, erntereife Pflanze herangewachsen. In dieser Zeit hat sie 200 l Wasser aufgenommen. Wie aber gelangt die Pflanze an dieses Wasser? Sehen wir uns dazu die Wurzeln an.

Wurzeln wachsen nur in der **Zellteilungszone** ihrer Spitze. Dort liegt ein zartes *Bildungsgewebe*, in dem durch ständige Zellteilungen neue Zellen entstehen. Das Bildungsgewebe wird von der *Wurzelhaube* umhüllt, deren äußere Zellen verschleimen und so das Eindringen der Wurzel in den Boden erleichtern.

An die Zellteilungszone schließt sich die **Streckungszone** an. Hier wachsen die Zellen in die Länge.
Die Streckungszone geht in die **Wurzelhaarzone** über. Diese ist für die Aufnahme von Wasser verantwortlich. Hier wachsen die meisten Zellen der *Oberhaut* zu dünnen *Wurzelhaarzellen* aus. Diese schieben sich zwischen die Bodenteilchen und erreichen dort das haftende Wasser mit den darin gelösten Mineralstoffen. Über ihre zarten Zellwände nehmen sie das Wasser auf.

Das Wasser wird über Zellen der *Wurzelrinde* bis zum *Zentralzylinder* weitergeleitet. Dort gelangt es in ein *Leitgewebe*, von dem aus es in alle Teile der Pflanze emporsteigt.

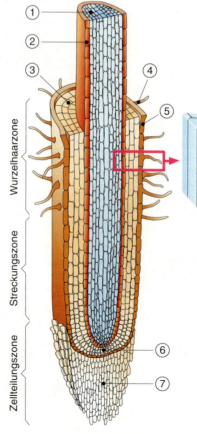

1 Stofftransport in der Pflanze

2 Wurzelspitze im Schnitt.
① *Zentralzylinder* ② *Innenhaut*
③ *Wurzelrinde* ④ *Wurzelhaar*
⑤ *Oberhaut* ⑥ *Bildungsgewebe*
⑦ *Wurzelhaube*

3 Wasseraufnahme durch die Wurzel und Weg des Wassers in das Leitgewebe. ① Wurzelhaar
② Wurzelrinde ③ Innenhaut
④ Leitgewebe im Zentralzylinder

Grüne Pflanzen – Grundlage des Lebens

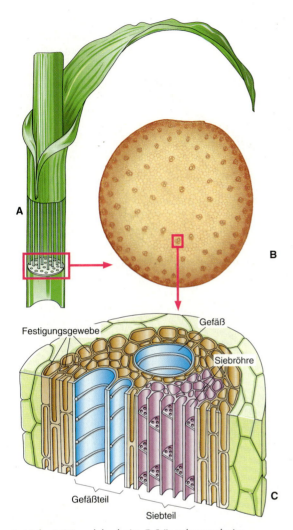

4 Mais. A Stängelabschnitt; **B** Stängelquerschnitt; **C** Leitbündel (Blockbild)

Das Leitgewebe besteht aus **Leitbündeln.** Sie setzen sich aus einem Gefäßteil und einem Siebteil zusammen. Im Gefäßteil transportieren verschiedenartig gebaute *Gefäße* das Wasser aus den Wurzeln in alle Teile der Pflanze. Im Siebteil werden in den *Siebröhren* gelöste Nährstoffe aus den Blättern in das übrige Pflanzengewebe transportiert.

> Der Stofftransport in grünen Pflanzen erfolgt in einem Leitgewebe. Es sind Leitbündel mit einem Gefäß- und einem Siebteil.

1 Liste einzelne Gewebearten der Wurzel und des Sprosses auf und nenne ihre Aufgaben.

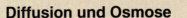

Streifzug durch die Chemie

Diffusion und Osmose

Unterschichtet man reines Wasser mit einer gesättigten Kaliumpermanganatlösung, streben die Wassermoleküle so lange in Richtung Kaliumpermanganat, bis die Lösung überall die gleiche Konzentration hat. Eine solche Durchmischung bezeichnet man als **Diffusion**.

Steht diesem Konzentrationsausgleich eine Membran mit winzigen Poren im Wege, so können nur kleine Moleküle hindurchtreten. Bringt man z. B. eine mit Zuckerlösung gefüllte Schweinsblase in ein Gefäß mit Wasser, so dringen die kleinen Wassermoleküle in die Blase. Die größeren Zuckermoleküle dagegen können nicht nach außen gelangen. Deshalb fließt ständig Wasser nach innen. So entsteht in der Blase ein Druck, der zum Anstieg der Flüssigkeit in einem angeschlossenen Steigrohr führt. Eine solche Diffusion durch eine halbdurchlässige Membran bezeichnet man als **Osmose**.

1 Erläutere mithilfe der folgenden Abbildungen den Wassertransport durch eine Wurzelhaarzelle. (Hinweis: Der Zellsaft ist chemisch gesehen eine Lösung, die Zellmembran ist halbdurchlässig.)

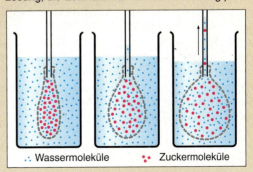

Grüne Pflanzen – Grundlage des Lebens

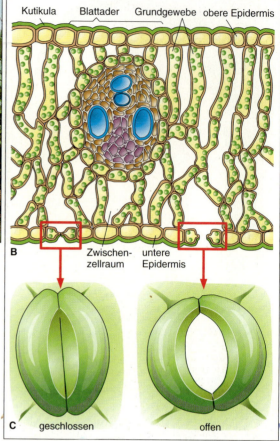

1 Mais. A *Maisfeld;* **B** *Blattquerschnitt;* **C** *Schließzellen und Spaltöffnungen*

2.2 Grüne Pflanzen bauen organische Stoffe auf

Getreide, Kartoffeln, Zuckerrüben, Sojabohnen, Obst und Gemüse sind wichtige Lieferanten von *Kohlenhydraten*, *Eiweißstoffen* und *Fetten* für unsere Ernährung. In diesen Nährstoffen ist Energie gespeichert, die zur Aufrechterhaltung von Lebensvorgängen wie Atmung, Bewegung und Wärmeerzeugung notwendig ist. Wie aber gelingt es den grünen Pflanzen, diese *organischen Stoffe* zu bilden und in ihren Organen zu speichern? Sehen wir uns daraufhin eine Maispflanze näher an.

Maiskörner von einem reifen Maiskolben schmecken süß. Der Geschmack stammt vom Traubenzucker, einem *Kohlenhydrat*, das die Pflanze gebildet und in ihren Samen gespeichert hat. „Zuckerfabriken" sind die grünen Blätter. Dafür sind sie besonders gebaut. Sie besitzen eine große Oberfläche, um möglichst viel Sonnenenergie einzufangen. Die äußere Zellschicht bildet die *Oberhaut,* auch **Epidermis** genannt. Sie besteht aus dicht aneinandergefügten Zellen. Eine wachsartige Schicht, die **Kutikula,** überzieht die Epidermis und schützt damit das Blatt vor übermäßigem Wasserverlust. Zwischen der oberen und der unteren Epidermis findet man ein lockeres **Grundgewebe** mit zahlreichen grünen Körnern, den **Chloroplasten.** Außerdem wird das Blatt von Leitbündeln durchzogen, die als *Blattadern* erkennbar sind.

Über die Epidermis verteilt sind viele Poren, durch die das Blatt mit der „Außenwelt" in Verbindung steht. Es sind die **Spaltöffnungen.** Jede Spaltöffnung wird von zwei gekrümmten Zellen, den **Schließzellen,** gebildet. Sie können je nach Umweltbedingungen ihre Gestalt verändern. Wenn z. B. bei feuchtem Wetter der Zellsaft zunimmt und der Innendruck der Zellen steigt, nehmen sie bananenförmige Gestalt an und der Spalt öffnet sich. Die Blätter geben dann Wasserdampf ab und saugen gleichzeitig Wasser aus den Gefäßen nach. Nimmt dagegen der Innendruck z. B. bei trockenem Wetter ab, strecken sich die Schließzellen. Die Wände legen sich aneinander und der Spalt schließt sich. Mithilfe dieser Spaltöffnungen regulieren die Pflanzen nicht nur ihren Wasserhaushalt, sondern auch Aufnahme und Abgabe von Gasen wie Kohlenstoffdioxid und Sauerstoff.

Bei geöffneten Spaltöffnungen kann das für die Zuckerproduktion wichtige Kohlenstoffdioxid der Luft hineingelangen. Es durchströmt die Zwischenzellräume des Grundgewebes. Über die Blattadern wird Wasser heran transportiert. Die Chloroplasten nehmen beides auf. Der grüne Blattfarbstoff **Chlorophyll** in den Chloroplasten baut nun mithilfe des Sonnenlichts al-

Grüne Pflanzen – Grundlage des Lebens

lein aus den anorganischen Stoffen Kohlenstoffdioxid und Wasser den organischen Stoff Traubenzucker auf. Dabei entweicht Sauerstoff und gelangt durch die Spaltöffnungen ins Freie.
Einen solchen Aufbauvorgang nennt man *Synthese*. Da dieser Vorgang nur im Licht abläuft, bezeichnet man ihn als **Fotosynthese**.
Die Fotosynthese kann vereinfacht als eine chemische Reaktion zusammengefasst werden, bei der das Kohlenstoffdioxid der Luft mit dem Wasser reagiert, wobei Sauerstoff und Traubenzucker entstehen.

> Bei der Fotosynthese bauen grüne Pflanzen mithilfe von Chlorophyll aus Kohlenstoffdioxid und Wasser Traubenzucker auf. Dabei wird Sauerstoff frei. Das Sonnenlicht liefert die Energie für die Fotosynthese.

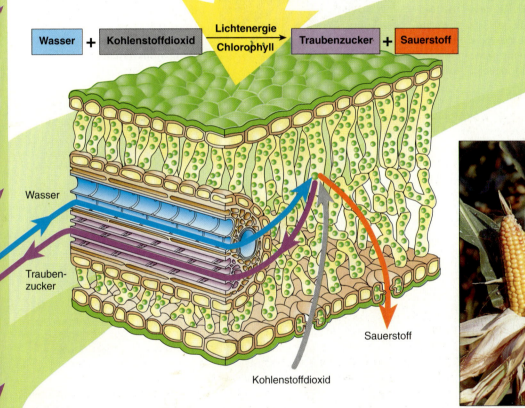

Wasser + Kohlenstoffdioxid —(Lichtenergie / Chlorophyll)→ Traubenzucker + Sauerstoff

2 Vorgänge bei der Fotosynthese. *Ausschnitt eines Laubblattes im Blockbild (schematisch)*

3 Reifer Maiskolben

Der Traubenzucker wird in den Chloroplasten in Stärke umgewandelt oder durch die Blattadern abtransportiert. Stärke ist ein Kohlenhydrat, das aus vielen Traubenzucker-Teilchen aufgebaut ist. Aus Traubenzucker stellt die Pflanze weitere organische Stoffe wie Eiweißstoffe und Fette her, aber auch Zellulose, den Baustoff der Zellwände.

Untersuchungen der Maiskörner haben ergeben, dass diese sich zu rund 67% aus Kohlenhydraten, zu 11% Eiweißstoffen und zu 5% Fetten zusammensetzen. Diese Nährstoffe sind durch die Siebröhren der Leitbündel bis zu den Maiskolben gelangt und dort in den Samen gespeichert worden.

1 Beschreibe den Aufbau eines Maisblattes an Hand der Abbildung 1B.
2 Beschreibe den Vorgang der Fotosynthese an Hand der Abbildung 2.
3 Nenne Stoffe, die von grünen Pflanzen produziert werden.
4 Erläutere, wie es zu den „Luftblasen" bei der Wasserpflanze in Abb. 1B auf S. 58 kommt.

Grüne Pflanzen – Grundlage des Lebens

2.3 Können Pflanzen atmen?

In schattigen Laubwäldern wächst der *Aronstab*. Im Frühjahr fällt er durch seine tütenförmige Blütenscheide auf, die unterhalb des Trichters zu einem Kessel bauchig erweitert ist. Aus diesem Kessel, in dem sich der Blütenstand befindet, ragt ein braunvioletter Kolben hervor. Man hat festgestellt, dass dieser Kolben eine beachtliche Wärme entwickelt. Die Temperatur kann dadurch im Kessel bis auf 16 °C über die Außentemperatur ansteigen. Die Wärme dient dazu, Geruchsstoffe aus dem Kolben zu verbreiten und dadurch Insekten anzulocken.

Wie aber gelingt es dem Aronstab, Wärme zu erzeugen? Als „Heizmaterial" dient ihm Stärke, die er in den Zellen gespeichert hat. Diese muss jedoch zunächst wieder in Traubenzucker zerlegt werden. In den Zellen wird dann Traubenzucker zusammen mit Sauerstoff in mehreren chemischen Schritten in Kohlenstoffdioxid und Wasser umgewandelt. Ein Teil der dabei freigesetzten Energie geht als Wärme verloren. Ein weiterer Teil dient der Pflanze dazu, ihre eigenen Lebensvorgänge aufrechtzuerhalten. Da diese Vorgänge in den Zellen stattfinden, bezeichnet man sie als **Zellatmung**. Der Aronstab atmet also wie alle anderen grünen Pflanzen auch.

Die Zellatmung lässt sich folgendermaßen zusammenfassen:

1 Aronstab.
A *Zur Blütezeit im Frühjahr;*
B *Temperaturmessung im Freien;*
C *Temperaturmessung im Kessel*

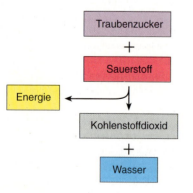

Auch Tiere und Menschen gewinnen die notwendige Energie durch die Zellatmung. Im Gegensatz zu den grünen Pflanzen können sie die dazu benötigten Nährstoffe nicht selbst herstellen. Sie müssen sie mit der Nahrung aufnehmen. Der zum Abbau der Nährstoffe notwendige Sauerstoff stammt aus der Fotosynthese und gelangt über die Atemwege bis zu den Körperzellen. Dort werden die Nährstoffe in der Zellatmung zerlegt. Das dabei frei werdende Kohlenstoffdioxid wird von der Pflanze zur Fotosynthese benötigt. Fotosynthese und Zellatmung bilden also einen **Stoffkreislauf**.

> Bei der Atmung der Lebewesen werden organische Stoffe abgebaut. Dabei wird Energie freigesetzt und für andere Lebensvorgänge bereitgestellt.

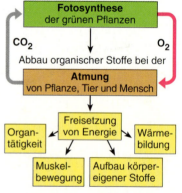

2 Zusammenhang zwischen Fotosynthese und Zellatmung

1 Erläutere den Zusammenhang zwischen Fotosynthese und Zellatmung.
2 Begründe, weshalb Menschen und Tiere ohne grüne Pflanzen nicht leben könnten.

Grüne Pflanzen – Grundlage des Lebens

HOLZ – EIN PFLANZENGEWEBE

Pinnwand

Bau eines Kiefernstammes

① Die **Borke** schützt den Baum vor Gefahren der Außenwelt. Sie besteht aus toten Zellschichten.

② Im **Bast** werden die Nährstoffe durch die *Siebröhren* in alle Baumteile transportiert. Der Bast lebt nur kurze Zeit und wird dann Teil der Borke. Er wird von innen neu nachgebildet.

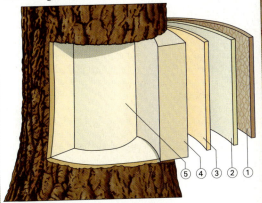

③ Das **Kambium** ist der wachsende Bereich des Baumes. Es gibt nach innen und nach außen durch Zellteilungen neue Zellen ab. Nach innen entsteht neues **Holz,** nach außen neuer **Bast.**

④ Im **Splintholz,** dem neu gebildeten Holz, liegen die *Gefäße*, die Wasser und Mineralstoffe leiten. Mit der Bildung neuer Splintholzringe sterben die älteren Zellschichten ab und werden zu Kernholz.

⑤ Das **Kernholz** besteht aus toten Zellschichten. Sie geben dem Baum die notwendige Festigkeit.

Holzstruktur

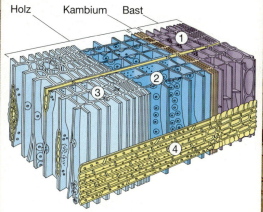

① **Siebröhren** sind langgestreckte Zellen mit siebartig durchbrochenen Querwänden.

② **Gefäße** bestehen aus toten Zellen, deren Querwände weitgehend aufgelöst sind.

③ Die Zellen des **Grundgewebes** speichern Reservestoffe, meistens Stärke.

④ **Markstrahlen** sind aus Grundgewebe-Zellen aufgebaut. Sie dienen dem Transport von Stoffen vom Rand zum Zentrum des Stammes.

1 a) Beschreibe den Aufbau eines Kiefernstammes.
b) Wie werden Mineral- und Nährstoffe im Baum verteilt?
c) Wie ist das jeweilige Transportsystem an seine Aufgabe angepasst?

2 a) Schätze das Alter der Kiefer anhand des Querschnitts. Versuche nun durch Auszählen der Jahresringe das Alter möglichst genau zu bestimmen.
b) Wann etwa war die Kiefer einem Bodenfeuer ausgesetzt?

Stammquerschnitt einer Kiefer

An der Schnittfläche eines Baumstammes erkennt man helle, dunkle, breite und schmale Ringe. Regelmäßig wechseln ein heller und ein dunkler Ring. Beide zusammen bilden einen **Jahresring**, der einem Lebensjahr eines Baumes entspricht. Die hellen Ringe setzen sich aus dünnwandigen, weiten Holzzellen zusammen, die im Frühjahr gebildet werden. Die dunklen Ringe entstehen im Sommer. Dieses Holz besteht aus engen, dickwandigen Zellen. Im Winterhalbjahr erfolgt dagegen kein Wachstum.

Aus den Jahresringen kann man nicht nur das Alter ablesen. Sie verraten uns auch etwas über die Standort- und Wachstumsbedingungen des Baumes wie Störungen durch Trockenheit oder Insektenbefall, trockene und feuchte Jahre, Sonneneinstrahlung und Verletzungen.

65

Grüne Pflanzen – Grundlage des Lebens

Übung — **Stoffaufnahme und Stoffwechsel der grünen Pflanzen**

V 1 Wurzelspitze und Wurzelhaare

Material: Kresse- oder Senfsamen; Petrischale; schwarzes Papier; Wasser; starke Lupe/Binokular
Durchführung: Lege die Petrischale mit Papier aus. Streue Samen darüber. Lege den Deckel auf und stelle das Gefäß bei Zimmertemperatur auf eine Fensterbank.
Aufgabe: Untersuche nach einigen Tagen die gekeimten Samen mit der Lupe/dem Binokular. Zeichne den Samen mit Wurzelspitze und beschrifte deine Zeichnung.

V 2 Wasserleitung und Transpiration

Material: 3 Seitensprosse vom Fleißigen Lieschen oder Sprosse vom Springkraut; davon jeweils der erste voll beblättert, der zweite zum Teil beblättert, der dritte unbeblättert; 3 Reagenzgläser; Reagenzglasständer; 2 %ige Eosin-Lösung; Mikroskop mit Zubehör; Pinzette; Pipette; Rasierklinge mit Korkenhalterung, Filzstift

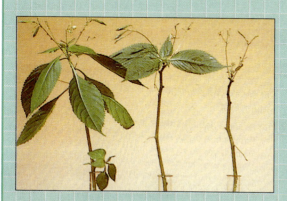

Durchführung: Fülle die Gläser gleich hoch mit der Eosin-Lösung. Stelle die Sprosse in die Gläser.
Aufgaben: a) Beobachte die durchscheinenden Stängel. Beschreibe deine Beobachtungen.
Bestimme die Geschwindigkeit der Wasserleitung in den Stängeln in cm pro Stunde, indem du jede Stunde den Anstieg des gefärbten Wassers mit dem Filzstift am Spross markierst. Stelle außerdem jedesmal die Wasserstände in den Gläsern fest.
b) Lass den Versuch einige Stunden laufen. Vergleiche die Messergebnisse und gib dafür eine Erklärung.

V 3 Präparat eines Stängelquerschnittes

Material: Stängel eines gefärbten beblätterten Sprosses aus V 2; Rasierklinge mit Korkhalterung; Pinzette; Pipette; Becherglas; Wasser; Mikroskop mit Zubehör

Durchführung: Gib mit der Pipette einen Tropfen Wasser auf den Objektträger. Fertige vom Stängel einen hauchdünnen Querschnitt, wie es die Abbildung zeigt. Überführe diesen in den Wassertropfen. Decke ein Deckgläschen auf. Mikroskopiere.
Aufgabe: Zeichne vom Querschnitt eine Übersicht. Beschrifte. Orientiere dich an Abb. 4C auf S. 61. Nenne Unterschiede zwischen deinem Querschnitt und der Abbildung.

V 4 Präparat einer Blatthaut

Material: Laubblatt (z. B. Flieder, Sumpfdotterblume, Alpenveilchen); Rasierklinge mit Korkhalterung; Pinzette; Pipette; Becherglas; Wasser; Mikroskop mit Zubehör; Zeichenmaterial

Grüne Pflanzen – Grundlage des Lebens

Durchführung: Gib mit der Pipette jeweils einen Tropfen Wasser auf 2 Objektträger. Fertige mit der Rasierklinge einen hauchdünnen *Oberflächenschnitt* von der *unteren* Oberhaut, wie es die Abbildung zeigt. Überführe diesen in den Wassertropfen. Decke ein Deckgläschen auf. – Verfahre ebenso mit einem Stück aus der *oberen* Oberhaut. Mikroskopiere.

Aufgaben: a) Begründe, weshalb du dich beim Mikroskopieren auf den Randbereich der Schnitte konzentrieren solltest.

b) Zeichne einen Ausschnitt des Blattgewebes von der unteren und der oberen Epidermis. Beschrifte. Orientiere dich auf den Seiten 62 und 63.

c) Vergleiche die Gewebe der Blattober- und der Blattunterseite. Nenne Unterschiede.

V 5 Fotosynthese und Sauerstoff

Hinweis: Ein glimmender Holzspan entflammt in reinem Sauerstoff.

Material: Glasgefäß; Glastrichter; Reagenzglas; Wasser; Wasserpest; Draht; Holzspan; Streichhölzer; 100-Watt-Tischlampe

Durchführung: Binde frische Sprosse der Wasserpest mit Draht zusammen. Bringe diese in das mit Wasser gefüllte Gefäß. Stülpe den Trichter so über die Pflanzenteile, dass dieser ganz von Wasser bedeckt ist. Fülle nun das Reagenzglas randvoll mit Wasser. Verschließe es mit dem Daumen. Stülpe es über den Hals des Trichters und ziehe den Daumen weg, wobei kein Wasser aus dem Reagenzglas treten darf. Setze das Gefäß dem Licht aus.

Wenn sich das Reagenzglas etwa zur Hälfte mit Gas gefüllt hat, ziehe es vorsichtig unter Wasser vom Trichterhals und verschließe es mit dem Daumen. Hebe es aus dem Glasgefäß, drehe es um, ziehe den Daumen zurück und lass unmittelbar darauf von einer anderen Person einen glimmenden Holzspan in das Reagenzglas führen.

Aufgabe: Beschreibe deine Beobachtungen und erläutere diese.

V 6 Funktionsmodell der Schließzellen

Material: Fahrradschlauch; Gummiring; Luftpumpe

Durchführung: Klemme den Schlauch etwa 20 cm vom Ventil luftdicht mit einem Gummiring oder mit einer Hand ab. Halte den Schlauch mit der anderen Hand am Ventilende fest. Lege nun beide Hände auf einen Tisch. Eine andere Person pumpt nun Luft in den Schlauch.

Aufgabe: Beschreibe anhand des Modells die Funktionsweise der Schließzellen. Vergleiche mit Abb. 1 C auf S. 62.

V 7 Stoffkreislauf in einem Glasgefäß

In einem verschlossenen Glasgefäß gedeihen Pflanzen ohne Wasser- und Luftzufuhr von außen. Beschreibe, wie so etwas möglich ist.

Grüne Pflanzen – Grundlage des Lebens

Übung: Stoffaufnahme und Stoffwechsel der grünen Pflanzen

A 8 Blattaufbau

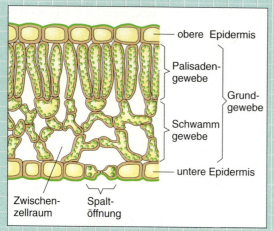

Laubblätter zeigen je nach Pflanzenart einen vom Grundbauplan abweichenden Aufbau.
a) Beschreibe den abgebildeten Blattquerschnitt eines Rotbuchenblattes. Erläutere den Aufbau im Zusammenhang mit dessen Aufgaben.
b) Vergleiche den Blattquerschnitt der Buche mit dem vom Mais in Abb. 1B auf S. 62. Nenne Gemeinsamkeiten und Unterschiede.

A 9 Pflanzenatmung

Hinweis: Kohlenstoffdioxid wird in Kalkwasser gebunden. Dies trübt sich dabei milchig.
a) Beschreibe die dargestellte Versuchsanordnung.
b) Mit dem Blasebalg wird Luft durch die Versuchsanordnung gepumpt. Beschreibe das Versuchsergebnis und erläutere dieses.

A 10 Stärkebildung in Blättern

A | B

Die Abbildungen A und B stellen jeweils ein Blatt zu Beginn und zum Ende eines Versuchs dar, bei dem festgestellt werden soll, welche Faktoren für die Bildung von Stärke verantwortlich sind. Nachdem das Blatt einen Tag dem Licht ausgesetzt war, wurde es in heißem Spiritus entfärbt und zum Stärkenachweis in Iodlösung getaucht.
a) Beschreibe den Versuch und das Versuchsergebnis.
b) Von welchem Faktor ist bei diesem Versuch die Stärkebildung abhängig?
c) In der Abbildung C ist ein Blatt dargestellt, das nur in bestimmten Bereichen grün gefärbt ist. Auch mit diesem Blatt wurde der Stärkenachweis durchgeführt (Abbildung D).
Beschreibe das Ergebnis.

C | D

2.4 Ohne Mineralstoffe kein Pflanzenwachstum

Aus Erfahrung weißt du: Zimmerpflanzen brauchen Licht und Wasser. Doch auch bei ausreichender Versorgung damit sehen viele Pflanzen nach einiger Zeit nicht mehr „gesund" aus. Woran liegt das?

Die Pflanzen brauchen für ein gesundes Wachstum *Mineralstoffe*, die sie in Wasser gelöst über die Wurzeln aufnehmen. Wichtige Mineralstoffe sind u.a. chemische Verbindungen mit Calcium, Kalium, Phosphor, Stickstoff, Magnesium, Eisen und Schwefel. Die Stickstoffverbindungen nennt man *Nitrate*, die Phosphorverbindungen *Phosphate*. Alle diese Elemente sind für die Ernährung der Pflanzen von Bedeutung.

Das Gedeihen der Pflanzen hängt davon ab, ob alle notwendigen Mineralstoffe in ausreichender Menge vorhanden sind. Fehlt auch nur einer, beginnen die Pflanzen zu kränkeln. Es kommt zu **Mangelerscheinungen**. Die Pflanzen kümmern und gehen ein.

Dabei kann der Mangel an einem Mineralstoff nicht durch einen Überschuss eines anderen Mineralstoffs ausgeglichen werden. Die unten abgebildete Minimum-Tonne veranschaulicht dies. Sie kann nur bis zur Höhe der kürzesten Daube gefüllt werden. Schüttet man mehr hinein, fließt der überschüssige Inhalt hinaus. Man bezeichnet diesen von Justus Liebig um 1850 erkannten Sachverhalt als das **Gesetz des Minimums**.

Fehlende Mineralstoffe kann man durch gezielte **Düngung** wieder hinzufügen, wobei die einzelnen Mineralstoffe in einem bestimmten Mengenverhältnis stehen müssen. Dies deutet die Daubenbreite an. *Mangelversuche* zeigen, wie Pflanzen reagieren, wenn ihnen bestimmte Mineralstoffe fehlen. *Kalium* z.B. reguliert den Wasserhaushalt und den Stoffwechsel. Beim Fehlen werden die Blätter schlaff und knicken. *Eisen* ist zur Chlorophyllbildung erforderlich. Fehlt es, verfärben sich die Blätter. *Calcium* reguliert den Wasserhaushalt und ist Bestandteil der Zellwände. Bei einem Mangel bleiben die Pflanzen klein. Die Blätter werden bräunlich.

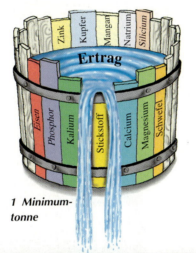

1 Minimumtonne

> Pflanzen brauchen gelöste Mineralstoffe zum Leben.

1 a) Sieh auf dem Etikett einer Flasche mit Pflanzendünger nach, welche Mineralstoffe dort aufgeführt sind.
b) Welche Menge ist jeweils enthalten?

2 Kulturversuche mit Mais

Grüne Pflanzen – Grundlage des Lebens

Pinnwand

ERNÄHRUNGSSPEZIALISTEN

Die Venus-Fliegenfalle

Die Venus-Fliegenfalle stammt aus Nordamerika. Ihre beiden Blätter stehen unter Spannung. Setzt sich ein Insekt auf ein Blatt und berührt die Sinneshärchen, klappen die Blätter zusammen und das Insekt ist gefangen. Es wird anschließend von der Pflanze verdaut.

Der Sonnentau – eine tierfangende Pflanze

Der Sonnentau kommt auf moorigen Flächen vor. Die Blätter besitzen rote Drüsenhaare. Diese scheiden an ihren Spitzen ein klebriges Sekret aus, das in der Sonne wie Tautropfen aussieht. Hierdurch werden Insekten angelockt und bleiben daran kleben. Anschließend wird das Tier durch Verdauungssäfte aus den Drüsenhaaren aufgelöst. Aus den freiwerdenden Eiweißstoffen gewinnt der Sonnentau Stickstoffverbindungen, die an seinem Standort fehlen.

Die Nesselseide – ein Vollparasit

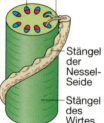

Leitbündel Saugorgane — Stängel der Nesselseide — Stängel des Wirtes

Die Nesselseide wächst in Auwäldern, Hecken und Feldkulturen. Sie besitzt weder Wurzeln noch Blätter sowie kaum Chlorophyll. Daher ist sie zur Fotosynthese nicht fähig. Ihr Stängel umschlingt eine Wirtspflanze und bildet *Saugorgane* aus. Diese dringen in den Stängel des Wirts, „zapfen" die Leitbündel an und entnehmen daraus Nährstoffe, Wasser und Mineralstoffe.

Die Mistel – ein Halbparasit

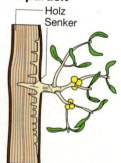

Holz — Senker

Die immergrüne Mistel wächst auf Bäumen. Wie alle immergrünen Pflanzen ist sie zur Fotosynthese fähig. Sie bezieht jedoch ihr Wasser mit den Mineralstoffen von ihrem Wirtsbaum. Dazu treibt sie ihre zu *Senkern* umgebildeten Wurzeln in die wasserführenden Gefäße des Wirts.

Tierfangende Pflanzen

Die über 500 tierfangenden Pflanzenarten auf der Welt wachsen zumeist an Standorten, die äußerst arm an Mineralstoffen sind. Vor allem fehlt es dort an Stickstoffverbindungen. Sie haben verschiedene Methoden entwickelt, um über Beutetiere an die lebensnotwendigen Mineralstoffe zu gelangen.

1 Wodurch unterscheiden sich die hier vorgestellten Ernährungsspezialisten?

Grüne Pflanzen – Grundlage des Lebens

Prüfe dein Wissen

A1 Die Abbildung zeigt ein Mikrofoto vom Längsschnitt eines Stängels vom Hahnenfuß.
a) Welchen Ausschnitt des Stängels zeigt das Foto?
b) Benenne die einzelnen Teile.

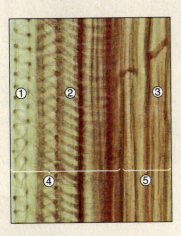

A3 In dem Blockbild, das den Ausschnitt aus einem Baumstamm zeigt, kannst du den Aufbau des Holzes erkennen. Benenne die einzelnen Teile mit folgenden Begriffen: Bast, Borke, Jahresring, Kambium, Rinde, Markstrahl, Gefäß im Frühjahrsholz, Gefäß im Sommerholz.

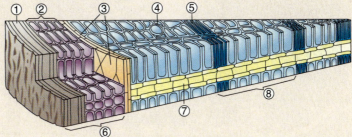

A4 „Schnittblumen-Nährstoff" steht auf manchen Tüten, die man beim Blumenkauf mitbekommt. Dieser soll im Wasser aufgelöst werden.
a) Weshalb ist die Bezeichnung falsch?
b) Wie müsste es richtig heißen?

A2 Die Abbildung zeigt in einer mikroskopischen Aufnahme den Querschnitt von einem Pflanzenteil des Hahnenfußes.
a) Um welchen Pflanzenteil handelt es sich?
b) Benenne die einzelnen Teile.

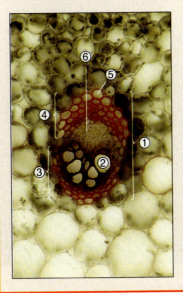

A5 Die Abbildung zeigt den Querschnitt eines Laubblattes der Rotbuche.
a) Benenne die einzelnen Teile.
b) Irgendetwas ist hier nicht richtig dargestellt. Finde es heraus.

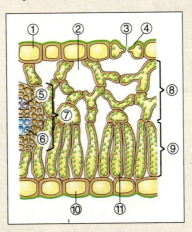

A6 Welche Aussagen zur Fotosynthese sind richtig?
a) Bindung von Sonnenenergie in organischen Stoffen
b) Synthese von Mineralstoffen in Chloroplasten zu organischen Stoffen
c) Aufbau von Kohlenhydraten aus Kohlenstoffdioxid und Wasser mithilfe von Chlorophyll im Licht
d) Verwandlung von organischen Stoffen in anorganische Stoffe.

A7 Was ist richtig? Pflanzen brauchen zur Atmung
a) Kohlenstoffdioxid,
b) Sauerstoff,
c) Kohlenstoffdioxid und Sauerstoff.

A8 Schreibe den Vorgang der Fotosynthese als Wortgleichung.

A9 Schreibe den Vorgang der Atmung bei grünen Pflanzen als Wortgleichung.

A10 Der Aronstab lockt Insekten an und hält sie zur Bestäubung in seinem Kessel fest. Zu welcher Kategorie von Pflanzen gehört er? Begründe.
a) Vollparasit
b) Halbparasit
c) tierfangende Pflanze

Ökosysteme

1 Ökosysteme auf der Erde. **A** Laubwald; **B** Wüste; **C** Stadt; **D** See; **E** Tropischer Regenwald

Ökosysteme

1 Nicht alle Lebensräume sind gleich

Auf der Erde findet man so unterschiedliche Gebiete wie Wälder, Wüsten, Meere, Seen oder Städte. Wie unterscheidet sich zum Beispiel ein mitteleuropäischer Laubwald von einem Tropischen Regenwald?
Jeder weiß, dass es bei uns warme Sommer und kalte Winter mit Frost gibt. Die Laubbäume unserer Wälder werfen deshalb im Herbst ihre Blätter ab und überdauern in einem Ruhestadium bis zum nächsten Frühjahr. In Tropischen Regenwäldern misst man dagegen ganzjährig gleichbleibend hohe Temperaturen. Dort gibt es keinen jahreszeitlich bedingten Laubabwurf.

Die *Temperatur* bestimmt also wesentlich die Lebensbedingungen in diesen Lebensräumen. Andere Faktoren sind zum Beispiel Niederschläge, Lichtmenge und Bodenverhältnisse. Man spricht von den *abiotischen Umweltfaktoren*.
Ein Lebensraum oder **Biotop** ist durch ganz bestimmte abiotische Umweltfaktoren gekennzeichnet. Diese Bedingungen führen dazu, dass sich in jedem Lebensraum eine besondere Lebensgemeinschaft, eine **Biozönose** aus Pflanzen und Tieren, entwickelt. Die Pflanzen und Tiere einer Biozönose stehen in Wechselbeziehungen zueinander. Eine Waldmaus ernährt sich zum Beispiel von Wurzeln und Beeren und wird ihrerseits vom Fuchs gefressen. Die Mitglieder einer Biozönose bilden die *biotischen Faktoren*.

Die Lebewesen einer Biozönose haben nicht nur untereinander zahlreiche Beziehungen, sondern sie sind auch von den abiotischen Faktoren abhängig. Wildschweine zum Beispiel bevorzugen feuchte Böden, in denen sie schlammige Gruben zum Suhlen anlegen.
Solche Wechselbeziehungen von Biotop und Biozönose bestehen zum Beispiel im Laubwald. Eine Einheit aus Lebensgemeinschaft und Lebensraum wie den Laubwald bezeichnet man als **Ökosystem**.

Es gibt natürliche Ökosysteme wie zum Beispiel Tropische Regenwälder, Seen und Moore. Manche Ökosysteme wurden erst durch den Menschen geschaffen, man nennt sie deshalb künstliche Ökosysteme. Zu diesen künstlichen Ökosystemen gehören zum Beispiel Städte, Dörfer, Felder und Wiesen.

Ökosysteme sind in ihrer Größe und Artenvielfalt sehr unterschiedlich. Der tropische Regenwald ist zum Beispiel ein sehr großes und artenreiches Ökosystem. Ein Feld ist dagegen viel kleiner. Hier leben nur wenige verschiedene Tier- und Pflanzenarten.

2 Biotop und Biozönose bilden ein Ökosystem

> Ein Ökosystem ist eine Einheit, in der Biotop (Lebensraum) und Biozönose (Lebensgemeinschaft) in Wechselbeziehung zueinander stehen. Man unterscheidet natürliche und künstliche Ökosysteme.

1 Erkläre mithilfe der Abbildung 2 die Begriffe Biotop, Biozönose und Ökosystem.
2 Nenne jeweils zwei Beispiele für natürliche und künstliche Ökosysteme.
3 Nenne drei abiotische Faktoren, die den Lebensraum „Wüste" kennzeichnen.
4 Ordne folgende Umweltfaktoren, die auf eine Waldmaus wirken, in abiotische und biotische Faktoren: Licht, Boden, Wurzeln, Beeren, Temperatur, Fuchs, andere Waldmäuse, Eule.

Ökosysteme

2 Ökosystem Wald

2.1 Wald ist nicht gleich Wald

Betrachte die Fotos auf diesen beiden Seiten. Sie zeigen ganz unterschiedliche Waldtypen.
Im *Buchenwald* ist es im Sommer angenehm kühl und schattig, im *Kiefernwald* ist es dagegen heller, wärmer und trockener. Vielleicht findest du hier Heidelbeeren oder Pfifferlinge. Ganz anders sieht es in einem *Erlenbruchwald* aus. In diesem Wald ist es kühl und etwas sumpfig, es riecht modrig und Mückenschwärme tanzen. Wie kommt es zu diesen unterschiedlichen Waldtypen?

Um diese Frage zu beantworten, müssen wir uns mit den Ansprüchen der einzelnen Baumarten an ihre Umwelt beschäftigen. Die schematische Darstellung zeigt uns die Verteilung der Baumarten vom Flachland bis zum Hochgebirge. Im Flachland findet man häufig *Rotbuchen*. Sie bilden ausgedehnte **Laubwälder.** Rotbuchen können auf verschiedenen **Bodenarten** wachsen, die jedoch nicht zu trocken sein dürfen. Sandige und trockene Böden werden vor allem von *Birken* und *Kiefern* besiedelt. Auf feuchten und humusreichen Böden wachsen neben Rotbuchen auch *Eichen*. Eichenwälder gehören ebenfalls zu den Laubwäldern.

Auch im Mittelgebirge wachsen häufig Buchen. Sie kamen früher meist gemeinsam mit *Tannen* vor. Von diesen **Mischwäldern** mit natürlichen Beständen an Laub- und Nadelbäumen sind nur wenige übrig geblieben. Die meisten wurden im Mittelalter gerodet. Statt der Mischwälder legte man Fichten- und Kiefernforsten als **Monokulturen** an. Neben Buchen, Tannen und Fichten wachsen auch *Bergahorn und Bergulme* im Mittelgebirge.

In der Nähe von Wasserläufen und in Gebieten mit sehr hohem Grundwasserspiegel findet man ganz andere Baumarten. Hier stehen verschiedene *Weidenarten, Pappeln und Erlen,* die ständig nassen Boden und Überflutungen vertragen.

Betrachten wir die Bäume, die in Hochgebirgen wie den Alpen vorkommen. Ab 600 m Höhe trifft man wie im Mittelgebirge artenreiche Mischwälder an. Über 900 m wird der Boden steinig, die **Temperatur** niedriger und der Wind nimmt zu. Buchen findet man hier nicht mehr. Sie sind empfindlich gegen niedrige Tem-

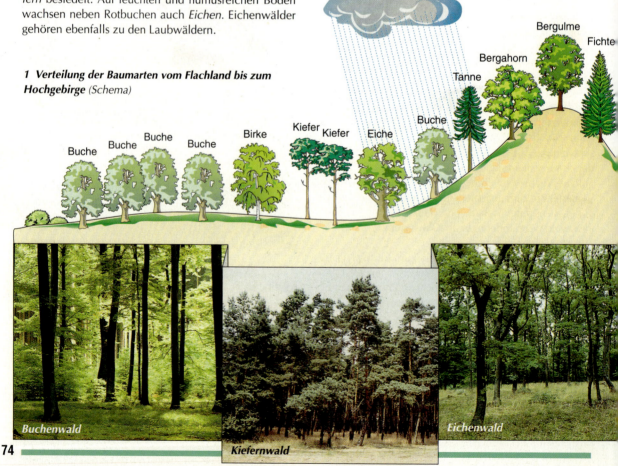

1 Verteilung der Baumarten vom Flachland bis zum Hochgebirge (Schema)

Ökosysteme

peraturen. Nur noch wenige Laubbäume wie *Bergahorn* und *Bergulme* gedeihen in dieser Region, dafür findet man oft *Fichten*, die als Flachwurzler mit ihrem weitreichenden Wurzelsystem auf dem steinigen Boden ausreichend Halt finden.

Über 1000 m gerät man in einen dichten **Nadelwald**, der ausschließlich aus Nadelbäumen wie *Fichten* und *Lärchen* besteht.

Beim weiteren Anstieg erreicht man bei etwa 1500 m die Waldgrenze. Für fast alle Bäume wird es nun zu kalt und zu windig. Oberhalb dieser natürlichen Grenze kommen deshalb nur noch *Latschenkiefern* vor. Das ist eine besondere Kiefernart, die kriechend am Boden wächst und keine Bäume bildet. Man bezeichnet diese Vegetationszone auch als **Krummholzzone**.

Neben der Temperatur und der Bodenbeschaffenheit beeinflusst auch das **Licht** das Wachstum der Bäume. Es ist unentbehrlich für das Wachstum grüner Pflanzen, denn es liefert die Energie für die Fotosynthese.

Häufig lassen bestimmte Merkmale der einzelnen Baumarten auf ihren Bedarf an Licht schließen. Je dichter die Krone, desto besser kann der Baum das Licht ausnutzen. Fichten und Buchen sind Beispiele dafür. Bei Kiefern und Birken sind die Baumkronen weniger dicht. Sie brauchen viel Licht.

> Laubwald, Mischwald und Nadelwald sind unterschiedlich zusammengesetzt. Umweltfaktoren wie Boden, Temperatur, Wasser und Licht bestimmen das Vorkommen der einzelnen Baumarten.

1 Nenne Ansprüche der Rotbuche an ihren Lebensraum.

2 Beschreibe Bedingungen, mit denen Bäume im Hochgebirge zurechtkommen müssen.

3 Gib für die folgenden Baumarten jeweils zwei typische Lebensbedingungen an: Weide, Birke, Bergulme, Fichte und Latschenkiefer.

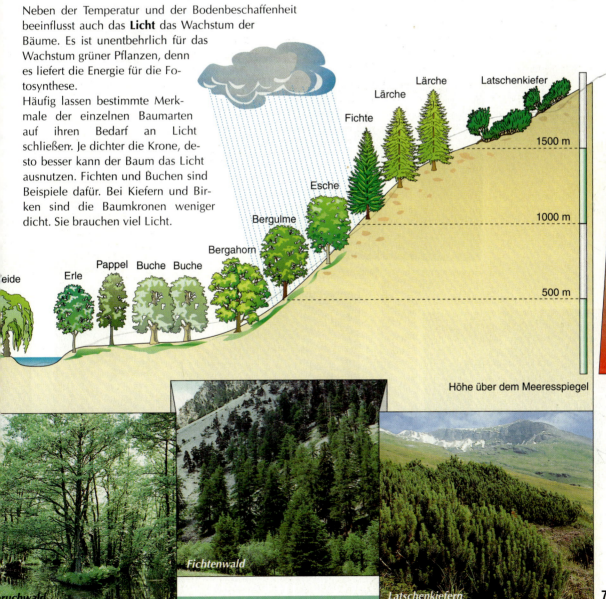

Fichtenwald

Latschenkiefern

Ökosysteme

Pinnwand

DER TROPISCHE REGENWALD

Mit 23 Zentimetern hat der **Riesentukan** einen der größten Vogelschnäbel. Er frisst damit Früchte, Insekten und Eier.

Was ist ein tropischer Regenwald?

Tropische Regenwälder bilden den Kern des Tropenwaldgürtels entlang des Äquators. Durchschnittlich fallen hier bis zu 2 000 mm Regen im Jahr. Die Temperatur liegt im Tiefland das ganze Jahr über zwischen 23 °C und 28 °C.
Regenwälder zählen zu den artenreichsten Ökosystemen der Erde. Hier leben mehr als die Hälfte aller bekannten Tier- und Pflanzenarten, obwohl der Tropische Regenwald nur 7 % der Erde bedeckt. Trotz der Artenfülle findet man häufig nur wenige Lebewesen einer Art pro Fläche. Regenwälder sind störanfällige Ökosysteme. Bei der Aufforstung einer Fläche, auf der früher Regenwald gestanden hat, kann man nie wieder den artenreichen ursprünglichen Zustand herstellen.

Im Regenwald findet man viele **Orchideen**. Sie sind Aufsitzerpflanzen, das heißt, sie leben auf den Ästen von Bäumen. Ihre Wurzeln bilden ein dichtes Geflecht und verankern die Pflanzen in der Baumrinde. Auf jedem Regenwaldbaum leben bis zu 100 weitere Pflanzen. Außer von Orchideen werden die Bäume häufig von Moosen, Farnen und Bromelien besiedelt.

Der **Jaguar** ist das größte Raubtier des südamerikanischen Regenwaldes.

Schätzungen gehen davon aus, dass heute etwa 150 bis 300 Millionen Menschen im oder vom Tropenwald leben. Davon sind aber nur zwei Millionen **Ureinwohner**, die in viele kleine Völkerschaften aufgeteilt sind. Allein im Amazonasbecken Brasiliens gibt es über 200 verschiedene Völker mit eigener Sprache, Kultur und Wirtschaftsform. Eins davon sind die Yanomami. Sie sind vor allem Jäger und Sammler und betreiben Wanderfeldbau. Dazu legen sie Gärten im Regenwald an, die sie einige Jahre bewirtschaften und dann wieder dem Wald überlassen.

Ökosysteme

Löcher im Grünen Gürtel

Vernichtung der Regenwälder schreitet in hohem Tempo voran. Durch die Abholzung verschwinden viele Tier- und Pflanzenarten. Wird der Raubbau am Regenwald nicht gestoppt, gibt es im Jahr 2050 keinen Quadratmeter Regenwald mehr und es verschwinden dann etwa 50 % aller Tier- und Pflanzenarten auf der Welt.

Tropische Regenwälder früher

Tropische Regenwälder heute

Formen der Zerstörung

Der Regenwald wird durch natürliche Brände und Brandrodungen bedroht. Holzeinschlag und Verkauf von Tropenhölzern führen ebenfalls zu weiteren Abholzungen.
Siedler roden riesige Flächen, um für wenige Jahre Plantagen anzulegen oder Viehweiden zu gewinnen. Der Bergbau, das Anlegen von Staudämmen und Straßen zerstören ebenfalls große Regenwaldgebiete.

Regenwald in Zahlen

In einem Regenwaldgebiet von 6 x 6 km fand man 750 Baumarten und 1 500 weitere Arten von Samenpflanzen, 400 Vogelarten, 150 Schmetterlingsarten, 160 Amphibien- und Reptilienarten.
Auf einem einzigen Baum zählte man 54 Ameisenarten.
In einem einzigen Fluss im Amazonasbecken leben über 400 Fischarten.
40 Pflanzenarten aus dem Regenwald werden gegenwärtig in der Medizin genutzt, z. B. das Tropische Immergrün gegen Blutkrebs. Man vermutet noch viele weitere Pflanzen mit Heilwirkung.
Ein Kubikmeter Tropenholz wird in Ghana für 5 DM verkauft und bringt auf dem europäischen Markt 3 400 DM.
Bereits 1980 war die Hälfte aller Tropenwälder weltweit abgeholzt. Jährlich werden 142 000 Quadratkilometer Tropenwald vernichtet.

1 Beschreibe die Umweltbedingungen in einem tropischen Regenwald.

2 Auf dem Boden eines Regenwaldes ist es sehr schattig. Wie gelingt es z. B. Orchideen, sich ausreichend Licht zu verschaffen?

3 Der Tropische Regenwald ist stark gefährdet. Nenne Ursachen und Auswirkungen.

Ökosysteme

2.2 Der Mischwald ist in „Stockwerke" gegliedert

In einem Mischwald kann man an vielen Stellen von den Baumwipfeln bis zum Boden unterschiedliche Schichten oder „Stockwerke" erkennen.

Die Bäume in unseren Wäldern werden etwa 20 bis 30 Meter hoch. Sie bilden das obere Stockwerk, die **Baumschicht.** Zu dieser Schicht gehören zum Beispiel Stieleichen, Buchen, Fichten und Lärchen. Diese Schicht filtert das Licht und fängt starke Regengüsse ab.

Unterhalb dieser Schicht liegt die **Strauchschicht.** Die hier vorkommenden Sträucher werden meist 2 bis 6 m hoch. Zu diesem Stockwerk gehören auch Klettersträucher wie die Waldrebe, aber auch junge Bäume. Häufige Sträucher unserer Wälder sind Gemeine Hasel, Faulbaum und Holunder. Am Waldrand bildet diese Schicht einen Windschutz und schützt den Boden so vor Austrocknung.

Mischwälder weisen in der nun folgenden **Krautschicht** häufig viele Blütenpflanzen und Farne auf. Dort kann man im Frühjahr einen Blütenteppich aus verschiedenen Frühblühern wie Buschwindröschen, Leberblümchen und Maiglöckchen entdecken.

Im Sommer wachsen hier Pflanzen, die mit wenig Licht auskommen wie Sauerklee, Schattenblume und Springkraut. Auch Gräser gehören zu der bis zu einem Meter hohen Krautschicht.

Die **Moosschicht** ist je nach Waldtyp unterschiedlich stark ausgeprägt. Moose werden 10 bis 20 Zentimeter hoch. In dieser Schicht gedeihen zum Beispiel das Frauenhaarmoos und das Weißmoos. Im Herbst kann man in der Moosschicht auch die Fruchtkörper der Pilze sammeln.

Die darunter liegende **Wurzelschicht** ist von den Wurzeln verschiedener Pflanzen und den Pilzgeflechten durchzogen. Die Pflanzen nehmen hier Wasser und Mineralstoffe auf. Abgestorbene Pflanzen, heruntergefallene Äste, Blätter und Nadeln werden in diesem Bereich zersetzt. So entsteht neue mineralstoffreiche Humuserde.

> Der Mischwald ist in verschiedene Stockwerke gegliedert. Dazu gehören die Baum-, Strauch-, Kraut-, Moos- und Wurzelschicht. In jeder Schicht findet man typische Pflanzen.

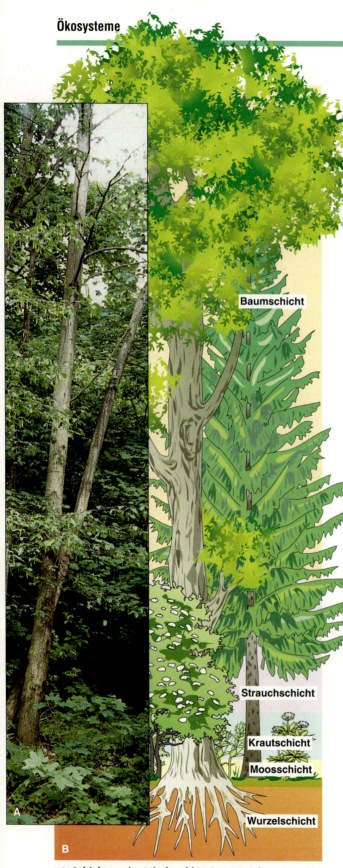

1 Schichtung im Mischwald. **A** Foto; **B** Schema

1 Nenne je zwei Pflanzenarten, die in der Moos-, Kraut-, Strauch- und Baumschicht vorkommen, aber im Text nicht genannt werden. Nimm die Pinnwände zu Hilfe.
2 Am Waldrand findet man oft mehr Straucharten als im Waldesinneren. Erkläre.

Ökosysteme

BÄUME DES WALDES

Pinnwand

Fichte

Größe: bis 60 m
Vorkommen: auf lehmigen, sandigen Böden; feuchte Gebirgswälder
Blütezeit: Mai bis Juni
Besonderheit: wird bis 500 Jahre alt

Schwarzerle

Größe: bis 35 m
Vorkommen: auf feuchten, nährstoffreichen Böden; Auen- und Bruchwälder
Blütezeit: März bis April
Besonderheit: verträgt viel Bodennässe

Bergahorn

Größe: bis 40 m
Vorkommen: auf feuchten, nährstoffreichen Böden; Auen- und Gebirgswälder
Blütezeit: April bis Mai
Besonderheit: häufiger Alleebaum

Aufteilung der Waldfläche in Deutschland 1995 nach **Baumarten** (Angaben in %)

Kiefer	29,2
Fichte	34,0
Tanne	1,6
Lärche	1,2
Eiche	8,5
Pappel	2,0
Buche und anderes Laubholz	23,5

[1] Setze die Tabelle in ein Kreisdiagramm um. Arbeite mit dem Winkelmesser. Du kannst das Kreisdiagramm auch am Computer erstellen.

[2] Nenne Gründe, warum der Anteil an Nadelhölzern so groß ist. Nimm die Seite 54 zu Hilfe.

Lärche
Größe: bis 50 m
Vorkommen: auf lockeren Tonböden; lichtliebend
Blütezeit: März bis Mai
Besonderheit: wirft Nadeln im Herbst ab

Hainbuche (Weißbuche)

Größe: bis 25 m
Vorkommen: feuchte Laubmischwälder
Blütezeit: April
Besonderheit: nach ihrem weißgelben Holz benannt

Stieleiche

Größe: bis 40 m
Vorkommen: weit verbreitet; feuchte bis trockene Wälder
Blütezeit: Mai
Besonderheit: wird 500 bis 800 Jahre alt

Ökosysteme

1 Rotbuche. A Blütenstände; **B** geöffnete Frucht mit Samen (Bucheckern)

2.3 Die Rotbuche – ein Laubbaum

In einem Buchenwald herrscht auch an hellen Tagen ein grünliches Dämmerlicht. **Rotbuchen** nutzen das Sonnenlicht sehr gut aus. Sie haben dazu zwei Arten von Blättern entwickelt: Sonnenblätter und Schattenblätter. Die dickeren, dunkelgrünen, kleineren *Sonnenblätter* stehen im äußeren Bereich der Krone. Die dünneren, hellgrünen *Schattenblätter* befinden sich im inneren Bereich der Krone. Durch ihre großen Blattflächen können sie das geringere Sonnenlicht in diesem Bereich besser ausnutzen.

Da nur wenig Restlicht auf den Waldboden gelangt, wachsen hier meist nur wenige andere Pflanzenarten. Keimlingen der Buche genügt aber das wenige Licht.

Ende April erscheinen die ersten Blüten der Buche. Die männlichen Blüten hängen in Büscheln am Grund der Triebe. Die weiblichen Blüten stehen zu zweit am Ende der jungen Zweige. Die Buche ist also **getrenntgeschlechtlich** und **einhäusig**. Nach der Befruchtung entwickeln sich die dreikantigen Nüsschen, die *Bucheckern*. Sie sind durch einen stachligen Fruchtbecher geschützt. Im September platzen die reifen Früchte auf und die Bucheckern fallen heraus. Sie können im nächsten Frühjahr keimen.

Rotbuchen werden bis zu 50 Meter hoch. Sie sind mit einem großen flachen Wurzelteller in der Erde verankert. Bei uns werden sie etwa 150 Jahre alt.

> Die Rotbuche ist ein Laubbaum, der das Sonnenlicht besonders gut nutzen kann. Aus den befruchteten weiblichen Blüten entwickeln sich Bucheckern.

1 Stelle einen Steckbrief der Rotbuche auf.
2 Beschreibe die Entwicklung einer Buche mithilfe der Abbildung unten.

Jungpflanze

Keimling

Früchte mit Samen

Ökosysteme

1 Waldkiefer. A Blütenstände; **B** Zapfen

2.4 Die Waldkiefer – ein Nadelbaum

In einem Kiefernwald sieht es ganz anders aus als in einem Buchenwald. Hier dringt das Sonnenlicht durch die lichten Kronen bis zum Boden und auf dem Waldboden wachsen einige Kräuter, Gräser und Moose. **Waldkiefern** haben schmale, nadelförmige Blätter. Die *Nadeln* verdunsten so wenig Wasser, dass sie der Baum auch im Winter behalten kann. Kiefern sind *immergrüne Nadelbäume*.

Herabgefallene Kiefernnadeln zersetzen sich nur langsam und bilden dabei Säuren. Auf einem solchen Boden können nur bestimmte Pflanzen wachsen, z. B. Heidelbeere und Heidekraut.

Im Mai blüht die Kiefer. Die männlichen *Blüten* sitzen am Grunde der Triebe, die zapfenförmigen weiblichen Blütenstände dagegen an deren Spitze. Sie enthalten die weiblichen Blüten. Auf der Samenschuppe der weiblichen Blüten liegen je zwei freie Samenanlagen. Man bezeichnet die Kiefer deshalb als **Nacktsamer**.

Der Wind trägt die Pollen auf die Samenanlagen. Nach der Befruchtung entwickeln sich eiförmige *Zapfen*, die bis zum Herbst des folgenden Jahres reifen. Im Frühjahr des dritten Jahres öffnen sie sich und die geflügelten *Samen* fallen heraus. Sie können an einem hellen Standort keimen. Sie wachsen schnell und bilden tiefe *Pfahlwurzeln* aus. Waldkiefern werden etwa 35 Meter hoch und können über hundert Jahre alt werden.

> Waldkiefern gehören zu den Nadelbäumen. Aus ihren Blütenständen entwickeln sich nach Bestäubung und Befruchtung Zapfen.

1 Stelle einen Steckbrief von der Waldkiefer auf.
2 Beschreibe die Entwicklung einer Waldkiefer mithilfe der Abbildung unten.

1 **Laubwald.** A *Frühjahr;* B *Sommer*

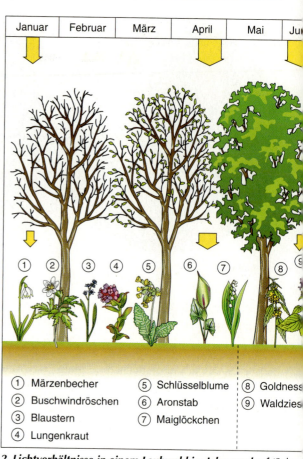

① Märzenbecher
② Buschwindröschen
③ Blaustern
④ Lungenkraut
⑤ Schlüsselblume
⑥ Aronstab
⑦ Maiglöckchen
⑧ Goldness...
⑨ Waldzies...

2 **Lichtverhältnisse in einem Laubwald im Jahresverlauf** (Schem...

2.5 Der Laubwald im Jahreslauf

Kommt man zu Beginn des Frühjahres in einen Laubwald, ist man über den bunten Blütenteppich am Waldboden überrascht. Man findet weiß blühende *Märzenbecher* und *Buschwindröschen, Gelbe Windröschen* und *Scharbockskraut.* Daneben blühen *Blaustern* und *Lungenkraut.* In sehr artenreichen Laubwäldern wachsen auch *Aronstab* und *Schlüsselblume.* Wie gelingt es diesen Pflanzen, so kurz nach dem Winter auszutreiben und zu blühen?

Die Sonne dringt in dieser Jahreszeit bis auf den Waldboden vor und erwärmt ihn. Die notwendigen Nährstoffe liefern besondere *Speicherorgane.* Diese Nährstoffreserve haben die Pflanzen im vergangenen Frühjahr und Sommer angelegt. Das Buschwindröschen hat zum Beispiel einen Erdspross. Märzenbecher und Blaustern besitzen Zwiebeln und das Scharbockskraut Wurzelknollen.

Durch diese Nährstoffspeicher haben die **Frühblüher** einen Vorsprung gegenüber anderen Pflanzen und können schon ab März austreiben und blühen. Sie sind damit an die günstigen Lichtverhältnisse der Laubwälder im Frühjahr angepasst.

Im April beginnen Bäume und Sträucher auszutreiben. Während im März noch etwa 50% des Lichtes die Krautschicht erreichte, sind es im April nur noch ca. 30%. Im Mai sind die Bäume vollständig belaubt. Die Lichtmenge, die nun noch zur Krautschicht durchdringt, liegt nur noch bei etwa 5%. Das Bild der Bodenvegetation hat sich geändert. Die Frühblüher haben nun Früchte. Ende Juni sterben die letzten oberirdischen Pflanzenteile der Frühblüher ab und die Speicherorgane ruhen bis zum nächsten Frühjahr im Boden.

Jetzt wachsen und blühen Pflanzen in der Krautschicht, die an schattige Verhältnisse angepasst sind. Zu diesen **Schattenpflanzen** gehören *Goldnessel, Waldziest, Waldsauerklee* und *Schattenblume.* Auch Moose, Farne und einige Gräser kommen mit diesen Bedingungen gut

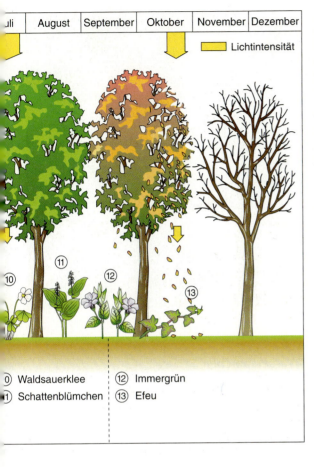

3 Laubwald. *A* Herbst; *B* Winter

zurecht. Viele Schattenpflanzen haben große, dünne Blätter, damit sie viel vom wenigen Restlicht einfangen können. Die Blätter sind durch den hohen Chlorophyllanteil häufig dunkelgrün gefärbt. Eine weitere Anpassung an die geringe Lichtmenge am Waldboden ist die Anordnung der Blätter. Sie wachsen so, dass sie sich nicht gegenseitig bedecken und bilden ein *Blattmosaik*.

Im Herbst verfärben sich die Laubbäume und die Blätter fallen ab. Nun dringt wieder mehr Sonnenlicht auf den Waldboden. Viele Sommerblüher fruchten jetzt. Es gibt aber nur wenige Pflanzen, die im Herbst blühen. Zu ihnen gehört der *Efeu*, dessen Blätter immergrün sind. Er blüht im Oktober und fruchtet im November. Zu diesen **immergrünen Gewächsen** gehören auch *Haselwurz* und *Immergrün*. Sie haben derbe, lederartige Blätter, die den Winter überdauern. So können sie das Licht im Frühjahr und nach der Sommerpause auch das Licht im Herbst voll nutzen. Die oberirdischen Sprossteile der Sommerblüher sterben dagegen im Herbst ab.

> In einem Laubwald herrschen je nach Jahreszeit unterschiedliche Lichtverhältnisse. Die Lichtverhältnisse bestimmen Wachstum und Blütezeit von Pflanzen der Krautschicht. Im Frühjahr überwiegen die Frühblüher, im Sommer die Schattenpflanzen.

1 Erkläre, wie sich die Lichtverhältnisse am Boden eines Laubwaldes im Jahresverlauf ändern.
2 Nenne Beispiele für Frühblüher im Laubwald und beschreibe ihre Anpassungen an die Verhältnisse im Frühjahr.
3 Nenne Beispiele für Schattenpflanzen. Wie sind diese Pflanzen an ihren Standort angepasst?
4 Sammle von 6 Pflanzen, die im Schema 2 gezeichnet sind, Abbildungen. Gestalte mit ihnen eine Pinnwand. Gib dabei für jede Pflanze den Namen, die Größe und die Blütezeit an.

Ökosysteme

1 **Moose. A** Frauenhaarmoos; **B** Moospolster überziehen den Waldboden

2 Schema einer Moospflanze

2.6 Moose sind Wasserspeicher

Feuchte Waldböden sind meist von einer geschlossenen Moosdecke überzogen. Sie setzt sich aus verschiedenen Moosarten zusammen, die etwa zehn Zentimeter hohe Polster bilden. Regnet es im Wald, saugen diese Moospolster das Regenwasser wie ein Schwamm auf. Ein Teil des Wassers versickert später in den Waldboden. Der Rest verdunstet langsam und wird so an die Luft abgegeben. Im Wald ist es deshalb im Sommer kühler und feuchter als in seiner Umgebung. Moospolster bilden auch Kleinstlebensräume für Bodenorganismen wie Spinnen und Käfer.

Eine Laubmoospflanze ist einfach gebaut: An einem *Stämmchen* sitzen die *Moosblättchen,* in deren Achseln sich das Wasser hält. Die Pflanze besitzt dünne wurzelähnliche Zellschläuche, die *Rhizoide,* mit denen sie Halt im Boden findet. An den Moospolstern ragen zu bestimmten Jahreszeiten *Sporenträger* mit einer *Sporenkapsel* hervor. Es sind keine Blüten, sondern „Behälter", in denen sich Tausende winziger „Körnchen", die *Sporen,* entwickeln. Sind die Sporen reif, platzt die Sporenkapsel auf. Die leichten Sporen werden vom Wind weit verbreitet. Aus ihnen wachsen später neue Moospflanzen. Neben dieser *ungeschlechtlichen Fortpflanzung* können sich Moose auch geschlechtlich fortpflanzen.

> Moose sind Sporenpflanzen. Sie können große Mengen Regenwasser speichern und sind Lebensraum für viele Bodenorganismen.

3 *Moose und Wasser.*
A Auspressen eines Moospolsters;
B Wasserspeicherung zwischen den Blättchen (Schema)

1 Nenne drei Bedeutungen von Moosen für das Ökosystem Wald.
2 Wiege ein feuchtes Moospolster. Presse dann das Wasser heraus und wiege erneut. Bestimme den Anteil des gespeicherten Wassers am Gesamtgewicht.

1 Farne im Wald. **A** Adlerfarn; **B** Schleier

2.7 Farne sind Sporenpflanzen

Große Farnbestände wie die des *Adlerfarns* oder auch des *Wurmfarns* findet man häufig in schattigen, feuchten Wäldern und an Bachufern. Sie erhöhen die Luftfeuchtigkeit durch die Verdunstung über ihre großen Blätter, die *Wedel,* und bieten Tieren Unterschlupf.

Farne gehören ebenso wie Moose zu den **Sporenpflanzen.** Schauen wir uns die Entwicklung eines Farns am Beispiel des Wurmfarns an. Auf der Unterseite der Farnblätter bilden sich im Sommer *Schleier* oder *Sori.* Sie bestehen aus mehreren *Sporenkapseln,* die aufplatzen, wenn die *Sporen* herangereift sind. Die Sporen fallen auf den Waldboden und können an feuchten Stellen auskeimen. Aus jeder Spore wächst ein fingernagelgroßes, herzförmiges Gebilde, der *Vorkeim.* Auf seiner Unterseite bilden sich in den männlichen Geschlechtsorganen begeißelte männliche Geschlechtszellen („Schwärmer"). In den weiblichen Geschlechtsorganen entstehen Eizellen. In einem Wassertropfen kann eine männliche Geschlechtszelle zur Eizelle schwimmen und beide verschmelzen dann miteinander. Aus der befruchteten Eizelle wächst eine neue Farnpflanze. Eine solche Entwicklung bezeichnet man auch als **Generationswechsel.** Die Sporen bildende Farnpflanze ist bei diesem Generationswechsel die *ungeschlechtliche Generation.* Ihr folgt die *geschlechtliche Generation* mit dem Vorkeim, auf dem sich die Geschlechtszellen bilden.

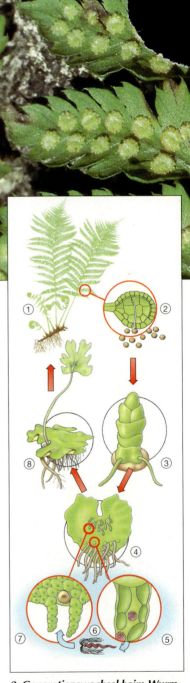

2 Generationswechsel beim Wurmfarn. ① Farnpflanze, ② Freisetzen der Sporen, ③ auskeimende Spore, ④ Vorkeim von unten, ⑤ männliches Geschlechtsorgan mit Schwärmern, ⑥ schwimmender Schwärmer, ⑦ weibliches Geschlechtsorgan mit Eizelle, ⑧ junge Farnpflanze

> Bei der Fortpflanzung der Farne erfolgt ein Generationswechsel zwischen ungeschlechtlicher und geschlechtlicher Generation. Die Farnpflanze ist die ungeschlechtliche Generation. Sie pflanzt sich durch Sporen fort.

1 Beschreibe die Entwicklung eines Wurmfarns. Benutze dazu die Abbildung 2.

Pilze leben im Waldboden

Bei feuchtem Herbstwetter „schießen" die Pilze aus dem Waldboden. Sammler gehen dann auf die Suche nach essbaren Pilzen wie *Steinpilz*, *Marone* und *Pfifferling*. Haben sie einen Pilz entdeckt, lösen sie ihn vorsichtig ab. Die meisten Pilze sind deutlich in *Stiel* und *Hut* gegliedert. Auf der Hutunterseite erkennt man bei manchen Pilzen Röhren. Man nennt diese Pilze deshalb **Röhrenpilze.** In den Röhren sitzen sehr viele *Sporen*, die vom Wind verbreitet werden.

Es gibt aber auch anders aussehende Hutunterseiten wie z. B. beim Fliegenpilz. Sie bestehen aus schmalen Blättern oder Lamellen. Solche Pilze gehören deshalb zu den Lamellen- oder **Blätterpilzen.** Unter den Blätterpilzen gibt es viele Giftpilze wie den *Panterpilz* oder den *Knollenblätterpilz*.

Doch ob Blätterpilz oder Röhrenpilz, was wir sehen, ist nur der *Fruchtkörper* des eigentlichen Pilzes.

Der größte Teil wächst als Fadengeflecht, auch *Myzel* genannt, im Boden. Es besteht aus dünnen weißen Fäden, den *Hyphen*. Mit den Hyphen nimmt der Pilz Wasser und Nährstoffe auf. Er ernährt sich von organischen Stoffen aus zersetzten Pflanzen- und Tierresten. Diese Nährstoffe nutzt er für die Bildung der Fruchtkörper. Bei feuchtwarmem Wetter wachsen diese innerhalb weniger Tage heran.

Neben solchen *Fäulnisbewohnern* oder *Saprophyten* gibt es auch Pilzarten, die als *Schmarotzer* oder Parasiten von einer Wirtspflanze leben und ihr Schaden zufügen.

Viele Pilze sucht man gezielt unter Bäumen. Unter Kiefern lassen sich z. B. Butterpilze und Maronen finden. Auch viele andere Pilzarten leben eng mit bestimmten Bäumen zusammen. Ihre Hyphen dringen in deren Wurzeln ein. Der Pilz erhält dabei vom Baum Nährstoffe. Dafür hilft er dem Baum, Wasser und gelöste Mineralstoffe aufzunehmen. Durch diese Verbindung haben beide Organismen einen Vorteil. Man sagt, sie leben in **Symbiose** miteinander. Die spezielle Symbioseform zwischen Pilz und Baum wird *Mykorrhiza* genannt.

> Pilze bestehen aus einem unterirdischen Myzel und einem oberirdischen Fruchtkörper. Viele Pilzarten leben in einer Symbiose mit Bäumen zusammen.

1 Beschreibe den Aufbau eines Hutpilzes mithilfe der Abbildung 1 A.
2 Erläutere die Symbiose zwischen Marone und Kiefer mithilfe der Abbildung 1 E.

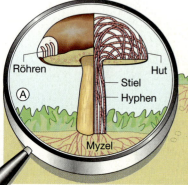

1 Pilze. A Bau eines Hutpilzes (schematisch, außen und innen); **B** Steinpilz; **C** Fliegenpilz (giftig!); **D** Marone; **E** Mykorrhiza zwischen Marone und Kiefer

Ökosysteme

Übung   **Wald**

V1 Kleine Waldausstellung

Material: Rinde, Zweige, Blätter, Blüten oder Früchte; Bestimmungsbücher für Bäume und Sträucher; Zeichenkarton; Klebstoff
Durchführung: Sammle im Wald Material zu einem ausgewählten Baum oder Strauch. Klebe die einzelnen Teile auf den Karton und beschrifte sie.
Aufgabe: Gestalte zusammen mit den Collagen deiner Mitschüler und Mitschülerinnen eine Ausstellung.

V2 Wald-Memory

Material: Rinde, Blätter, Blüten, Früchte von verschiedenen Bäumen und Sträuchern; Jogurtbecher
Durchführung: Sammle von Bäumen und Sträuchern Material für das Memory. Das Material sollte jeweils doppelt vorliegen. Für die spätere Zuordnung eignen sich z. B. Blatt/Blatt, Blatt/Frucht, Knospe/Blatt, Rinde/Blüte … Verteile die einzelnen Objekte unter die Jogurtbecher, ohne dass dies die Mitschüler sehen. – *Spiel:* Der erste Spieler deckt zwei Becher auf. Findet er ein passendes Paar, darf er weitermachen, sonst ist der Nächste an der Reihe. Wer am Schluss die meisten Paare hat, ist Sieger.
Aufgabe: Präge dir beim Spiel Merkmale der Bäume und Sträucher ein.

V3 Einfache Bestandsaufnahmen im Wald

Material: Zeltpflöcke; Wäscheleinen; Bestimmungsbücher oder Tafeln für Waldpflanzen und Waldtiere
Durchführung: Stecke in einem Waldstück einen 2 m × 2 m großen Bereich ab. Verwende dazu die Pflöcke und Leinen. Bestimme in diesem Gebiet mithilfe der Bestimmungsbücher die vorkommenden Pflanzen. Achte dabei auch auf Tiere.
Aufgaben: a) Trage deine Ergebnisse in eine Tabelle ein:

Schicht	Pflanzen	Tiere
Moosschicht	× × ×	× × ×
Krautschicht	× × ×	× × ×
Strauchschicht	× × ×	× × ×
Baumschicht	× × ×	× × ×

b) Wiederhole die Untersuchungen wenn möglich in einem anderen Waldtyp oder am Waldrand. Vergleiche dann beide Artenlisten miteinander. Nenne Gründe für die Unterschiede.

V4 Bestimmung von Umweltfaktoren im Wald

Material: Luxmeter oder Belichtungsmesser vom Fotoapparat; Hygrometer; Thermometer; Bodenthermometer; Protokoll mit vorbereiteter Tabelle:

Standort	freie Fläche	Waldrand	im Wald
Temperatur	×	×	×
Bodentemperatur	×	×	×
Lichtwert	×	×	×
Luftfeuchtigkeit	×	×	×

Durchführung: Führe Lichtmessungen durch. Miss in etwa 1 m Höhe vom Boden bei gleicher Bedeckung des Himmels. Führe dann Temperaturmessungen durch und bestimme mit dem Hygrometer die Luftfeuchtigkeit. Gehe dabei vorsichtig mit den Messgeräten um. Stecke das Bodenthermometer etwa 10 cm tief in den Boden und stelle die Bodentemperatur fest.
Aufgabe: a) Ermittle an den oben genannten Standorten Messwerte für Luft- und Bodentemperatur, Helligkeit und Luftfeuchtigkeit und trage die Werte in die Tabelle ein.
b) Nenne Gründe für die unterschiedlichen Messergebnisse an den drei Standorten.

V5 Sporenbilder von Pilzen

Material: verschiedene Hutpilze z.B. Marone und Champignon; Messer; Zeichenkarton; selbstklebende durchsichtige Folie
Durchführung: Schneide von einem Hutpilz den Stiel ab. Lege den Hut mit der Unterseite auf ein Blatt Zeichenkarton. Nimm den Hut am nächsten Tag vorsichtig vom Papier. Das entstandene Sporenbild kann mit der Folie überzogen werden.
Aufgabe: Stelle Sporenbilder verschiedener Pilze her. Vergleiche dann das Sporenbild eines Röhrenpilzes mit dem eines Blätterpilzes.

 Reh   Wildschwein    Hase

Ökosysteme

V 6 Bestimmung der Baumhöhe

Material: gerader Stock, ca. 1 Meter lang; Bandmaß; Stift; ein Helfer

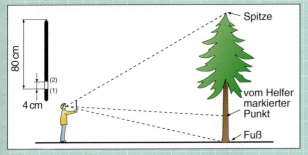

Durchführung: Miss von der Stockspitze 80 cm ab und markiere diese Stelle mit dem Stift (Markierung 1). 4 cm von diesem Punkt Richtung Stockspitze markierst du einen weiteren Punkt (2).
Strecke den Arm aus und halte den Stock senkrecht. Suche dir ein Stück vom Baum entfernt einen Standpunkt, von dem du genau über die Stockspitze die Baumspitze siehst und von Markierung 1 aus den Fuß des Baumes. Schaue nun an der Markierung 2 vorbei auf den Baumstamm. Lass den Helfer seinen Daumen genau auf die Stelle am Baum legen, auf die du schaust. Miss nun die Entfernung zwischen dieser Stelle und dem Fuß des Baumes.
Dieses Ergebnis musst du mit 20 malnehmen. Dann hast du die Höhe des Baumes ermittelt.
Aufgabe: Bestimme die Höhe verschiedener Bäume.

V 7 Spuren im Wald

Material: Gläser zum Sammeln; Zeichenmaterial oder Fotoapparat
Durchführung: Suche im Wald nach verschiedenen Spuren, die Tiere hinterlassen haben. Das können Fraßspuren, Trittspuren, Federn u. a. sein. Sammle die verschiedenen Dinge ein, zeichne oder fotografiere sie.
Aufgaben: a) Versuche mithilfe der Abbildungen herauszufinden, wer diese Spuren hinterlassen hat.
b) Ordne die abgebildeten Zapfen den Tieren richtig zu. Nutze dazu die folgenden Beschreibungen:
- *Eichhörnchen:* Die Schuppen werden von unten her nacheinander abgerissen. Am Zapfenende bleiben einige Schuppen stehen.
- *Waldmaus:* Gleichmäßig glatt abgenagter Zapfen. Am Zapfenende bleiben keine oder wenige Schuppen stehen.
- *Buntspecht:* Der Zapfen wird zerhackt, um an die Samen zu kommen.

Ökosysteme

2.9 Tiere des Waldes

Wer früh am Morgen einen Waldspaziergang macht, wird vieles entdecken. Im Sommer beginnen die ersten Vögel schon kurz vor fünf Uhr zu singen. In der *Baumschicht* klopft ein Buntspecht. Er sucht nach Nahrung. Dabei legt er mit seinem langen, keilförmigen Meißelschnabel Larvengänge frei oder scheucht Insekten auf. Mit seiner Schleuderzunge kann er Käfer und Raupen harpunenartig aufspießen oder vom Stamm aufnehmen. Der Buntspecht lebt in einer selbst gezimmerten Brut- und Wohnhöhle. Hier zieht er auch seine Jungen auf. Grünspecht und Kleiber sind ebenfalls **Höhlenbrüter.**

Besonders gut lassen sich Höhlen im weichen, morschen Holz abgestorbener Baumstämme bauen. Löcher und Hohlräume in diesem *Totholz* bieten auch selten gewordenen Tieren Brut- oder Überwinterungsmöglichkeiten. Hier können zum Beispiel Fledermäuse, Hornissen, Waldkauz und Schwarzspecht Quartier beziehen. Totholz ist ebenfalls Lebensraum für Nacktschnecken, Laufkäfer, Asseln und Spinnen.

Plötzlich durchdringt der Schrei eines Eichelhähers den Morgen. Er warnt damit vor Gefahren, z. B. vor einem umherstreifenden Fuchs. Eichelhäher bauen ihre Nester oben in der Baumkrone. Sie sind **Kronenbrüter.** Vögel wie der Buchfink bauen ihr Nest als **Stammbrüter** direkt an den Stamm.

Amsel und Singdrossel bauen ihr Nest in der *Strauchschicht*. Sie gehören zu den **Buschbrütern.** Sie suchen in dieser Schicht auch nach Kleintieren und verzehren die Beeren

1 **Brutplätze verschiedener Vogelarten im Wald**

- **Kronenbrüter** z.B. Elster, Eichelhäher
- **Stammbrüter** z.B. Buchfink, Habicht
- **Höhlenbrüter** z.B. Buntspecht, Kleiber
- **Buschbrüter** z.B. Singdrossel, Amsel
- **Bodenbrüter** z.B. Nachtigall, Zilpzalp

2 **Der Wald ist Lebensraum für viele Tiere.** A Eichelhäher; F Baummarder; G Kleiber; H Dachs

Ökosysteme

der Sträucher. Nachtigall und Zilpzalp dagegen sind **Bodenbrüter.** Jede Vogelart besetzt also einen bestimmten „Wohnort" im Wald. Auch bei der Nahrungssuche gehen sich die verschiedenen Arten aus dem Weg. Der Buntspecht sucht Insekten vorwiegend unter der Borke von Bäumen, der Kleiber am Stamm und die Blaumeise an den Zweigen. So vermeiden sie direkte Konkurrenz und können gemeinsam in einem Lebensraum existieren. Man bezeichnet diese Spezialisierung in den Umweltansprüchen als **ökologische Nische.**

Neben den Vögeln leben auch viele Säugetiere in den Schichten des Waldes. Der Baummarder z. B. bewohnt Baumhöhlen und jagt in der Baumschicht nach Beute. Größere Säugetiere leben am *Waldboden*. Sie sind häufig dämmerungs- oder nachtaktiv. Tagsüber halten sie sich versteckt und ruhen. Dazu gehören z. B. Fuchs, Dachs und Wildschwein. Der Fuchs jagt nach Mäusen, Kleintieren und Vögeln. Auch Aas und kranke Tiere werden gefressen. Das Jagdrevier eines Fuchses kann sich bis zu 8 km von seinem Bau entfernt erstrecken. Nur in der näheren Umgebung seines Baues wird nicht gejagt. Während der Fuchs schon bei Dämmerungsbeginn auf die Jagd geht, wartet der Dachs meist bis zur völligen Dunkelheit. Dann verlässt er seinen geräumigen Erdbau und sucht nach Insekten, Würmern, Schnecken und Mäusen. Auch Früchte und Pilze werden gefressen.

Das Wildschwein ist ein Allesfresser. Es ernährt sich von Wurzeln, Früchten, Kleintieren und Aas. Dabei wühlt es mit seinem Rüssel den Boden auf.

In der *Kraut-* und *Moosschicht* leben viele kleinere Tierarten. Hier findet man zum Beispiel verschiedene Schnecken, Spinnen, Käfer und Ameisen.

> Der Wald ist Lebensraum für viele Tierarten. Diese bevorzugen häufig eine bestimmte Schicht des Waldes. Durch die Spezialisierung auf bestimmte Nahrungsansprüche und Brutplätze wird Konkurrenz der Tiere untereinander vermieden.

1 Erkläre an einem Beispiel den Begriff ökologische Nische.
2 Totholz und Baumstümpfe sind ein begehrter Lebensraum. Erkläre.
3 Viele Tiere sind gut an die Lebensweise in einer bestimmten Waldschicht angepasst. Erkläre solche Anpassungen an einem selbst gewählten Beispiel.
4 Die Zeichnung zeigt einen Buntspecht bei verschiedenen Tätigkeiten an einem Baum. Benenne das jeweils dargestellte Verhalten.

B Buntspecht; C Hornissen; D Waldmaus; E Nacktschnecke;

Ökosysteme

2.10 Ameisen helfen dem Wald

Wenn man im Wald auf eine Ameise stößt, ist sie meist nicht allein. Dicht hintereinander laufen die Ameisen auf ganz bestimmten Bahnen, den *Ameisenstraßen*.

Folgen wir einer dicht bevölkerten Ameisenstraße. Sie führt uns zum *Hügelnest* der **Roten Waldameise**. Es wurde über einem Baumstumpf errichtet und ist fast einen Meter hoch. Der Bau führt mindestens ebenso tief in die Erde hinein. Baumaterial sind Nadeln, Ästchen, Halme und Rindenstücke. Diese werden aufeinander geschichtet. Das Innere ist von zahlreichen Gängen und Kammern durchzogen. Hier lebt das Ameisenvolk in einem **Tierstaat,** der bis zu 500 000 Einzeltiere zählen kann.

Im Ameisenstaat gibt es eine ausgeprägte Arbeitsteilung. Man findet unterschiedliche Formen von Ameisen, die an ihre jeweilige Aufgabe angepasst sind. Am zahlreichsten sind unfruchtbare Weibchen ohne Flügel, die **Arbeiterinnen**. Ein Ameisenvolk hat auch einige hundert fruchtbare Weibchen – die **Königinnen.** Im Juni kann man geflügelte Königinnen und ebenfalls geflügelte **Männchen** sehen. Sie paaren sich auf einem „Hochzeitsflug". Bei der Begattung erhält die Königin einen Spermienvorrat, der für ihre etwa 20-jährige Lebenszeit reicht. Nach der Paarung sterben die Männchen. Die Königinnen beißen sich die Flügel ab und kehren in ihr Nest zurück. Wird ein Volk zu groß, bilden sich Tochterkolonien, für die ein Teil der Arbeiterinnen ein neues Nest baut.

Die Arbeiterinnen übernehmen auch alle anderen Arbeiten im Ameisenstaat. Dabei hat jede eine bestimmte Aufgabe, die sie ein Leben lang durchführt. *Pflegerinnen* zum Beispiel versorgen Eier, Larven und Puppen. Ständig tragen sie die Ameisenbrut an Plätze mit günstigen Feuchtigkeits- und Temperaturverhältnissen. Junge Larven füttern sie mit ausgewürgten Drüsensekreten. *Sammlerinnen* erkunden die Umgebung, informieren sich gegenseitig über Nahrungsquellen und schleppen Beute heran. Dabei können sie Tiere ergreifen, töten und abtransportieren, die ein Vielfaches ihres Körpers wiegen. Am häufigsten werden Blätter fressende Raupen und Larven erbeutet. An einem Tag können viele Tausend Raupen im Nest verschwinden.

Beim Beuteerwerb arbeiten oft mehrere Sammlerinnen zusammen. Dazu verständigen sie sich mit der *Fühlersprache,* indem sie sich gegenseitig mit den Fühlern betasten. Neben den Sammlerinnen gibt es auch *Bauarbeiterinnen* im Ameisenstaat. Sie schleppen Baumaterial, reparieren Löcher, erweitern den Bau und sorgen auch für die Umschichtung des Nestmaterials. Innere Baustoffe werden an die Oberfläche zum Trocknen gebracht, wodurch ein schnelles Verrotten verhindert wird.

Wächterinnen verteidigen die Ein- und Ausgänge des Nestes. Sie haben besonders starke Kiefer-

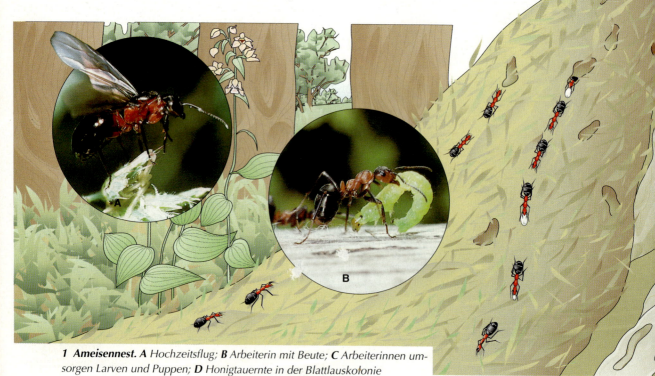

1 *Ameisennest.* **A** *Hochzeitsflug;* **B** *Arbeiterin mit Beute;* **C** *Arbeiterinnen umsorgen Larven und Puppen;* **D** *Honigtauernte in der Blattlauskolonie*

Ökosysteme

zangen. Naht ein größerer Angreifer, spritzen sie gleichzeitig mit dem Einsatz der Zangen aus ihren Hinterleibsdrüsen eine ätzende Flüssigkeit, die *Ameisensäure*. Trotz sehr guter Verteidigung haben auch Ameisen Fressfeinde wie Zaunkönig und Igel. Der Grünspecht zerstört dabei häufig einen Teil des Nestes. Auch der Mensch vernichtet durch Unwissenheit manchmal Ameisennester. Daher werden diese oft durch Drahtkörbe geschützt.

Ameisen spielen im Wald eine wichtige Rolle als **Schädlingsbekämpfer** und Verbreiter von Pflanzen. In einem Umkreis von 30 Metern um ein Ameisennest findet man kaum Schadinsekten. Darüber hinaus sammeln Ameisen bestimmte Früchte und Samen, die ein eiweißhaltiges Anhängsel besitzen. Sie transportieren diese und tragen so zu ihrer Verbreitung bei. Im Buchenwald kennt man etwa 45 Kräuter, die auf die Verbreitung durch Ameisen angewiesen sind. Aufgrund dieser wichtigen Aufgaben im Ökosystem Wald stehen die Roten Waldameisen unter Naturschutz.

Eine weitere wichtige Nahrungsquelle der Ameisen bilden die Ausscheidungen der Blattläuse. Blattläuse sind pflanzensaft saugende Insekten, die einen zuckerhaltigen flüssigen Kot ausscheiden. Sie leben zum Beispiel in den Baumkronen der Kiefer. Hierher führen stark belaufene Ameisenstraßen. Die Ameise nähert sich einer Blattlaus und betastet ihr Hinterende, das daraufhin einen Tropfen „Honigtau" abgibt. Als Gegenleistung verteidigen die Ameisen ihre Futterlieferanten gegen Feinde. Es hat sich also zwischen Ameisen und Blattläusen eine **Symbiose** entwickelt.

> Ameisen leben in einem Tierstaat mit streng geregelter Arbeitsteilung. Sie vernichten Schadinsekten, verbreiten Früchte und Samen und dienen anderen Tieren als Nahrung.

1 Beschreibe einen Ameisenhaufen. Berichte über Form, Größe, Baumaterial und Bauort. Nutze dazu auch die Abbildung 1.
2 Erläutere die Bedeutung der Roten Waldameise im Ökosystem Wald.
3 Fertige eine Übersicht über die Mitglieder des Ameisenstaates an. Gib ihre Aufgaben an.
4 Begründe, warum Ameisen zur Gründung einer Tochterkolonie keine Männchen brauchen.

Ökosysteme

Durchlüftung und Wasserversorgung des Bodens ermöglicht. Dadurch erhöht sich die Bodenfruchtbarkeit.

Die Zersetzung ist damit noch nicht beendet. Die Ausscheidungen werden von Einzellern und Bakterien weiter abgebaut. Ein Teil der organischen Reste wird dabei von Mikroorganismen wie Pilzen und Bakterien vollständig abgebaut. Es entstehen Wasser, Kohlenstoffdioxid und Mineralstoffe. Diese werden von den Pflanzen im Wald aufgenommen. Der Wald düngt sich also selbst.

> Bodenorganismen bauen Laub und andere organische Substanzen zu Humus ab. Dabei werden die Reste zunächst zerkleinert und dann von Mikroorganismen zersetzt.

2.11 Leben im Waldboden

Im Herbst fallen in einem Mischwald pro Hektar etwa 400 kg Laub und Nadeln zu Boden. Keiner räumt sie weg und trotzdem wird die Streuschicht nicht dicker. Wer „räumt" hier auf? Verantwortlich für den Laubabbau sind verschiedene **Bodenorganismen.** In der Streuschicht leben vor allem wirbellose Tiere wie Regenwürmer, Tausendfüßer, Milben, Schnecken und Fadenwürmer. Sie sind oft sehr klein, lichtscheu und haben eine wurm- oder kugelförmige Gestalt.

Viele tierische Bodenorganismen ernähren sich von organischem Material wie Laub und toten Tieren. Betrachtet man das Laub oberer Streuschichten, bemerkt man, dass kleine „Fenster" in die trockenen Blätter gefressen wurden. Diesen Fensterfraß verursachen *Springschwänze* und *Milben*. Andere Tiere wie *Asseln*, *Fliegen-* und *Schnakenlarven* fressen Löcher in die Blätter. In den unteren Schichten der Streulage findet man nur noch Blattskelette. Hier haben *Asseln*, *Tausendfüßer* und *Ohrwürmer* das weiche Blattgewebe zwischen den Blattadern verzehrt. Diese Pflanzenfresser werden zur Beute von Räubern wie *Spinnen* und *Hundertfüßern*.

Mit ihrem Kot scheiden die Bodentiere unverdaute organische Stoffe aus, die anderen Tieren als Nahrung dienen. So ernähren sich zum Beispiel *Milben* und *Fadenwürmer* von diesen Resten. Durch dieses mehrfache Fressen und Ausscheiden werden die organischen Stoffe auch mit Mineralien gemischt. Es entsteht **Humus.** Einen wesentlichen Anteil an dieser Durchmischung haben *Regenwürmer,* von denen es bis zu 250 000 pro Hektar Laubwald gibt. Bei ihrer Tätigkeit verkleben die Humusteilchen mit Sand- und Tonkörnern. Es entsteht eine *Krümelstruktur,* die eine gute

1 Beschreibe die Humusbildung in einem Mischwald mithilfe der Abbildung 1.

2 Ein hoher Humusanteil verbessert die Bodenqualität. Begründe diese Aussage.

1 Humusbildung

Ökosysteme

Boden

Streifzug durch die Erdkunde

Humus, der organische Anteil des Bodens, entsteht durch die Tätigkeit von Bodenorganismen. Wie aber entstand der mineralische Anteil des Bodens? Im Verlauf der Erdgeschichte wirkten Wasser, Frost, Hitze und Wind auf die oberste Schicht der Erdrinde. Dabei zersetzte sich das feste Gestein. Durch diese *Verwitterungsprozesse* entstand der Boden, der oben meist feinkörniger ist als in der Tiefe.

Die **Bodenstruktur** wird vor allem durch die Korngröße des Materials bestimmt. Beim Sand haben die mineralischen Bestandteile einen Durchmesser von 0,06 – 2 mm, beim Ton erreichen sie weniger als 0,002 mm. Viele Böden bestehen aus verschiedenen Mineralien mit unterschiedlichen Korngrößen. Nach diesen Zusammensetzungen lassen sich die *Bodenarten* unterscheiden. Lehmböden bestehen zum Beispiel zu 50 % aus Sand und zu 20 bis 50 % aus Ton.

In einer frisch ausgehobenen Grube kann man häufig an den Wänden eine horizontale Bodenschichtung, das **Bodenprofil,** erkennen. Der *A-Horizont,* die oberste Schicht, ist etwa 10 bis 30 cm stark. Er ist meist locker und humusreich. Der darunter liegende *B-Horizont* ist dichter und fester. Bis hierhin können die Wurzeln der Pflanzen vordringen. Der *C-Horizont* besteht aus dem Ausgangsgestein, aus dem der darüber liegende Boden entstanden ist.

1 Bodenprofil eines Waldbodens

Böden haben auch bestimmte chemische Eigenschaften. Manche Böden enthalten zum Beispiel viel Stickstoff und Eisen. Auf diesen Böden wachsen häufig Große Brennnesseln und Schwarzer Holunder. Auch im Kalkgehalt unterscheiden sich Böden. Kalkhaltige Böden, die eine alkalische Bodenreaktion zeigen, bieten zum Beispiel Leberblümchen und Adonisröschen gute Lebensbedingungen. Kalkarme Böden enthalten viele gelöste Säuren und Salze. Auf solchen sauren Böden gedeihen Preiselbeere, Heidelbeere und Heidekraut. Häufig kann man also von den Pflanzen, die auf einem Boden wachsen, auf die Bodeneigenschaften schließen. Pflanzen, die solche Eigenschaften anzeigen, bezeichnet man als **Zeigerpflanzen**.

1 Betrachte das Bodenprofil in Abb. 1. Beschreibe die Schichtung dieses Bodens.
2 Erkläre den Begriff Zeigerpflanzen. Nenne Beispiele für solche Pflanzen.

2 Zeigerpflanzen.
A *Große Brennnessel (Stickstoff);*
B *Schwarzer Holunder (Stickstoff);*
C *Heidekraut (saurer Boden);*
D *Leberblümchen (Kalkboden)*

Ökosysteme

Übung: Bodeneigenschaften

V1 Bestimmung von Bodenarten

Material: Proben von drei verschiedenartigen Böden
Durchführung: Bodenarten können mithilfe der Fingerprobe unterschieden werden. Reibe dazu eine feuchte Bodenprobe zwischen den Fingerspitzen.

Ergebnis der Fingerprobe	Bezeichnung
klebrig, bindig und formbar, färbt	Ton
leicht körnig, formbar	Lehm
körnig, haftet nicht	Sand

Aufgabe: Ermittle für die drei Bodenproben die Bodenart. Nimm dazu die Tabelle zu Hilfe.

V2 Bestimmung der Bodenreaktion

Material: Bodenproben aus V1; destilliertes Wasser; 3 Bechergläser; Trichter; Filterpapier; 3 Glasstäbe; Waage; pH-Teststreifen mit Farbskala
Durchführung: Wiege je 25 g luftgetrockneten Boden ab. Gib dazu 50 ml Wasser und rühre die Mischung mit einem Glasstab kräftig um. Filtriere dann und halte den Teststreifen in das Wasser. Vergleiche die Farbe mit der entsprechenden Skala und ermittle den pH-Wert.

pH-Wert	Bodenreaktion
bis 4,5	stark sauer
4,6 bis 6,9	sauer
7,0	neutral
7,1 bis 8,0	schwach alkalisch
8,1 bis 9,0	alkalisch

Aufgaben: a) Vergleiche deine Ergebnisse mit der Tabelle.
b) Nenne 3 Pflanzen, die auf saurem Boden wachsen.

V3 Kalkgehalt von Böden

Material: verschiedene Bodenproben; Teelöffel; Uhrgläschen oder Petrischalen; Tropfflasche mit verdünnter Salzsäure (Schutzbrille!)

Durchführung: Gib etwa einen Teelöffel Boden auf ein Uhrgläschen oder eine Petrischale. Tropfe dann vorsichtig zu jeder Probe etwa 6 Tropfen verdünnte Salzsäure und beobachte die Reaktion.

Beobachtung	Kalkgehalt	Beurteilung der Böden
kein Aufbrausen	unter 1%	kalkfrei/kalkarm
schwaches Aufbrausen	1% bis 3%	schwach kalkhaltig
kurzes deutliches Aufbrausen	3% bis 5%	kalkhaltig
anhaltendes Aufbrausen	über 5%	stark kalkhaltig

Aufgabe: Bestimme den Kalkgehalt verschiedener Bodenproben und beurteile die Böden mithilfe der Tabelle.

V4 Wasserhaltevermögen unterschiedlicher Böden

Material: jeweils 300 g luftgetrockneter Sand-, Lehm-, und Humusboden; Trichter; hohes Becherglas; Messzylinder; Stativ; Wasser; Watte

Durchführung: Baue die abgebildete Versuchsanordnung auf. Lege etwas Watte in den Trichter und fülle die Bodenproben ein. Gib dann mithilfe des Messzylinders 200 ml Wasser auf die Bodenprobe. Warte, bis kein Wasser mehr durchläuft. Bestimme dann die Wassermenge im Becherglas. Wiederhole den Versuch mit den anderen Bodenproben.

Aufgaben: a) Berechne die Wassermenge, die vom Boden festgehalten wurde.
b) Stelle die Messwerte in einer Tabelle zusammen und vergleiche die Böden im Hinblick auf ihr Wasserhaltevermögen.

Trichter mit Watte und Bodenprobe
Becherglas

Ökosysteme

Leben im Waldboden

Übung

V1 Zersetzung in der Streuschicht

Material: Plastiktüten; Zeitungspapier; dicke Bücher o. Ä. zum Beschweren; durchsichtige Selbstklebefolie; Zeichenkarton

Durchführung: *Im Wald:* Trage auf einer Fläche von 20 × 20 cm schichtweise die Laubstreu ab, bis die obere Bodenschicht erreicht ist. Entnimm aus jeder Schicht Blätter und verpacke sie in den Plastiktüten. *In der Klasse:* Suche Blätter mit verschiedenen Fraßspuren wie in der Abbildung heraus. Presse sie zwischen Zeitungspapier.

Aufgaben: a) Beschreibe die Schichten der Laubstreu.
b) Lege die gepressten Fraßbilder auf den Zeichenkarton und beschrifte. Klebe sie mit der Folie fest.
c) Nenne mögliche Verursacher der Fraßbilder.

Skelettfraß
Fensterfraß
Lochfraß

V2 Bodenorganismen bauen Stoffe ab

Material: 2 Marmeladengläser; Filter- oder Löschpapier (Durchmesser etwa 3 cm); Sand- und Humusboden; Wasser

Durchführung: Fülle ein Marmeladenglas bis zur Hälfte mit Sandboden. Lege ein Stück Filter- oder Löschpapier darauf. Bedecke es mit 3 cm Sandboden. Verfahre genauso in dem zweiten Glas mit dem Humusboden. In beiden Gläsern muss man den Boden feucht halten.

Aufgaben: a) Notiere den Zustand der Filterpapiere nach 5, nach 10 und nach 15 Tagen. Achte darauf, dass das Papier jeweils wieder mit Erde bedeckt wird.
b) Erkläre deine Beobachtungen.

V3 Wer lebt in der Streuschicht?

Material: feuchte Laubstreu; große Petri- oder Fotoschale; Lupe oder Stereolupe; Fanggerät für kleine Bodentiere; Blockschälchen; Deckglas

Durchführung: Baue ein Fanggerät wie in der Abbildung. Breite einen Teil der Laubstreu in der Schale aus. Fange dann kleine Bodentiere durch Ansaugen mithilfe des Gerätes. Schütte die Tiere in ein Blockschälchen und decke es mit dem Deckglas ab.

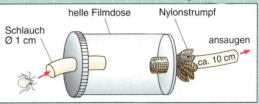

Schlauch Ø 1 cm — helle Filmdose — Nylonstrumpf — ansaugen — ca. 10 cm

Aufgabe: Betrachte und bestimme einige Bodentiere. Verwende dazu eine Lupe oder eine Stereolupe. Nimm für die Bestimmung die Abbildungen auf dieser Seite und auf S. 94 zu Hilfe.

V4 Untersuchung von Bodentieren

Material: feuchte Laubstreu; Fangvorrichtung für Bodentiere (siehe Abbildung); Lupe

Durchführung: Baue eine Fangvorrichtung wie in der Abbildung. Fülle dann die Laubstreu in den Trichter und beleuchte sie mit einer 100-Watt-Lampe wie dargestellt.

Aufgaben:
a) Kontrolliere das Fangglas nach 60 Minuten.
b) Welche Lebensbedingungen der Bodentiere ändern sich durch die Lampe? Beschreibe, wie sie darauf reagieren.
c) Betrachte und bestimme einige Bodentiere mithilfe von Lupe oder Stereolupe. Nimm die Abbildungen auf dieser Seite und auf S. 94 zu Hilfe.

Lampe — Laubstreu — Küchensieb — Trichter mit Aluminiumfolie — Karton — Marmeladenglas — feuchtes Filtrierpapier — 30 cm

Rote Waldameise 9–12 mm

Wolfsspinne 3–7 mm

Mistkäfer bis 20 mm

Käferlarve bis 25 mm

Milben bis 2 mm

Zwergfüßer ca. 8 mm

Borstenschwanz bis 20 mm

Fadenwürmer bis 10 mm

Mückenlarven ca. 3 mm

Ökosysteme

2.12 Nahrungsbeziehungen im Wald

Eiche

An den jungen Blättern einer Eiche fressen hellgrüne Raupen. Man kann sogar das leise Rieseln herunterfallender Reste und Ausscheidungen hören. Es sind die Raupen des Eichenwicklers, eines Schmetterlings.

In diesem Augenblick landet eine Kohlmeise auf der Eiche. Sie hüpft den Ast entlang und sucht nach Beute. Sie erspäht die Raupen und frisst sie. Kohlmeisen selbst werden wiederum vom Waldkauz erbeutet und gefressen. Ordnet man die verschiedenen Lebewesen nach den Nahrungsbeziehungen, ergibt sich folgendes Bild: Eichenblatt → Raupe des Eichenwicklers → Kohlmeise → Waldkauz. Der Pfeil bedeutet dabei: „wird gefressen von". Diese Reihenfolge bezeichnet man als **Nahrungskette.**

Kohlmeisen fressen nicht nur Eichenwicklerraupen, sondern auch andere Insekten und Spinnen. Sie selbst werden von Greifvögeln wie Sperber und Habicht gejagt. Auch der Baummarder ernährt sich von verschiedenen Singvögeln. Jede Nahrungskette ist also an den einzelnen Gliedern mit weiteren Nahrungsketten verbunden. Es entsteht ein vielfältiges **Nahrungsnetz.** In ihm sind alle Tiere und Pflanzen des Ökosystems Wald direkt oder indirekt verknüpft.

Am Beginn jeder Nahrungskette steht immer eine grüne Pflanze. Pflanzen bauen mithilfe des Sonnenlichtes Traubenzucker auf, sie betreiben *Fotosynthese*. Dabei ge-

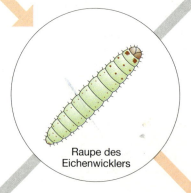
Raupe des Eichenwicklers

ben sie Sauerstoff ab, den die Tiere zum Atmen benötigen. Da sie Stoffe produzieren, bezeichnet man grüne Pflanzen auch als *Erzeuger* oder **Produzenten.** Sie bilden die Nahrungsgrundlage für alle Tiere. Tiere, die sich unmittelbar von Pflanzen ernähren, heißen *Verbraucher* oder **Konsumenten erster Ordnung.**

Von ihnen ernähren sich andere Waldbewohner. Kohlmeise und Laubsänger jagen zum Beispiel nach den Raupen. Tiere, die von den Konsumenten erster Ordnung leben, bezeichnet man als **Konsumenten zweiter Ordnung.** Sie selbst können

Blaumeise

wiederum von größeren Raubtieren und Greifvögeln gefressen werden. Diese **Endkonsumenten** bilden das Ende einer Nahrungskette.

Die Zuordnung der Tierarten zu den einzelnen Konsumentenordnungen ist nicht immer eindeutig. Sie kann mit dem Alter des Tieres und mit der Jahreszeit wechseln. Während die Kohlmeise zum Beispiel im Sommer nach Insekten jagt, ernährt sie sich im Winter bevorzugt von Samen.

Von Nahrungsglied zu Nahrungsglied werden in der Nahrungskette

Kohlmeise

Laubsänger

Sperber

Stoffe weitergegeben. Dabei kann jedoch nur etwa ein Zehntel der aufgenommenen Nahrung zum Aufbau des eigenen Körpers verwendet werden. Der Rest wird für die Erzeugung von *Energie* für Wachstum, Bewegungen und Wärme gebraucht. Eine große Menge Pflanzen bilden deshalb die Nahrungsgrundlage für verhältnismäßig

Ökosysteme

wenige Pflanzenfresser. Diese dienen noch weniger Fleischfressern als Nahrung. Auf einer bestimmten Waldfläche nimmt also die Anzahl der Konsumenten von Stufe zu Stufe ab. Diese Abnahme der Organismen von Stufe zu Stufe lässt sich als **Nahrungspyramide** darstellen. Anhand einer Nahrungspyramide kann man auch den Weg der Energie verfolgen.

Die Pflanzen wandeln die Lichtenergie in chemische Energie der von ihnen gebildeten Stoffe um. Etwa 90 % dieser chemischen Energie verwenden sie für sich selbst. Dabei entsteht Wärme, die an die Umgebung abgegeben wird. Diese Energie steht für die nächste Stufe nicht mehr zur Verfügung. An die Konsumenten 1. Ordnung werden nur die restlichen 10 % weitergegeben. Bei jeder weiteren Stufe gehen wieder ca. 10 % der jeweiligen Energiemenge in die höhere Stufe über. Diese Weitergabe von Energie bezeichnet man als **Energiefluss.** Zum Schluss steht keine Energie mehr zur Verfügung. Der Energiefluss ist eine Art „Einbahnstraße".

> Nahrungsbeziehungen lassen sich als Nahrungsketten darstellen, die miteinander verknüpft ein Nahrungsnetz bilden. In einer Nahrungskette nimmt die Anzahl der Lebewesen von Glied zu Glied ab. Dies wird als Nahrungspyramide dargestellt.

1 Stelle mit folgenden Pflanzen und Tieren ein Nahrungsnetz auf: Eichel, Sperber, Eichhörnchen, Baummarder, Buntspecht, Borkenkäfer, Fichte, Waldkauz, Kohlmeise, Fichtenspanner, Eichenblatt, Eichenwicklerraupe.

2 Ordne den in Aufgabe 1 genannten Pflanzen und Tieren die Begriffe Produzent, Konsument erster Ordnung, Konsument zweiter Ordnung und Endkonsument zu.

3 Erläutere die Nahrungspyramide in der Abbildung 1.

4 Beschreibe den Energiefluss im Wald mithilfe der Abbildung 2.

Baummarder

Waldkauz

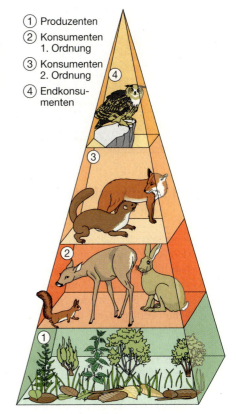

① Produzenten
② Konsumenten 1. Ordnung
③ Konsumenten 2. Ordnung
④ Endkonsumenten

1 Nahrungspyramide

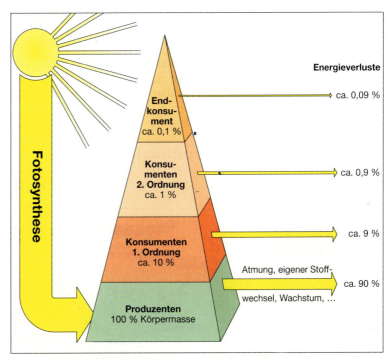

2 Energiefluss im Ökosystem Wald

Ökosysteme

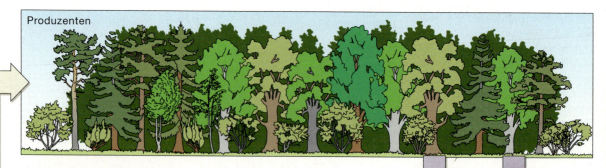
Produzenten

2.13 Stoffkreisläufe im Wald

Innerhalb der Nahrungskette werden Stoffe und Energie weitergegeben. Die Energie nimmt dabei von Stufe zu Stufe ab. „Verschwinden" auch die Stoffe in der Nahrungskette? Verfolgen wir den Weg der Stoffe.

Pflanzen bauen bei der Fotosynthese Körpermasse auf. Einige Pflanzen werden von Tieren gefressen, die wiederum von Raubtieren verzehrt werden. Ein Teil der Pflanzenmasse wird nicht gefressen, sondern stirbt ab und fällt zu Boden. Dazu zählen Blätter und tote Äste. Sie werden – ebenso wie tote Tiere – von Bodenorganismen abgebaut. Man bezeichnet diese Bodenorganismen als *Destruenten*. Bei diesem Abbau bleiben Mineralstoffe übrig, die von den Pflanzen wieder aufgenommen werden. Damit hat sich ein **Stoffkreislauf** geschlossen.
Mit diesem Kreislauf sind auch die Kreisläufe der Elemente Kohlenstoff und Sauerstoff verbunden. *Kohlenstoff* ist Bestandteil des Gases Kohlenstoffdioxid. Bei der Fotosynthese gelangt der Kohlenstoff aus der Luft in die Pflanze. Er ist hier in Nährstoffen wie z. B. Traubenzucker gespeichert. Ein Teil der Nährstoffe wird von der Pflanze selbst verbraucht. Dabei entsteht Kohlenstoffdioxid, das die Pflanze in die Luft abgibt. Der übrige Teil der Nährstoffe wird von Tieren verzehrt, die ihrerseits den darin gebundenen Kohlenstoff als Kohlenstoffdioxid freisetzen. Das Gleiche geschieht, wenn Pflanzenreste, tote Tiere oder Ausscheidungen von Tieren von Destruenten zersetzt werden. Auch dabei wird Kohlenstoffdioxid frei.
Das frei werdende Kohlenstoffdioxid wird von den Pflanzen wieder aufgenommen. Der **Kohlenstoffkreislauf** hat sich geschlossen.

Eng mit dem Kohlenstoffkreislauf verbunden ist der Kreislauf des *Sauerstoffs*. Dieses Gas entsteht bei der Fotosynthese. Es ist Lebensgrundlage für alle Tiere und viele

Mineralstoffe

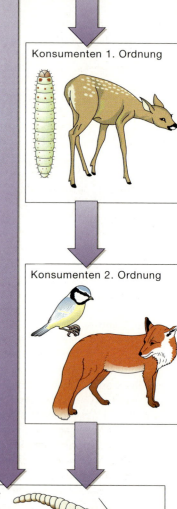
Konsumenten 1. Ordnung

Konsumenten 2. Ordnung

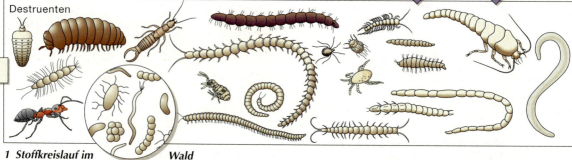
Destruenten

1 Stoffkreislauf im Wald

Ökosysteme

2 Kreislauf des Kohlenstoffs und Sauerstoffs

Bodenorganismen, denn ohne Sauerstoff können sie nicht atmen. Bei der Atmung wird Sauerstoff aufgenommen. Er ist am Abbau von Traubenzucker beteiligt. Bei diesem Abbau entsteht unter anderem Kohlenstoffdioxid. Dieses Gas wird wieder ausgeatmet und gelangt zurück in die Atmosphäre, wo es den Pflanzen erneut für die Fotosynthese zur Verfügung steht. Der **Sauerstoffkreislauf** ist damit geschlossen.

Neben Kohlenstoff und Sauerstoff durchlaufen in der Natur noch andere Elemente Stoffkreisläufe. Dazu gehören zum Beispiel Phosphor, Schwefel und Stickstoff. Das Element **Stickstoff** ist ein wichtiger Bestandteil von Eiweißstoffen. Alle Lebewesen brauchen Eiweißstoffe für ihre Lebensvorgänge. Woher bekommen die Pflanzen den notwendigen Stickstoff? Stickstoff ist als Gas Hauptbestandteil der Luft. Die Pflanzen können diesen Stickstoff jedoch nicht nutzen.
Die Fähigkeit Luftstickstoff zu binden und zu verarbeiten haben nur einige Bakterienarten. Zu ihnen gehören die *Knöllchenbakterien,* die zum Beispiel in den Wurzeln von Erle, Weißdorn und verschiedenen Schmetterlingsblütlern leben. Knöllchenbakterien binden Luftstickstoff und wandeln ihn in *Ammoniumsalze* um. Diese können in gelöster Form direkt aus dem Boden in die Pflanze aufgenommen werden.
Der größte Teil der Ammoniumsalze wird jedoch von anderen Bodenbakterien chemisch weiter umgewandelt. Dabei entstehen *Nitrate,* die wichtigsten Stickstoffquellen für Pflanzen. Die Pflanzen bauen damit Eiweißstoffe auf. Tiere nutzen die Eiweißstoffe von Pflanzen oder anderen Tieren, um eigenes Körpereiweiß aufzubauen. Wenn Pflanzen und Tiere sterben, werden ihre Eiweißstoffe von den Destruenten abgebaut. Dabei entstehen wieder Ammoniumsalze. Der **Stickstoffkreislauf** ist nun geschlossen.
Auch ein Teil des Luftstickstoffs wird in diesem Kreislauf wieder ergänzt. Bestimmte Bakterien bauen Nitrat im Boden ab. Der dabei frei werdende Stickstoff gelangt zurück in die Atmosphäre.

Die Stoffe im Ökosystem Wald gehen also nicht verloren, sondern bleiben ihm in Kreisläufen erhalten.

> Pflanzen, Tiere und abbauende Mikroorganismen bewirken Stoffkreisläufe im Wald. Dazu gehören der Kreislauf des Kohlenstoffs, des Sauerstoffs und des Stickstoffs. In einem Ökosystem bleiben die Stoffe also weitgehend erhalten.

1 Beschreibe den Stoffkreislauf im Wald mithilfe der Abbildung 1.
2 Umweltgifte können auch in den Waldboden gelangen. Daraufhin sterben viele Bodenorganismen oder verlassen dieses Gebiet. Welche Auswirkungen hat dieser Prozess für den Stoffkreislauf im Wald? Begründe.
3 Erkläre die Abbildung 2.
4 Bei starkem Regen werden aus dem Boden viele Nitrate ausgewaschen. Welche Folgen ergeben sich für die Pflanzen im Wald?

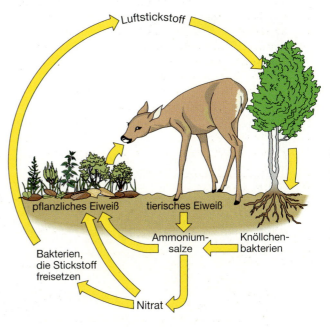

3 Kreislauf des Stickstoffs

Ökosysteme

2.14 Leistungen des Waldes

1 Leistungen des Waldes

Beim Wandern in Wäldern atmet man frische saubere Luft, begegnet verschiedenen Pflanzen und Tieren und freut sich an der Schönheit der Natur. Der Wald hat einen hohen **Erholungswert.** Holzstapel am Wegrand verraten eine weitere Funktion des Waldes. Er ist **Rohstofflieferant.** Aus Holz werden Bauholz, Fußböden, Treppen, Möbel, Papier und viele andere Produkte hergestellt.

Andere Leistungen des Waldes sind nicht so leicht zu erkennen. Wälder halten zum Beispiel den Boden fest. Bergwälder schützen so die Siedlungen vor Schlamm-, Geröll- oder Schneelawinen. Wälder an Steilhängen bezeichnet man deshalb als **Schutzwälder.**

Besonders wichtig ist die Bedeutung der Wälder für den Wasserhaushalt. Kronendach und Krautschicht eines Waldes fangen zum Beispiel 40% der Niederschläge ab. Das Wasser verdunstet langsam wieder und befeuchtet die Luft. Der Waldboden wirkt als **Wasserspeicher.** Durch die Schwammwirkung der Moosschicht versickert das Wasser langsam und wird dabei gefiltert. Es sammelt sich im Grundwasser. Im Frühjahr speichert der Waldboden viel Schmelzwasser und gibt es dann langsam wieder ab. Der Wald dient so dem **Hochwasserschutz.**

Waldflächen dienen auch der **Klimaverbesserung.** So steigt in Städten die warme, mit Schadstoffen verunreinigte Luft auf. Sie kühlt sich auf ihrem Weg über die Erde ab und sinkt in den Wald. Dabei filtern die Blätter der Bäume Staub und Schadstoffe aus der Luft. Kühle, angefeuchtete und gereinigte Luft fließt in die Stadt zurück. Wälder sind ebenfalls ein guter **Wind-** und **Lärmschutz.**

> Wälder dienen der Erholung, liefern Holz und schützen vor Lawinen. Darüber hinaus verbessern sie das Klima und speichern und filtern Wasser.

1 Beschreibe mithilfe der Abbildung 1 verschiedene Leistungen des Waldes.
2 Erläutere mithilfe der Abbildung 2 die Funktion der Wälder im Wasserhaushalt.
3 Erläutere die Abbildung 3.
4 Notiere, was in eurem Haushalt alles aus Holz ist.

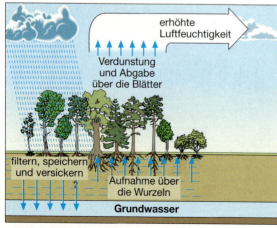

2 Der Wald im Wasserhaushalt

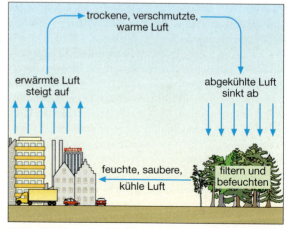

3 Der Wald als „Luftverbesserer"

Ökosysteme

MENSCH UND WALD

Pinnwand

Holz und seine Verwendung

Eiche
Holz: sehr hell; hart
Verwendung: Möbel, Parkett, Vertäfelungen, Schiffsbau, Fässer

Rotbuche
Holz: hell; wird beim Trocknen rötlich; hart
Verwendung: Möbel, Parkett; früher zur Holzkohlegewinnung

Kiefer
Holz: hellgelb mit dunkleren Anteilen; weich
Verwendung: Möbel, Papierherstellung; Harz für die chemische Industrie

Fichte
Holz: noch heller als Kiefer; sehr weich
Verwendung: Bauholz, Holzwolle, Papierherstellung, Holzkisten

Leistungen des Waldes auf einen Blick

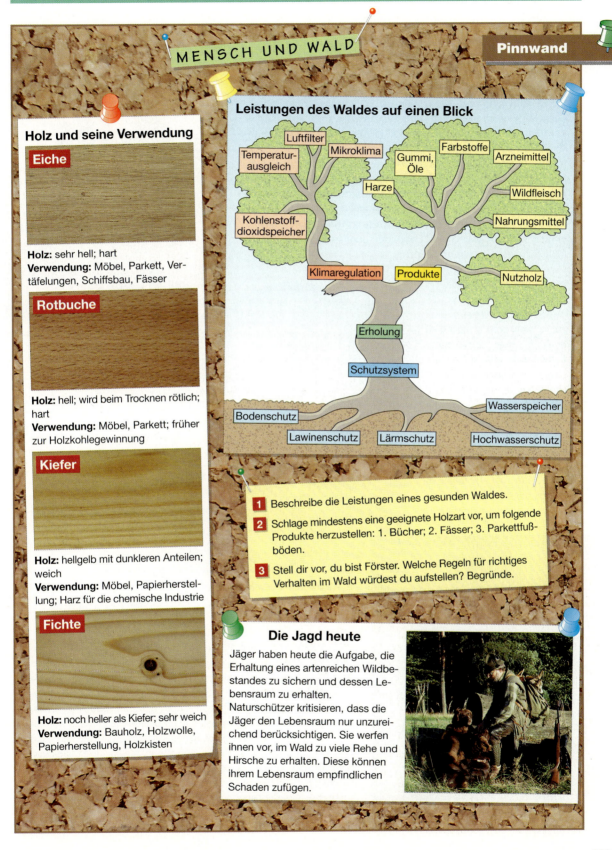

Luftfilter · Mikroklima · Temperaturausgleich · Gummi, Öle · Farbstoffe · Arzneimittel · Harze · Wildfleisch · Kohlenstoffdioxidspeicher · Nahrungsmittel · Klimaregulation · Produkte · Nutzholz · Erholung · Schutzsystem · Bodenschutz · Wasserspeicher · Lawinenschutz · Lärmschutz · Hochwasserschutz

1 Beschreibe die Leistungen eines gesunden Waldes.

2 Schlage mindestens eine geeignete Holzart vor, um folgende Produkte herzustellen: 1. Bücher; 2. Fässer; 3. Parkettfußböden.

3 Stell dir vor, du bist Förster. Welche Regeln für richtiges Verhalten im Wald würdest du aufstellen? Begründe.

Die Jagd heute

Jäger haben heute die Aufgabe, die Erhaltung eines artenreichen Wildbestandes zu sichern und dessen Lebensraum zu erhalten.
Naturschützer kritisieren, dass die Jäger den Lebensraum nur unzureichend berücksichtigen. Sie werfen ihnen vor, im Wald zu viele Rehe und Hirsche zu erhalten. Diese können ihrem Lebensraum empfindlichen Schaden zufügen.

Ökosysteme

Streifzug durch die Geschichte: Wälder früher und heute

Unsere Wälder haben eine lange Entwicklungsgeschichte hinter sich. Sie begann nach der letzten Eiszeit vor etwa 7000 Jahren. Damals breiteten sich Laub- und Mischwälder stark aus und bedeckten schließlich den größten Teil Mitteleuropas. Diese **Urwälder** waren vom Menschen noch unbeeinflusst.

In der Jungsteinzeit vor 6000 Jahren wanderten Bauernvölker nach Mitteleuropa ein. Sie ließen sich hier nieder und betrieben Ackerbau und Viehzucht. In siedlungsnahen Gebieten wurde das Vieh im Wald geweidet. Man begann jetzt mit den ersten großen Rodungen und nutzte den Wald zur Brenn- und Bauholzgewinnung. Trotzdem waren am Ende der Jungsteinzeit noch 80% Mitteleuropas mit Wäldern bedeckt.

Mit Beginn des Mittelalters um 500 n. Chr. begann die Bevölkerung immer stärker zu wachsen. Deshalb brauchte man auch mehr Siedlungs- und Ackerflächen. Urwälder wurden in großem Umfang gerodet. Man nutzte das Holz für Bergwerke, die Glasherstellung, den Schiffbau, den Hausbau, zur Holzkohlegewinnung und als Brennmaterial.

Am Ende des Mittelalters gab es nur noch auf 30% der Landesflächen Wälder. Zu dieser Zeit begannen auch erste Bemühungen, die Wälder zu erhalten, denn der Wald war auch Jagdgebiet und Geldquelle. Die Waldbesitzer wie Fürsten und die Kirche verkauften nicht nur Holz, sondern zum Beispiel auch die Erlaubnis, Schweine in den Wald zu treiben. Diese ernährten sich dort von Eicheln, Wurzeln und Bucheckern.

Zu Beginn des 19. Jahrhunderts setzte eine planmäßige Waldbewirtschaftung ein. Da in bewirtschafteten Wäldern nur so viel Holz geschlagen wird, wie man nachpflanzt, ging die Waldfläche nicht weiter zurück. Man ersetzte die natürlichen Laub- und Mischwälder aus wirtschaftlichen Gründen durch Anpflanzungen aus einer einzigen Baumart. Diese **Monokulturen** bezeichnet man als **Forsten**. Gepflanzt wurden vor allem Nadelbäume wie schnell wachsende Fichten und Kiefern. Solche Reinbestände sind aber anfällig für Schädlinge, Krankheiten, Schnee- und Windbruch. Man versucht heute, die Qualität der Wälder zu verbessern. Deshalb werden die Monokulturen bei Neuanpflanzungen durch naturnahe und artenreiche Mischwälder ersetzt.

3 Fichtenforst

2 Waldweide im Eichenwald (Gemälde von Johann F. Weitsch)

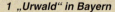

1 „Urwald" in Bayern

Ökosysteme

2.15 Der Wald ist in Gefahr

Wer in den Wald geht, sucht Entspannung und Erholung. Kaum jemand bemerkt jedoch, wie schlecht es unseren Wäldern geht. Nur noch jeder dritte Baum ist gesund. In Bergwäldern zeigen fast alle Bäume **Schadmerkmale**.

Woran erkennt man, dass ein Baum geschädigt ist? Betrachten wir die Fichte. Die Nadeln einer gesunden Fichte der *Schadstufe 0* sind dunkelgrün. An ihren Zweigen findet man die Nadeln der letzten 6 bis 7 Jahre. Die Fichte der *Schadstufe 1* trägt noch die Nadeln der letzten 4 bis 5 Jahre. Ihre Krone ist lichter. Bei *Schadstufe 2* sind nur noch die Hälfte aller Nadeln vorhanden. Eine stark geschädigte Fichte der *Stufe 3* trägt nur noch Nadeln der letzten 2 bis 3 Jahre und ähnelt einem Skelett. Ihre Nadeln sind gelb bis braun. Neben diesen sichtbaren Schäden kommt es auch zu Veränderungen im Waldboden, zum Absterben der Wurzeln und zum Faulen des Baumkerns. Alle diese Erscheinungen bezeichnet man als **neuartige Waldschäden**. Hauptursache für das „Waldsterben" sind **Luftschadstoffe** aus Haushalten, Verkehr und Industrie. *Schwefeldioxid* und *Stickstoffoxide* bilden mit Niederschlag Säuren, die die Blätter und Nadeln angreifen und den Boden versauern. Dadurch sterben die Feinwurzeln ab und der Baum kann schlechter Wasser aufnehmen. Außerdem wandern viele Bodenorganismen ab. Die Humusbildung ist gestört.

Das Gas *Ozon* schädigt den Baum ebenfalls. Es entsteht vor allem bei starker Sonneneinstrahlung aus Autoabgasen. Ozon greift die Spaltöffnungen der Blätter an. Dadurch wird der Gasaustausch gestört.

Die geschädigten Bäume sind anfälliger für Sturm, Trockenheit, Frost, Schädlinge und Krankheiten. Sie sterben schließlich ab.

1 Neuartige Waldschäden. A Bergwald der Schadstufe 3 mit natürlichen und durch den Menschen verursachten Stressfaktoren; **B, C, D** Schadstufen 0, 1, 2 an der Fichte

natürliche Stressfaktoren

Strahlung

...afaktoren
...e Temperatur..., Frost,
...sermangel

...ädlinge
...kten, Pilze,
...terien,
...

durch den Menschen verursachte Stressfaktoren

Luftschadstoffe

Schwefeldioxid (SO_2)
Stickstoffoxide (NO_X)
Staub
Ozon
Schwermetalle

> Luftschadstoffe verursachen die neuartigen Waldschäden. Die Bäume verlieren Blätter, zeigen Wurzelschäden und Schädlingsbefall.

1 Erläutere Ursachen für das Waldsterben.

Ökosysteme

Pinnwand — BELASTUNGEN DES WALDES

So entsteht Saurer Regen

Transport — Schweflige Säure, Salpetersäure — Schwefeldioxid, Stickoxide — Schädigung der Nadeln und Blätter — Versauerung des Bodens — Wurzelschädigung, Schädigung der Bodenorganismen

1 Erläutere Ursachen und Folgen des Sauren Regens mithilfe der Grafik.

2 Beschreibe den Zusammenhang zwischen Saurem Regen und Befall eines Nadelwaldes mit Borkenkäfern.

Schäden durch Wildverbiss

Rehe und Hirsche haben sich in den letzten 20 Jahren stark vermehrt. Dabei stieg die Zahl der Rehe in manchen Gebieten bis auf das Zehnfache. Rehe fressen besonders gern Knospen und Triebe junger Bäume. Dadurch entstehen jedes Jahr Verbissschäden in Millionenhöhe. Im Winter schälen Hirsche bei Nahrungsknappheit Baumrinde ab. An den beschädigten Stellen kann ein Pilz eindringen. Der Baum erkrankt dann an Rotfäule und wird zerstört.

Borkenkäfer: „Fressmaschinen" im Nadelwald

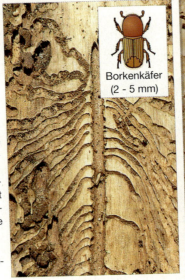

Borkenkäfer (2 - 5 mm)

In jedem Wald gibt es Borkenkäfer. In den ersten warmen Apriltagen verlassen die Käfer Bodenstreu und Totholz, in denen sie überwintert haben.
Sie suchen neue Brutbäume. Dabei dringen sie vor allem in die Rinde kranker oder umgestürzter Fichten ein. Jedes Weibchen bohrt einen Brutgang, in dem Eier abgelegt werden und später die Larven aufwachsen. In einem natürlichen Mischwald nimmt die Zahl der Borkenkäfer nicht überhand. In einem reinen Fichtenforst können sie sich jedoch stark vermehren. Je mehr kranke Bäume sie vorfinden, desto stärker ist der Befall. Die Bäume sterben schließlich bei einem Massenbefall ab.

Waldrodungen

Häufig werden Straßen, Schienenwege und Fernleitungen durch zusammenhängende Waldgebiete gelegt. Sie zerstückeln die Wälder. Die Vernetzung des Ökosystems wird unterbrochen. Die Restflächen sind oft zu klein, um zum Beispiel Staub und Schadstoffe zu filtern.

Ökosysteme

2.16 Naturschutz aus Verantwortung – das Beispiel LÖWE

Um Wälder zu heilen und zu erhalten, muss man die Ursachen der Schäden bekämpfen.
Einen wichtigen Beitrag leistet dabei die **Reduzierung der Luftschadstoffe.** Der Ausstoß von Schwefeldioxid ist in den letzten Jahren bereits gesunken. Die Stickstoffoxid- und Ozonwerte sind aber immer noch zu hoch. Weniger Autofahren und ein geringerer Benzinverbrauch der Autos senken den Ausstoß an Luftschadstoffen und können so dem Wald helfen.
Neben diesen Maßnahmen muss den Waldschäden auch forstwirtschaftlich entgegengesteuert werden. Ein Beispiel dafür ist das Projekt LÖWE – ein Programm zur **l**angfristigen **ö**kologischen **W**ald**e**ntwicklung der niedersächsischen Landesregierung.

Was soll sich dabei für den Wald ändern? Es werden zum Beispiel Waldschutzgebiete eingerichtet. Sie sichern das Überleben geschützter Tier- und Pflanzenarten. Seltene heimische Baumarten werden dort gezielt nachgezogen.
Doch das Ausweisen von Schutzgebieten hilft nur einem kleinen Teil des Waldes. Um auch den übrigen Wäldern zu helfen, sollen folgende Maßnahmen ergriffen werden:

- *Großflächige Kahlschläge werden vermieden.*

- *Die Wälder sollen sich zunehmend wieder selbst durch Aussamung verjüngen. Damit dies gelingt, sollen verstärkt Rehe und Hirsche gejagt werden.*

- *Bei Neuanpflanzungen werden heimische, standortgemäße Baumarten gewählt. Der Misch- und Laubwaldanteil wird dabei erhöht.*

- *Totholz und Holzabfall werden im Wald zurückgelassen. Sie dienen als Lebensraum der Kleintiere.*

- *Wälder sollen alt werden. Die Lebenszeit der angepflanzten Bäume verlängert sich. Stämme sollen möglichst einzeln geerntet werden.*

All diese Maßnahmen unterstützen die biologische Vielfalt des Ökosystems und sollen die Wälder stabilisieren. Ziel der **naturgemäßen Waldwirtschaft** ist ein naturnaher Mischwald, der ohne Eingriffe des Menschen wachsen und gedeihen kann.

> Nur durch Verringerung der Luftschadstoffe und naturgemäße Waldwirtschaft lassen sich die Waldschäden stoppen.

1 Nenne Gründe, warum ein artenreicher Mischwald widerstandsfähiger gegen Sturm und Schädlinge ist als z.B. ein Fichtenforst.

1 Naturnaher Wald

Ökosysteme

3 Ökosystem See

3.1 Die Pflanzenzonen eines Sees

Ein See übt auf viele Menschen eine starke Anziehungskraft aus. Auf Streifzügen an seinem Ufer gibt es oft etwas Neues zu entdecken.

Ein natürlicher See hat an der vom Wind geschützten Seite meistens eine dichtbewachsene Uferzone. Im Dickicht der Pflanzen halten sich zahlreiche Tiere auf. Alle Pflanzen und Tiere, die hier leben, finden die Bedingungen vor, die sie zum Leben brauchen.

Geht man über einen Steg vom Land zum offenen Wasser, erkennt man, dass sich der Pflanzenbewuchs des Uferbereichs auf einer Strecke von wenigen Metern schnell ändert. Zuerst umsäumt ein schmaler Streifen von *Schwarzerlen* und *Weiden* das Ufer. Darunter wachsen gelb blühende *Sumpfdotterblumen* und der rote *Blutweiderich*. *Binsen* mit runden und *Seggen* mit dreikantigen Stängeln breiten sich hier aus. Die Pflanzen dieser **Erlenzone** vertragen ständig hohes Grundwasser oder zeitweise Überflutung.

Etwas weiter am flachen Uferrand, wo ständig Wasser steht, beginnt das **Röhricht**. Hier finden wir die gelbe *Wasserschwertlilie*, das *Pfeilkraut* und den *Froschlöffel*. Diese Sumpfpflanzen erhielten ihre Namen nach der Form ihrer Blätter, die an Schwerter, Pfeile und Löffel erinnern. Der Froschlöffel hat allerdings unterschiedliche Blattformen. Untergetauchte Blätter sehen ganz anders aus als Luftblätter. In dieser Zone wachsen auch *Rohrkolben* und *Schilf*. Sie kommen bis zu einer Wassertiefe von 1,5 m vor. Mit ihren verzweigten Wurzelstöcken sind sie fest im Schlamm verankert. Ihre hohen Halme sind heftigen Windstößen und Wellenschlägen ausgesetzt. Diesen Angriffen geben die elastischen Halme jedoch federnd nach und richten sich sofort wieder auf. Der röhrenförmige Stängelaufbau und die Knoten verleihen den Schilfhalmen die erforderliche Festigkeit und Biegsamkeit. Die schmalen, bandförmigen Blätter sind derb und äußerst reißfest. Sie flattern bei Sturm wie Fahnen zur windabgewandten Seite.

An das Röhricht schließt sich in stillen Buchten die **Schwimmblattzone** an. *Seerosen* mit weißen und *Teichrosen* mit gelben Blüten breiten sich hier aus.

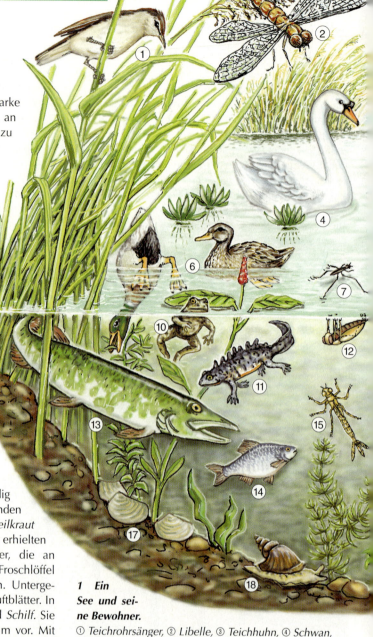

1 Ein See und seine Bewohner.

① *Teichrohrsänger,* ② *Libelle,* ③ *Teichhuhn,* ④ *Schwan,*
⑤ *Haubentaucher,* ⑥ *Stockente,* ⑦ *Wasserläufer,*
⑧ *Eisvogel,* ⑨ *Graureiher,* ⑩ *Wasserfrosch,* ⑪ *Kammolch,*
⑫ *Rückenschwimmer,* ⑬ *Hecht,* ⑭ *Plötze,* ⑮ *Libellenlarve,*
⑯ *Gelbrandkäfer mit Kaulquappe,* ⑰ *Teichmuscheln,*
⑱ *Schlammschnecke*

Lange, biegsame Stiele stellen die Verbindung zu den kräftigen Erdstängeln her. Bei schwankendem Wasserstand können die elastischen Stiele jede Bewegung so ausgleichen, dass die Blätter und Blüten immer an der Oberfläche schwimmen.

Die gesamte Pflanze ist von Luftkanälen durchzogen. Dadurch werden die Erdstängel im sauerstoffarmen

Ökosysteme

pflanzen, die ganz untergetaucht leben, breiten sich aus. In dieser **Tauchblattzone** kommen neben *Laichkräutern* auch *Tausendblatt*, *Wasserpest* und *Hornkraut* vor, deren Blätter meistens sehr klein sind. Sie besitzen keine Spaltöffnungen. Kohlenstoffdioxid und Sauerstoff werden über die Blattoberfläche ausgetauscht. Auch die notwendigen Mineralstoffe werden über die Blattoberfläche aus dem Wasser aufgenommen. Je nach Trübung können ab 5–10 m Tiefe auch Tauchpflanzen nicht mehr wachsen, weil das Sonnenlicht nicht mehr zur Fotosynthese ausreicht.

Man erkennt, dass sich durch unterschiedliche abiotische Faktoren in den einzelnen Zonen ganz bestimmte Pflanzengesellschaften ansiedeln. Diese Faktoren sind z.B. Wasserstand, Licht- und Windverhältnisse.

> Am Seeufer bilden sich verschiedene Pflanzenzonen aus. Vom Land zum Wasser folgen nacheinander: Erlenzone, Röhricht, Schwimmblattzone und Tauchblattzone. In ihnen sind die Pflanzen den unterschiedlichen Umweltbedingungen angepasst.

Boden mit Luft versorgt. Über die Spaltöffnungen, die an der Blattoberseite liegen, stehen die Kanäle mit der Außenluft in Verbindung. Die tellergroßen Schwimmblätter enthalten luftgefüllte Hohlräume. Deshalb schwimmen sie wie eine Luftmatratze an der Wasseroberfläche. Während das Wasser von der Oberseite des Blattes an einer dünnen Wachsschicht abperlt, haftet es an der Unterseite. So wird verhindert, dass starke Winde und Wellen es umschlagen können.

Je tiefer das Wasser wird, um so mehr treten die Schwimmblattpflanzen zurück und andere Wasser-

2 Pflanzengürtel eines Sees (Schema)

1 Wie ist das Schilf den Wasserstands- und Windverhältnissen angepasst?
2 Wie sind die Pflanzen der Tauchblattzone an das Leben unter Wasser angepasst?
3 Welche Pflanzenarten findest du in der Abb. 1? Ordne sie den einzelnen Pflanzenzonen eines Sees zu.

Ökosysteme

Pinnwand

ANGEPASSTHEIT VON WASSERPFLANZEN

Wasserhahnenfuß

Der Wasserhahnenfuß bildet zweierlei Blätter aus: Schwimmblätter (1) und Tauchblätter (2).

Seerose

Die Seerose ist mit biegsamen Stängeln an den schwankenden Wasserstand angepasst.

Froschlöffel

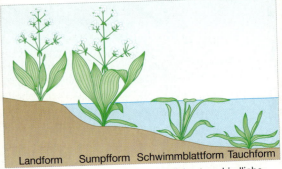

Landform   Sumpfform   Schwimmblattform   Tauchform

Je nach Standort bildet der Froschlöffel unterschiedliche Lebensformen aus.

1 Erläutere, wie Froschlöffel, Seerose und Wasserhahnenfuß an ihre Umweltbedingungen angepasst sind.

2 Vergleiche die Lage der Spaltöffnungen auf den Land- und Schwimmblättern des Wasserknöterichs. Begründe.

Wasserknöterich

Aus einem im Boden kriechenden Wurzelstock wächst ein etwa 1 m langer Stängel mit langgestielten, lanzettlichen Blättern. Wasserknöterich wächst sowohl an Land als auch im Wasser. An der Wasseroberfläche bilden sich Schwimmblätter, die im Sommer von einer rosaroten Blütenähre überragt werden.

Wasserknöterich

Blatt einer Landpflanze **Schwimmblatt**

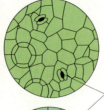
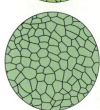

Blattoberseite

Spaltöffnungen

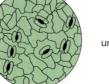

Blattunterseite

Durch die Spaltöffnungen erfolgt der Gasaustausch und die Abgabe von Wasserdampf.

Ökosysteme

Wasserpflanzen

Übung

V 1 Untersuchung eines Schilfblattes

Material: 2 Pappstreifen (10 × 3 cm); Alleskleber; Nagel; Bindfaden; verschiedene Gewichtstücke; Schilfblatt (Vorsicht, scharfe Ränder!); Schreibmaterial

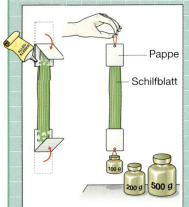

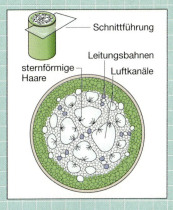

Durchführung: Falte beide Pappstreifen in der Mitte und bestreiche beide Innenseiten mit Alleskleber. Lege je ein Ende des Schilfblattes dazwischen und drücke es zusammen. Bohre mit dem Nagel in jeden Pappstreifen ein Loch und ziehe jeweils einen Bindfaden hindurch. Hänge nacheinander die Gewichte daran und hebe sie hoch.
Aufgaben: a) Stelle fest, welcher Belastung das Blatt standhält, ohne zu zerreißen.
b) An welche Umweltbedingung am See ist das Schilfblatt mit seiner Reißfestigkeit angepasst?

V 2 Leitung von Luft durch ein Seerosenblatt

Material: Große Schale; Wasser; sauberes Tuch; Nadel; Seerosenblatt; Zeichenmaterial

Durchführung: Besorge aus einem Gartenteich ein Seerosenblatt mit einem langen Stiel. Reinige das Endstück und puste kräftig Luft in den Stängel. Drücke dabei mit einer Hand das Blatt unter Wasser. Steche Löcher in die Blattadern um den Weg der Luft zu verfolgen und wiederhole den Versuch.
Aufgaben: a) Beschreibe, was du bei beiden Versuchen beobachtest.
b) Zeichne ein Blatt mit Stiel und trage mit roter Farbe den Weg der Luft ein.
c) Erkläre, welche Bedeutung die Durchlüftung für die Pflanze hat.

V 3 Untersuchung eines Seerosenstängels

Material: Stiel einer Seerose; Rasierklinge mit Korkhalterung; Pinzette; Glas mit Wasser; Objektträger; Deckglas; Pipette; Lupe oder Mikroskop; Zeichenmaterial
Durchführung: Schneide eine möglichst dünne Scheibe vom Stiel ab. Betrachte sie durch die Lupe oder mikroskopiere sie bei schwacher Vergrößerung. Betrachte die Schnittfläche.
Aufgabe: Zeichne den Querschnitt und beschrifte ihn mithilfe der Abbildung.

A 4 Vermehrung des Schilfrohrs

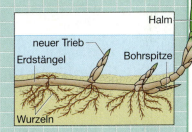

Schilf vermehrt sich ungeschlechtlich. Dabei breiten sich die Erdstängel waagerecht nach allen Richtungen im Erdreich aus. Die Ausläufer dringen mit ihren Bohrspitzen auch durch festen Boden. Der Erdstängel ist durch Knoten untergliedert, an denen Triebe austreten. Sie wachsen empor und bilden neue Halme. Die Wurzelbüschel verankern die Pflanzen im Untergrund.
Aufgabe: Erkläre, warum Schilfrohr in kurzer Zeit große Bestände bilden kann.

Ökosysteme

3.2 Wasservögel sind den Zonen des Sees angepasst

An vielen Seen kann man **Stockenten** beobachten. Von Zeit zu Zeit tauchen sie Kopf und Vorderkörper ins Wasser, sodass der Schwanz fast senkrecht in die Höhe ragt. Dabei rudern sie mit den Füßen. Mit offenem Schnabel pflügen sie dann durch den Schlamm am Grund. Wenn sie den Schnabel schließen, wird der „Schmutz" mit dem Wasser hinausgedrückt. Die Nahrung bleibt zwischen den Hornleisten wie in einem Sieb hängen und wird verschluckt. Auf diese Weise suchen Stockenten z. B. nach Insektenlarven, Würmern, Schnecken und Teilen von Wasserpflanzen.

Eine andere Entenart, die **Reiherente**, kann dagegen ganz untertauchen. Sie sucht ihre Nahrung in größeren Tiefen und bleibt bis zu 40 Sekunden lang unter Wasser. Dabei erbeutet sie kleine Muscheln, Schnecken und Würmer.

Haubentaucher sind nicht nur geschickte Schwimmer, sondern auch ausgezeichnete Taucher. Sie gleiten bis zu 7 m Tiefe hinab. Die Flügel werden eng angelegt und beide Beine mit den Schwimmfüßen gleichzeitig bewegt. Ihre Beute sind kleine Fische, die sie mit dem spitzen Schnabel packen und ganz hinunterschlucken.

Die **Fluss-Seeschwalbe** jagt aus der Luft. Wenn sie einen Fisch erspäht, legt sie die Flügel eng an und schießt ins Wasser. Die Beute wird mit dem Schnabel festgehalten und im Flug verzehrt.

Vergleicht man den Nahrungserwerb der verschiedenen Wasservögel, dann wird man feststellen, dass sich die einzelnen Arten auf bestimmte Zonen im See spezialisiert haben. Man bezeichnet diese Spezialisierung als **ökologische Nische**. Dadurch ist es möglich, dass viele Arten auf engstem Raum nebeneinander leben können.

Wie die Nahrungsreviere sind auch die Nester der Vögel in den Pflanzenzonen unterschiedlich verteilt. Stockenten brüten an Land, Reiherenten auf kleinen Inseln und Haubentaucher bauen ein schwimmendes Nest am Rand des Röhrichts. Die Fluss-Seeschwalbe nistet an Ufern ohne Pflanzenbewuchs.

> Verschiedene Arten von Wasservögeln suchen in unterschiedlichen Bereichen Nahrung und Nistgelegenheiten, ohne sich Konkurrenz zu machen.

1 *Nahrungssuche in verschiedenen Zonen des Sees.* ① Stockente, ② Reiherente, ③ Fluss-Seeschwalbe, ④ Haubentaucher

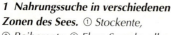 Beschreibe, wie die einzelnen Vogelarten nach Nahrung suchen.
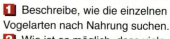 Wie ist es möglich, dass viele Vogelarten auf engem Raum zusammenleben können?

Ökosysteme

WASSERVÖGEL
Pinnwand

Ein ungebetener Gast

Ein **Teichrohrsänger** füttert einen jungen Kuckuck. In einem unbewachten Moment hat die Mutter des Kuckucks ihr farbgleiches Ei gegen ein Ei des Teichrohrsängers ausgetauscht. Nun wird der Jungkuckuck als „Adoptivkind" von den Teichrohrsängern aufgezogen, nachdem er die anderen Jungen aus dem Nest geworfen hat.

Brutzeiten von Wasservögeln

	März	April	Mai	Juni	Juli
Stockente		■	■	■	
Lachmöwe			■	■	
Teichhuhn			■	■	
Rohrsänger			■	■	■
Blesshuhn		■	■	■	
Rohrdommel			■	■	■
Haubentaucher			■	■	■

„Huckepack" bei Haubentauchern

Kleine Haubentaucher reisen auf dem Rücken ihrer Eltern übers Wasser. Haubentaucher brüten auf Seen mit langen, dichten Röhrichtgürteln. Die bevorzugten Gewässer haben eine Mindestgröße von etwa 10 ha und eine Wassertiefe von etwa 6 m.

1 Welche Aufgaben erfüllt das Schilf beim Nisten der Wasservögel?

2 In welcher Zeit sollten die Uferzonen von Menschen gemieden werden? Begründe.

3 Nenne Ansprüche der Haubentaucher an ihr Brutrevier.

Brutstätten von Wasservögeln

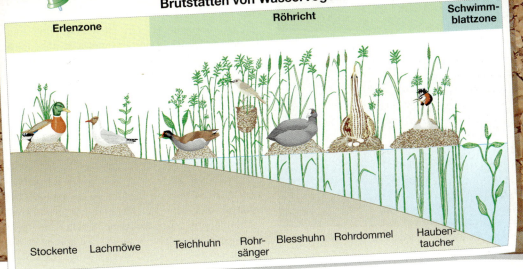

Ökosysteme

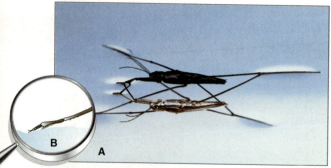

1 Wasserläufer. A über das Wasser gleitend; **B** Fuß auf der Wasseroberfläche

2 Rückenschwimmer. A beim Auffüllen des Luftvorrats; **B** Schwimmbein

3 Larve der Stechmücke. A beim Atmen; **B** Atemröhre

4 Larve einer Kleinlibelle. A unter Wasser; **B** Blättchen der Tracheenkiemen

3.3 Insekten in Seen und Teichen

Wer still am flachen Ufer eines Sees sitzt, kann an der Wasseroberfläche ein lebhaftes Tierleben beobachten. Grau-grüne *Wasserläufer* gleiten ruckartig übers Wasser ohne einzusinken. Dies beruht auf einer besonderen Eigenschaft des Wassers, der Oberflächenspannung. Sie bewirkt, dass sich die Wasseroberfläche wie eine elastische Haut verhält, die beim Laufen nur leicht eingedrückt wird. Zusätzlich sind die langen Mittel- und Hinterbeine an den Fußenden mit dichten, Wasser abweisenden Haarbüscheln versehen. Die eingefetteten Härchen verhindern, dass die Füße eintauchen, denn Wasser und Fett stoßen sich gegenseitig ab.

Dicht unter dem Wasserspiegel taucht ein *Rückenschwimmer* auf, um einen Vorrat an Atemluft aufzunehmen. Dazu streckt er das Ende seines Hinterleibs aus dem Wasser und saugt zwischen die Härchen der Bauchseite silbrige Luftbläschen auf. Durch dieses Luftpolster entsteht ein Auftrieb. Dieser führt dazu, dass die Bauchseite ständig nach oben zeigt. Die Tiere schwimmen also in Rückenlage. Mit kräftigen Stößen der langen Hinterbeine taucht der Rückenschwimmer wieder hinab. Dabei spreizen sich bei jedem Ruderschlag die feinen Schwimmhaare an den Beinen auseinander. Beim Vorziehen legen sich die Haare zusammen. Dadurch verringert sich der Widerstand.

Auch kleine Larven der *Stechmücke* tauchen auf, um Luft zu tanken. Sie hängen dabei schräg unter der Wasseroberfläche und strecken ihre Atemröhre wie einen Schnorchel in die Luft.

Die etwa streichholzlangen Larven einer *Kleinlibelle* bekommt man nur selten zu sehen. Sie leben ständig unter Wasser und brauchen zum Atmen nicht aufzutauchen. Sie atmen mithilfe der drei blattförmigen Tracheenverzweigungen am Hinterende und mit dem Enddarm. Dieser ist an der Innenseite mit zahlreichen dünnwandigen Häutchen, den *Tracheenkiemen*, ausgekleidet. Sie entziehen dem eingesogenen Atemwasser den Sauerstoff.

Das Leben der *Libellen* beginnt im Wasser. Aus den Eiern schlüpfen keine fertigen Libellen, sondern flügellose Larven. Sie leben ausschließlich im Wasser. Während ihrer ein- bis dreijährigen Larvenzeit streifen sie mehrmals die zu eng gewordene Körperhülle ab. Zur letzten Häutung klettern sie an einem Pflanzenstängel aus dem Wasser und aus der Larvenhaut schlüpft eine ausgewachsene Libelle, die meist nur wenige Wochen lebt. In dieser Zeit kommt es zur Paarung.

Ökosysteme

5 Entwicklung von Libelle (außen) und Stechmücke (innen)

Die Geschlechtspartner vereinigen sich bei der Begattung zu einem *Paarungsrad*, wobei das Männchen das Weibchen am Kopf festhält. Das Weibchen biegt sein Hinterleibsende nach vorn an das Begattungsorgan des Männchens. Die befruchteten Eier werden an Wasserpflanzen abgelegt.

Anders entwickeln sich die Larven der *Stechmücken*. Sie bilden nach ihrer Larvenzeit eine Puppe aus. Unter einer Puppenhülle wandeln sich während einer Ruhezeit die Organe der Larve in die eines voll entwickelten Insekts um. Nach wenigen Tagen reißt die Hülle auf und eine junge Mücke zwängt sich heraus. Nach 6 Wochen ist die **vollkommene Verwandlung** (Metamorphose) der Stechmücke vom Ei über die Larve und Puppe abgeschlossen. Die Entwicklung der Libellen ohne ein Puppenstadium nennt man dagegen **unvollkommene Verwandlung**.

> Wasserinsekten sind in Atmung und Fortbewegung unterschiedlich an das Leben im Wasser angepasst. Stechmücken machen eine vollkommene Verwandlung durch. Bei Libellen fehlt das Puppenstadium.

1 Warum können Wasserläufer über die Wasseroberfläche gleiten? Beschreibe.
2 Zeichne den Fuß eines Rückenschwimmers
a) beim Ruderschlag nach hinten,
b) beim Vorziehen im Wasser.
3 Beschreibe die Atmung der Larven von Kleinlibellen.
4 Nicht nur die Larven, auch die Puppen der Stechmücke sind beweglich. Welchen Vorteil hat das?
5 Beschreibe mithilfe der Abbildung 5 die Entwicklung von Libelle und Stechmücke.

Ökosysteme

Pinnwand — WASSERINSEKTEN UND TECHNISCHE ERFINDUNGEN

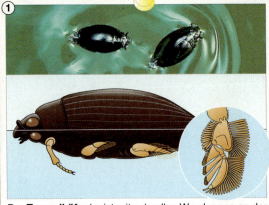

① Der **Taumelkäfer** kreist mit schnellen Wendungen an der Oberfläche und sucht dort nach Beute. Mit seinen zweigeteilten Augen kann er sowohl über als auch unter Wasser sehen. Den ovalen Körper treibt er mit kurzen Ruderbeinen voran, deren Glieder plattenförmig verbreitert sind und wie ein Fächer auseinandergespreizt und wieder zusammengeklappt werden können.

② Der **Gelbrandkäfer** nimmt in einem Hohlraum unter den Deckflügeln einen Luftvorrat auf. Mit dieser Reserve kann er längere Zeit unter Wasser bleiben. Die Luft wird durch kleine Öffnungen in den Hinterleibsringen in das Tracheensystem aufgenommen. Gelbrandkäfer fressen Wassertiere bis zur Größe kleiner Fische.

③ Der **Wasserskorpion** hat am Hinterleib zwei lange Fortsätze, die wiederum jeweils eine Rinne besitzen. Beim Atmen legt er sie so zusammen, dass beide Fortsätze eine geschlossene Röhre bilden. Kopfabwärts streckt er diese Atemröhre aus dem Wasser und holt dadurch Luft. Wasserskorpione fangen ihre Beute mit den scherenartigen Vorderbeinen. Sie sind nicht mit den echten Skorpionen verwandt.

A Schiffbrüchiger mit Rettungsweste

B Taucher mit Schnorchel

C Ruderer im Boot

D Sporttaucher mit Sauerstoffgerät

1 Ordne die Körpermerkmale und Lebensweisen der Wasserinsekten hier und auf Seite 114 den entsprechenden technischen Erfindungen zu.

Ökosysteme

Wasserinsekten

Übung

V 1 Fang von Wasserinsekten

Material: Kescher oder Mehlsieb; Gläser mit Löchern im Schraubverschluss; Pinsel; Lupe bzw. Binokular; Bestimmungsbuch

Durchführung: Fange in einem Teich oder am Ufer eines Sees Wasserinsekten. Ziehe den Kescher mehrmals in verschiedenen Tiefen durchs Wasser. Streife die Tiere mit dem Pinsel einzeln vorsichtig in je ein mit Wasser gefülltes Glas. Schraube sofort den Deckel auf. Beachte: Setze die Tiere nach der Untersuchung wieder zurück in ihr Gewässer.

Aufgabe: Beobachte und bestimme die Wasserinsekten.

V 2 Fortbewegung und Atmung bei Wasserinsekten

Material: Gläser und Wasserinsekten aus V 1; Unterwasserpflanze; Stoppuhr; Lupe

Durchführung: Setze die Pflanze in eines der Gläser mit einem Wasserinsekt.

Aufgaben: a) Beschreibe, wie sich das Wasserinsekt fortbewegt.
b) Beschreibe, wie es Luft aufnimmt. Nimm die Lupe zu Hilfe.
c) Stoppe mit der Uhr die Tauchzeit und erkläre, warum das Tier so lange unter Wasser bleiben kann.

V 3 Kann eine Reißzwecke schwimmen?

Material: Flache Schale; Wasser; Reißzwecke; etwas Fett, z. B. Butter oder Margarine

Durchführung: Halte die Reißzwecke am Dorn fest und setze sie behutsam mit dem Kopf nach unten auf die Wasseroberfläche. Fette die Fläche des Kopfes etwas ein und wiederhole den Versuch.

Aufgaben: a) Beschreibe die Versuchsergebnisse.
b) Welche Eigenschaft des Wassers wird dadurch sichtbar?
c) Welches Wasserinsekt nutzt diese Eigenschaft?

V 4 Mückenzucht

Material: Einmachglas; Mehlsieb; Holzklötze; schwerer Stein; Mückenlarven und Puppen; vermodernde Pflanzenteile

Durchführung: Fülle das Glas mit Wasser aus der Regentonne. Fange mit dem Sieb Mückenlarven und Puppen in Tümpeln, Regentonnen oder Gräben. Entnimm auch vermodernde Pflanzenteile. Setze alles in das Glas und decke das Sieb darüber. Mit den Klötzen und dem Stein gibst du dem Sieb einen festen Halt. Stelle den Versuchsaufbau auf einen von der Sonne erwärmten Platz.

Aufgaben: a) Beschreibe das Auf- und Abtauchen der Mückenlarven.
b) Wie reagieren sie auf Erschütterung und plötzliche Beschattung? Erkläre dieses Verhalten.
c) Beschreibe die Unterschiede von Larve und Puppe bei Mücken.

Ökosysteme

3.4 Nahrungsbeziehungen im See

Im Wasser eines Sees schweben winzige Lebewesen, die man mit dem bloßen Auge nicht sieht. Untersuchen wir einen Tropfen davon mit dem Mikroskop, so entdecken wir jedoch zahlreiche Kleinlebewesen. Viele davon sind winzige *Algen,* die aus einer Zelle oder aus Zellkolonien bestehen. Da sie Chlorophyll enthalten, können sie ihre Nahrung mithilfe der Fotosynthese selbst erzeugen. Algen sind also wie alle Pflanzen von anderen Lebewesen völlig unabhängig.

Algen gehören zu den Hauptnahrungsquellen vieler Wassertiere. Von ihnen lebt z. B. der *Wasserfloh,* der in Sprüngen wie ein Floh durchs Wasser hüpft. Mit seinen blattartigen Füßchen am Bauch wirbelt dieser Kleinkrebs das Wasser auf und strudelt dabei Algen als Nahrung in seinen Mund.

Zwischen den Wasserpflanzen lauern *Libellenlarven,* die Wasserflöhe erbeuten und verzehren. Obwohl die Larven durch ihre Tarnfärbung kaum auffallen, werden sie von Fischen wie z. B. dem *Rotauge* entdeckt und gefressen. Aber auch dieser Fisch ist vor Feinden nicht sicher.

Er wird von einem Raubfisch wie dem *Hecht* gefangen. Algen, Wasserfloh, Libellenlarve, Rotauge und Hecht stehen in einer Nahrungsbeziehung zueinander. Da diese Lebewesen ähnlich wie die Glieder einer Kette zusammenhängen, spricht man von einer **Nahrungskette.** An ihrem Anfang stehen stets Pflanzen. Dann folgen Pflanzenfresser, die wiederum von Fleischfressern verzehrt werden.

In einem See oder Teich gibt es viele verschiedene Nahrungsketten. Ein Fisch wie das Rotauge lebt nicht nur von Libellenlarven, sondern frisst auch noch Wasserflöhe, Mückenlarven und andere Kleinlebewesen. Andererseits ist das Rotauge nicht nur ein Beutetier des Hechtes, sondern es wird auch vom Haubentaucher gefressen. Meistens hat ein Tier also mehrere Beutetiere, von denen es sich ernährt, und zugleich mehrere Feinde, die es verfolgen. Diese vielseitigen Wechselbeziehungen werden als **Nahrungsnetz** bezeichnet, weil die verschiedenen Nahrungsketten verknüpft sind wie die Fäden eines Netzes.

Solange sich die Lebensbedingungen in einem See nicht wesentlich ändern, erhält sich dieses Ökosystem weitgehend selbst. Die Grundlage bilden die Pflanzen. Algen stehen z. B. am Anfang einer

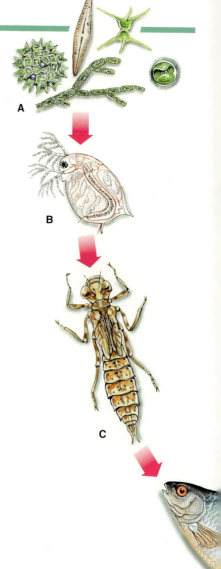

Nahrungskette. Sie bauen mithilfe der Sonnenenergie aus Kohlenstoffdioxid, Wasser und Mineralstoffen die Pflanzenmasse auf. Sie stellen also aus leblosen oder anorganischen Stoffen organisches Pflanzenmaterial her. Die Pflanzen werden daher als *Erzeuger* oder **Produzenten** bezeichnet.

Tiere können sich ihre Nährstoffe nicht selbst herstellen. Sie sind auf andere Lebewesen angewiesen, von denen sie sich ernähren. Sie werden daher *Verbraucher* oder **Konsumenten** genannt. Die Pflanzenfresser unter ihnen benötigen für ihren Bedarf an Energie und

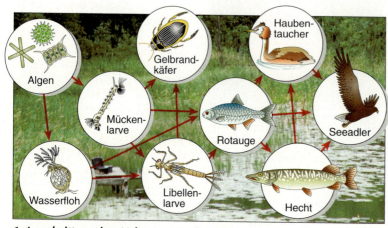

1 Ausschnitt aus dem Nahrungsnetz eines Sees

Ökosysteme

Baustoffen pflanzliche Nährstoffe, die sie in körpereigene, tierische Stoffe umwandeln. Man bezeichnet sie als *Konsumenten erster Ordnung*. Von den Pflanzenfressern ernähren sich Fleischfresser wie z. B. die Libellenlarven. Sie werden *Konsumenten zweiter Ordnung* genannt. Entsprechend ist die Plötze ein *Konsument dritter Ordnung*. Tiere wie den Hecht, die am Ende der Nahrungskette stehen, nennt man *Endkonsumenten*.

Doch nicht alle Lebewesen werden verzehrt. Unzählige Organismen sterben und sinken auf den Grund. Dort werden sie entweder von Abfallfressern aufgenommen oder direkt von Bakterien und Pilzen zersetzt. Diese *Zersetzer* oder **Destruenten** bauen die tierischen und pflanzlichen Reste ab und zerlegen sie in Wasser, Kohlenstoffdioxid und Mineralstoffe. Bei dieser natürlichen **Selbstreinigung** tragen also die Zersetzer dazu bei, das Gewässer sauber zu halten. In einem gesunden See stellt sich ein gleich bleibendes Verhältnis von Erzeugern, Verbrauchern und Zersetzern ein. Man bezeichnet dieses Verhältnis als **biologisches Gleichgewicht.**

Auch bei den lebenswichtigen Gasen wie Sauerstoff und Kohlenstoffdioxid verhält es sich ähnlich. Algen und Tauchblattpflanzen geben bei der Fotosynthese Sauerstoff ans Wasser ab. Alle tierischen Lebewesen brauchen dieses Gas zur Atmung. Kohlenstoffdioxid wird von Tieren und Bakterien ausgeschieden. Es wird von Pflanzen aufgenommen und bei der Fotosynthese zur Herstellung von Traubenzucker genutzt. So schließt sich der **Kreislauf der Stoffe.**

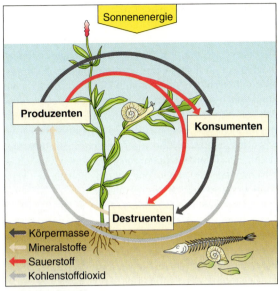

3 Stoffkreislauf im See

> Pflanzen stehen am Anfang einer Nahrungskette, als weitere Glieder folgen Pflanzen- und Tierfresser. Die vielfältigen Nahrungsbeziehungen der Lebewesen untereinander werden als Nahrungsnetz bezeichnet. Zwischen Erzeugern, Verbrauchern und Zersetzern besteht ein Stoffkreislauf.

1 Erläutere, wie eine Nahrungskette im See aufgebaut ist.

2 Pflanzen stehen immer am Anfang einer Nahrungskette. Begründe diese Aussage.

3 Suche aus der Abbildung des Nahrungsnetzes mehrere Nahrungsketten heraus und schreibe sie auf.

4 Welche Aufgaben erfüllen die Zersetzer im Kreislauf der Stoffe?

2 Nahrungskette im See. A *Algen;* **B** *Wasserfloh;* **C** *Libellenlarve;* **D** *Rotauge;* **E** *Hecht*

Ökosysteme

3.5 Belastungen eines Sees

Ein Blick auf eine Freizeitkarte zeigt, dass ein See viele Menschen anzieht. An seinen Ufern liegen Dörfer, Wochenendsiedlungen und Campingplätze. Ausflugslokale, Bootshäfen und Strandbäder sind zusätzliche Attraktionen. Es ist schön, an einem See zu leben oder dort seine Freizeit zu verbringen. Seen sind allerdings empfindliche Ökosysteme, die auf Eingriffe des Menschen reagieren. So führt die Nutzung dazu, dass die natürlichen Pflanzenzonen zerstört werden. Am Ufer verschwindet die Erlenzone durch Bebauung. Das Röhricht wird durch Bootsanleger und Badestellen zurückgedrängt. Dadurch wird vielen Tierarten die Lebensgrundlage entzogen. Sie finden keinen Schutz und keine Nahrung mehr. Besonders schwerwiegend ist die Zerstörung der Schilfgürtel, weil Schilf beträchtlich zur Selbstreinigung des Seewassers beiträgt.

1 Strandbad

2 Campingplatz am See

An den zugänglichen Stellen drängen sich die Seebesucher. Sie zertreten oftmals die empfindlichen Bodenpflanzen und hinterlassen große Mengen Abfall. Manches davon wird achtlos ins Wasser geworfen oder am Ufer liegen gelassen, wo es die Landschaft verschandelt.
Dort, wo Strandbäder entstehen, werden Bäume und Sträucher der Uferbefestigung beseitigt und durch kahle Grasflächen ersetzt. Auch die Pflanzen der Uferzone vertragen den Badebetrieb nicht. Nach und nach verliert das Ufer seinen natürlichen Schutzsaum und ist damit dem Wind und Wellenschlag ausgesetzt. Der fruchtbare Boden wird weggespült und die Zugangsstellen zum See werden kahl und lebensfeindlich.

3 Abfälle im Wasser

5 Ausschnitt aus einer Freizeitkarte

Auch Aktivitäten auf dem See wie Surfen, Segeln oder Boot fahren wirken sich nachteilig auf das Ökosystem aus. So werden Vögel beim Brüten oder der Aufzucht der Jungen gestört. Werden sie zu oft aufgescheucht, verlassen sie diesen Lebensraum. Auch Wasserpflanzen reagieren sehr empfindlich auf Beschädigungen durch Boote oder Surfbretter. Werden die Pflanzen geknickt oder abgebrochen, sterben sie häufig ab.
Nicht selten trifft man am Ufer auf Scharen von Stockenten. „Tierliebhaber" verursachen mit ihren Fütterungen diese Massenansammlungen, die dem See

4 Ursachen der Überdüngung

Ökosysteme

6 Fütterung von Wasservögeln

ebenfalls schaden. Futter, das nicht aufgenommen wird, sinkt auf den Grund und verfault. Zusätzlich wird das Wasser durch den vielen Kot belastet.

An das Seeufer grenzen Weiden, wo z. B. Rinder überall ungehindert zum Trinken ins Wasser gehen können. Hier werden die Uferpflanzen zertreten oder abgefressen.

Die Besiedlung der Ufer und der Ansturm der Touristen haben zur Folge, dass große Mengen Abwasser anfallen. Nicht alle Klärwerke sind in der Lage, Mineralstoffe wie Phosphat oder Nitrat ausreichend aus dem Abwasser zu entfernen. So gelangen sie über Zuflüsse ins Seewasser. Dieselben Stoffe werden durch Bäche von überdüngten Äckern und Weiden eingeschwemmt. Schließlich sammeln sich im See mehr Mineralstoffe an, als von den Wasserpflanzen aufgenommen werden können. Diese *Überdüngung* fördert insbesondere das Algenwachstum. Im Wasser treiben dann Fadenalgen wie grüne Wattebäusche oder die Oberfläche ist mit einem Schleim aus Blaualgen überzogen. Als Folge dieser *Algenblüte* dringt wenig Licht ins Wasser und die Tauchpflanzen gehen zugrunde. Auch die Algen sterben nach einiger Zeit ab und sinken zu Boden. Dort werden sie durch Bakterien zersetzt. Dabei wird viel Sauerstoff verbraucht, der den übrigen Lebewesen fehlt. Es entsteht mehr abgestorbene Tier- und Pflanzenmasse, als abgebaut werden kann. So bilden sich stinkender Faulschlamm und giftige Gase. Die Tier- und Pflanzenwelt verödet und das Leben im Wasser erlischt an *Sauerstoffmangel*. Man nennt dieses Seesterben: „Der See kippt um."

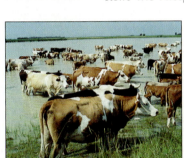

7 Rinder am Seeufer

8 Algenblüte

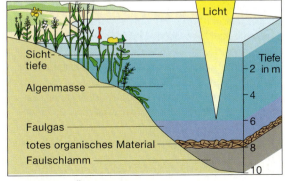

9 Folgen der Überdüngung

> Die Tier- und Pflanzenwelt der Seen wird durch Besiedlung, Wassersport und Weidevieh gefährdet. Der Eintrag häuslicher und landwirtschaftlicher Düngestoffe kann zu Sauerstoffmangel führen.

1 Beschreibe Auswirkungen, die starker Tourismus auf einen See hat.

2 Beschreibe Maßnahmen, wie ein belasteter See wieder gesunden kann.

Ökosysteme

Übung: Wasseruntersuchung

V 1 Wasseruntersuchung mit den Sinnen

Material: Flaschen oder Gläser aus Weißglas; Aufkleber; Schreibmaterial
Durchführung: Fülle die Gefäße mit Wasserproben aus verschiedenen Gewässern und verschließe sie. Beschrifte die Aufkleber mit den Entnahmeorten. Halte ein weißes Blatt Papier hinter jedes Glas und untersuche auf Trübung und Färbung. Prüfe dann den Geruch. Ordne jeweils eine der genannten Eigenschaften der jeweiligen Wasserprobe zu. Trübung: klar, fast klar, trübe, stark getrübt. Färbung: farblos, grün, gelb, braun, grau. Geruch: geruchlos, frisch, modrig, faulig.
Aufgaben: a) Untersuche die Wasserproben und stelle ihre Eigenschaften fest.
b) Erkläre, worauf die gefundenen Eigenschaften zurückzuführen sind. *Hinweis:* Algen können das Wasser grün färben. Braune Schwebstoffe weisen auf Pflanzenreste oder Bodenteilchen hin. Faulige Gerüche werden durch die Zersetzung von Pflanzen und Tieren unter Sauerstoffabschluss verursacht.

V 2 Untersuchung auf pflanzliches Plankton

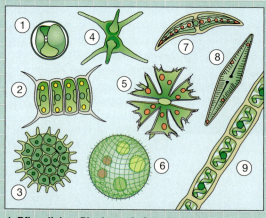

1 Pflanzliches Plankton. ① Grüne Kugelalgen, ② Gürtelalge, ③ Zackenrädchen, ④ Dornenstern, ⑤ Strahlenstern, ⑥ Gitterkugel, ⑦ Mondalge, ⑧ Weberschiffchen, ⑨ Spiralbandalge

Die winzigen Algen des pflanzlichen Planktons schweben im Wasser, wobei gezackte oder stachelige Fortsätze die Sinkgeschwindigkeit herabsetzen. Kieselalgen haben einen Panzer aus Kieselsäure.

Material: Kaffeefilter oder Filterpapier; Teelöffel; Mikroskop; Objektträger; Deckglas; Teich- oder Seewasser; Schreibmaterial
Durchführung: Gieße das Wasser durch den Filter. Entnimm mit dem Löffel aus dem Filtersatz etwas Wasser und bringe es auf den Objektträger. Lege ein Deckglas auf und mikroskopiere.
Aufgaben: a) Zeichne die Umrisse einiger Algen.
b) Woran erkennst du, dass Algen zu den Pflanzen gehören?
c) Das pflanzliche Plankton ist die Grundlage allen Lebens in den Gewässern. Begründe diese Aussage anhand der S. 118.

V 3 Bestimmung des Nitratgehaltes

Nitrat ist ein Mineralstoff, der als Dünger zur Stickstoffversorgung der Pflanzen dient. Er ist wasserlöslich und versickert bei Überdüngung ins Grundwasser.
Material: Dose mit Nitrat-Teststäbchen; verschraubbare Gläser; Wasserproben; Aufkleber; Schreibmaterial

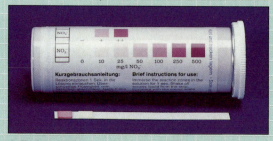

2 Farbvergleich mit Nitrat-Teststäbchen

Durchführung: Fülle die Gläser mit verschiedenen Wasserproben, z. B. aus einem See und seinen Zuflüssen. Beschrifte die Aufkleber mit der Entnahmestelle. Nimm ein Stäbchen aus der Dose und tauche es eine Sekunde ins Wasser. Vergleiche nach einer Minute die Färbung der unteren Testzone mit der Farbskala auf der Dose. Lies den entsprechenden Nitratgehalt des Wassers ab.
Aufgaben: a) Stelle die Nitratwerte der Wasserproben fest und notiere sie auf dem Aufkleber.
b) Beurteile die Nitratwerte. Beachte folgende Einstufung der Werte: 10 mg/l = belastet, > 25 mg/l = stark belastet.
c) Welche Folgen kann die Belastung des Wassers mit Nitrat haben?

Ökosysteme

Was wird aus dem Baggersee?

Streifzug durch die Sozialkunde

Sand und Kies sind wichtige Rohstoffe für den Bau von Straßen und Häusern. Doch bei ihrer Gewinnung entstehen riesige Löcher, die öden Mondlandschaften ähneln. Was soll mit einem solchen Baggerloch geschehen, das mit Wasser vollgelaufen ist?

Wanderwege sollen den Erholungssuchenden die Möglichkeit bieten, ihre Freizeit in einer möglichst ungestörten Natur zu verbringen.

Der **Sportklub** möchte das Gelände als *Moto-Cross-Piste* haben und auch als *Mountainbike-Parcours* mitbenutzen. Er sichert zu, dass keine Natur zerstört wird und die Lärmbelästigung sich in Grenzen hält.

Der **Verein Naturschutzbund** will das Baggerloch möglichst naturnah anlegen und daraus ein *Vogelschutzgebiet* entwickeln. Durch Wohngebiete und Straßenbau sind große Naturflächen verloren gegangen. Als Ausgleich könnte das Gebiet der Erhaltung von Tieren und Pflanzen dienen. Vögel finden dort auf dem Wasser, am Ufer und an den Sandwänden ideale Lebensräume.

Nach dem Gesetz ist der Verursacher der Naturzerstörung verpflichtet, das ursprüngliche Landschaftsbild wieder herzustellen. So kann er die Grube verfüllen und wieder Bäume anpflanzen. Diese Maßnahme wird als **Rekultivierung** bezeichnet. Es sind aber auch andere Nutzungsformen möglich. Oft prallen dabei die Wünsche unterschiedlicher Interessengruppen aufeinander.

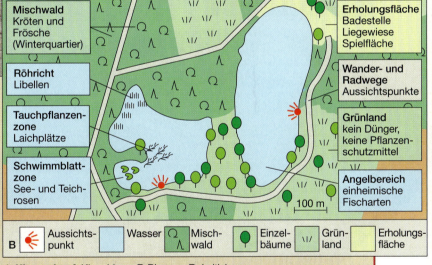

1 Kiesgrube. A Kiesabbau; **B** Plan zur Rekultivierung

Das **Amt für Naturschutz** will das Gebiet für den *Biotop-* und *Artenschutz* erhalten. Sich selbst überlassene Sandgruben besiedeln sich von allein. Nach einigen Jahren zeichnen sie sich oft durch eine Vielfalt an seltenen Pflanzen und Tieren aus.

Der **Angelverein** möchte das Baggerloch zu einem *Fischgewässer* mit naturnahen Ufern umgestalten und mit heimischen Fischarten besetzen.

Die **Bürgerinitiative** wünscht, dass das Gelände als *Naherholungsgebiet* hergerichtet wird. Sie plant, ein Strandbad mit einer Liegewiese anzulegen. Die Restflächen werden mit Laubbäumen bepflanzt. Rad- und Wanderwege sollen den Erholungssuchenden die Möglichkeit bieten, ihre Freizeit in einer möglichst ungestörten Natur zu verbringen.

Der Rat der Stadt lädt alle interessierten Gruppen zu einer Bürgerversammlung ein. Er stellt seinen Plan vor und gibt allen die Gelegenheit, sich zu dem Vorhaben zu äußern.

1 Betrachte den Plan und stelle fest, welche Ziele verwirklicht werden sollen.
2 Zu welchen Konflikten kann der Plan führen?
3 Entwirf einen Plan nach deinen Vorstellungen.
4 Gestalte mit deiner Klasse eine Bürgerversammlung als Rollenspiel. Bildet Gruppen, die die Meinung der genannten Interessenten vertreten.

Ökosysteme

4 Ökosystem Meer

4.1 Die Küste – ein besonderes Erlebnis

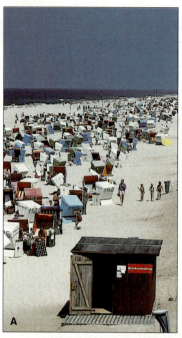

Wer einmal auf einer Nordseeinsel war, kann sich an lange Sandstrände, Dünen und an den Ausblick auf das endlose Meer erinnern. In dieser Landschaft aus Wasser, Wellen und Sand können wir zu jeder Jahreszeit etwas Besonderes entdecken. In der Ferienzeit ist der **Strand** von Urlaubern bevölkert, die baden, sich sonnen oder am Strand entlang wandern.

Doch diese Landschaft dient nicht nur der Erholung, sondern sie ist der Lebensraum für viele Tiere und Pflanzen, die nur dort vorkommen. Zahlreiche Überreste von Tieren und Pflanzen des Meeres kann man bei Strandspaziergängen im **Spülsaum** finden. So bezeichnet man den Grenzbereich zwischen Wasser und Land. Dort liegen zum Beispiel trockener Tang, Schalen von Muscheln und Schnecken sowie Eier des Nagelrochens.

Zur Landseite hin geht der Strand in die Dünen über. Sie sind mit Pflanzen bewachsen, die im lockeren Sand wurzeln können. Dazu zählen z. B. Strandhafer und Stranddistel.

Wenn man weiter spazieren geht und die dem Land zugewandte Seite der Insel betritt, findet man keinen ausgeprägten Spülsaum mehr. Auch sonst sieht die Küste ganz anders aus. Der helle Sandstrand wird ersetzt durch eine weite Fläche aus Sand und Schlick, das **Watt**. Zahlreiche Spuren und Kothäufchen auf der Oberfläche des Watts weisen auf Bewohner dieses Lebensraumes hin. Viele Vögel finden sich dort ein, um nach Nahrung zu suchen.

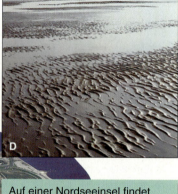

1 Nordseeküste. **A** Sandstrand; **B** Insel; **C** Spülsaum; **D** Watt

Auf einer Nordseeinsel findet man auf der Meerseite den Strand, auf der dem Festland zugewandten Seite das Watt. Im Spülsaum findet man viele Überreste von Pflanzen und Tieren des Meeres.

1 Warum findet man im Spülsaum eher Überreste von Muscheln als z. B. von Würmern des Watts?
2 Nach einem Sturm lohnt sich ein Spaziergang am Spülsaum besonders. Begründe diese Aussage.
3 Nenne Unterschiede zwischen der zum Meer und der zum Land gerichteten Seite einer Nordseeinsel.

Ökosysteme

FUNDE IM SPÜLSAUM

Pinnwand

Blasentang

Die großen Verdickungen an den Enden dieser Braunalge sind Fortpflanzungsorgane. Mit Gas gefüllte Schwimmkörper verleihen der Pflanze Auftrieb.

Kompassqualle

Die Kompassqualle ist für den Menschen ungefährlich. Der gallertartige Schirm besteht fast nur aus Wasser.

Eipaket der Wellhornschnecke

In jedem Eipaket der Wellhornschnecke befinden sich 1000 bis 2000 Eier.

Rochenei

Die Eikapsel des Rochens ist 4 bis 6 cm groß. Der Fisch selbst ist bis zu 125 cm lang.

Muscheln und Schnecken

① Sandklaffmuschel, ② Scheidenmuschel, ③ Wellhornschnecke, ④ Venusmuschel, ⑤ Herzmuschel, ⑥ Sägezähnchen, ⑦ Trogmuschel, ⑧ Miesmuschel, ⑨ Plattmuschel, ⑩ Auster

Schulp vom Tintenfisch

Der Tinten„fisch" ist ein entfernter Verwandter der Muscheln und Schnecken. Er lebt im tiefen Wasser. Am Strand findet man nur den Schulp, der seinen weichen Körper stützt.

1 Bei einem Aufenthalt am Meer: Sammle Muschelschalen. Versuche sie zu Hause mithilfe von Bestimmungsbüchern zu bestimmen. Klebe sie auf ein Brett und beschrifte sie.

Ökosysteme

4.2 An der Küste herrschen extreme Lebensbedingungen

Wer zu verschiedenen Zeiten des Tages am Watt spazieren geht, kann eine Überraschung erleben: Wo vor wenigen Stunden noch Wasser zu sehen war, ist nun der Meeresboden zu Tage getreten. Zweimal täglich zieht sich das Meer kilometerweit zurück und legt den Boden frei. Das Abfließen des Meerwassers bis zum *Niedrigwasser* bezeichnet man als **Ebbe.** Das nachfolgende Ansteigen des Meerwassers bis zum *Hochwasser* heißt **Flut.**

Die Tiere und Pflanzen im Watt müssen den ständig schwankenden *Salzgehalt* vertragen. Bei Sonneneinstrahlung verdunstet viel Wasser, wodurch der Salzgehalt steigt. Bei Regen wird das Meerwasser dagegen durch das Süßwasser des Regens „verdünnt", wodurch sich der Salzgehalt verringert. Auch die *Temperatur* von Wasser und Boden schwankt im Watt sehr stark. Die Einstrahlung der Sonne und die Auskühlung durch den Wind bewirken diese Änderungen. Mit Ebbe und Flut verändern sich die *Lichtverhältnisse* für die Wattbewohner, denn das auflaufende Wasser und dessen Trübung verringert den Lichteinfall bei Flut. Außerdem müssen sie mit *Überflutung* und *Trockenheit* genauso zurechtkommen wie mit der *Strömung* und den *Wellenbewegungen*.

1 Flut

3 Ebbe

Während der Ebbe spült das ablaufende Wasser tiefe Rinnen in den schlickhaltigen Wattboden. Viele kleine Rinnen münden schließlich in größere und breitere Wasserläufe, die mehrere Meter tief sein können. Diese **Priele** durchziehen wie ein System von Adern weite Flächen und enthalten während der Ebbe als einzige Bereiche des Watts noch Wasser. Hierhin ziehen sich viele Tiere bis zur Rückkehr der Flut zurück.

Der ständige Wechsel von Ebbe und Flut, die **Gezeiten,** schaffen im Grenzbereich von Land und Meer extreme Lebensbedingungen für Tiere und Pflanzen.

2 Priel (Luftaufnahme)

> Ständiger Wechsel von Überflutung und Trockenheit und die Schwankungen von Salzgehalt, Temperatur und Lichtverhältnissen schaffen extreme Lebensbedingungen im Watt.

1 Wo kann ein Fisch auch bei Ebbe im Watt überleben? Erläutere.

Ökosysteme

Küstenschutz und Landgewinnung

Streifzug durch die Erdkunde

1 Watt

2 Vorland

3 Weideland

An schönen Sommertagen macht die Nordsee meist einen friedlichen Eindruck. Doch immer wieder kommt es zu verheerenden Sturmfluten, denen oft auch Menschen zum Opfer fallen. Deshalb begann man bereits im ersten Jahrhundert nach Christus mit dem Deichbau und hielt dadurch das Wasser vom Land ab. Aus Furcht vor der Unberechenbarkeit des Meeres wurden in der Folgezeit die Deiche immer weiter erhöht und Wellenbrecher aus Steinen und später auch aus Beton ins Meer vorgetrieben.

Aber Deichbau heißt nicht nur **Küstenschutz,** sondern ist auch mit **Landgewinn** verbunden. Um Neuland zu gewinnen, werden *Lahnungen* bis zu 400 m ins Watt hinausgezogen. Lahnungen bestehen aus Reihen von Pfählen, die mit Reisigbündeln verbunden werden. Dort fängt sich der Schlick. Mit der Zeit steigt der Wattboden dadurch an und wird von Pflanzen besiedelt. Um ihn weiter zu erhöhen, werden Gräben angelegt, deren Aushub daneben abgelagert wird. In diesen *Grüppen* sammelt sich ebenfalls Schlick an, sodass sie nach und nach verlanden. So entsteht langsam neues *Vorland*, das später als Weideland genutzt wird.

An Sandküsten nutzt man die Fähigkeit einiger Pflanzen Sand festzuhalten. Zunächst werden Sandfangzäune aus Reisig aufgestellt. Hinter diesen Zäunen bilden sich Sandwälle, die mit Strandhafer bepflanzt werden. Er wächst schnell zu dichten Beständen heran. Durch den Wind aufgewirbelter Sand fängt sich zwischen den Pflanzen und wird nicht weiter verweht. Langsam wachsen so **Dünen** heran. Dünen entstehen auch auf natürliche Weise. Das Meer bringt mit jedem Wellenschlag Sand mit sich. Dieser sammelt sich zunächst auf Sandbänken, wo er dann trocknet, bis der Wind ihn aufwirbelt. Dieser Sand bleibt im Windschatten einer Pflanze liegen. Es wächst eine *Zungendüne* heran. Auf den Zungendünen siedeln sich „Dünenbildner", wie der Strandhafer, an. Seine Wurzeln bilden viele Ausläufer und festigen so den Sand. Wird der Strandhafer von Sand überdeckt, wächst er durch die Sandschicht hindurch.

Langsam häuft sich mithilfe der Dünenbildner eine immer größer werdende Düne an, die *Primärdüne* genannt wird. Nach und nach entsteht eine *Dünenlandschaft*, die das Land und die dort lebenden Menschen vor Sturmfluten schützt.

4 Zungendüne

5 Primärdüne

6 Dünenlandschaft

Ökosysteme

4.3 Wattbewohner sind dem Lebensraum angepasst

Jeder, der schon einmal im Watt war, kennt die Ablagerungen, die aussehen wie Spagetti aus Sand. Diese Häufchen überziehen große Wattflächen. Gräbt man an einem solchen Häufchen in den Wattboden, findet man dessen Verursacher. Es ist ein etwa 10–15 cm langer rot gefärbter Wurm mit fransenartigen Kiemen, der **Pierwurm.**

Der Pierwurm lebt in einer etwa 20–30 cm langen, U-förmigen Wohnröhre. Mit seinem rüsselartigen Mund saugt er den Sand über seinem Kopf ein, dabei entstehen Trichter im Wattboden. Mit dem Sand nimmt der Pierwurm kleinste Tiere, Algen und Pflanzenteile als Nahrung auf. Neben dem Trichter des Pierwurms findet man immer den dazugehörigen Kotsandhaufen, der entsteht, wenn der Pierwurm rückwärts an das andere Ende der Wohnröhre kriecht und seinen Darm entleert. Dieses passiert etwa alle 40 Minuten und kann von einem aufmerksamen Wattbesucher beobachtet werden.

Auf diesen Moment haben einige Meeresvögel schon gewartet. Sie stoßen mit ihren langen Schnäbeln zu. Doch diesen Überfall überlebt der Pierwurm meistens, denn wenn ein Stück von seinem Schwanz abgetrennt wird, wächst es wieder nach.

Der Pierwurm lebt in seiner Wohnröhre im Boden des Wattes sehr geschützt. Die extremen Lebensbedingungen, die an der Wattoberfläche herrschen, wie Trockenheit, schwankender Salzgehalt, Sonnenlicht oder Temperaturschwankungen, erreichen ihn in seiner Wohnröhre nicht. Der Pierwurm ist dadurch gut an seinen Lebensraum angepasst. Diesen „Überlebenstrick" nutzen auch viele andere Tiere, die im Watt leben.

1 Pierwurm. *A Kotsandhaufen im Watt; B ausgegrabener Pierwurm; C Kotsandhaufen; D Wohnröhre*

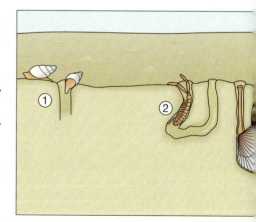

2 Tiere im Watt. ① *Wattschnecke. Die Wattschnecke nimmt winzige Algen von der Wattoberfläche auf;* ② *Schlickkrebs. Schlickkrebse ernähren sich wie Pierwürmer und schaben dazu mit den Antennen Schlick in ihre Wohnröhren;* ③ *Herzmuschel. Herzmuscheln und andere Muscheln strudeln Wasser mithilfe von dünnen Röhren in den Körper und entnehmen ihm Sauerstoff und Nahrungsteilchen;* ④ *Seeringelwurm. Er verlässt bei Flut seine Wohnröhre und erbeutet andere Wurmarten;* ⑤ *Bäumchen-Röhrenwurm. Er baut ein „Fanggerät" aus Sand und Schleim, in dem sich bei Flut Nahrungsteilchen verfangen, die er mit seinen Fangarmen absammelt;* ⑥ *Sandklaffmuschel;* ⑦ *Miesmuschel;* ⑧ *Strandschnecke*

Ökosysteme

Trotz der schwierigen Lebensbedingungen findet man im Watt nicht nur viele Tiere, sondern auch Pflanzen wie zum Beispiel den **Queller.**

Der Queller ist sehr weit draußen nahe am ständig überfluteten Bereich anzutreffen. Er wird deshalb besonders häufig vom Meerwasser überspült oder steht während der Flut zum Teil unter Wasser. Wie die anderen Pflanzen der Wattlandschaft ist er dem hohen Salzgehalt ausgesetzt. Um die Salzlösung in seinen Zellen zu verdünnen, nimmt er zusätzlich Wasser auf. Man sagt, der Queller „quillt" auf.

Der Queller hat sehr dicke und fleischige Blätter. Sie sind zu Schuppen zurückgebildet und mit den Stängeln verwachsen. So ist die Oberfläche des Quellers sehr klein. Dadurch verdunstet bei Ebbe wenig Wasser aus seinen Zellen und die Salzkonzentration steigt kaum an. Doch trotz dieser Angepasstheiten nimmt der Salzgehalt des Quellers im Lauf des Jahres langsam zu. Im Herbst färbt sich der Queller rot. Er ist jetzt sehr aufgequollen und stark salzhaltig. Da er das aufgenommene Salz nicht wie andere Salzpflanzen wieder ausscheiden kann, stirbt der Queller ab. Wenn die Pflanze verrottet, werden ihre Samen frei. Diese werden dann durch die Flut verteilt. So besiedelt der Queller jedes Jahr einen neuen Standort.

> Der Pierwurm und der Queller sind den extremen Lebensbedingungen im Watt angepasst.

1 Wie haben sich die Tiere in der Abbildung 2 an die extremen Lebensbedingungen im Watt angepasst? Nimm auch die Pinnwand auf der Seite 130 zu Hilfe.
2 Sandklaffmuscheln speichern bei Ebbe Wasser. Wozu dient es?
3 Beschreibe, wie der Queller an den Salzgehalt des Meerwassers angepasst ist.

3 Queller. *A* Einzelpflanze; *B* Triebe des Quellers; *C* Queller im Herbst; *D* Queller im Salzwasser

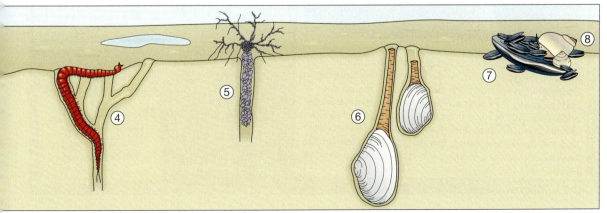

Ökosysteme

Pinnwand

TIERE IM WATT

Seepocken

Wie viele andere Tiere des Watts sucht die Seepocke Halt an Pfählen. Seepocken sind kleine Krebse mit Kalkgehäusen, die ihre Arme erst dann ausstrecken, wenn sie von Wasser überspült werden. Mit den reusenartigen Armen kämmen sie winzige Nahrungsteilchen aus dem Wasser.

Bau eines Seesterns
After
Magen
ausgestülpter Magen
Saugfüßchen

Miesmuschel

Die Miesmuschel findet man entweder an Pfählen oder in Muschelbänken im Watt. Sie braucht einen festen Untergrund, an dem sie sich mit Byssus-Fäden festhält. Ist die Miesmuschel von Wasser überspült, öffnet sie sich und filtert Sauerstoff und kleinste Lebewesen als Nahrung aus dem Wasser. Dabei erzeugen die zahlreichen Wimpern an den Kiemen einen Wasserstrom, der die Nahrung in Richtung Mund transportiert.

Seestern

Seesterne zählen zu den bekanntesten Meerestieren. Sie gehören wie der Seeigel zu den Stachelhäutern und können bis zu 50 cm groß werden. An der Unterseite des fünfarmigen Stachelhäuters befinden sich viele Saugfüßchen, die der Fortbewegung, dem eigenen Festhalten und dem Nahrungserwerb dienen. Die Hauptnahrung ist die Miesmuschel. Seesterne können mit ihren kräftigen Füßchen die Hälften einer Muschel auseinander ziehen. Das dauert oft Stunden. Um die Muschel zu verdauen, stülpen sie ihren Magen in die Muschel hinein.

Bau einer Miesmuschel
Mund   Magen   Herz   Darm
Ausstrom
Einstrom
Kiemen
Vorderer Schließmuskel   Fuß   Byssusfäden   Hinterer Schließmuskel

1 Beschreibe, wie Seepocken, Seesterne und Miesmuscheln ihre Beute erwerben.

Ökosysteme

PFLANZEN AN DER WATTSEITE

Pinnwand

Strandflieder

Der Strandflieder kann aufgenommenes Salz durch Salzdrüsen wieder ausscheiden.

Salzwiesen

Landeinwärts, wo das Schlickmaterial aus dem Meer nicht mehr ständig abgetragen wird, siedeln sich zunehmend Pflanzen an. Auf dem salzigen Boden entstehen Wiesen, die nur selten von Meerwasser überflutet werden.

Strandmelde

Die Strandmelde speichert Wasser in ihren dicken Blättern. Außerdem wirft sie ihre mit Salz gefüllten Blatthaare ab, um überschüssiges Salz los zu werden.

Pflanzen in Watt und Salzwiese

1 Queller; 2 Schlickgras; 3 Andel; 4 Strandaster; 5 Strandflieder;
6 Strand-Rotschwingel; 7 Strandmelde; 8 Strandbeifuß; 9 Strandnelke

Strandnelke

Bei der Strandnelke wird das Salz durch besondere Salzdrüsen ausgeschieden und vom nächsten Regen wieder abgewaschen.

Strandaster

Die Blätter, Stängel und Wurzeln der Strandaster besitzen Luftkammern. Deshalb schwimmen die Blätter bei Überflutung auf der Wasseroberfläche.

1 Wo kannst du die Pflanzen auf den Fotos im Bereich der Salzwiesen finden? Stelle eine Reihenfolge vom Meer zum Land auf.
2 Wie sind die Pflanzen auf den Fotos an ihren Lebensraum angepasst? Berichte.

Ökosysteme

1 Pfuhlschnepfen-Schwarm 2 Küstenseeschwalbe

4.4 Vögel im Watt und am Strand

Bei einem Aufenthalt an der Nordseeküste macht es Spaß, an einer Wattwanderung teilzunehmen. Hierbei fallen einem die vielen Vögel auf, die oft nur hier vorkommen. Das Wattenmeer gehört zu den vogelreichsten Gebieten der Welt. Viele Vogelarten nutzen das reichhaltige **Nahrungsangebot** des Wattes. Die Nahrungsreserven teilen die verschiedenen Vogelarten so unter sich auf, „wie ihnen der Schnabel gewachsen ist". Ihre Schnäbel sind unterschiedlich gebaut und erreichen so verschiedene Nahrungsquellen. Die Pfuhlschnepfen und Brachvögel können mit ihrem langen Schnabel tief im Boden nach Pierwürmern stochern. Der Austernfischer ertastet Herzmuscheln im Wattboden und öffnet sie durch Hiebe seines kräftigen Schnabels. Seeschwalben stoßen aus der Luft nach kleinen Fischen und Garnelen im Wasser. Steinwälzer drehen Angespültes um, weil sie darunter Nahrung suchen. Rotschenkel und Knutt können mit ihren kurzen Schnäbeln kaum Tiere erreichen, die im Boden leben. Sie ernähren sich deshalb von Schnecken und Krebsen, die sich auf der Wattoberfläche befinden.

Die Küste ist für die Vögel nicht nur Nahrungsraum, sondern auch **Brutgebiet.** Da der Strand und das Watt immer wieder von Wasser überspült werden, nisten die Brutvögel dort, wo das Land trocken bleibt, zum Beispiel in den Dünen.

Viele Vogelarten benutzen das Watt als **Rastplatz,** um sich auf dem Vogelzug in ihre Brutgebiete oder Winterquartiere auszuruhen und ein Fettpolster für ihren Weiterflug anzufressen. Der Knutt, der in Schwärmen von Zehntausenden das Wattenmeer besucht, verdoppelt hier sein Gewicht von 120 auf 240 Gramm. So kann er dann ohne Pause in sein mehrere tausend Kilometer entferntes Brutgebiet, die arktische Tundra, fliegen.

> Die Küste wird von vielen Vögeln als Nahrungsquelle, zum Brüten und als Rastplatz genutzt.

1 Das Wattenmeer ist für viele Zugvögel von besonderer Bedeutung. Nenne Gründe.

2 An der Nordseeküste gibt es viele verschiedene Strand- und Wattvogelarten. Um sie kennenzulernen, fertigt in einer Gruppenarbeit Steckbriefe von verschiedenen Vögeln an und heftet diese an eine Pinnwand.

3 *Nahrungsspezialisten im Watt.* **A** *Großer Brachvogel;* **B** *Pfuhlschnepfe;* **C** *Austernfischer;* **D** *Rotschenkel;* **E** *Knutt;* **F** *Steinwälzer*

4 *Austernfischer bei der Nahrungssuche (Stopfpräparat)*

Ökosysteme

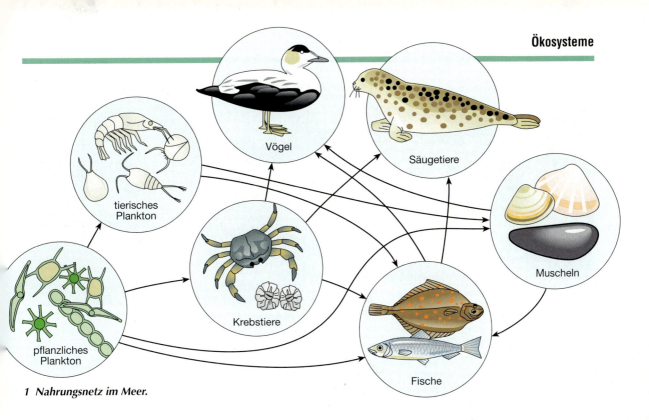

1 Nahrungsnetz im Meer.

4.5 Nahrungsbeziehungen im Meer

Im Watt gibt es unzählige Kleintiere, von denen wiederum zehntausende von Seevögeln leben. Im offenen Meer findet sich eine noch viel größere Masse von Tieren, wie z. B. die vielen Fischarten. Wovon leben diese vielen unterschiedlichen Tiere des Meeres?

Grundlage dieser Fülle sind winzige, einzelne Algen, das *pflanzliche Plankton*. Die Algen sind nicht auf die Aufnahme von Nährstoffen angewiesen. Sie bauen mithilfe des Sonnenlichtes aus Wasser und Kohlenstoffdioxid in der Fotosynthese Nährstoffe auf. Plankton ist deshalb besonders in den oberen, lichtdurchfluteten Schichten des Wassers zu finden. Da es die Nährstoffe selbst bildet, bezeichnet man es auch als *Erzeuger* oder **Produzent**. Das pflanzliche Plankton bildet die Nahrung für winzig kleine Tiere, das *tierische Plankton*. Es schwebt wie das pflanzliche Plankton im Wasser. Zum tierischen Plankton gehören zum Beispiel die Larven von Krebsen. Diese Pflanzenfresser werden als *Verbraucher* oder **Konsumenten erster Ordnung** bezeichnet. Diese winzigen Tierchen werden beispielsweise von Muscheln, Krebsen, Fischen und Schnecken gefressen. Ihre Fressfeinde sind **Konsumenten zweiter Ordnung**. Hierzu gehören auch verschiedene Fische, wie z. B. Schollen. Diese Fische werden zum Beispiel von Seehunden gefressen. Die Seehunde haben keine Fressfeinde mehr, man bezeichnet sie deshalb als **Endkonsumenten**. Solche Nahrungsbeziehungen bezeichnet man als **Nahrungsketten**. In der Natur sind meist mehrere solcher Nahrungsketten miteinander verknüpft, denn die meisten Tiere haben mehrere Fressfeinde und verschiedene Nahrungsquellen. Daraus ergibt sich ein kompliziertes Gefüge aus vielen miteinander verbundenen Nahrungsketten, das man **Nahrungsnetz** nennt.

In einer Nahrungskette nimmt die Anzahl der Konsumenten von Stufe zu Stufe ab. Eine große Menge pflanzliches Plankton dient als Nahrung für deutlich weniger tierisches Plankton, das wiederum die Nahrungsgrundlage für noch weniger Tiere bildet. Diese Abfolge lässt sich als **Nahrungspyramide** darstellen.

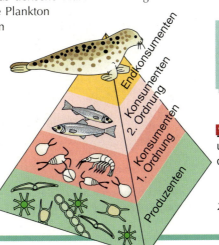

Die Nahrungsbeziehungen im Meer kann man in Nahrungsketten, in Nahrungsnetzen und in Nahrungspyramiden darstellen.

[1] Stelle mithilfe der Abbildung 1 unterschiedliche Nahrungsketten des Meeres auf.

2 Nahrungspyramide

Ökosysteme

1 Auslage im Fischgeschäft

2 Fischfang auf hoher See

4.6 Nutzung des Meeres

Sieht man beim Einkauf in einem Fischgeschäft genau hin, fällt einem auf, welches große Nahrungsangebot uns das Meer bietet. Viele verschiedene Fische, Krabben und Muscheln kann man dort kaufen. Fisch ist ein wichtiger Bestandteil der menschlichen Ernährung. Er sichert besonders die Versorgung mit Eiweiß und Iod. Doch bevor die **Speisefische** zubereitet auf unserem Teller liegen, müssen sie gefangen werden. Die meisten dieser Tiere wurden aus dem Nordatlantik und der Nordsee von großen Fangschiffen an Land gebracht.

In Schwärmen schwimmende Heringe und Makrelen werden mit einem frei schwebenden Netz gefangen. Am Boden lebende Fische wie Scholle oder Seezunge werden mit Grundschleppnetzen gefangen, die dicht über den Boden gezogen werden.

Speisefische werden direkt an Bord verarbeitet und eingefroren. Große Fischmengen werden aber auch als **Industriefisch** gefangen. Dieser ist nicht für den menschlichen Verzehr gedacht. Dabei wird jeder Fisch, der ins Netz geht, zu Fischmehl verarbeitet und als Tierfutter verwendet.

Durch den Fang von kleinen Fischen für die Fischmehlproduktion gehen auch Jungstadien, zum Beispiel vom Hering, in die engmaschigen Netze.

Mit immer modernerer Technik holt man immer größere Mengen Fisch aus dem Meer. Doch der Vorrat der Meere ist nicht unerschöpflich. In den sechziger und siebziger Jahren gingen die Fischbestände durch diese **Überfischung** stark zurück. Erst durch internationale Vereinbarungen, wie die Vergabe von Fangmengen und deren Kontrolle und das Festlegen bestimmter Maschenweiten der Netze, erholten sich einige Arten. Da die Fischer aber oft auf andere Fischarten „umsteigen", müssen noch viele Verträge geschlossen werden, bis die Überfischung der Meere aufhört.

Hering (24,8%)

Seelachs (23,4%)

Kabeljau (9,3%)

Rotbarsch (5,8%)

Makrele (2,6%)

Scholle (1,0%)

3 Wichtige Speisefische und ihr Marktanteil in Deutschland 1997

> In Nordsee und Nordatlantik leben wichtige Speise- und Industriefische. Ihre Bestände sind durch Überfischung gefährdet.

1 Warum ist es besonders schädlich, Jungstadien von verschiedenen Fischarten zu fangen?

2 Beschreibe, warum Fangmengen für Fische festgelegt werden müssen.

Ökosysteme

Fishfarming – Alternative oder Bedrohung?

Streifzug durch die Wirtschaftslehre

Fischer nutzen die Tiere des Meeres meistens, ohne sich darum zu kümmern, woher der Nachwuchs dafür kommt. Bauern dagegen züchten ihre Nutztiere und mästen sie in Ställen. Doch in den letzten Jahren machten sich auch Fischer Gedanken dazu, wie sie ihre „Nutztiere" gezielt züchten und mästen könnten. Ein bekanntes Beispiel für dieses **Fishfarming** ist die Lachshaltung in Norwegen. Wilder Lachs lässt sich nur einmal im Jahr in größeren Mengen fangen. Das geschieht, wenn die Tiere zur Ablage ihrer Eier aus dem Meer in bestimmte Flüsse hineinschwimmen. In Norwegen werden die Tiere nun in riesigen Netzgehegen gehalten. Sogar ganze Buchten werden für die Lachshaltung mit Netzen abgesperrt. Lachs steht nun das ganze Jahr preiswert und in großen Mengen zur Verfügung. Norwegen ist der weltweit größte Anbieter von Zuchtlachs und erzeugt davon etwa 300 000 Tonnen im Jahr. Doch die Fischer mussten feststellen, dass beim Fishfarming mit dem Erfolg auch die Probleme wachsen.

Beim Füttern gelangt ungefähr die Hälfte des Futters ungenutzt in die Gewässer, wodurch es zu extremer Überdüngung des Gewässerbodens kommt. Als Folge davon sterben die Bodenlebewesen ab. Durch die eingeschränkte Bewegungsfreiheit haben die Lachse in Fischfarmen oft Missbildungen wie z. B. verkümmerte Schwanzflossen. Zum Schutz vor Krankheiten werden verschiedene Stoffe wie Antibiotika oder Chlor ins Wasser eingebracht. Sie gelangen durch die Strömung ins freie Wasser und können hier zu einer Gefahr für andere Tiere werden.

Zuchtlachse sind eine Bedrohung für die Wildlachse. Entkommene Zuchtlachse können sich mit Wildlachsen kreuzen und so den Wildlachsbestand verändern. Außerdem gelangen aus ihren Käfigen Krankheitserreger ins freie Wasser. Fischfarmen sollten eigentlich die natürlichen Fischbestände schonen. Tatsächlich aber werden die Farmfische zum großen Teil mit Fischmehl gefüttert. Für die Produktion von einem Kilo Lachs benötigt man ungefähr 5 Kilo Kleinfische.

Fishfarming ist nur dann eine sinnvolle Alternative zum herkömmlichen Fischfang, wenn die Tiere artgerecht gehalten werden und die Umwelt nicht belastet wird.

1 Netz mit Zuchtlachsen wird eingeholt

2 Fischfarm in Norwegen

3 Vergleich der Schwanzflossen von Wildlachs und Zuchtlachs

1 Nenne Vor- und Nachteile des Fishfarmings gegenüber dem herkömmlichen Fischfang.

Ökosysteme

Ölkatastrophe im Wattenmeer

Amrum – Die Havarie des Holzfrachters „Pallas" hat zu einer der bisher größten Ölverschmutzungen im Wattenmeer geführt.

Nach einem Brand an Bord ist die Pallas 9 km vor Amrum auf Grund gelaufen. Durch einen Riss im Rumpf sind etwa 50 Tonnen Schweröl ausgelaufen. Umweltschützer sprechen von einer biologischen Katastrophe. Gefährdet sind Vögel, Seehunde, Kleinwale und andere Meeresorganismen. Mehr als 16000 Seevögel sind an den Folgen des Unglücks verendet.

1 Schiffsunglück der „Pallas". A Zeitungsartikel; B Riss im Rumpf

4.7 Die Meere sind in Gefahr!

Im November 1998 konnte man in jeder Tageszeitung Berichte mit Überschriften wie „Ölkatastrophe im Wattenmeer" finden. Der Holzfrachter „Pallas" war vor der dänischen Küste in Brand geraten und dann an die deutsche Nordseeküste getrieben. Dort lief er vor Amrum auf Grund und verschmutzte durch auslaufendes **Öl** das Meerwasser. Unglücke wie das der Pallas können immer wieder geschehen, denn die Nordsee ist eines der am dichtesten befahrenen Meere der Welt. Verheerende Folgen hätte der Unfall eines Supertankers. Diese Schiffe fassen bis zu 500 000 Tonnen Öl. Die Pallas verlor „nur" 50 Tonnen Schweröl. Besonders gefährlich ist solch ein Unfall für die Seevögel. Beim Versuch, ihr ölverschmiertes Gefieder zu reinigen, gelangt das Öl in ihren Verdauungstrakt und zerstört dort die Magen- und Darmwände. Die Vögel sterben dann qualvoll. Erdöl gelangt aber nicht nur durch Unfälle, sondern auch alltäglich durch Bohrinseln oder Tankreinigungen in das Meer. Die Reste dieser Verunreinigungen findet man als schwarze klebrige Flecken nach Strandspaziergängen an den Füßen wieder. Öl ist jedoch nicht die einzige Quelle der Meeresverschmutzung. Andere sichtbare Zeichen der Bedrohung sind angespülter Müll oder auch Schaumberge am Strand.

Schiffsmüll verschmutzt nicht nur die Strände, sondern ist auch für die Meeresbewohner gefährlich. Vögel verfangen sich in gekappten Netzen oder Halterungen von Bierdosen und verhungern.

2 Folgen der Meeresverschmutzung. A ölverschmierter Vogel; B Schiffsmüll;

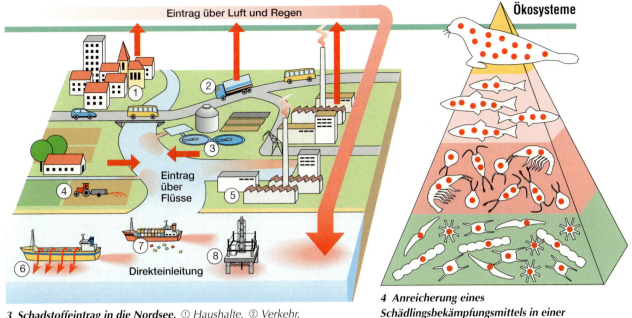

3 Schadstoffeintrag in die Nordsee. ① Haushalte, ② Verkehr, ③ Kläranlage, ④ Landwirtschaft, ⑤ Industrie, ⑥ Tankreinigung, ⑦ Schiffsmüll, ⑧ Bohrinsel

4 Anreicherung eines Schädlingsbekämpfungsmittels in einer Nahrungspyramide

Die stinkenden Schaumberge, die in manchen Jahren im Sommer auftreten, stammen von einer Massenvermehrung winziger Algen. Man nennt diese Erscheinung **Algenblüte.** Sie wird durch die Überdüngung, z. B. mit Nitrat, ausgelöst. Dieser Dünger stammt aus der Landwirtschaft und wird über die Flüsse ins Meer transportiert. Sterben die Algen dann ab, wird zu ihrer Zersetzung eine große Menge Sauerstoff aus dem Meerwasser benötigt. Den Fischen und Bodentieren fehlt dieser Sauerstoff. Auch **Schadstoffe** aus der Landwirtschaft, aus Industriebetrieben und privaten Haushalten gelangen über die Flüsse in die Meere. Gasförmige Stoffe werden über die Luft eingetragen. Ihre Konzentration im Meerwasser ist zunächst gering. In der Nahrungspyramide reichern sie sich jedoch von Stufe zu Stufe an. An der deutschen Küste hat man tote Seehunde gefunden, die eine so hohe Schadstoffkonzentration enthielten, dass sie wie Sondermüll behandelt werden mussten.

> Erdöl, Dünger und Schadstoffe aus Industrie und Haushalten gefährden die Meere und ihre Bewohner.

1 Erkundige dich in Broschüren von Umweltorganisationen über die Verschmutzung der Meere. Auch im Internet kannst du Informationen zu diesem Thema finden. Stelle eine Collage zum Thema „Verschmutzung der Meere" zusammen.

C Algenschaum am Strand; **D** schadstoffverseuchte tote Seehunde

Ökosysteme

4.8 Nationalparks im Wattenmeer

An manchen Stellen der Nordseeküste fallen Informationstafeln auf. Sie sollen Spaziergänger darauf aufmerksam machen, dass hier ein Nationalpark beginnt, in dem man sich an bestimmte Regeln halten muss. An der deutschen Nordseeküste gibt es drei Nationalparke. Sie wurden eingerichtet, weil sich hier die größte Wattlandschaft der Welt befindet. Hier ist die Brut- und Mauserstätte vieler Vogelarten und die „Kinderstube" vieler Fischarten. Einige Pflanzen und Tierarten kommen nur hier vor.

Die beiden wichtigsten Aufgaben eines Nationalparks sind es, die Landschaft mit ihrer Tier- und Pflanzenwelt zu erhalten und gleichzeitig Möglichkeiten zu finden, diese Naturlandschaft der Allgemeinheit zugänglich zu machen. Um diese Ziele zu erreichen sind die Nationalparke in bestimmte Zonen unterteilt. Es gelten in jeder Zone unterschiedliche Auflagen: In der **Zone I,** der *Ruhezone*, ist das Betreten gar nicht, nur auf ausgewiesenen Wegen oder mit Führer erlaubt. Die **Zone II,** die *Zwischenzone*, darf betreten werden, wenn man sich an bestimmte Regeln hält. Auch bestimmte Nutzungen wie Landwirtschaft, Fischerei und Segeln sind erlaubt. Die **Zone III,** die *Erholungszone*, kann als Badestrand oder für Kureinrichtungen genutzt werden. Hier gibt es kaum Einschränkungen gegenüber der bisherigen Nutzung. Landwirte, Fischer und Jäger hätten gern eine Lockerung dieser Regeln. Naturschützer fordern jedoch noch schärfere Regelungen.

> Die Nationalparke an der deutschen Küste dienen der Erhaltung des einzigartigen Wattenmeers.

1 Leite aus den Verhaltensregeln ab, welche Fehler Touristen im Nationalpark machen könnten.

Regeln für das Verhalten im Nationalpark

– Beachten Sie bitte die Betretungsverbote für Schutzzonen und Brutgebiete.

– Unterlassen Sie bitte unnötige Störungen der Tiere.

– Bitte pflücken Sie keine Blumen oder andere Pflanzen.

– Halten Sie bitte mindestens 300 m Abstand von Vogelansammlungen. Jedes Aufscheuchen bedeutet für die Tiere eine Kraftvergeudung und behindert sie bei der Nahrungsaufnahme.

– Halten Sie bitte als Sportbootfahrer mindestens 500 m Abstand von den Liegeplätzen der Seehunde.

– Gehen Sie nie allein ins Watt, sondern schließen Sie sich möglichst einem kundigen Wattführer an – zu Ihrer Sicherheit und um unnötige Störungen zu vermeiden.

1 *Nationalparke im Wattenmeer.* **A** *Verhaltensregeln im Nationalpark;* **B** *Einteilung der Nationalparke im Wattenmeer;* ▇ *= Ruhezonen;* **C** *geführte Wattwanderung*

Ökosysteme

Tourismus und die Folgen

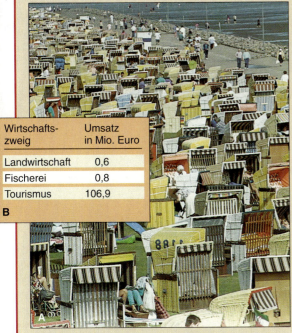

Wirtschafts-zweig	Umsatz in Mio. Euro
Landwirtschaft	0,6
Fischerei	0,8
Tourismus	106,9

1 Massentourismus. A Überfüllter Strand; **B** Wirtschaftsdaten der Insel Amrum von 1994

2 Schutzmaßnahmen für die Dünen. A zertretene Dünen; **B** Bohlenweg

Streifzug durch die Sozialkunde

Die Nordseeküste gehört zu den am meisten besuchten Ferienzielen in Mitteleuropa. Der Tourismus hat dort eine große wirtschaftliche Bedeutung. Besonders im Sommer schätzen die Gäste das angenehme Klima an der Nordseeküste. „Hauptsaison" ist hier in den Sommermonaten jedoch nicht nur für die vielen Touristen, sondern auch für die Tierwelt. Gerade zu dieser Zeit benötigen die Tiere besonders viel Ruhe. Auch die Geburt und Aufzucht der Seehunde liegt genau in der Zeit, in der die Strände am häufigsten von Touristen besucht werden. Große Schäden richten Störungen an, wenn diese bis in die Rückzugsgebiete der Tiere hineinreichen. Ein einziger Wattwanderer vertreibt alle Vögel in einem Umkreis von 300 Metern. Die Vögel verlieren hierbei unnötig Energie, die sie eigentlich für den Flug in ihre Brut- oder

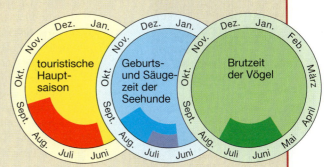

3 „Hauptsaison" an der Nordsee

Überwinterungsgebiete bräuchten. Die Pflanzen der Dünen werden häufig von Spaziergängern zertreten oder gepflückt.

Man versucht heute, den negativen Folgen des Tourismus entgegenzuwirken. Zu den entsprechenden Maßnahmen gehören das Auslegen von Bohlenwegen, welche die Dünenpflanzen vor Zerstörung schützen sollen, und das Aufstellen von Hinweistafeln, die Informationen über richtiges Verhalten enthalten. Wanderungen mit Führungen sollen das ungeplante Herumlaufen ersetzen. Auf diese Weise versucht man durch die Maßnahmen des „sanften Tourismus" die Interessen der Touristen und der Naturschützer zu verbinden.

1 Nenne Gründe für einen „sanften" Tourismus.

Ökosysteme

1 Stadtansichten.
A Zentrum;
B Fußgängerzone;
C Wohnblöcke;
D Innenhof;
E Park;
F Villenviertel;
G Verkehrsstraße;
H Reihenhäuser;

2 Stadt (Luftaufnahme)

5 Ökosystem Stadt

5.1 Eine Rundfahrt durch die Stadt

Marc ist neu in der Klasse. Er kennt sich in seiner neuen Heimatstadt noch nicht aus. Deshalb verabredet er sich mit Klassenkameraden zu einer Stadterkundung mit dem Fahrrad. Treffpunkt ist das Stadtzentrum. Dort stehen das historische Rathaus und die große Stadtkirche. Der weite gepflasterte Platz davor wird eingerahmt von hohen Büro- und Verwaltungsgebäuden. Der erste Weg führt durch die Fußgängerzone des Geschäftsviertels. Die Einkaufsstraßen sind voller Menschen, aber nur wenige wohnen hier. Kauf- und Bürohäuser stehen dicht an dicht. In diesem Citybereich fällt eine **geschlossene Bebauung** auf. Straßen sind mit Asphalt und Gehsteige mit Platten versiegelt und man sieht nur wenige Pflanzen.

An diesen Stadtkern schließen sich Straßen mit geschlossenen Wohnblocks an. Hier besteigen sie die Räder. Die Straßenseite der Blocks wirkt kahl, aber ein Blick in den Innenhof hinter den Häuserfronten lässt Gärten, Rasenflächen und Baumbestand erkennen.

Bei der Fahrt stadtauswärts gelangen Marc und seine Klassenkameraden in einen Bereich **aufgelockerter Bebauung.** Bäume, Rasenstreifen und Blumenbankette sowie Lücken zwischen den Häusern bestimmen mehr und mehr das Bild. Bald tauchen erste Vorgärten auf. Auf der asphaltierten Ausfallstraße, an der sie entlangfahren, fließt dichter Verkehr.

Ökosysteme

I Stadtrand-
siedlung;
K Verwaltungs-
gebäude am
Stadtrand;
L Eisenbahn-
gelände;
M Industrie-
gebiet;
N Trabantenstadt

Schließlich passieren sie eine Parkanlage. Dann haben sie die **innere Randzone** der Stadt erreicht. Sie wird geprägt durch Grünanlagen und Villen, den Friedhof und erste Waldungen. Dazwischen liegt eine Laubenkolonie. Es folgt eine offene Landschaft mit Äckern und Wiesen, die **äußere Randzone** der Stadt. Von hier aus können sie die neue Trabantenstadt mit den vielen neuen Wohnhäusern erkennen. Auf der Rückfahrt kommen sie in den Außenbezirken an einigen brachliegenden Grundstücken vorbei. In der Nähe davon hat eine Versicherung ein modernes Verwaltungsgebäude errichtet. Dann geht es stadteinwärts an der Bahnlinie entlang. Dort befinden sich auch die Müllverbrennungsanlage und der Hafen. Danach passieren sie ein ausgedehntes Industriegelände. Im anschließenden Gewerbegebiet liegen große Einkaufsmärkte und Lagerhallen.
Zum Abschluss spendiert Marc allen ein Eis. Er ist dankbar, dass er sich nun schon ein bisschen besser in seiner neuen Heimatstadt auskennt.

> Bei einer Fahrt vom Stadtkern an den Stadtrand erkennt man Stadtzonen.
> Lage und Nutzung eines Stadtgebietes bestimmen sein Aussehen.

1 Beschreibe Elemente einer Stadt anhand der Abbildungen 1 und 2.
2 Wie verändert sich die Bebauung vom Zentrum zum Stadtrand hin?
3 Städte unterscheiden sich. Welche Ähnlichkeiten zu diesem Stadtbild kannst du in deiner Stadt erkennen? Beschreibe.

Ökosysteme

Abfallstoffen wie Abwasser, Abgase, Schutt und Müll an. Es entstehen auch Störungen durch Lärm, Verkehr und Beleuchtung rund um die Uhr. Schließlich müssen die erzeugten Industrieprodukte und Handelswaren aus der Stadt heraustransportiert werden. Im Unterschied zu anderen Ökosystemen ist die Stadt also nicht durch natürliche Stoffkreisläufe gekennzeichnet.

Dem Menschen aber bietet die Stadt viele Vorteile. Die Stadtbewohner schätzen die nahen Arbeitsplätze, das reichhaltige Warenangebot, kulturelle Veranstaltungen wie Konzerte, Theater und Kino sowie Sportveranstaltungen und andere Freizeitangebote. Die in Städten bestehende Verdichtung von Wohnungen, Arbeitsplätzen, Straßen, Versorgungsleitungen, Verkehrswegen und sonstigen Einrichtungen hat Folgen für Klima, Luft, Boden, Wasser und die Lebensbedingungen für Pflanzen und Tiere.

1 Ökosystem Stadt. A Dunstglocke; **B** Merkmale (Schema)

5.2 In der Stadt herrschen besondere Lebensbedingungen

Heute leben Millionen von Menschen in Städten. Aber alles, was in der Stadt anzutreffen ist, hat der Mensch für sich und sein Leben erst planen und bauen müssen. Die Stadt ist also ein vom Menschen für den Menschen geschaffenes **künstliches Ökosystem.** Was kennzeichnet dieses Ökosystem?

Städte sind Ballungsgebiete, in denen viele Menschen auf engem Raum ihren Lebensbereich haben. Sie finden dort Wohnung, Ausbildungs- und Arbeitsplätze. Für sie muss aber alles Lebensnotwendige aus naher oder ferner Umgebung herbeigeschafft werden, weil es an Ort und Stelle nicht vorhanden ist. Dazu zählen Lebensmittel, Wasser, Energie, Gebrauchsgüter und Baumaterial. Gleichzeitig fallen gewaltige Mengen an

Das **Klima** in der Stadt ist anders als das des Umlandes. Man sagt, Städte sind „Wärmeinseln". Die städtische Überwärmung entsteht dadurch, dass sich tagsüber Bauwerke und versiegelte Flächen stärker durch Sonneneinstrahlung aufheizen als bewachsene Freiflächen. Nachts geben diese Wärmespeicher die Wärme langsam wieder an die Umgebung ab. Besonders in windstillen Sommernächten kühlen Städte deshalb kaum ab. Außerdem fehlt frische und kühle Luft durch Bodenfeuchte oder verdunstendes Wasser aus den Blättern von Pflanzen. Im Winter beeinflussen Raumheizungen und Abwärme aus Geschäften, Fabriken und Kraftfahrzeugen das Stadtklima so stark, dass die Temperaturen meist einige Grad Celsius über denen des Umlandes liegen.

Auch die **Luftströme** in der Stadt unterscheiden sich von denen des Umlandes. Die erwärmten Luftmassen

Ökosysteme

über dem Stadtzentrum steigen auf. Dadurch wird kühle Luft vom Stadtrand angesaugt. Diese Luftströmungen nehmen auf ihrem Weg Staub sowie Auto- und Schornsteinabgase auf. So kann über der Stadt eine Dunstglocke entstehen, die die Wärmeabstrahlung aus dem Stadtkern behindert.

Die Stadt wirkt sich auch auf *Winde* aus. Hohe Bauwerke können Windbewegungen abbremsen oder umlenken. In bestimmten Straßenschluchten kann dann Windstille herrschen, während an der nächsten Ecke ein heftiger Sturm durch die „Schlucht" fegt. Die unterschiedliche Erwärmung von Häuserfronten und Pflastersteinen bei bestimmter Sonneneinstrahlung kann dazu führen, dass auch hier schwache Luftströmungen entstehen.

Wo gebaut wird, muss **Boden** bewegt werden. Dabei wird er abgetragen, vermischt und andernorts aufgeschüttet. Dann schwindet meist der fruchtbare Mutterboden und zahlreiche Bodenlebewesen gehen zugrunde. Dort, wo Gebäude, Straßen und Wege entstehen, wird der Boden mit Asphalt, Platten oder Beton abgedeckt. Man sagt, der Boden wird *versiegelt.* Versiegelte Böden können von der Oberfläche kein Wasser mehr aufnehmen. Aber auch auf unversiegelten Flächen kann der Boden Schaden nehmen. Durch schwere Fahrzeuge, aber auch durch starken Fußgängerverkehr wird er förmlich zusammengepresst und verdichtet. Pflanzen können darauf kaum gedeihen. Das hat zur Folge, dass Niederschläge nicht versickern und Wasser nicht gespeichert wird.

Auf versiegelten oder verdichteten Böden gelangt das **Niederschlagswasser** also schnell in die Kanalisation und wird über Rohrsysteme rasch abgeführt anstatt zu versickern. Der ohnehin niedrige Grundwasserstand sinkt nach und nach so stark ab, dass Pflanzen mit ihren Wurzeln nicht mehr daran gelangen können und vertrocknen. Die Folgen zeigen sich oft an den Pflanzen innerstädtischer Grünanlagen oder den Bäumen von Parks und Friedhöfen.

> Die Stadt ist ein von Menschen geschaffener künstlicher Lebensraum. Die besonderen Bedingungen in der Stadt beeinflussen Klima, Boden und Wasser.

1 Nenne Gründe, die für oder gegen ein Leben in der Stadt sprechen. Stelle gegenüber.
2 Beschreibe, wie sich das Stadtklima vom Umland unterscheidet.
3 Die Bebauung in der Stadt hat Einfluss auf die Windströmungen. Beschreibe an Beispielen.

2 Wasserhaushalt der Innenstadt (Schema)

3 Versiegelte Flächen in der Stadt

143

Ökosysteme

1 Pflasterritzen-Pflanzengesellschaft.
A Pflanzen siedeln in Ritzen; B Löwenzahn

Gelegentlich blüht zwischen den Ritzen von Pflastersteinen ein *Löwenzahn*. Diese Pflanze muss hier mit viel Licht und Wärme, aber wenig Feuchtigkeit zurechtkommen. Das Wasser fließt schnell ab, nur wenig versickert im Sand der Ritzen. Nach genauem Hinsehen entdeckt man zwischen den Pflasterritzen niedrig wachsende Pflanzenarten, die nur hier anzutreffen sind. Diese Pflanzen halten die Tritte der Fußgänger aus und können so überleben. Sie bilden die **Pflasterritzen-Pflanzengesellschaft**.

5.3 Pflanzengesellschaften in der Stadt

Wer die Natur genießen will, fährt hinaus ins Grüne. Dort erwartet man Vielfalt und Artenreichtum bei Pflanzen, nicht jedoch in der Stadt. Wie sollten sie bei dichtem Verkehr, belasteter Luft, extremer Erwärmung und Trockenheit, versiegelten und verdichteten Böden, raschem Wasserabfluss und enger Bebauung wachsen?

Klima-, Boden- und Wasserverhältnisse haben dazu geführt, dass sich die Stadtvegetation von der des Umlandes unterscheidet. Es ist jedoch überraschend, dass in der Stadt über 400 Pflanzenarten vorkommen. Das sind viel mehr als im angrenzenden Umland. Welche Gründe hat das?

Eine Stadt ist in eine Vielzahl verschiedener, wenn auch oft nur kleinräumiger Lebensbereiche gegliedert. In einem Industriegebiet z. B. bestehen andere Boden- und Klimaverhältnisse als in einem Park, einem Garten oder einem Wohnviertel. Nicht selten sind diese Bereiche nur wenige Quadratmeter groß. Oft ändern sich die Standortbedingungen von einem Meter zum anderen. Betrachten wir einmal solche Bereiche.

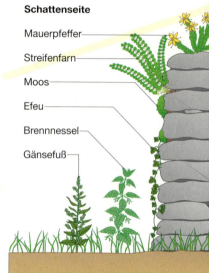

3 Pflanzen an einer Mauer

2 Straßenrand-Pflanzengesellschaft.
A Artenvielfalt am Gehsteigrand; B Weißer Steinklee

Der Pflanzenbewuchs ändert sich jedoch am Rand von Pflasterungen. Der Boden ist hier aufgeschüttet, sandig-verfestigt und mineralstoffreich. Diese Stellen sind meist stark besonnt. Hier gedeihen Pflanzenarten wie der *Steinklee*. Diese Pflanzen gehören zur **Pflanzengesellschaft des Straßenrandes**.

Auch alte, verwitterte Mauern mit ausgeprägten Fugen besitzen eine eigene Pflanzenwelt, die **Mauer-Pflanzengesellschaft**. Der Boden vor der Mauer ist meist mineralstoffhaltig und feucht. Hier findet

Ökosysteme

man z. B. *Brennnesseln* und *Giersch*. Trocken-heiß und mineralstoffarm ist dagegen die Mauerkrone. Diesen ungünstigen Lebensbedingungen ist z. B. der *Mauerpfeffer* angepasst. In seinen dickfleischigen Blättern kann er Wasser speichern. In den Fugen der sonnenbeschienenen Seite der Mauer siedeln das *Zimbelkraut* und die *Mauerraute*. Die kühl-feuchte Schattenseite bevorzugen der *Braune Streifenfarn*, *Efeu* und Moosarten.

Zu den pflanzenarmen Standorten der Stadt gehört das Schotterbett

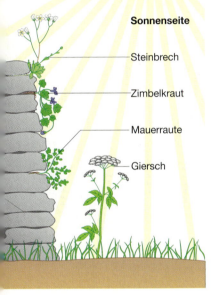

Sonnenseite
- Steinbrech
- Zimbelkraut
- Mauerraute
- Giersch

4 Pflanzengesellschaft des Bahndamms.
A artenarmer Standort; **B** Gemeiner Beifuß

den und Birken. Man kann also feststellen, dass die Unterschiede in Bebauung, Kleinklima, Boden und Bewässerung eine vielgestaltige Pflanzenwelt in der Stadt hervorgebracht haben. Oft haben sich Pflanzen verbreitet oder wurden angebaut, die sonst nur in Wüsten, in Steppen, auf Felsen, in Wäldern, an Seen oder auf Wiesen vorkommen. Dazu zählen viele Baumarten der Parks, z. B. die Rosskastanie.

> Kleinlebensräume der Stadt sind durch Trockenheit oder Nässe, Mineralstoffmangel oder -reichtum, Hitze oder Kälte gekennzeichnet. Dies bietet zahlreichen Pflanzenarten mit unterschiedlichen Ansprüchen Ansiedlungsmöglichkeiten.

1 Betrachte die Abbildung 3. Nenne vier unterschiedliche Bereiche der Mauer und ordne ihnen die jeweiligen Standortbedingungen und die Pflanzen, die dort wachsen, zu.

von Gleisanlagen. Wassermangel, Humusarmut und Hitze wirken sich hier aus. Meist kommt nur eine Pflanzenart vor. Zu diesen **Pflanzengesellschaften des Bahndamms** gehört z. B. der *Beifuß*.

Viele Pflanzenarten findet man auf brachliegenden Industrieflächen. Der Boden ist hier mineralstoffreich und kann Regenwasser halten. Zunächst besiedeln krautige Pflanzen wie das *Weidenröschen* und verschiedene Gräserarten die Flächen. Nach einigen Jahren wachsen Holzgewächse wie Wei-

5 Industriebrache. A mehrjährige Holzgewächse; **B** Schmalblättriges Weidenröschen

Ökosysteme

1 Ungewöhnlicher Nistplatz (Hausrotschwanz)

5.4 Tiere in der Stadt

Tiere in der Großstadt? Kann man das in einer gepflasterten und zugebauten Umgebung erwarten? Tatsächlich leben viele Tiere in der Stadt. Biologen stellten in Berlin einmal über 150 frei lebende Wirbeltierarten fest.

Zuerst fallen in der Stadt die **Vögel** auf. Im Frühjahr hört man den Gesang der Amselmännchen, die auf Dachfirsten oder Antennen sitzen und so Weibchen anlocken. Amseln waren ursprünglich scheue Waldvögel. Ihr häufiges Auftreten in der Stadt zeigt jedoch, wie schnell Tiere ein neues Ökosystem besiedeln können. Tauben und Haussperlinge treten hier meist in Schwärmen auf. In der Nähe des Menschen finden sie reiche Futterquellen. Da ihnen hier meist natürliche Feinde fehlen, vermehren sie sich massenhaft. Gleiches gilt auch für die Wasservögel auf den Stadtteichen.

Die Stadt bietet über 100 Vogelarten Lebensmöglichkeiten. Sie ähneln denen ihres ursprünglichen Lebensraumes. Die Gebäude der Stadt mit Vorsprüngen, Nischen und Überbauungen begünstigen vor allem Felsbewohner unter ihnen. *Mehlschwalben, Mauersegler, Schleiereulen* und *Turmfalken* zählen dazu. Auch Stadttauben, die von den Felsentauben abstammen, übernachten und brüten an diesen „Kunstfelsen". *Haussperlinge* und *Hausrotschwanz* finden in Hohlräumen der Gebäude Unterschlupf.

Unter den verstädterten Tierarten gibt es auch Säugetiere. *Hausmaus* und *Wanderratte* sind weit verbreitet. Während sie früher Speicher plünderten, finden sie heute ein Überangebot an Nahrung im Abfall. Die Fähigkeit der anspruchslosen und lernfähigen Ratten, sich schnell neuen Bedingungen anzupassen, ermöglicht ihnen sogar ein Überleben in den lebensfeindlichen Abwasserkanälen der Städte. Man bezeichnet sie als **Siedlungsfolger**.

2 Wanderratten sind Siedlungsfolger

3 Gebäude sind Lebensbereiche vieler Sta‹
C Haussperling; D Mauersegler; E Mehl-

Ökosysteme

4 Steinmarder bevorzugen Dachböden

Zu den Tierarten, die zugewandert sind, gehören auch Fledermäuse, Igel und Wildkaninchen. Fledermäuse halten sich tagsüber in Türmen oder Ruinen versteckt. Nachts beginnen sie ihre Jagd auf Insekten, die die Wärme der Stadt bevorzugen. Auch Igel als Insektenfresser finden nachts auf Straßen reichlich Nahrung. Allerdings leben sie in der motorisierten Umwelt des Menschen gefährlich. *Steinmarder* bewohnen oft Dachböden. Ihr nächtlicher Lärm verrät sie. Sie stellen Mäusen und Ratten nach, verzehren aber auch Eier und Früchte. Gelegentlich knabbern sie sogar die Bremsschläuche der Autos an. Wildkaninchen bevölkern nicht nur Parks und Gärten, sondern auch Grünbereiche zwischen Häuserblocks und Hinterhöfen.

Viele Tiere besiedeln die Wohnstätten des Menschen und sind „Plagegeister". Dazu gehören Milben, Würmer, Asseln, Motten, Flöhe und Läuse. Zu den häufigsten „Gästen" zählt die *Stubenfliege*. Sie nutzt Nahrungsreste des Menschen und wird durch Krabbeln auf der Haut lästig.

> Die Stadt bietet vielen Tierarten Lebensraum und Nahrung.
> Die Lebensbedingungen ähneln denen des ursprünglichen Lebensraumes.
> Zugewanderte Tierarten sind besonders anpassungsfähig.

1 Betrachte die Abb. 1. Welches natürliche Brutverhalten hat wohl zur Wahl dieses außergewöhnlichen Nistplatzes geführt?
2 Schreibe Tiere der Stadt auf. Ordne nach Säugetieren, Vögeln, Kriechtieren, Lurchen, Insekten ...
3 Beschreibe an einem Beispiel, wie Tiere in der Stadt überleben können.

5 Stubenfliegen sind Plagegeister im Haus

gel. A Turmfalke; B Schleiereulen;
hwalbe; F Tauben

Ökosysteme

Pinnwand

LIEBLINGSTIERE DER STÄDTER

Liebe Oma!

Vielen Dank für den Fotoapparat zu meinem Geburtstag. Ich lege ein selbstgemachtes Foto von einem Eichhörnchen bei.

Diese scheuen Waldtiere haben bei uns im Park gelernt, dass sie Futter bekommen, wenn sie sich nur nahe genug an die Besucher heran trauen. Manche sind so zutraulich geworden, dass sie sogar aus der Hand fressen.

Liebe Grüße,
Deine Annika!

Wo dürfen Hunde „Gassi" gehen?

Hamburg (hb). Großen Ärger hat es wieder im Stadtteil Großenheide gegeben. Auf ihrem Spaziergang lassen viele Hundehalter ihre Lieblinge einfach auf die Blumenrabatten oder die Kinderspielplätze Kot und Urin absetzen. Hunde können als Lauftiere nicht den ganzen Tag in der Wohnung verbringen. Aber bei der großen Anzahl in unseren Städten sollte man doch erwarten, dass die Halter darauf achten, wo die Tiere ihr „Geschäft" erledigen. Ist es denn zuviel verlangt, wenn man von Ihnen auch die Beseitigung der Haufen fordert?

Streit unter Tierfreunden:
Ist Taubenfüttern Tierquälerei?

Tauben bestimmen in Städten trotz Fütterungsverbot immer noch das Bild der Plätze. Oft werden sie zur Plage. Ihr Kot verschmutzt Pflastersteine, Dachrinnen, Vorsprünge und Nischen. Die dauernde Fütterung und das Fehlen von Feinden führen dazu, dass auch verletzte, kranke und sehr alte Tiere überleben. Manche Menschen behaupten, dass das Taubenfüttern das Leiden solcher Tiere verlängert. Sie betrachten es deshalb als Tierquälerei.

Zoo – kritisch gesehen

Zoos sind beliebte Ausflugsziele. Man kann dort viele fremdartige Tiere bestaunen. Aber fühlen sich hier Affen, die oft mit Kot werfen, Tiger, die ständig am Gitter entlang laufen oder Elefanten, die fortwährend mit dem Kopf wackeln, wirklich wohl?

1 Ist es „Tierliebe", wenn Menschen ihre Nahrungsmittel an frei lebende Tiere verfüttern? Erkläre.

2 Welche Probleme können entstehen, wenn frei lebende Tiere vom Menschen übermäßig gefüttert werden? Zähle auf.

3 Zootiere „leiden" mitunter trotz bester Pflege und Versorgung. Was fehlt ihnen? Beschreibe.

Ökosysteme

Untersuchungen im Ökosystem Stadt

Übung

V1 Pflanzenbestandsaufnahmen in der Stadt

Material: 4 Holzleisten (ca. 110 cm × 5 cm × ca. 1 cm); 4 Holzschrauben (ca. 2 cm lang); 12 Reißbrettstifte; 7 m Bindfaden; Schraubendreher; Schreibblock; Bleistift; Pflanzenbestimmungsbücher

Durchführung: Schraube die Holzleisten zu einem Quadrat zusammen. Spanne im Abstand von 25 cm Bindfadenstücke längs und quer über den Rahmen und befestige sie mit Reißbrettstiften. Jetzt hast du ein Messquadrat mit 16 Unterteilungen zur genauen Auszählung von Pflanzen.

1 Messrahmen zur Aufnahme von Pflanzenbeständen

Pflanzenbestandsaufnahme

Stadtbereich: *Innenstadt*
Datum: *6. Juni 1999*
Bodenbeschaffenheit: *festgetretene, aufgeschüttete, trockene Erde*
Größe der untersuchten Fläche: *1 m²*

Pflanzenart	Bedeckungsgrad				
	wenig	25 %	50 %	75 %	100 %
1 Mäusegerste				X	
2 Dt. Weidelgras	X				
3					

2 Protokoll von der Aufnahme eines Pflanzenbestandes

Aufgaben: a) Lege das Messquadrat an einen ausgewählten Bereich der Stadt (Gehsteig, Straßenrand, Schulwiese, Brachfläche, Mauerseite (hängen), ...
b) Bestimme die Namen der im Messquadrat vorkommenden Pflanzen. Führe einen Protokollbogen.
c) Schätze, welchen Flächenanteil in % die einzelnen Pflanzenarten im Messrahmen einnehmen: Man nennt dies den *Bedeckungsgrad*. Notiere.
d) Vermesse verschiedene Abschnitte. Protokolliere jeweils. Berechne Durchschnittswerte des Bedeckungsgrades.
e) Werte die Protokollbögen aus. Stelle fest, welche Pflanzen den höchsten Bedeckungsgrad ausmachen und welche nur ab und zu vorkommen. Stelle eine Rangliste für jedes Gebiet auf.
f) Beschreibe die Standortbedingungen der ausgewählten Flächen und bringe sie mit dem Pflanzenbewuchs in Beziehung.

V2 Temperaturmessungen

Material: 3 Thermometer; Klebeband

Durchführung: Befestige an einem Tag mit schönem Wetter Thermometer in der Innenstadt: 1. an einem Baum, 2. an einer Hauswand in einer Straßenschlucht (Sonnenseite) und 3. an einer Hauswand gegenüber (Schattenseite). Lies in regelmäßigen Abständen (stündlich) ab. Notiere Uhrzeit, Temperatur und Sonnenstand.

Aufgaben: a) Stelle die ermittelten Temperaturen in einem Kurvendiagramm dar.
b) Werte die Temperaturkurven aus. Welche Schlüsse ziehst du daraus?

V3 Niederschlagsmessungen

Material: Regenmesser (1 mm = 1 Liter pro m²), Bandmaß (30 m)

Durchführung: Miss an einem Regentag die Niederschlagsmenge.

Aufgaben: a) Miss aus, wie groß der Schulhof ist. Rechne aus, wie viele Liter Regenwasser an einem Tag, einer Woche, ... in die Kanalisation fließen.
b) Stelle die Fläche der Schulwiese fest. Berechne, wie viele Liter Regenwasser versickern konnten.
c) Führe ähnliche Berechnungen für den Marktplatz, die Hauptgeschäftsstraße, den Sportplatz, ... durch.
d) Stelle die ermittelten Werte in einem Kurvendiagramm dar. Ziehe Schlussfolgerungen daraus.

Ökosysteme

5.5 Grüne Inseln der Stadt

Von hohen Türmen oder dem Flugzeug aus wirken Städte faszinierend. Man erkennt Kirchen, markante Gebäude und Plätze; Straßen durchschneiden das Gebiet. Aber es fallen auch grüne Flächen auf. Einige liegen wie Inseln im Häusermeer; andere umspannen oder durchziehen wie Gürtel die Stadt. Es sind Grünanlagen. Dazu gehören Parks, Stadtwälder, Friedhöfe und Gärten. Parkanlagen können verschiedene Gesichter haben. In unmittelbarer Umgebung von alten Schlössern findet man häufig **Schloss-** oder **Zierparks** vergangener Epochen. Kurz geschorener Rasen, Blumen und Zierstrauchrabatten sowie gestutzte Hecken herrschen vor. Die Wege sind mit Steinen eingefasst und mit Kies ausgefüllt. Bäume bilden Alleen, wo auch Springbrunnen und steinerne Figuren ihren Platz haben. Zierparks müssen intensiv gepflegt werden und lassen der Natur wenig Spielraum.

1 Grünbereiche einer Großstadt

2 Zierpark

Stadtparks haben ein anderes Aussehen als Zierparks. Meist liegen diese öffentlichen Grünanlagen in der Nähe der Innenstadt und sind von städtischer Bebauung umgeben. Sie sind Ziel für Spaziergänger, Treffpunkt für Erholungssuchende oder Spielplatz für Kinder. Kurz gehaltene Rasenflächen und ein alter Baumbestand sind für sie typisch. Durch die Rasenflächen, die manchmal auch betreten und zum Liegen und Spielen genutzt werden dürfen, führen Spazierwege. Sitzbänke laden zum Ausruhen ein. Die Belastungen durch den täglichen Betrieb machen sich bemerkbar. Unruhe, Abfälle und gelegentliche Zerstörungen treten auf. Das wirkt sich auf die Tierwelt aus. Scheue Tiere leben hier nicht, dafür aber fast zahme Eichhörnchen und Spatzen, die das Futterangebot der Besucher gern annehmen. An Teichen lassen sich Wasservögel von den Besuchern „verwöhnen".

Mit zunehmender Entfernung vom Stadtgebiet treten parkartige Bereiche auf, die einen naturnahen Eindruck machen. Hier ist es ruhiger und ungestörter. Diese offenen **Stadtwälder** können sogar an die Artenvielfalt natürlicher Wälder heranreichen, wenn sich die Eingriffe des Menschen auf das Notwendige beschränken. Dies gilt besonders, wenn Gewässer mit Uferzonen diesen Bereich durchziehen. Buschwerk und Baumreihen bilden natürliche Hindernisse für Wege und sind Rückzugsgebiete für Tiere.
Neben vielen Singvogelarten leben hier auch Kleinsäuger wie Igel, Eichhörnchen und Wildkaninchen. Selbst Rehe und Füchse kommen vor.

Friedhöfe sind oftmals den Parks ähnlich. Ein wesentlicher Unterschied besteht aber in der Stille, die dort überwiegend herrscht. Neu angelegte Friedhöfe sind zunächst baumfrei; die Gräber werden von den Hinterbliebenen intensiv gepflegt. Niedrige Ziersträucher und Bodendecker herrschen vor.
Alte Friedhöfe weisen dagegen oft einen hohen Baumbestand auf. Die weitgehende Störungsfreiheit und ihre Vielgestaltigkeit haben dazu geführt, dass dort viele Singvogelarten leben und brüten.

Kleingärten werden durch Lauben und Häuschen sowie Blumenrabatten, Zierstrauchanpflanzungen und Gemüsebeete geprägt. In älteren Anlagen spielen auch Obstbäume und Hecken eine wichtige Rolle. Das Tierleben ist vielgestaltig. Es gibt typische Arten, die be-

3 Stadtpark

Ökosysteme

sonders die Kulturpflanzen zu ihrer Ernährung nutzen. Dazu gehören Wildkaninchen und viele Blüten besuchende Insekten. Aber auch Pflanzen fressende und Saft saugende Insekten vermehren sich hier oft massenhaft.

Grünanlagen werden heute in erster Linie als Orte der Erholung und der Ruhe geschätzt. Ihr Nutzen für die Stadt ist aber größer. Im Sommer, wenn die dort anzutreffenden Bäume und Sträucher belaubt sind, schirmen sie mit ihren Blättern den Verkehrslärm ab. Außerdem entsteht bei der Fotosynthese hier viel Sauerstoff, den wir zum Atmen benötigen. Aber gerade in dicht besiedelten Städten haben Grünflächen auch eine ganz wichtige Wirkung auf das Stadtklima. Bäume bremsen zum Beispiel starke Winde ab. An heißen Tagen mildert sich die Hitze, weil Baumkronen die direkte Sonneneinstrahlung abschirmen und so die Aufheizung der Umgebung dämpfen. Noch wichtiger ist der Abkühlungseffekt. Weil an heißen Tagen über die Blätter der Pflanzen besonders viel Wasser verdunstet, erhöht sich die Luftfeuchtigkeit in der Umgebung. Die entstehende Verdunstungskälte wird als erfrischende Abkühlung empfunden. Nicht zuletzt dienen Pflanzen als Staubfänger für in der Luft befindliche Schwebeteilchen. Grünanlagen tragen so erheblich zur Luftreinhaltung in der Stadt bei.

Heute sind die Einwohner einer Stadt meist froh, wenn ihre Stadt in den bebauten Zonen viele Grünflächen besitzt. Diese verschönern den Wohnort und steigern die Wohn- und Lebensqualität. Die dort vorkommenden Pflanzen und Tiere werden als ein Beitrag zum Erhalt der Natur im Stadtgebiet gesehen. Deshalb will man die Grünanlagen erhalten und die darin vorkommenden Pflanzen und Tiere schützen.

5 Alter Friedhof

4 Stadtwald

> Zu den wichtigen Grünflächen einer Stadt gehören Parks, Stadtwälder, Friedhöfe und Gärten. Grünflächen wirken sich günstig auf das Stadtklima aus. Grün in der Stadt ist für das Wohlbefinden der Einwohner von Bedeutung.

1 Sieh in einem Stadtplan deines Heimatortes nach, welche Grünflächen es gibt. Ordne nach Parks, Stadtwäldern, Friedhöfen, Gartenkolonien, …

2 Zeichnet den Grundriss eines Parks eurer Stadt auf einen Bogen Karton. Hängt ihn im Klassenraum auf.

3 Erfasst die Bäume des Parks. Stellt die Namen mithilfe von bebilderten Bestimmungsbüchern fest.

4 Markiert die Laubbäume mit roten, die Nadelbäume mit gelben selbstklebenden Punkten im Parkgrundriss. Schreibt die Anfangsbuchstaben der vorhandenen Baumarten (Bu = Buche, Ki = Kiefer, …) daneben.

5 Geht im Stadtpark auf Tiersuche. Welche Tiere findet ihr? Listet auf.

6 Nehmt bebilderte Bestimmungsbücher und Ferngläser mit in den Park. Beobachtet und bestimmt Vögel. Markiert die einzelnen Vogelarten im Parkplan mit Farbpunkten und schreibt ihren Namen dazu.

7 Beschreibe Einflüsse von Grünanlagen auf das Klima einer Stadt.

8 Warum ist Grün in der Stadt so wichtig? Denke an Auswirkungen auf den Menschen. Berichte.

6 Kleingärten

Ökosysteme

Pinnwand

LAUBBÄUME IM PARK

Rosskastanie

Größe: 20 - 25 m; breit-runde Krone
Blätter: 5- bis 7-zählig gefiedert; unregelmäßig gesägter Rand
Besonderheiten: Anbau meist nur zur Zierde; Holz mit geringer Festigkeit
Heimat: Nordgriechenland

Blutbuche

Größe: 40 - 50 m; gewölbte, meist hoch angesetzte Krone
Blätter: eiförmig; kurz zugespitzt; leicht gewellter Rand
Besonderheiten: Abwandlung der Rotbuche; grüne Blattfarbe wird durch rote Farbstoffe überdeckt
Heimat: Mitteleuropa

Sommerlinde

Größe: 30 - 40 m; tiefangesetzte, umfangreiche Krone
Blätter: herzförmig; ausgezogene Spitze; behaart; in den Adernwinkeln weißliche Härchen; gesägter Rand
Besonderheiten: helles Holz, geeignet für Schnitzwerk; aus Blüten wird schweißtreibender Tee gebrüht
Heimat: Südhälfte Europas

Trauerweide

Größe: 15 - 20 m; ausladende Krone mit hängenden Ästen
Blätter: lang, schmal und fein zugespitzt; Blattrand fein gesägt
Besonderheiten: braucht Wassernähe; dünne Zweige dienen als Flechtmaterial für Korbwaren
Heimat: östlicher Mittelmeerraum

Das leistet ein Parkbaum

1. Fertige eine Blattsammlung von Bäumen des Parks an. Klebe auch Borkenstücke, kleine Zweige, Blüten oder Früchte auf. Stelle die Sammlung aus.
2. Parkbäume erfüllen wichtige Aufgaben im Ökosystem Stadt. Beschreibe.

Ökosysteme

GRÜN STATT GRAU

Pinnwand

Begrünte Hausfassaden werden vor Sonneneinstrahlung und Nässe geschützt. Dazu pflanzt man Efeu, Wilden Wein oder Knöterich. Im Haus entsteht eine ausgeglichene Temperatur. In den Pflanzen siedeln Käfer, Fliegen, Spinnen, Blattläuse und sogar Vögel.

Blühende Balkonpflanzen erfreuen die Bewohner und schmücken die Häuserfronten. Tiere wie Bienen, Blattläuse, Marienkäfer, Schmetterlinge und Florfliegen sind dort anzutreffen. Gelegentlich finden sich auch Vögel ein.

1. Betrachte auf deinem Schulweg Straßen, Gehwege, Plätze, Häuserfronten, ... Beschreibe Beispiele für vorbildliches „Grün" und abstoßendes „Grau".
2. Mache Vorschläge, wie man Städte weiter begrünen kann. Denke an Autostraßen, Trogstrecken, Lärmschutzwände, ...
3. Nicht jeder möchte seine Hausfassade begrünen. Welche ablehnenden Gründe könnte er haben?

Laubbäume in Geschäftsstraßen bringen Abwechslung für das Auge und spenden Schatten. Sie sind Zufluchtstätten für Tiere im Innenstadtbereich. Stadtklima, Luftreinheit und Luftfeuchtigkeit werden von ihnen beeinflusst.

Anpflanzungen im Vorgarten lockern langweilige Abstellflächen für Autos und Müllgefäße sowie eintönige Wände auf. Kinder spielen hier gern, Erwachsene treffen sich zum Gespräch. Bald stellen sich auch hier einige Tierarten ein.

Ökosysteme

6 Kleine Ökosysteme in unserer Umgebung

6.1 Hecken sind lebende Zäune

Hausbesitzer grenzen ihre Grundstücke gern mit Zäunen oder Mauern zur Straße und zu den Nachbarn ab. Sie wollen damit ungebetene Gäste vom Grundstück fernhalten. Genauso gut gelingt dies jedoch mit Hecken. Sie sind meist billiger anzulegen, verschönern mit ihrem Grün die Umgebung und bieten Raum für Pflanzen und Tiere. Wer zum Beispiel einen ganzjährigen Sichtschutz benötigt, pflanzt eine **immergrüne Hecke** an. Nadelgehölze wie Eibe, Fichte oder Lebensbaum sind dazu geeignet. Auch Laubgehölze wie Liguster, Berberitze oder Feuerdorn kann man nehmen, denn sie verlieren in milden Wintern ihre Blätter nicht. Diese Art Hecken sind pflegeleicht, weil sie nur selten geschnitten werden müssen. Sie dämmen den Straßenlärm und Vögeln bieten sie im Sommer Nistgelegenheiten und im Winter Schutz.

Wer nicht unter Straßenlärm und Einblicken von außen leidet, wählt eine **sommergrüne Hecke,** die schnell dicht wird. Maulbeerbaum, Hainbuche oder andere Straucharten werden in Reihe gepflanzt. Je nach Bedarf kann man eine solche Hecke niedrig halten oder übermannshoch wachsen lassen. Stark geschnitten passen sie auch auf kleine Grundstücke. Wer mehr Platz hat, schneidet weniger. Die Höhe einer solchen Hecke hängt zudem von der gewählten Strauch-

1 Hecken. A immergrüne Hecke; *B* sommergrüne Schnitthecke; *C* blühende Zierstrauchhecke; *D* Wildhecke

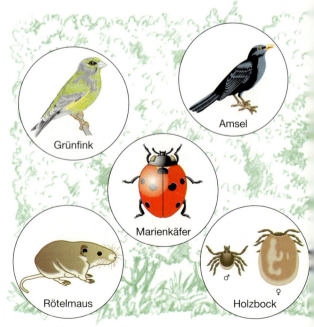

2 Hecken bieten vielen Tierarten Unterschlupf

Ökosysteme

art ab. Sommergrüne Hecken beeinflussen das Kleinklima günstig. Sie bremsen starke Windströmungen und filtern Straßenstaub und Abgase. Bei starkem Sonnenschein spenden sie Schatten und schützen den Garten vor Austrocknung. Ihr größter Nutzen besteht jedoch darin, dass sie vielen Tierarten Lebensraum bietet – weitaus mehr als die eher artenarme immergrüne Hecke.

Schmetterlinge und Hummeln fliegen im Schutz der Hecken und bestäuben Blüten in der Umgebung. Pflanzen fressende oder Saft saugende Insekten, die sich in Hecken aufhalten, dienen anderen Tieren als Nahrung. So ernähren sich zum Beispiel Marienkäfer von Blattläusen. Die Samen der Heckenpflanzen wiederum werden von Körner fressenden Vögeln wie Grün- und Buchfinken gern genommen. Sogar Mäuse klettern in den Zweigen hoch, um an die Früchte zu gelangen. Igel haben dort ihre Verstecke, aus denen sie nachts herauskommen und Schadinsekten und andere Kleintiere verzehren. Sommergrüne Hecken werden von einigen Vogelarten als Brutstätten genutzt. Schön anzusehen sind **Zierstrauchhecken,** die aus Sträuchern mit farbenfrohen Blüten bestehen.

Selbst im Herbst haben Hecken noch ihren Reiz. Die gefärbten Blätter und die bunten Früchte leuchten oft weit über das Grundstück.

Hecken, die in der offenen Landschaft stehen und Grenzen zwischen Feldern und Wiesen bilden, bezeichnet man als **Wildhecken.** Besonders häufig findet man dort Sträucher und Bäume wie Schlehe, Heckenrose, Hasel, Pfaffenhütchen, Hartriegel und Feldahorn. Dazwischen stehen Brombeeren, Waldrebe und viele andere Pflanzen. Wildhecken sind ebenfalls meist von Menschenhand geschaffen und oft reich an Pflanzen- und Tierarten.

> Hecken dienen dem Sicht- und Lärmschutz sowie der Verbesserung des Kleinklimas. Hecken aus Laubgehölzen besitzen eine artenreiche Tierwelt.

1 Beschreibe, welche Aufgaben Hecken erfüllen.
2 Nenne Heckenarten und erkläre die Unterschiede zwischen ihnen.
3 Besorge dir Pflanzenkataloge von Gartenmärkten. Suche im Lehrbuchtext die Namen der Heckenpflanzen heraus. Schneide Bilder davon aus dem Katalog. Gestalte ein Plakat mit Pflanzenbeschreibungen.
4 Hecken sind meist reich an Tierarten. Zähle einige auf. Beschreibe, warum sie in Hecken leben.

Ökosysteme

2 Heckenlandschaft

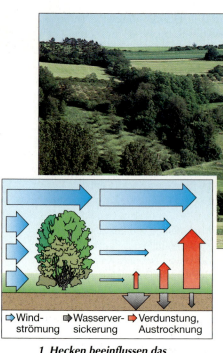

1 Hecken beeinflussen das Kleinklima

6.2 Hecken gliedern eine Landschaft

Manchmal sieht man in offenen Landschaften mehrere Meter breite Gehölzstreifen, die aus verschiedenen Sträuchern bestehen. Es sind **Feld-** oder **Wildhecken,** die Wiesen und Felder voneinander trennen. Sollte man dieses störende „Gestrüpp" nicht einfach entfernen?
Ganz im Gegenteil! Hecken wurden vor vielen Jahrzehnten entweder als natürliche Zäune um Viehweiden angelegt oder sind ohne Zutun des Menschen entstanden. Beim Anpflanzen von Hecken verwendete man meist dicht wachsende, dornige Sträucher wie Schlehen, Brombeeren, Heckenrosen und Weißdorn. Vögel, die hier ausruhen, geben mit ihrem Kot unverdaute Samen der gefressenen Früchte ab. Nach und nach wird die Hecke so immer dichter.
Hecken verbessern das Kleinklima, indem sie die Windströmung bremsen. Sie verhindern so, dass der Boden austrocknet und vom Wind abgetragen wird. Außerdem verzögern Hecken den Wasserabfluss, filtern Luft, spenden Schatten und fördern die Taubildung.

An einem *Profil* einer älteren Feldhecke fällt auf, dass in der Mitte, der *Kernzone* überwiegend Bäume stehen. Die sich an beiden Seiten anschließende *Mantelzone* wird durch verschiedenartige Sträucher gebildet. Ganz außen, in der *Saumzone,* findet man Kräuter und Gräser.

Die Tierwelt einer solchen Hecke ist vielfältig. Zahlreiche Vögel wie Turmfalken, Zaunkönige und Neuntöter leben hier. Auch Kröten, Rebhühner und Feldhasen sind auf Hecken angewiesen. Daneben findet man auch Kleintiere wie Schmetterlinge, Fliegen, Käfer, Spinnen und Schnecken.
Oft werden Hecken gerodet, weil sie großen Landmaschinen im Wege stehen und angeblich die Erträge mindern. Langsam setzt sich aber die Erkenntnis durch, dass die positiven Wirkungen der Hecken überwiegen. Deshalb müssen Hecken erhalten bleiben und neue gepflanzt werden.

3 Tiere in den Zonen der Feldhecke.
① *Feldhase,* ② *Erdkröte,* ③ *Rebhuhn,* ④ *Perlmutterfalter,* ⑤ *Zaunkönig,* ⑥ *Neuntöter,* ⑦ *Marienkäfer,* ⑧ *Turmfalke*

Hecken sind tier- und pflanzenreiche Lebensräume mit wichtigen Aufgaben in offenen Landschaften.

1 Wie wirken sich Hecken auf Tierwelt, Pflanzenbestand und Kleinklima aus? Beschreibe. Nimm auch Abbildung 1 zu Hilfe.

Ökosysteme

PFLANZEN DER WILDHECKE

Pinnwand

Feldahorn

Blütezeit: Mai
Früchte: „Propellerflügel" beidseitig waagerecht; Nüsschen filzig
Besonderheiten: gilt als „Bienenweide", weil die Blätter oft einen süßen Saft absondern

Eberesche

Blütezeit: Mai bis Juni
Früchte: „Vogelbeeren" erbsengroß, korallenrot; in dichten Büscheln stehend
Besonderheiten: Früchte schmecken bitter; reizen den Magen

Heckenrose

Blütezeit: Juni
Früchte: scharlachrote „Hagebutten"; Samen behaart
Besonderheiten: Früchte sind reich an Vitamin C; Fruchtfleisch ist nutzbar für Tee und Marmelade

Weißdorn

Blütezeit: Mai bis Juni
Früchte: blutrote Beeren; eiförmig mit Stein; essbar
Besonderheiten: Blüte riecht unangenehm; Heilpflanze, die Blätter enthalten herzwirksame Stoffe

Schlehe

Blütezeit: März bis Mai
Früchte: kirschgroß; blau, bereift; essbar; mit großem Stein; sehr sauer
Besonderheiten: braucht steinige, kalkhaltige Böden; sehr dornige Zweige; Blüten dienen getrocknet als „Blutreinigungstee"

1. Nenne Produkte von Heckenpflanzen, die vom Menschen genutzt werden können.
2. Welche Heckenfrüchte dienen Vögeln als Nahrung?
3. Hecken müssen erhalten und geschützt werden. Begründe.

Ökosysteme

1 Geschorener Rasen. A Amsel sucht Regenwürmer; **B** „unkrautfreier" Kurzschnitt

6.3 Eine Wiese im Schulgelände – so oder so?

Hausmeister Buhmann ist ein fleißiger Mann. Er kümmert sich um alles – auch um die Grünflächen im Schulgelände. Schon Ende April beginnt er mit dem Mähen. Mit seinem Rasentrecker hält er das Gras kurz. Im Mai und Juni vergeht fast keine Woche ohne *Rasenschnitt*. Deshalb können andere Pflanzen dort kaum wachsen. Auch Tiere sind selten zu sehen. Nur Amseln ziehen hier Regenwürmer für ihre Brut aus der Erde.
Gäste sind beeindruckt vom gepflegten Schulgelände. Und damit alles so bleibt, bringt Herr Buhmann regelmäßig Kunstdünger auf den **Rasen**. Danach wachsen die Gräser besonders schnell und sind noch kräftiger gefärbt. An heißen Tagen wird mit mit großen Mengen Leitungswasser „gesprengt", damit der Rasen nicht „verbrennt".
Am liebsten würde Herr Buhmann ein Schild „Betreten verboten!" anbringen, aber die Schulleitung ist dagegen. Die Rasenflächen dürfen bei schönem Wetter von den Mädchen und Jungen genutzt werden. Besonders begeistert sind die Pausenfußballer. Aber auch manche Sportstunde findet hier unter besten Bedingungen statt.
Die Biologielehrerinnen und -lehrer schätzen den Rasen nicht so sehr. Sie möchten vielen Pflanzen und Tieren Lebensraum bieten. Dafür nutzen sie einen Teil der Grünfläche. Dort darf nicht gemäht und gedüngt werden. Die **Wiese** lässt man dort einfach wachsen. In der warmen Jahreszeit stehen die Wiesenpflanzen hüfthoch. Bis auf die Gräser blühen sie in vielen Farben, hier duftet und summt es.
Manche Schüler meiden diesen Bereich – schon wegen der Insekten. Biologisch Interessierte können hier Ameisen, Bienen, Hummeln, Fliegen, Schmetterlinge und Käfer sowie deren Larven beobachten. Auch Spinnen, Schnecken, Mäuse und Vögel gibt es hier. Dieser Abschnitt wird höchstens zweimal im Jahr gemäht – jedoch mit der Sense. Das Schnittgut wird getrocknet und abgefahren. Für Hausmeister Buhmann ist das alles viel zu umständlich.

> Rasen bestehen meist aus niedrig gehaltenen Gräsern und sind artenarm. Auf Wiesen haben Gräser und Kräuter genug Zeit, sich zu entwickeln und bieten vielen Insekten Lebensraum und Nahrung.

1 Vergleiche Rasen und Wiese jeweils aus der Sicht eines Biologen und eines Sportlers. Stelle in einer Tabelle jeweils die Vor- und Nachteile gegenüber.
2 Woran liegt es, dass auf einer Rasenfläche im Vergleich zur Wiese nur wenige Pflanzen- und Tierarten vorkommen? Erkläre.

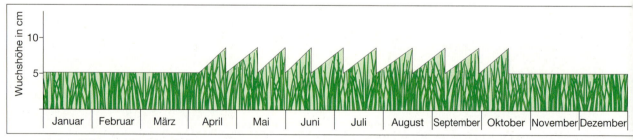

3 *Kurzschnittrasen im Jahreslauf*

Ökosysteme

1 Blumenwiese. A Artenvielfalt; B Insektenvielfalt auf einer Doldenblüte

6.4 Wiesenpflanzen im Jahreslauf

Auf einer Wiese liegend in den Himmel schauen, den Duft von Blüten und das Gesumm der Insekten genießen – davon träumen manche. Doch eine Wiese ist auch mit Arbeit verbunden. Ohne regelmäßiges Mähen würden sich Büsche und Bäume ansiedeln.
Die Häufigkeit des Mähens, die Jahreszeit, Bodenfeuchte und Mineralstoffgehalt bestimmen das jeweilige Aussehen der Wiese. Betrachten wir Veränderungen einer Wiese im Jahreslauf: Schon im zeitigen Frühjahr bilden Gänseblümchen und Schlüsselblumen ihre Blüten aus. Sie können geschützt in Bodennähe gedeihen. Wenn es Ende April wärmer wird, beginnen auch andere Wiesenpflanzen auszutreiben. Dazu gehören die Gräser und der Löwenzahn. Im Frühsommer folgen Scharfer Hahnenfuß, Wiesen-Bocksbart, Wiesen-Klee, Margeriten, Wiesen-Kerbel und andere. Mitte Juni ist der **erste Hochstand** erreicht. Nun erfolgt der *erste* Schnitt. Das *Mähen* ist ein plötzlicher und tiefer Einschnitt für die meisten Pflanzen der Wiese. Sie werden dabei kurz über dem Boden abgeschnitten. Gänseblümchen oder Löwenzahn werden jedoch kaum geschädigt, weil der Mähbalken über ihre Blattrosetten hinweggeht. Die Schlüsselblume ist schon verblüht und die Blätter sind abgestorben. Aber die übrigen Wiesenpflanzen verlieren ihren Spross mit Blättern und Blüten. Sie können nur überleben, weil sie aus dem Stumpf neu austreiben. Gräsern gelingt das am besten. Die Halme wachsen nicht an der Spitze, sondern am unteren Ende und den Knoten. So macht es ihnen nicht so viel aus, wenn sie abgeschnitten werden. Auch Wiesenklee gelingt das Überleben gut. Etwa Mitte August ist der **zweite Hochstand** erreicht. Wuchshöhe und Farbenvielfalt sind aber nicht mehr so ausgeprägt. Neue Pflanzen wie der Wiesen-Salbei treten in Erscheinung. Die zweite Mahd beendet abrupt auch ihr Wachstum. Bis Oktober erholen sie sich nur wenig. Dann ruht die Wiese den Winter über.

> Wiesen sind von Menschenhand geschaffene Ökosysteme. Boden, Lage und Anzahl der Eingriffe durch Mensch und Weidevieh prägen das Bild einer Wiese.

1 Untersuche den Pflanzenbestand einer Wiese. Wähle dazu einen typischen Ausschnitt (1 m × 1 m). Bestimme die Pflanzenarten. Liste auf und schätze ihr Auftreten ein (selten – oft – sehr häufig).

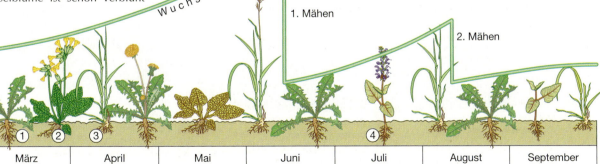

2 Entwicklung von Wiesenpflanzen bei zweimaligem Schnitt innerhalb eines Jahres. ① Löwenzahn, ② Schlüsselblume, ③ Gras (Glatthafer), ④ Wiesen-Salbei

Ökosysteme

Pinnwand

WIESENPFLANZEN

Wiesenklee

Blütezeit: Juni bis September
Vorkommen: trockene bis mäßig feuchte Wiesen, Wegränder
Besonderheiten: wohlriechende Blüten; wird als eiweißreiche Futterpflanze angebaut

Scharfer Hahnenfuß

Blütezeit: Mai bis September
Vorkommen: mäßig feuchte Wiesen, Weiden, Wegränder
Besonderheiten: frische Pflanzen werden vom Vieh gemieden (giftig), als Heu unschädlich

Wiesenkerbel

Blütezeit: April bis August
Vorkommen: mäßig feuchte Wiesen, Weg- und Heckenränder
Besonderheiten: massenhaft auf mit Jauche gedüngten Wiesen; Blüten in Dolden

Weißklee – eine kriechende Wiesenpflanze

Schnitthöhe

1. Nenne zwei Ansprüche der Wiesen-Margerite an ihren Lebensraum.
2. Warum können auf frisch gemähten Wiesen schon ein paar Tage später wieder Pflanzen blühen? Erkläre anhand des Weißklees.

Wiesenbocksbart

Blütezeit: Mai bis Juli
Vorkommen: mäßig feuchte bis halbtrockene Wiesen, Wegränder
Besonderheiten: Korbblüten nur mit Zungenblüten; Haare der Fruchtknoten ähneln einem Bart (Name)

Wiesen-Margerite

Blütezeit: Mai bis Oktober
Vorkommen: trockene Wiesen, Grasplätze, Wegränder, Abhänge
Besonderheiten: bekannt auch als Wucherblume; Nährsalzarmut begünstigt ihr Auftreten

Wiesenstorchschnabel

Blütezeit: Mai bis August
Vorkommen: Wiesen, Gräben, Wegränder; braucht kalkhaltigen Boden
Besonderheiten: Blüte erst aufrecht, später waagrecht und hängend; Samenverbreitung durch Schleudermechanismus

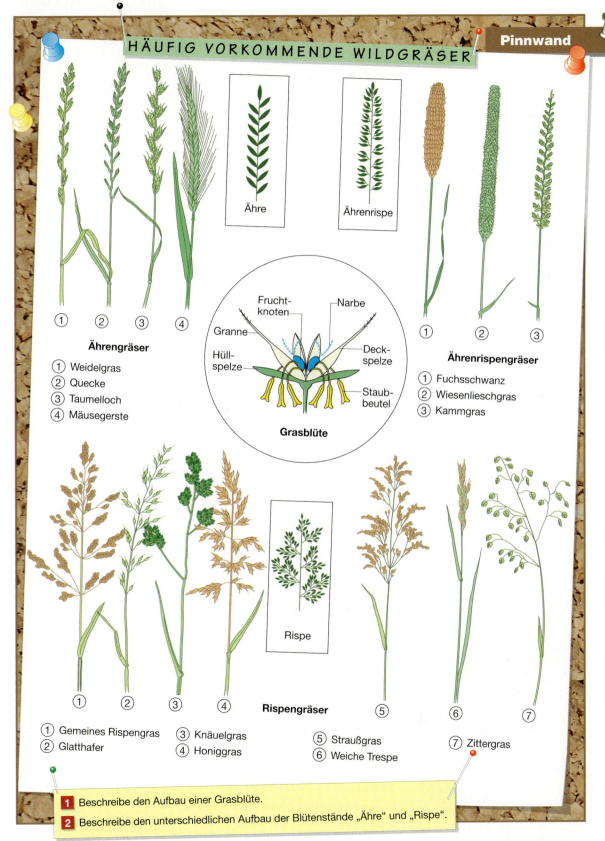

Ökosysteme

6.5 Tiere der Wiese

Zahllose Kleinlebewesen bewohnen die Wiesen. Sie finden dort Nahrung und Schutz. Dabei bevorzugen viele Kleintiere ganz bestimmte Aufenthaltsorte in der Wiese.

Wenn Wiesenpflanzen blühen, schwirrt es überall. Fluginsekten aller Art werden dann von Düften und Farben angelockt. Sie bevölkern vorzugsweise das obere „Stockwerk" der Wiese, die **Blütenschicht.** Dort suchen sie Pollen und Nektar. Manche Blütenpflanzen sind auf ganz bestimmte Bestäuber angewiesen. Der Rote Wiesenklee wird von Hummeln besucht; denn nur unter ihrem Gewicht öffnen sich die Blüten, sodass sie bestäubt werden können.

Pflanzen fressende oder Saft saugende Tiere und deren Larven leben eine Etage tiefer in der **Krautschicht.** Zwischen Halmen und Blättern findet man Heuschrecken, Zikaden und Blattläuse. Spinnen und auch Marienkäfer suchen hier nach Beute.

Das untere Stockwerk, die **Bodenschicht,** bevölkern Asseln, Laufkäfer, Ameisen und Schnecken. Sie ernähren sich von abgestorbenen Pflanzenteilen oder stellen anderen Tieren nach.

Die Wurzeln der Wiesenpflanzen reichen bis zu 15 cm tief in den Boden. In dieser **Wurzelschicht** leben Milben und Regenwürmer, aber auch größere Tiere wie Grillen und Maulwürfe.

Im oberirdischen Bereich kommen nur wenige größere Tierarten vor. Dazu zählen Kiebitz und Feldlerche. Sie brüten in Bodenmulden. Die Feldlerche ist durch ihr unauffälliges Gefieder gut getarnt. Für die meisten Säugetiere hingegen sind Wiesen kein ständiger Lebensraum. Durch Eingriffe wie das Mähen wird die Aufzucht der Jungen gestört. Außerdem sind sie nach einem Schnitt schutzlos der Sonne, dem Wind und Feinden ausgeliefert.

Für den gesamten Tierbestand ist es wichtig, dass Wiesen nicht zu früh und zu oft gemäht werden. Beim Schnitt bricht schlagartig die Lebensgrundlage der Tiere zusammen. Sie überstehen das nur, wenn sie auf benachbarte Wiesen, Wegränder oder Böschungen ausweichen können.

3 Feldlerche

1 Kiebitz

2 Tiere der Wiese. ① *Schwebfliege,* ② *Blutströpfchen,* ③ *Goldlaufkäfer,* ④ *Bänderschnecke,* ⑤ *Feldgrille,* ⑥ *Milbe*

> Die Pflanzen einer Wiese bilden Schichten. Jede von ihnen wird von bestimmten Tierarten genutzt.

1 Einige Tiere sind in Abbildung 2 nicht benannt. Finde heraus, um welche es sich handelt.

2 Welche Gefahren drohen Tieren, die eine Wiese bewohnen?

Ökosysteme

Lebensinseln auf dem Schulgelände

Übung

V 1 Fledermauskästen

Material: Fledermauskästen (käuflich zu erwerben, Herstellung im Werkunterricht)

Durchführung: Bringt die Fledermauskästen Anfang März an alten Baumstämmen oder an Wänden im Halbschatten Richtung Süden an.
Aufgabe: Beobachtet, welche Fledermausarten die Kästen nach einiger Zeit annehmen.

V 2 Vogeltränken

Material: große, flache Schale; verschieden große Steine; Wasser

Durchführung: Stellt die Schalen an offenen, überschaubaren Orten auf. Legt einige Steine hinein. In 4–5 m Entfernung von der Tränke sollten sich Sträucher befinden.
Aufgabe: a) Stellt fest, welche Vogelarten sich einfinden. Beobachtet.
b) Welche Aufgabe erfüllen die Sträucher?

V 3 Totholzhaufen

Material: abgestorbene Äste; abgeknickte Zweige; Wurzelstöcke; Hecken- oder Strauchschnitt; Glasgefäß

Durchführung: Schichtet das gesammelte Material an einer ruhigen Stelle auf, wo es nicht stört. Grabt ein Glas daneben ebenerdig als Kleintierfalle ein.
Aufgaben: Beobachtet, welche Tierarten den Totholzhaufen annehmen. Leert das Glas täglich und lasst die Tiere wieder frei.

V 4 Fassadenbegrünung

Material: selbstkletternde Kletterpflanzen wie Efeu oder Wilder Wein
Durchführung: Holt die Erlaubnis ein, eine Fassade der Schule zu begrünen. Tauscht an den Pflanzstellen den Boden gegen Mutterboden aus und pflanzt im Abstand von ca. 30 cm vor der Wand. Gießt die Pflanzen gut an. Beachtet die Auswahl der Pflanzen nach Licht- und Schattenverträglichkeit.

Aufgabe: Welche Vorteile bietet die Fassadenbegrünung? Nehmt Seite 153 zu Hilfe.

V 5 Steinhaufen

Material: größere Feldsteine oder andere Natursteine

Durchführung: Hebt an einem sonnigen Platz Boden aus und schichtet auf einer Lage Sand Steine übereinander. Sie müssen fest liegen. Füllt von oben Sand darüber. Es sollen aber Ritzen und Höhlen erhalten bleiben.
Aufgabe: Berichtet, welche Tiere sich dort nach und nach ansiedeln.

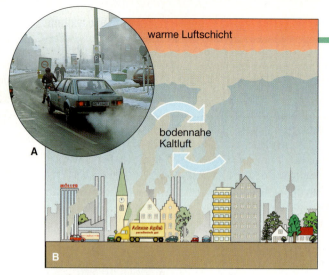

1 Wintersmog. A Autoabgase; **B** Entstehung von Smog (Schema)

7 Gefahren für unsere Lebensgrundlagen

7.1 Belastungen der Luft

Schon morgens auf dem Weg zur Schule wehen uns die Abgaswolken aus den Auspuffrohren des Verkehrs entgegen. Die Kraftfahrzeuge zählen neben Gebäudeheizungen, Industrieanlagen und Kraftwerken zu den größten Luftverschmutzern. Die wichtigsten Schadstoffe sind Schwefeldioxid (SO_2), Stickstoffoxide (NO_x) und Kohlenwasserstoffe (CKW). Meistens findet eine Verdünnung der Luftschadstoffe durch eine Vermischung mit frischer Luft aus höheren Schichten statt. Im Winter dagegen kann der Luftaustausch unterbrochen werden. Bei besonderen Wetterlagen und an windstillen Tagen legt sich dann eine warme Luftschicht wie eine Glocke über die schadstoffhaltige, bodennahe Kaltluft. Rauch, Staub und Abgase sammeln sich darunter an und breiten sich wie ein grauer Schleier über der Stadt aus. Dieser Dunst wird als *Smog* bezeichnet. Der Begriff ist ein Kunstwort aus den englischen Wörtern smoke (Rauch) und fog (Nebel). Beim **Wintersmog** können sich die Schadstoffgehalte in Bodennähe in bedenklichem Maße erhöhen, sodass unsere Gesundheit gefährdet ist. Die *Luftbelastungen* führen dann zu Herz- und Kreislaufbeschwerden sowie Atemwegserkrankungen. CKW können zusätzlich Krebs verursachen. In den letzten Jahren hat die Smoggefahr abgenommen. Dies ist z. B. auf schadstoffarme Autos und abgasverminderte Heizungs- und Industrieanlagen zurückzuführen.

Wenn es im Sommer so richtig heiß ist, hören wir manchmal aus dem Radio Durchsagen über Ozonwerte. Was hat das zu bedeuten? **Ozon** ist eine Sauerstoffform aus 3 Atomen (O_3), die in geringen Mengen als natürlicher Bestandteil der Luft vorkommt. Bei höheren Konzentrationen ist Ozon gesundheitsschädlich. Ozon wird nicht direkt aus Motoren und Heizungen ausgestoßen, sondern entsteht unter Einwirkung der Sonnenstrahlen aus Luftschadstoffen. Diese Vorläuferstoffe wie Stickstoffoxide und Kohlenwasserstoffe sind vor allem in den Autoabgasen enthalten. Beim **Sommersmog** entsteht Ozon häufig in verkehrsreichen Ballungsgebieten und breitet sich dann über das Land aus. In Deutschland und den übrigen EU-Staaten wird die Luft an vielen Messstellen überwacht. Steigen die *Ozonwerte* in einer bestimmten Region über 180 Mikrogramm pro Kubikmeter Luft an, gibt es Ozonalarm. Autofahrer müssen mit Tempobeschränkungen rechnen. Nur so können Erkrankungen der Atemwege, Kopfschmerzen und Augenreizungen verhindert werden. Besonders gefährdet sind Jogger, Langstreckenläufer und Radfahrer. Auf jeden Fall sollten empfindliche Personen anstrengende Tätigkeiten im Freien vermeiden. Abgebaut wird das Ozon abends, wenn die Sonne nicht mehr scheint oder sich das Wetter ändert.

> Winter- und Sommersmog sind Auswirkungen der Luftverschmutzung, die durch Autos, Gebäudeheizungen, Industrie- und Kraftwerke verursacht werden.

1 Beschreibe die Unterschiede zwischen Winter- und Sommersmog.
2 Wie stehst du zu dem Vorschlag, autofreie Sonntage einzuführen? Begründe.

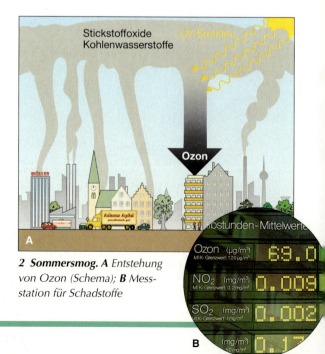

2 Sommersmog. A Entstehung von Ozon (Schema); **B** Messstation für Schadstoffe

Ökosysteme

Der Treibhauseffekt

Streifzug durch die Erdkunde

Man sitzt am Fenster und die Sonne scheint herein. Trotz der Scheiben fühlt man die Wärmestrahlen. Die Wärme bleibt nun im Raum und kann durch das Glas nicht wieder hinaus. Diesen Effekt nutzen wir in Gewächshäusern. Eine ähnliche Wirkung wie die Glasscheiben haben bestimmte Gase in der Lufthülle unserer Erde. Unter diesen *Treibhausgasen* hat *Kohlenstoffdioxid* (CO_2) den größten Anteil. Es lässt einerseits die wärmenden Sonnenstrahlen durch, andererseits bewirkt es, dass die Wärmestrahlen, die die erwärmte Luft abgibt, verzögert in den Weltraum zurückgelangen. Dieser natürliche Treibhauseffekt ermöglicht erst das Leben auf der Erde. Doch die Menschen verstärken die Erwärmung der Lufthülle. Ein erhöhter Energieverbrauch führt dazu, dass sich CO_2 in der Erdatmosphäre ansammelt und zur Aufheizung der Luft führt. Wissenschaftler erwarten bis zum Jahre 2100 eine schrittweise Erwärmung von bis zu 3 °C. Sie befürchten dadurch einen erheblichen Temperaturanstieg in den gemäßigten und polaren Bereichen. Wenn das zutrifft, erwärmt sich das Wasser der Meere und dehnt sich dabei aus. Die Gebirgsgletscher und Polkappen schmelzen und der Meeresspiegel erhöht sich. In den trockenen Gebieten breitet sich die Dürre aus. In den übrigen Bereichen erhöhen sich die Winterniederschläge, was zu verheerenden Überschwemmungen an den Flüssen führen könnte. Als Folge dieser **Klimaänderungen** werden Küstenstreifen und Inseln zerstört mit dramatischen Auswirkungen auf die weltweite Nahrungsmittelversorgung. Wir müssen daher den Kohlenstoffdioxidausstoß erheblich senken, wenn es nicht zu Klimakatastrophen kommen soll.

1 Beschreibe, wie du dazu beitragen kannst, dass weniger CO_2 entsteht.
2 Wie wirkt sich die Vernichtung der Tropenwälder auf den Treibhauseffekt aus?

1 Treibhauseffekt

Das Ozonloch

Streifzug durch die Chemie und Physik

Bevor australische Schüler nach draußen gehen, reiben sie sich auf Rat der Hautärzte mit einer Sonnencreme ein, die den größten Schutzfaktor hat. Der Grund ist eine erhöhte UV-Strahlung, das gefährliche ultraviolette Licht der Sonne. Es verursacht bei ungeschützter Haut schmerzhaften Sonnenbrand oder sogar Hautkrebs. Die Zunahme an UV-Strahlen ist auf die Zerstörung der **Ozonschicht** in 15 km Höhe zurückzuführen. Sie filtert nämlich wie eine Sonnenbrille die UV-Strahlen aus dem Sonnenlicht heraus. Dabei schützt uns das Ozon, indem es selbst zerstört wird. Trifft nämlich ein UV-Strahl auf ein Ozonmolekül aus drei Sauerstoffatomen, so spaltet es dieses auf in ein zweiatomiges und ein einatomiges Teilchen. Bei einem solchen Zusammenstoß wird den UV-Strahlen die zerstörerische Energie genommen. So werden etwa 90% der UV-Strahlung durch die Ozonschicht abgefangen und unschädlich gemacht. Normalerweise bildet sich Ozon immer wieder neu, wenn nicht künstliche Gase wie FCKW diesen Vorgang verhindern. Diese „Ozonkiller" sind jetzt verboten, aber Reste davon zerstören noch immer die Ozonschicht. Dabei entstehen Gebiete mit geringer Ozonkonzentration. Solche *Ozonlöcher* findet man besonders über der Antarktis, aber auch am Nordpol.

1 Ozonloch auf der Südhalbkugel

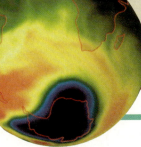

1 Begründe folgende Aussage: Oben schützt Ozon, unten gefährdet es unser Leben.

Ökosysteme

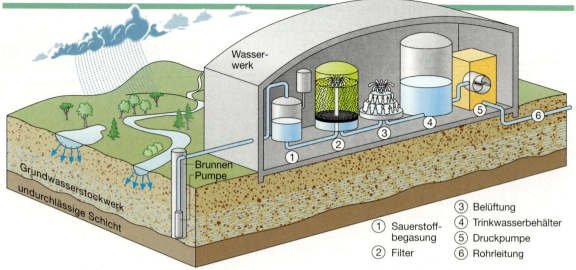

① Sauerstoffbegasung
② Filter
③ Belüftung
④ Trinkwasserbehälter
⑤ Druckpumpe
⑥ Rohrleitung

1 Grundwasserbildung und Trinkwassergewinnung

7.2 Trinkwasser in Gefahr

Wir drehen einfach den Wasserhahn auf und haben meistens Wasser von guter Qualität. Wo kommt es her und wie wird die Qualität gesichert? Unser **Trinkwasser** wird größtenteils aus Talsperren und Grundwasser gewonnen. **Grundwasser** bildet sich aus Regenwasser oder Flusswasser, das als Uferfiltrat im Erdreich versickert. Dabei bilden die Bodenschichten einen natürlichen Filter und reinigen das Wasser. Wenn es auf eine wasserundurchlässige Schicht stößt, staut es sich darüber. In dieses *Grundwasserstockwerk* bohrt man tiefe Brunnen. Das Grundwasser wird hochgepumpt und im Wasserwerk aufbereitet. Dabei wird es mit Sauerstoff angereichert, um unerwünschte Stoffe auszuflocken. Wirkungsvolle Filter halten die Verunreinigungen zurück. Nach dem Belüften wird das Trinkwasser mit Hochdruckpumpen ins Rohrleitungsnetz abgegeben. Von dort gelangt es in unsere Häuser. Manchmal wird dem Trinkwasser auch Chlor zugesetzt, um Krankheitskeime zu beseitigen.

Bevor das Trinkwasser das Wasserwerk verlässt, wird es streng kontrolliert. Es muss hygienisch einwandfrei, klar, farb- und geruchlos sein. Für Schadstoffe sind Grenzwerte festgelegt. Damit wir auch in Zukunft einwandfreies Trinkwasser haben, muss die Verschmutzung des Grundwassers verhindert werden. Bisher sind schon einige Brunnen geschlossen worden, weil die Filterwirkung des Bodens erschöpft war und Gefahrstoffe wie Öl, Pflanzenschutz- und Düngemittel ins Grundwasser sickerten.

Die Einrichtung von **Wasserschutzgebieten** um Trinkwasserbrunnen herum sowie ein sparsamer Gebrauch helfen, die Zukunft unserer Trinkwasserversorgung zu sichern.

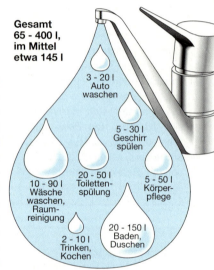

2 Wassernutzung im Haushalt (pro Kopf und Tag)

> Unser Trinkwasser wird größtenteils aus Grundwasser gewonnen. Das Grundwasser muss vor Verunreinigungen geschützt werden.

1 Beschreibe die Trinkwassergewinnung anhand der Abb. 1.
2 Nenne Gefahren für das Grundwasser.

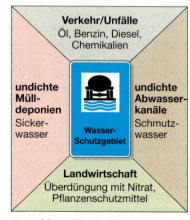

3 Gefahren für das Trinkwasser

Ökosysteme

Abwasserreinigung in einer Kläranlage — Streifzug durch die Technik

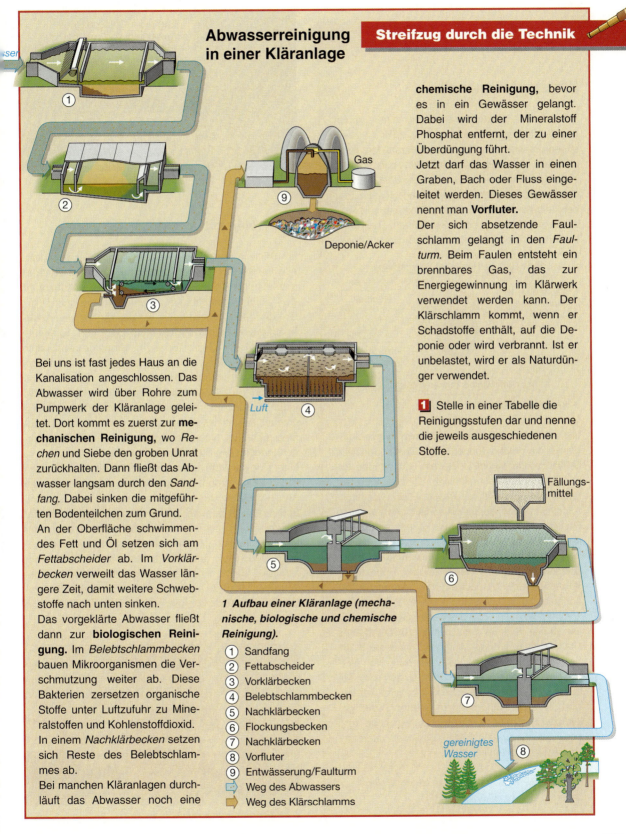

Bei uns ist fast jedes Haus an die Kanalisation angeschlossen. Das Abwasser wird über Rohre zum Pumpwerk der Kläranlage geleitet. Dort kommt es zuerst zur **mechanischen Reinigung,** wo *Rechen* und Siebe den groben Unrat zurückhalten. Dann fließt das Abwasser langsam durch den *Sandfang*. Dabei sinken die mitgeführten Bodenteilchen zum Grund. An der Oberfläche schwimmendes Fett und Öl setzen sich am *Fettabscheider* ab. Im *Vorklärbecken* verweilt das Wasser längere Zeit, damit weitere Schwebstoffe nach unten sinken.

Das vorgeklärte Abwasser fließt dann zur **biologischen Reinigung.** Im *Belebtschlammbecken* bauen Mikroorganismen die Verschmutzung weiter ab. Diese Bakterien zersetzen organische Stoffe unter Luftzufuhr zu Mineralstoffen und Kohlenstoffdioxid. In einem *Nachklärbecken* setzen sich Reste des Belebtschlammes ab.

Bei manchen Kläranlagen durchläuft das Abwasser noch eine **chemische Reinigung,** bevor es in ein Gewässer gelangt. Dabei wird der Mineralstoff Phosphat entfernt, der zu einer Überdüngung führt.

Jetzt darf das Wasser in einen Graben, Bach oder Fluss eingeleitet werden. Dieses Gewässer nennt man **Vorfluter.**

Der sich absetzende Faulschlamm gelangt in den *Faulturm*. Beim Faulen entsteht ein brennbares Gas, das zur Energiegewinnung im Klärwerk verwendet werden kann. Der Klärschlamm kommt, wenn er Schadstoffe enthält, auf die Deponie oder wird verbrannt. Ist er unbelastet, wird er als Naturdünger verwendet.

1 Stelle in einer Tabelle die Reinigungsstufen dar und nenne die jeweils ausgeschiedenen Stoffe.

1 Aufbau einer Kläranlage (mechanische, biologische und chemische Reinigung).

1. Sandfang
2. Fettabscheider
3. Vorklärbecken
4. Belebtschlammbecken
5. Nachklärbecken
6. Flockungsbecken
7. Nachklärbecken
8. Vorfluter
9. Entwässerung/Faulturm

→ Weg des Abwassers
→ Weg des Klärschlamms

Ökosysteme

Streifzug durch die Wirtschaftslehre

Kreislaufwirtschaft

Auf vielen Verpackungen findet man einen grünen Punkt. Dieses Kennzeichen zeigt zwei im Kreis angeordnete Pfeile. Sie deuten darauf hin, dass z. B. die gebrauchten Schachteln oder Dosen zurückgenommen und wieder verwertet werden. Dabei wird ein Kreislauf in Gang gesetzt, der bereits beim Hersteller beginnt. Von ihm gelangen die Verpackungen zu den Geschäften. Der Händler verkauft die verpackten Waren an die Verbrau-

1 Kreislaufwirtschaft

cher. Diese geben die ausgedienten Verpackungen in die gelben Tonnen oder Säcke. Spezielle Müllfahrzeuge sammeln sie ein und bringen sie zur Wiederverwertungsanlage. Dort werden sie nach ihrem Baustoff wie Pappe, Glas, Kunststoff, Aluminium oder Weißblech sortiert und zu neuen Rohstoffen verarbeitet. Daraus können nun wieder andere Produkte hergestellt werden. Um diesen Kreislauf aufrechtzuerhalten, bestimmte der Gesetzgeber, dass die Hersteller und Händler als Verursacher die Verpackung ihrer Waren zurücknehmen müssen. Damit sie dieser Pflicht nachkommen können, gründeten die Geschäftsleute das **D**uale **S**ystem **D**eutschland (**DSD**). Dieses Unternehmen hat die Aufgabe, bundesweit die Sammlung, Sortierung und Verwertung von Verpackungsmaterial durchzuführen. Gegen eine Gebühr, von der diese Maßnahmen bezahlt werden, wird die Verpackung mit dem **Grünen Punkt** gekennzeichnet. Durch die Kreislaufwirtschaft wird der Hausmüll um ein Drittel vermindert und sinnvoll wieder verwendet.

1 Nenne Produkte, bei denen wir ohne Verpackung auskommen können.

1 Mülldeponie

7.3 Wohin mit dem Müll?

Ein Blick in die Mülltonne zeigt uns: Vieles von dem, was wir kaufen, landet irgendwann im Müll. Doch in regelmäßigen Abständen nimmt uns die Müllabfuhr den lästigen Abfall ab. Kein Problem – oder doch?

Um den Müll zu beseitigen, werden die meisten Abfälle auf geordneten **Mülldeponien** abgelagert. Fachleute schließen bei sachgemäßer Behandlung des Mülls eine Umweltgefährdung aus. Gegner befürchten allerdings, dass aus den Müllbergen Schadstoffe austreten und Luft, Boden und Grundwasser schädigen könnten. Da jeder von uns im Jahr durchschnittlich 300 kg Abfälle erzeugt, reicht der Platz auf den vorhandenen Deponien nicht aus. Neue Anlagen in ihrer Umgebung lehnen jedoch viele Menschen ab.

Daher ist die **Müllverbrennung** ein weiterer Weg, den Abfall loszuwerden. Fachleute loben diese technischen Anlagen, da sie die Abfallmenge schnell, platzsparend und umweltschonend vermindern. Die entstehende Wärme kann zusätzlich für die Fernheizung oder Stromerzeugung genutzt werden. Kritiker haben jedoch Bedenken: Schadstoffe aus Abgas, Asche oder Schlacke könnten die Gesundheit der Menschen gefährden. Die Beseitigung des Mülls ist also sehr umstritten. Dennoch kommen wir um eine *Abfallentsor-*

2 Müllverbrennungsanlage

Ökosysteme

3 Glascontainer

6 Papiercontainer

ren wird als **Recycling** bezeichnet, was übersetzt so viel wie „Wiederverwertungskreislauf" heißt. Bestimmte Abfälle werden also als Wertstoffe angesehen, zu Rohstoffen aufgearbeitet, die man *Sekundärrohstoffe* nennt und zur Herstellung neuer Produkte verwendet.

Das Prinzip des Stoffkreislaufs gibt es auch in der Natur. Dort entsteht ebenfalls kein Abfall. Mikroorganismen wandeln organische Stoffe in Humus um. Diese natürliche Zersetzung wenden wir an, wenn wir Rasenschnitt, Laub, Zweige, Gemüse- und Obstabfälle beseitigen. Das getrennt gesammelte organische Material aus Biotonnen oder Containern für Grünabfälle wird zu *Kompost* verarbeitet. Dieser kann Torfmull ersetzen und als wertvoller Biodünger zur Bodenverbesserung auf Feldern und in Gärten verwendet werden.

Gar nicht in die Mülltonne gehören Abfälle, die Gesundheit, Luft, Boden und Wasser gefährden, leicht entzündlich oder explosiv sind. Diese Stoffe müssen zur Annahmestelle für *Sondermüll* gebracht werden. Dazu gehören z. B. Lackfarben, Lösungsmittel, Pflanzenschutzmittel und Batterien. Anderer Sondermüll wie Altöl oder Medikamente mit abgelaufenem Verfallsdatum müssen dort abgegeben werden, wo sie gekauft wurden. Wer also sorgfältig seinen Abfall sortiert, kann seine Restmüllmenge verringern. Er benötigt daher eine kleinere Mülltonne. Das spart Geld bei den Müllgebühren und schont die Umwelt.

gung nicht herum, wenn wir nicht im Müll ersticken wollen.

Das *Abfallgesetz* verpflichtet jeden Bürger, Abfälle weitestgehend zu vermeiden. Wenn sie jedoch unvermeidbar sind, sollen sie verwertet werden. Erst wenn diese Bedingungen erfüllt sind, darf der Abfall entsorgt werden. Er ist aber so zu behandeln, dass er, ohne die Umwelt zu belasten, abgelagert oder verbrannt werden kann. Wie können wir also diese Restmenge in unseren Mülltonnen so klein wie möglich halten?

In unseren Wohnorten gehören *Sammelcontainer* schon zum Straßenbild. Altglas und Altpapier gelangen gar nicht erst in den Müll, sondern gehen zum Hersteller zurück, wo sie wieder zu Ausgangsstoffen für neue Produkte aus Glas, Papier oder Karton werden. Durch die mehrfache Nutzung gebrauchter Materialien schont man die Rohstoffreserven, spart Energie und Deponieraum. Dieses Verfah-

40 % kompostierbare Abfälle
20 % Papier/Pappe
10,5 % Verbundstoffe
10 % Glas
10 % Feinmüll
5 % Kunststoffe
4 % Metalle
0,5 % Schadstoffe

5 Zusammensetzung von Hausmüll (in Gewichtsprozenten)

> Die Vermeidung von Abfällen und eine verantwortungsvolle Abfallbeseitigung sind wichtige Beiträge für eine saubere Umwelt.

1 Wie könnt ihr zu Hause die Müllmenge verkleinern?
2 Welche Möglichkeiten gibt es in der Schule, Abfälle zu vermeiden?
3 Wie müsste Verpackungsmaterial beschaffen sein, damit es kompostierbar ist?

4 Biotonne, Container für Grünabfälle

7 Gelbe Säcke, Gelbe Tonne

Ökosysteme

Streifzug durch die Sozialkunde

AGENDA 21 – ein Programm für das 21. Jahrhundert

Pro Sekunde werden drei neue Erdenbürger geboren. Wenn sich die Weltbevölkerung so weiterentwickelt, wird sich die Menschheit in 30–40 Jahren verdoppeln. Was bedeutet das für die Zukunft? Je mehr Menschen es auf der Erde gibt, desto mehr Boden, Trinkwasser, Nahrung, Rohstoffe und Energie werden für ihre Versorgung gebraucht. Damit steigen aber auch die Umweltbelastungen, die durch den Verbrauch dieser Lebensgrundlagen entstehen. Diese Bedrohung trifft alle Menschen dieser Erde. Der größte Teil der Umweltzerstörung wird jedoch durch die Industriestaaten verursacht. Im Jahre 1992 trafen sich deshalb in Rio de Janeiro zum ersten Mal in der Geschichte Regierungschefs und Vertreter aus 178 Staaten. Die Versammlung beschloss ein Programm, die **Agenda 21**, das im 21. Jahrhundert allen Menschen eine sichere und annehmbare Zukunft bringen soll. Dies ist jedoch nur möglich, wenn alle begreifen lernen, dass der Lebensraum Erde nur eine begrenzte Leistungsfähigkeit hat.

Bestimmte Naturgüter sind nicht in unendlichen Mengen vorhanden und deshalb nur innerhalb bestimmter Grenzen nutzbar. Nach Schätzung des World Energy Council reichen die Vorräte z. B. von Öl noch etwa 40, die von Erdgas 65 und diejenigen von Kohle 200 Jahre, wenn der Verbrauch so weitergeht wie bisher. Wir müssen also sparsamer damit umgehen, um auch den Generationen nach uns die Möglichkeit zu geben, sie zu nutzen. Der geringere Verbrauch an Öl, Gas und Kohle würde dazu beitragen, unsere Umwelt zu entlasten. Der Kohlenstoffdioxid-Ausstoß würde sinken und der Treibhauseffekt zurückgehen.
Dazu müssen Energiequellen erschlossen werden, die sich erneuern. Mit Strom aus Wind-, Wasser- und Sonnenkraft ist bereits ein Anfang gemacht. Der Leitgedanke der Agenda 21 wurde mit den Worten beschrieben: **Nachhaltige Entwicklung.** Das bedeutet, dass wir mit allen unseren Naturgütern schonend, umweltverträglich und zukunftssicher umgehen müssen. Kein Land der Erde mit seinen Menschen darf auf Kosten der Natur, anderer Länder sowie zukünftiger Generationen leben. Auch jeder Einzelne von uns kann durch sparsamen Verbrauch von Energie und Rohstoffen zu diesem Ziel beitragen.

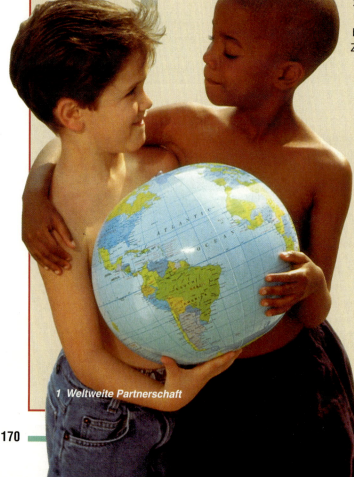

1 Weltweite Partnerschaft

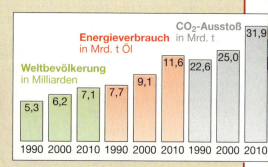

2 Mögliche Entwicklung der Erde (2000/2010: Prognose)

1 Begründe, warum eine weltweite Zusammenarbeit in Umwelt- und Entwicklungsfragen notwendig ist.

2 Betrachte die Abb. 2 und beschreibe, welche Probleme auf die Weltbevölkerung zukommen.

Ökosysteme

Global denken – lokal handeln

Übung

A1 Wie lassen sich Heizkosten sparen und CO₂ vermindern?

Um einen Quadratmeter Wohnfläche jährlich auf 23 °C zu heizen, werden 20 l Heizöl oder 20 m³ Gas benötigt.

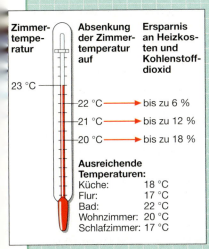

a) Berechne die Ersparnis an Brennstoffen für eine 100 m² große Wohnung, wenn die Zimmertemperatur um ein Grad gesenkt wird.
b) Ein Liter Heizöl erzeugt 2,6 kg und ein Kubikmeter Gas 2,0 kg CO_2. Berechne den Jahresausstoß an CO_2. Wie vermindert sich der CO_2-Ausstoß durch 1 °C Temperaturabsenkung bei 100 m² Wohnfläche?
c) Führe die Berechnungen von a und b am Beispiel eurer Wohnung durch.
d) Erkundige dich nach den Öl- oder Gaspreisen und errechne, wie viel Geld ihr bei einer Temperaturabsenkung von 1 °C oder 2 °C sparen könnt.
e) In welchem Zusammenhang steht diese Ersparnis mit der nachhaltigen Entwicklung?

V2 Wie kann man den Wasserverbrauch senken?

Material: Wasseruhr

Durchführung: Lies den augenblicklichen Zählerstand ab. Wiederhole dies nach einer Woche.
Aufgaben: a) Stelle den Wasserverbrauch für eine Woche fest und berechne den durchschnittlichen Verbrauch für eine Person pro Tag.
b) Vergleiche diese Menge mit dem Durchschnittsverbrauch der Bundesrepublik von 145 l pro Person und Tag.
c) Für ein Vollbad in der Wanne benötigt man 150 l, für eine Sechs-Minuten-Dusche 50 l Wasser. Überlege, wie oft du im Monat badest? Wie viel Wasser könntest du sparen, wenn du dafür duschst?
d) Ein Tropfen aus dem Wasserhahn pro Sekunde füllt in einer Stunde bereits eine 0,7 l Flasche. Wie groß sind die verlorenen Wassermengen nach einem Tag, einer Woche, einem Monat?
e) Nenne weitere Maßnahmen, wie ihr Wasser zu Hause sparen könnt.
f) Welche Auswirkungen hat der sparsame Wasserverbrauch auf die Umwelt?

A3 Was kann ich denn dafür?

„Die Mülldeponie verschmutzt Grundwasser und Luft – sollen die doch mal was dagegen tun!"
„Auf eine Dose Cola in der Pause kann ich nicht verzichten – oder soll ich etwa verdursten?"
„Was interessiert mich die Verpackung – auf den Inhalt kommt es an!"

Was hältst du von diesen Aussagen? Begründe.

A4 Mach mit beim Gewässerschutz!

Betrachte die Karikaturen und schreibe zu jeder Abbildung eine Regel auf, wie man sich richtig verhalten soll.

Ökosysteme

Prüfe dein Wissen

Ökosysteme

A 1 Erkläre *Ökosystem*, *Biotop* und *Biozönose*. Benutze die Begriffe „Lebensraum" und „Lebensgemeinschaft".

A 2 Ökosysteme werden durch abiotische und biotische Umweltfaktoren geprägt.
a) Ordne die aufgeführten Beispiele nach abiotischen und biotischen Faktoren: Sand, Wildschwein, Hagebutte, Schatten, Kleiner Fuchs, Hitze, Humus, Klatschmohn, Bodenfeuchtigkeit, Trockenheit, Regenwurm.
b) Welche Beispiele gehören zum Ökosystem Laubwald?

A 3 Nenne je zwei typische Baumarten des Laubwaldes und des Nadelwaldes.

A 4 Ein Mischwald ist in verschiedene „Stockwerke" gegliedert.
a) Nenne die einzelnen Schichten.
b) Ordne die folgenden Pflanzen den entsprechenden Schichten zu: Buschwindröschen, Holunder, Farn, Stieleiche, Frauenhaarmoos, Jungbuche, Waldrebe, Fichte, Maiglöckchen, Knollenblätterpilz, Weißmoos, Springkraut, Lärche.

A 5 Warum können Frühblüher im Laubwald gedeihen? Nenne zwei Gründe.

A 6 Wie heißen die abgebildeten Frühblüher des Laubwaldes? Benenne die Speicherorgane und ordne sie den entsprechenden Pflanzen zu.

A 7 Was ist eine Symbiose? Finde die richtige Erklärung heraus.
a) Ein Lebewesen hat Nutzen von dem Wirt, auf dem es lebt.
b) Nur der Wirt zieht Nutzen aus den ihn besiedelnden Lebewesen.
c) Eine Krankheit, die Waldpflanzen befällt.
d) Eine Lebensgemeinschaft zu gegenseitigem Nutzen.

A 8 Ergänze die folgenden im Wald vorkommenden Nahrungsketten:
a) ? → Eichenwicklerraupe → ? → Waldkauz
b) Fichte → ? → Buntspecht → ?

A 9 Wie heißen die Teile des Pilzes?

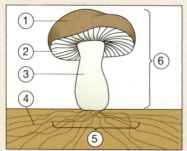

A 10 Die Abbildung zeigt schematisch die Beteiligten am Kreislauf der Stoffe z. B. im Wald. Es ist jedoch etwas durcheinander geraten.

a) Berichtige die Schemazeichnung.
b) Ersetze die Begriffe der Schemazeichnung durch entsprechende biologische Fachausdrücke.
c) Nenne zu jeder Gruppe drei Arten.

A 11 Nenne mindestens fünf Leistungen des Waldes für Mensch und Umwelt.

A 12 Stelle mindestens vier Forderungen zur ökologischen Waldentwicklung auf.

A 13 An einem See folgen vom Land zum Wasser verschiedene Zonen aufeinander.
a) Zähle sie der Reihe nach auf.
b) Ordne die aufgeführten Pflanzen den richtigen Zonen zu: Tausendblatt, Teichrose, Rohrkolben, Sumpfdotterblume, Pfeilkraut, Weide, Wasserpest, Seerose, Froschlöffel, Wasserschwertlilie, Hornblatt.

A 14 Ergänze die im See vorkommenden Nahrungsketten.

Ökosysteme

a) Algen → ? → Libellenlarven → ? → Hecht
b) ? – Mückenlarve → ? → Haubentaucher

A 15 An einem See leben verschiedenartige Wasservögel.

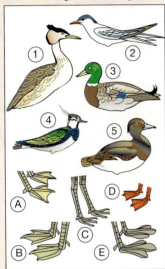

a) Nenne die abgebildeten Vögel.
b) Ordne ihnen ihre Füße zu.
c) Ein Vogel und ein Paar Füße gehören nicht dazu. Finde sie heraus.

A 16 Die folgende Abbildung zeigt einen Querschnitt durch eine Nordseeinsel. An welcher Stelle befinden sich folgende Gebiete: Dünen, Watt, Spülsaum, Salzwiese, Strand?

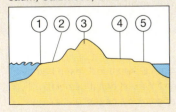

A 17 Welche der Muscheln und Schnecken kann man am Spülsaum der Nordsee finden?

Schwertmuschel, Teichmuschel, Plattmuschel, Islandmuschel, Venusmuschel, Strandschnecke, Hainbänderschnecke, Wellhornschnecke, Weinbergschnecke

A 18 Welche Aussagen sind zutreffend?
a) Das Abfließen des Meerwassers bezeichnet man als Ebbe.
b) Ebbe ist gleich Niedrigwasser.
c) Das Ansteigen des Meerwassers bezeichnet man als Flut.
d) Hochwasser ist gleich Flut.
e) Als Gezeiten bezeichnet man die Wasserstandsunterschiede zwischen Niedrig- und Hochwasser.

A 19 An der Küste herrschen für Tiere und Pflanzen extreme Lebensbedingungen. Nenne mindestens 5 typische Kennzeichen dieses Lebensraumes.

A 20 Im Pflanzengürtel vom Watt bis zum Land (Salzwiese) kommen Strandflieder, Queller, Strandaster, Schlickgras, Strandnelke und Seegras vor.
a) Welche Pflanzenart findet man am weitesten draußen im Watt?
b) Nenne die Pflanzen in der Reihenfolge ihres Auftretens.

A 21 a) Wähle aus der Aufzählung die Meeresfische aus: Scholle, Forelle, Kabeljau, Makrele, Hering, Aal, Seelachs, Hecht, Karpfen, Rotbarsch, Zander, Seezunge, Rotauge.
b) Nenne die drei Speisefischarten, die in Deutschland am meisten verzehrt werden.

A 22 Die Schemazeichnung verdeutlicht Zonen der Stadt.
a) Wie heißen die Zonen?

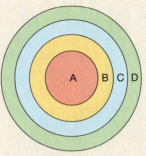

b) Ordne die Stadtelemente ein: Fußgängerzone, Villen, Reihenhäuser, modernes Verwaltungsgebäude, Park, Wohnblöcke, Trabantenstadt, Marktplatz.

A 23 Welche Stichworte kennzeichnen Städte?
Ballungsraum, Kälteinsel, Verkehr, Sauerstoffreichtum, Versorgungsleitungen, Windstille, viele Bodenlebewesen, Abwärme, Versiegelung, Dunstglocke, geringe Temperaturschwankungen, schnelle Abkühlung

A 24 Welche Aussagen über Pflanzen in der Stadt treffen zu?
a) Städte sind artenarm.
b) In der Stadt gibt es viele eingebürgerte Pflanzenarten.
c) In der Stadt gibt es nur eingebürgerte Pflanzenarten.
d) Das grüne Stadtumland ist artenreich.
e) In der Stadt findet man Pflanzenarten mit unterschiedlichen Ansprüchen in enger Nachbarschaft.

A 25 Was trifft auf Tiere in der Stadt zu?
a) Sie sind Nahrungsspezialisten.
b) Sie sind anpassungsfähig.
c) Sie sind Lebensraumspezialisten.
d) Sie können vorhandene Lebensmöglichkeiten gut nutzen.

Stoffwechsel des Menschen

1 Gartenparty

2 Nahrung ermöglicht viele Lebensvorgänge

1 Ernährung und Verdauung

1.1 Warum essen und trinken wir?

Gesa hat zur Gartenparty eingeladen. In gemütlicher Runde lassen sich die Gäste die leckeren Salate und die knusprig gebratenen Hähnchenkeulen schmecken. Jeder genießt es, mit Freunden oder Familienangehörigen zu essen.
Mit der Nahrung nehmen wir die lebenswichtigen **Nährstoffe** Kohlenhydrat, Fett und Protein (Eiweiß) auf, die wir brauchen, um gesund und leistungsfähig zu bleiben. **Baustoffe** wie die *Proteine* tragen dazu bei, dass wir wachsen und sich unsere Zellen immer wieder erneuern können. Dieser **Baustoffwechsel** sorgt dafür, dass unser Körper aus Muskeln, Knochen, Haut und Haaren aufgebaut werden kann.

Die **Betriebsstoffe** *Kohlenhydrate* und *Fette* werden im **Betriebsstoffwechsel** abgebaut und liefern die notwendige Energie für unsere Organe. Auch die Körpertemperatur von ca. 37 °C kann nur konstant gehalten werden, wenn wir regelmäßig Nahrung zu uns nehmen. Das Gehirn funktioniert als Schalt- und Denkzentrale nur richtig, wenn genügend Nährstoffe und Wasser für die Gehirntätigkeit zur Verfügung stehen.

Wasser ist der Hauptbestandteil unseres Körpers. Deshalb müssen wir täglich 2–3 Liter Flüssigkeit aufnehmen. Ohne Flüssigkeitszufuhr würden die Regelung der Körpertemperatur und der Kreislauf zusammenbrechen. Nahrungsmittel wie z. B. Vollkornbrot enthalten **Ballaststoffe,** die die Ausscheidung unverdaulicher Reste beschleunigen. Nicht zuletzt sind **Wirkstoffe** wie *Vitamine, Mineralstoffe* und *Spurenelemente* in der Nahrung nötig, um unser Abwehrsystem zu stärken und uns vor Krankheiten zu schützen. Für Menschen, die im Sport oder bei der Arbeit körperlich oder geistig besonders viel leisten, ist die regelmäßige Nahrungszufuhr mit leistungsgerechter Zusammensetzung der Nahrung besonders wichtig.

> Nahrungsmittel dienen zur Gesunderhaltung des Körpers und versorgen ihn mit Bau- und Betriebsstoffen für alle Lebensvorgänge.

1 Ein Sprichwort sagt: „Essen und Trinken hält Leib und Seele zusammen." Was ist damit gemeint?
2 Menschen, die lange nichts gegessen haben, frösteln leicht, klagen über Müdigkeit oder ein flaues Gefühl im Magen. Erkläre solche Anzeichen.
3 Kinder, die in Hungergebieten der Erde aufwachsen, sterben häufig während der ersten Lebensjahre. Erläutere mögliche Gründe.

Stoffwechsel des Menschen

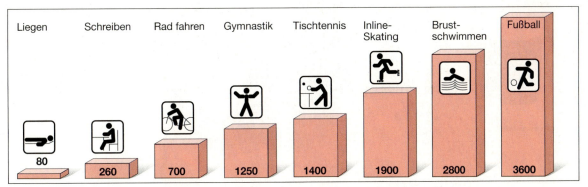

1 *Energieaufwand für verschiedene Tätigkeiten in kJ pro Stunde* (Durchschnittswerte)

1.2 Nahrung spendet Energie

Viele Menschen freuen sich am Wochenende auf ein ausgedehntes Frühstück. Wieso hat man eigentlich Hunger, obwohl man doch viele Stunden nur geschlafen hat? Auch wenn der Mensch ruht, müssen Atmung, Herzschlag und Verdauung im Körper aufrechterhalten bleiben. Dafür wird Energie verbraucht. Die Energiemenge, die der Organismus innerhalb von 24 Stunden für solche Aufgaben benötigt, bezeichnet man als **Grundumsatz**. Die Maßeinheit für die Nahrungsenergie heißt *Kilojoule (kJ)*. Eine vereinfachte Regel sagt, dass man sein Körpergewicht in kg mit 100 multiplizieren muss, um den ungefähren Grundumsatz in kJ zu berechnen.

Nun liegen wir jedoch, wenn wir gesund sind, nicht den ganzen Tag im Bett, sondern sind in Bewegung und lernen z.B. in der Schule. Solche körperlichen und geistigen Aktivitäten verbrauchen zusätzliche Energien, die man **Leistungsumsatz** nennt. Etwa 30 % des Grundumsatzes können wir bei normaler Tätigkeit als Leistungsumsatz dem Grundumsatz hinzurechnen. So ergibt sich der **Gesamtumsatz**.

Welchen Sport wir treiben und wie viele Stunden wir vor dem Fernseher verbringen, alles das beeinflusst den Gesamtumsatz erheblich.

Die Energiemengen, die wir täglich brauchen, sind in unserer Nahrung enthalten. Aus einem Gramm Kohlenhydrat und einem Gramm Protein gewinnen wir jeweils 17 kJ. Fett liefert doppelt so viel Energie: 38 kJ pro Gramm. Das bedeutet zum Beispiel, dass allein die Buttermenge, die man auf ein Brötchen streicht, die gleiche Energiemenge enthalten kann wie das ganze Brötchen.

> Nahrungsmittel liefern durch ihre Nährstoffe die nötigen Energiemengen, die der Körper als Grund- und Leistungsumsatz täglich verbraucht.

1 a) Berechne deinen ungefähren Grundumsatz.
b) Ermittle mithilfe dieses Werts deinen ungefähren Gesamtumsatz.

2 Wenn man die Energiemenge einer bestimmten Nahrung durch eine sportliche Tätigkeit „abbauen" wollte, was müsste man für die einzelnen Nahrungsmittel in Abb. 2 tun? Siehe dazu Abb. 1.
(Beispiel: Für eine Tafel Schokolade müsste man ca. 2 Stunden Gymnastik machen.)

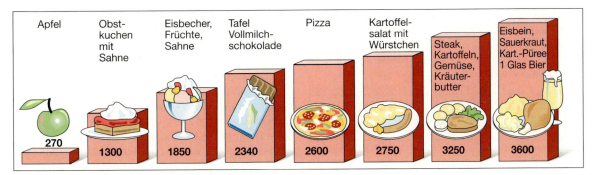

2 *Energiegehalt verschiedener Nahrungsmittel in kJ pro 100 g*

1 Kohlenhydratreiche Lebensmittel. A Zusammenstellung; **B** Modelle von Kohlenhydraten

1.3 Kohlenhydrate machen fit

Morgen ist Marcels großer Tag: Er wird an dem Schüler-Triathlon teilnehmen. Während der letzten Wochen hat er fast täglich trainiert und er fühlt sich fit. Was kann er nun noch tun, um beim Wettkampf bis zum Schluss genügend Energiereserven zu haben? Seine Mutter will ihm Schokoriegel als Energiespender mitgeben. Ist das das Richtige für ihn?

Der Schokoriegel enthält vor allem **Kohlenhydrate**, hier in Form von Traubenzucker. *Traubenzucker* ist tatsächlich eine wichtige Energiequelle. Er besteht, wie alle Kohlenhydrate, aus *Kohlenstoff, Sauerstoff* und *Wasserstoff*. Dabei ist das Traubenzucker-Molekül die einfachste Kohlenhydratverbindung. Da Traubenzucker schnell ins Blut übergeht, gibt er uns durch den erhöhten Blutzuckerspiegel einen richtigen „Leistungskick". Doch nach wenigen Minuten ist es damit vorbei. Danach sinkt der Blutzuckerspiegel oft unter das Normalmaß, und die Kräfte lassen schnell nach. Für Marcel würde das ein Leistungstief bedeuten, das er sich bei solch einem Wettkampf nicht leisten kann.

Wer körperliche Ausdauer beweisen will, sollte am besten auf stärkehaltige Kohlenhydrate zurückgreifen, wie sie in Vollkornbrot, Nudeln, Haferflocken, Reis und Gemüse vorkommen. *Stärke* besteht aus langen Ketten von Traubenzuckermolekülen. Im Darm werden die Ketten in die einzelnen Moleküle aufgespalten und nach und nach in kleinen Portionen an das Blut abgegeben.

Marcel entscheidet: Heute abend gibt es eine große Portion Nudeln mit frischer Tomatensoße, um die Energiereserven des Körpers aufzufüllen. Und morgens wird er sich vor dem Wettkampf mit Müsli und Obst fit machen. Den Schokoriegel wird er essen, wenn alles vorbei ist.

Nicht nur bei körperlicher Tätigkeit, sondern auch beim Nachdenken und Lernen verbraucht man Kohlenhydrate. Allerdings reichen dazu weitaus geringere Mengen als bei starker körperlicher Betätigung. Nimmt man mehr auf, als man verbraucht, wird der Überschuss als *Glykogen* in Leber und Muskeln gespeichert.

> Kohlenhydrate stellen die wichtigste Energiequelle für körperliche Bewegung und Gehirntätigkeit dar.

Kohlenhydrat	Andere Namen	Vorkommen
Traubenzucker	Glucose, Dextrose	Weintrauben, Honig, Süßigkeiten, Rosinen
Haushaltszucker	Rübenzucker, Rohrzucker, Saccharose	Süßigkeiten, Kuchen, Schokolade, Limonaden
Fruchtzucker	Fructose, Lävulose	Obst, Marmelade
Milchzucker	Lactose	Milch, Butter, Käse
Malzzucker	Maltose	Kartoffeln, Malzbier
Vielfachzucker	Stärke	Getreide, Kartoffeln, Nudeln, Brot, Bananen

2 Kohlenhydrate in Lebensmitteln

1 Du schreibst eine Klassenarbeit. Welche Nahrungsmittel solltest du in der Pause davor möglichst essen?
2 Schaue zu Hause in den Vorratsschrank. Auf den Verpackungen von Fertignahrungsmitteln findest du eine Liste mit den Inhaltsstoffen. Finde mithilfe der Tabelle 2 heraus, welche Lebensmittel Zucker enthalten.
3 Begründe, warum viele Ausdauersportler vor dem Wettkampf große Portionen von Nudeln essen.

Stoffwechsel des Menschen

1 Fetthaltige Nahrungsmittel. A Zusammenstellung; B Fettmodell

1.4 Fette bringen (zu) viel Energie

„Ein Croissant mit Butter und Nussnugatcreme – das schmeckt einfach himmlisch", schwärmt Annika. Und was so gut schmeckt, muss auch gesund sein – oder? Informiert man sich über die Zusammensetzung der Nahrung, stellt man fest, dass neben Kohlenhydraten allein im Croissant ca. 12 g **Fett** steckt. Butter und der süße Aufstrich enthalten mindestens weitere 12 g Fett. Mit dieser Fettmenge hat Annika bereits einen großen Anteil der empfohlenen Tagesration von 60 bis 80 g zu sich genommen.

Viele Menschen essen viel zu fett, denn die versteckten Fette in Wurst, Käse und Süßigkeiten beachtet man nicht. Außerdem hat Fett den höchsten Energiegehalt aller Nährstoffe. Wenn man täglich zu viel Fett zu sich nimmt, baut der Körper schließlich daraus eigene Fette auf und speichert sie als *Depotfette* an Bauch, Hüften und Gesäß.

Neben Übergewicht können Herz-Kreislauf-Erkrankungen und Zuckerkrankheit weitere Folgen von erhöhtem Fettkonsum sein.

Doch Fette sind auch wichtig für unseren Körper. Er braucht sie, damit die Zufuhr der fettlöslichen Vitamine A, D und E gesichert ist. Im Gewebe unter der Haut sorgen Fettschichten für eine Isolation gegen Kälte. Fette dienen auch als Energiereserve bei langer Krankheit. Fettmoleküle bestehen aus *Glycerin* und 3 *Fettsäuren*, von denen es viele verschiedene Typen gibt. Einige dieser Fettsäuren sind **essenziell**, d. h. der Mensch muss sie mit der Nahrung aufnehmen, weil er sie selbst nicht bilden kann. Sie kommen vorwiegend in pflanzlichen Fetten wie z. B. in Olivenöl vor. Solche Fettarten sollte man tierischen Produkten wie z. B. Schmalz vorziehen.

> Fette sind wichtige Energieträger unserer Nahrung. Der häufige Verzehr von fettreichen Lebensmitteln kann zu Übergewicht führen.

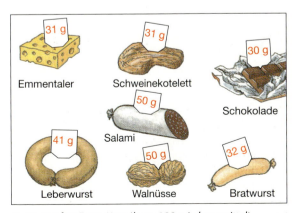

2 Versteckte Fette (Anteil pro 100 g Lebensmittel)

1 Stelle die Mengen an versteckten Fetten in Abb. 2 grafisch dar. Ergänze die Aufstellung durch weitere fetthaltige Lebensmittel, die du auf Seite 178 findest.
2 Erläutere, warum Fette einerseits lebenswichtig sind, andererseits auch belastend sein können.
3 Mache Vorschläge, wie man bei der Nahrungszubereitung Fett sparen kann.
4 100 g gekochte Kartoffeln enthalten überhaupt kein Fett, 100 g Pommes frites dagegen 14–16 g Fett. Wie erklärst du diesen Unterschied?
5 In Nachkriegszeiten gab es deutlich weniger Herzinfarkte. Welche Gründe kannst du dafür nennen?

Stoffwechsel des Menschen

1 Proteinhaltige Nahrungsmittel. **A** Zusammenstellung; **B** Modelle

1.5 Eiweiß – nicht nur im Hühnerei

Daniel kommt von einem langen Schultag hungrig nach Hause. Als er sieht, dass es Gemüseauflauf mit Käse überbacken gibt, mault er: „Gibt es denn kein Fleisch dazu? Wie soll ich da zu Kräften kommen?" Ist seine Kritik am Essen berechtigt?

Fleisch enthält tatsächlich einen wichtigen Nährstoff, nämlich *Eiweiß,* auch **Protein** genannt. Proteine brauchen besonders Kinder und Jugendliche für ihr Wachstum, denn Proteine sind die Grundbausteine von Muskeln, Organen, Haut, Haaren, Blut und Hormonen. Auch für die Verdauung sind spezielle Proteine nötig. Das Abwehrsystem braucht Proteine, um Antikörper bilden zu können. Insgesamt machen die Proteine ein Fünftel des menschlichen Körpers aus.

Es gibt zahlreiche unterschiedliche Proteinmoleküle. Ihre Grundbausteine, die *Aminosäuren,* sind wie Perlen einer Kette im Proteinmolekül aneinander gereiht.

Essenzielle Aminosäuren müssen unbedingt mit der Nahrung aufgenommen werden. Meist reichen 50 bis 60 g Protein pro Tag bzw. 0,8 g pro kg Körpergewicht aus, um den Bedarf zu decken. Fleisch, Fisch, Milchprodukte und Eier enthalten tierisches Eiweiß. Aber auch pflanzliche Produkte wie Bohnen, Erbsen, Linsen, Nüsse und Kartoffeln liefern Protein. Eine Kombination von pflanzlichen und tierischen Proteinquellen liefert hochwertige Proteine mit allen essenziellen Aminosäuren.

Pellkartoffeln und Quark, Kartoffeln und Ei, Bohnen und Reis sind solche idealen Gerichte. Dabei reicht es auch für Kinder vollkommen aus, wenn sie zwei- bis dreimal pro Woche eine kleine Fleischportion essen.

> Proteine sind als Baustoffe für den Körper unerlässlich. Sie kommen in tierischen und pflanzlichen Nahrungsmitteln vor.

Lebensmittel (100 g)	Protein (g)	Kohlenhydrate (g)	Fett (g)
Vollmilch	3,5	3,5	5
Schnittkäse	25	3	28
Magerquark	37	3	2
Hühnerei (1 Stück)	7	–	6
Fischstäbchen	16	7	20
Rotbarsch	18	0	4
Brathähnchen	15	–	9
Schweineschnitzel	21	–	8
Rindfleisch, mager	20	–	4
Bohnen	26	47	2
Linsen	24	56	2
Erbsen	23	52	2
Erdnüsse	28	16	45

2 Nährstoffgehalt von proteinreichen Lebensmitteln

1 Kann ein Käse-Gemüse-Auflauf dem Körper hochwertige Proteine liefern? Begründe deine Antwort.

2 Finde eine abwechslungsreiche Zusammenstellung von Lebensmitteln, die ca. 60 g Protein enthält. Suche dazu aus der Tabelle in Abb. 2 vier bis fünf unterschiedliche Lebensmittel heraus. Beachte dabei, dass eine Fisch- oder Fleischportion mit 200 g gerechnet wird.

Stoffwechsel des Menschen

Nachweise von Nährstoffen

Übung

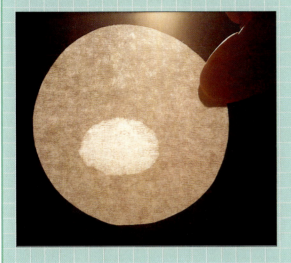

V 1 Fettfleckprobe

Material: Proben von Käse, Wurst, Speck, Erdnüssen, Brot, Obst, Schokolade; Mörser und Pistill; Pipette; Alkohol (Brennspiritus); Filtrierpapier; Trichter; kleines Becherglas; Löschpapier
Durchführung: Gib kleine Proben der Nahrungsmittel in einen Mörser und zerreibe sie so fein wie möglich. Gib wenige Milliliter Alkohol dazu und mische sie gut mit dem Nahrungsbrei. Filtriere alles und gib je einen Tropfen auf das Löschpapier. Markiere die Flecken mit Bleistift und beschrifte sie. Lasse den Alkohol verdunsten.
Aufgabe: Welche Nahrungsmittel hinterlassen durchsichtige Fettflecke? Mache auch je eine Probe mit reinem Alkohol und Wasser.

V 2 Fettanteile in Nahrungsmitteln

Material: Je 100 g Käse; Leberwurst oder Salami; ein kleines Gefäß, das für eine Mikrowelle geeignet ist; Waage; Mikrowellengerät
Durchführung: Gib 100 g des Lebensmittels in das Gefäß und erhitze es abgedeckt bei ca. 600 Watt 1 bis 1,5 Minuten lang, bis alles Fett ausgeschmolzen ist. Gieße das geschmolzene Fett sorgfältig ab und stelle das Gewicht fest.
Aufgabe: Errechne den ungefähren Prozentsatz der Fettanteile der einzelnen Proben. Stelle den Fettanteil in einem Säulendiagramm grafisch dar.

V 3 Nachweis von Traubenzucker (Glucose)

Material: Glucose-Teststäbchen; Lösungen von Haushaltszucker und Traubenzucker; Obstsaft; Milch; Honig; Kaffee
Durchführung: Prüfe mit den Teststäbchen durch kurzes Eintauchen in die Lösungen, ob die Lebensmittelproben Traubenzucker enthalten. Eine Grünfärbung in dem entsprechenden Testfeld zeigt Glucose an.
Aufgabe: Stelle eine Liste mit den traubenzuckerhaltigen Lebensmitteln zusammen.

V 4 Nachweis von Stärke

Material: Uhrgläschen; Pipette; Kaliumiodidlösung; Lebensmittelproben wie z. B. Kartoffelscheiben, Knäckebrot, Zucker, Weißbrot, Milch, Obst, Gurke
Durchführung: Gib jeweils einige Tropfen der Kaliumiodidlösung auf die Probe. Eine tiefblaue Färbung zeigt an, dass Stärke enthalten ist.
Aufgabe: Welche der untersuchten Lebensmittel enthalten das Kohlenhydrat Stärke?

V 5 Nachweis von Eiweiß (Lehrerversuch)

Material: Reagenzgläser; konz. Salpetersäure; Pipette; Schutzbrille; Lebensmittelproben von gekochtem Eiklar, gegartem Fleisch, gekochten Kartoffeln, Weißbrot, Zucker
Durchführung: Man gibt kleinste Proben des Lebensmittels in ein Reagenzglas und fügt wenige Tropfen konzentrierter Salpetersäure dazu (Schutzbrille). Eine Gelbfärbung zeigt das Vorhandensein von Eiweiß an.
Aufgabe: Protokolliere die Ergebnisse in Form einer Tabelle.

Stoffwechsel des Menschen

1	Vit. A, B 2, B 6, B 12, D, E, Calcium, Magnesium
2	Vit. B 6, E, Calcium
3	Vit. B 2, B 6, B 12, Folsäure
4	Folsäure, Magnesium
5	Vit. C
6	Vit. A

1 Wirkstoffe in Lebensmitteln

1.6 Kleine Mengen – große Wirkung!

Zusätzlich zu den Nährstoffen müssen Menschen auch **Wirkstoffe** zu sich nehmen. Dazu gehören Vitamine, Mineralstoffe und Spurenelemente. Wir sind auf ihre Zufuhr durch die Nahrung angewiesen, weil unser Körper sie – mit wenigen Ausnahmen – nicht herstellen kann. Schon wenige Milligramm dieser Stoffe reichen jedoch aus, um den Tagesbedarf zu decken.
Vitamine sorgen für den Aufbau und die Erneuerung der Zellen, helfen bei dem komplizierten Verdauungsprozess und stärken unser Abwehrsystem. Sie können für gute Laune sorgen, unterstützen den Sehvorgang und lassen Haut und Haare gesund wachsen. Einige Vitamine, z. B. *Vitamin D*, werden nur als Vorstufen mit der Nahrung aufgenommen. Erst im Körper bildet sich daraus das wirksame Vitamin. Die unterschiedlichen Vitamine sind entweder wasser- oder fettlöslich. Frisches Obst und Gemüse ist besonders reich an Vitaminen; deshalb ist es wichtig, täglich mehrmals davon zu essen. Wenn man dann zusätzlich darauf achtet, möglichst unterschiedliche Obst- und Gemüsesorten zu sich zu nehmen und sie mit tierischer Kost zu ergänzen, deckt man seinen täglichen Vitaminbedarf am besten.

Neben den Vitaminen sind die **Mineralstoffe** wie z. B. *Calcium* für Jugendliche besonders wichtig. Knochen und Zähne enthalten insgesamt bis zu 1,5 kg davon. Da Knochenzellen und Zahnschmelz ständig erneuert werden, brauchen sie für ihre Stabilität täglichen Nachschub von Mineralstoffen. Dabei ist zu beachten, dass es Substanzen gibt, die eine Aufnahme von Mineralstoffen stören können. So hemmen z. B. Cola, Spinat und Rhabarber die Aufnahme von Calcium. Dann sollte besonders darauf geachtet werden, dass man genügend Milchprodukte und Käse zu sich nimmt.
Spurenelemente wie *Eisen* und *Zink* sind teilweise in noch geringerer Menge wirksam als die Mineralstoffe. So weiß man heute, dass 6–12 mg Zink im gesamten Blut ausreichen, um die Abwehrzellen zu stärken, die Wundheilung zu fördern und Schadstoffe besser abzubauen. Raucher sollten deshalb genügend fettarme Fleisch- und Fischsorten zu sich nehmen, da diese besonders viel Zink enthalten.
Jedes Vitamin, jeder Mineralstoff und jedes Spurenelement erfüllt für den Organismus ganz bestimmte Aufgaben. Ein optimales Zusammenspiel aller Wirkstoffe fördert unsere Gesundheit nur dann, wenn alle Stoffe in ausreichender Menge täglich zur Verfügung stehen. Zwar können einige Stoffe auch im Körper gespeichert werden, jedoch sind bei Erkrankungen, erhöhtem Stress oder starker seelischer und körperlicher Belastung die „Speicher" schnell leer. Deshalb kann es durchaus sinnvoll sein, bei solchen Belastungen für eine bestimmte Zeit mit Vitamin- und Mineralstoffpräparaten Mangelerscheinungen vorzubeugen.
Angst vor einer Überdosierung von Vitaminen braucht man im Allgemeinen nicht zu haben. Sind die Speicher in Leber und Fettgewebe des menschlichen Körpers aufgefüllt, werden die unverbrauchten Wirkstoffe ausgeschieden. Vitamin A jedoch, das z. B. in Lebertran vorkommt, sollte nur über einen begrenzten Zeitraum eingenommen werden.

> Vitamine, Mineralstoffe und Spurenelemente sind an zahlreichen lebenswichtigen Prozessen im menschlichen Körper beteiligt und müssen mit der Nahrung aufgenommen werden.

1 Begründe, warum einseitige Ernährung auf Dauer zu einer Unterversorgung mit bestimmten Wirkstoffen führt.
2 Seefahrer litten früher unter der Mangelkrankheit **Skorbut**. Das Zahnfleisch blutete, die Zähne fielen ihnen aus und die Menschen starben an Infektionen. Welches Vitamin fehlte auf den Schiffsreisen? Die Tabelle auf der gegenüberliegenden Pinnwand hilft dir bei der Beantwortung.

Stoffwechsel des Menschen

VITAMINE, MINERALSTOFFE UND SPURENELEMENTE

Pinnwand

Wirkstoff	Wirkung auf	Vorkommen	Wissenswertes
Vitamin C	Abwehrkräfte, Zähne und Zahnfleisch, Knochen, Allergien, Enzymaktivität	Zitrusfrüchte, Kiwi, Paprika, Holunderbeeren, Brokkoli, Zwiebeln	Raucher haben erhöhten Bedarf, weil 1 Zigarette 30 mg Vitamin „verbraucht"
Vitamin B 1	Nerven, Konzentrationsfähigkeit, Verdauung von Kohlenhydraten und Fetten	Weizenkeime, Sonnenblumenkerne, Naturreis, Schweinefleisch, Blumenkohl	Beim Schwitzen über die Haut ausgeschieden, oft unzureichende Versorgung
Vitamin B 2	Sehvorgang, Stoffwechsel von Kohlenhydraten	Leber, Hefe, Milch, Eigelb, Fisch, Pilze	Bei Mangel: Erschöpfung und eingerissene Mundwinkel
Vitamin B 6	Verdauung der Proteine, gute Laune, Hautleiden	Bananen, Leber, Walnüsse, Milch, Käse, Fisch, Eier	Beim Kochen 40% Vitaminverlust
Vitamin B 12	Verdauung der Nährstoffe, Bildung der roten Blutkörperchen, Wachstum	Fisch, Krabben, Fleisch, Milchprodukte, Ei	Calcium erhöht und Zucker senkt die Aufnahme
Folsäure	Blutbildung, Funktion der Nerven	Grüne Gemüse (Kohl, Spinat, Salat, etc.), Eigelb, Tomaten	Bei Einnahme der Antibabypille erhöhter Bedarf
Vitamin A	Augen, Haut, Schleimhaut, Infektionsvorbeugung	Leber, Butter, Vollmilch, als Vorstufe (Carotin) in Möhren und Aprikosen	Sportler, Bildschirmarbeiter, Kleinkinder haben hohen Bedarf
Vitamin D	Knochen, Zähne (regelt den Calcium- und Phosphathaushalt)	Als Vorstufe in Lachs, Aal, Hering, Champignon, Butter	Mangelkrankheit: Rachitis (Knochenverkrümmung); Vorstufe wird durch Sonnenlicht in Vitamin D verwandelt
Vitamin E	Sauerstoffversorgung der Zellen; fördert die Durchblutung	Pflanzenöle, Mandeln, Walnüsse, Erdnüsse, Butter, Hering	Hilft bei Rheuma und beugt Alterserscheinungen vor; wichtig für Diabetiker
Calcium	Knochen, Zähne, Muskelbewegung, Hormone	Milchprodukte, Nüsse, Vollkornbrot, Basilikum	Mindert allergische Erscheinungen, Vitamin C unterstützt die Aufnahme
Magnesium	Knochen, Zähne, Nerven, Muskel- und Enzymtätigkeit	Grüne Gemüse, Milch, Käse, Fisch	Bei Stress und Sport besonders wichtig, regelmäßiger Nachschub notwendig
Eisen	Blut, Sauerstoffversorgung, Enzymaufbau	fast in allen Nahrungsmitteln außer Milchprodukten	Bei Blutverlust erhöhter Bedarf, tierische Quellen sind leichter verwertbar
Jod	Schilddrüsenhormon	Meeresfische, jodiertes Speisesalz	Jugendliche meist unterversorgt, beugt Kropfbildung vor

■ wasserlösliche Vitamine ■ fettlösliche Vitamine ■ Mineralstoffe ■ Spurenelemente

1 Begründe, warum es sinnvoll ist, manche Lebensmittel roh oder nur kurz gedünstet zu sich zu nehmen.
2 Welche Wirkstoffe brauchen Sportler in besonderem Maße?
3 Welche Wirkstoffe sind für die gesunde Bildung von Knochen und Zähnen wichtig?

Stoffwechsel des Menschen

1.7 Wie ernähre ich mich richtig?

Könntest du dir vorstellen, diesen „Super-Burger" heute zu verspeisen? Sicherlich hättest du damit alle Nährstoffe zu dir genommen – aber würde die Zusammenstellung auch deine Gesundheit fördern? Durch unser **Ernährungsverhalten** können wir ganz wesentlich dazu beitragen, dass wir gesund bleiben. Wenn die Nahrung täglich ca. 60 % Kohlenhydrate, 25–30 % Fett, 12–15 % Proteine und mindestens 2 Liter Flüssigkeit enthält, ist der Bedarf eines Jugendlichen am besten gedeckt.

Auch die richtige **Verteilung der Mahlzeiten** trägt zum Wohlbefinden bei. Ganz besonders wichtig ist der Start in den Tag. Kohlenhydrate im Vollkornbrot oder im Müsli machen fit. Wer aber morgens nicht essen mag, sollte wenigstens ein Getränk wie Milch, Kakao oder Fruchtsaft zu sich nehmen. Es hilft, den niedrigen Blutzuckerspiegel am Morgen anzuheben. So ist man schon in der ersten Schulstunde konzentriert und aufnahmefähig. In der Pause am Vormittag sollte ein Stück Obst oder knackiges rohes Gemüse wie Möhre oder Paprika nicht fehlen. Solche Lebensmittel enthalten wichtige Mineralstoffe und Vitamine und sind leicht bekömmlich.
Bei den Hauptmahlzeiten sollte man auf Abwechslung achten. Unterschiedlich zusammengesetzte Mahlzeiten bieten die größte Wahrscheinlichkeit, dass wir uns mit allen notwendigen Nähr- und Wirkstoffen versorgen. Isst man mehrere kleine Mahlzeiten über den Tag verteilt, regelt sich der Verdauungsprozess leichter und man fühlt sich nicht so „abgefüllt".

Häufig vergisst man, dass der Körper 2–3 Liter Flüssigkeit pro Tag braucht, um Kreislauf und Verdauung aufrechtzuerhalten. Mit Mineralwasser oder verdünnten Fruchtsäften versorgt man sich gleichzeitig noch mit Mineralstoffen und Spurenelementen. Nach dem Sport oder bei großer Hitze ist eine Apfelsaftschorle mit einem Teil Saft und drei Teilen Mineralwasser der gesündeste Durstlöscher. Wer regelmäßig sportlich aktiv ist, braucht auch zwischendurch genügend Flüssigkeit, um fit zu bleiben.

Wenn man hin und wieder eine Portion Pommes mit Ketchup oder eine ganze Tafel Schokolade auf einmal isst, schadet das nicht. Eine solche **Fastfood-Ernährung** lässt sich auch mit einem Salat oder frischem Obst anreichern. Wer häufig solche fettreiche einseitige Nahrung ohne ausreichende Mengen an Vitaminen zu sich nimmt, riskiert gesundheitliche Schäden wie Übergewicht, Stoffwechselstörungen und Herz-Kreislauf-Erkrankungen.

1 „Super-Burger"

> Zu einer gesunden Ernährung gehören ein ausgewogenes Verhältnis der Nährstoffe mit reichlich Kohlenhydraten, ausreichend Proteinen, wenig Fett, 2–3 Liter Flüssigkeit und eine ausreichende Menge an Wirkstoffen.

1 Stelle eine Liste mit Regeln für eine gesunde Ernährung zusammen.
2 Schreibe auf, was du in den letzten beiden Tagen gegessen und getrunken hast.
a) Welche dieser Speisen würdest du als „gesund" und welche eher als „ungesund" einstufen?
b) Wie könntest du deinen Speiseplan in Zukunft noch verbessern?
3 Begründe, warum süße Limonaden-Getränke keine guten Durstlöscher sind.
4 Warum sollte man morgens ein Frühstück zu sich nehmen, bevor man zur Schule geht?

Stoffwechsel des Menschen

LEBENSMITTELKREIS

Pinnwand

Lebensmittelkreis

Der Lebensmittelkreis hilft bei der Zusammenstellung gesunder Nahrungsmittel. Er enthält die 8 wichtigsten Nahrungsgruppen. Je größer eine Gruppe dargestellt ist, desto häufiger und reichlicher sollten Produkte aus dieser Gruppe verzehrt werden. Der äußere Kreis enthält wertvolle Nahrungsmittel, die bevorzugt werden sollen. Der mittlere Kreis zeigt Nahrungsmittel, die gelegentlich verzehrt werden sollen. Im inneren, hellen Kreis sind Nahrungsmittel verzeichnet, die nur selten oder in geringen Mengen gegessen werden sollen.

- Fette, Öle
- Getreide, Getreideprodukte
- Kartoffeln, Reis, Nudeln
- Gemüse, Hülsenfrüchte
- Obst
- Getränke, Süßes
- Milch, Milchprodukte
- Fleisch, Geflügel, Fisch, Wild, Eier

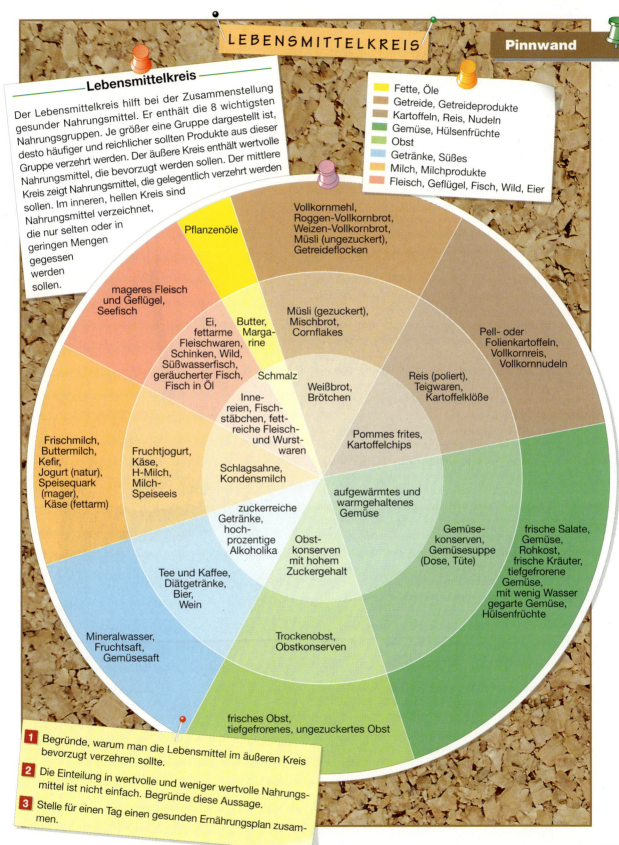

1. Begründe, warum man die Lebensmittel im äußeren Kreis bevorzugt verzehren sollte.
2. Die Einteilung in wertvolle und weniger wertvolle Nahrungsmittel ist nicht einfach. Begründe diese Aussage.
3. Stelle für einen Tag einen gesunden Ernährungsplan zusammen.

Stoffwechsel des Menschen

1.8 Der Weg der Nahrung

Beim Geruch von frisch gebackenen Pfannkuchen läuft manchem das Wasser im Munde zusammen, denn die *Speicheldrüsen* in der **Mundhöhle** fangen sofort an, Speichel zu produzieren. Mithilfe der *Zähne* und der Kaubewegungen wird die Nahrung dann zerkleinert und mithilfe der Zunge zu einem Speisebrei vermischt. Während des Schluckens schließt sich automatisch der Kehldeckel. So wird verhindert, dass Nahrungsteile in die Atemwege gelangen. Durch wellenförmige Muskelbewegungen der **Speiseröhre** wird die Nahrung in den **Magen** gedrückt.

Die *Magenwände* bestehen aus mehreren Muskelschichten, die sich fortlaufend bewegen und dadurch die Nahrung weiter vermischen. Das Innere der Wand ist mit einer *Schleimhaut* ausgekleidet, die mit zahlreichen Drüsen ausgestattet ist. Sie produzieren Schleim und *Magensaft*. Der Schleim schützt den Magen vor einer Selbstverdauung. Die Produktion von Magensaft beginnt bereits, wenn wir uns nur vorstellen, dass wir etwas Leckeres zu essen bekommen. Er enthält neben verdauungsfördernden Stoffen 0,4 %ige Salzsäure. Durch sie werden Krankheitskeime, wie sie zum Beispiel mit ungewaschenem Obst in den Magen gelangen, abgetötet. Außerdem gerinnen die aufgenommenen Proteine.

Alle geschluckten Speisen werden erst einmal im Magen gesammelt und dann mit Magensaft durchmischt. Manche Nahrung verlässt den Magen schon nach wenigen Minuten, schwer verdauliche Speisen wie Gänsebraten verbleiben dort stundenlang. Flüssigkeiten fließen auf einer Schleimhautrinne am übrigen Speisebrei vorbei. Am Ausgang des Magens öffnet sich der Muskelkranz des Pförtners in bestimmten Abständen und entlässt den Nahrungsbrei portionsweise in den 1. Abschnitt des Dünndarms.

Dieser wird **Zwölffingerdarm** genannt, weil er so lang ist wie 12 Finger nebeneinander gelegt breit sind. In ihn münden die Ausgänge der Leber und der Bauchspeicheldrüse. Die *Leber* hat mehrere Aufgaben. Sie entgiftet das Blut von Schadstoffen, die wir mit der Nahrung aufgenommen haben. Außerdem speichert sie Fette, Vitamine und Kohlenhydrate in Form von Glykogen, um diese Substanzen bei Bedarf wieder frei zu setzen. Zur Unterstützung der Verdauung bildet die Leber den bitteren, gelbgrünen *Gallensaft*, der in der Gallenblase gesammelt wird. Fettteilchen in der Nahrung werden vom Gallensaft in kleinste Tröpfchen zerlegt oder *emulgiert*, damit sie leichter aufgespalten werden können.

Die *Bauchspeicheldrüse* liefert täglich 1 bis 2 Liter Verdauungssaft, dessen Inhaltsstoffe zur Zerlegung von Kohlenhydraten, Fetten und Proteinen dienen. Auch im

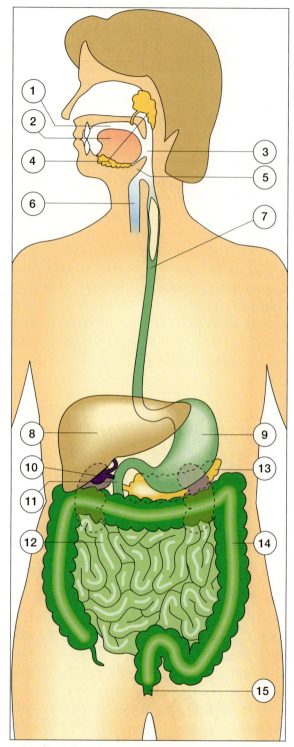

1 Verdauungsorgane des Menschen.
① *Mundhöhle,* ② *Zunge,* ③ *Rachen,* ④ *Speicheldrüsen,* ⑤ *Kehldeckel,* ⑥ *Luftröhre,* ⑦ *Speiseröhre,* ⑧ *Leber,* ⑨ *Magen,* ⑩ *Gallenblase,* ⑪ *Zwölffingerdarm,* ⑫ *Dünndarm,* ⑬ *Bauchspeicheldrüse,* ⑭ *Dickdarm,* ⑮ *After*

Stoffwechsel des Menschen

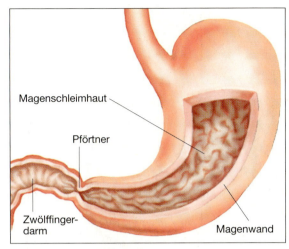

2 Magen und Zwölffingerdarm

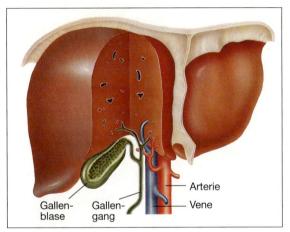

3 Leber mit Gallenblase

Dünndarm sorgen wellenförmige Bewegungen für den Weitertransport des Speisebreis. Ballaststoffreiche Nahrung verstärkt die Bewegungen und fördert so die Verdauung. Der ca. 5 Meter lange Dünndarm füllt den größten Teil unserer Bauchhöhle aus. In der *Dünndarmschleimhaut* befinden sich unzählige Vertiefungen und Faltungen, die mit feinen Ausstülpungen versehen sind, den *Darmzotten*. Die Oberfläche der Darmwand vergrößert sich dadurch um ein Vielfaches. Durch die Wände der Zotten können die lebenswichtigen Endprodukte der Nährstoffe in die feinen Blut- und Lymphgefäße gelangen, die in jede Zotte hineinragen. Diesen Vorgang nennt man *Resorption*. Über den Blutkreislauf werden dann alle Stoffe im ganzen Körper verteilt.

Zum Schluss bleiben nur noch die unverdaulichen Nahrungsreste übrig, die in den letzten Abschnitt des Verdauungsweges, den **Dickdarm,** gelangen. Dort wird der Brei eingedickt, indem ihm die Flüssigkeit entzogen wird, die mit der Nahrung aufgenommen oder als Verdauungssaft hinzugefügt wurde. Auch Mineralstoffe gelangen hier in den Kreislauf zurück. Zusätzlich helfen Bakterien im Dickdarm, Vitamine wie z. B. B 6 und B 12 aus Vorstufen zu bilden. Nach einer Verweildauer von 20 bis 30 Stunden werden die Reste unserer Nahrung durch den After ausgeschieden.

> Die Nahrung wird über Mund, Speiseröhre, Magen, Zwölffingerdarm, Dünndarm und Dickdarm durch den Körper transportiert. Jede Station hat bestimmte Aufgaben für den Verdauungsprozess zu erfüllen.

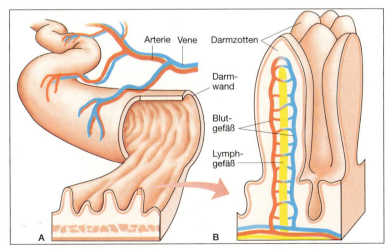

4 Dünndarm. A Bau; B Dünndarmzotten

1 Welcher Vorgang ist gestört, wenn wir uns „verschlucken"?
2 Beschreibe zu jeder „Station" des Nahrungsweges einen wesentlichen Vorgang.
3 Versuche im Handstand mithilfe eines Strohhalmes aus einer Flasche etwas zu trinken. Was stellst du fest? Erkläre.
4 Bei Durchfallerkrankungen ist es wichtig, dem Körper reichlich Flüssigkeit und Mineralstoffe zur Gesundung zuzuführen. Begründe diese Maßnahme.
5 Welche Aufgaben hat die Magensäure?
6 Begründe, warum eine Portion Pommes frites **vor** einer sportlichen Betätigung eher hinderlich ist.

Stoffwechsel des Menschen

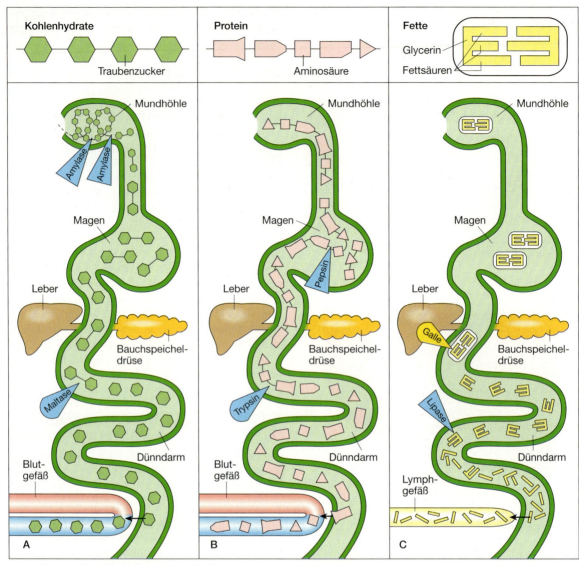

1 Verdauung der Nährstoffe. A Kohlenhydrate; B Proteine; C Fette

1.9 Nährstoffe werden verdaut

Nach einer Mahlzeit laufen im Körper zahlreiche komplizierte mechanische, chemische und biologische Prozesse ab wie in einer hoch spezialisierten Fabrik. Die Nahrungsbestandteile werden zerteilt, eingespeichelt, gemischt, gewässert, geknetet, gesäuert, aufgespalten, entsäuert, transportiert, entwässert, entsalzt, resorbiert und ausgeschieden – ohne dass wir dazu aktiv etwas tun müssen. Dieser Verdauungsvorgang läuft Tag für Tag rund um die Uhr ab.

Unsere Nahrung enthält in den meisten Fällen eine Mischung aus den drei Nährstoffen. Während der Verdauung jedoch wird jeder Nährstoff an ganz bestimmten „Stationen" in spezieller Weise behandelt, bis er schließlich als verwertbares Spaltprodukt ins Blut- oder Lymphgefäßsystem übergehen kann.

Die Verdauung der **Kohlenhydrate** beginnt bereits im Mund. Während wir unsere Nahrung kauen und einspeicheln, werden durch das **Enzym** *Amylase* die langkettigen Stärkemoleküle in kürzere Malzzuckerteilchen aufgespalten. Dieser Prozess findet auch im Dünndarm statt. Der Malzzucker wird dann – ebenfalls im Dünndarm – durch das Enzym *Maltase* in Traubenzuckermoleküle aufgespalten. Diese gehen durch die Darmwand ins Blut über und dienen dann als Energieträger für Muskelarbeit.

Die **Proteine** aus Fleisch, Fisch und Milch werden im Magen von der Salzsäure zum Gerinnen gebracht.

Stoffwechsel des Menschen

Danach kann das Eiweiß verdauende Enzym *Pepsin* die langen Proteinketten in kürzere Ketten spalten. In der Flüssigkeit der Bauchspeicheldrüse befinden sich weitere Enzyme wie das *Trypsin*, das die Proteine in ihre Einzelbausteine, die Aminosäuren, zerlegt. Aminosäuren sind die Grundbausteine, aus denen die eigenen Körperzellen aufgebaut und erneuert werden. Auch zur Bildung von Verdauungsenzymen sind sie unerlässlich.

Die **Fette** werden erst im Zwölffingerdarm umgewandelt. Die Gallenflüssigkeit aus der Leber hat zuvor die großen Fettteile in viele kleine Fetttröpfchen emulgiert. So können sie von dem Fett spaltenden Enzym *Lipase* leichter angegriffen werden. Die Fette werden schließlich im Dünndarm in *Glycerin* und *Fettsäuren* zerlegt. Sind diese Spaltprodukte im Lymphgefäßsystem angekommen, dienen sie der Energiegewinnung oder werden als eigenes Körperfett gespeichert. Beim Überangebot füllen sich die Fettzellen hauptsächlich an Bauch, Hüften und Gesäß und bilden größere Fettpolster als Reserve aus.

> Bei der Verdauung werden die Kohlenhydrate, Fette und Proteine mithilfe von Enzymen und Verdauungssäften in ihre Grundbausteine zerlegt und schließlich dem Blut- und Lymphkreislauf zugeführt.

1 Ordne jedem Nährstoff die jeweils passenden Verdauungsenzyme zu. Gib auch den Ort der Verdauung an. Fertige dazu eine Tabelle an.

2 Gib in drei Reagenzgläser jeweils ein erbsengroßes Stück Fleisch oder gekochtes Hühnereiweiß. Gib in ein Glas nur Wasser, in das zweite 2 ml verdünnte Salzsäure und in das dritte verdünnte Salzsäure und einige ml Pepsin. Welche Veränderungen stellst du nach einigen Minuten fest? Erkläre.

3 Manche Menschen leiden an einer verminderten Produktion von Gallenflüssigkeit. Welchen Nährstoff sollten sie dann in ihrer Nahrung reduzieren? Begründe deine Antwort.

4 Beschreibe, wie die einzelnen Spaltprodukte der Nährstoffe über die Gefäßsysteme im Körper verteilt werden.

Wie wirken Enzyme?

Streifzug durch die Chemie

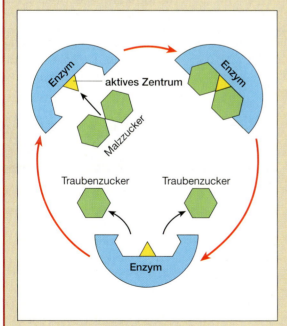

1 **Enzymwirkung** (Schema)

Enzyme, früher auch Fermente genannt, gehören zu den lebenswichtigen Stoffen, ohne die keinerlei Verdauungsprozesse ablaufen könnten. In jeder lebenden Zelle befinden sich Enzyme, die wie Proteine aus Aminosäuren aufgebaut sind.

Typisch für den Aufbau eines jeden Enzyms ist die spezielle Vertiefung in seiner Oberfläche, das **aktive Zentrum**. Dort hinein passt nur ein ganz bestimmter Stoff, so wie zu jedem Schloss auch nur ein bestimmter Schlüssel passt. Diesen eingelagerten Stoff kann das Enzym jetzt verändern, indem es ihn z. B. zerlegt. Dabei bleibt das Enzym selbst chemisch unverändert. Hat es die Spaltprodukte wieder freigegeben, kann es seine Tätigkeit sofort wieder aufnehmen und in schneller Folge weitere Zerlegungen bewirken.

Manche Enzyme brauchen bestimmte äußere Bedingungen wie gewisse Temperaturen oder einen speziellen Säuregehalt, um richtig zu funktionieren. Durch Krankheitserreger oder Gifte können Enzyme geschädigt oder zerstört werden.

Stoffwechsel des Menschen

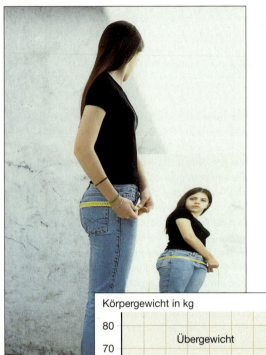

1 Zu dick oder zu dünn?

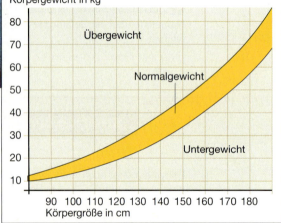

2 Toleranzbereiche für das Körpergewicht von Jugendlichen im Alter von 3–17 Jahren

normal weiter, ist das Anfangsgewicht schnell wieder erreicht und wird oft sogar überschritten. Dieser *Jojo-Effekt* führt zu weiteren Diäten und erneuter Gewichtszunahme.

Wer schlank werden oder bleiben will, sollte auf fettreiche Lebensmittel möglichst verzichten. Regelmäßige sportliche Bewegung verbraucht zusätzlich Energie und verhindert eine Gewichtszunahme. Das Wichtigste aber ist, dass jeder Einzelne sich mit seinem Körpergewicht wohl fühlt.

Manchmal führt der Wunsch, schlank zu sein, zu einem extremen Essverhalten. Die Betroffenen verweigern weitgehend die Nahrungsaufnahme und vermindern zusätzlich durch extreme sportliche Betätigung ihr Körpergewicht. Hierbei handelt es sich um eine ernst zu nehmende Erkrankung, die **Magersucht,** bei der es wegen des starken Untergewichts zu lebensbedrohlichen Zuständen kommen kann. Meist sind erhebliche psychische Probleme in der Familie die Ursache für ein solches Verhalten.

Das gilt auch für die **Bulimie.** Bulimiker legen große Vorräte an Lebensmitteln an, die sie dann bei Fressanfällen unkontrolliert in unvorstellbaren Mengen in sich hineinstopfen. Danach wird alles wieder erbrochen – möglichst so, dass niemand etwas davon bemerkt. Solche Menschen leiden seelisch und körperlich sehr unter ihrer Ess- und Brechsucht. Sie brauchen genau wie die Magersüchtigen fachliche Hilfe, um ihre Probleme zu bearbeiten und zu einem gesunden Essverhalten zurückzufinden.

1.10 Zu dick – zu dünn?

Viele junge Mädchen haben in einem bestimmten Alter das Problem, sich zu dick zu fühlen. Durch die Hormone in der Pubertät werden die Hüften breiter und das Fettgewebe am Gesäß und den Oberschenkeln nimmt zu. Das ist ein ganz normaler Vorgang. Doch in Modezeitschriften und in der Werbung werden nur superschlanke Models gezeigt, denen viele junge Leute nacheifern. Schlankheit wird oft gleichgesetzt mit Erfolg, Schönheit und Beliebtheit. Häufig versuchen Jugendliche mit Radikaldiäten den hormonell bedingten Fettansatz zu verhindern. Doch der Körper stellt sich schnell auf geringe Nahrungsmengen ein und nutzt sie besser aus. Isst man dann nach der **Diät**

> Jeder Mensch kann durch sein Essverhalten dazu beitragen, ein Gewicht zu erreichen, bei dem er sich wohl fühlt und seiner Gesundheit nicht schadet.

1 Überprüfe mithilfe der Abb. 2, ob du dich mit deinem Körpergewicht im Normalbereich befindest.
2 Zähle Gründe auf, die zum Übergewicht führen.
3 Erwachsene können ihr Körpergewicht nach dem Body-Mass-Index (BMI) bewerten. Er wird so berechnet:
$$\frac{\text{Körpergewicht in kg}}{(\text{Körpergröße in m})^2} = \text{BMI}.$$
Das Ergebnis sollte im Bereich zwischen 20–25 liegen. Berechne den BMI von dir bekannten Erwachsenen und vergleiche.

Stoffwechsel des Menschen

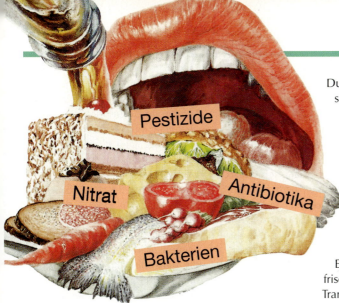

1 Belastungen von Nahrungsmitteln

1.11 Belastungen und Zusatzstoffe

„Hormone im Kalbfleisch" – „Salmonellen in Eiern" – solche Zeitungsmeldungen schrecken uns immer wieder auf. Was kann alles in unserer Nahrung enthalten sein, ohne dass wir es sehen oder schmecken können? Es gibt einige Substanzen, die als *Zusatzstoffe* im Bereich der Europäischen Gemeinschaft erlaubt sind. Sie müssen auf jedem Lebensmittel in Form einer Kennzahl mit einem „E" davor vermerkt werden. Farbstoffe und Konservierungsstoffe, die so aufgelistet werden, gelten allgemein als nicht gesundheitsschädlich, können jedoch bei einigen Menschen allergische Reaktionen auslösen.

Gelegentlich werden jedoch Substanzen in Nahrungsmitteln nachgewiesen, die gesundheitlich bedenklich sind. So sind im Kalbfleisch wachstumsfördernde *Hormone* gefunden worden. Gibt man Säuglingen solches Fleisch, kann es zu Gesundheitsstörungen kommen. Auch Reste von *Antibiotika* gehören zu den Stoffen, die im Fleisch nichts zu suchen haben. Tiere in Massentierhaltungen werden manchmal mit Antibiotika behandelt, damit sie gesund bleiben. Der Verzehr von Fleisch mit Antibiotikaresten kann dazu führen, dass Bakterien im menschlichen Körper resistent gegen das jeweilige Antibiotikum werden. Bei einer späteren Behandlung mit einem ähnlichen Präparat kann es geschehen, dass die Wirkung ausbleibt und es dadurch zu gesundheitlichen Problemen kommt.

Bei Eierspeisen und Hähnchenfleisch sollte man immer darauf achten, dass die Speisen frisch sind und das Fleisch gut durchgegart ist. Andernfalls vermehren sich eventuell vorhandene *Salmonellen* sehr schnell. Beim Menschen führen die mit diesen Bakterien infizierten Nahrungsmittel zu Erbrechen und starkem Durchfall. Bei Säuglingen oder geschwächten Menschen kann sogar der Tod eintreten.

Angeschimmeltes Brot gehört in den Abfalleimer. Der giftige *Schimmelpilz* kann sich auch an anderen Stellen bereits ausgebreitet haben, ohne dass wir ihn entdecken. Bei Gemüse und Kartoffeln kann es vorkommen, dass sie Rückstände von *Schädlingsbekämpfungsmitteln* enthalten oder zu stark gedüngt worden sind. Sie enthalten dann zu viel *Nitrat,* was bei Säuglingen schon in geringen Konzentrationen Vergiftungserscheinungen und Atemstörungen auslösen kann.

Einige Lebensmittel werden aus großen Entfernungen frisch bei uns angeliefert. Sie überstehen den langen Transport nur, weil sie unreif geerntet oder konserviert worden sind. Die Schale von Südfrüchten zum Beispiel wird dazu mit dem Pilzmittel Tiabendazol gewachst und darf nicht bei der Zubereitung von Nahrungsmitteln verwendet werden.

> Unsere Nahrungsmittel können mit verschiedenen Stoffen belastet sein, die beim Verzehr gesundheitliche Schäden zur Folge haben können.

1 Schaue auf die Inhaltsliste einer Fertigsuppe.
a) Welche Zusatzstoffe sind darauf vermerkt?
b) Vergleiche mit anderen Produkten.

E-Nummer	Art des Zusatzes und Name	Zu finden in
E 150	Farbstoff Zuckercouleur (Braunfärbung)	Bonbons, Brot, Soßenpulver
E 160	Farbstoff Betacarotin (Gelbfärbung)	Butter, Bonbons, Limonaden
E 200	Konservierungsstoff Sorbinsäure	Kartoffelsalat Fischsalat
E 220	Konservierungsstoff Schwefeldioxid	Trockenobst, Bananenchips
E 236	Konservierungsstoff Ameisensäure	Fertigsalate aller Art
E 300	Antioxidationsmittel Ascorbinsäure	Limonaden, Fertigsuppen, Fruchtjogurt
E 322	Antioxidationsmittel Lecithin	Fertigsuppen, Soßenpulver
E 412	Emulgator Guarkernmehl	Fertigsuppen Spagettisoßen
E 472 d	Säuerungsmittel Weinsäure	Bonbons, Brausepulver

2 Zusatzstoffe in Lebensmitteln

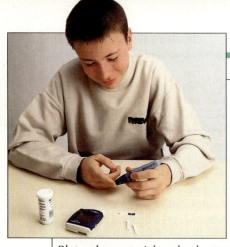

Bericht von Sven, 15 Jahre
Ich war gerade in die Schule gekommen, als ich an einer schweren Grippe erkrankte. Lange danach fühlte ich mich immer noch schwach. Dauernd hatte ich Durst. Als ich dann immer mehr abnahm, obwohl ich genug aß, gingen meine Eltern mit mir zum Arzt. Nach einem Bluttest stand fest, dass der Blutzuckerwert viel zu hoch war. Die Diagnose hieß: Diabetes Typ 1, jugendlicher Diabetes. Meine Mutter erklärte mir, dass ich jetzt jeden Tag Insulinspritzen brauche, mein Leben lang. Auch durfte ich nicht mehr alles essen wie früher. Mit dem Blutzuckertest, den ich 4 bis 6-mal am Tag machen muss, kam ich bald zurecht. Wenn ich auf regelmäßige Essenzeiten achte und meine Werte gut kontrolliere, kann ich ein ziemlich normales Leben führen.

1.12 Diabetes – eine Störung im Stoffwechsel

Sven leidet an der Zuckerkrankheit, auch *Diabetes mellitus* genannt. Es handelt sich um eine Stoffwechselkrankheit, bei der der Traubenzucker im Blut nicht richtig vom Körper verwertet werden kann.

Nach einer kohlenhydratreichen Nahrung gelangen die Traubenzuckermoleküle durch die Darmzotten in unser Blut. Dadurch steigt der Blutzuckerwert erheblich an. Bei einem gesunden Menschen sollte dieser Wert bei ca. 100 liegen. Das bedeutet, dass in 100 ml Blut 100 mg Traubenzucker vorhanden sind. Damit dieser Wert möglichst gleich bleibt, muss er laufend überprüft und entsprechend eingestellt werden. Die Regulierung wird von *Hormonen* übernommen. In der Bauchspeicheldrüse befinden sich die *Langerhansschen Inseln,* die in ihren Zellen das Hormon **Insulin** produzieren. Registriert die Bauchspeicheldrüse nun erhöhte Blutzuckerwerte, wird automatisch Insulin gebildet und ins Blut abgegeben.

Das Insulin bewirkt, dass die Traubenzuckerteilchen aus dem Blut in die Körperzellen gelangen, wo sie durch Aufspaltung der Energiegewinnung dienen. Dadurch sinkt der Blutzuckergehalt. Steht weiterer Traubenzucker zur Verfügung, der nicht gleich verbraucht werden kann, wird er in der Muskulatur und der Leber als *Glykogen* gespeichert. Auch diese Maßnahme senkt den Blutzuckerwert auf ein Normalmaß.

Haben wir nun lange nichts gegessen, sinkt der Blutzuckerwert. Auch in einem solchen Fall wird die Bauchspeicheldrüse aktiv. Jetzt gibt sie den *Gegenspieler* des Insulinhormons, das Hormon **Glukagon**, in die Blutbahn ab. Glukagon aktiviert den Zucker aus den Speichern und lässt den Blutzuckerspiegel wieder ansteigen. Ein weiteres Hormon aus der Nebenniere, das *Adrenalin*, kann diesen Vorgang unterstützen.

Wenn wir gesund sind, bemerken wir von dieser automatischen Regelung nichts. Mit einem konstanten Blutzuckerspiegel fühlen wir uns rund um die Uhr wohl.

Bei vielen älteren Menschen jedoch produziert die Bauchspeicheldrüse nicht mehr genug Insulin. Sie leiden an **Altersdiabetes**. Häufig sind Altersdiabetiker übergewichtig und bewegen sich viel zu wenig. Durch falsche Ernährung ist der Blutzuckerwert ständig überhöht. Starker Durst, Harndrang, Schwäche und Gewichtsabnahme sind erste Anzeichen. Manchmal hilft eine zucker- und fettarme Diät, die Werte zu normalisieren. Medikamente unterstützen die Behandlung. Wenn aber überhaupt kein Insulin mehr produziert wird, muss das Hormon regelmäßig gespritzt werden. Dies ist beim **jugendlichen Diabetes** der Fall. Eine Heilung gibt es noch nicht. Solche Menschen sind lebenslang auf Insulinspritzen angewiesen.

Für alle Zuckerkranken ist es wichtig, dass sie ihre Ernährungsregeln befolgen und sich regelmäßig ärztlicher Kontrolle unterziehen. Dadurch können sie schweren Folgeschäden wie Blindheit, Herzinfarkt, Gefühlsstörungen an Händen und Füßen, schlechte Durchblutung der Beine und Amputationen vorbeugen.

> Bei der Zuckerkrankheit ist die Produktion des Insulins in der Bauchspeicheldrüse gestört. Die Regelung des Blutzuckerspiegels muss dann durch Diät, Medikamente oder Insulinspritzen erfolgen.

1 Beschreibe, welche wichtigen Aufgaben die Bauchspeicheldrüse für den Menschen hat. Denke dabei auch an den Verdauungsprozess.
2 Die Anlage zum Altersdiabetes kann vererbt werden. Wie kann man der Krankheit vorbeugen?
3 Warum sollten sich Diabetiker an regelmäßige Essenszeiten halten?
4 Frage einen Zuckerkranken, welche Nahrungsmittel er möglichst nicht essen sollte.

Stoffwechsel des Menschen

Hunger in der Welt

Streifzug durch die Erdkunde

Wie wäre es für dich, wenn deine Mutter sagt: „Es gibt heute nichts zu essen, ich habe nichts kaufen können"? Abends reicht es dann gerade für eine dünne Reissuppe. Vor Hunger kannst du nachts kaum schlafen. Am nächsten Morgen gehst du ebenfalls ohne etwas zu essen aus dem Haus.

Für uns Menschen in Deutschland ist es schwer vorstellbar, mit wenig Nahrung auszukommen. Jeden Tag haben wir genug zu essen und können im Supermarkt zwischen vielen Lebensmitteln auswählen.

Doch es gibt 840 Millionen Menschen auf dieser Welt, meist Kinder, die immer wieder zu wenig zu essen haben. Ihre Leiden beginnen dann, wenn ihre Mütter sie nicht mehr stillen können. Die Versorgung mit Kohlenhydraten, Proteinen und Fetten ist so gering, dass sie zunächst unter Hungerschmerzen leiden. Erhalten sie längere Zeit nicht genügend Nahrung, beginnt der Körper das eigene Fettgewebe und die Muskeln abzubauen, um mit der so gewonnenen Energie die Lebensfunktionen aufrechtzuerhalten. Spindeldünne Arme und Beine, Kraftlosigkeit und große Müdigkeit sind Anzeichen einer solchen **Unterernährung**. Aufgrund von Proteinmangel können sich auch die Bäuche aufblähen und die Kinder sehen auf den ersten Blick wohlgenährt aus. Doch sie leiden an der Eiweißmangelkrankheit *Kwashiorkor*. Unterernährte Kinder wachsen nicht normal. Auch ihre Intelligenz kann sich nicht entwickeln, weil ihnen neben den Nährstoffen auch Vitamine, Mineralstoffe und Spurenelemente fehlen. Diejenigen, die überleben, haben kaum genügend Kraft für anstrengende tägliche Arbeit. So können sie nicht genug Geld verdienen, um Nahrungsmittel in ausreichender Menge zu kaufen. Außerdem gibt es in den betroffenen Ländern keine Altersversorgung. Viele Kinder zu bekommen, um im Alter versorgt zu sein, erscheint für solche Menschen die einzige Lösung. Doch durch das hohe Bevölkerungswachstum werden die spärlichen Mittel in diesen Ländern noch knapper. Die klimatischen Bedingungen erschweren oft die Versorgung der Bevölkerung mit Lebensmitteln. Dazu kommt, dass Ackerland oft zum Anbau von Getreide oder Sojabohnen verwendet wird, die man dann als Viehfutter in die Industrieländer schickt.

So sind viele Menschen in Indien, Afrika und Lateinamerika in einem Teufelskreis der Armut gefangen, aus dem sie ohne Hilfe nicht herauskommen.

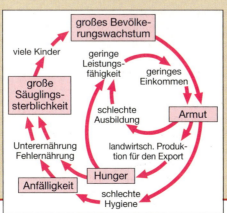

1 Betrachte den Teufelskreis der Armut in der nebenstehenden Abb. Erläutere an Beispielen, wie es zu diesem Kreislauf kommt.

2 Erkläre die folgende Aussage: „Gib den hungernden Menschen einen Fisch, so sind sie für einen Tag satt. Gib ihnen eine Angel und sie werden immer satt."

Stoffwechsel des Menschen

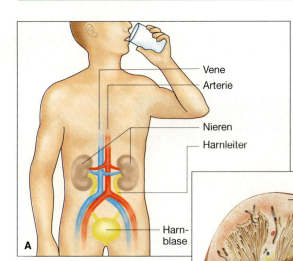

1 Niere. *A* Lage von Nieren und Blase; *B* Bau; *C* Feinbau

2 Ausscheidung

Atmung und Nahrungsaufnahme sind grundlegende Lebenserscheinungen. Bei der Verwertung der aufgenommenen Stoffe entstehen unter anderem Abfallstoffe. Außerdem bleiben nicht verwertbare Stoffe im Körper zurück. Alle diese Stoffe müssen ausgeschieden werden. An der Ausscheidung sind vier Organe beteiligt. Über die **Haut** schwitzen wir Wasser und darin gelöste Salze aus. Durch die **Lungen** geben wir Wasser und Kohlenstoffdioxid ab. Über den **Darm** scheiden wir unverdauliche Nahrungsreste und etwas Wasser aus.

Der größte Teil der Abfallstoffe aber wird über die **Nieren** ausgeschieden. Die Nieren liegen auf der Körperrückseite zu beiden Seiten der Wirbelsäule dicht über der Taille. Im Querschnitt einer Niere erkennt man außen die *Nierenrinde* mit den kugeligen *Nierenkörperchen*. Über tausend Liter Blut fließen täglich über die Nierenarterien zu den etwa 2 Millionen Nierenkörperchen. Jedes besteht aus einer doppelwandigen Kapsel, in die ein Knäuel feinster Kapillaren hineinreicht. Da sich die Kapillaren nach und nach verengen, staut sich darin das Blut. Auf diese Weise erhöht sich der Blutdruck, wodurch das Wasser mit darin gelösten Stoffen aus dem Blut gepresst wird. Es dringt durch feine Poren der Gefäßwand in die *Nierenkanälchen*, die sich im *Nierenmark* befinden. In die Kanälchen gelangen vor allem Bestandteile des Blutplasmas wie Harnstoff, Traubenzucker und Mineralsalze. Für Eiweißteilchen und rote Blutkörperchen sind die Poren zu eng. Sie werden deshalb mit dem Blutstrom weiter transportiert. So entstehen täglich etwa 170 l *Primärharn*. Er durchfließt nun die vielen Windungen der Nierenkanälchen, die von einem dichten Netz aus Kapillaren umsponnen sind.

Über diese Blutgefäße werden dem Primärharn Wasser und ein Teil der Mineralstoffe, des Traubenzuckers und anderer verwertbarer Stoffe entzogen. Sie gelangen in die Nierenvene und damit in den Blutkreislauf zurück. Durch diese Rückgewinnung entstehen aus etwa 170 l Primärharn rund 1,5 l *Endharn*. In diesem *Urin* sind nur noch die Stoffe enthalten, die ausgeschieden

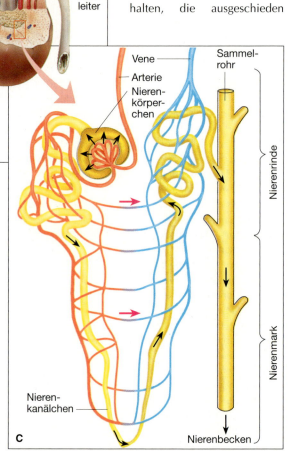

Stoffwechsel des Menschen

werden sollen. Urin besteht vorwiegend aus Wasser, Salzen und Harnstoff, einem stickstoffhaltigen Abbauprodukt der Proteine.

Der Urin sammelt sich in den trichterförmigen Hohlräumen der *Nierenbecken* und fließt durch die schlauchartigen *Harnleiter* in die Harnblase. Von hier aus wird er durch die Harnröhre mehrmals täglich ausgeschieden.

Die Zusammensetzung des Urins gibt Auskunft über bestimmte Vorgänge im menschlichen Körper. Der Arzt fordert daher manchmal eine Urinprobe von seinen Patienten. Untersuchungen solcher Proben können Hinweise auf Entzündungen der Harnwege und Nieren geben. Weiterhin kann er durch Urinuntersuchungen auf einen erhöhten Blutzuckerspiegel oder eine Schwangerschaft schließen. Aber auch die Einnahme bestimmter Medikamente, Drogen und Dopingmittel lassen sich mit einer Urinprobe nachweisen.

Die Nieren haben nicht nur die Aufgabe, das Blut von Abfallstoffen zu reinigen, sondern sie regeln auch den **Wasserhaushalt** des Körpers. Ein Hormon der Hirnanhangsdrüse steuert die Porenöffnungen. Je nach Porenweite wird eine größere oder kleinere Wassermenge aus dem Primärharn zurückgewonnen. Hat man viel getrunken, wird wenig Wasser aufgenommen. Ist der Wassergehalt des Körpers dagegen zu niedrig, gelangt viel Wasser aus dem Primärharn ins Blut zurück. In dieser Situation produziert die Niere zusätzlich einen Stoff, der im Zwischenhirn ein Durstgefühl auslöst.

Die Nieren steuern auch den **Salzhaushalt**. Von den lebensnotwendigen Salzen wird ein Teil der Calcium- und Kaliumsalze sowie Kochsalz ins Blut zurückgenommen.

Nierenschmerzen können durch *Nierensteine* hervorgerufen werden. Diese bis zu mehreren Millimetern großen Verklumpungen aus unlöslichen Stoffen setzen sich im Nierenbecken oder Harnleiter fest und führen zu schmerzhaften Verstopfungen.

Wenn durch Krankheit oder Unfall eine Niere ausfällt, übernimmt die andere ihre Funktion. Versagen aber beide Nieren, sammeln sich im Körper Abfallstoffe an. Sie stören die Stoffwechselvorgänge in anderen Organen. Es kommt zu lebensbedrohenden Vergiftungen und schließlich zum Tod.

Patienten mit Nierenversagen müssen deshalb mehrmals pro Woche zur Dialysestation eines Krankenhauses, um sich einer Blutwäsche oder *Dialyse* zu unterziehen. Dort wird das Blut durch ein Gerät geleitet, das man als **künstliche Niere** bezeichnet. Dabei fließt es durch ein System von dünnen Schläuchen, die von einer Spülflüssigkeit umgeben sind. Diese Lösung entzieht dem Blut die schädlichen Stoffe, die sonst eine intakte Niere herausfiltert. Doch dieser ständige Eingriff ist kein vollwertiger Ersatz für die Nieren, weil er mit Risiken verbunden ist und die Bewegungsfreiheit einschränkt. Als einzige wirksame Hilfe erweist sich in vielen Fällen oft nur eine Übertragung oder *Transplantation* einer Spenderniere.

> Die Nieren sind lebensnotwendige Ausscheidungsorgane. Sie filtrieren schädliche Abfallstoffe aus unserem Blut und sorgen für die Regulation des Wasser- und Salzhaushaltes unseres Körpers.

1 Berichte, wie Stoffwechselendprodukte aus dem Körper ausgeschieden werden.

2 Beschreibe anhand der Abb. 1 u. 2 die Funktion der Nieren.

3 Erkläre, wozu Urinuntersuchungen notwendig sind.

4 Täglich nimmt ein Erwachsener etwa 2 l Flüssigkeit auf. In der Sahara benötigt er etwa 10 l. Begründe den hohen Flüssigkeitsbedarf und nenne die Organe, die an der Ausscheidung beteiligt sind.

5 Begründe, warum Nierenversagen zum Tode führen kann.

6 Diskutiert in der Klasse über die Bedeutung von Nierentransplantationen und den damit verbundenen Voraussetzungen für Spender und Empfänger.

2 Funktion der Niere

Stoffwechsel des Menschen

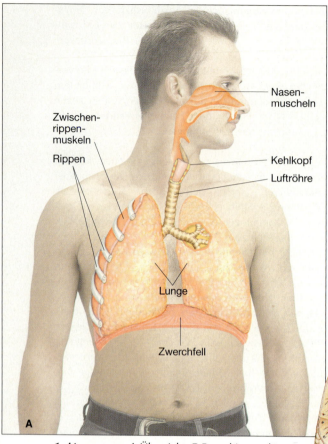

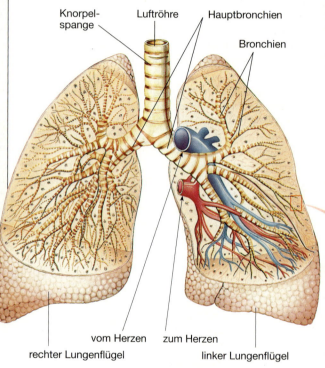

1 Atemorgane. A Übersicht; **B** Bronchien und Lungenflügel; **C** Endbronchien mit Lungenbläschen; **D** Schleimhaut mit Flimmerhärchen

3 Atmung

3.1 Wie wir atmen

Beim Atmen strömt die Luft durch die beiden **Nasenlöcher** in ein verzweigtes System von *Nasenmuscheln* und *Nebenhöhlen*, die in unseren hohlen Oberkiefer- und Stirnknochen liegen. Die Wände dieser Höhlen sind mit einer feuchten *Schleimhaut* ausgekleidet. In der Schleimhaut der Nasenmuscheln liegen die *Riechzellen*. Die Schleimhaut wärmt die Einatemluft auf Körpertemperatur vor und befeuchtet sie. Außerdem bleiben an ihrem wässrigen Schleim Staub, Bakterien und Viren haften. Größere Verunreinigungen werden von Haaren im Nasenraum abgefangen.

Über den **Rachen**, wo sich Nasen- und Mundraum vereinigen, gelangt die Luft zum **Kehlkopf**. Er trennt *Speiseröhre* und **Luftröhre**. Die Luftröhre teilt sich in die beiden **Hauptbronchien**. Jede versorgt einen der

Lungenflügel. Luftröhre und Bronchien besitzen Versteifungen aus Knorpel, damit sie sich beim heftigen Einatmen nicht durch den Unterdruck verschließen. Diese *Knorpelspangen* kann man an der Kehle ertasten.

Die Bronchien verzweigen sich in der Lunge in immer kleinere Atemkanälchen. Alle diese Atemwege sind mit einer Schleimhaut mit *Flimmerhärchen* ausgekleidet. Wie auf einem Fließband werden winzige Verunreinigungen und Krankheitserreger, die im Nasen- und Rachenraum noch nicht ausgefiltert wurden, von den Flimmerhärchen zum Kehlkopf transportiert, wo sie hinuntergeschluckt werden. Im Magen tötet die Magensäure alle Krankheitserreger ab.

Die Atemkanälchen enden in Trauben aus winzigen **Lungenbläschen**. Sie besitzen Wände, die so dünn sind wie die von Seifenblasen. Durch sie werden Sauerstoff und Kohlenstoffdioxid ausgetauscht. Außen ist die Lunge vom *Lungenfell* umhüllt. Zwischen ihm und dem *Rippenfell,* das den Brustkorb auskleidet, befindet sich ein flüssigkeitsgefüllter Spalt. Dadurch kann sich die Lunge beim Atmen im Brustraum verschieben.

Bei der Atmung wird Luft abwechselnd eingesogen und ausgestoßen. Dies bewirkt vor allem das **Zwerchfell**, eine dünne Muskelmembran, die unterhalb der Lunge

Stoffwechsel des Menschen

quer durch den Bauchraum gespannt ist. Es trennt den Brustkorb mit Lunge und Herz vom Bauchraum mit Magen, Darm und anderen Organen. Ist das Zwerchfell entspannt, bildet es eine Kuppel, die vom unteren Ende der Rippen bis hoch in die Herzgegend reicht. Der Innenraum des Brustkorbs, den die Lunge ausfüllt, ist dann klein. Dies ist der Zustand beim Ausatmen. Spannt sich das Zwerchfell, wird es flach und das Volumen des Brustkorbs vergrößert sich. Dabei entsteht ein Unterdruck und wir atmen ein. Gleichzeitig werden die Bauchorgane nach unten gedrängt und die Bauchwand wölbt sich vor. Deshalb nennt man diese Form der Atmung auch **Bauchatmung**. Erschlafft das Zwerchfell, verkleinern sich Brustraum und Lungenvolumen. Dabei erhöht sich der Druck und wir atmen wieder aus.

Solche Atembewegungen entstehen auch durch Ausdehnung des Brustkorbs. Bei dieser **Brustatmung** heben Zwischenrippenmuskeln das Brustbein und die Rippen an. Dadurch dehnt sich der Brustkorb nach vorne und zur Seite. Er vergrößert sein Volumen und Luft strömt ein. Erschlaffen die Zwischenrippenmuskeln wieder, verringert sich das Volumen des Brustkorbs: Wir atmen aus.

Bei großen Anstrengungen verstärken alle Muskeln des Oberkörpers die Atembewegungen. Das trifft auch für das *Husten* und *Niesen* zu, mit dem wir Fremdkörper aus den Atemwegen entfernen.

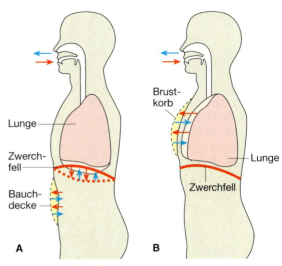

2 Atmung. **A** Bauchatmung; **B** Brustatmung

> Die Atemluft gelangt durch Nase, Rachen, Kehlkopf, Luftröhre und Bronchien in die Lunge. Zwerchfell und Zwischenrippenmuskeln bewirken durch Vergrößerung und Verkleinerung des Lungenvolumens die Atembewegungen.

1 Beschreibe den Weg der Atemluft.
2 Begründe den Ratschlag, durch die Nase statt durch den Mund einzuatmen.
3 Sitzende Arbeitshaltung kann dazu führen, dass Teile der Lunge nicht ausreichend belüftet werden. Begründe, warum man im Sitzen nur flach atmet.
4 Zeige die Atemorgane am Torso und benenne sie.

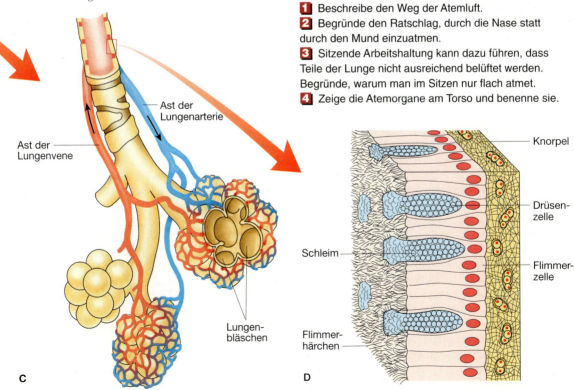

Stoffwechsel des Menschen

3.2 Der Gasaustausch

Alle Zellen unseres Körpers brauchen Sauerstoff zur Energieerzeugung, besonders die Muskel- und Gehirnzellen. Beim Einatmen saugen wir Luft in die Lungen, der dort ein Teil des Sauerstoffs entzogen wird. Gleichzeitig wird Kohlenstoffdioxid in die Luft abgegeben, die anschließend wieder ausgeatmet wird. Die Einatmungsluft enthält fast 21% Sauerstoff, die Ausatmungsluft nur noch 17%. Dafür steigt der Anteil von Kohlenstoffdioxid von 0,03% in der Einatemluft auf 4% beim Ausatmen. Die Funktion der Lunge besteht

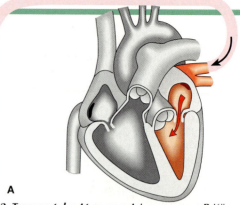

2 Transport der Atemgase. A Lungenvene; **B** Körperarterie; **C** Körpervene; **D** Lungenarterie

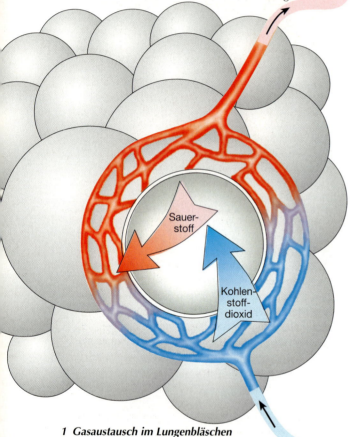

1 Gasaustausch im Lungenbläschen

fläche der Lunge etwa 100 m². Die Oberfläche der Blutkapillaren, die die Lungenbläschen umspinnen, ist sogar so groß wie ein Fußballfeld.

Der Antrieb für den Gasaustausch ist der *Konzentrationsunterschied* der Atemgase zwischen Lungenbläschen und Blut. Beim Einatmen gelangt sauerstoffreiche Luft in die Lungenbläschen. Das vorbeiströmende Blut kommt aus den Körpergeweben und ist sauerstoffarm. Zum Ausgleich dieses Konzentrationsgefälles wandern Teilchen von der hohen Konzentration zur niedrigen. Man nennt diese Erscheinung **Diffusion**. Sauerstoffmoleküle treten deshalb aus den Lungenbläschen in das Blut über. Kommt dieses sauerstoffreiche Blut nun in einen Muskel, der viel Sauerstoff verbraucht hat, so gelangt der Sauerstoff aus demselben Grund aus dem Blut in die Muskelzellen.

In diesen Muskelzellen entsteht bei der Energieerzeugung Kohlenstoffdioxid als Abfallstoff. Es liegt also hier in hoher Konzentration vor. Deshalb geht es in kohlenstoffdioxidarmes Blut über. Anschließend gibt das so mit Kohlenstoffdioxid angereicherte Blut diesen Stoff in die Lungenbläschen ab, weil dort die Kohlenstoffdioxid-Konzentration gering ist. Beim Ausatmen verlässt es unseren Körper.

Die **Energiegewinnung** in den Körperzellen bezeichnet man als **Zellatmung**. Dieser wichtige Stoffwechsel-

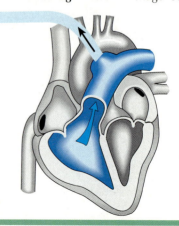

also darin, Gase auszutauschen. Wie funktioniert dieser **Gasaustausch**? Die Wände der **Lungenbläschen** sind hauchdünn. Ebenso dünn sind die Wände der haarfeinen Blutgefäße, der **Blutkapillaren**, die die Bläschen umgeben. Die Sauerstoff- und Kohlenstoffdioxid-Moleküle können durch sie hindurchtreten. Damit dies gleichzeitig Milliarden von Molekülen tun, muss die *Grenzfläche* zwischen der Luft und dem Blut sehr groß sein. Dies wird durch die große Anzahl von ca. 300 Millionen Lungenbläschen mit einem Durchmesser von $\frac{1}{4}$ mm erreicht. Dadurch beträgt die innere Ober-

Stoffwechsel des Menschen

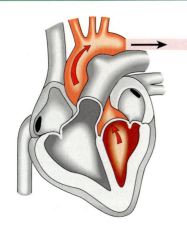

B

Der Sauerstoff der Luft gelangt durch die Wände der Lungenbläschen ins Blut und wird in den Zellen für die Energieerzeugung gebraucht. Dabei bildet sich Kohlenstoffdioxid, das vom Blut in die Lunge transportiert und ausgeatmet wird. Die Funktion der Lunge ist also der Gasaustausch.

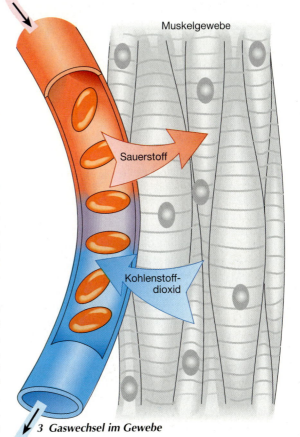

3 *Gaswechsel im Gewebe*

vorgang gewinnt mithilfe von Sauerstoff Energie aus Zucker und anderen Nährstoffen. Diese Energie brauchen wir für alle Lebensvorgänge, auch für die Atembewegungen selbst.

Der Transport der Atemgase erfolgt im Blutplasma und ist an den Farbstoff *Hämoglobin* in den roten Blutkörperchen gebunden. Seine Eisenatome binden Sauerstoffmoleküle und geben sie bei Bedarf wieder ab. Hämoglobin entzieht der Einatmungsluft ein Fünftel ihres Sauerstoffanteils. Kohlenstoffdioxid wird ebenfalls vor allem von den roten Blutkörperchen transportiert. Daneben findet man dieses Gas aber auch im Blutplasma. Kinder bis zum zehnten Lebensjahr atmen 20- bis 25-mal in der Minute, Erwachsene dagegen etwa 16- bis 20-mal. Bei Anstrengungen steigt der Sauerstoffbedarf. Wir erhöhen die *Atemfrequenz*, d.h. wir atmen häufiger. Außerdem atmen wir tiefer, indem wir den Brustkorb stärker dehnen: Dadurch steigt das *Atemvolumen*. Der Bedarf an Atemluft beträgt in Ruhe etwa 8 l pro Minute. Schon beim Spazierengehen brauchen wir etwa 14 l, während bei Höchstleistungen bis zu 140 l Luft pro Minute ein- und ausgeatmet werden. Das Gewebe, das durch Anstrengung am sauerstoffärmsten ist, bekommt aus dem Blut jetzt auch am meisten Sauerstoff, da hier der Konzentrationsunterschied am größten ist.

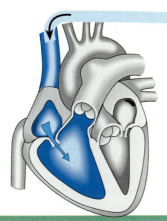

C

1 Beschreibe anhand der Abbildungen den Weg des Sauerstoffs im Körper. Was bedeuten die Farben Rot und Blau?

2 Erkläre, warum ein Ertrunkener bei der Atemspende (Mund-Nase-Beatmung) nicht erstickt, obwohl er dabei nur Ausatmungsluft erhält.

3 Menschen, die in großen Höhen leben, wo die Luft sauerstoffarm ist (z.B. in Peru und im Himalaja), besitzen mehr rote Blutkörperchen als wir. Erkläre dies mit der Funktion von Hämoglobin.

4 Kohlenstoffmonooxid entsteht bei unvollständiger Verbrennung, z.B. in Motorabgasen und beim Zigarettenrauchen. Der rote Blutfarbstoff Hämoglobin bindet Kohlenstoffmonooxid, gibt es aber nicht wieder ab. Erkläre, warum man durch Motorabgase ersticken kann.

Stoffwechsel des Menschen

Streifzug durch die Medizin

Erkrankungen der Atemwege

Schnupfen ist eine typische Krankheit der kalten Jahreszeit. Da die Luft in geheizten Räumen trocken ist, trocknet die Nasenschleimhaut leicht aus. Krankheitserreger haben bessere Chancen, in die Zellen der Schleimhäute einzudringen, wenn diese nicht mehr durch ihre wässrige Schleimschicht geschützt sind. Sind Zellen infiziert, wird die Nasenschleimhaut stark durchblutet. Das hat eine doppelte Wirkung: Zum einen kann sie mehr Flüssigkeit ausscheiden, um Erreger wegzuschwemmen. Zum anderen werden nun viele weiße Blutkörperchen herantransportiert, die Krankheitserreger aufsuchen und vernichten. Bei starker Durchblutung schwillt die Schleimhaut an. Die Nase ist „verstopft" und „läuft".

Schnupfen kann auch durch eine **Allergie** hervorgerufen werden. Viele Menschen haben Allergien z. B. gegen Pollenkörner, Katzenhaare oder Hausstaub. Diese Fremdkörper werden von der Nasenschleimhaut in einer Überreaktion abgewehrt. Oft tränen dabei auch die Augen.

1 *Schnupfen*

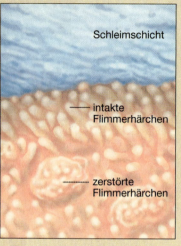

2 *Bronchien eines Rauchers*
(Schleimschicht über zerstörten Flimmerhärchen)

Unangenehmer als Schnupfen ist **Husten**. Meist husten wir, um kleine Schleimansammlungen zu entfernen, die die Flimmerhärchen alleine nicht nach oben zum Kehlkopf wegtransportieren können. Dieser Schleim ist ein Nährboden für Bakterien. Wird er nicht durch Husten entfernt, kommt es zu **Bronchitis**, einer Entzündung der Bronchien. Ihre Wände schwellen dabei an. Dadurch werden sie eng und wir „bekommen keine Luft". Raucher haben häufig eine **chronische Bronchitis**, weil Nikotin und Kohlenstoffmonooxid die Flimmerhärchen vergiften, sodass sie den Schleim nicht mehr abtransportieren können. Er kann nur noch durch Husten entfernt werden. Man nennt ihn *Raucherhusten*.
Husten tritt auch auf, wenn Fremdkörper aus der Luftröhre entfernt werden müssen. Beim *Verschlucken* sind dies kleine Nahrungsteilchen. Aber auch Staub, Rauch und giftige Gase, z. B. Ozon oder Abgase aus Verkehr und Industrie, reizen die Schleimhäute und können zu Husten und Bronchitis führen. Bei langer Einwirkung können sie **Lungenkrebs** verursachen.

Alle Atemwege sind von Muskelfasern umsponnen. Wenn sie sich verkrampfen und zusammenziehen, sind die Atemkanäle verengt. Dieses **Asthma** kann lebensbedrohlich sein, weil nur noch wenig Luft in die Lungenbläschen kommt. Asthma wird wie Schnupfen häufig durch eine *Allergie* ausgelöst.

1 Erkläre, wie es zur „verstopften" und zur „laufenden" Nase kommt.
2 Vergleiche die Abbildung 2 mit der Abbildung 1 D auf S. 195. Beschreibe und erkläre die Veränderungen.
3 Beschreibe die Wirkungen des Zigarettenrauchs auf die Atemwege.

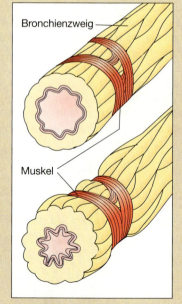

3 *Asthma*

Stoffwechsel des Menschen

Atmung

Übung

V1 Brust- und Bauchatmung

Durchführung: Lege die gespreizten Hände so auf den Brustkorb, dass sich die Fingerspitzen in der Mitte berühren. Atme tief ein und aus und beobachte die Fingerspitzen. Atme danach so ein, dass die Hände **nicht** bewegt werden. Beobachte dabei Bauch und Brustkorb.
Aufgaben: a) Beschreibe, welche Muskelbewegungen das Einatmen bewirken.
b) Begründe, warum sich bei der Bauchatmung der Bauch bewegt.

V2 Nachweis von Kohlenstoffdioxid (Lehrerversuch)

Hinweis: Kalkwasser ist ein Nachweisreagenz für Kohlenstoffdioxid.
Material: Gaswaschflasche mit „Kalkwasser" (Calciumhydroxid-Lösung), *ätzend*; Gummischlauch

Durchführung: Ausatmungsluft wird vorsichtig durch eine Gaswaschflasche gepustet, die Kalkwasser enthält.
Aufgabe: Beschreibe und erkläre die Veränderungen.

V3 Untersuchung der Schweinelunge

Material: frische Schweinelunge vom Metzger; Becherglas mit Wasser; Pinzette; Schere; Lupe
Durchführung: Suche Verzweigungen der Atemkanälchen. Schneide anschließend kleine Stückchen aus der Lunge. Lasse ein Stückchen Lunge auf das Wasser fallen.
Aufgaben: a) Beschreibe die Lunge (Farbe, Strukturen) und untersuche sie mit der Lupe.
b) Beschreibe und erkläre das Verhalten des Lungengewebes im Wasser.

V4 Messung des Atemvolumens

Material: Spirometer
Durchführung: Atmet eure maximale Atemmenge ins Spirometer. Notiert die Werte.
Aufgaben: a) Trage in eine Tabelle ein: Name, Atemvolumen, Körpergröße, Sportart.
b) Untersuche, ob ein Zusammenhang zwischen Atemvolumen und Körpergröße besteht.
c) Untersuche, ob ein Zusammenhang zwischen Atemvolumen und sportlicher Betätigung besteht.
d) Erkläre, warum das gemessene Atemvolumen nicht das gesamte Lungenvolumen ist.

A5 Darstellung von Atembewegungen

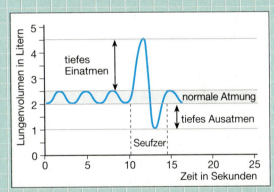

a) Erkläre den Kurvenverlauf. Wie viel Luft atmet man maximal ein und aus?
b) Auch beim tiefsten Ausatmen bleibt noch Luft in der Lunge. Beschreibe, wo sich diese Restluft aufhält.

A6 Oberflächenvergrößerung

Als *Prinzip der Oberflächenvergrößerung* bezeichnet man die Tatsache, dass dasselbe Volumen eine viel größere Oberfläche besitzt, wenn es in kleine Teilvolumen unterteilt wird.
a) Du sollst 10 Tafeln Schokolade in Geschenkpapier einwickeln. Berechne, wie viel Papier du mindestens brauchst, wenn du die Tafeln einzeln, beziehungsweise alle 10 gemeinsam verpackst. Eine Tafel ist 5 cm breit, 10 cm lang und 1 cm hoch.
b) Beschreibe, wie dieses Prinzip auf den Bau der Lunge anzuwenden ist.

Stoffwechsel des Menschen

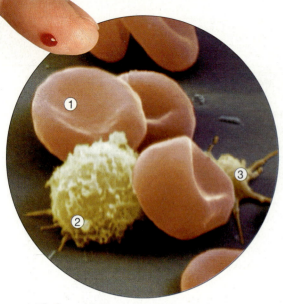

1 Blutbestandteile. ① rote Blutkörperchen, ② weißes Blutkörperchen, ③ Blutplättchen

reichen, verändern sie ihre Form und zwängen sich durch die Zellzwischenräume der Gefäßwände.
Für den Transport der Blutzellen sorgt die *Blutflüssigkeit*. Sie transportiert außerdem Nährstoffe, Kohlenstoffdioxid und Abfallstoffe und bringt Botenstoffe, die *Hormone,* an ihre Zielorte. Das Blut verteilt auch die *Körperwärme* gleichmäßig.

> Blut besteht aus Flüssigkeit und aus Blutzellen. Es transportiert die Atemgase, Nährstoffe sowie Abfallstoffe und verteilt Hormone und Körperwärme gleichmäßig. Es ist außerdem an der Abwehr von Krankheitserregern beteiligt.

1 Nenne die Aufgaben des Blutes.
2 Bei Krankheitsverdacht stellt der Arzt oft die Menge der weißen Blutkörperchen fest. Sie steigt bei Infektionskrankheiten bis zum Fünffachen des Normalen an. Erkläre dies mit ihrer Funktion.
3 Erkläre den Vorgang der Blutgerinnung mithilfe der Abb. 2 und des Textes.

4 Blut und Blutkreislauf

4.1 Blut erfüllt unterschiedliche Aufgaben

„Aua!" – Marc hat sich beim Basteln mit der Schere in den Daumen gestochen. Er beobachtet, wie der rote Blutstropfen langsam aus der Wunde quillt und heruntertropft. Bis er endlich ein Heftpflaster gefunden hat, ist auf der Wunde schon eine weiche Kruste entstanden. Blut ist also nicht nur eine Flüssigkeit, sondern es enthält feste Bestandteile, die *Blutzellen.*
Eine Gruppe dieser Blutzellen, die **Blutplättchen,** lösen die *Blutgerinnung* aus: Sie zerfallen bei Berührung der Wundränder und scheiden ein Enzym aus, das über mehrere Zwischenstufen aus dem gelösten Fibrinogen das fadenartige feste Eiweiß *Fibrin* werden lässt. In seinem Geflecht bleiben andere Blutzellen, die **roten Blutkörperchen,** hängen. Ihre Hauptaufgabe ist der Transport von Sauerstoff zu den Gewebezellen.
Das Fibrin mit den eingelagerten Blutzellen verschließt die Wunde. Außerdem verengen sich die Adern im Finger und verringern so den Blutzufluss.
Durch eine Wunde können Bakterien, Viren oder Gifte in den Körper eindringen. Sie werden von der dritten Gruppe Blutzellen, den **weißen Blutkörperchen,** bekämpft. Diese patrouillieren ständig in den Adern auf der Jagd nach Fremdkörpern. Finden sie Bakterien, bilden sie lange Auswüchse, fangen, umschlingen und verdauen sie. Um Krankheitserreger außerhalb der Blutgefäße zu er-

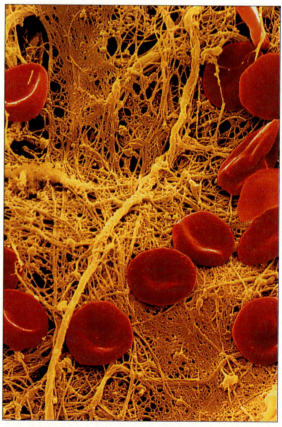

2 Rote Blutkörperchen im Fibrinnetz

Stoffwechsel des Menschen

Pinnwand

BLUT

Zusammensetzung des Blutes

- flüssige Bestandteile (Blutplasma) **55 %**
- feste Bestandteile (Blutzellen) **45 %**

Blutflüssigkeit

Blutplasma besteht zu etwa 90 % aus Wasser. Daneben findet man Traubenzucker, Fette, Eiweißstoffe, Salze, Hormone und Abfallstoffe, wie z. B. Kohlenstoffdioxid. Blutplasma ohne den Gerinnungsstoff Fibrinogen bezeichnet man als **Blutserum**.

Blutzellen

rote Blutkörperchen (Erythrozyten)
- Aussehen: runde, flache Scheiben, in der Mitte eingedellt
- Herkunft: rotes Knochenmark
- Aufgabe: Transport von Sauerstoff und Kohlenstoffdioxid; enthalten den eisenhaltigen roten Blutfarbstoff Hämoglobin
- Größe: 0,007 mm Ø; 0,002 mm dick
- Lebensdauer: ca. 120 Tage
- Besonderheiten: bei Säugetieren kein Zellkern

weiße Blutkörperchen (Leukozyten)
- Aussehen: kugelförmig bis unregelmäßig
- Herkunft: rotes Knochenmark, Lymphknoten, Milz
- Aufgabe: vernichten Krankheitserreger
- Größe: 0,06 mm bis 0,2 mm Ø
- Lebensdauer: wenige Tage bis Jahre
- Besonderheiten: können sich bewegen; stark verformbar

Blutplättchen (Thrombozyten)
- Aussehen: unregelmäßig geformt
- Herkunft: rotes Knochenmark
- Aufgabe: ermöglichen Blutgerinnung
- Größe: 0,004 mm
- Lebensdauer: 7 Tage
- Besonderheiten: Blutplättchen sind „Bruchstücke" von bestimmten Knochenmarkszellen

Blut in Zahlen

- Ein Erwachsener hat zwischen 4 und 6 Liter Blut.
- Anzahl der Zellen pro mm³ Blut:
  rote Blutkörperchen: 5 Mio.
  Blutplättchen: 300 000
  weiße Blutkörperchen: 5 - 10 000
- Pro Sekunde bildet dein Knochenmark über 2 Mio. rote Blutkörperchen.
- Jedes rote Blutkörperchen transportiert etwa 75 000-mal Sauerstoff zu den Zellen.
- Würde man die 30 Billionen roten Blutkörperchen eines einzigen Menschen nebeneinander legen, ergäbe das eine Kette, die 5-mal um die Erde reichte.

Blut in der Sprache

blutsverwandt, Blutsbruder, Blutsauger, das Blut erstarrt in den Adern, blaues Blut, blutrünstig, heißblütig, ruhig Blut bewahren

1 a) Wofür braucht der Körper eisenhaltige Nahrung?
b) Nenne eine mögliche Ursache für Eisenmangel, vor allem bei Frauen.

2 Erkläre: Der Eiter von Wunden besteht vorwiegend aus abgestorbenen weißen Blutkörperchen.

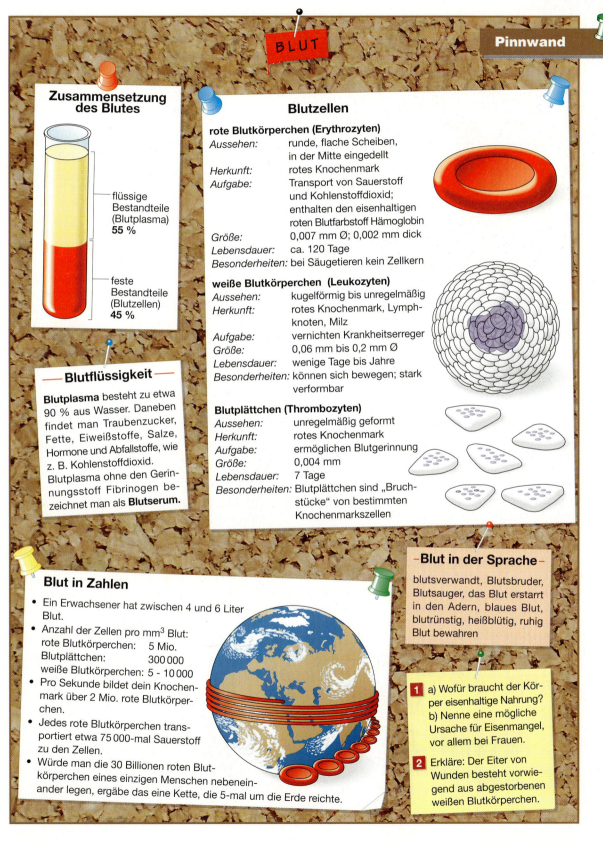

Stoffwechsel des Menschen

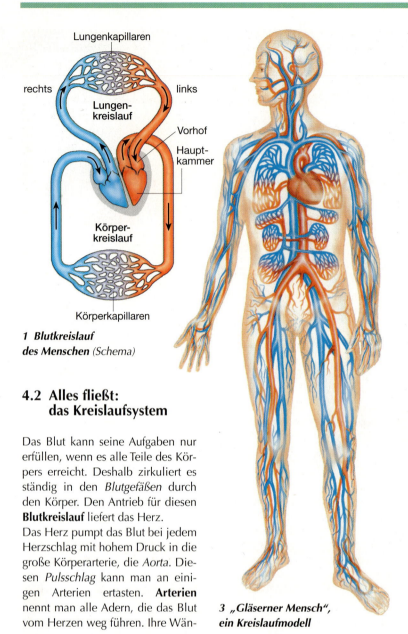

1 Blutkreislauf des Menschen (Schema)

3 „Gläserner Mensch", ein Kreislaufmodell

4.2 Alles fließt: das Kreislaufsystem

Das Blut kann seine Aufgaben nur erfüllen, wenn es alle Teile des Körpers erreicht. Deshalb zirkuliert es ständig in den *Blutgefäßen* durch den Körper. Den Antrieb für diesen **Blutkreislauf** liefert das Herz.

Das Herz pumpt das Blut bei jedem Herzschlag mit hohem Druck in die große Körperarterie, die *Aorta*. Diesen *Pulsschlag* kann man an einigen Arterien ertasten. **Arterien** nennt man alle Adern, die das Blut vom Herzen weg führen. Ihre Wände besitzen eine kräftige Muskelschicht. Zusätzlich sind sie innen und außen mit einer elastischen Haut überzogen. Sie halten den hohen Blutdruck aus und pressen das Blut durch ihre Elastizität weiter.

Die Arterien verzweigen sich immer mehr bis in die haarfeinen **Kapillaren.** Durch ihre hauchdünnen Wände findet ein Stoffaustausch mit den Körperzellen statt. Dabei werden Sauerstoff und Nährstoffe in das umgebende Gewebe abgegeben. Gleichzeitig werden Kohlenstoffdioxid und Abfallstoffe von den Kapillaren aufgenommen.

Die Kapillaren vereinigen sich wieder zu größeren Blutgefäßen, den **Venen.** Ihre dünnen Wände haben nur wenige Muskeln. Sie besitzen viele *Venenklappen* als Ventile, die verhindern, dass das Blut nach dem Herzschlag wieder zurückfließt. Dadurch kann das Blut in den Beinvenen sogar „bergauf" transportiert werden. Arterien oder Muskeln helfen dabei mit, indem sie auf die Venen drücken und dadurch das Blut weiterbefördern.

Wenn das Blut durch die *Hohlvene* wieder ins Herz transportiert wird, ist der *Körperkreislauf* geschlossen. Das Blut durchläuft nun einen zweiten Kreislauf, den *Lungenkreislauf*. Es wird durch die *Lungenarterie* in die Lunge gepumpt. Dort gibt es Kohlenstoffdioxid ab und nimmt Sauerstoff auf. Nach der Rückkehr zum Herz durch die *Lungenvene* ist dieser **doppelte Blutkreislauf** geschlossen.

Weil das Blut ständig im Körper

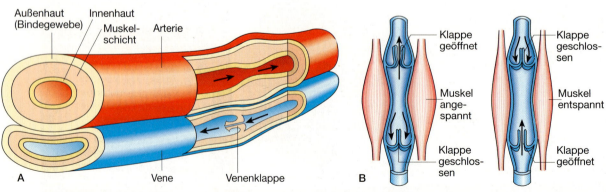

2 Bluttransport in den Venen. A durch eine benachbarte Arterie; **B** durch Muskeln

Stoffwechsel des Menschen

kreisen muss, schlägt unser **Herz** ohne Unterbrechung das ganze Leben lang. In jeder Minute pumpt es dabei die gesamte Blutmenge durch den Körper. Wie funktioniert diese außergewöhnliche Pumpe?

Das Herz ist ein faustgroßer, hohler Muskel, der durch die *Herzscheidewand* in zwei Hälften geteilt ist. In jeder Herzhälfte befinden sich eine *Hauptkammer* und

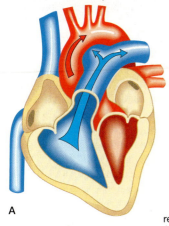

A

ein *Vorhof*. Zwischen Vorhof und Hauptkammer wirken *Segelklappen* als Ventile, vor den Arterien erfüllen *Taschenklappen* diese Funktion.

Wenn das Herz „schlägt", ziehen sich die Hauptkammern zusammen und pressen das Blut in die Körper- und Lungenarterien.

Die Segelklappen sind dabei geschlossen und verhindern, dass das Blut in die Vorhöfe zurückgedrückt wird. Gleichzeitig saugen die Vorhöfe Blut aus den Körper- und Lungenvenen an. Diesen Arbeitstakt des Herzens bezeichnet man als *Systole*. Wenn die beiden Hauptkammern geleert sind, entspannt sich das Herz. Dabei füllen sich die Kammern wieder, weil nun das Blut aus den Vorhöfen durch die Segelklappen in die Hauptkammern strömt. Gleichzeitig schließen sich die Taschenklappen, sodass das Blut nicht

mehr aus den Arterien in die Hauptkammern zurückfließen kann. Dieser Arbeitstakt wird *Diastole* genannt.

Systole und Diastole – Zusammenziehen der Kammern und Erschlaffung – wiederholen sich unaufhörlich. Um diese Arbeit leisten zu können, müssen die Herzmuskeln besonders gut mit Blut versorgt werden. Das ist die Aufgabe der *Herzkranzgefäße*.

Herzmuskelzellen erzeugen bei ihrer Tätigkeit schwache elektrische Impulse. Mit Elektroden auf der Haut kann man diese Impulse aufnehmen. Sie werden als Herzerregungskurve aufgezeichnet. Dieses *Elektrokardiogramm* (EKG) lässt bestimmte Funktionsstörungen des Herzens erkennen.

> Das Blut wird vom Herz durch den Körper- und Lungenkreislauf gepumpt. Dabei fließt es durch die Arterien in die Kapillaren und kehrt durch die Venen zum Herzen zurück.

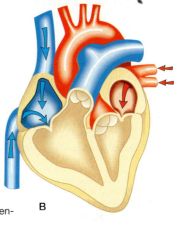

B

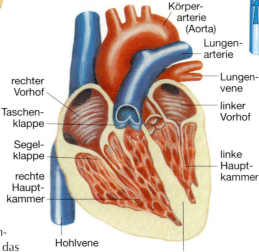

- Körperarterie (Aorta)
- Lungenarterie
- rechter Vorhof
- Taschenklappe
- Segelklappe
- rechte Hauptkammer
- Hohlvene
- Lungenvene
- linker Vorhof
- linke Hauptkammer
- Herzscheidewand

4 Bau des Herzens

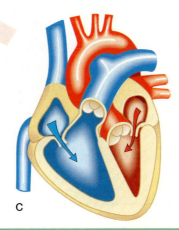

C

1 In welchen Blutgefäßen des Körper- und Lungenkreislaufs ist das Blut reich an Sauerstoff, in welchen reich an Kohlenstoffdioxid?

2 Fast alle Adern, die man äußerlich sehen kann, sind Venen. Die Arterien verlaufen tiefer im Körper. Erkläre, welchen Vorteil dies hat.

3 Erkläre den Namen „Schlagader" für Arterien.

4 Auf den Bildern von Kreislauf und Herz ist rechts und links vertauscht. Erkläre.

5 Der „gläserne Mensch" ist ein Modell. Was ist dabei anders als beim tatsächlichen Kreislauf?

5 Wie das Herz arbeitet.
A *Hauptkammerleerung;*
B *Erschlaffung;*
C *Vorhofleerung;*
 *Blutströme*

Stoffwechsel des Menschen

Übung — Untersuchung von Blut und Blutkreislauf

V1 Blut mikroskopieren

Wegen Infektionsgefahr ist es verboten, menschliches Blut in der Schule zu untersuchen.
Material: Tierblut vom Metzger oder Schlachthof, das ungerinnbar gemacht wurde; Mikroskop; 2 Objektträger; 1 Deckgläschen; Glasstab

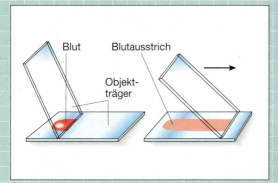

Durchführung: Gib mit dem Glasstab einen Tropfen Blut auf die linke Seite des Objektträgers. Stelle den zweiten Objektträger wie in der Abbildung gezeigt so an den Blutstropfen, dass er am Rand verläuft. Schiebe den Objektträger nach rechts. Bedecke den Blutausstrich mit einem Deckgläschen.
Aufgaben: a) Mikroskopiere. Beginne mit der kleinsten Vergrößerung. Verändere bei jeder Vergrößerung auch die Blende, bis du die Blutzellen erkennen kannst. Beschreibe deine Beobachtungen. Um welche Blutzellen handelt es sich? Begründe!
b) Zeichne deine Beobachtung bei der stärksten Vergrößerungen.

V2 Arterien oder Venen?

Material: Uhr
Durchführung: Streife die Kleidung an den Armen hoch, sodass die Unterarme frei sind. Stelle dich aufrecht hin. Strecke den einen Arm ungefähr eine Minute lang nach oben und lasse den anderen locker herunter hängen.
Aufgaben: a) Vergleiche die Hautfarbe der beiden Arme und erkläre den Unterschied.
b) Beschreibe, wo die Blutgefäße am deutlichsten hervortreten.
c) Um welche Blutgefäße handelt es sich? Begründe.

V3 Puls fühlen und messen

Material: Uhr mit Sekundenzeiger
Durchführung: Fühle am Hals oder am Handgelenk den Puls wie in den Abbildungen gezeigt.

 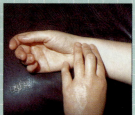

Aufgaben: a) Zähle die Pulsschläge in 15 s und multipliziere mit 4. Dies ergibt den Puls pro Minute.
b) Miss deinen Puls in Ruhe und bei Belastung: im Sitzen und nach 20 Kniebeugen.
c) Miss nach der Belastung noch 5-mal im Minutenabstand. Stelle die Werte grafisch dar.
d) Vergleiche die Werte mit Jugendlichen in deiner Klasse, die viel Sport treiben und solchen, die weniger trainiert sind. Erläutere die Unterschiede.

A4 Bau eines Rinderherzens

Die Abbildung zeigt einen Längsschnitt durch ein Rinderherz. Benenne die Teile und gib ihre Aufgabe an.

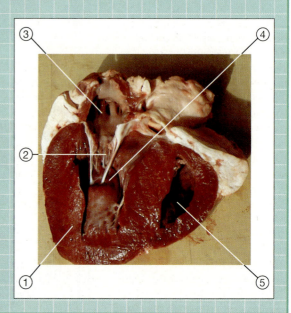

Stoffwechsel des Menschen

Blutdruck — Streifzug durch die Medizin

- Manschette aufgeblasen
- Arterie gestaut
- kein Puls hörbar

170 mm Hg

- Manschette langsam entlüftet
- Arterie beginnt sich zu füllen
- Puls wird hörbar

120 mm Hg

- Manschette weiter entlüftet
- Blut fließt wieder ungehindert
- Pulsgeräusch verschwindet

70 mm Hg

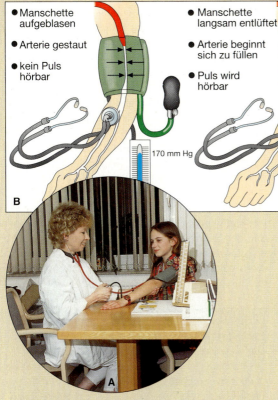

1 Blutdruckmessung. A Arztpraxis; B Schema

Anja möchte an einem Tauchkurs teilnehmen. Dazu braucht sie eine Tauglichkeitsbescheinigung. Bei der Untersuchung misst die Ärztin auch den **Blutdruck**. Sie legt die Blutdruck-Manschette um Anjas Oberarm und pumpt sie mit dem Blasebalg stark auf. Nun nimmt sie das Stethoskop, steckt die Ohrhörer in die Ohren und hält die Membran in Anjas Ellenbeuge. Mit dem Stethoskop kann man den Pulsschlag hören.

Am Anfang hört die Ärztin noch nichts, weil die Manschette die Arterien so fest zusammendrückt, dass kein Blut fließt. Nun senkt sie durch Öffnen des Ventils an der Manschette den Druck ab. Sobald man Pulsschläge hört, liest man eine Zahl am Druckanzeiger ab. Dies ist der **systolische Wert.** Mit diesem Druck presst das Herz das Blut in die Arterien. Der Blutdruck reicht bei diesem Wert gerade aus, um den Manschettendruck zu überwinden.

Sinkt der Manschettendruck weiter ab, hört das Pulsgeräusch wieder auf. An diesem **diastolischen** Wert fließt das Blut wieder ungestört durch die Ader. Dieser Wert zeigt den Blutdruck bei entspanntem Herzen an.

Bei modernen Geräten übernimmt ein Mikrofon in der Manschette die Rolle des Stethoskops und die Blutdruckwerte werden digital angezeigt.

Der Blutdruck wird in Millimeter Quecksilbersäule (mm Hg) gemessen. Bei Jugendlichen misst man Mittelwerte von 100–110 mm Hg (systolischer Wert) zu 70–75 mm Hg (diastolischer Wert). Der Blutdruck schwankt im Laufe des Tages etwas: Beim Schlafen fällt er ab, beim Sport steigt er an. Dauerhafter **Bluthochdruck** jedoch kann allen Organen schaden, vor allem Herz, Gehirn und Nieren. Zu **niedriger Blutdruck** bewirkt, dass die Organe nicht ausreichend versorgt werden.

Mit dem Alter steigt der Blutdruck etwas an, weil die Blutgefäße nicht mehr so elastisch sind.

„100 zu 70. Sehr gute Werte!", sagt die Ärztin. Anja ist froh. Der Tauchkurs kann beginnen.

1 Vielen Menschen wird schwindlig, wenn sie rasch aufstehen. Dann bekommt das Gehirn zu wenig Blut. Erkläre, wie das mit dem Blutdruck zusammenhängt.

2 Nikotin bewirkt, dass das Gehirn Adern verengt. Wie wirkt sich das auf den Blutdruck aus?

3 Gefahr bewirkt Pulsbeschleunigung und höheren Blutdruck in Gehirn und Muskeln. Welchen biologischen Sinn hat das? Denke z. B. an die Situation eines Steinzeitmenschen, der von einem Löwen angegriffen wird.

Stoffwechsel des Menschen

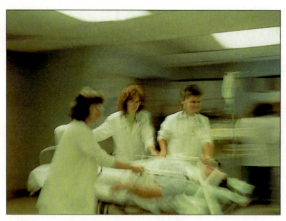

1 Beim Herzinfarkt geht es um Minuten

4.3 Herzinfarkt, eine lebensbedrohliche Erkrankung

Große Aufregung! Gestern Nacht wurde Herr Müller mit dem Notarztwagen in die Klinik gebracht. Er war mit starken Schmerzen in der Brust aufgewacht, hatte das Gefühl, sein Brustkorb werde zusammengepresst und er müsse ersticken. Er litt unter Todesangst. Frau Müller rief sofort den Notarzt. Der gab mehrere Spritzen und ordnete den sofortigen Transport ins Krankenhaus an.

Herr Müller hatte einen **Herzinfarkt.** Ein Herzinfarkt tritt ein, wenn sich ein *Herzkranzgefäß* verschließt. So nennt man die Arterien, die das Herz mit Sauerstoff versorgen.

Wie kommt es zum Verschluss einer Arterie? Auf der Innenseite der Arterien lagern sich im Lauf der Jahre Fett- und Kalkstoffe ab. Dadurch werden sie immer enger, härter und unelastischer. Man bezeichnet dies als **Arteriosklerose.** Irgendwann kann sich die Ader ganz verschließen oder ein kleiner Pfropf aus geronnenem Blut verstopft sie. Wenn dies in einem Herzkranzgefäß geschieht, wird ein Teil des Herzens nicht mehr richtig durchblutet und kann nicht mehr arbeiten. Im Extremfall führt das zum Herzstillstand, auch „Herzschlag" genannt. Grundsätzlich kann jeder Mensch einen Herzinfarkt bekommen. Neben erblichen Anlagen erhöhen aber **Risikofaktoren** die Wahrscheinlichkeit, an *Bluthochdruck* und Herzinfarkt zu erkranken: *Überernährung* bewirkt, dass zu viele Fette ins Blut gelangen. Bei *Bewegungsmangel* werden sie nicht verbraucht. *Stress* setzt natürliche Fettreserven aus den Zellen frei, die sich noch zusätzlich auf den Wänden der Arterien ablagern. *Koffein* beschleunigt den Puls. *Nikotin* bewirkt, dass die Arterien enger gestellt werden. Dadurch steigt der Blutdruck zusätzlich. Aus diesen Gründen ist der Herzinfarkt heute so häufig: Über 700 Infarkte ereignen sich jeden Tag in Deutschland. Zwei Drittel davon verlaufen tödlich.

Herr Müller überlebte, weil er so rasch in der Klinik versorgt wurde. Medikamente lösten den Blutpropf auf und der Herzmuskel wurde wieder durchblutet. Wenn er seine Lebensgewohnheiten ändert, geben ihm die Ärzte gute Chancen, ein weitgehend normales Leben zu führen.

> Von Arteriosklerose betroffene Blutgefäße können sich verschließen. Der Verschluss eines Herzkranzgefäßes führt zum Herzinfarkt. Bei sofortiger Behandlung kann man gerettet werden. Ungesunde Lebensweise beschleunigt den Verschluss von Arterien.

1 Erläutere, warum es lebenswichtig ist, dass Herzinfarktpatienten möglichst schnell ärztlich behandelt werden.
2 Nenne Risikofaktoren und ihre Wirkungen. Welche Faktoren treten häufig gemeinsam auf?
3 Mache Vorschläge, was Herr Müller tun kann, um die Gefahr eines zweiten Infarkts abzuwenden.

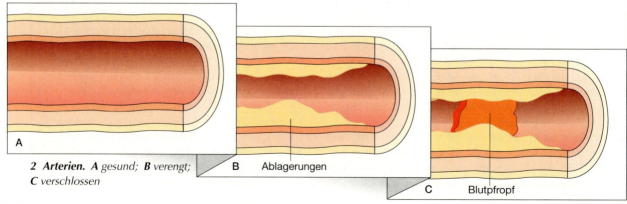

2 Arterien. A gesund; B verengt; C verschlossen   B Ablagerungen   C Blutpfropf

Stoffwechsel des Menschen

Herztransplantation und Organspende

Streifzug durch die Medizin

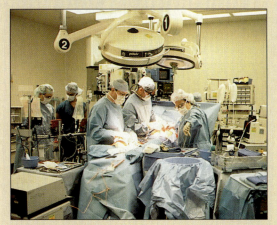

1 Herztransplantation

Am 3. Dezember 1967 gelang dem jungen südafrikanischen Arzt Christiaan Barnard eine medizinische Sensation: Er pflanzte einem Patienten das Herz einer verunglückten Frau ein. Der 55-jährige Patient überlebte die Operation, allerdings nur 18 Tage. Schon einen Monat später wagte Barnard die zweite **Herztransplantation** und diesmal lebte der Patient noch 19½ Monate. Ein Herz, das er einige Jahre später verpflanzte, schlug noch 23 Jahre im zweiten Brustkorb. Heute gehören Herztransplantationen in einigen Kliniken schon fast zur medizinischen Routine.

Wie kam es zu dieser Entwicklung? Der Grund dafür, dass die Patienten nach den ersten Transplantationen so bald starben, liegt im *Immunsystem*. Es erkennt das neue Organ als Fremdkörper und zerstört es. Dabei reagiert es auf ihm unbekannte Strukturen auf der Oberfläche der fremden Zellen, wie sie auch bei einem Virusbefall der eigenen Zellen auftreten. Erst als man Medikamente fand, die das Immunsystem hemmen, konnte die **Abstoßungsreaktion** unterdrückt werden.

Diese Medikamente haben aber den Nachteil, dass die Patienten anfälliger gegen Infektionskrankheiten werden. Trotzdem überwiegen die Vorteile. 50 000 Menschen bekamen schon ein „neues" Herz, leben oft ganz normal, sind berufstätig und treiben sogar Sport.

Nicht nur Herzen werden übertragen, sondern auch viele andere Organe, vor allem Nieren, aber auch Lunge und Leber. Bei Trübung der Augenhornhaut kann eine *Hornhauttransplantation* helfen. Viele tausend Patienten warten auf eine Transplantation. Das Problem ist, dass es zu wenige **Organspender** gibt. Viele Menschen scheuen sich, einen Organspendeausweis auszufüllen und nach ihrem Tod ein Organ zur Verfügung zu stellen. Doch sie könnten damit Leben retten und anderen Menschen ein lebenswertes Leben schenken.

2 Organspendeausweis

1 Medikamente, die das Immunsystem hemmen, sind nach der Transplantation hilfreich. Sie fördern aber den Ausbruch von Infektionskrankheiten. Erkläre diesen Zusammenhang.

2 Zähle Gründe auf, die für oder gegen eine Organspende sprechen.

Stoffwechsel des Menschen

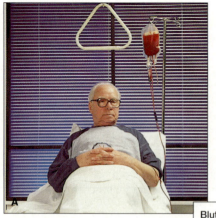

4.4 Auf die Blutgruppe kommt es an!

Bei Verkehrsunfällen verlieren Verletzte oft so viel Blut, dass sie dafür Ersatz brauchen. Auch bei Operationen und zur Behandlung einiger Krankheiten sind **Blutübertragungen,** auch *Bluttransfusionen* genannt, nötig. Organisationen wie das Rote Kreuz rufen deshalb immer wieder zur *Blutspende* auf.

Bevor gespendetes Blut verwendet wird, muss man es gründlich untersuchen. Denn wenn das Spenderblut nicht zum Empfängerblut passt, verklumpt es. Das ist lebensgefährlich, weil der entstehende Blutpfropf Kapillaren verstopfen kann.

Wie kommt es dazu? Man unterscheidet beim Menschen vier **Blutgruppen:** A, B, AB und 0 (Null).

Die Oberfläche der roten Blutkörperchen hat bei jeder Blutgruppe ein anderes Muster, das man *Antigen* nennt. Es gibt Blutkörperchen mit Antigen A, solche mit Antigen B, mit beiden oder mit gar keinem – entsprechend den Blutgruppen A, B, AB oder 0.

Im Blutplasma sind spezielle *Antikörper* vorhanden, die auf fremdes Blut reagieren. Sie verkleben die Blutkörperchen miteinander. Dabei reagiert der Antikörper „Anti-A" mit dem Antigen A, der Antikörper „Anti-B" mit dem Antigen B. Entsprechend findet man „Anti-A" bei Menschen mit der Blutgruppe B und „Anti-B" bei Menschen mit der Blutgruppe A. Menschen mit der Blutgruppe 0 haben beide Antikörper, solche mit der Blutgruppe AB gar keinen.

Diese Eigenschaft macht man sich beim *Blutgruppentest* zunutze. Zu je einem Blutstropfen tropft man Anti-A und Anti-B. Die Art der Verklumpung zeigt die Blutgruppe an.

Vor einer Blutübertragung muss noch eine weitere Bluteigenschaft getestet werden, der **Rhesusfaktor.** Die meisten Menschen besitzen auf der Oberfläche ihrer roten Blutkörperchen den Rhesusfaktor: Sie sind „Rhesus-positiv" (Rh). Bei rh-negativen Personen fehlt er. Kommt ihr Blut mit Rh-positivem Blut in Kontakt, können Antikörper dagegen entstehen. Bei einem erneuten Kontakt mit Rh-positivem Blut können die roten Blutkörperchen zerstört werden.

Gespendetes Blut wird auch auf Krankheitserreger untersucht. Deshalb ist die Gefahr, durch eine Blutübertragung an AIDS oder Hepatitis zu erkranken, relativ gering.

> Man unterscheidet beim Menschen die vier Blutgruppen A, B, AB und 0. Bei Blutübertragungen müssen die Blutgruppen übereinstimmen, sonst kann das Blut verklumpen.

1 Nur selten wird heute noch „Vollblut" übertragen. Oft wird nur Blutplasma benötigt. Welches Spenderplasma verträgt sich mit welchem Empfängerblut? Fertige eine Tabelle an!

2 Bei einem Test verklumpt Probe 1 mit Lösung „Anti-A" und mit Lösung „Anti-B", Probe 2 mit keiner der beiden. Um welche Blutgruppen handelt es sich?

1 Blutgruppenverträglichkeit. A Blutübertragung; B Merkmale der Blutgruppen; C Verträglichkeit und Verklumpung; D Blutgruppenbestimmung

Blutgruppe	rote Blutkörperchen mit Antigenen	Antikörper im Serum
A Antigene A = ●		Anti-B
B Antigene B = ▲		Anti-A
AB Antigene AB = ●▲		keine
0 keine Antigene		Anti-B Anti-A

B

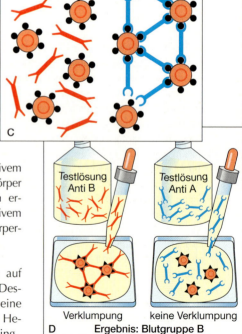

D Verklumpung | keine Verklumpung
Ergebnis: Blutgruppe B

Stoffwechsel des Menschen

4.5 Das Lymphgefäßsystem, ein zweites Gefäßsystem

Wenn das Blut durch die engen Blutkapillaren strömt, wird viel Blutflüssigkeit durch die hauchdünnen Wände nach außen in die Gewebe gedrückt. Diese Flüssigkeit umspült die Zellen. Sie nehmen aus ihr Nährstoffe und Sauerstoff auf und geben Abfallstoffe und Kohlenstoffdioxid an sie ab. Einen Teil dieser Gewebsflüssigkeit nehmen die Venen wieder zurück. Der Rest, die *Lymphe*, wird vom **Lymphgefäßsystem** transportiert. Es beginnt mit einseitig geschlossenen *Lymphkapillaren*, die die Lymphe aufnehmen und an größere *Lymphgefäße* weiterleiten. Diese sind wie Venen mit Klappen ausgestattet. Die Lymphe wird, ähnlich wie bei Venen, durch Bewegungen benachbarter Arterien und Muskeln weiterbefördert. Schließlich gelangt die Lymphe durch den *Lymphbrustgang* in die Schlüsselbeinvene. Das Lymphgefäßsystem ist also im Gegensatz zum Blutgefäßsystem kein Kreislauf.

Die Lymphgefäße weisen zahlreiche Verdickungen auf, die *Lymphknoten*. Sie dienen der Abwehr von Krankheitserregern. Werden Bakterien entdeckt, bilden sich im Knoten viele **Lymphozyten,** spezielle weiße Blutkörperchen.
Lymphknoten fangen wie Filter Bakterien und Fremdkörper auf und schwellen dadurch an. Du kennst solche dicken Lymphknoten unter dem Unterkiefer bei Zahnentzündungen oder als geschwollene Mandeln bei Angina. Sind die Bakterien nicht bald bekämpft, entzündet sich das gestaute Lymphgefäß vor dem Knoten und wird dabei rot. Dieser durch die Haut sichtbare rote Streifen tritt bei „Blutvergiftung" auf. Jetzt ist ärztliche Hilfe dringend nötig.

Die Lymphozyten bleiben nicht nur in den Lymphknoten. Sie werden über Lymph- und Blutgefäße überall dorthin transportiert, wo sie benötigt werden. Sie können auch die Kapillaren verlassen und im Gewebe Krankheitserreger angreifen.

> Das Lymphsystem leitet Flüssigkeit und Stoffe aus den Geweben ins Blut. Es hat wichtige Aufgaben bei der Abwehr von Krankheitserregern.

1 Lymphsystem des Menschen.
A Schema. Die Pfeile zeigen die Fließrichtung der Lymphe an;
B Zusammenhang zwischen Blut- und Lymphsystem;
C Lymphozyten verlassen eine Kapillare, um Bakterien zu vernichten.

1 Beschreibe die in der Abb. 1 B dargestellten Vorgänge.
2 Im Rachenbereich, in der Achsel-, Leisten- und Darmgegend sind besonders viele Lymphknoten. Unter welchen Bedingungen schwellen sie an?
3 Nenne Unterschiede zwischen Lymph- und Blutgefäßsystem.

Stoffwechsel des Menschen

Prüfe dein Wissen

Stoffwechsel des Menschen

A1 Nenne die drei lebenswichtigen Nährstoffe.

A2 Ordne den Begriffen „Betriebsstoffwechsel" und „Baustoffwechsel" die richtige Definition zu.
a) Dabei werden Kohlenhydrate und Fette abgebaut, die die notwendige Energie für unsere Organe liefern.
b) Dabei tragen z. B. Proteine dazu bei, dass wir wachsen und sich unsere Zellen immer wieder erneuern können.

A3 Wie errechnet man nach einer vereinfachten Regel den Grundumsatz des Menschen?

A4 Wie viel Energie gewinnen wir aus:
a) einem Gramm Kohlenhydrat,
b) einem Gramm Protein,
c) einem Gramm Fett?

A5 Benenne die abgebildeten Symbole verschiedener Kohlenhydrate:

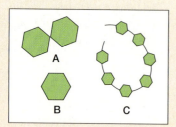

A6 Nenne von den aufgeführten Nahrungsmitteln drei, die reichlich versteckte Fette enthalten:
Steak, Kartoffelbrei, Leberwurst, Majonäse, Butterkeks, Vollmilch, Pommes frites, Ketchup, Currywurst.

A7 a) Nenne 3 Gruppen von Wirkstoffen, die wir mit der Nahrung zu uns nehmen müssen.
b) Zu welcher dieser Gruppen gehört Zink und welche Funktionen hat es im Körper?

A8 Hier sind die Paare Nährstoff – Enzym durcheinander geraten: Fett – Pepsin, Kohlenhydrate – Lipase, Protein – Maltase. Schreibe die richtigen Paare auf.

A9 Suche Tipps zur gesunden Ernährung heraus. Welche sind richtig?
a) Morgens wenig essen.
b) Abends viel trinken.
c) Vor der Mathearbeit Schokolade essen.
d) Nudeln vor einem Wettlauf sind besser als Traubenzucker.
e) Zu jeder Mahlzeit auch Obst, Gemüse und Salat essen.
f) Drei Mahlzeiten am Tag sind besser als fünf.
g) Nur in Salaten sind Vitamine enthalten.

A10 a) Bringe die „Stationen", die die Nahrung auf dem Weg durch unseren Körper durchläuft, in die richtige Reihenfolge: Zwölffingerdarm, After, Dünndarm, Magen, Speiseröhre, Mund, Dickdarm.
b) Wo ordnet man die Gallenblase und die Bauchspeicheldrüse zu?

A11 Welche Enzyme passen zu folgenden Aussagen?
a) Spaltet langkettige Stärkemoleküle in kürzere Malzzuckerteilchen auf.
b) Zerlegt Proteinketten in Einzelbausteine.
c) Spaltet die langen Proteinketten in kürzere Abschnitte auf.
d) Durch sie entstehen Glyzerin und Fettsäuren.

A12 Welche Aussagen sind richtig? Korrigiere die falschen Aussagen.
a) Insulin und Glukagon werden in der Bauchspeicheldrüse gebildet.
b) Insulin und Adrenalin regeln den Blutzuckerspiegel.
c) Glukagon unterstützt die Wirkung des Adrenalins.

A13 Wähle aus der Aufzählung die Körperteile aus, die an der Ausscheidung beteiligt sind: Leber, Haut, Lunge, Niere, Milz, Darm.

A14 Die Abbildung zeigt einen Querschnitt durch eine Niere.

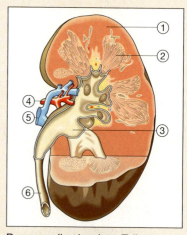

Benenne die einzelnen Teile.

A15 Beschreibe die Funktion der Niere mithilfe folgender Begriffe: Nierenkörperchen, Harnstoff, Wasser, Kapillarknäuel, Nierenkanälchen, Mineralstoffe, Primärharn, Endharn, Nierenrinde, Nierenmark, Nierenbecken.

A 16 Benenne die Ziffern in der Abbildung der Lunge.

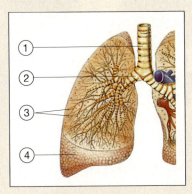

A 17 Welche Aussagen zur Atmung treffen zu?
a) Die Einatmungsluft enthält fast 21 % Sauerstoff.
b) Die Ausatmungsluft enthält weniger Kohlenstoffdioxid als die Einatmungsluft.
c) Beim Einatmen gelangt sauerstoffreiche Luft in die Lungenbläschen.
d) Sauerstoffmoleküle aus dem Blut treten in die Luft über.

A 18 Entscheide, welche Aussagen richtig sind.
a) Blut setzt sich zu etwa 55 % aus Blutplasma und zu 45 % aus Blutzellen zusammen.
b) Blutserum mit dem Gerinnungsstoff Fibrinogen bezeichnet man als Blutplasma.
c) Rote Blutkörperchen besitzen den Blutfarbstoff Hämoglobin.
d) Weiße Blutkörperchen dienen dem Sauerstofftransport.
e) Blut enthält etwa 55 % geformte und 45 % flüssige Bestandteile.
f) Der Sauerstofftransport erfolgt gebunden an das Hämoglobin.
g) Blutplasma besteht hauptsächlich aus Wasser.

A 19 Ordne den jeweiligen Blutbestandteilen Erythrozyten, Thrombozyten, Leukozyten, Fibrinogen ihre entsprechenden Aufgaben wie Blutgerinnung, Sauerstofftransport, Gerinnungsstoff, Vernichtung von Krankheitserregern zu.

A 20 Veränderungen von Arterien.
a) Nenne den jeweiligen Zustand der Arterien.
b) Nenne die Folgen der Veränderungen anhand der Abbildungen.

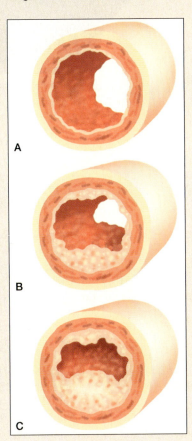

A 21 Entscheide, welche Aussagen zutreffen:
a) In den Venen fließt das Blut zum Herzen.
b) Das Blut in allen Venen ist sauerstoffarm.
c) In allen Arterien fließt das Blut vom Herzen weg.
d) In allen Arterien fließt sauerstoffreiches Blut.

A 22 Die Abbildung zeigt einen Längsschnitt durch das menschliche Herz.

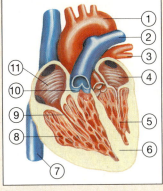

a) Benenne die mit Ziffern bezeichneten Teile.
b) In welcher Hauptkammer befindet sich sauerstoffreiches bzw. kohlenstoffdioxidreiches Blut?

A 23 a) Zähle die vier Blutgruppen des AB0-Systems auf.
b) Nenne die jeweils zugehörigen Antikörper und Antigene.

A 24 Welche der folgenden Aussagen treffen zu?
a) Das Lymphsystem arbeitet unbabhängig vom Blutgefäßsystem.
b) Das Lymphsystem durchzieht als eigenes Gefäßnetz den gesamten Körper.
c) Die Lymphe ist ein Teil des Blutplasmas.
d) Bei der Lymphe handelt es sich um Gewebsflüssigkeit.

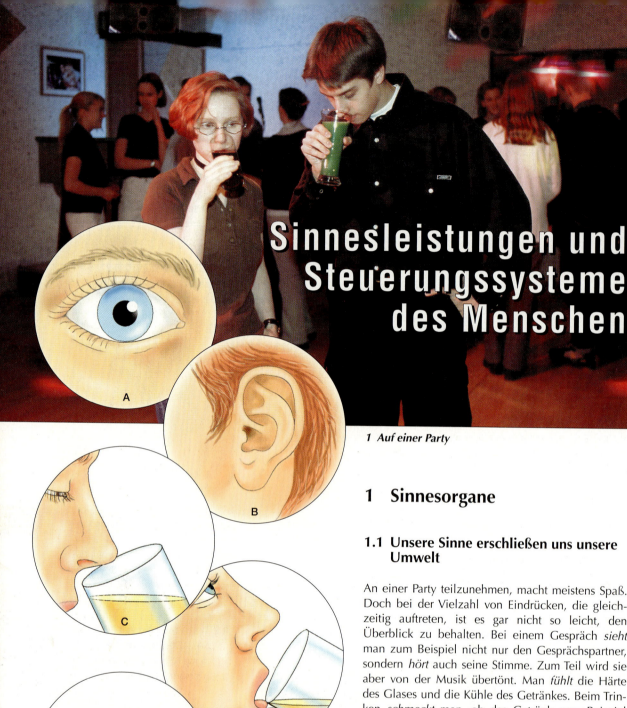

1 *Auf einer Party*

2 *Sinnesorgane.* **A** *Auge;* **B** *Ohr;* **C** *Nase;* **D** *Zunge;* **E** *Haut*

1 Sinnesorgane

1.1 Unsere Sinne erschließen uns unsere Umwelt

An einer Party teilzunehmen, macht meistens Spaß. Doch bei der Vielzahl von Eindrücken, die gleichzeitig auftreten, ist es gar nicht so leicht, den Überblick zu behalten. Bei einem Gespräch *sieht* man zum Beispiel nicht nur den Gesprächspartner, sondern *hört* auch seine Stimme. Zum Teil wird sie aber von der Musik übertönt. Man *fühlt* die Härte des Glases und die Kühle des Getränkes. Beim Trinken *schmeckt* man, ob das Getränk zum Beispiel süß ist, und *riecht* seinen Duft. Auch bei jeder weiteren Tätigkeit, zum Beispiel beim Tanzen, werden eine Vielzahl von Reizen aufgenommen.

Sinne sorgen dafür, dass wir uns in unserer Umwelt zurechtfinden. Dabei ist jedes **Sinnesorgan** nur für ganz bestimmte **Reize** empfänglich. Sinneszellen in diesen Organen nehmen die Reize auf und Nerven leiten sie als elektrische Impulse weiter. Im **Gehirn** werden sie zu Sinneseindrücken verarbeitet.

Das **Auge** nimmt *Lichtreize* auf. Aber erst im Gehirn werden sie zu einem Bild verarbeitet.

Sinnesleistungen und Steuerungssysteme des Menschen

Das **Ohr** empfängt *Schallwellen.* Als Nervenimpulse werden sie ebenfalls zum Gehirn geleitet, wo sie verarbeitet werden: wir hören. Im Ohr befindet sich außerdem der *Lage-* und *Drehsinn,* mit dessen Hilfe wir uns im Raum orientieren.

Nase und **Zunge** sind empfänglich für *Gerüche* und *Geschmacksreize.* Im Gehirn werden sie zu Geruchs- und Geschmacksempfindungen verarbeitet.

Unsere **Haut** ist ein besonders vielfältiges Sinnesorgan. Sie nimmt *Druck-, Schmerz-, Kälte-* und *Wärmereize* auf. Das Gehirn sorgt dafür, dass die entsprechenden Nervenimpulse verarbeitet und als Empfindungen wahrgenommen werden.

Außer diesen bekannten „Sinnen" hat unser Körper noch weitere Sinnesorgane, deren Tätigkeiten uns nicht bewusst werden. Es sind Sinnesorgane, die ihre Reize nicht aus der Umwelt, sondern aus unserem eigenen Körper erhalten. So nehmen beispielsweise *Muskelspindeln* Veränderungen der Muskelspannung wahr. Auch in der Aorta und im Gehirn gibt es spezielle Sinneszellen, die den Gehalt des Blutes an Kohlenstoffdioxid messen. Mit ihrer Hilfe wird die Atmung gesteuert.

Es gibt aber auch Informationen aus der Umwelt, die unsere Sinnesorgane nicht wahrnehmen können, z. B. Röntgenstrahlen und Radioaktivität.

Wenn wir auch alle die gleichen Sinnesorgane haben, heißt das nicht, dass wir alle gleich empfinden. So kann laute Musik für manche angenehm, für einige jedoch unangenehm sein.

Auch unsere Stimmung beeinflusst unsere Wahrnehmung. Ist man gereizt, so kann man zum Beispiel Rockmusik weniger gut vertragen, als wenn man gute Laune hat. Umgekehrt können auch bestimmte Reize unsere Stimmung beeinflussen. So stimmen uns leuchtende Farben fröhlich, während dunkle Farben eher eine düstere Stimmung vermitteln.

> Auge, Ohr, Nase, Zunge und Haut sind Sinnesorgane. Sie nehmen mittels Sinneszellen Reize aus unserer Umwelt auf. Als Nervenimpulse werden sie zum Gehirn geleitet und dort zu Empfindungen verarbeitet.

1 Erstelle eine Tabelle. Trage die Sinne ein, mit denen wir Reize aus der Umwelt wahrnehmen. Suche nach Beispielen für Reize und ordne sie den Sinnen zu.

2 Beschreibe an einem Beispiel den Weg vom Reiz zur Wahrnehmung.

3 Beschreibe, welche Empfindungen bei dir durch die Umweltreize der Abbildung 1 entstehen können.

Nicht wahrnehmbar, aber wirksam

Streifzug durch die Physik

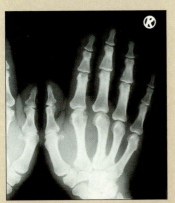

Röntgenstrahlen durchdringen weiches Zellgewebe besser als festes, deshalb kann man auf einem Film ein Bild vom Zustand unserer Knochen erhalten.
Um den Körper vor einer Überdosierung zu schützen, deckt man die nicht zu röntgenden Körperteile mit einer Bleischürze ab.

Radioaktive Strahlung wird z. B. beim Zerfall der Atomkerne von Uran freigesetzt. Sie besteht aus energiereichen Gamma-Strahlen und so genannten Alpha- und Beta-Teilchen. Radioaktive Verstrahlung, wie 1986 nach der Explosion des Reaktors von Tschernobyl (Ukraine), kann deshalb zu schweren körperlichen Schäden führen.
In der Medizin sind jedoch radioaktive Untersuchungen unerlässlich, allerdings mit schwacher Strahlung. So kann zum Beispiel die Schilddrüse mittels radioaktivem Jod auf ihre Funktion überprüft werden.
Da unsere Sinne Röntgenstrahlung und radioaktive Strahlung nicht wahrnehmen können, tragen z. B. Röntgenassistentinnen ein Dosimeter, welches die Ge-samtmenge der aufgenommenen Strahlung misst.

Wechselstrom verursacht in der näheren Umgebung von Hochspannungsleitungen ein **elektromagnetisches Feld,** welches wir ebenfalls nicht wahrnehmen können. Auch Elektrogeräte wie Funkanlagen und Fernsehgeräte erzeugen ein solches Feld. Inwieweit davon schädigende Wirkungen ausgehen, ist umstritten.

Sinnesleistungen und Steuerungssysteme des Menschen

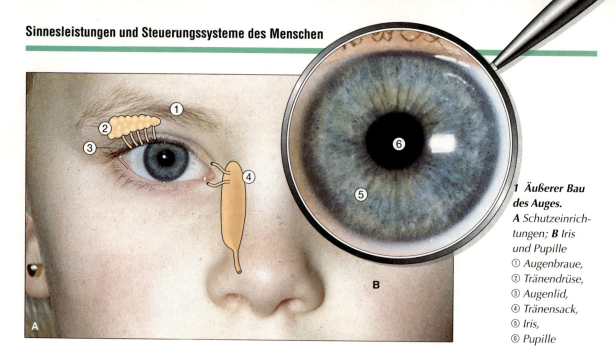

1 Äußerer Bau des Auges.
A Schutzeinrichtungen; *B* Iris und Pupille
① Augenbraue,
② Tränendrüse,
③ Augenlid,
④ Tränensack,
⑤ Iris,
⑥ Pupille

1.2 Unser Auge

Präge dir einmal die Gegenstände eines Raumes ein und verbinde dir anschließend die Augen. Versuche nun, dich in dem Raum zurechtzufinden. Bald wirst du damit Schwierigkeiten haben und erkennen, wie wichtig unser Sehsinn ist. Ein beträchtlicher Teil unseres Gehirns ist ausschließlich mit der Verarbeitung von Lichtreizen beschäftigt. Daraus folgt, dass uns die Augen die meisten Informationen über unsere Umwelt liefern.

Ein so wichtiges Organ wie das **Auge** muss vor schädigenden Einflüssen geschützt sein. Schon die Einbettung in die knöcherne *Augenhöhle* schützt das Auge vor Stößen und Schlägen. Nähert sich dem Auge ein Gegenstand, so schließen sich die beiden *Lider* blitzschnell. Die Augenlider sind mit *Wimpern* besetzt. Diese schützen zum Beispiel vor Staub und Schmutz. Über den Augen befinden sich die *Augenbrauen*. Sie lenken den Schweiß vom Auge ab.

Das Auge muss ständig feucht gehalten werden. Würde die *Hornhaut* des Auges austrocknen, so wäre sie nicht mehr glasklar, sondern trüb. Auch kann sich das feuchte Auge leichter bewegen. Fremdkörper, die zwischen Augenlid und Auge eingedrungen sind, müssen ausgespült werden. All diese Aufgaben erfüllt die *Tränenflüssigkeit*. Sie ist leicht salzig und hat desinfizierende Wirkung. Sie wird in der Tränendrüse gebildet und fließt durch den Tränensack in die Nasenhöhle ab.

Betrachtest du ein Auge näher, so erkennst du unter der durchsichtigen Hornhaut die *Regenbogenhaut* oder Iris. Sie ist bei jedem Menschen anders gefärbt. Ihre Farbstoffe schützen sie vor zu starkem Licht. Zwischen der vorgewölbten Hornhaut und der Iris befindet sich die mit Flüssigkeit gefüllte *Augenkammer*. Seitlich geht die Hornhaut in die weiße und sehr feste *Lederhaut* über. Sie schützt das Auge vor Verletzungen.

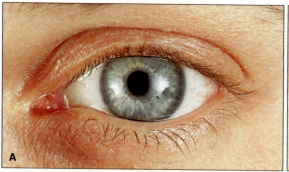 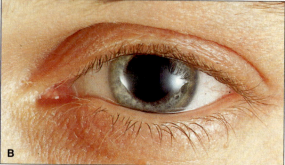

2 Adaptation. A Hellreaktion; B Dunkelreaktion

Sinnesleistungen und Steuerungssysteme des Menschen

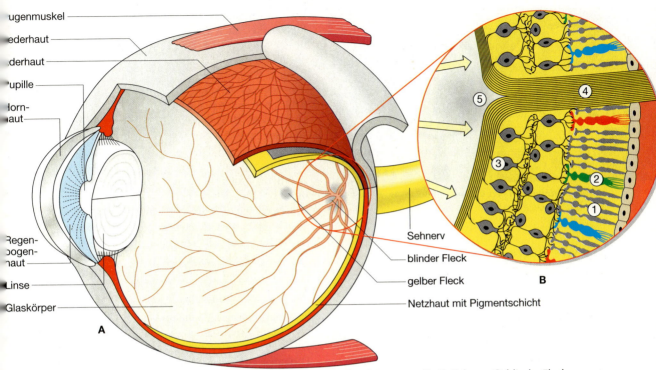

3 **Bau des Auges.** A Längsschnitt; B Netzhaut ① Stäbchen, ② Zapfen, ③ Nervenzelle, ④ Sehnerv, ⑤ blinder Fleck

Äußerlich sichtbar ist nur ein kleiner Teil des Auges. Seinen gesamten Bau zeigt die Abbildung 3. Seitlich an der Lederhaut setzen die Augenmuskeln an. Sie bewegen das Auge in verschiedene Richtungen. Unter der Lederhaut folgt die *Aderhaut,* deren Blutgefäße das Auge mit Nährstoffen versorgen. Vorne geht die Aderhaut in die *Regenbogenhaut* oder *Iris* über. In ihrer Mitte befindet sich das Sehloch, die *Pupille.*
Betrachtest du bei Licht die Augen deines Tischnachbarn, so wirst du feststellen, dass die *Pupille* klein ist. Im Dunkeln dagegen ist die Pupille deutlich größer. Feine Muskeln in der Regenbogenhaut verändern die Größe der Pupille. Dadurch passt sich das Auge unterschiedlichen Lichtverhältnissen an. **Adaptation** nennt man diesen Vorgang.
Unter der Aderhaut befindet sich die reflexmindernde schwarze *Pigmentschicht.* Die innerste Schicht der Augenwand ist die **Netzhaut.** An der Austrittstelle des Sehnervs weist sie eine Lücke auf, den *blinden Fleck.* Über den *Sehnerv* erfolgt die Verbindung zum Gehirn.

Licht, das durch die Pupille einfällt, durchdringt die *Augenlinse* und dann den gallertartigen *Glaskörper.* Schließlich trifft es auf die Netzhaut.
Den Feinbau der Netzhaut kann man in einem mikroskopischen Schnitt untersuchen. Man erkennt längliche Zellen, die **Lichtsinneszellen.** Die dünnen und schmalen *Stäbchen* sind besonders lichtempfindlich. Sie unterscheiden hell und dunkel und befinden sich mehr im Randbereich der Netzhaut. Die Wahrnehmung schwacher Lichtreize wird noch verstärkt, weil in diesem Bereich viele Stäbchen mit einer ableitenden *Nervenzelle* verknüpft sind. Die etwas kürzeren und dickeren *Zapfen* nehmen Farbtöne wahr. Sie befinden sich mehr im Zentrum der Netzhaut. Hier ist auch der *gelbe Fleck,* die Stelle des schärfsten Sehens. Stäbchen und Zapfen sind mittels Muskelfasern in der Pigmentschicht verankert. Bei starkem Licht ziehen sie sich in diese zurück, bei schwachem Licht treten sie hervor. Dieser Vorgang ergänzt die Adaptation.
Die Nervenzellen verschalten die Lichtsinneszellen und leiten deren Impulse über den Sehnerv zum Gehirn.

> Am Auge erkennt man Lederhaut, Hornhaut und Regenbogenhaut mit Pupille. Im Inneren befinden sich Glaskörper und Augenlinse. Zapfen und Stäbchen sind Lichtsinneszellen der Netzhaut. Der Sehnerv verbindet das Auge mit dem Gehirn.

1 Beim Weinen „läuft" die Nase. Versuche diesen Zusammenhang zu erklären.
2 Stelle die in Abb. 3 beschrifteten Teile des Auges in einer Tabelle zusammen. Gib ihre jeweiligen Aufgaben an.

Sinnesleistungen und Steuerungssysteme des Menschen

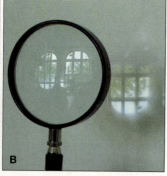

1 Bildentstehung. A Fensterkreuz in der Lupe; **B** Lupenbild und Projektion

1.3 Was unsere Augen leisten

Richtest du eine Lupe z. B. gegen ein helles Fensterkreuz und hältst ein weißes Papier im richtigen Abstand auf der anderen Seite der Lupe, so entsteht ein verkleinertes, umgekehrtes Bild des Fensterkreuzes. So ähnlich wirkt auch die **Augenlinse**: Auf der Netzhaut entsteht ein verkleinertes, umgekehrtes Bild des betrachteten Gegenstandes.
Wenn das von der Lupe erzeugte Bild unscharf ist, so kannst du es durch Verändern des Abstandes zum Papier scharf stellen. Der Abstand der Linse zur Netzhaut jedoch lässt sich nicht verändern. Weil die Augenlinse im Gegensatz zu einer Lupe jedoch elastisch ist, kann ihre Form verändert werden. Das geschieht durch den Ringmuskel, auch *Ziliarmuskel* genannt.
Bei *Nahsicht* ist der Ziliarmuskel gespannt und bildet einen engen Ring. Dadurch lockern sich die *Linsenbänder* und die Linse kann sich wölben. Blickst du auf einen nahen Gegenstand, so siehst du diesen zwar scharf, dafür aber entfernte Gegenstände nur verschwommen. Die stärkere Wölbung bei Nahsicht erhöht die Brechkraft der Linse. Der Strahlengang wird dadurch verkürzt und nahe Gegenstände scharf abgebildet. Durch die dauernde Anspannung des Ziliarmuskels bei Nahsicht ist z. B. die Arbeit am Bildschirm ermüdend.
Betrachtest du einen entfernten Gegenstand, so erkennst du nahe Gegenstände nur unscharf. Bei *Fernsicht* entspannt sich der Ziliarmuskel und bildet einen weiten Ring. Dadurch werden die Linsenbänder gespannt und ziehen die Augenlinse flach. Nun ist ihre Brechkraft gering, infolgedessen der Strahlengang verlängert und dem entfernten Gegenstand angepasst. Diese Anpassung an verschiedene Entfernungen bezeichnet man als **Akkommodation.** Das Bild auf der Netzhaut ist nun scharf, aber immer noch umgekehrt. Dies wird im *Sehzentrum* des Gehirns korrigiert.
Die etwa 10 cm auseinander liegenden Augen liefern geringfügig seitlich versetzte Bilder. Daraus entsteht im Gehirn ein räumlicher Bildeindruck. **Räumliches Sehen** ist einäugigen Menschen nicht möglich.
Wie werden Lichtreize in elektrische Impulse der Nervenzellen der Netzhaut umgewandelt? In den Lichtsin-

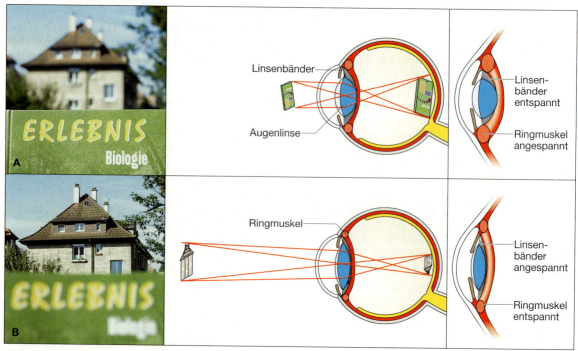

2 Akkommodation. A Nahsicht; **B** Fernsicht

Sinnesleistungen und Steuerungssysteme des Menschen

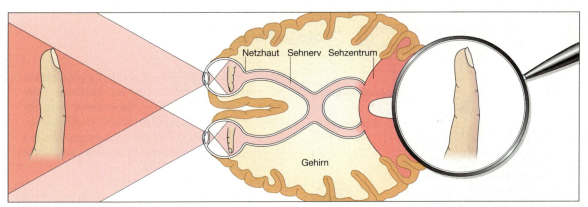

3 Räumliches Sehen

neszellen befindet sich *Sehpurpur,* ein lichtempfindlicher Farbstoff. Er wird in unserem Körper aus Vitamin A oder Carotin, welches u. a. in Möhren enthalten ist, hergestellt. Wird eine Lichtsinneszelle belichtet, so zerfällt Sehpurpur. Dabei wird Energie als elektrischer Impuls frei. Von den nachgeschalteten Nervenzellen werden diese elektrischen Impulse gesammelt und weitergegeben. Die Nervenfasern vereinigen sich im Sehnerv und leiten die Impulse zum Gehirn. Der Wiederaufbau von zerfallenem Sehpurpur benötigt Bruchteile von Sekunden. Deshalb kann man rasch aufeinander folgende Bildeindrücke voneinander nicht trennen. Auf diese Weise nimmt man die Einzelbilder eines Films als Bewegungsablauf wahr.

Wie entsteht im Gehirn ein farbiges Bild? Das **Farbsehen** wird von den *Zapfen* der Netzhaut ermöglicht. Es gibt drei Arten von Zapfen. Jede ist für eine der drei Farben Rot, Grün und Blau empfindlich. Aus diesen drei Farben können alle anderen Farben gemischt werden. Werden zum Beispiel rot- und grünempfindliche Zapfen erregt, so empfindet man „gelb". „Weiß" sieht man, wenn alle Arten von Zapfen gleichermaßen gereizt werden.
Bei manchen Menschen ist eine bestimmte Art von Zapfen defekt. Sie leiden an der *Rot-Grün-Blindheit.* Sie sehen rote und grüne Färbungen grau.

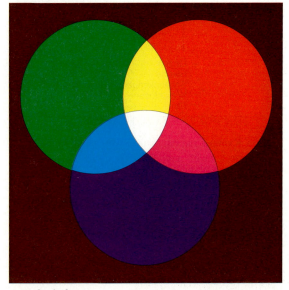

4 Farbmischung

Die Augenlinse projiziert ein umgekehrtes Bild auf die Netzhaut. Die Akkommodation geschieht durch Veränderung der Linsenform. Im Gehirn entsteht ein aufrechtes und räumliches Bild. Rot-, grün- und blauempfindliche Zapfen bewirken die Farbempfindung.

1 Beschreibe mithilfe der Abbildung 2 Bildentstehung und Akkommodation.
2 Welche Zahl erkennst du in der Abbildung 5? Wenn du eine erkennst, ist dies ein Hinweis auf Rot-Grün-Blindheit.

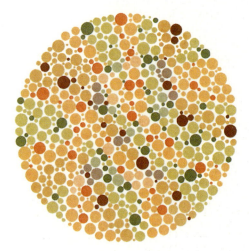

5 Farb-Sehtest

Sinnesleistungen und Steuerungssysteme des Menschen

Streifzug durch die Physik

Fotografieren

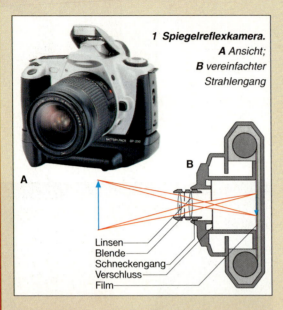

1 **Spiegelreflexkamera.**
A Ansicht;
B vereinfachter Strahlengang

Linsen
Blende
Schneckengang
Verschluss
Film

Eine **Kamera** nimmt ähnlich wie unser Auge Bilder unserer Umwelt auf. Das *Gehäuse* ist innen geschwärzt, um Lichtreflexe zu vermeiden. Mehrere Linsen bilden das *Objektiv*. Dieses projiziert ein verkleinertes und umgekehrtes Bild auf den lichtempfindlichen *Film*. Die Einstellung der Bildschärfe auf verschiedene Entfernungen geschieht durch Vor- oder Zurückdrehen im Schneckengang des Objektivs. Die einfallende Lichtmenge wird durch mehr oder weniger weites Öffnen der *Blende* geregelt. Der *Verschluss* des Fotoapparates bestimmt die Zeit, in der das Licht auf den Film fallen kann. Betätigt wird er, indem man auf den Auslöser drückt. Die passende Kombination von Blende und Belichtungszeit sorgt für eine optimale *Belichtung* des Filmes. Bei modernen Kameras wird automatisch richtig belichtet und scharf gestellt.

Um ein fotografiertes Bild sichtbar zu machen, muss es mehrere aufeinander folgende chemische Vorgänge durchlaufen. Am einfachsten lassen sich diese Vorgänge bei der *Schwarzweiß-Fotografie* erklären.
Die lichtempfindliche Schicht des Films enthält Silberbromid, fein verteilt in Gelatine. Beim *Belichten* wandelt sich etwas Silberbromid in Silber um.
Beim *Entwickeln* des Films bildet sich an den belichteten Stellen weiteres Silber, wodurch sie schwarz erscheinen. Die wenig belichteten Stellen hingegen bleiben hell. So erhält man ein **Negativ** des fotografierten Objekts. Um das entwickelte Negativ haltbar zu machen, gibt man es in ein Fixierbad. Beim *Fixieren* wird unbelichtetes Silberbromid aus der Gelatineschicht herausgelöst. Anschließend werden in einem *Wasserbad* alle Chemikalienreste aus der Gelatineschicht ausgespült. Nun kann das fertige Filmnegativ getrocknet werden.
Ein **Positivbild** erhält man, indem in der Dunkelkammer ein Negativ auf die lichtempfindliche Schicht eines *Fotopapiers* projiziert wird. Das belichtete Papier durchläuft die gleichen Prozesse wie ein belichteter Film: Es wird entwickelt, fixiert, gewässert und getrocknet. Auf ihm erscheinen die dunklen Stellen des Negativs hell, die hellen dagegen dunkel.
Die Farbfotografie beruht auf der zusätzlichen Einfärbung mehrerer lichtempfindlicher Schichten mit Farbstoffen der drei Grundfarben Gelb, Purpurrot und Blaugrün. Beim Entwickeln werden sie je nach Farbanteil unterschiedlich herausgelöst.

In zunehmendem Maße wird **digital** fotografiert. Eine Digitalkamera nimmt das Bild auf einem lichtempfindlichen Computerchip auf. Das gespeicherte Bild kann sofort, ohne Entwicklung und Fixierung, am Bildschirm eines Computers betrachtet oder über den Drucker ausgedruckt werden. Außerdem können Bilder mittels Bildbearbeitungsprogrammen am Computer bearbeitet und Bildfehler beseitigt werden. Die digitale Fotografie hat den Vorteil, dass keine umweltbelastenden Entwickler- und Fixierlösungen anfallen und dass die Bilder sofort verfügbar sind.

1 Stelle in einer Tabelle die Bauteile eines Fotoapparates denen des menschlichen Auges gegenüber.
2 Vergleiche die Vorgänge der Bildentstehung im Auge und im Gehirn mit der Erstellung einer Fotografie.

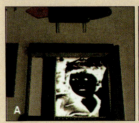 

2 **Entwickeln. A** Negativ; **B** Positiv

Sinnesleistungen und Steuerungssysteme des Menschen

OPTISCHE TÄUSCHUNGEN

Pinnwand

1. Magisches Auge. Per Computer werden Bildpunkte so verteilt, als würden unsere Augen ein Bild aus verschiedenen Blickrichtungen wahrnehmen. Bei Betrachtung mit auf Fernsicht akkommodierten Augen erscheint eine räumliche Figur.

2. Täuschung durch Schraffierung. Konzentrische Kreise vermitteln durch nach innen weisende Schraffierungen den Eindruck einer Spirale.

3. Unmögliches Bild. Betrachtet man das Bild der Kiste genauer, so wird klar, dass unser Gehirn etwas erkennen will, was es gar nicht gibt.

4. Umspringbild. Unser Gehirn kann sich nicht entscheiden, welche Würfelflächen nach oben und welche nach unten weisen. Deshalb erkennst du entweder 6 oder 7 Würfel.

5. Täuschung durch Perspektive. Die Linien deuten eine Perspektive an. Dadurch erscheint die hintere der beiden gleich großen Personen größer.

6. Größenvergleiche täuschen. Neben kleinen Figuren wirken größere besonders groß und umgekehrt. Deshalb erscheinen die beiden gleich großen Kreise verschieden groß.

Optische Täuschungen

Bilder, die dem Gehirn vom Auge vermittelt werden, vergleicht es mit bereits früher gespeicherten Bildern. Widersprechen die neuen Bilder den bisherigen Erfahrungen, kommt es zu optischen Täuschungen.

1 Lies die Texte. Ordne sie den entsprechenden Bildern zu.

2 Welche Erfahrungen sind beim jeweiligen Bild im Gehirn bereits gespeichert? Nenne den Widerspruch zum neuen Bild.

Sinnesleistungen und Steuerungssysteme des Menschen

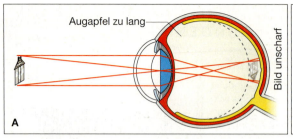 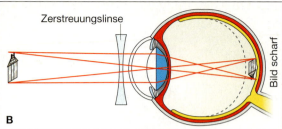

1 Kurzsichtigkeit. A Ursache; B Korrektur

1.4 Sehfehler und ihre Korrektur

Menschen mit gesunden Augen können alles, was sich in der Nähe oder Ferne befindet, scharf sehen. Andere müssen dazu Brillen oder Kontaktlinsen tragen.

Der häufigste *Sehfehler* ist die **Kurzsichtigkeit.** Wie bereits der Name sagt, sieht man nur auf kurze Entfernungen scharf. Gegenstände in der Ferne jedoch werden nur unscharf erfasst. Ursache dafür ist eine zu stark gewölbte Augenlinse oder ein zu langer Augapfel. In beiden Fällen würde ein scharfes Bild einige Millimeter *vor* der Netzhaut entstehen. Zur Korrektur der Kurzsichtigkeit muss die Brechkraft der Augenlinse verringert und dadurch der Strahlengang verlängert werden. Das geschieht durch eine Brille mit *Zerstreuungslinsen*. Durch die Verlängerung des Strahlengangs entsteht das scharfe Bild bei Fernsicht nun auf der Netzhaut.

Manchmal müssen Menschen beim Lesen das Buch weit von sich weg halten, denn sie können nur weit entfernte Gegenstände sehen. Bei dieser **Weitsichtigkeit** ist meist der Augapfel zu kurz. Bei Nahsicht würde das scharfe Bild *hinter* der Netzhaut entstehen. Auf der Netzhaut dagegen entsteht ein unscharfes Bild. Um ein scharfes Bild zu erhalten, muss der Strahlengang verkürzt werden. Für diese Korrektur wird eine **Brille** mit *Sammellinsen* verordnet.

Auch normalsichtige Augen verlieren mit zunehmendem Alter die Fähigkeit der Akkommodation auf nahe Gegenstände. Die Augenlinse verliert bei älteren Menschen an Elastizität und kann sich bei Nahsicht nicht mehr genügend wölben. Die Wirkung ist dabei die Gleiche wie bei Weitsichtigkeit. Dieser Sehfehler wird als **Alterssichtigkeit** bezeichnet. Wie auch bei Weitsichtigkeit wird zur Korrektur eine *Lesebrille* verordnet.

Brillengläser korrigieren den jeweiligen Sehfehler, in manchen Fällen jedoch beeinträchtigen sie den Bereich, in dem der Betroffene ohne Brille gut sehen kann.

Moderne, computerberechnete *Gleitsichtgläser* beheben diesen Nachteil. Ihre Brechkraft ist im oberen Bereich anders als im unteren. Häufig verwendet man auch *Kontaktlinsen*, die direkt auf die Hornhaut gesetzt werden. Manche Menschen vertragen diese Art von Sehhilfen jedoch nicht.

> Bei Kurz- und Weitsichtigkeit entstehen unscharfe Bilder auf der Netzhaut. Kurzsichtigkeit wird mit einer Zerstreuungslinse, Weitsichtigkeit wird mit einer Sammellinse korrigiert.

1 Wie äußert sich Kurzsichtigkeit und wie kann man sie korrigieren?
2 Wieso können junge Kurzsichtige auch mit der Fernbrille gut lesen, ältere hingegen nicht?

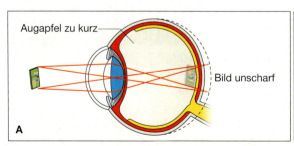 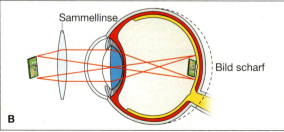

2 Weitsichtigkeit. A Ursache; B Korrektur

Sinnesleistungen und Steuerungssysteme des Menschen

ERKRANKUNG UND SCHUTZ UNSERER AUGEN

Pinnwand

Im Chemieraum

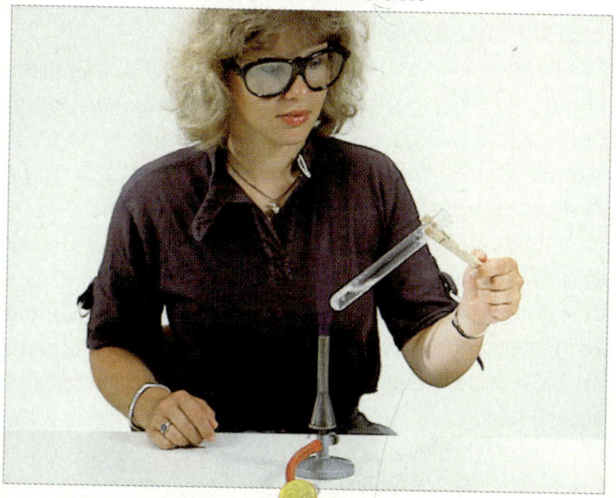

Beim Wintersport

Beim Schweißen

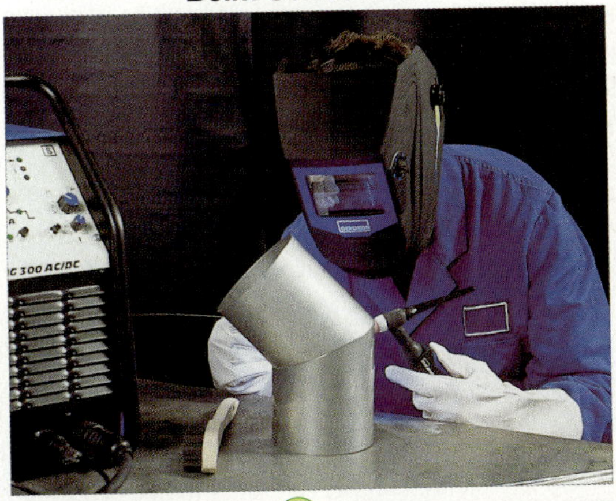

Bindehautentzündung

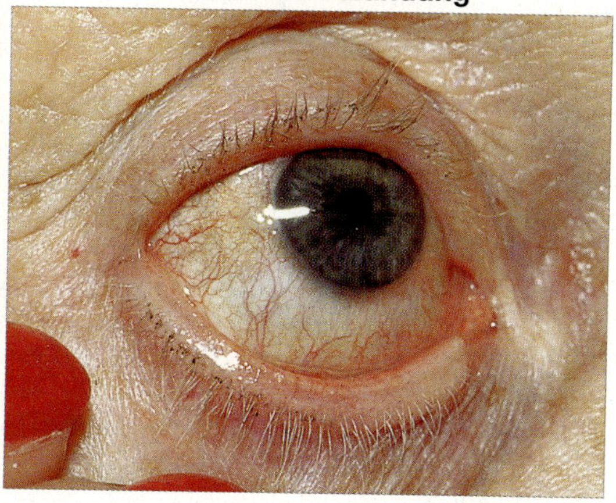

Richtige Beleuchtung?

Die Bindehautentzündung ist eine Augenerkrankung, die auf schädliche äußere Einflüsse wie Krankheitserreger, Zugluft oder Fremdkörper zurückzuführen ist. Dabei entzündet sich die Bindehaut, die Augenlid und Augapfel verbindet. Die roten Äderchen der Lederhaut werden dann sichtbar. Eine ärztliche Behandlung ist notwendig.

1 a) Welche Gefahren gehen von den auf den Pinnzetteln dargestellten Tätigkeiten für die Augen aus?
b) Wie werden die Augen dabei geschützt?

2 Welche der dargestellten Beleuchtungsarten ist richtig und welche falsch? Begründe. Nenne weitere Beispiele.

Sinnesleistungen und Steuerungssysteme des Menschen

Übung | **Auge**

V1 Adaptation

Material: dunkles Tuch
Durchführung: 1. Lass deinen Versuchspartner oder deine Versuchspartnerin in Richtung eines hellen Fensters blicken. Schätze den Durchmesser der Pupillen. Dunkle dann beide Augen für ca. eine halbe Minute ab. Schätze den Durchmesser der Pupillen nach Wegnehmen des Tuches. Beobachte die anschließende Pupillenreaktion.
2. Wiederhole den Versuch, indem jedoch nur ein Auge abgedunkelt wird. Vergleiche die Reaktion der Pupillen an beiden Augen.
Aufgaben: a) Vergleiche die Durchmesser der Pupillen bei Helligkeit und Dunkelheit. Vergleiche mit der Abb. 2, S. 214.
b) Erkläre die Pupillenreaktion.
c) Welche Beobachtung machst du beim Teilversuch 2? Erkläre.

V2 Akkommodation

Material: Bleistift
Durchführung: Halte die Bleistiftspitze mit angewinkeltem Arm vor ein Auge (Abstand ca. 30 cm). Schließe das andere.
Konzentriere deinen Blick auf die Bleistiftspitze. Achte dabei auf die Bildschärfe des Hintergrundes, z.B. des Fensterkreuzes. Schaue nun an der Bleistiftspitze vorbei auf den Hintergrund. Achte dabei auf die Bildschärfe der Bleistiftspitze.
Aufgaben: a) Schreibe deine Beobachtungen auf: Vergleiche sie mit der Abb. 2, S. 216.
b) Erläutere die Ergebnisse des Versuches.

V3 Grenzen der Akkommodation

Material: Bleistift; Lineal

Durchführung: Bei der Nah-Akkommodation des Auges gibt es eine Grenze, den **Nahpunkt**. Der Versuch wird in Partnerarbeit durchgeführt.
Schließe ein Auge. Halte den Bleistift mit ausgestreckter Hand und fixiere dessen Spitze. Nähere diese langsam dem offenen Auge bis du sie nicht mehr scharf sehen kannst. Der Partner misst nun den Abstand zum Auge.
Aufgaben: a) Vergleiche deinen Nahpunkt mit dem Nahpunkt anderer Schüler.
b) Erkläre die Grenzen der Nahanpassung.
c) Führe die Nahpunktbestimmung auch bei einer älteren Person durch und vergleiche mit deinem Nahpunkt.
d) Stelle eine Regel auf, die einen Zusammenhang zwischen Alter, Elastizität der Linse und Nahpunkt herstellt.

V4 Lage des blinden Flecks

Material: großes Geo-Dreieck oder großer Winkelmesser; Bleistift

Durchführung: Schließe das linke Auge und visiere mit dem rechten über den Nullpunkt die Spitze des Dreiecks. Fahre mit dem Bleistift entlang der Seiten des Dreiecks, bis diese verschwindet und wieder sichtbar wird.
Wiederhole den Versuch für das linke Auge.
Aufgaben: a) Auf welcher Seite des jeweiligen Auges befindet sich der blinde Fleck? Fertige dazu eine Skizze des Strahlenganges entsprechend der Abb. 2, S. 216 an.
b) Wie viele Winkelgrade von der Augachse (Blickrichtung Spitze des Dreiecks) befindet sich der blinde Fleck in der Netzhaut des rechten und des linken Auges?
c) Über wie viele Winkelgrade erstreckt er sich?
d) Wieso merken wir beim normalen Sehen nichts vom blinden Fleck?

V 5 Räumliches Sehen

Material: 2 Bleistifte
Durchführung: Halte in jeder Hand einen Bleistift. Nähere ihre Spitzen einander, bis sie sich berühren. Schließe ein Auge und wiederhole den Versuch.
Aufgaben: a) Welche Beobachtungen machst du bei den beiden Teilversuchen? Zur Sicherheit kannst du sie mit dem anderen Auge wiederholen.
b) Erkläre die unterschiedlichen Ergebnisse bei den Versuchen mithilfe des Textes auf S. 216.

V 6 Verteilung der Stäbchen und Zapfen

Material: Wandtafel; gleich große Stücke Farbkreide in rot, grün und blau; weiße Kreide; Geo-Dreieck; Stecknadel

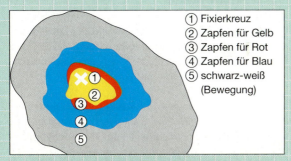

1 Farb- und Bewegungswahrnehmung des rechten Auges

Durchführung: 1. Zeichne ein weißes Kreuz in die Mitte der Tafel. Fixiere es mit einem Auge aus ca. 1 m Entfernung während des gesamten Versuchs. Schließe dabei das andere Auge.
2. Ein Mitschüler führt nun abwechselnd Farbkreiden langsam vom Tafelrand her aus verschiedenen Richtungen zum Kreuz. Melde dabei, an welcher Stelle du die Bewegung und an welcher du die Farbe erkennst. Die Stelle der Bewegungswahrnehmung wird z. B. mit einem weißen Punkt, die der Farberkennung mit einem entsprechenden Farbpunkt markiert.
Aufgaben: a) Bestimme dein Gesichtsfeld durch Verbinden der weißen Punkte. Miss mit dem Geo-Dreieck wie in Versuch 4 aus ca. 1 m Entfernung, über wie viele Winkelgrade sich das Gesichtsfeld deines Auges erstreckt.
b) Ermittle die Verteilung der 3 Sorten farbempfindlicher Zapfen in der Netzhaut durch Verbinden der gleichen Farbmarkierungen.

V 7 Was sind Dioptrien?

Optiker verwenden als Maß für die Brechkraft einer Linse die Dioptrie. Sie ergibt sich aus dem Kehrwert der in Metern gemessenen Brennweite. Beim normalsichtigen menschlichen Auge beträgt die Brennweite 0,017 m. Der Kehrwert 1 : 0,017 = 58 dpt ist die Brechkraft des gesunden Auges. Das Brillenrezept enthält die Abweichung davon, ebenfalls in Dioptrien.

Material: Verschiedene Sammellinsen (Lupen); Lineal; weißes Papier; Taschentuch

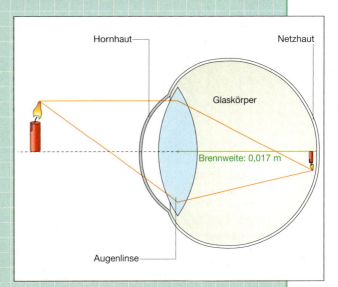

2 Brennweite (Schema)

Durchführung: Richte wie auf Abb. 1, S. 216 eine Lupe gegen das helle Fenster. Halte das Papier als Projektionsfläche an die dem Fenster gegenüberliegende Wand. Nähere die Lupe dem Papier, bis ein scharfes Bild sichtbar wird. Miss die Brennweite, d. h. den Abstand vom Papier zur Lupe. Wiederhole den Versuch mit anderen Lupen. Ertaste die Form der Linsen durch ein Tuch.
Aufgaben: a) Berechne die Dioptrien der untersuchten Linsen.
b) Trage die entsprechenden Werte für Brennweiten und errechnete Dioptrien in eine Tabelle ein.
c) Ergänze die Tabelle mit den Begriffen „schwach gewölbt", „stark gewölbt" usw..
d) Weshalb wird die Brechkraft von Zerstreuungslinsen in Minuswerten angegeben?

Sinnesleistungen und Steuerungssysteme des Menschen

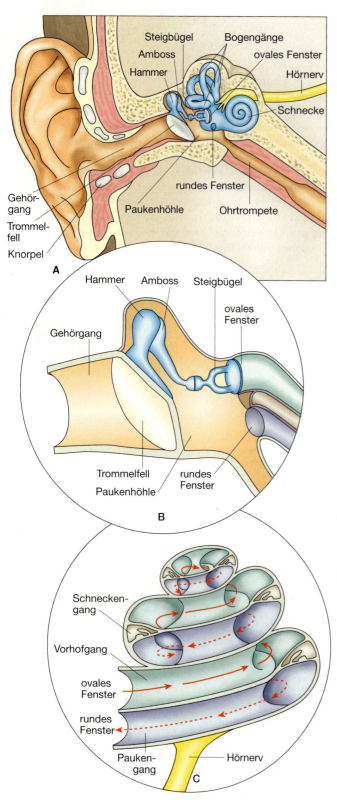

1 **Ohr.** A *Bau (Schema);* B *Mittelohr;* C *Schnecke (Längsschnitt)*

2 **Schallquelle Handy**

1.5 Wie wir hören

Mit einem Handy bist du immer und überall erreichbar. Wenn das Anrufsignal ertönt, schaltest du ein und hörst, was der Anrufer dir zu sagen hat. Welche Vorgänge laufen beim Hören ab?

Unser Hörorgan reagiert auf **Schallwellen.** Diese werden ausgehend von der Lautsprechermembran des Handys als Luftschwingungen zur Ohrmuschel geleitet. Die trichterförmige Ohrmuschel sammelt die Luftschwingungen und leitet sie in den *Gehörgang.* An dessen Ende versetzen sie das *Trommelfell* in entsprechende Schwingungen. Ohrmuschel, Gehörgang und Trommelfell bezeichnet man als **Außenohr.**

Im **Mittelohr** werden die Schwingungen des Trommelfells über die gelenkig miteinander verbundenen Gehörknöchelchen *Hammer, Amboss* und *Steigbügel* auf die Membran des *ovalen Fensters* übertragen. Dabei führt die Hebelwirkung der Gehörknöchelchen zu einer etwa 20fachen Verstärkung der Schwingungen.

Die Schwingungen des ovalen Fensters werden auf das mit Flüssigkeit gefüllte **Innenohr** übertragen. Es enthält das eigentliche Hörorgan, die *Schnecke.* Sie wird durch den *Schneckengang* in den *Vorhofgang* und den am hinteren Ende mit ihm verbundenen *Paukengang* unterteilt.

Die Schwingungen durchlaufen zunächst den Vorhofgang und anschließend den Paukengang. Dabei versetzen sie die *Deckplatte* des Schneckenganges ebenfalls in Schwingungen. Die Deckplatte drückt auf die Haarfortsätze der *Sinneszellen,* die auf der *Grundmembran* der Schnecke sitzen. Dabei werden die Härchen je

Sinnesleistungen und Steuerungssysteme des Menschen

nach Lautstärke unterschiedlich stark gebogen, was die dazugehörigen Sinneszellen reizt. Die Reize werden in Nervenimpulse umgewandelt und vom *Hörnerv* zum Hörzentrum des Gehirns geleitet. Dieses verarbeitet sie zu Hörempfindungen.

Die Schwingungen laufen in der Flüssigkeit weiter bis zum Ende des Paukenganges. Dort erfolgt über das runde Fenster ein Druckausgleich zum Mittelohr.

Sicher hast du bei schnellem Überwinden von Höhenunterschieden schon einmal einen Druck in den Ohren verspürt. Die Ursache ist eine Veränderung des Luftdrucks. In so einem Fall hilft Schlucken. Beim Schluckvorgang öffnet sich die Ohrtrompete, die das Mittelohr mit dem Rachenraum verbindet, sodass der Ausgleich zwischen Außendruck und dem Druck im Mittelohr stattfinden kann.

Nicht nur Schallwellen, sondern auch die Richtung, aus der sie kommen, können wir wahrnehmen. Dieses **Richtungshören** verdanken wir der Tatsache, dass die Schallwellen die beiden Ohren mit etwas unterschiedlicher Stärke und geringem Zeitunterschied erreichen. Das der Schallquelle zugewandte Ohr wird etwas stärker und früher erregt als das abgewandte Ohr. Aus diesen geringfügigen Unterschieden der Erregung bestimmt das Hörzentrum des Gehirns die Richtung, aus welcher der Schall kommt.

> Das Außenohr besteht aus Ohrmuschel, Gehörgang und Trommelfell. Das Mittelohr enthält drei Gehörknöchelchen. Im Innenohr befindet sich das eigentliche Gehörorgan, die Schnecke.

1 Beschreibe den Bau des Ohres mithilfe der Abb. 1 A.
2 Beschreibe den Weg der Schallwellen bis zur Erregung der Hörsinneszellen.
3 Bei der Auffahrt mit einer Seilbahn empfindet man zunehmend Druck in den Ohren. Wie kommt er zustande und wie kann man Abhilfe schaffen?
4 Wie kommt es zur Hörempfindung?
5 Auch mit verbundenen Augen kann man angeben, aus welcher Richtung der Schall kommt. Erkläre.

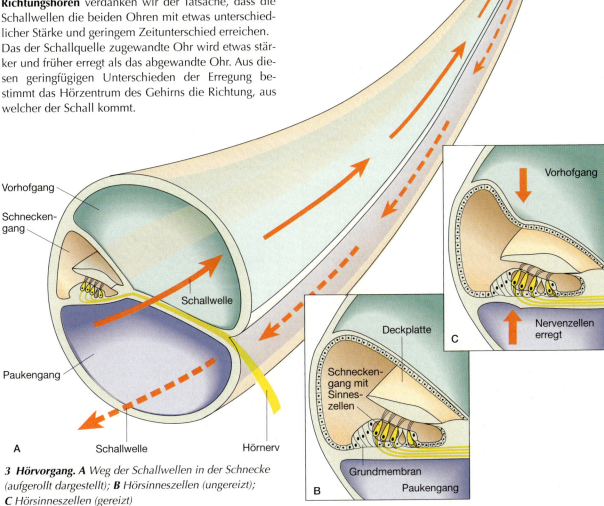

3 Hörvorgang. A Weg der Schallwellen in der Schnecke (aufgerollt dargestellt); **B** Hörsinneszellen (ungereizt); **C** Hörsinneszellen (gereizt)

Sinnesleistungen und Steuerungssysteme des Menschen

Streifzug durch die Physik

Was ist Schall?

Von einer Schallquelle, z.B. einem Handy, gehen Schallwellen aus, die als Luftschwingungen unser Ohr erreichen. Langsame Schwingungen nehmen wir als tiefe Töne, schnellere Schwingungen als hohe Töne wahr. Die Anzahl der Schwingungen in einer bestimmten Zeit wird als **Frequenz** bezeichnet. Man misst sie in Hertz (1 Hz = 1 Schwingung pro Sekunde). Unser Gehör kann nur in einem bestimmten Frequenzbereich Töne empfangen. Er liegt bei Kindern zwischen 16 Hz und 20 000 Hz (20 kHz). Mit zunehmendem Alter verlieren die gallertartige Deckplatte und die häutige Wand der Schnecke an Elastizität und können nicht mehr so schnell mitschwingen. Dadurch sinkt bei älteren Menschen die obere Hörgrenze bis auf etwa 5 kHz ab. Frequenzen über 20 kHz bezeichnet man als *Ultraschall*.

Schwingungen mit einer bestimmten Frequenz empfinden wir als *Ton*. Überlagern sich mehrere Töne unterschiedlicher Frequenz, so nehmen wir einen *Klang* in Form von Musik wahr.
Wird beispielsweise Papier zerrissen oder Holz gesägt, so entstehen unregelmäßige Luftschwingungen. Dann vernehmen wir keinen bestimmten Ton, sondern ein *Geräusch*.
Bei heftigem Zuschlagen eines Buches entsteht ein kurzer, starker Schall, den wir als *Knall* empfinden.

1 Lege ein Lineal quer über die Tischkante. Drücke es mit einer Hand an die Tischplatte. Biege das überstehende Ende nach unten, lass es dann los. Wiederhole den Versuch, indem du das Ende mehr oder weniger überstehen lässt. Beschreibe, was du hörst. Erkläre.

Kind und Jugendlicher	16 – 20 000 Hz
Erwachsener (35 Jahre)	16 – 15 000 Hz
Erwachsener (70 Jahre)	16 – 5 000 Hz
Hund	15 – 50 000 Hz
Fledermaus	1000 – 175 000 Hz
Delfin	150 – 280 000 Hz
Rotkehlchen	250 – 21 000 Hz
Heuschrecke	100 – 15 000 Hz
Nachtfalter	3000 – 175 000 Hz

1 Hörgrenzen bei Mensch und Tier

Streifzug durch die Medizin

Lärm macht krank

Neben der Frequenz bestimmt auch die *Lautstärke* unser Hörempfinden. Sie wird in Dezibel (dB) gemessen. Dabei bedeutet eine Steigerung von 10 dB eine Verdoppelung der Lautstärke. Ab einem Schalldruck von 60 dB spricht man von **Lärm.** Er beeinträchtigt unser Befinden, bewirkt Bluthochdruck, führt zu Schlafstörungen und verringert die Konzentration beim Lernen. Ab 120 dB wird Lärm als schmerzhaft empfunden. Wirkt Lärm längere Zeit auf unser Gehör, so werden durch die heftigen Schwingungen der Deckplatte immer mehr Hörsinneszellen zerstört: Man wird *schwerhörig* und im Extremfall *taub*. Dabei spielt es keine Rolle, ob es sich um störenden Straßenlärm oder als angenehm empfundene Musik handelt. Deshalb ist es wichtig, beim Benutzen eines Walkman sowohl die Lautstärke als auch die Benutzungszeit zu begrenzen.

1 Mache mit einem Lärmmessgerät Messungen aus ca. 4 m Entfernung im Unterricht, am Pausenhof, neben einer verkehrsreichen Straße …
a) Vergleiche die Ergebnisse mit der Tabelle.
b) Nenne zu einigen Beispielen mögliche Maßnahmen zum Lärmschutz.

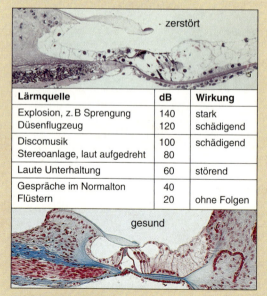

Lärmquelle	dB	Wirkung
Explosion, z.B Sprengung	140	stark schädigend
Düsenflugzeug	120	
Discomusik	100	schädigend
Stereoanlage, laut aufgedreht	80	
Laute Unterhaltung	60	störend
Gespräche im Normalton	40	ohne Folgen
Flüstern	20	

1 Lärm und seine Wirkung

1 Seiltänzer

1.6 Lage- und Bewegungssinn

Ein Seiltänzer balanciert auf einem dünnen, schwankenden Seil ohne abzustürzen. Wie ist es möglich, dass er sein Gleichgewicht halten kann? Dazu sind Organe nötig, die Lage und Bewegung im Raum wahrnehmen.

Die *Gleichgewichtsorgane* befinden sich im Innenohr am vorderen Ende der Schnecke. Das **Lagesinnesorgan** besteht aus zwei mit Flüssigkeit gefüllten Bläschen in den *Vorhofsäckchen*. Sie enthalten Sinneszellen mit Sinneshärchen, die in eine Gallertschicht eingelagert sind. In der Gallerte befinden sich Kalkkristalle. Ihr Gewicht verschiebt die Gallerte in die Richtung, in welche der Kopf geneigt wird. Die Lageveränderung der Gallertschicht verbiegt die Härchen der Sinneszellen. Dadurch werden diese gereizt. Die Reize gelangen als elektrische Impulse über Nerven zum Gehirn. Dort werden sie ausgewertet und zu einer Empfindung über die Lage des Körpers verarbeitet.

Oberhalb des Lagesinnesorgans zweigen die drei *Bogengänge* in drei verschiedene Richtungen ab. Sie bilden das **Drehsinnesorgan**. Die Bogengänge enthalten Flüssigkeit und sind am Grund erweitert. In diesen Erweiterungen, den *Ampullen,* befinden sich Sinneszellen, die durch Bewegungen der Flüssigkeit gereizt werden. Wird der Kopf in eine bestimmte Richtung bewegt, so folgt die Flüssigkeit dieser Bewegungsrichtung infolge ihrer Trägheit etwas verzögert. Dadurch werden die Härchen der Sinneszellen in die entgegengesetzte Richtung gebogen. Die so gereizten Sinneszellen geben die Erregung als Impulse über Nerven zum Gehirn weiter. Dort werden sie ausgewertet und zur Empfindung der Drehbewegung verarbeitet.

Die drei Bogengänge stehen senkrecht zueinander. So kann man jede Bewegungsrichtung wahrnehmen.

Wenn man nach einer Fahrt z. B. im Karussell anhält, so dreht sich die Flüssigkeit in den Bogengängen noch einige Zeit weiter. Dadurch wird dem Gehirn eine Drehung vorgetäuscht, was aber der optischen Wahrnehmung widerspricht. Aus diesem Widerspruch entsteht ein Schwindelgefühl.

> Das Gleichgewichtsorgan befindet sich im Innenohr. Der Lagesinn informiert über die Lage des Körpers im Raum. Der Drehsinn gibt Auskunft über Drehungen des Kopfes.

1 Beschreibe anhand der Abb. 1, S. 224 die Lage des Gleichgewichtsorgans.
2 Beim Fahren auf einem schwankenden Schiff kann man seekrank werden. Erkläre.
3 Berichte über Situationen, in denen der Drehsinn getäuscht wird.

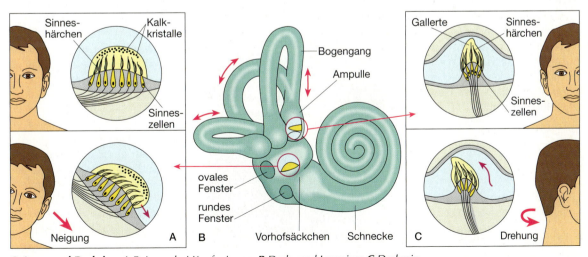

2 Lage- und Drehsinn. **A** Reizung bei Kopfneigung; **B** Dreh- und Lagesinn; **C** Drehreiz

Sinnesleistungen und Steuerungssysteme des Menschen

Übung — Ohr

V1 Funktion der Schnecke

Material: U-Rohr; Gummimembran (Luftballon); Gummibändchen; Schere; Kreidestaub

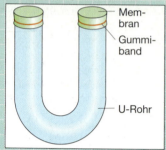

Durchführung: Fülle das U-Rohr randvoll mit Wasser. Verschließe die Öffnungen des U-Rohrs entsprechend der Abbildung mit den Gummimembranen. Drücke mit einem Finger auf eine Gummimembran. Beobachte dabei die andere Membran.
Gib etwas Kreidestaub auf die eine Membran. Klopfe mit dem Fingernagel z.B. einen Takt auf die andere Membran. Beobachte die Staubkörner.

Aufgaben: a) Beschreibe deine Beobachtungen.
b) Erkläre die Versuchsergebnisse.
c) Welche Vorgänge im Ohr verdeutlicht der Versuch?
d) Eine wichtige Rolle beim Hörvorgang spielt der Schneckengang. Wo würde sich dieser im U-Rohr befinden?

V2 Hörtest

Material: –

Durchführung: Prüft in Partnerarbeit euer Hörvermögen. Dabei stellt sich die Testperson auf die eine Seite des Klassenzimmers mit dem Rücken zum Prüfer und hält sich abwechselnd ein Ohr zu. Der Prüfer stellt sich auf die gegenüberliegende Seite des Raumes und flüstert leise abwechselnd tief klingende und hoch klingende Wörter. Die Testperson soll die geflüsterten Wörter nachsprechen. Beispiele für tief klingende Wörter sind: Uhu, Mut, Lupe, klug, Ohr, Hund … Hoch klingende Wörter sind z.B.: Hitze, Essig, Klasse, sieben, zischen, Sitz …
Versteht die Testperson beim Nachsprechen mehrere Wörter nicht richtig, so wird die Entfernung zum Prüfer verringert.

Aufgaben: a) Vergleicht untereinander die Entfernungen, bei denen ihr alles verstanden habt. Wenn bei einer Entfernung unter 2 m nicht gehört wird, sollte ein Arzt aufgesucht werden.
b) Wurden tief oder hoch klingende Wörter besser verstanden?

V3 Richtungshören

Material: Wasserschlauch (1 m), Lineal

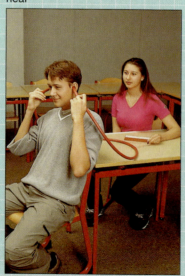

Durchführung: Markiere die Mitte des Schlauches. Halte seine Enden entsprechend der Abbildung in die Ohrmuscheln. Ein Mitschüler klopft an verschiedenen Stellen an den Schlauch. Gib an, von welcher Seite das Klopfgeräusch kommt.

Aufgaben: a) Erkläre die Versuchsergebnisse.
b) Bis auf welche Entfernung zur Schlauchmitte konntest du die Richtung noch feststellen?

V4 Drehsinn

Material: Drehstuhl; runde Glasschale; Plastikfolie; Schere; Klebeband; Styroporstückchen

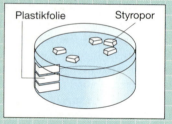

Durchführung: Schneide aus der Folie kleine Streifen. Klebe sie entsprechend der Abbildung an den Innenrand der Schale und knicke das freie Ende ab. Fülle die Schale bis zum obersten Fähnchen mit Wasser und stelle sie in die Mitte des Drehstuhls. Gib einige Styroporstückchen auf die Wasseroberfläche. Drehe den Stuhl zunächst langsam und dann immer schneller. Halte dann plötzlich an.

Aufgaben: a) Beschreibe deine Beobachtungen.
b) Was stellen die Folienstreifen im Modell dar?
c) Erkläre anhand dieses Modellversuchs die Funktion des Drehsinnesorgans.

Sinnesleistungen und Steuerungssysteme des Menschen

WIE TIERE IHRE UMWELT WAHRNEHMEN

Pinnwand

Wärmeempfinden bei Klapperschlangen

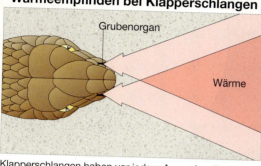

Klapperschlangen haben vor jedem Auge ein wärmeempfindliches Grubenorgan. Bereits den Unterschied von einem zweitausendstel Grad Celsius zwischen Beutetier und Umgebung kann die Schlange damit wahrnehmen.

Riechen bei Hunden

Hunde verfügen über einen viel leistungsfähigeren Geruchssinn als Menschen. Ihre Riechschleimhaut ist mit 270 Millionen Riechsinneszellen besetzt; beim Menschen sind es etwa 10 Millionen. Trainierte Hunde können deshalb zum Beispiel gut verpackte Drogen in geschlossenen Gepäckstücken „erschnüffeln".

Druckempfinden bei Fischen

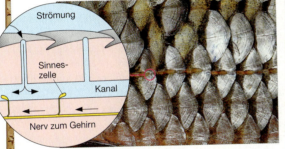

Fische nehmen Änderungen der Wasserströmung mit dem *Seitenlinienorgan* wahr. Es besteht aus zwei seitlichen Kanälen unter den Schuppen. Sie stehen durch Poren mit der Umgebung in Verbindung und enthalten Drucksinneszellen.

Elektrowahrnehmung bei Nilhechten

Nilhechte leben in so trüben Gewässern, dass ihnen ihr Sehsinn kaum nützt. Ihre Muskelfasern erzeugen eine elektrische Spannung, wodurch im Wasser ein elektrisches Feld aufgebaut wird. Störungen des elektrischen Feldes, z. B. durch Beutetiere oder Hindernisse, werden von Elektrosinneszellen registriert.

Ultraschall bei Delfinen

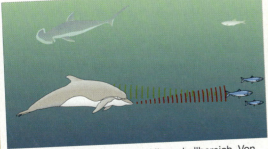

Delfine erzeugen Klicklaute im Ultraschallbereich. Von festen Objekten werden diese reflektiert und vom Hörorgan wahrgenommen. Auf diese Weise können Delfine Hindernissen ausweichen oder Fischschwärme orten.

---

1 Über welche auf der Pinnwand beschriebenen Sinne verfügt auch der Mensch? Vergleiche die Sinnesleistungen beim jeweiligen Tier mit der des Menschen.

2 Nenne Sinne bei Tieren, über die der Mensch nicht verfügt. Beschreibe die Funktionsweise eines solchen Sinnes.

3 Welche der besonderen Sinnesleistungen bei Tieren nutzt der Mensch für seine Zwecke?

Sinnesleistungen und Steuerungssysteme des Menschen

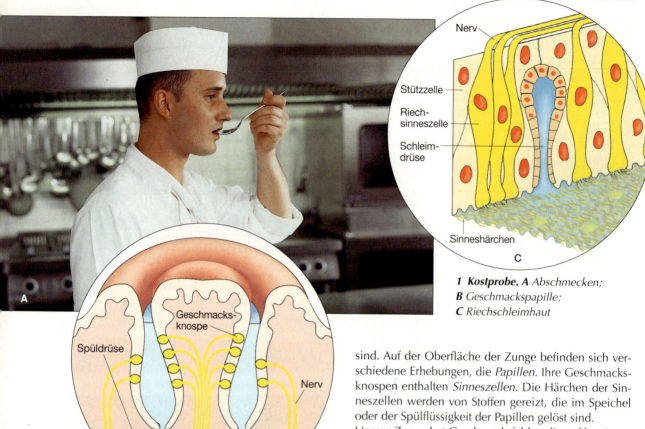

1 **Kostprobe. A** Abschmecken;
B Geschmackspapille;
C Riechschleimhaut

1.7 Geruchs- und Geschmackssinn

In der Küche müssen Speisen oft abgeschmeckt werden. Wenn man erkältet ist, schmeckt jedoch „alles gleich" und es fällt schwer, die Speise richtig zu würzen. Wie ist das zu erklären?

Mit der eingeatmeten Luft gelangen geringe Mengen von Geruchsstoffen in die Nase. Die Riechschleimhäute, unsere **Geruchsorgane,** enthalten viele *Sinneszellen.* Ihre Härchen ragen in eine Schleimschicht. In dem Schleim lösen sich die aufgenommenen Geruchsstoffe und reizen die Sinneszellen. Diese wandeln die Reize in elektrische Impulse um, die von Nerven zum Gehirn geleitet werden.

Obwohl unser Geruchsorgan ungefähr 10 000 Gerüche unterscheiden kann, lassen sich alle diese wenigen Grundgerüchen wie „würzig", „blumig", „brenzlig" und „faulig" zuordnen.

Die Zungenoberfläche enthält die **Geschmacksorgane.** Sie sprechen auf Stoffe an, die im Speichel löslich sind. Auf der Oberfläche der Zunge befinden sich verschiedene Erhebungen, die *Papillen.* Ihre Geschmacksknospen enthalten *Sinneszellen.* Die Härchen der Sinneszellen werden von Stoffen gereizt, die im Speichel oder der Spülflüssigkeit der Papillen gelöst sind.

Unsere Zunge hat Geschmacksfelder, die auf bestimmte Geschmacksrichtungen ausgerichtet sind. Mit ihnen können wir „süß", „sauer", „salzig" und „bitter" unterscheiden.

Bei Erkältung ist häufig die Nase verstopft und wir nehmen nur den von der Zunge vermittelten Geschmack wahr. Das feinere Geschmacksempfinden kommt aber erst durch das Zusammenwirken von Geruch und Geschmack zustande.

Ob wir den Geschmack einer Speise als angenehm oder unangenehm empfinden, hängt auch mit unseren Erfahrungen zusammen. Ist uns z. B. nach einer gut schmeckenden Speise einmal übel geworden, so kann es sein, dass wir sie danach nicht mehr mögen.

> Gerüche werden mit der Riechschleimhaut wahrgenommen. Die Geschmacksfelder der Zunge unterscheiden vier Geschmacksrichtungen. Geruch und Geschmack ergänzen sich.

1 Erkläre das Zustandekommen einer Geruchsempfindung.
2 Beschreibe die Funktion der Geschmacksknospen.
3 Wie schmeckt uns Essen bei einer Erkältung? Erkläre.

Sinnesleistungen und Steuerungssysteme des Menschen

Riechen und Schmecken

Übung

V 1 Gerüche wahrnehmen

Material: Essig; Parfüm; Petroleum; Orangensaft; aufgeschnittene Zwiebel; Augenbinde

Durchführung: Verbinde der Versuchsperson die Augen. Halte ihr die Riechproben nacheinander unter die Nase. Lass sie den Geruch jeweils bei angehaltenem Atem, durch „Schnüffeln" und bei normaler Atmung prüfen. Mache nach jeder Probe eine kurze Atempause.

Aufgaben: a) Trage die Versuchsergebnisse in eine Tabelle ein:

Probe	Geruchsempfindung		
	Atem angehalten	Schnüffeln	Normaler Atem
Essig			

b) Erkläre die Ergebnisse des Versuchs.

V 2 Geschmacksfelder der Zunge

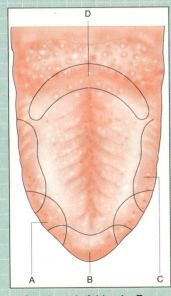

1 Geschmacksfelder der Zunge

Material: Zucker; Kochsalz; Essig; Bittersalz (Magnesiumsulfat); 4 Bechergläser (100 ml); 4 Rührstäbe; Teelöffel; Esslöffel; Augenbinde; Wattestäbchen; Filterpapier; Spiegel; Glas mit Wasser

Durchführung: Fülle die Gläser jeweils halbvoll mit Wasser. Löse durch Umrühren im Glas 1 einen Teelöffel Zucker, im Glas 2 einen Teelöffel Kochsalz, im Glas 3 einen Esslöffel Essig und im Glas 4 einen Teelöffel Bittersalz. Kennzeichne die Gläser ohne Kenntnis der Versuchsperson (VP).

Verbinde der VP die Augen. Weise sie an, die Nase zuzuhalten, nachdem sie sich die Zungenoberfläche mit Filterpapier abgetupft hat. Betupfe mit einem in eine der Prüflösungen getauchten Wattestäbchen nacheinander die in der Abb. 1 gekennzeichneten Zonen der Zunge. Nach jedem Betupfen meldet die VP ihre Geschmacksempfindung. Danach spült sie ihren Mund mit Wasser aus und trocknet anschließend ihre Zunge mit Filterpapier ab.

Verfahre auf die gleiche Weise mit den anderen Prüflösungen. Verwende für jede Lösung ein frisches Wattestäbchen.

Aufgaben: a) Stelle die Ergebnisse in einer Tabelle zusammen:

Probe	Empfindung	Feld
Zucker		

b) Fertige nach Abb. 1 eine Skizze der Zungenoberfläche an. Ordne den Feldern A–D die Geschmacksempfindungen süß, sauer, salzig und bitter zu.

c) Vergleiche das Bild deiner Zunge im Spiegel mit der Abb. 1. Beschreibe die Anordnung der Papillen auf der Zunge.

V 3 Zusammenwirken von Geruch und Geschmack

Material: Apfel; Karotte; rohe Kartoffel; Reibe; Eierlöffel; Messer; 3 Teller; Augenbinde

Durchführung: Reibe vom Apfel, von der Karotte und von der Kartoffel etwas auf die Teller. Verbinde einer Versuchsperson (VP) die Augen. Die VP hält sich die Nase zu. Gib ihr nacheinander eine Kostprobe von den 3 Breisorten und lasse sie diese benennen. Nach jeder Probe spült sich die VP den Mund aus. Wiederhole die Kostproben in anderer Reihenfolge, wobei die Nase der VP nicht verschlossen wird.

Aufgaben: a) Notiere die Angaben der Versuchsperson zu den beiden Versuchsreihen.

b) Vergleiche die Angaben. Welche Unterschiede stellst du fest?

c) Erkläre die Versuchsergebnisse.

d) Mit welchen Sinnen testet und erkennt ein Weinprüfer eine bestimmte Weinsorte?

e) Weshalb ist für einen Weinprüfer eine Erkältung besonders unangenehm?

2 Weinprüfer

Sinnesleistungen und Steuerungssysteme des Menschen

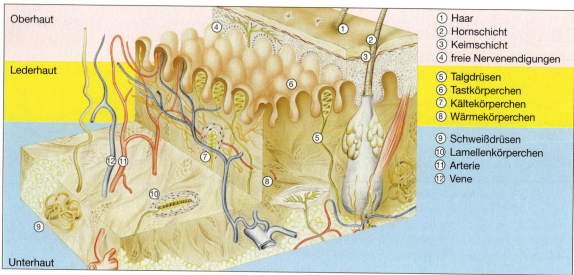

1 Bau der Haut *(Blockbild)*

1.8 Sinne der Haut

Die Haut ist mit einer Fläche von 1,5 m² eines unserer größten Organe. Ihr komplizierter Bau zeigt, dass sie viele verschiedene Aufgaben zu erfüllen hat. Die *Oberhaut* bildet eine natürliche Abgrenzung zur Umwelt. Sie schützt uns vor Verletzungen, Sonnenstrahlen, Kälte, Austrocknung und vor Krankheitserregern. In der *Lederhaut* befinden sich Talgdrüsen, die die Oberhaut geschmeidig erhalten. In der *Unterhaut* liegen Schweißdrüsen, die im Schweiß gelöste Mineralstoffe ausscheiden. Wenn der Schweiß auf der Haut verdunstet, kühlt er dabei den Körper ab. Vor allem aber ist die Haut ein wichtiges Sinnesorgan.

Aus den Leistungen unterschiedlicher Organe zum Empfang von Tastreizen setzt sich der **Tastsinn** zusammen. Streicht man über die Haut, so werden ihre Haare umgebogen. Das führt zur Reizung der Nervenfasern, die als *Haarbalggeflecht* die Haarwurzeln umgeben. Die Papillen der Lederhaut enthalten *Tastkörperchen*. Besonders dicht sind sie in den Fingerkuppen angeordnet. Sie bestehen aus Schichten von Tastzellen und Nervenfasern. Bei Berührung werden sie etwas zusammengedrückt, wodurch die Nerven gereizt werden. Die Erregung wird als elektrischer Impuls zum Gehirn geleitet und zu einer Tastempfindung verarbeitet. In der Unterhaut befinden sich *Lamellenkörperchen*. Sie enthalten eine Nervenendigung, welche von Bindehautschichten umschlossen ist, und sprechen auf starke Druckreize an.

Die Einhaltung einer bestimmten Körpertemperatur unabhängig davon, wie kalt oder warm die Umgebung ist, wird vom **Temperatursinn** überwacht. Im Bereich der Lederhaut befinden sich die *Wärme-* und *Kältekörperchen*, die auf Temperaturunterschiede ansprechen. Die Meldung dieser Unterschiede an das Gehirn ermöglicht diesem, Maßnahmen gegen ein Überhitzen oder Abkühlen des Körpers einzuleiten.

Auf extreme Temperaturen, ätzende Stoffe oder starken Druck sprechen *freie Nervenendigungen* an, die bis in die Oberhaut vordringen. Der **Schmerzsinn** ermöglicht es dem Körper, schnell zu reagieren, bevor es zu Verletzungen kommt.

Wenn das UV-Licht der Sonne längere Zeit auf unsere Haut einwirkt, lagert sie dunkle Farbstoffe als Schutz in die Oberhaut ein. Dadurch werden wir braun. Zuviel UV-Licht aber führt zum Sonnenbrand. Dabei werden auch tiefere Schichten der Haut zerstört. *Hautkrebs* kann die Folge sein. Weniger Bräunen und Schutzmittel mit hohem Lichtschutzfaktor können dem vorbeugen.

> Die Sinne der Haut ermöglichen es uns, Berührungs-, Druck-, Temperatur- und Schmerzreize aufzunehmen. Die Haut muss geschützt werden.

1 Beschreibe anhand der Abb. 1 den Aufbau der Haut.
2 Erstelle eine 3-spaltige Tabelle. Ordne darin den drei Hautschichten die darin enthaltenen Sinnesrezeptoren und die aufgenommene Reizart zu.
3 Für eine gefährliche Umwelteinwirkung hat die Haut keine Reizempfänger. Um welche handelt es sich und wie kann man sich vor ihr schützen?

Sinnesleistungen und Steuerungssysteme des Menschen

Sinne der Haut

Übung

V1 Tastempfindlichkeit

Material: aufgebogene Büroklammer; Lineal

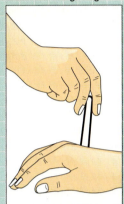

Durchführung: Biege die Enden der Büroklammer auf 20 mm Abstand. Drücke sie leicht auf die Haut einer Versuchsperson, die während des Versuchs die Augen geschlossen hält. Verringere nun den Abstand der Enden stufenweise. Berühre zwischendurch auch nur mit einem Ende. Notiere den Abstand, bei dem nur noch ein Tastreiz wahrgenommen wird. Untersuche auf diese Weise Fingerkuppe, Handfläche, Handrücken, Arme, Wangen …

Aufgaben: a) Stelle die Ergebnisse in Form einer Tabelle dar.
b) Welche Hautstelle ist am empfindlichsten? Welchen biologischen Sinn hat das?
c) In welcher Hautpartie liegen die Druckpunkte am weitesten auseinander?

V2 Tastsinn und Blindenschrift

In der Blindenschrift werden die Buchstaben durch Gruppen von (höchstens 6) Erhebungen dargestellt.

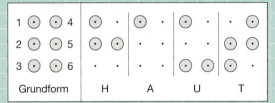

Material: Blindenalphabet (Blindenverbände); Lineal
Durchführung: Versuche, mit geschlossenen Augen Buchstaben zu ertasten. Miss anschließend die Abstände zwischen 2 Erhebungen im Blindenalphabet. Vergleiche mit den Ergebnissen der Untersuchung der Fingerkuppe in V1.
Aufgaben: a) Kannst du einzelne Buchstaben unterscheiden?
b) Könnte man einzelne Buchstaben noch unterscheiden, wenn der Abstand zwischen den Erhebungen noch geringer wäre? Begründe!

V3 Temperatursinn

Material: 3 Schalen, Thermometer

Durchführung: Fülle in je eine Schale Wasser mit einer Temperatur von 10 °C, 30 °C und 50 °C. Tauche für eine Minute die linke Hand in das Wasser mit 10 °C und gleichzeitig die rechte Hand in das Wasser mit 50 °C. Tauche anschließend beide Hände in das 30 °C warme Wasser.
Aufgaben: a) Welche Temperaturempfindungen hast du beim ersten Versuchsschritt?
b) Beschreibe und erkläre die Empfindungen im 30° warmen Wasser.

V4 Wärme- und Kältepunkte

Material: 2 weite Reagenzgläser; 2 durchbohrte Gummistopfen; 2 Stricknadeln; Lappen; Eiswürfel; 2 Faserstifte (rot, blau); kaltes und heißes Wasser

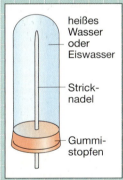

Durchführung: Baue zwei „Testgeräte" entsprechend der Abbildung. Zeichne auf den Handrücken einer Versuchsperson (VP) ein Quadrat von 2×2 cm. Fülle in das eine Testgerät kaltes Wasser und Eiswürfel und in das andere heißes Wasser. Die VP soll nun die Augen schließen. Fasse das heiße Reagenzglas mit dem Lappen und betaste mit der Stricknadelspitze das Quadrat. Die VP meldet jeden Wärmepunkt. Markiere jeden Punkt mit rot. Suche auf ähnliche Weise nach Kältepunkten. Markiere sie mit blau. Untersuche auch andere Hautstellen, z. B. die Armbeuge.
Aufgaben: a) Vergleiche die Anzahl der Wärme- und Kältepunkte am Handrücken.
b) Vergleiche die Dichte der Wärme- und Kältepunkte von Handrücken und Armbeuge.

Sinnesleistungen und Steuerungssysteme des Menschen

2 Nerven steuern Lebensvorgänge

2.1 Das Nervensystem – ein Nachrichtennetz

Wir sind in der Lage, sehr viele Dinge gleichzeitig zu tun. Es gelingt uns, am Tisch zu sitzen, mit Messer und Gabel zu essen, zu trinken und uns über den guten Geschmack der Speisen und Getränke zu freuen. Dabei können wir lesen oder Musik hören. Währenddessen laufen im Körper eine Vielzahl von weiteren Vorgängen ab, die wir normalerweise nicht bewusst wahrnehmen. So bleibt zum Beispiel unsere Körpertemperatur konstant, wir atmen und wir beginnen bereits, die Speisen zu verdauen. Diese vielfältigen Leistungen werden durch das Nervensystem ermöglicht.

Das **Nervensystem** ist stark verästelt und durchzieht den ganzen Körper. Es nimmt ständig Informationen auf und leitet Befehle weiter, so dass Muskeln und Organe sinnvoll zusammenarbeiten können. Das ganze System ist so kompliziert, dass man den Bau und die Funktionsweise noch immer nicht ganz genau kennt. Grob schematisch läßt es sich jedoch in zwei Teile untergliedern: Zentralnervensystem und peripheres Nervensystem. Das **Zentralnervensystem** wird vom *Gehirn* und *Rückenmark* gebildet. Es steuert alle Nerventätigkeiten. So werden die Informationen, die zum Beispiel von den Sinnesorganen kommen, hier ausgewertet und entsprechende Reaktionen eingeleitet.
Alle Nervenbahnen, die zum Zentralnervensystem hinführen oder von dort abgehen, werden als **peripheres Nervensystem** bezeichnet. Über einen Teil des peripheren Nervensystems gelangen die Informationen von den Sinnesorganen zum Zentralnervensystem. Anschließend überbringt es wiederum die entsprechenden Reaktionsbefehle an die Muskeln. Ein anderer Teil des peripheren Nervensystems verbindet die inneren Organe wie Herz, Lunge oder Magen mit dem Gehirn.

Das Nervensystem setzt sich aus vielen Milliarden **Nervenzellen** zusammen. Alle sind auf die rasche Weiterleitung von Informationen spezialisiert und dementsprechend gebaut. Sie bestehen aus einem Zellkörper, der den Zellkern und andere Zellbestandteile enthält. In der Regel haben die Zellkörper zwei Arten von Fortsätzen. Die kürzeren, die sich wie die Äste eines Baumes verzweigen, nennt man *Dendriten*. Sie erhalten Informationen von anderen Nervenzellen

1 Nervensystem des Menschen
■ Zentralnervensystem
■ peripheres Nervensystem

2 Bau eines Nervs

Sinnesleistungen und Steuerungssysteme des Menschen

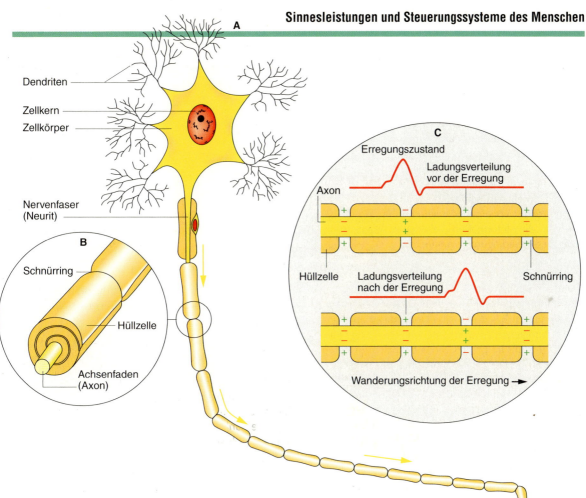

3 **Nervenzelle.**
A *Aufbau;* **B** *Nervenfaser (Querschnitt);* **C** *Erregungsleitung*

und leiten diese zum Zellkörper hin. Neben ihnen gibt es einen längeren Fortsatz. Er wird *Nervenfaser* oder *Neurit* genannt und kann bis zu einem Meter lang werden. An seinem Ende befinden sich Endknöpfchen, über die Informationen an andere Nervenzellen oder Muskelzellen weitergegeben werden. Bei mikroskopischen Untersuchungen von Nervenfasern erkennt man, dass die meisten aus einem Achsenfaden, dem *Axon,* und umgebenden *Hüllzellen* bestehen. Die einzelnen Hüllzellen sind durch Schnürringe voneinander getrennt. In den Nervensträngen, die sich durch den Körper ziehen, sind meist viele Nervenfasern durch Bindegewebshüllen zu Bündeln zusammengefasst. Ein solches Bündel läßt sich mit einem elektrischen Kabel vergleichen, das viele einzelne isolierte Drähte enthält. Durch die Hüllzellen werden die einzelnen Fasern voneinander isoliert.

Wie werden nun Informationen weitergegeben? Sinneszellen wandeln einwirkende Reize in elektrische Impulse um, die von den Nervenzellen weitergeleitet werden. Im Ruhezustand sind Nervenzellen außen positiv und innen negativ geladen. Wird eine Nervenzelle durch einen elektrischen Impuls erregt, so kehrt sich diese Spannung an einer Stelle für etwa eine tausendstel Sekunde um. Diese Erregung springt von Schnürring zu Schnürring, bis sie am „Ziel", z. B. an einer Muskelzelle, angekommen ist. Die Leitungsgeschwindigkeit kann dabei über 100 Meter pro Sekunde betragen.

> Eine Nervenzelle besteht aus Zellkörper, Dendriten und Nervenfaser. Viele Nervenfasern bilden einen Nerv. Nervenzellen übertragen Informationen als elektrische Impulse.

1 Erkläre mithilfe der Abb. 3, wie eine Nervenzelle gebaut ist und wie die Erregung weitergeleitet wird.
2 Beschreibe den Bau eines Nervenstrangs mithilfe der Abb. 2.

Sinnesleistungen und Steuerungssysteme des Menschen

2.2 Nervenzellen stehen untereinander in Kontakt

Nervenzellen sind dafür gebaut, Informationen weiterzuleiten. Dazu steht jede Nervenzelle mit tausenden anderer in Kontakt. Diese Kontaktstellen nennt man **Synapsen**. Die einzelnen Nervenzellen berühren sich dabei jedoch nicht. Sie sind durch den schmalen *synaptischen Spalt* voneinander getrennt. Wie ist die Informationsweitergabe unter diesen Bedingungen möglich?

In den Endknöpfchen jeder Nervenfaser befinden sich Bläschen, die einen *chemischen Überträgerstoff* enthalten. Kommt ein *elektrischer* Impuls durch eine Nervenfaser an deren Endknöpfchen an, wird eine winzige Menge dieses Überträgerstoffs freigesetzt. Sie verteilt sich im synaptischen Spalt und reizt bestimmte Empfängerstellen, die *Rezeptoren*, auf der Membran einer benachbarten Nervenzelle. Dadurch wird in dieser Zelle ein neuer elektrischer Impuls erzeugt und weitergeleitet. Synapsen arbeiten also wie Ventile: Sie stellen sicher, dass in einer Nervenbahn Informationen in nur einer Richtung weitergeleitet werden.

Auf die gleiche Weise werden auch Informationen von Nervenzellen auf Muskel- und Drüsenzellen übertragen.

1 Kontakt zwischen Nervenzellen über Synapsen. **A** vom Neurit zum Dendrit; **B** Synapse (Schema)

Die Kontaktstellen zwischen einzelnen Nervenzellen oder zwischen Nervenzellen und Muskelzellen heißen Synapsen. An den Synapsen übernehmen chemische Überträgerstoffe die Informationsleitung.

1 Nervenbahnen sind „Einbahnstraßen" für Informationen. Erkläre diese Aussage.
2 Begründe, weshalb Informationen innerhalb des Nervensystems sowohl auf chemischem als auch auf elektrischem Weg weitergegeben werden.

Streifzug durch die Medizin — Synapsengifte

1 Indianer mit Blasrohren

Curare, das Pfeilgift vieler Indianer in Südamerika, wird aus Pflanzenrinde gewonnen. Es blockiert die Leitfähigkeit der Synapsen zwischen Nerven- und Muskelzellen. Der Tod tritt durch Atemlähmung ein. In geringer Dosierung wird es zur Entspannung der Skelettmuskulatur bei Operationen unter künstlicher Beatmung verwendet.

Atropin, das Gift der Tollkirsche, blockiert u. a. die Leitfähigkeit der Synapsen zwischen Nervenzellen und Herzmuskelzellen oder der Irismuskeln im Auge. Der Tod tritt durch Herzstillstand ein. Gering dosiert wird Atropin heute bei Augenuntersuchungen verwendet.

Nikotin, das Gift der Tabakpflanze, wirkt etwa wie der chemische Überträgerstoff in den Synapsen. In kleinsten Mengen löst er eine Aktivitätssteigerung aus. In größeren Mengen kommt es zur Dauererregung der Nervenzellen. Bei Einnahme von 1 mg/kg Körpergewicht tritt der Tod durch Atemlähmung ein.

2.3 Das Rückenmark – eine Schaltzentrale für Reflexe

Vielleicht bist du schon einmal barfuß in eine Reißzwecke getreten, die du vorher nicht gesehen hast. Dann kennst du die Reaktion des Körpers: Man zieht „unwillkürlich" beim Schmerz das betroffene Bein an. Diese schnelle Reaktion schützt den Fuß vor einer schlimmeren Verletzung.

Wie kann der Körper so schnell reagieren? In unserem Beispiel löst die Reißzwecke ein Schmerzgefühl in den Hautsinneszellen der rechten Fußsohle aus. Dieses Schmerzgefühl wird in Form von elektrischen Impulsen über *Empfindungsnerven* zum Gehirn geleitet. Noch bevor diese jedoch im Gehirn ankommen, werden durch die Impulse Schaltnerven im **Rückenmark** erregt. Diese reizen wiederum *Bewegungsnerven*, sofort Reaktionsbefehle zu verschiedenen Muskeln zu leiten. So ziehen sich beispielsweise im rechten Bein die Beugemuskeln zusammen, damit der Fuß angehoben wird. Das Körpergewicht wird auf das linke Bein verlagert. Im Gehirn kommen die Impulse mit geringer Verzögerung an und das ganze Geschehen wird uns erst nach der Reaktion bewusst. Eine solche schnelle Reaktion als Antwort auf einen Reiz nennt man **Reflex.** Er geschieht unbewusst. Den Weg vom Reizort über den Empfindungs- und Bewegungsnerv zum Muskel nennt man *Reflexbogen*.

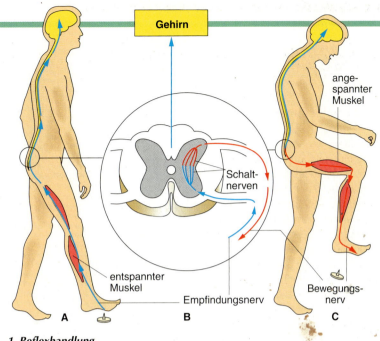

1 Reflexhandlung

Beim Rückenmark, der Schaltzentrale für Reflexe, unterscheidet man die innen liegende graue und die umgebende weiße Substanz. Die *graue Substanz*, die im Querschnitt aussieht wie ausgebreitete Schmetterlingsflügel, besteht vorwiegend aus Nervenzellkörpern. Hier werden Informationen verarbeitet. Dazu gehört auch die Steuerung der Reflexe. Die *weiße Substanz* enthält hauptsächlich Nervenfasern und dient deshalb der Erregungsleitung.

Gut geschützt gegen Verletzungen liegt das Rückenmark im Wirbelkanal der Wirbelsäule. Durch seitliche Öffnungen zwischen den Wirbeln treten entlang der Wirbelsäule die Rückenmarksnerven aus. Es sind 31 Paare. Jeder Rückenmarksnerv hat zwei Wurzeln. Die hintere, dem Rücken zugewandte Wurzel besteht aus Empfindungsnerven, die vordere bauchseitige Wurzel enthält die Bewegungsnerven. Die beiden Nervenfaserbündel vereinigen sich zu einem gemischten Nervenstrang. Jeder dieser Nervenstränge stellt die Verbindung zu einem bestimmten Körperbereich her.

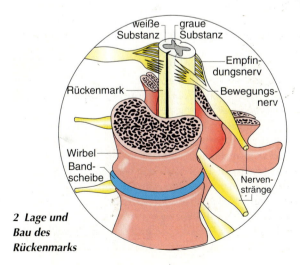

2 Lage und Bau des Rückenmarks

> Reflexe sind unbewusste Handlungen. Sie werden über das Rückenmark gesteuert. Das Rückenmark liegt geschützt vor Verletzungen im Wirbelkanal der Wirbelsäule.

1 Beschreibe den Ablauf einer Reflexhandlung anhand der Abb. 1.

2 Beschreibe die Lage und den Bau des Rückenmarks mithilfe der Abb. 2.

Sinnesleistungen und Steuerungssysteme des Menschen

Übung — Reflexe

V1 Kniesehnenreflex

Körperreflexe helfen Ärzten zu erkennen, wie gut Nerven und Muskeln funktionieren. Gut geeignet dazu ist der Kniesehnenreflex.
Material: Stuhl; Bleistift; Arbeitsheft
Durchführung: Die Versuchsperson setzt sich auf einen Stuhl und schlägt ein Bein so über das andere, dass das untere Knie in die obere Kniekehle passt. Schlage mit der Handkante leicht auf den weichen Teil direkt unterhalb der Kniescheibe des übergeschlagenen Beines. Dort befindet sich die Kniesehne.
Aufgaben: a) Beobachte und beschreibe die Reaktion der Versuchsperson.
b) Erläutere die Reaktion der Versuchsperson mithilfe der Abbildung.

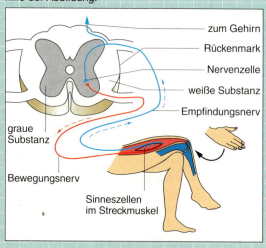

c) Übertrage die schematische Darstellung des Reflexbogens in dein Arbeitsheft. Ordne den Nummern die richtigen Begriffe zu. Nimm die Abbildung in Aufgabe b) zu Hilfe.

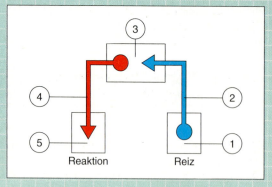

A2 Folge von Reflexen

Wenn sich ein Gegenstand dem Kopf nähert, reagieren wir ohne nachzudenken mit einer Folge von Bewegungen.

a) Beschreibe die einzelnen Stadien der Bewegung.
b) Welche biologische Bedeutung haben diese Bewegungen?

V3 Lidschlussreflex

Das Stadium 1 aus A2 kannst du selbst herbeiführen.
Material: Bleistift, Papier
Durchführung: Nähere deine Hand mit einer schnellen Bewegung den Augen einer Versuchsperson (Vorsicht, rechtzeitig stoppen).
Aufgaben: a) Beobachte und beschreibe die Reaktion der Versuchsperson.
b) Erläutere den Ablauf der Reflexbewegung.
c) Zeichne den Reflexbogen als Schema.
(Beachte: Der Reflexbogen läuft über das Gehirn.)

Sinnesleistungen und Steuerungssysteme des Menschen

2.4 Bau des Gehirns

Ein Computerarbeitsplatz mit Bildschirm, Drucker, Tastatur und Scanner würde ohne Prozessor nicht funktionieren. Genauso verhält es sich im menschlichen Körper mit dem Gehirn. Es ist das Schalt- und Steuerzentrum, ohne das das Leben nicht möglich ist.

Das Gehirn eines Erwachsenen wiegt etwa 1500 Gramm. Es ist von mehreren schützenden Hüllen umgeben: Außen liegt die Kopfhaut mit den Haaren. Darunter befindet sich der harte Schädelknochen, der das Gehirn wie ein Panzer umgibt. Danach folgt die *harte Hirnhaut,* die wichtige Blutgefäße enthält. Als Nächstes kommt die *Spinnwebshaut* mit der Gehirnflüssigkeit. Sie dient zur Stoßdämpfung. Unmittelbar auf dem Gehirn liegt die *weiche Hirnhaut.*

Das Gehirn selbst gliedert sich in verschiedene Teile mit unterschiedlichen Aufgaben. Das **Großhirn** macht etwa 80% der Gehirnmasse aus. Es ist durch eine Längsspalte in zwei Hälften geteilt, die jedoch durch den *Balken* miteinander verbunden sind. Hier haben unsere bewussten Erlebnisse und geistigen Fähigkeiten ihren Sitz. Die Oberfläche des Großhirns, die *Hirnrinde,* ist durch viele Faltungen stark vergrößert. Sie besteht aus *grauer Substanz,* die von den Zellkörpern der Nervenzellen gebildet wird. Darunter liegt die *weiße Substanz.* Diese besteht hauptsächlich aus Nervenfasern, die die Nervenzellen untereinander verbinden. Auch der Balken besteht aus Nervenfasern.

Im Hinterkopf befindet sich das **Kleinhirn.** Seine Oberfläche ist fein gefurcht. Auf Befehl des Großhirns steuert es alle bewussten und unbewussten Bewegungen. So hält es beispielsweise den Körper stets im Gleichgewicht. Es ist auch dafür verantwortlich, dass einmal gelernte Bewegungsabläufe wie etwa das Radfahren später unbewusst durchgeführt werden können.

Direkt unter dem Großhirn befindet sich das **Stammhirn.** Es besteht aus *Verlängertem Mark, Zwischenhirn* und *Mittelhirn.* Im Stammhirn wird die Tätigkeit der Organe gesteuert. Vom Verlängerten Mark werden Herzschlag, Blutdruck und die Atmung überwacht. Im Atemzentrum wird beispielsweise ständig kontrolliert, ob sich im Blut noch genügend Sauerstoff befindet. Vom Verlängerten Mark gehen auch die unwillkürlichen Befehle für das Schlucken, Niesen oder Husten aus. Im Zwischenhirn werden die Informationen der Sinnesorgane bewertet und dann als Gefühle an das Großhirn weitergegeben. Hier entstehen auch Gefühle wie Hunger, Freude oder Angst. Am Rand des Zwischenhirns sitzen zwei wichtige Hormondrüsen, die *Hirnanhangsdrüse* und die *Zirbeldrüse.*

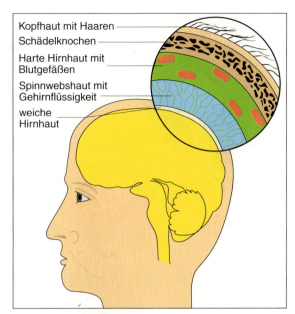

1 Schutz des Gehirns

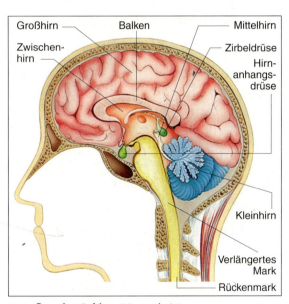

2 Aufbau des Gehirns (Längsschnitt)

> Das Gehirn besteht aus Großhirn, Kleinhirn, Zwischenhirn, Mittelhirn und dem Verlängerten Mark.

1 Beschreibe die Schutzeinrichtungen des Gehirns mithilfe der Abb. 1.
2 Stelle in einer Tabelle Teile des Gehirns und ihre jeweiligen Aufgaben zusammen.

Sinnesleistungen und Steuerungssysteme des Menschen

2.5 Arbeitsweise des Gehirns

Die Abbildungen auf dieser Seite zeigen dir eine Situation, die du schon viele Male erlebt hast: Du hast Durst und trinkst ganz selbstverständlich ein Getränk aus einem Glas. Was genau passiert aber bei diesem alltäglichen Vorgang?

Das Glas mit der Flüssigkeit stellt einen *Reiz* für die Augen dar. Dadurch werden Lichtsinneszellen in der Netzhaut erregt. Die Erregung gelangt über den Sehnerv ins Gehirn. Der Sehnerv gehört zu den *sensorischen* Nerven. Das sind Nervenfasern, die Erregungen von den Sinnesorganen zum Gehirn weiterleiten. Im Gehirn gelangen die Impulse in das **Sehzentrum,** das im Hinterhauptlappen des Großhirns liegt. Dort wird das Glas als ein Gegenstand wahrgenommen.

Vom Sehzentrum wird ein weiterer Gehirnteil, das **Seh-Erinnerungszentrum,** aktiviert. Es lässt sich mit einem Archiv vergleichen, in dem Bilder aller Gegenstände gespeichert sind, die ein Mensch zuvor gesehen und sich gemerkt hat. Dort wird der Gegenstand mit allen anderen Gegenständen verglichen und als Trinkglas mit flüssigem Inhalt erkannt. Gleichzeitig wird die Flüssigkeit eingeschätzt. Wenn damit positive Erfahrungen verknüpft sind und das Getränk als wohlschmeckend eingeordnet wird, ist die Entscheidung zu trinken gefallen und die *Reaktion* wird eingeleitet. Dazu wird der genaue Standort des Glases bestimmt und das *Bewegungsfeld* aktiviert. Vom Bewegungsfeld laufen *motorische* Nervenfasern zu den Muskeln des Körpers. Über diese erhalten jetzt bestimmte Armmuskeln den Befehl, sich zusammenzuziehen, das Glas zu greifen und es zum Mund zu führen. Wenn wir das Glas an unseren Lippen und die Flüssigkeit auf der Zunge spüren, beginnt der Schluckvorgang. Der ganze Ablauf dauert Bruchteile von Sekunden und wird uns kaum bewusst.

Dieses Beispiel zeigt, wie ein willkürlicher *Bewegungsablauf* vom Gehirn gesteuert wird.

Solche Bewegungsabläufe müssen eingeübt werden. Als kleine Kinder mussten wir das Trinken aus einem Glas mühsam lernen. Erst nach häufigem konzentriertem Üben werden die Bewegungen automatisch richtig durchgeführt. Sie werden dann als *automatisierte Handlungen* in der Großhirnrinde gespeichert und können schnell der jeweiligen Situation angepasst werden. Zu ihnen gehören die meisten alltäglichen Handlungen des Menschen wie z. B. das Zähneputzen oder das Laufen und Radfahren. Sie erfordern keine Aufmerksamkeit mehr. Dies ist die Voraussetzung dafür, dass wir uns bewusst auf Wichtiges oder Schwieriges wie etwa eine Prüfung oder auf eine sportliche Hochleistung konzentrieren können.

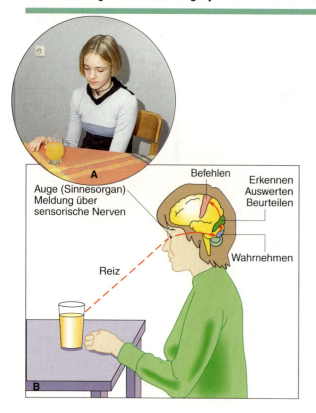
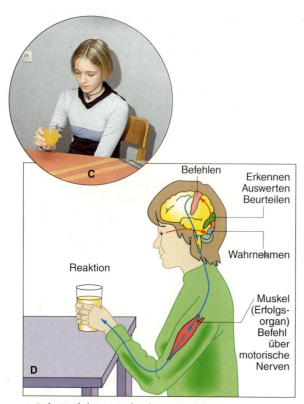

1 Reiz-Reaktions-Mechanismus.
A optischer Reiz; B Schema; C Reaktion; D Schema

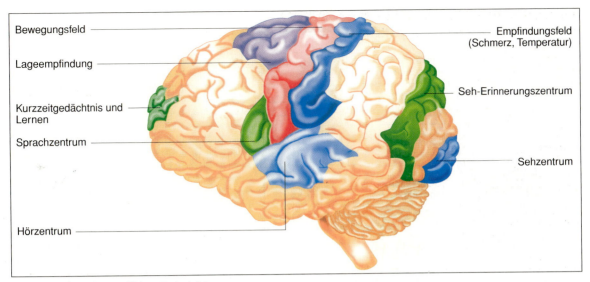

2 Rindenfelder des Großhirns (Beispiele)

Die Arbeitsweise des Gehirns ist noch nicht vollständig erforscht. Man weiß aber, dass bestimmte Bereiche der Großhirnrinde, so genannte **Rindenfelder,** für bestimmte Aufgaben zuständig sind. So ist das *Bewegungszentrum* für die Steuerung aller bewussten oder automatisierten Muskelbewegungen zuständig. Gleich daneben befindet sich die *Empfindungszone,* die Informationen z. B. von den Sinnesorganen der Haut erhält und auswertet. Für die übrigen Sinnesorgane gibt es eigene Rindenfelder. Neben diesen in ihrer Funktion bekannten Rindenfeldern kennt man auch solche, die man keiner bestimmten Körperregion oder Aufgabe zuordnen kann. Ihre Aufgabe könnte im Zusammenführen von Eindrücken aus verschiedenen Teilen des Gehirns und der Planung von Handlungen liegen.

Obwohl sich die beiden Hälften des Großhirns, die *Hemisphären,* im Bau gleichen, haben sie nicht dieselben Aufgaben. So steuert die linke Hälfte die rechte Körperseite und umgekehrt. Bei den meisten Menschen ist zudem die linke Hemisphäre für das schlüssige Denken zuständig, das auf Erfahrungen beruht. Die rechte Hemisphäre steuert eher kreative Leistungen. Die verstärkte Aktivität einer Hälfte könnte die Begabungen und Vorlieben eines Menschen bestimmen.

> Das Gehirn steuert alle willkürlichen Bewegungen. Die Hirnrinde des Großhirns ist in Rindenfelder untergliedert, die jeweils eine bestimmte Aufgabe erfüllen.

1 Beschreibe den Reiz-Reaktions-Mechanismus einer Bewegung, die vom Gehirn gesteuert wird. Nimm Abb. 1 zu Hilfe.

2 Nenne Beispiele für einfache und komplizierte automatisierte Handlungsabläufe.

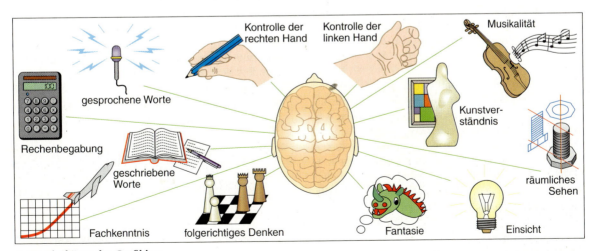

3 Hemisphären des Großhirns

Sinnesleistungen und Steuerungssysteme des Menschen

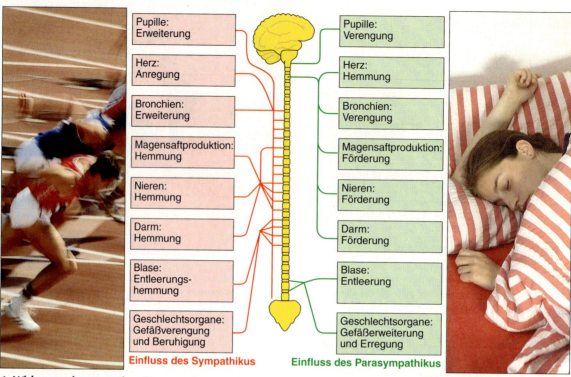

1 Wirkungen des vegetativen Nervensystems

2.6 Steuerung ohne Willen

Konzentriert warten die Läufer auf das Startsignal zum 100-m-Lauf. Alle Muskeln sind angespannt. Das Herz schlägt schnell. Alle Reserven werden mobilisiert, um schneller als die Konkurrenten am Ziel anzukommen. In einer solchen Situation ist der Körper ganz auf Leistung eingestellt. So wird beispielsweise durch den beschleunigten Herzschlag mehr Blut durch die Adern gepumpt. Damit gelangt mehr Sauerstoff zu den Muskeln. Gleichzeitig wird die Tätigkeit von Darm, Blase oder Nieren gehemmt. Alle Energie wird zu den Organen gelenkt, die dazu beitragen, die geforderte Leistung zu erbringen.

Um beim Start vorne mit dabei zu sein, muss man sich konzentrieren; doch die Anpassung der Körperfunktionen erfolgt unbewusst. Sie wird vom **vegetativen Nervensystem** oder *Eingeweidenervensystem* über das Zwischenhirn gesteuert. Zu ihm gehören alle Nerven, die das Zusammenspiel der inneren Organe regeln. Es besteht aus zwei Teilen, dem *sympathischen* und *parasympathischen* System. Sie werden auch als **Sympathikus** und **Parasympathikus** bezeichnet.
Der Sympathikus besteht aus zwei Nervensträngen, die parallel zur Wirbelsäule verlaufen. Im Abstand der einzelnen Wirbel verdicken sich die Stränge zu Knoten, die jeweils Verbindungen zum Rückenmark, sowie zum Gehirn und zu den einzelnen Organen haben. Der Sympathikus ist der „Leistungsnerv". Durch ihn wird die Leistungsfähigkeit des Körpers erhöht. Atmung, Blutkreislauf und Sinnesorgane werden angeregt, Energiereserven werden mobilisiert. Die Tätigkeit der Verdauungsorgane wird gehemmt.
Zu denselben Organen führen auch Nervenstränge des Parasympathikus. Sie gehen vom Gehirn und vom unteren Rückenmark aus. Der Parasympathikus wird auch als „Erholungsnerv" bezeichnet. Er ist dafür zuständig, dass sich nach einer vollbrachten Leistung der Herzschlag und die Atmung wieder verlangsamen und durch die Aktivierung der Verdauungsorgane neue Energiereserven aufgebaut werden. Während des Schlafes ist dieser Nerv besonders aktiv. Beide Teile des vegetativen Nervensystems arbeiten als Gegenspieler zusammen. Sie passen die Tätigkeit der inneren Organe ständig den körperlichen Erfordernissen an.

> Das vegetative Nervensystem besteht aus Sympathikus und Parasympathikus. Es steuert die Tätigkeit der inneren Organe.

1 Beschreibe die Tätigkeit des vegetativen Nervensystems anhand der Abb. 1.

Sinnesleistungen und Steuerungssysteme des Menschen

SCHÄDIGUNGEN DES NERVENSYSTEMS

Pinnwand

Gehirnerschütterung

Durch Gewalteinwirkung auf den Schädel wie etwa durch einen Schlag oder Sturz kann das Gehirn in Mitleidenschaft gezogen werden. Bewusstlosigkeit, Übelkeit mit Erbrechen, starke Kopfschmerzen und Erinnerungslücken können die Folge sein. Bei Einhalten strenger Bettruhe heilt eine Gehirnerschütterung vollständig wieder aus.

Querschnittslähmung

Durch schwere Unfälle oder Erkrankungen kann das Rückenmark vollständig durchgetrennt werden. Alle Körperteile unterhalb der verletzten Stelle sind dann gelähmt und es kann zu Störungen im Bereich von Blase, Darm und den Geschlechtsorganen kommen. Die geistigen Fähigkeiten bleiben erhalten. Eine Unterbrechung im Bereich der Halswirbel ist meist sofort tödlich. Eine Querschnittslähmung ist nicht heilbar.

Kinderlähmung (Polio)

Diese Infektionskrankheit wird durch Viren übertragen. Sie schädigen das Rückenmark. Folgen sind Fieber, Übelkeit, Kopf- und Gliederschmerzen und Lähmungserscheinungen. Es gibt kein Medikament gegen Polioviren. Doch dank der vorbeugenden Schluckimpfung, die bei Säuglingen durchgeführt wird, kommt die Kinderlähmung heute in Europa kaum noch vor.

Seelische Belastungen

Neben körperlichen können sich auch seelische Belastungen auf unser Gehirn und das gesamte Nervensystem auswirken. Kopfschmerzen, Herzklopfen oder Verdauungsbeschwerden können die Folge sein.

(Belastungen: Schlafmangel, Ärger, Reizüberflutung, Konflikte, Genussgifte, Ängste, Streit, Probleme, Lärm, Leistungsdruck)

Schlaganfall

Durch geplatzte Blutgefäße oder verstopfte Arterien kann die Durchblutung des Gehirns gestört werden. Dadurch fallen Teile des Gehirns durch Sauerstoffmangel aus, was zu Lähmungserscheinungen führen kann. Wenn der Schlaganfall in der linken Seite des Gehirns auftritt, ist die rechte Körperhälfte von der Lähmung betroffen und umgekehrt. Durch eine geeignete Therapie können die Folgen eines Schlaganfalls fast zum Verschwinden gebracht werden.

1 Schädigungen des Nervensystems können verschiedene Ursachen haben. Nenne einige.

2 Beschreibe, wie du dich vor Schädigungen des Nervensystems schützen kannst.

3 Hormonsystem

3.1 Wie Hormone wirken

Der menschliche Körper ist ein kompliziertes System voneinander abhängiger Organe und Gewebe, die zusammenarbeiten müssen, um richtig funktionieren zu können. Neben dem Nervensystem gibt es in unserem Körper noch ein weiteres System, das für die Steuerung der Körperfunktionen zuständig ist: das *Hormonsystem*. **Hormone** sind Botenstoffe, die in kleinsten Mengen wirken. Ein Teil von ihnen wird in Körpergeweben wie etwa der Magenschleimhaut gebildet. Ein anderer Teil entsteht in bestimmten Bereichen des Nervensystems, z. B. im Zwischenhirn. Die übrigen Hormone werden in den **Hormondrüsen,** wie z. B. der Schilddrüse, produziert. Hormondrüsen geben die von ihnen gebildeten Hormone direkt ins Blut ab. Sie werden mit dem Blutstrom im ganzen Körper verteilt. Jedes Hormon wirkt allerdings nur auf ganz bestimmte Zielzellen ein, die dafür eine Empfangseinrichtung, einen *Rezeptor,* haben. Dockt ein Hormon an einem Rezeptor an, so wird dort eine Reaktion ausgelöst. Hormone steuern Stoffwechselvorgänge, sie beeinflussen das Wachstum und die Entwicklung der Geschlechtsorgane und der sekundären Geschlechtsmerkmale und wirken auf das Gefühlsleben ein. Starke Gefühlsschwankungen in der Pubertät oder während der Wechseljahre z. B. sind auf Hormone zurückzuführen. Eine besondere Rolle unter den Hormondrüsen spielt die etwa erbsengroße **Hirnanhangsdrüse** oder *Hypo-*

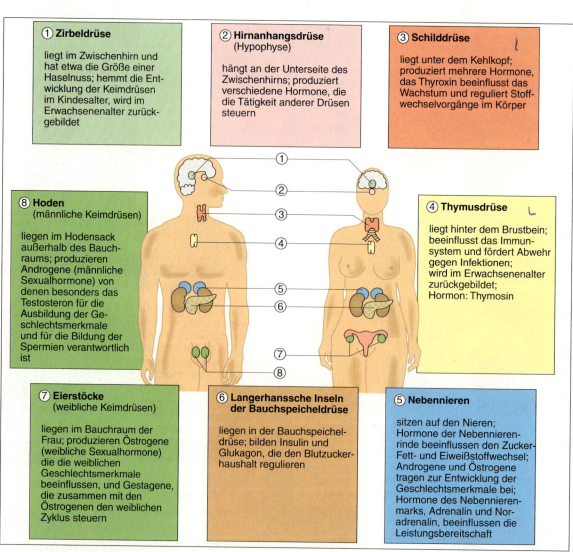

1 Hormondrüsen im Körper

physe im Zwischenhirn. Sie produziert Hormone, z. B. Wachstumshormone, die im Körper direkt wirksam werden. Daneben hat sie eine wichtige Steuerungsfunktion. Sie steht in enger Beziehung zum Zwischenhirn, dem Zentrum für Gefühle, Hunger oder Durst. Auch die Körpertemperatur wird dort überwacht. Kommen nun vom Nervensystem entsprechende Informationen, produzieren besondere Zellen im Zwischenhirn so genannte *Nervenhormone*. Diese gelangen zur Hypophyse und bewirken, dass dort *Steuerungshormone* hergestellt werden. Solche Steuerungshormone aktivieren dann die entsprechenden Hormondrüsen im Körper. Dazu gehören die männlichen und die weiblichen *Keimdrüsen*, die *Nebennierenrinde*, die *Langerhansschen Inseln* in der Bauchspeicheldrüse und die *Schilddrüse*.

Am Beispiel der **Schilddrüse** lässt sich zeigen, wie Hormone im Körper wirken. Die Schilddrüse produziert das Hormon *Thyroxin*, das im menschlichen Körper immer in einer bestimmten Menge vorhanden sein muss. Man spricht dann vom „normalen" Thyroxinspiegel im Blut. Mithilfe des Thyroxins wird der Energieumsatz des Körpers geregelt. Wenn wir frieren, gibt unser Körper mehr Wärme an die Umgebung ab, als er in der gleichen Zeit bilden kann. Dies hat Auswirkungen auf den Energieumsatz. Soll nun die Körpertemperatur weiterhin konstant gehalten werden, muss jetzt im Körper Energie freigesetzt und damit der Energieumsatz gesteigert werden. Diese Information wird durch das Thyroxin übermittelt. Wenn die Körpertemperatur sinkt, bilden bestimmte Zellen des Zwischenhirns Nervenhormone, die die Hypophyse erreichen. Die Hypophyse produziert daraufhin das Steuerungshormon *TSH*, das die Schilddrüse anregt, mehr Thyroxin zu produzieren. Durch die höhere Menge Thyroxin im Blut wird der Stoffwechsel in den Zellen gesteigert. Der Sauerstoff- und Nährstoffverbrauch wird erhöht. Die Körpertemperatur steigt dadurch wieder. Der erhöhte Thyroxinspiegel wirkt nun seinerseits wieder regelnd auf die Hypophyse ein. Wenn der vom Zwischenhirn und der Hypophyse gespeicherte Soll-Wert für Thyroxin überschritten ist, stoppt die Hypophyse die Produktion von TSH. Damit nimmt die Thyroxinabgabe der Schilddrüse wieder ab. Der Thyroxinspiegel sinkt dann langsam wieder, weil das Hormon im Körper abgebaut wird.

Bei Jodmangel ist die Thyroxinproduktion gestört, weil Thyroxin Jod als Bestandteil enthält. Als Folge beginnt die Schilddrüse zu wuchern. Es entsteht ein Kropf, was im Lauf der Zeit zu ernsthaften Atem- und Schluckbeschwerden führen kann. Als Vorbeugung ist es deshalb wichtig, jodhaltige Nahrung zu sich zu nehmen.

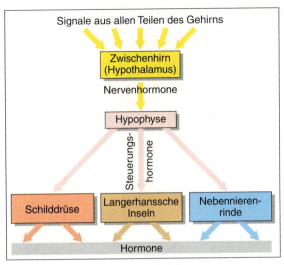

2 Die Aufgabe der Hypophyse bei der Hormonproduktion

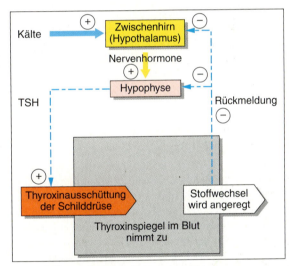

3 Schilddrüsenfunktion (Schema)

Hormone sind Botenstoffe zur Vermittlung von Informationen im Körper. Sie werden überwiegend in Hormondrüsen gebildet. Die Hypophyse ist die übergeordnete Hormondrüse mit Steuerungsfunktion. Die Konzentration einzelner Hormone wird über Rückmeldungssysteme konstant gehalten.

1 Nenne Hormondrüsen, die von ihnen gebildeten Hormone und ihre Wirkungen. Fertige eine Tabelle an.
2 Erkläre, wie der Thyroxinspiegel im Blut konstant gehalten wird. Nimm Abb. 3 zu Hilfe.
3 Beschreibe die Funktion der Hypophyse.

3.2 Nervensystem und Hormonsystem arbeiten zusammen

Die Situation hat fast jeder schon einmal erlebt: Man überquert eine Straße und plötzlich erscheint ein Auto, das man zuvor nicht wahrgenommen hat. Man erschrickt und reagiert ohne zu überlegen sofort mit einem schnellen Sprung auf den Gehweg. Dort bleibt man erst einmal stehen. Das Herz schlägt sehr schnell und die Knie zittern. Was passiert im Körper in einer solchen Situation?

Das schnell fahrende Auto stellt einen Reiz dar, der mit den Augen wahrgenommen wird. Dadurch wird der *Sehnerv* erregt und leitet elektrische Impulse ins Großhirn. Hier wird das Bild im Seh-Erinnerungszentrum mit den im Gedächtnis gespeicherten Begegnungen mit Autos verglichen und als „Gefahr" an das Zwischenhirn weitergeleitet. Dieses aktiviert über den *Sympathikus* des vegetativen Nervensystems das *Nebennierenmark*. Dort wird das *Hormon* Adrenalin gebildet und auf Befehl des Sympathikus in die Blutbahn abgegeben. Mit dem Blut kreist es durch den Körper und wirkt unter anderem aktivierend auf die Leber, die Bronchien und das Herz. Der Stoffwechsel beschleunigt sich, die Skelettmuskeln werden gut durchblutet und reagieren rasch und kräftig auf die Impulse der motorischen Nerven. In dem oben beschriebenen Beispiel ist dies der rettende Sprung auf den Gehweg. Erst wenn das Adrenalin nach Minuten wieder abgebaut ist, normalisieren sich Kreislauf und Stoffwechsel wieder.

> In akuten Gefahrensituationen reagiert der Körper durch die Aktivierung des Sympathikus-Nebennierenmark-Systems. Dabei arbeiten Nerven- und Hormonsystem zusammen.

1 Beschreibe die Zusammenarbeit von Nerven- und Hormonsystem anhand Abb. 1.
2 Adrenalin wird auch als „Stresshormon" bezeichnet.

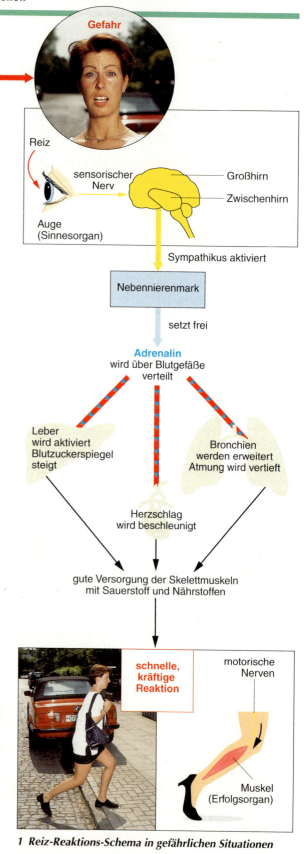

1 Reiz-Reaktions-Schema in gefährlichen Situationen

Sinnesleistungen und Steuerungssysteme des Menschen

HORMONE

Pinnwand

Doping

Die Muskelentwicklung bei Männern wird hauptsächlich auf die Wirkung der männlichen Sexualhormone zurückgeführt. Im Sport und beim Bodybuilding kann diese Wirkung gezielt genutzt werden. Deshalb wurden Medikamente entwickelt, die in Aufbau und Wirkung dem Sexualhormonen sehr ähnlich sind. Man nennt sie **Anabolika**. Diese haben jedoch schwere Nebenwirkungen. Sie fördern Leber- und Herzerkrankungen und führen bei Frauen zur Vermännlichung des Erscheinungsbildes. Daneben wird die Menstruation gestört. Bei Männern verschlechtert sich die Funktionsfähigkeit der Spermien und die Potenz. Obwohl es verboten ist, werden sie von vielen Leistungssportlern zum Muskelaufbau und zur Leistungssteigerung eingenommen. Man nennt dieses Vorgehen Doping.

Cortison hilft gegen:
- Abstoßreaktionen bei Transplantationen
- Nebenwirkungen einer Chemotherapie
- Rückenmarksverletzungen
- Rheuma
- Asthma
- Hautkrankheiten
- Multiple Sklerose (MS)

Cortison

Cortison ist ein körpereigenes Hormon, das den Stoffwechsel beeinflusst. Außerdem unterdrückt es allergische und entzündliche Reaktionen und hemmt die Immunreaktion. Es wird deshalb häufig als Medikament eingesetzt.
Der Einsatz hat allerdings auch unerwünschte Folgen: Neben einem aufgedunsenen Gesicht können Muskelschwäche und Bluthochdruck auftreten. Weitere Folgen können sein: Diabetes, Akne, zunehmende Behaarung, Knochenzerstörung, Linsentrübung und gestörtes Wachstum bei Kindern. Bei einer Behandlung mit Cortison müssen deshalb die positiven und die negativen Auswirkungen sorgfältig gegeneinander abgewogen werden.

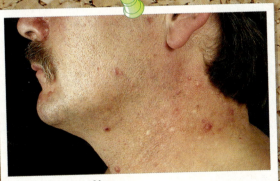

Hormone gegen Akne

Während der Pubertät leiden manche Jugendliche unter Akne. Ursache dafür ist die Produktion des männlichen Hormons Testosteron, das die Tätigkeit der Talgdrüsen anregt. Mädchen, die unter schwerer Akne leiden, können Hormonpräparate helfen. Die darin enthaltenen weiblichen Geschlechtshormone beeinflussen die Wirkung des Testosterons. Das Hautbild verbessert sich dadurch deutlich.

Hormone in der Nutztierhaltung

Werden Kälbern künstliche Östrogene zugeführt, wachsen sie schneller und das Fleisch bleibt dabei mager. Es enthält allerdings mehr Wasser. Die Mast mit Hormonen ist in allen EG-Staaten seit 1989 verboten, weil die Hormone mit dem Fleisch in den menschlichen Körper gelangen und dort das Zusammenspiel der körpereigenen Hormone stören können. Am stärksten gefährdet sind dabei Kinder vor der Pubertät. Durch Kochen oder Backen werden die hitzestabilen Hormone nicht zerstört.

> **1** Werden dem menschlichen Körper von außen Hormone zugeführt, kann dies positive und negative Folgen haben. Erläutere diese Aussage mithilfe der dargestellten Beispiele.

Sinnesleistungen und Steuerungssysteme des Menschen

Prüfe dein Wissen

A1 Benenne die Teile des Auges.

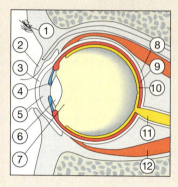

A2 Welche Aussagen sind richtig?
a) Die Netzhaut versorgt das Auge mit Nährstoffen und Sauerstoff.
b) Unter Adaptation versteht man die Entfernungseinstellung des Auges.
c) Die Adaptation geschieht mittels der Iris.
d) Der Ziliarmuskel bewegt das Auge in alle Richtungen.
e) Die Akkommodationsfähigkeit des Auges nimmt mit dem Alter ab.
f) Die Wimpern gehören zu den Schutzeinrichtungen des Auges.

A3 Beschreibe den in den Zeichnungen dargestellten Vorgang.

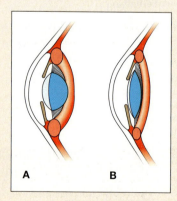

A   B

A4 Welche Aussagen sind richtig?
a) Stäbchen sind Lichtsinneszellen für die Farbwahrnehmung.
b) Stäbchen nehmen Grautöne, Zapfen nehmen Farben wahr.
c) Im gelben Fleck befinden sich überwiegend Stäbchen, weshalb man an dieser Stelle am schärfsten sieht.
d) Stäbchen sind lichtempfindlicher als Zapfen und ermöglichen deshalb das Sehen in der Dämmerung.

A5 Du kennst folgende Sehfehler: Kurzsichtigkeit, Alterssichtigkeit, Weitsichtigkeit. Ordne den Sehhilfen Sammellinse und Zerstreuungslinse diejenigen Sehfehler zu, die durch sie korrigiert werden.

A6 Die Abbildung zeigt die Schemazeichnung eines Ohres.
a) Benenne die bezeichneten Teile
b) Welche Aufgaben haben sie?

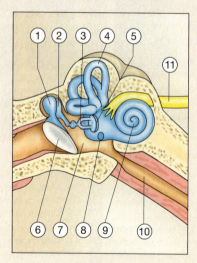

A7 Weshalb können Menschen, die mit einem Ohr schlecht hören, in einem Gruppengespräch einzelne Beiträge nur schwer zuordnen?

A8 Bau der Haut
a) Benenne die bezeichneten Teile der Haut.
b) Welche Aufgaben haben sie?

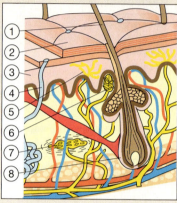

c) Ordne jeder Hautschicht (Oberhaut, Lederhaut, Unterhaut), die richtigen Begriffe zu: Hornschicht, Schweißdrüse, Tastkörperchen, Fettgewebe, Kältekörperchen, Keimschicht, Schweißpore, Wärmekörperchen, Arterie, freie Nervenendigung, Kapillarschlinge, Vene, Pigmentschicht, Lamellenkörperchen.

A9 Ordnet man den Bereichen der Haut die Größe der von ihnen erregter Gehirnteile zu, so entsteht das folgende Bild. Erkläre, warum es so verzerrt erscheint.

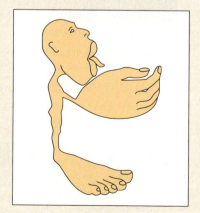

A 10 Geruchssinn
a) Benenne die bezeichneten Teile.
b) Welche Aufgabe hat die Schleimschicht?

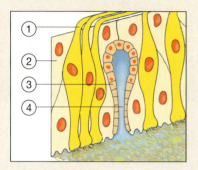

A 11 Geschmackssinn
a) Nenne die Geschmacksempfindungen, die du mit der Zunge wahrnehmen kannst.
b) Wie entsteht die endgültige Geschmacksempfindung?

A 12 Welche Aussagen sind zutreffend?
a) Das Nervensystem besteht aus Gehirn und Rückenmark.
b) Das Zentralnervensystem steuert alle Nerventätigkeiten.
c) Alle Nervenbahnen, die zum Zentralnervensystem hinführen oder von dort ausgehen, bezeichnet man als peripheres Nervensystem.

A 13 Wie heißen die Teile der Nervenzelle?

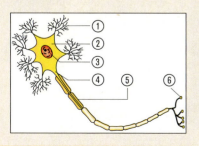

A 14 Die folgende Zeichnung zeigt einen Bewegungsablauf.

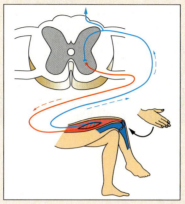

a) Welcher Bewegungsablauf ist in der Zeichnung dargestellt?
b) Beschreibe den dargestellten Bewegungsablauf mithilfe folgender Begriffe: Reflexbogen, Reiz, Bewegungsnerv, Reaktion, Rückenmark, Empfindungsnerv.

A 15 Ordne den Gehirnabschnitten Großhirn, Kleinhirn, Stammhirn die entsprechenden Aufgaben zu.
a) Hier werden Herzschlag, Blutdruck und Atmung überwacht.
b) Es ist das Zentrum der Wahrnehmung.
c) Es stimmt alle Bewegungen des Körpers aufeinander ab.
d) Hier entstehen Gefühle.
e) Es steuert das Gleichgewicht.
f) Hier ist das Wissen eines Menschen gespeichert.

A 16 Beschreibe die Entstehung eines willkürlichen Handlungsablaufes. Benutze dabei folgende Begriffe:
Muskel, sensorischer Nerv, Handlungsablauf (Tasse zum Mund führen), Gegenstand (Tasse), motorischer Nerv, Auge, Gehirn.

A 17 Entscheide, welche Aussagen richtig sind.
a) Das vegetative Nervensystem besteht aus Sympathikus und Parasympathikus.
b) Der Sympathikus wird auch als „Erholungsnerv" bezeichnet.
c) Der Parasympathikus sorgt für Entspannung und Ersatz des verbrauchten Energievorrats.
d) Über das sympathische System wird die Leistungsfähigkeit des Körpers erhöht.

A 18 Die Abbildung zeigt die Hormondrüsen eines Mannes.

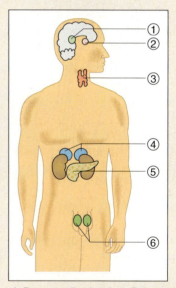

a) Benenne die einzelnen Drüsen.
b) Welche dieser Hormondrüsen gibt es bei Frauen nicht?
c) Wie heißen die entsprechenden Drüsen bei Frauen?
d) Ordne die aufgeführten Hormone den Drüsen zu, von denen sie produziert werden: Thyroxin, Wachstumshormone, Cortison, Steuerungshormone, Androgene, Noradrenalin, Insulin, Östrogene, Glukagon, Adrenalin.

Sexualität des Menschen

1 Partnerschaft und Verantwortung

Julia und Tim kennen sich nun schon seit einigen Jahren. Angefangen hatte alles während der Berufsausbildung im gleichen Betrieb. Zuerst waren sie häufig mit ihrer Clique unterwegs. Doch dann wurde bei beiden der Wunsch immer stärker, mehr Zeit zu zweit zu verbringen. Es hatte „gefunkt". Julia und Tim verliebten sich. Das erste Jahr verflog wie im Rausch. Beide waren meist „gut drauf", das Leben machte einfach Spaß. Im Lauf der Zeit wurde ihnen bewusst, wie viel sie einander bedeuteten. Sie vertrauten sich gegenseitig auch in schwierigen Situationen und konnten sich das Leben ohne den anderen nicht mehr vorstellen. Sie beschlossen zusammenzuziehen und heirateten mit dem Einverständnis ihrer Familien nach Beendigung ihrer Berufsausbildung. Jetzt überlegen Tim und Julia, wie ihre weitere Lebensplanung aussehen soll.

Am Beispiel von Julia und Tim kann man erkennen wie sich aus anfänglicher Verliebtheit Liebe entwickelte. Zuerst wollten beide möglichst oft alleine miteinander sein. Bei gemeinsamen Unternehmungen und beim Austausch von Zärtlichkeiten hatten sie das Gefühl, über den Wolken zu

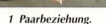

1 Paarbeziehung.
A Zärtlichkeit;
B gemeinsame Unternehmungen;
C Freunde und Freundinnen;
D Familie;
E Auseinandersetzung;
F Sehnsucht und Versöhnung;
G Trennung

Sexualität des Menschen

schweben. Nach und nach wurde dieses rauschhafte Gefühl aber seltener. Dafür entwickelte sich ein intensives Gefühl der **Liebe** und Zusammengehörigkeit, das auf gegenseitiger Achtung und Vertrauen beruhte.

Vertrauen und gegenseitige **Achtung** sind Grundlagen für eine gute Beziehung. Wenn zwei Menschen mit eigenen Vorstellungen und ganz bestimmten Verhaltensweisen dauerhaft zusammenleben wollen, kommt es hin und wieder zu Konflikten und manchmal auch zu einem ernsthaften Streit. Man erkennt dann, dass der Partner nicht dem Idealbild entspricht, das man sich von ihm gemacht hat. Doch gerade dann ist es wichtig, sich gegenseitig als Menschen mit Fehlern und Schwächen zu akzeptieren. Wenn Konflikte entstehen, hilft es, miteinander zu reden, um sich über die eigenen Vorstellungen und die des Partners klar zu werden. Meist lassen sich dann Kompromisse finden, die von beiden getragen werden können. Beim Streiten sollten beide Partner darauf achten, die Gefühle des anderen nicht mutwillig zu verletzen, weder durch Worte noch durch körperliche Übergriffe. Auf dieser Basis wird nicht jeder ernsthafte Streit gleich der Anlass für eine Trennung sein. Sollte es trotzdem zu einer Trennung oder Scheidung kommen, müssen auch dann alle Beteiligten darauf achten, sich gegenseitig nicht zu verletzen.

Für eine gute Beziehung ist es natürlich besonders wichtig, wie die beiden Partner miteinander umgehen. Aber auch außenstehende Menschen wie Familienmitglieder, Freunde oder Arbeitskollegen beeinflussen eine Partnerschaft. Es ist sehr schön, wenn der jeweils andere Partner dort freundlich aufgenommen wird.
Dies ist gerade in Familien nicht immer einfach, besonders wenn die Familien verschiedenen Kulturkreisen angehören. Das ist zum Beispiel der Fall, wenn eine junge Muslimin einen deutschen Mann heiraten möchte.

Die freundliche Aufnahme ist auch dann besonders schwierig, wenn gleichgeschlechtliche Partner zusammenleben. Immer häufiger erkennen Männer, dass sie lieber mit einem Mann, und Frauen, dass sie lieber mit einer Frau leben wollen. Man spricht dann von *homosexuellen Beziehungen*.
Gerade in solchen Fällen ist es bedeutsam, dass sich die Familien und die Freunde offen und tolerant zeigen.

Wenn sich ein Paar entschließt, gemeinsam zu leben, müssen viele Gesichtspunkte bedacht werden. Es sollte zum Beispiel geklärt werden, ob das Paar Kinder haben möchte und wie sie anschließend betreut werden sollen. Dann sollten die beruflichen Pläne der Partner aufeinander abgestimmt werden. Auch in diesem Bereich kann es zu schwierigen Situationen, beispielsweise durch Arbeitslosigkeit, kommen. Alle diese Entscheidungen müssen verantwortlich und gleichberechtigt getroffen werden, wenn eine Beziehung Bestand haben soll.

> Vertrauen und gegenseitige Achtung sind die Grundlagen einer stabilen Beziehung. Alle Entscheidungen müssen verantwortlich und gleichberechtigt getroffen werden.

1 Betrachte die Bilder 1A–G. Beschreibe die einzelnen Situationen. Wie könnten sich die betroffenen Personen fühlen?

2 Nenne Beispiele für Entscheidungen, die ein Paar gemeinsam treffen muss.

3 Was hältst du von den Aussagen:
– Wenn sich zwei lieben, verstehen sie sich wortlos!
– Beziehungen brauchen Zeit um zu wachsen.
– Wenn zwei miteinander schlafen, ist das der Beweis dafür, dass sie sich lieben.

Sexualität des Menschen

Pinnwand

FORMEN MENSCHLICHEN SEXUALVERHALTENS

Petting

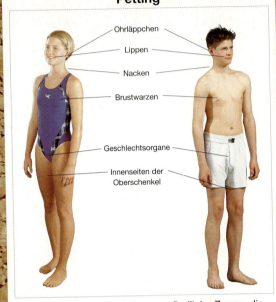

- Ohrläppchen
- Lippen
- Nacken
- Brustwarzen
- Geschlechtsorgane
- Innenseiten der Oberschenkel

Am Körper gibt es besonders empfindliche Zonen, die stark auf Berührungen reagieren und zur sexuellen Erregung beitragen.
Solche Zonen werden auch als erogene Zonen bezeichnet. „Petting" bedeutet das Berühren der erogenen Zonen ohne Geschlechtsverkehr.

Erste Erfahrungen

Viele Jungen entdecken schon lange bevor sie sich für Mädchen interessieren, dass sie durch Reiben ihres Penis' zum Orgasmus kommen können. Man spricht dann von Selbstbefriedigung oder Masturbation. Auch Mädchen können sich selbst befriedigen, indem sie ihre Geschlechtsorgane und dabei besonders den Kitzler reiben und streicheln. Selbstbefriedigung ist nicht schädlich. Man kann dabei seinen Körper kennenlernen.

Andere Erscheinungsformen der Sexualität

Masochisten gelangen zur sexuellen Befriedigung, indem sie sich körperliche oder seelische Schmerzen zufügen lassen.
Sadisten befriedigen sich dadurch, dass sie andere Menschen körperlich oder seelisch quälen.
Exhibitionisten entblößen ihre Geschlechtsteile vor anderen Menschen.
Prostituierte sind Männer oder Frauen, die Sex gegen Bezahlung anbieten.

Wenn zwei Menschen zärtlich zueinander sind...

...steigert sich ihre Erregung. Dies führt dazu, dass sich die Atemfrequenz und der Herzschlag beschleunigen. Der Körper wird dadurch stärker durchblutet. Bei Männern richtet sich bei sexueller Erregung der Penis auf, bei Frauen schwellen die Schamlippen an und die Scheide wird feucht. Der Ausstoß der Spermienflüssigkeit wird von Männern als Höhepunkt oder Orgasmus erlebt. Bei Frauen ziehen sich im Augenblick des Höhepunkts die Muskeln der Scheide wellenförmig zusammen. Männer können allein durch die Bewegungen beim Geschlechtsverkehr, dem Koitus, einen Orgasmus haben. Frauen erleben einen Höhepunkt häufig nur durch die direkte oder indirekte Berührung des Kitzlers.

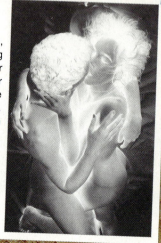

Sexualität des Menschen

UNANGENEHME SITUATIONEN

Pinnwand

Jan hat noch keine Freundin gehabt. Seine Klassenkameraden hänseln ihn in der letzten Zeit immer häufiger damit, er wäre wohl schwul. In der großen Pause sagt Mirko zu ihm: „Heute nach dem Unterricht zeigen wir dir, wie man mit Mädchen umgeht."

Marks Clique trifft sich im Billardcafé. Mädchen sind heute nicht dabei. Die Jungen reden über ihre Freundinnen. Da sagt einer der Clique: „Ich mach' mit den Mädchen was ich will. Die tun immer nur so blöd. Wenn die ‚Nein' sagen, meinen sie doch sowieso ‚Ja'. Da muss man sich einfach durchsetzen."

Offener Brief an die Klasse 8a!

Eigentlich bin ich ganz gerne in dieser Klasse. Neulich allerdings war ich ziemlich enttäuscht von euch. Ihr erinnert euch: Christian versuchte in der großen Pause, mich zu küssen. Er hat mich sehr grob festgehalten und gegen die Schulwand gedrückt. Viele von euch haben zugeschaut. Ihr habt gesehen, wie ich mich gewehrt habe. Und was habt ihr gemacht? Ihr habt gelacht oder Christian sogar noch angefeuert. Vielleicht war das alles für euch besonders witzig, für mich war es schlimm! Warum hat mir niemand von euch geholfen? Ich habe zur Zeit gar keine Lust mehr in die Schule zu gehen.

Kathrin

1 Wähle eine der Situationen, die auf den Pinnzetteln dargestellt sind. Wie würdest du dich verhalten?

2 Berichte über eine dir unangenehme Situation und wie du dich verhalten hast.

Simone sitzt mit ihrem Freund auf einer versteckten Parkbank. Er beginnt, sie an der Brust zu streicheln. Sie möchte das nicht, hat aber Angst, ihm das zu sagen. Sie könnte ihn ja verlieren...

Monika und Aishe steigen um 21.30 Uhr in die Straßenbahn, um nach Hause zu fahren. Im gleichen Wagen sitzen vier junge Männer, die sofort anfangen, blöde Bemerkungen zu machen. Die beiden haben den Verdacht, dass die vier schon ganz schön betrunken sind.

Im Treppenhaus begegnet Anna ihrem Nachbarn. Als er sie sieht, pfeift er und sagt: „Na, Schätzchen, wo willst du denn so alleine hin?"

Sexualität des Menschen

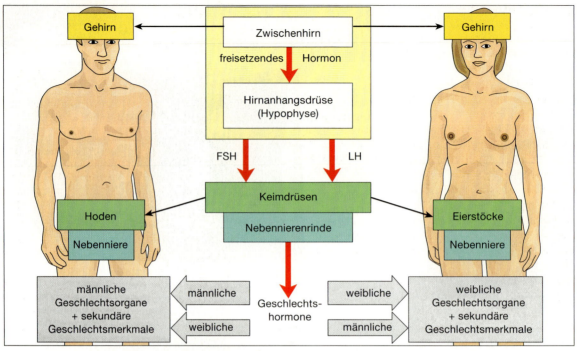

1 Hormonelle Steuerung der Veränderungen in der Pubertät

2 Hormone steuern die Entwicklung

Während der Pubertät verändern sich der Körper und das Verhalten von Mädchen und Jungen unter dem Einfluss von **Hormonen.** Hormone sind Stoffe, die in kleinsten Mengen wirken und über das Blut verteilt werden.
Wenn ihr Körper im Alter zwischen 10 und 14 Jahren eine bestimmte Reife erreicht hat, produziert das **Zwischenhirn** das *Freisetzende Hormon (FH)*. Dieses Hormon regt die *Hirnanhangsdrüse* oder **Hypophyse** dazu an, nun ihrerseits zwei Hormone zu bilden: das *Luteinisierende Hormon (LH)* und das *Follikelstimulierende Hormon (FSH)*. Beide wirken sowohl auf die *Hoden* als auch auf die *Eierstöcke* ein. Eierstöcke und Hoden, die auch als **Keimdrüsen** bezeichnet werden, beginnen daraufhin, Geschlechtshormone zu produzieren. Die Hoden bilden die männlichen Geschlechtshormone, die *Androgene*. Das bekannteste unter ihnen ist das *Testosteron*. Die Eierstöcke bilden die weiblichen Geschlechtshormone, die *Östrogene* und die *Gestagene*. Dazu gehört beispielsweise das *Progesteron* oder *Gelbkörperhormon*. Die Geschlechtshormone sind dafür verantwortlich, dass die Geschlechtsorgane ihre Funktion aufnehmen und dass sich die sekundären Geschlechtsmerkmale entwickeln.

Geschlechtshormone werden aber nicht nur in den Keimdrüsen produziert, sondern auch in der **Nebennierenrinde** beider Geschlechter. So kommt es, dass im Körper von Männern auch geringe Mengen weiblicher Geschlechtshormone und im Körper von Frauen männliche Geschlechtshormone aktiv sind. Erst das Mischungsverhältnis der verschiedenen Hormone führt zur Ausformung der jeweils geschlechtstypischen weiblichen und männlichen Merkmale.

> Während der Pubertät verändert sich der Körper von Jungen und Mädchen unter dem Einfluss von Hormonen.

1 Erstelle eine Tabelle aller Hormone, die zur Ausprägung der männlichen und der weiblichen Geschlechtsmerkmale führen. Nenne den jeweiligen Entstehungsort der Hormone und gib an, welche Aufgaben sie haben. Nimm die Abb. 1 zu Hilfe.
2 Erläutere die Bedeutung der unterschiedlich dicken grauen Pfeile in Abbildung 1.

Sexualität des Menschen

2.2 Die Entwicklung zur Frau

Während der Pubertät entwickeln sich Mädchen zu Frauen. Unter dem Einfluss der Östrogene reifen die **Geschlechtsorgane** und nehmen ihre Funktion auf. Die Brüste entwickeln sich und die Schamhaare wachsen. Die Ausprägung der weiteren **sekundären Geschlechtsmerkmale** ist abhängig von der Menge der Androgene, die im weiblichen Körper vorhanden sind. Je weniger Androgene produziert werden, desto deutlicher prägen sich Merkmale wie das breitere Becken, Fetteinlagerungen in der Haut und die höhere weibliche Stimme aus. Wenn in den Eierstöcken die erste Eizelle heranreift, kommt es zur ersten Regelblutung oder **Menstruation**. Der Ablauf der Regelblutung wird von Östrogenen und Gestagenen gemeinsam gesteuert.

Neben dem Körper verändert sich auch das Verhalten. Manche Mädchen wollen einem bestimmten Frauenbild aus den Medien entsprechen. Immer häufiger testen sie jetzt ihre Wirkung auf Jungen oder Männer.

Im Alter zwischen 45 und 55 Jahren geht die Produktion der weiblichen Geschlechtshomone stark zurück. Es reifen dann keine Eizellen mehr heran und Menstruation findet nicht mehr statt. Die Jahre der Umstellung werden *Wechseljahre* genannt.

> Während der Pubertät prägen sich die sekundären Geschlechtsmerkmale aus und die Geschlechtsorgane nehmen ihre Funktion auf.

1 Beschreibe die Veränderungen bei Mädchen während der Pubertät.
2 Sammle Abbildungen von Frauen in Werbeanzeigen. Erstelle eine Collage. Wie werden die Frauen dargestellt?

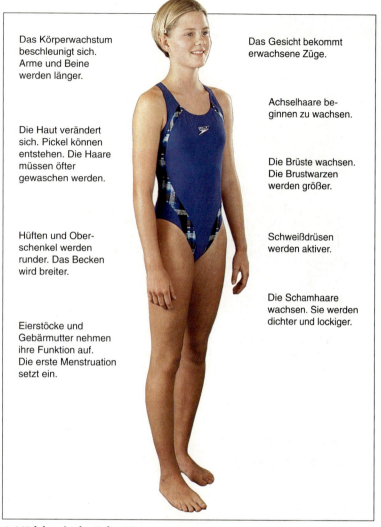

1 Mädchen in der Pubertät

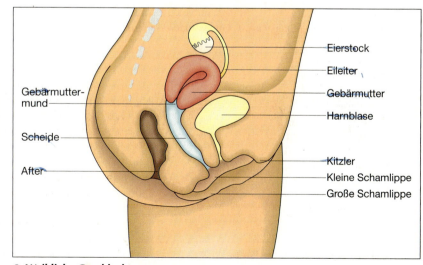

2 Weibliche Geschlechtsorgane

Sexualität des Menschen

2.3 Der Menstruationszyklus

Martina hat „ihre Tage". Sie leidet mit dem Einsetzen ihrer *Regelblutung* immer unter starken Bauchschmerzen und zieht sich dann am liebsten mit einer Wärmflasche in ihr Bett zurück. Für Anna kommt das nicht infrage. Auch während der Menstruation versäumt sie nie die Jazztanzgruppe. Tanzen macht ihr einfach zu viel Spaß. Martina und Anna verhalten sich während ihrer etwa alle vier Wochen auftretenden Regelblutung ganz verschieden. Beide wissen jedoch genau, was ihnen gut tut und verhalten sich entsprechend.

Die Regelblutung oder **Menstruation** ist ein Anzeichen dafür, dass ein Mädchen ab jetzt ein Kind bekommen kann. Wenn ein Mädchen geboren wird, befinden sich bereits 300 000 bis 400 000 Eianlagen in den Eierstöcken. Ab der Pubertät bis zum Alter von ungefähr 50 Jahren reift dort etwa alle vier Wochen in einem Eibläschen eine Eizelle heran. Wird sie nicht befruchtet, löst sie sich auf und es kommt zur Regelblutung. Dieser Vorgang wiederholt sich regelmäßig 400- bis 500-mal im Leben einer Frau.

1 Menstruation. A Martina mit Bauchschmerzen; B Anna beim Tanzen

Der erste Tag der Regelblutung ist auch der erste Tag des *weiblichen Zyklus*. Er dauert etwa 28 Tage. Auslöser des Zyklus sind die Hormone der Hirnanhangsdrüse. Über das Blut gelangt das **Follikelstimulierende Hormon** (FSH) in den Eierstock und regt dort die Eireifung an. Während die Eizelle heranreift, wird im Eibläschen (Follikel) **Östrogen** gebildet. Das Östrogen bewirkt, dass die Gebärmutterschleimhaut in der Gebärmutter aufgebaut wird. Außerdem regt es die Hirnanhangsdrüse an, das **Luteinisierende Hormon** (LH) freizusetzen. Dieses Hormon ist dafür verantwortlich, dass etwa am 14. Tag der *Eisprung* stattfindet. Das Eibläschen reißt auf. Die nun reife Eizelle verlässt den Eierstock und wird von der Trichteröffnung des Eileiters aufgenommen. Während die Eizelle durch Flimmerhärchen im Eileiter in die Gebärmutter transportiert wird, wandelt sich die im Eierstock zurückgebliebene Eihülle in den Gelbkörper um. Der Name kommt von der gelben Farbe der Eihülle. Der Gelbkörper bildet jetzt ein weiteres Hormon: das **Progesteron** oder *Gelbkörperhormon*. Dieses Hormon bewirkt, dass die Gebärmutterschleimhaut stark durchblutet wird und eine befruchtete Eizelle aufnehmen könnte. Wird die Eizelle nicht befruchtet, bildet sich der Gelbkörper zurück und es wird kein Progesteron mehr produziert. Als Folge davon löst sich die Gebärmutterschleimhaut in der letzten Woche des Zyklus von der Gebärmutterwand ab. Die Regelblutung setzt ein und ein neuer Zyklus beginnt. Während einer Schwangerschaft bleibt die Menstruation aus. Nicht jedes Ausbleiben der Regelblutung

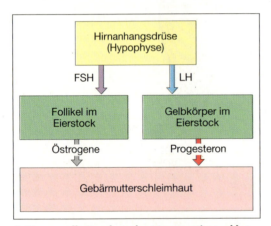

2 Hormonelle Regelung des Menstruationszyklus

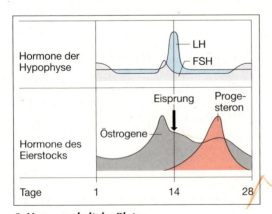

3 Hormongehalt des Blutes während des Menstruationszyklus

256

Sexualität des Menschen

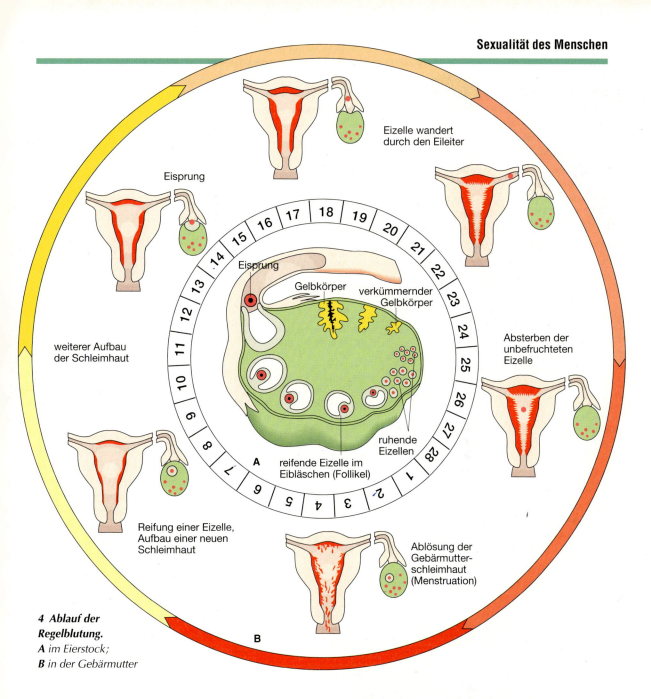

4 Ablauf der Regelblutung.
A im Eierstock;
B in der Gebärmutter

muss allerdings auf eine Schwangerschaft hindeuten. Starke seelische oder körperliche Belastungen, Krankheiten oder auch Klimaveränderungen auf Reisen können das Zusammenwirken der Hormone stören und den Menstruationszyklus durcheinander bringen. Bei jungen Mädchen ist der Zyklus häufig ebenfalls noch unregelmäßig. Es dauert einige Zeit, bis sich der persönliche Rhythmus eingependelt hat. Er kann auch kürzer oder länger als 28 Tage sein.

Wenn während der Menstruation sehr starke Schmerzen auftreten, kann eine Ärztin oder ein Arzt für Frauenkrankheiten (Gynäkologe) mit entsprechenden Medikamenten helfen.

> Während des Zyklus reift eine Eizelle in einem Eierstock heran. In der Mitte des Zyklus findet der Eisprung statt. Wird die Eizelle nicht befruchtet, kommt es zur Menstruation. Der Menstruationszyklus wird über Hormone gesteuert.

1 Erläutere den Ablauf des Menstruationszyklus anhand der Abbildung 4.
2 Schreibe alle Hormone auf, die im Lehrbuchtext S. 256 genannt werden. Gib an, wo sie gebildet werden, und beschreibe, welche Wirkung sie haben.

Sexualität des Menschen

Das Körperwachstum beschleunigt sich. Arme und Beine werden länger.

Die Haut verändert sich. Pickel können entstehen.

Schweißdrüsen werden aktiver.

Brust und Schultern werden im Vergleich zur Hüfte breiter.

Auf Brust, Armen und Beinen werden die Haare dichter.

Das Gesicht wird kantiger.

Die ersten Barthaare wachsen.

Der Kehlkopf wächst. Die Stimmbänder werden länger. Die Stimme wird tiefer.

Achselhaare beginnen zu wachsen.

Penis, Hoden und Hodensack werden größer.

Die Geschlechtsorgane nehmen ihre Funktion auf. Es kommt zum ersten Spermienerguss.

Die Schamhaare wachsen.

1 Junge in der Pubertät

2.4 Die Entwicklung zum Mann

Während der Pubertät entwickeln sich Jungen zu Männern. Unter dem Einfluss des Testosterons wachsen die **Geschlechtsorgane** und nehmen ihre Funktion auf. Jungen bemerken dies an ihrem ersten Spermienerguss, der meist unbewusst im Schlaf stattfindet. Außerdem bewirkt das Testosteron die Ausprägung der **sekundären männlichen Geschlechtsmerkmale.** Das Gesicht wird kantiger und die Muskulatur nimmt zu. Die Schultern und die Brust werden dadurch breiter. Auch der Bart und die Körperbehaarung entwickeln sich allmählich. Während des Stimmbruchs bildet sich die tiefere männliche Stimme heraus. Im Körper von Jungen werden auch kleine Mengen weiblicher Sexualhormone gebildet. Je geringer ihre Menge, desto deutlicher formen sich die sekundären Geschlechtsmerkmale aus.

Neben dem Körper verändert sich auch das Verhalten. Mädchen werden mit zunehmendem Interesse betrachtet. Aus Unsicherheit ihnen gegenüber reagieren Jungen oft aggressiv oder launisch.

Die Produktion von Testosteron hält ein Leben lang an. Sie verringert sich allerdings im Alter zwischen 45 und 55 Jahren. Dann werden weniger Spermien gebildet und der Geschlechtstrieb lässt etwas nach. Als Folge reduziert sich die Muskelmasse und das Fettgewebe nimmt zu. Männer bleiben jedoch ein Leben lang zeugungsfähig.

> In der Pubertät nehmen die Geschlechtsorgane ihre Funktion auf und die sekundären Geschlechtsmerkmale prägen sich aus.

1 Beschreibe die Veränderungen von Jungen während der Pubertät.

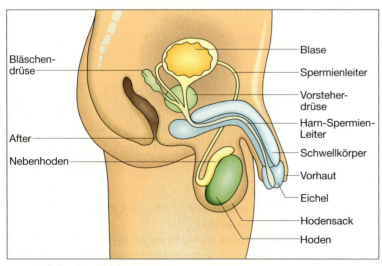

2 Männliche Geschlechtsorgane

Bläschendrüse — After — Nebenhoden — Blase — Spermienleiter — Vorsteherdrüse — Harn-Spermien-Leiter — Schwellkörper — Vorhaut — Eichel — Hodensack — Hoden

2.5 Die Bildung der Spermien

Ein Spermienerguss besteht aus etwa 4 ml *Sperma*. Darin können sich mehrere Millionen **Spermien** befinden. Ein Spermium besteht aus Kopf, Mittelstück und Schwanzfaden. Im Kopf befindet sich der Zellkern. Das Mittelstück enthält Mitochondrien, mit deren Hilfe Energie für die Fortbewegung freigesetzt wird. Mithilfe des Schwanzfadens bewegt sich das Spermium schlängelnd vorwärts.

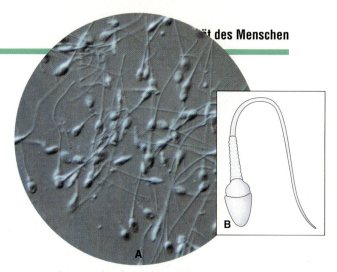

1 Spermien. A mikroskopisches Bild; B Bau (Schema)

Die Spermien entstehen in den Hoden. Diese sind durch Scheidewände in einzelne Hodenläppchen unterteilt. In den Hodenläppchen liegen die stark gewundenen Hodenkanälchen. Dort entwickeln sich aus den Vorstufen der Spermien, den Spermienmutterzellen, in etwa zwei Monaten reife Spermien. Dieser Vorgang wird durch die Hormone der Hirnanhangsdrüse ausgelöst. Das **Follikelstimulierende Hormon (FSH)** beeinflusst direkt die Reifung der Spermien. Das **Luteinisierende Hormon (LH)** wirkt auf bestimmte Zellen ein, die im Bindegewebe zwischen den Hodenkanälchen liegen. Diese *Zwischenzellen* geben daraufhin das männliche Keimdrüsenhormon, das **Testosteron,** ab. Auch dieses Hormon trägt zur Reifung der Spermien bei. Von den Hoden gelangen die Spermien über Flimmerhärchen der Hodenkanälchen in die Nebenhoden. Dort reifen sie vollends aus und werden bis zum nächsten Spermienerguss gespeichert.

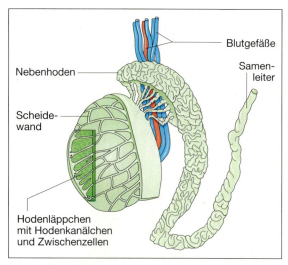

2 Bau eines Hodens

Die Spermienproduktion ist sehr anfällig gegenüber äußeren Einflüssen. So können sich die Spermien z. B. bei normaler Körpertemperatur nicht richtig entwickeln. Sie brauchen eine etwas geringere Temperatur und befinden sich deshalb außerhalb des Bauchraums im Hodensack. Werden die Hoden durch Schläge oder Quetschungen verletzt, können sich missgebildete Spermien entwickeln. Auch Umweltgifte, Drogen oder Medikamente beeinflussen die Reifung der Spermien. Eine Kinderkrankheit wie Mumps kann bei Jungen zu Hodenentzündungen führen und muss deshalb sorgfältig ausgeheilt werden, um nicht dauernde Unfruchtbarkeit zur Folge zu haben.

> Spermien bestehen aus Kopf, Mittelstück und Schwanzteil. Sie werden in den Hoden unter dem Einfluss von Hormonen gebildet.

1 Erkläre anhand der Abb. 3 die hormonelle Regulation der Spermienbildung.
2 Beschreibe äußere Einflüsse, durch die die Spermienproduktion gestört werden kann.

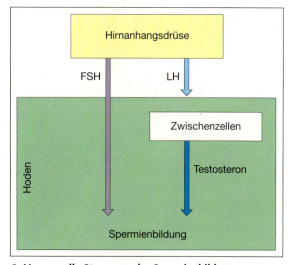

3 Hormonelle Steuerung der Spermienbildung

Sexualität des Menschen

3 Schwangerschaft und Geburt

3.1 Befruchtung und Keimentwicklung

Wenn sich Paare ein Kind wünschen, warten sie oft gespannt auf das Einsetzen der nächsten Regelblutung. Bleibt sie aus, kann das ein Zeichen dafür sein, dass während des vorangegangenen Monatszyklus eine Befruchtung stattgefunden hat.

Ein Kind entsteht, wenn die Spermien eines Mannes über die Scheide und die Gebärmutter in den Eileiter einer Frau gelangen und dort auf eine reife Eizelle stoßen. Die Wahrscheinlichkeit, dass dieser Fall eintritt, ist um die Zeit des Eisprungs besonders groß. Das erste Spermium, das die Eizelle berührt, durchdringt mit dem Kopf die äußere Zellhaut der Eizelle. Diese wird dann für weitere Spermien undurchdringlich. Im Inneren der Eizelle wandern die beiden Zellkerne aufeinander zu und verschmelzen miteinander. Diesen Vorgang nennt man **Befruchtung.** Während der Befruchtung vermischen sich die Erbanlagen von Vater und Mutter.

Die befruchtete Eizelle wandert während der nächsten Tage in die Gebärmutter. Auf ihrem Weg dorthin teilt sie sich mehrfach und wird zum *Zellhaufen*. Bis zum siebten Tag hat sich in der Mitte des Zellhaufens ein Hohlraum gebildet. Es ist ein *Bläschenkeim* entstanden. Dieser setzt sich in der gut durchbluteten Gebärmutterschleimhaut fest. Dabei wachsen Zellen des Bläschenkeims in die Gebärmutterschleimhaut ein. Dieser Vorgang wird **Einnistung** genannt. Mit ihm beginnt die *Schwangerschaft*.

Aus einer befruchteten Eizelle entwickelt sich normalerweise ein **Embryo.** Manchmal trennen sich die Zellen im Zweizellstadium jedoch vollständig voneinander, sodass aus jeder der beiden Zellen je ein Embryo hervorgeht. So entstehen eineiige *Zwillinge*. Zweieiige Zwillinge entwickeln sich, wenn in der Gebärmutter gleichzeitig zwei befruchtete Eizellen heranwachsen.

In der ersten Schwangerschaftswoche entwickelt der Bläschenkeim verschiedene Zellschichten. Aus ihnen entstehen nach und nach die einzelnen

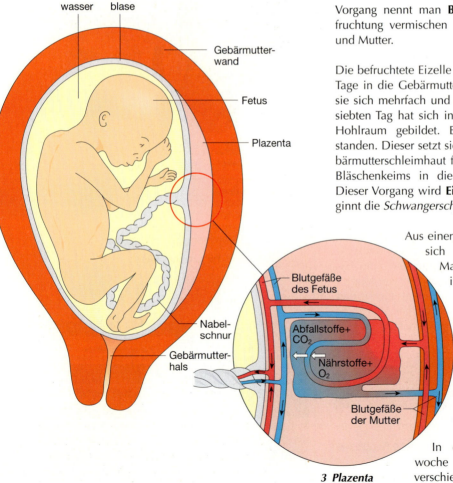

1 Weg der befruchteten Eizelle bis zur Einnistung

2 Fetus in der Gebärmutter

3 Plazenta (Ausschnitt)

260

Sexualität des Menschen

Organe. In der 4. Woche schlägt bereits das Herz. Nach 8–9 Wochen ist der Embryo schon ca. 4 cm groß und als menschliches Wesen zu erkennen. Alle Organe sind angelegt. Der Embryo schwimmt in der mit Fruchtwasser gefüllten Fruchtblase. Sie schützt ihn vor Erschütterungen. Er macht bereits erste Bewegungen.

Die werdende Mutter kann diese Bewegungen allerdings noch nicht fühlen. Als erstes Anzeichen der Schwangerschaft bemerkt sie das Ausbleiben der Menstruation. Bereits wenige Tage danach kann sie mithilfe eines Schwangerschaftstests feststellen, ob sie schwanger ist oder nicht. Der Test reagiert auf ein Hormon, das der Körper der Frau jetzt produziert. Häufige morgendliche Übelkeit kann ebenfalls ein Anzeichen für eine Schwangerschaft sein.

Eine Schwangerschaft dauert durchschnittlich 280 Tage. Während dieser Zeit wird das heranwachsende Kind über die *Plazenta* versorgt. Sie ist ein mit zahlreichen Blutgefäßen ausgestattetes Gewebe, das die Verbindung zwischen der Schwangeren und dem Embryo herstellt. Der Embryo ist über die **Nabelschnur** mit der Plazenta verbunden. In der Plazenta liegen die Blutgefäße der werdenden Mutter dicht neben den Blutgefäßen der Nabelschnur. Über die Gefäßwände findet der Stoffaustausch zwischen dem mütterlichen und dem kindlichen Blut statt. Durch die Arterien der Nabelschnur wird der Embryo mit Sauerstoff und Nährstoffen aus dem Blut der Schwangeren versorgt. Venen leiten die Abbauprodukte des Stoffwechsels zurück zur Plazenta.

Ab dem vierten Schwangerschaftsmonat wird das heranwachsende Kind **Fetus** genannt. Der Fetus wächst jetzt sehr schnell. Am Ende des vierten Monats ist er bereits 16 cm groß und etwa 150 g schwer. Während des fünften und sechsten Schwangerschaftsmonats bilden sich die Organe und die Muskulatur weiter aus. Die Schwangere nimmt jetzt die Bewegungen des Kindes deutlich wahr. Im achten und neunten Monat nimmt der Fetus weiter an Größe zu. Dadurch werden die inneren Organe der Frau stark zusammengedrückt. Dies kann zu häufigem Harndrang, Atemnot oder Gleichgewichtsstörungen führen. Gegen Ende des neunten Monats wiegt der Fetus zwischen 3 und 4 kg. Er hat sich mit dem Kopf nach unten gedreht und ist zur Geburt bereit.

> Bei der Befruchtung verschmelzen die Zellkerne eines Spermiums und einer Eizelle. Mit der Einnistung des Bläschenkeims beginnt die Schwangerschaft. Sie dauert durchschnittlich 280 Tage.

1 Erläutere die Tabelle in Abb. 5. Worin unterscheidet sich z. B. die Entwicklung der Sexualorgane von der Entwicklung der anderen Organe?

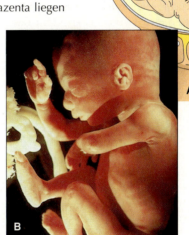

4 Fetus kurz vor der Geburt. *A* im Körper der Mutter (Schema); *B* Foto.

Monat	1.	2.	3.	4.	5.	6.	7.	8.	9.	10.
Körpergewicht in g	6	12	41	175	500	800	1300	2300	2900	3500
Körperlänge in cm	1	4	9	16	25	30	35	40	45	51
Sexualorgane				●						
Niere		●								
Kopf	●									
Lunge		●								
Leber		●								
Herz	●									
Gehirn		●								
Gliedmaßen	●									
Gesicht			●							

- - - - Beginn der Entwicklung und weitere Ausprägung
――― voll entwickelt vorliegende Organe

5 Embryonalentwicklung

Sexualität des Menschen

3.2 Die Geburt

Eine Geburt ist für die Eltern und für das Kind ein einschneidendes Ereignis. Viele Paare bereiten sich deshalb in Geburtsvorbereitungskursen auf diesen Tag gründlich vor. Die werdenden Eltern wissen dann, was sie tun können, damit die Geburt gut verläuft.

Die Geburt eines Kindes kündigt sich am Ende der Schwangerschaft durch Wehen an. Wehen sind krampfartige Schmerzen, die durch Hormone ausgelöst werden. Dabei zieht sich der Gebärmuttermuskel in regelmäßigen Abständen von oben nach unten zusammen. Anfangs kommen die Wehen in Abständen von etwa 20 bis 30 Minuten.

Spätestens wenn die Wehen alle zehn Minuten kommen, sollte man in die Klinik fahren. Dort prüft die Hebamme, wie weit sich der Muttermund bereits geöffnet hat. Die Hebamme begleitet eine Frau während der gesamten Geburt. Eine Ärztin oder ein Arzt untersucht noch einmal, ob mit Mutter und Kind alles in Ordnung ist. Während dieser ersten Phase der Geburt, der so genannten **Eröffnungsphase,** weitet sich die Öffnung des Muttermunds bis auf etwa 10 cm. Der Kopf des Kindes wird dabei durch die Muskelbewegungen immer tiefer in das Becken gedrückt. Irgendwann während dieser Phase platzt die Fruchtblase und die Frau verliert das Fruchtwasser.

Die zweite Phase, die **Austreibungsphase,** beginnt, wenn der Muttermund ganz geöffnet ist. Durch starke und rasch aufeinander folgende *Presswehen* wird das Kind durch den Geburtskanal nach außen gedrückt. Wenn der Kopf geboren ist, folgt der Körper relativ leicht nach. Sofort nach der Geburt erfolgt der erste Schrei des Neugeborenen. Mit diesem Schrei entfalten sich die Lungen und das Kind beginnt selbstständig zu atmen. Anschließend durchtrennt man die Nabelschnur. Dieser Vorgang heißt *Abnabelung*.

In der **Nachgeburtsphase** löst sich die Plazenta von der Gebärmutterwand und wird zusammen mit der leeren Fruchtblase ausgestoßen.
Nach der Geburt wird das Kind auf den Bauch der Mutter gelegt. Nun können sich Vater und Mutter mit ihm vertraut machen. Der Säugling ist jetzt auf die Fürsorge von Mutter und Vater angewiesen.

> Eine Geburt gliedert sich in die Eröffnungs-, die Austreibungs- und die Nachgeburtsphase.

1 Beschreibe die Phasen einer Geburt anhand der Abbildung 1 bis 4.

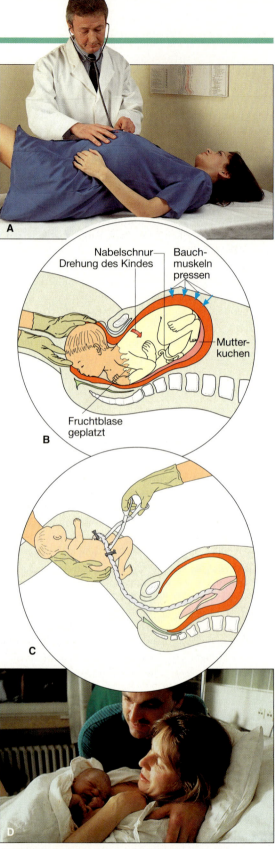

1 Geburt. A Untersuchung; **B** Geburtsvorgang; **C** Abnabelung; **D** Eltern und Kind nach der Geburt

Sexualität des Menschen

Gesundheit für Mutter und Kind

Streifzug durch die Medizin

Wenn eine Frau bemerkt, dass sie schwanger ist, sollte sie sich einen Termin bei einem Arzt oder einer Ärztin geben lassen. Über regelmäßige Vorsorgeuntersuchungen wird während der gesamten Schwangerschaft die Gesundheit von Mutter und Kind überwacht.
Eine schwangere Frau kann aber auch selbst zur Gesundheit ihres Kindes und zu ihrem eigenen Wohlbefinden beitragen.

Ernährung

Alle Nahrungsmittel, die zu einer gesunden Ernährung gehören, sind während einer Schwangerschaft besonders wichtig. Viel frisches Obst, Salate und Gemüse, Milch- und Vollkornprodukte decken den Bedarf an Vitaminen und Mineralstoffen.

Sport

Eine schwangere Frau sollte keine Sportarten ausüben, die mit Stößen und Erschütterungen verbunden sind. Auch Leistungssport und hartes Training können dem werdenden Kind schaden. Spazieren gehen, Fahrrad fahren oder Schwimmen halten dagegen den Kreislauf in Schwung. Dadurch wird das werdende Kind besonders gut mit Sauerstoff versorgt. Übungen zur Entspannung tragen zum Wohlbefinden bei und bereiten die Geburt vor.

Medikamente

Alle Medikamente, die eine schwangere Frau zu sich nimmt, müssen mit dem Arzt oder der Ärztin besprochen werden. Auch Medikamente, die man ohne Rezept erhält wie Kopfschmerztabletten, Schlaftabletten oder Abführmittel, können das ungeborene Kind schädigen.

Alkohol

Alkohol gelangt über die Plazenta in den Kreislauf des ungeborenen Kindes. Deshalb sollten schwangere Frauen während der Schwangerschaft möglichst ganz auf Alkohol verzichten. Besonders schädlich ist Alkohol in den ersten drei Schwangerschaftsmonaten. Alkohol kann körperliche oder geistige Entwicklungsschäden bei Embryonen hervorrufen, die nicht wieder gutzumachen sind.

Rauchen

Wenn Nikotin in den Blutkreislauf einer schwangeren Frau gelangt, verengen sich ihre Blutgefäße. Dadurch kann die Sauerstoffversorgung des Babys gestört werden. Kinder von Raucherinnen neigen deshalb zu Untergewicht und Entwicklungsstörungen.

Reisen

Eine schwangere Frau sollte besser keine größeren Reisen unternehmen. Langes Sitzen während der Anreise oder hohe Temperaturen im Urlaubsland können den Kreislauf belasten. Ungewohnte Speisen oder mangelnde Hygiene stellen ein zusätzliches Risiko dar.

1 Beschreibe Verhaltensweisen der Mutter, die zu einer gesunden Entwicklung des heranwachsenden Kindes beitragen.

2 Wie kann der Vater zu einer gesunden Entwicklung des ungeborenen Kindes beitragen?

Sexualität des Menschen

4 Die Entwicklung eines Kindes

Nach der Geburt ist die liebevolle Zuwendung der Eltern sehr wichtig für das Kind. Zwischen der Mutter oder einer anderen festen **Bezugsperson** und dem Kind entwickelt sich so allmählich eine lebenswichtige Bindung. Es weiß, dass es sich auf die Bezugsperson verlassen kann. Auf dieser Grundlage kann sich ein Kind körperlich, seelisch und geistig gesund entwickeln. Darüber hinaus sind die Erfahrungen, die ein Kleinkind in den ersten Lebensjahren macht, eine wichtige Grundlage für seine spätere Entwicklung.

A Während der ersten drei Monate schläft ein Säugling 14 bis 18 Stunden am Tag. Er braucht alle paar Stunden Nahrung. Muttermilch enthält alle Nähr- und Abwehrstoffe für eine gesunde Entwicklung.

B Gegen Ende des 1. Lebensjahres beginnen Kinder erste Worte zu sprechen und zu krabbeln. Sie können sich an Möbeln aufrichten und an der Hand gehen.

C Während des 2. Jahres gelingt es Kindern, alleine mit dem Löffel zu essen und aus Tassen zu trinken. Sie lernen viele neue Wörter und bilden einfache Sätze. Bilderbücher werden mit Interesse betrachtet.

D Gegen Ende des 3. Jahres sind alle Milchzähne vorhanden. Kinder spielen jetzt gern und viel. Sie lernen dadurch ihre Umwelt kennen und testen ihre Möglichkeiten. Je mehr Anregungen Kinder bekommen, desto besser entwickelt sich ihr Gehirn.

E Bis zum 6. Lebensjahr umfasst der Wortschatz etwa 2000 Wörter. Kinder bewegen sich geschickt. Die meisten können schon Rad fahren. Der Zahnwechsel vom Milchgebiss zum bleibenden Gebiss beginnt.

Ab dem 7. Lebensjahr gehen die meisten Kinder zur Grundschule. Sie sind an allem interessiert, was in ihrer Umgebung passiert. Mit zunehmendem Alter setzen sie sich mit ihrer Umwelt auseinander.

> Eine vertrauensvolle Beziehung zu den Eltern und viele Anregungen und Kontakte sind die Grundlagen für die gesunde Entwicklung eines Kindes.

1 Zähle auf, was ein Kind können muss, wenn es in die Schule kommt.
2 Begründe, warum zahlreiche Kontakte wichtig für die Entwicklung eines Kindes sind.

1 Entwicklung eines Kindes

Sexualität des Menschen

MÖGLICHKEITEN DER MEDIZIN

Pinnwand

Befruchtung „im Reagenzglas"

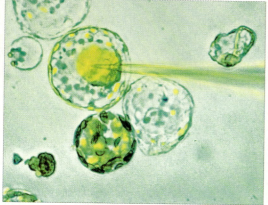

Mithilfe einer Hohlnadel, die zehnmal dünner ist als ein menschliches Haar, wird ein Spermium in eine Eizelle eingebracht. Diese Befruchtung findet außerhalb des menschlichen Körpers im Labor statt. Bereits kurze Zeit später kann man feststellen, ob sich der Keim normal entwickelt. Ist dies der Fall, kann er in die Gebärmutter einer Frau eingepflanzt werden. Wenn er sich dort einnistet, reift er während einer ganz normalen Schwangerschaft zu einem Kind heran. Unfruchtbaren Paaren kann auf diese Weise geholfen werden.

Einfrieren befruchteter Embryonen

Wenn sich ein Paar zur „Befruchtung im Reagenzglas" entschließt, ist es nicht immer sicher, ob sich gleich der erste so gezeugte Embryo in der Gebärmutter einnistet. Deshalb ist es in Amerika erlaubt, gleich mehrere Eizellen der Frau zu befruchten und die so entstandenen Embryonen zu erneuten Einpflanzungsversuchen einzufrieren. Sie können so mehrere Jahre „gelagert" werden. Wenn nun während dieser Frist der Mann stirbt, kann sich die Frau auch noch nach seinem Tod einen dieser Embryonen einpflanzen lassen und so das Kind eines längst verstorbenen Mannes austragen.

Überlebenschance für Frühgeborene

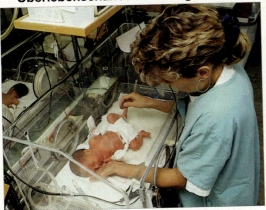

Mithilfe intensiver medizinischer Betreuung können heute selbst Kinder überleben, die bis zu vier Monate zu früh geboren werden. In einem Brutkasten werden diese „Frühchen" künstlich beatmet, gewärmt und ernährt. Mit jeder Schwangerschaftswoche, die ein Kind später geboren wird, erhöht sich allerdings die Chance, dass das Kind überlebt und gesund zur Welt kommt.

Mutter oder Oma?

Johannesburg (Jb) Ein Arzt pflanzte einer 48-jährigen Frau einen Embryo ein, der aus einer Eizelle ihrer Tochter und einem Spermium ihres Schwiegersohns gezeugt worden war. Ihre Tochter konnte das Kind nicht austragen, da ihr nach einer schwierigen Geburt die Gebärmutter entfernt worden war.
Deshalb bat sie ihre Mutter, für sie ein weiteres Kind auszutragen und damit zur „Leihmutter" zu werden.

1 In Deutschland ist sowohl das Einfrieren befruchteter Embryonen als auch die Leihmutterschaft grundsätzlich verboten. Nenne Gründe, die zu diesen Verboten geführt haben könnten.

2 Welche Gründe sprechen dafür, dass sich ein Paar für eine Befruchtung „im Reagenzglas" entscheidet?

5 Familienplanung

Maik und Svenja leben mit ihren Eltern und ihrer Oma in einem Haus am Stadtrand. Ihr Vater arbeitet in einer Bank. Ihre Mutter arbeitet halbtags.
Sebastian lebt seit der Scheidung seiner Eltern allein mit seiner Mutter. Sie arbeitet ganztägig in einer Apotheke. Seinen Vater sieht er einmal im Monat am Wochenende.

Es gibt heute ganz unterschiedliche Formen des Zusammenlebens. Normalerweise leben Kinder in Familien mit Vater und Mutter. Daneben gibt es jedoch immer mehr allein erziehende Mütter und Väter. Aber auch die Anzahl der kinderlosen Paare und der allein lebenden Männer und Frauen nimmt ständig zu. Je nach Zusammensetzung einer Familie oder Lebensgemeinschaft gestalten sich die Aufgaben der einzelnen Mitglieder.
Wenn sich ein junges Paar heute entschließt zusammenzuleben, müssen die beiden darüber reden, wie die Lebensplanung der Frau und des Mannes aussieht. Sie sollten sich einigen, ob und zu welchem Zeitpunkt sie Kinder haben möchten. Kinder bedeuten eine Bereicherung des Lebens. Man muss bei der Planung aber bedenken, dass Kinder viel Zeit und Kraft fordern und auch viel Geld kosten.

Die Methoden der **Empfängnisverhütung** helfen, den Zeitpunkt des „Kinderkriegens" nicht dem Zufall zu überlassen. Welche Methode für ein Paar die geeignete ist, sollten die beiden zusammen entscheiden. Wichtig ist dabei die Sicherheit des gewählten Verhütungsmittels. Auch die richtige Art der Anwendung und die Gesundheitsverträglichkeit müssen vorher geklärt werden. Wenn sich Paare nicht sicher sind, welches Mittel geeignet ist, gibt es Beratungsstellen, bei denen man sich Informationen über Verhütungsmethoden besorgen kann. Auch die Frauenärztin oder der Frauenarzt geben Auskunft. Noch immer gibt es Paare, die sich aufs „Aufpassen" verlassen. Man meint damit den unterbrochenen Geschlechtsverkehr, bei dem der Mann das Glied vor dem Spermienerguss aus der Scheide der Frau zieht. Diese Methode ist keine Methode der Empfängnisverhütung! Schon vor dem Spermienerguss kann vom Mann unbemerkt etwas Sperma aus der Harn-Spermien-Röhre austreten und es reicht ein Spermium, um eine Schwangerschaft zu verursachen.

> Bei der Planung einer Familie müssen die Lebensplanungen von Mann und Frau aufeinander abgestimmt werden.

1 Familie mit zwei Kindern

2 Lebensformen in Deutschland (1996)

👥	Ehepaare ohne Kinder	24%
👤	allein lebende Frauen	21%
👤	allein lebende Männer	14%
👨‍👩‍👦	Ehepaare mit 1 Kind	12%
👨‍👩‍👧‍👦	Ehepaare mit 2 Kindern	11%
👩‍👧‍👦	allein Erziehende mit Kindern	7%
👨‍👩‍👧‍👦	nicht eheliche Lebensgemeinschaften, Wohngemeinschaften mit Kindern	7%
👨‍👩‍👧‍👦‍👦	Ehepaare mit 3 und mehr Kindern	4%

3 Allein erziehende Mutter

1 Beschreibe deine Zukunftsvorstellungen. Vergleiche sie mit denen deiner Mitschülerinnen und Mitschüler.
2 Nenne Gründe, warum es bei uns in Deutschland immer weniger Familien mit 3 und mehr Kindern gibt.
3 Beschreibe verschiedene Methoden der Empfängnisverhütung. Nimm die Pinnwand auf S. 267 zu Hilfe.
4 Nenne Beratungsstellen, bei denen du dich über empfängnisverhütende Methoden informieren kannst.

Sexualität des Menschen

VERHÜTUNGSMETHODEN

Pinnwand

Das Kondom

Das Kondom (Präservativ) verhindert das Zusammentreffen von Ei- und Samenzelle; einzige Möglichkeit, sich vor sexuell übertragbaren Krankheiten zu schützen.

Chemische Verhütungsmittel

Chemische Verhütungsmittel (Cremes, Gels und Zäpfchen) töten die Samenzellen in der Scheide ab; als alleiniger Schutz unsicher.

Das Diaphragma

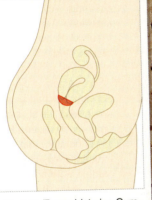

Das Diaphragma (Pessar) ist eine Gummikappe, die vor dem Geschlechtsverkehr über den Gebärmuttermund gelegt wird; muss von der Ärztin oder vom Arzt angepasst werden; wird vor dem Gebrauch mit einer spermienabtötenden Creme bestrichen.

Die Pille

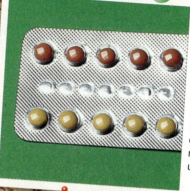

Die Pille ist ein hormonhaltiges Medikament, das den Eisprung verhindert; muß vom Arzt oder der Ärztin verschrieben werden. Da die Pille Nebenwirkungen haben kann, sollten sich Mädchen und Frauen, die damit verhüten, regelmäßig untersuchen lassen.

> 1 Erläutere die Vor- und Nachteile der einzelnen Verhütungsmethoden.
>
> 2 Welches Verhütungsmittel schützt auch vor AIDS?

Der Minicomputer

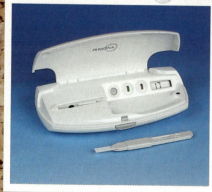

Minicomputer messen den Gehalt bestimmter Hormone im Morgenurin der Frau. Sie zeigen die fruchtbaren Tage an, an denen ein Verhütungsmittel verwendet werden muss.

Die Spirale

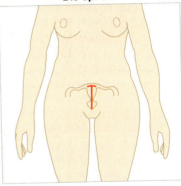

Die Spirale ist ein Kunststoffgebilde, das mit einem Kupferdraht umwickelt ist; verhindert, dass sich eine befruchtete Eizelle in der Gebärmutterschleimhaut einnisten kann; wird von der Ärztin oder dem Arzt in die Gebärmutter eingesetzt und regelmäßig kontrolliert.

Sexualität des Menschen

Streifzug durch die Sozialkunde

Schwanger – was nun?

Julia (16) geht in die 10. Klasse der Realschule und ist seit einem Jahr mit Michael (17) befreundet. Nach dem Schulabschluss möchte Julia auf das Wirtschaftsgymnasium, um dort das Abitur zu machen. Michael macht eine Lehre als Informationselektroniker. Die beiden mögen sich sehr und schlafen deshalb auch miteinander. Über eine gemeinsame Zukunft haben sie sich allerdings bisher noch keine Gedanken gemacht. Nachdem Julias Regelblutung ausgeblieben ist, bringt ein Schwangerschaftstest Gewissheit: Julia ist schwanger. Die beiden sind nun in einer schwierigen Situation. Wer kann ihnen helfen?

Schutz des ungeborenen Lebens

Eine Schwangerschafts-Konfliktberatung in einer anerkannten Beratungsstelle kann einer schwangeren Frau und ihrem Partner helfen, sich trotz schwieriger äußerer Umstände für ein Kind zu entscheiden. Es werden dort die Zukunftspläne des Paares besprochen und wie diese auch mit einem Kind verwirklicht werden können. Aber auch das Lebensrecht des ungeborenen Kindes wird dabei diskutiert. Ungeborenes Leben ist menschliches Leben von Anfang an. Es steht unter dem besonderen Schutz des Staates. Auch in der christlichen Religion ist das menschliche Leben besonders geschützt. Das 5. Gebot lautet: Du sollst nicht töten! Ein Paar ist deshalb aufgefordert, für das eigene Tun und damit für das sich entwickelnde Kind Verantwortung zu übernehmen.

Beratungsstellen klären über alle Hilfen und Rechtsansprüche auf, die die Schwangerschaft und das Leben mit dem Kind erleichtern. Dazu gehören finanzielle Hilfen wie das Mutterschaftsgeld oder das Erziehungsgeld. Aber auch Informationen über mögliche Hilfen bei der Kinderbetreuung oder arbeitszeitliche Regelungen werden dort besprochen.

1 Schwierige Entscheidung

§ 218

Nach § 218 des Strafgesetzbuches und der Neuregelung des Schwangeren- und Familienhilfeänderungsgesetzes aus dem Jahr 1995 gelten folgende Bestimmungen: Der Abbruch einer Schwangerschaft, eine so genannte Abtreibung, ist gesetzwidrig. Trotzdem kann eine Frau die Schwangerschaft abbrechen lassen. Sie geht dann als Erstes zu einem Arzt oder einer Ärztin, die ihr die Schwangerschaft bestätigt. Anschließend lässt sie sich in einer anerkannten Beratungsstelle beraten. Sie erhält dort Informationen über Hilfen für Mutter und Kind. Auch die Folgen eines Abbruchs werden dort diskutiert. Die Beratungsstelle gibt der schwangeren Frau eine schriftliche Bestätigung über die Durchführung des Beratungsgesprächs. Mit diesem Beratungsnachweis kann sie nun zu einem Arzt oder einer Ärztin gehen, wo der Abbruch durchgeführt wird. Seit der Empfängnis dürfen allerdings nicht mehr als 12 Wochen vergangen sein. Wenn die Schwangere vergewaltigt worden ist, steht ein Schwangerschaftsabbruch in Einklang mit dem Gesetz. Dies gilt auch, wenn die körperliche oder seelische Gesundheit der Frau durch die Schwangerschaft bedroht ist.

Sexualität des Menschen

Prüfe dein Wissen

A1 Entscheide welche Aussagen richtig sind.
a) Petting ist Geschlechtsverkehr ohne Höhepunkt.
b) Petting bedeutet das Liebkosen des ganzen Körpers ohne Geschlechtsverkehr.
c) Petting ist ein anderer Begriff für Selbstbefriedigung.

A2 Ordne jedem Verhütungsmittel die richtige Erklärung zu. Kondom, Pille, Diaphragma, Spirale, chemisches Verhütungsmittel
a) tötet die Samenzellen in der Scheide ab,
b) verhindert den Eisprung,
c) fängt die Spermien auf, verhindert damit die Befruchtung,
d) verhindert, dass sich eine befruchtete Eizelle in der Gebärmutter einnisten kann,
e) verschließt den Gebärmuttermund.

A3 Jedes Verhütungsmittel hat auch Nachteile. Ordne jedem Verhütungsmittel den entsprechenden Nachteil zu.
Pille, Kondom, chemisches Verhütungsmittel, Diaphragma, Spirale
a) Billigprodukte können schadhaft sein,
b) langfristige Nebenwirkungen sind noch nicht vollkommen erforscht,
c) muss vom Arzt oder von der Ärztin eingesetzt und regelmäßig kontrolliert werden,
d) ist als alleiniger Schutz unsicher,
e) die Sicherheit hängt stark von der richtigen Größe und dem exakten Sitz ab.

A4 Welche Aussagen sind richtig?
a) Das Testosteron gehört zu den weiblichen Geschlechtshormonen.
b) Das männliche Erscheinungsbild wird von den männlichen Geschlechtshormonen geprägt.
c) Eierstöcke und Hoden werden auch als Keimdrüsen bezeichnet.
d) Während der Pubertät bilden sich die männlichen und die weiblichen Geschlechtsorgane.
e) Während der Pubertät prägen sich die sekundären Geschlechtsmerkmale aus.

A5 In der Abbildung unten siehst du die Produktionsstätten von Hormonen, die die Entwicklung des weiblichen und des männlichen Körpers beeinflussen.
a) Benenne die Ziffern mit den richtigen Begriffen.
b) Welche Hormone werden dort jeweils produziert?

A6 Welche Gesetze kommen bei einem Schwangerschaftsabbruch zur Geltung?

A7 Welche Aussagen sind richtig?

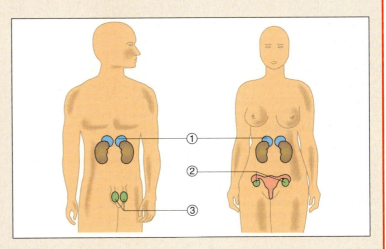

a) Vor einem Schwangerschaftsabbruch muss eine anerkannte Schwangerschaftskonfliktberatungsstelle besucht werden.
b) Der Berater oder die Beraterin entscheidet, ob die Schwangerschaft abgebrochen werden kann oder nicht.
c) Vom Staat gibt es finanzielle Hilfen, wenn eine Frau ein Kind erwartet.
d) Ein Schwangerschaftsabbruch darf bis zum 9. Monat vorgenommen werden.

A8 Ordne den folgenden Begriffen die richtige Erklärung zu. Exhibitionist, Sadist, Masochist, Prostituierte.
a) Die Person empfindet Lust beim Entblößen der Geschlechtsteile vor anderen Personen.
b) Die Person empfindet Lust beim Erleiden von Schmerzen.
c) Frauen und Männer, die ihren Körper gegen Bezahlung für sexuelle Handlungen zur Verfügung stellen.
d) Menschen, die Lust empfinden, wenn sie andere körperlich oder seelisch quälen.

1 Gemeinsam beim Sport

Mensch und Gesundheit

1 Micke: Gesund oder krank?

Das ist Micke. Als er geboren wurde, meinten die Ärzte, er würde nie sitzen können. Denn Micke war mit einer schweren Behinderung auf die Welt gekommen: Er hatte nur kleine Arm- und Beinstummel. Wie es zu dieser Fehlentwicklung gekommen ist, konnten die Ärzte nicht klären. Doch Micke entwickelte sich prächtig. Er lernte sitzen. Die Prothesen, die man ihm anfertigte, lehnte er ab, weil sie ihn nur behinderten. Mit 5 Jahren begann er Minigolf zu spielen, indem er sich den Schläger zwischen Kinn und Armstummel klemmte. Er trainierte hart, bis er an Meisterschaften teilnehmen konnte. Als er in die Schule kam, unterstützten ihn sein Rektor und seine Sportlehrerin bei seinen sportlichen Leistungen. Sie ließen ihm ein Spezialpodest bauen, damit er Tischtennis lernen konnte. Nach dem Abitur machte Micke den Führerschein und wurde schließlich Berater für andere Behinderte. In seiner Freizeit trainiert Micke nach wie vor in seinem Sportverein mit seiner Mannschaft, um auch an Wettkämpfen teilzunehmen.

> Micke hat es mit starker Willenskraft geschafft, seine schwere Behinderung anzunehmen und sein Leben selbstverantwortlich zu gestalten.

2 Micke beim Training

Stichwort

Gesundheit

Gesund ist ein Mensch, wenn er sich sowohl mit seinem Körper als auch seiner Seele, seinen Mitmenschen und seiner Umwelt im Einklang fühlt. Ob jemand gesund oder krank ist, kann in den meisten Fällen nur der betroffene Mensch selbst beurteilen.

1 a) Beschreibe, wie Micke sein Leben gemeistert hat.
b) Wie ist deine Meinung: Ist Micke gesund oder krank? Beachte bei deiner Antwort den Text zum Stichwort „Gesundheit".
2 Was bedeutet für dich „Gesundheit"?
3 Betrachte Abb. 1. Was müsste man zum Beispiel an eurer Schule ändern, damit Behinderte am Unterricht und den meisten Aktivitäten teilnehmen können.

Mensch und Gesundheit

3 Was hält uns gesund, was macht uns krank? Im Laufe des Lebens ist der Mensch vielen Einflüssen ausgesetzt. Sie bestimmen oft über Gesundheit oder Krankheit. Manche Einflüsse können sich sowohl günstig als auch schädlich auf unsere Gesundheit auswirken. Bestimmte Bakterien z. B. können bedrohliche Krankheiten übertragen. Andere Bakterien wiederum helfen im Darm bei der Verdauung der Nährstoffe.

4 Welche Art von Behinderungen kennst du? Beschreibe, wie die Betroffenen damit umgehen und welche Erschwernisse im Vergleich zu Gesunden zu meistern sind.

5 Erläutere an Beispielen, wie sich die in der Abbildung 3 dargestellten Faktoren positiv oder negativ auf unsere Gesundheit auswirken können.

6 Was kann die Gesundheit des ungeborenen Kindes bereits im Mutterleib positiv oder negativ beeinflussen?

7 a) Wo hast du die Möglichkeit, die Verantwortung für deine Gesundheit zu übernehmen?
b) Welche Faktoren für deine Gesundheit kannst du nicht beeinflussen?

Mensch und Gesundheit

1 Stress im Alltag

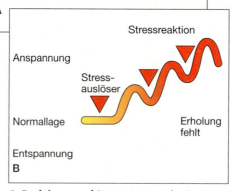

2 Reaktionen auf Stress. A normaler Stressablauf; B Dauerstress

2 Mit Stress kann man leben

„Michaela, steh endlich auf, es ist schon halb acht." Immer noch schläfrig hört Michaela, wie ihre Mutter sie zum dritten Mal weckt. Doch dann ist Michaela plötzlich hellwach. Schon halb acht? Wie soll sie dann nur den Schulbus schaffen? In der ersten Stunde wird eine Klassenarbeit geschrieben. Michaela hetzt ins Bad, springt in ihre Sachen, greift die Schultasche und läuft los. Gerade noch rechtzeitig erwischt sie den Bus, um pünktlich in der Schule zu sein.

Sicher hast du auch schon einen ähnlichen Start in den Tag erlebt. Wenn wir wie Michaela unter Zeit- und Leistungsdruck stehen, erleben wir **Stress.** Unser Körper reagiert auf eine solche belastende Situation, indem er das Hormon *Adrenalin* ins Blut abgibt. Adrenalin bewirkt, dass das Herz schneller schlägt, der Blutdruck steigt, die Muskeln gut durchblutet werden und wir tiefer atmen. Gleichzeitig werden Energiereserven aktiviert. So wird z. B. das stärkeähnliche Glykogen in der Leber zu Glucose (Traubenzucker) abgebaut und ans Blut abgegeben. So werden in Sekundenschnelle wichtige Energielieferanten für Muskelarbeit und Kreislauf bereitgestellt. Wir sind jetzt in der Lage, kurzfristig körperliche Hochleistungen zu erbringen. Dass eine solche Stressreaktion durchaus sinnvoll ist, hat auch Michaela gemerkt, als sie zur Bushaltestelle rannte. Im Bus kann Michaela sich erholen. Der Adrenalingehalt des Blutes sinkt, Herz und Kreislauf beruhigen sich allmählich.

Als der Lehrer die Aufgaben für die Klassenarbeit ausgibt, stellt Michaela fest, dass sie die Formelsammlung vergessen hat. Sie gerät in Panik. Mit klopfendem Herzen und feuchten Händen sitzt sie vor den Aufgaben. Kein Lösungsweg will ihr einfallen.

Diese Reaktion ist typisch für eine Stresssituation, in der zwar alle Kraftreserven des Körpers bereitgestellt werden, gleichzeitig aber das Nachdenken verhindert wird. Das nennt man „Denkblockade".

Mensch und Gesundheit

Jetzt hilft es Michaela nur, den Lehrer nach den erforderlichen Unterlagen zu fragen, tief durchzuatmen, um dann an die Arbeit zu gehen.

Wenn im Leben eines Menschen eine Stresssituation auf die andere folgt, befindet er sich im **Dauerstress.** Weil die Erholungsphasen fehlen, wird auch das Abwehrsystem geschwächt: Man wird anfälliger gegenüber zahlreichen Krankheiten. Bluthochdruck, Migräne, Magen- und Darmerkrankungen, Herzinfarkt oder sogar Krebs können die Folgen sein. Der Mensch kennt aber nicht nur den krank machenden *negativen Stress,* den **Disstress,** sondern er erlebt bei sehr großer Freude oder bei Verliebtheit auch *positiven Stress,* den **Eustress.** Dann fühlt er sich stark und voller überschüssiger Energie und könnte „Bäume ausreißen".

> Unter Stress werden sofort alle Kraftreserven des Körpers bereitgestellt, um schnell reagieren zu können. Bei Dauerstress drohen erhebliche gesundheitliche Schäden.

1 Welche Stresssituationen sind in der Abbildung 1 dargestellt?
2 Welche Situationen in deinem Alltag empfindest du als besonders „stressig"?
3 Was kannst du tun, um Stress zu vermeiden?
4 Betrachte die Abbildungen 2 A und B. Erläutere den Unterschied zwischen dem Ablauf des normalen Stresses und dem des Dauerstresses.
5 Wie erholst du dich von einem „stressigen" Tag?
6 Betrachte Abbildung 3. Finde zu den Buchstaben deines Namens weitere Begriffe zum Stressabbau.
7 Beschreibe Beispiele für positiven Stress.

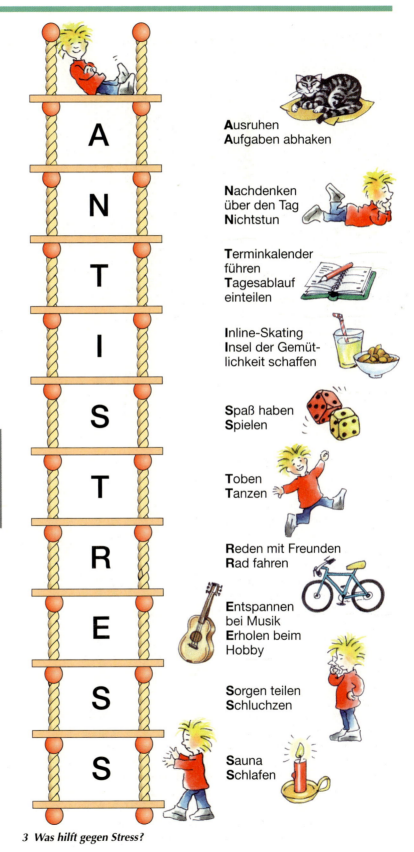

Ausruhen
Aufgaben abhaken

Nachdenken über den Tag
Nichtstun

Terminkalender führen
Tagesablauf einteilen

Inline-Skating
Insel der Gemütlichkeit schaffen

Spaß haben
Spielen

Toben
Tanzen

Reden mit Freunden
Rad fahren

Entspannen bei Musik
Erholen beim Hobby

Sorgen teilen
Schluchzen

Sauna
Schlafen

3 Was hilft gegen Stress?

Mensch und Gesundheit

3 Infektionskrankheiten und Immunsystem

3.1 Es kann jeden treffen: Infektionskrankheiten

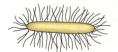

Kartoffelsalat und Würstchen isst Sabine besonders gern. Doch diesmal scheint sie die Mahlzeit nicht zu vertragen. Nach einigen Stunden klagt sie über Übelkeit und Bauchschmerzen. Sie muss sich erbrechen und bekommt Durchfall. Offensichtlich hat Sabine mit der Nahrung Krankheitserreger aufgenommen, die mit bloßem Auge nicht zu erkennen sind. Solche Erreger können auch über die Atemwege, über Wunden, durch Körperkontakte oder aufgrund fehlender Hygiene in den Körper gelangen. Manchmal übertragen auch Blut saugende Tiere Krankheitserreger auf den Menschen. Wenn Erreger in den Körper gelangt sind, sagt man, man habe sich infiziert. Die Infektion ist somit die erste Phase der Krankheiten, die als **Infektionskrankheiten** bezeichnet werden. Da solche Krankheiten auch von Mensch zu Mensch übertragbar sind, nennt man sie ansteckende oder übertragbare Krankheiten.

Wenn große Teile der Bevölkerung befallen sind, spricht man von einer Seuche oder Epidemie. Pest und Pocken sind bekannte Beispiele aus früheren Zeiten. Heute treten Krankheiten wie Typhus und Cholera in vielen Ländern der Dritten Welt als Seuchen auf. Meist ist verunreinigtes Trinkwasser die Ursache.

Die meisten Infektionskrankheiten werden durch **Bakterien** oder **Viren** übertragen. Aber auch **Hautpilze** oder **tierische Parasiten** wie Bandwürmer können Krankheiten auslösen.

Meistens bemerkt der Mensch gar nicht, dass er sich angesteckt hat. Denn häufig kann das Abwehrsystem des Körpers die Eindringlinge sofort vernichten. Können sich die Erreger aber im Körper vermehren, vergeht noch eine gewisse Zeit, bis die Krankheit ausbricht. Diese Zeit nennt man **Inkubationszeit.** Je nach Art des Erregers kann sie Stunden, Tage, Monate oder sogar Jahre betragen.

Mit dem **Ausbruch der Krankheit** treten dann typische Symptome wie Fieber, Appetitlosigkeit und allgemeine Schwäche auf. Meistens schafft es das Abwehrsystem, mit den krank machenden Eindringlingen nach einigen Tagen fertig zu werden. Medikamente können die **Genesung** oder Rekonvaleszenz unterstützen. Manchmal aber wird der Mensch chronisch krank oder er stirbt sogar an der Krankheit.

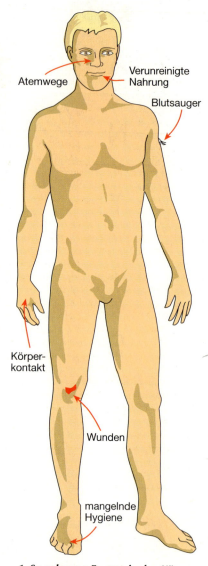

1 So gelangen Erreger in den Körper

Krankheiten	Zahl der Erkrankungen
Malaria	300–500 Millionen
Masern	34 Millionen
AIDS	8,4 Millionen
Tuberkulose	7,4 Millionen
Kinderlähmung	80 000

2 Infektionskrankheiten (1997, weltweit)

> Infektionskrankheiten werden von Bakterien, Viren, Hautpilzen oder Parasiten auf den Menschen übertragen. Man teilt den Verlauf einer Infektionskrankheit in vier Phasen ein: Infektion, Inkubationszeit, Ausbruch der Krankheit und Genesung bzw. Tod.

1 Welche Krankheitserreger unterscheidet man?

2 Du kennst verschiedene Ansteckungswege. Mache Vorschläge, wie man sich jeweils vor einer Infektion schützen kann.

3 Tetanusbakterien gelangen meist nach Verletzungen in die offene Wunde. Diese Bakterien befinden sich in der Erde oder im Straßenstaub. Kontrolliere mithilfe deines Impfausweises, ob du dagegen geschützt bist.

Mensch und Gesundheit

INFEKTIONSKRANKHEITEN UND ERREGER

Pinnwand

Bakterien

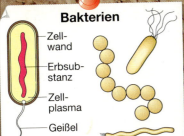

- Zellwand
- Erbsubstanz
- Zellplasma
- Geißel

Bakterien sind kleine einzellige Lebewesen, die gerade noch mit dem Lichtmikroskop zu erkennen sind. Sie sind durch eine feste Zellwand nach außen begrenzt. Im Innern befindet sich die Erbsubstanz. Je nach ihrer Form unterscheidet man Stäbchen-, Kugel- oder Schraubenbakterien voneinander. Zur Fortbewegung dienen häufig fadenförmige Geißeln. Unter günstigen Umweltbedingungen verdoppelt sich die Anzahl der Bakterien alle 20 bis 30 Minuten. Krankheiten wie Keuchhusten, Wundstarrkrampf (Tetanus), Tuberkulose oder Scharlach werden durch Bakterien hervorgerufen. Bakterien können aber auch nützlich sein, z. B. bei der Herstellung von Jogurt und bestimmten Brotsorten.

Viren

- Eiweißhülle
- Erbgut

Paramyoxovirus (Mumps)
Poliovirus (Kinderlähmung)

Influenzavirus (Grippe)
Herpesvirus

Viren sind mit nur 0,00002 mm Länge viel kleiner als Bakterien und erst mit Hilfe des Elektronenmikroskops sichtbar. Sie haben oft eine kugelige oder stäbchenartige Form. Eine äußere Eiweißhülle schützt das Erbgut im Innern. Viren können nur überleben, wenn sie in lebende Zellen eindringen, wo sie sich vermehren. Sie sind auf solche Wirtszellen angewiesen, weil sie keinen eigenen Stoffwechsel besitzen. Krankheiten wie Schnupfen, Grippe, Windpocken, Mumps und Kinderlähmung werden von Viren übertragen.

Zecken

Der Holzbock ist eine 2 bis 5 mm große **Zecke**. Er kann beim Blutsaugen sowohl Bakterien als auch Viren auf den Menschen übertragen. Die Viren verursachen eine gefährliche Hirnhautentzündung, die unter dem Namen **FSME** bekannt ist. Man kann sich dagegen impfen lassen.
Gegen die **Borreliose-Bakterien** kann man keine Vorsorge treffen. Zuerst rötet sich die Haut kreisförmig um die Einstichstelle, später kann es zu Entzündungen oder gar Nervenlähmungen kommen. Eine frühe ärztliche Behandlung ist notwendig.
Hat sich eine Zecke in die menschliche Haut gebohrt, sollte man sie umgehend mit Hilfe einer Pinzette herausziehen.

Fußpilz

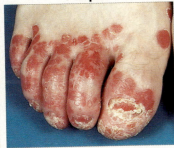

Fußpilze sind winzige, fächerförmige Pilze, die in der Haut leben. Feuchtwarme Orte wie Schwimmbäder, Turnhallenböden, Saunen und häufig getragene Sportschuhe sind ideale Vermehrungsorte für Fußpilze. Bei Befall sind die weichen Hautstellen zwischen den Zehen gerötet, jucken und schuppen sich. Das Tragen von Badeschuhen und gründliches Abtrocknen der Füße auch zwischen den Zehen helfen vorzubeugen.

1. Nenne mindestens zwei Unterschiede zwischen einem Bakterium und einer tierische Zelle.
2. Wodurch unterscheiden sich Viren von Pflanzen, Tieren und Bakterien?
3. Holzböcke leben überwiegend im Wald, wo sie oft auf Grashalmen und Kräutern auf ihr „Opfer" warten. Wie kann man sich vor ihnen schützen?
4. Nenne Möglichkeiten, wie man sich mit Fußpilz anstecken kann.

Herpes (Bläschenkrankheit)

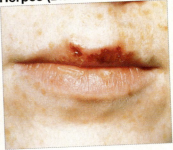

Herpes-Viren verursachen kleine juckende und brennende Bläschen an Lippen, Naseneingängen und Zahnfleisch. Hat man sich mit den häufigen Viren angesteckt, können sie jahrelang ohne Symptome im Körper verbleiben, bevor die Bläschen wieder auftreten. Man kann den Krankheitsverlauf beeinflussen, indem man eine Creme aufträgt, die die Viren abtötet.

Mensch und Gesundheit

Pinnwand

INNEN- UND AUSSENPARASITEN

Fuchsbandwurm

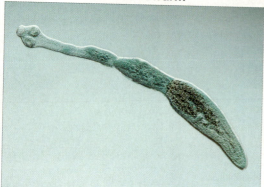

Merkmale: 1 - 5 mm; 3 - 4 Glieder; Kopf mit Saugnäpfen und Hakenkranz
Lebensweise: lebt im Darm von Füchsen (Wirt); Eier gelangen im Kot nach außen und kommen über ungesäuberte Waldbeeren und Pilze in den Darm des Menschen (Zwischenwirt); geschlüpfte Larven bilden in der Leber große Blasen (Finnen)

Außenparasiten bleiben nur auf der Oberfläche ihrer Wirte
Innenparasiten leben im Körper ihrer Wirte. Bevorzugt befallene Organe sind Darm, Leber, Lunge, Gehirn.
Wirt ist ein Lebewesen, in oder an dessen Körper ein Parasit lebt.
Finne heißt die blasenartige Larve von Bandwürmern. Sie lebt meist in Muskulatur, Leber oder Gehirn ihres Wirtes.

Kopflaus

Merkmale: 2 - 4 mm; kleiner Kopf; kurze, kräftige Klammerbeine; Körperfarbe passt sich der Haarfarbe des Wirts an
Lebensweise: Blut saugend, hauptsächlich im Kopfhaar des Menschen; können Krankheiten übertragen; ein Weibchen „kittet" 50 - 80 Eier (Nissen) an die Haare; Schlupf in etwa 18 Tagen

Schweinefinnenbandwurm

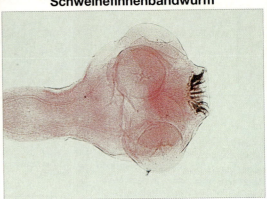

Merkmale: 2 - 6 m; Kopf mit 4 Saugnäpfen und Hakenkranz; Körper flach, farblos und mit vielen Gliedern
Lebensweise: lebt im Darm des Menschen (Wirt); reife Glieder mit bis zu 30000 befruchteten Eiern im Kot nach außen; über Nahrung ins Schwein (Zwischenwirt); Entwicklung von Hakenlarven; wandern ins Muskelfleisch, dort Ruhestadium, die Finne; Übergang auf Mensch durch Verzehr von rohem, finnigem Fleisch

Spulwurm

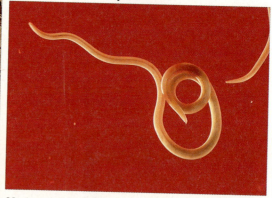

Merkmale: ♂ 15 - 25 cm, ♀ 20 - 40 cm
Lebensweise: lebt im Darm des Menschen; mit Kot werden Eier ausgeschieden; gelangen durch Düngung oder durch Fliegen auf Nahrungsmittel und dann wieder in den Darm; geschlüpfte Larven kommen mit Blut in die Lunge; Larven wandern die Luftwege hinauf und werden erneut verschluckt; Entwicklung des Spulwurms im Darm

1 Lies die Verbreitungsmöglichkeiten des Fuchsbandwurms. Leite Maßnahmen für dein Verhalten ab, wie du eine Ansteckung vermeiden kannst. Begründe.

Mensch und Gesundheit

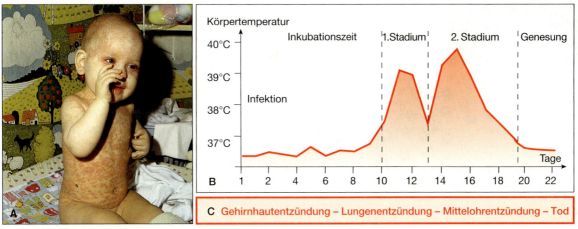

1 Masern. A Hautausschlag; **B** Verlauf; **C** mögliche Folgen

3.2 Masern – eine harmlose Kinderkrankheit?

„Masern, das ist doch eine Kinderkrankheit, was also kann daran gefährlich sein?" – So fragen sich viele Menschen. Tatsächlich stecken sich meist Kinder gegenseitig mit dem Erreger, einem *Virus,* an. Nach ca. 10 Tagen Inkubationszeit zeigen sich erste harmlose Symptome wie Schnupfen und Husten. Die Masernviren befallen nämlich zunächst die Schleimhäute in Nase und Rachen. Weißliche Flecken auf der Wangenschleimhaut und Fieber sind erste typische Anzeichen des Krankheitsausbruches. Nach 3 bis 5 Tagen geht die Krankheit in das 2. Stadium über. Die Viren haben sich inzwischen stark vermehrt und überall im Körper ausgebreitet. Das Fieber steigt oft bis 40 °C und man fühlt sich sehr elend. Die Erkrankten können kein helles Licht ertragen und entwickeln einen hellroten Hautausschlag, der schließlich den ganzen Körper befällt. Ist das Immunsystem in der Lage, die Viren abzutöten, dann gehen alle Anzeichen ein bis zwei Wochen nach Ausbruch der Krankheit zurück und man wird schnell wieder gesund.

Bei geschwächten Kindern kommt es jedoch leicht zu Folgeerkrankungen wie Mittelohrentzündung, Lungenentzündung oder gar einer lebensgefährlichen Hirnhautentzündung. Dann drohen Bewusstlosigkeit und Krämpfe. Weltweit sterben ca. 1 Million Kinder an den Folgen der Masernerkrankung. Nur durch rechtzeitige Impfung lassen sich solche gefährlichen Folgen vermeiden.

> Masern ist eine ansteckende, gefährliche Kinderkrankheit, die von Viren ausgelöst und durch Körperkontakt übertragen wird. Lebensbedrohliche Folgeerkrankungen wie Lungenentzündung und Hirnhautentzündung sind besonders gefürchtet.

1 Beschreibe den Verlauf der Masernerkrankung, indem du die einzelnen Phasen einer Infektionskrankheit und die Körpertemperatur berücksichtigst. Nimm die Abb. 1 B zu Hilfe.

2 Erläutere mithilfe der Abb. 2, wie sich Viren in den Körperzellen massenhaft vermehren können.

2 Massenhafte Vermehrung von Viren. Ein Virus befällt eine Zelle und vermehrt sich darin. Die Zelle stirbt ab, die Viren werden freigesetzt und befallen neue Zellen.

1 „Gesundheit!"

3.3 Stark in der Abwehr: Das Immunsystem

Im Alltag sind die Menschen überall Krankheitserregern ausgesetzt: wenn zum Beispiel jemand neben uns niest, wenn wir eine Türklinke anfassen oder ungewaschenes Obst essen. Unser Körper würde solche Angriffe auf die Gesundheit nur wenige Stunden überleben, gäbe es nicht eine leistungsfähige Abwehr, die die meisten Krankheitserreger erfolgreich bekämpft.

Die gesunde *Haut* ist die erste Barriere, die den Menschen vor Infektionen schützt. Durch die Talg- und Schweißproduktion entsteht ein Säureschutzmantel, der Erreger – insbesondere Hautpilze – unschädlich machen kann.

Dort, wo Erreger durch die Körperöffnungen eindringen können, beginnt ein leistungsfähiges *Abwehrsystem*, das **Immunsystem,** mit der Abwehr. Es sind im Wesentlichen die **weißen Blutkörperchen** des Menschen, die diese Aufgabe übernehmen. Sie entstehen fortwährend neu im Knochenmark der Röhrenknochen und werden mit dem Blut und der Lymphflüssigkeit an alle Stellen des Körpers transportiert. In den *Lymphknoten,* zum Beispiel in den Mandeln oder unter den Achseln, befinden sich besonders viele dieser Abwehrzellen. Wir unterscheiden verschiedene Arten von Abwehrzellen: Fresszellen, Killerzellen, Plasmazellen, T-Helfer-Zellen und Gedächtniszellen.

In der Nasenschleimhaut sind immer einige **Fresszellen** bereit, eingedrungene Erreger sofort zu vertilgen. Die Fresszellen haben in der *Thymusdrüse,* einem kleinen Organ unter dem Brustbein, „gelernt", zwischen eigenen und fremden Zellen zu unterscheiden. Sie erkennen die Viren und Bakterien als Fremdkörper und vernichten sie dann. In der *Milz,* die in der Bauchhöhle liegt, befinden sich immer Abwehrzellen in Reserve.

Manchmal gelingt es den Erregern trotz dieser Abwehr, weiter in den Körper einzudringen und sich dort zu vermehren. Dann informieren die Fresszellen andere Zellen im Blut, die **T-Helfer-Zellen.** Diese Zellen organisieren einen zweifachen Angriff auf die Erreger.

Einerseits informieren sie **Plasmazellen,** die spezielle *Antikörper* bilden können. Die Antikörper vernichten die Eindringlinge. Andererseits „alarmieren" die T-Helfer-Zellen auch die **Killerzellen.** Diese suchen nach Zellen, die bereits von den Erregern befallen worden sind. Dann töten die Killerzellen diese infizierten Zellen ab, sodass sich die Erreger in den befallenen Zellen nicht mehr vermehren können. Die Fresszellen vernichten die Reste. In den Lymphknoten werden die giftigen Abfallprodukte abgebaut, die während eines Abwehrkampfes entstanden sind.

Eine solche Abwehrreaktion dauert

2 Abwehrzellen bekämpfen Krankheitserreger (Schema)

Mensch und Gesundheit

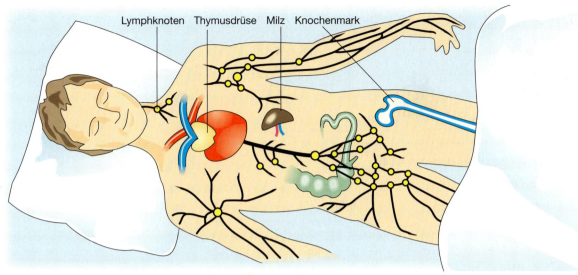

3 Organe des Immunsystems

oft ein paar Tage, bis alle Erreger vernichtet sind und die Krankheit überwunden ist.

Während das Abwehrsystem arbeitet, bilden sich die **Gedächtniszellen.** Diese Zellen speichern die Information über die Eigenschaften der Erreger. Bei erneutem Kontakt mit dem gleichen Erregertyp können die Abwehrzellen sofort aktiv werden, sodass der Mensch gar nicht erst krank wird. So wird der Mensch im Laufe seines Lebens gegen verschiedene Erreger immun. Daher kommt die Bezeichnung Immunsystem.

Jeder Mensch kann selbst dazu beitragen, das Immunsystem bei seiner täglichen Aufgabe zu unterstützen. Man weiß heute, dass sich während des Schlafes die Abwehrzellen erholen. Deshalb ist ausreichender Schlaf besonders wichtig. Täglich frisches Obst und Gemüse mit ausreichend Vitamin C, E und Beta-Carotin unterstützen das Abwehrsystem ebenso wie regelmäßige sportliche Bewegung. Das Immunsystem ist aber auch abhängig von unserem seelischen Befinden. Wer mit seinem Leben zufrieden ist und fröhlich an seine Aufgaben geht, wird seltener krank.

Manchmal reagiert das Immunsystem übereifrig und stuft zum Beispiel harmlose Blütenpollen oder Tierhaare als gefährliche Krankheitserreger ein, die bekämpft werden müssen. Der Mensch leidet dann an einer *Allergie,* die schwierig zu behandeln ist.

> Das Immunsystem des Menschen sorgt mit verschiedenen Abwehrzellen und den Antikörpern dafür, dass eingedrungene Krankheitserreger unschädlich gemacht werden.

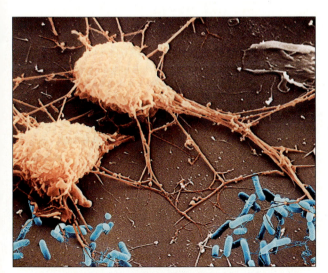

4 Fresszellen (orange) vertilgen Bakterien (blau)

1 Liste alle Zelltypen des Abwehrsystems auf und ordne ihnen ihre Aufgabe zu.
2 Wenn jemand krank ist, sagt man häufig: „Schlaf dich gesund!" Wie sinnvoll ist dieser Ratschlag?
3 Warum bekommen Erwachsene selten so genannte Kinderkrankheiten?
4 Nenne Lebensgewohnheiten, die das Abwehrsystem beeinträchtigen können.
5 Menschen, die nach einer Transplantation mit einem Organ eines anderen Menschen leben, müssen Medikamente nehmen, die das Immunsystem unterdrücken. Versuche diese Maßnahme zu erklären.

Mensch und Gesundheit

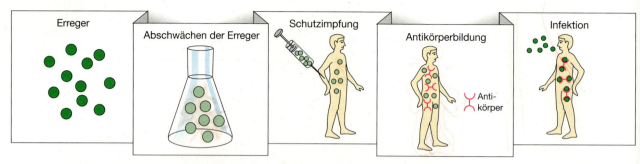

1 Schutzimpfung (Aktive Immunisierung)

3.4 Impfen kann Leben retten

„Bist du gegen Tetanus geimpft?", fragt die Ärztin den 13-jährigen Christian, der sich eine tiefe Wunde beim Sturz mit dem Fahrrad zugezogen hat. Christians Mutter hat den Impfausweis mitgebracht und so kann die Ärztin feststellen, dass ausreichender Impfschutz besteht. Christian ist froh, dass er nicht noch eine Spritze bekommen muss.

Bereits als Säugling werden viele Kinder u. a. mit den Erregern der Tetanus-Krankheit geimpft. Diese Erreger werden jedoch vorher so behandelt, dass sie die Kinder nicht ernsthaft krank werden lassen. Ihr Immunsystem wird durch die **Impfung** angeregt, Antikörper gegen die Tetanusbakterien zu bilden. Wie bei einer überstandenen Infektionskrankheit bleiben auch hier Gedächtniszellen im Blut, die sich die Eigenschaften des Erregers merken. So können sie bei erneuter Infektion mit dem gleichen Erreger das Immunsystem sofort aktivieren. Kinder, die gegen bestimmte Krankheiten geimpft sind, werden dadurch gegen sie immun. Deshalb nennt man eine solche Impfung auch **Schutzimpfung** oder *aktive Immunisierung*. Damit diese Immunität bleibt, muss in regelmäßigen Abständen eine Auffrischungsimpfung erfolgen.

Manchmal jedoch braucht der Mensch eine ganz andere Art der Impfung. Wenn er bereits erkrankt ist und das Immunsystem mit dem Erreger nicht fertig wird, muss man die passenden Antikörper spritzen. So wird das Immunsystem unterstützt und dadurch die Heilung beschleunigt. Eine solche Impfung nennt man **Heilimpfung** oder *passive Immunisierung*.
Wo aber kommen die Antikörper für eine Heilimpfung her? Man gewinnt sie, indem man Tiere mit abgeschwächten Erregern einer bestimmten Infektionskrankheit impft, ihnen nach einiger Zeit Blut entnimmt und die dann gebildeten Antikörper herausfiltert. Eine Heilimpfung wirkt nur drei bis vier Wochen, sie kann aber im Notfall Leben retten.

> Durch eine Schutzimpfung wird der Körper angeregt, eine lang anhaltende Immunität zu entwickeln. Zur Unterstützung des Abwehrsystems eines Erkrankten dagegen erfolgt eine Heilimpfung.

1 a) Erkläre den Begriff „Immunität"
b) Erläutere, auf welche Art und Weise der Mensch immun gegen bestimmte Krankheiten werden kann. Es gibt zwei Möglichkeiten.
2 Begründe, warum der Mensch bei einer Schutzimpfung auf jeden Fall gesund sein muss.
3 Jedes Jahr wird im Frühherbst auf die Grippeimpfung hingewiesen. Um welche Art von Impfung handelt es sich hier?

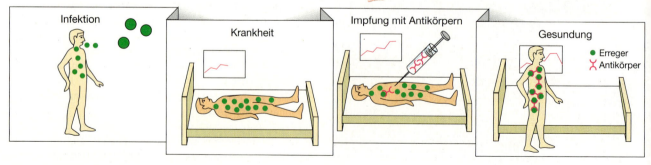

2 Heilimpfung (Passive Immunisierung)

Mensch und Gesundheit

3.5 Vorsicht – Malaria!

Last minute-Flug nach Afrika! Familie Beier ist begeistert über das preiswerte Urlaubsangebot nach Kenia. Da müssen sie zugreifen. Vor lauter Hektik denkt niemand an die gesundheitlichen Risiken einer solchen Reise. Die Ansteckungsgefahr durch Tropenkrankheiten wie der Malaria ist in Afrika besonders hoch.

Malaria ist in den Tropen und Subtropen weit verbreitet. Die Infektionskrankheit wird von einer Stechmücke, der **Anopheles-Mücke,** übertragen. Beim Stich dieser Mücke gelangen die Erreger, kleinste einzellige Lebewesen, mit dem Speichel der Mücke in das menschliche Blut. Innerhalb einer halben Stunde haben die Einzeller die Leber erreicht. In den Leberzellen vermehren sie sich und befallen dann nach Tagen oder gar Monaten der Inkubationszeit in großer Zahl die roten Blutkörperchen. Sie brauchen den roten Blutfarbstoff, um sich erneut zu vermehren. Schließlich platzen die befallenen Blutkörperchen, wobei große Mengen von giftigen Stoffwechselprodukten der Erreger frei werden. Das löst beim Menschen Schüttelfrost und Fieberanfälle aus. Oft werden diese grippeähnlichen Symptome falsch gedeutet, weil man gar nicht mehr an eine mögliche Infektion mit Malaria denkt.

Die frei gewordenen Erreger befallen erneut die roten Blutkörperchen. Der Mensch leidet unter wiederkehrenden Fieberschüben und wird immer schwächer. Ohne rechtzeitige ärztliche Behandlung tritt häufig der Tod ein. So sterben jährlich über eine Million Menschen – vorwiegend Kinder unter 5 Jahren – an den Folgen dieser Tropenkrankheit.

Eine Ansteckung mit Malaria von Mensch zu Mensch ist nicht möglich. Der Erreger braucht nämlich für seine vollständige Entwicklung immer den Menschen *und* die Anopheles-Mücke als Wirt.

Wenn man eine Reise in die Tropen plant, lässt man sich möglichst rechtzeitig von einem Arzt oder dem Gesundheitsamt beraten. Je nach Reiseziel und Reisezeit werden unterschiedliche Medikamente empfohlen, die man vorbeugend einnehmen sollte. Im Urlaubsland sollte man sich durch Mückennetze, Insektenschutzmittel und Kleidung mit langen Ärmeln und Hosenbeinen vor Insektenstichen schützen.

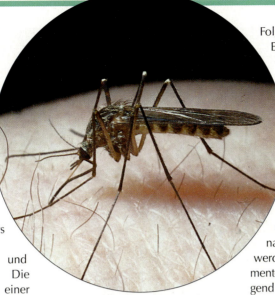

1 Anopheles-Mücke

> Malaria ist eine der gefährlichsten Infektionskrankheiten, die auf der Erde weit verbreitet ist. Die Anopheles-Mücke überträgt beim Stich die Malariaerreger auf den Menschen.

1 a) Beschreibe den Verlauf einer Malaria-Erkrankung mithilfe der Abbildung 2.
b) Welchen Zusammenhang kannst du zwischen der Fieberkurve und den Vorgängen im Blut erkennen?
2 Informiere dich über die Aufgabe der roten Blutkörperchen. Was bedeutet es für den Menschen, wenn der Malaria-Erreger diese Blutkörperchen im Laufe der Erkrankung zunehmend zerstört?
3 Zähle Länder auf, in denen Malaria vorkommen kann. Nimm deinen Atlas zu Hilfe.

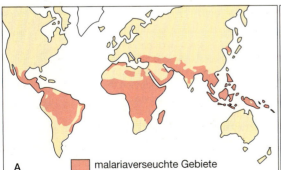
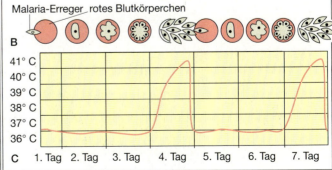

2 Malaria. A Verbreitung; B Vermehrung des Erregers in den roten Blutkörperchen und C Fieberkurve

Mensch und Gesundheit

Pinnwand

VORBEUGEN UND HEILEN

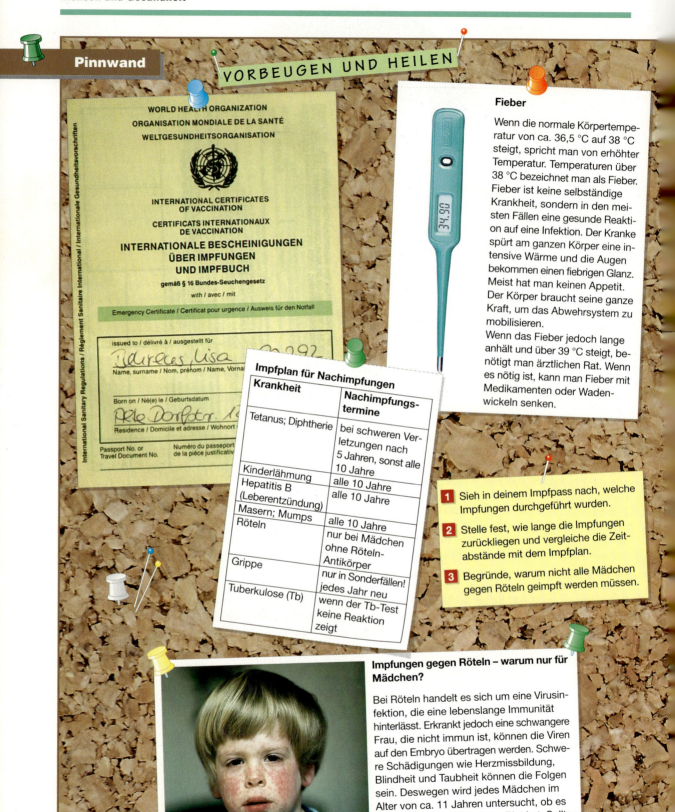

Fieber

Wenn die normale Körpertemperatur von ca. 36,5 °C auf 38 °C steigt, spricht man von erhöhter Temperatur. Temperaturen über 38 °C bezeichnet man als Fieber. Fieber ist keine selbständige Krankheit, sondern in den meisten Fällen eine gesunde Reaktion auf eine Infektion. Der Kranke spürt am ganzen Körper eine intensive Wärme und die Augen bekommen einen fiebrigen Glanz. Meist hat man keinen Appetit. Der Körper braucht seine ganze Kraft, um das Abwehrsystem zu mobilisieren.
Wenn das Fieber jedoch lange anhält und über 39 °C steigt, benötigt man ärztlichen Rat. Wenn es nötig ist, kann man Fieber mit Medikamenten oder Wadenwickeln senken.

Impfplan für Nachimpfungen

Krankheit	Nachimpfungstermine
Tetanus; Diphtherie	bei schweren Verletzungen nach 5 Jahren, sonst alle 10 Jahre
Kinderlähmung	alle 10 Jahre
Hepatitis B (Leberentzündung)	alle 10 Jahre
Masern; Mumps Röteln	alle 10 Jahre nur bei Mädchen ohne Röteln-Antikörper
Grippe	nur in Sonderfällen! jedes Jahr neu
Tuberkulose (Tb)	wenn der Tb-Test keine Reaktion zeigt

1 Sieh in deinem Impfpass nach, welche Impfungen durchgeführt wurden.

2 Stelle fest, wie lange die Impfungen zurückliegen und vergleiche die Zeitabstände mit dem Impfplan.

3 Begründe, warum nicht alle Mädchen gegen Röteln geimpft werden müssen.

Impfungen gegen Röteln – warum nur für Mädchen?

Bei Röteln handelt es sich um eine Virusinfektion, die eine lebenslange Immunität hinterlässt. Erkrankt jedoch eine schwangere Frau, die nicht immun ist, können die Viren auf den Embryo übertragen werden. Schwere Schädigungen wie Herzmissbildung, Blindheit und Taubheit können die Folgen sein. Deswegen wird jedes Mädchen im Alter von ca. 11 Jahren untersucht, ob es Antikörper gegen Röteln im Blut hat. Sollte das nicht der Fall sein, muss eine Röteln-Schutzimpfung erfolgen.

Mensch und Gesundheit

Antibiotika

Im Jahr 1929 entdeckte der Bakterienforscher Fleming, dass der Schimmelpilz Penicillium Bakterienkulturen negativ beeinflusst. Er gewann den dafür verantwortlichen Stoff aus dem Pilz und nannte ihn **Penicillin**. Dieses erste Antibiotikum verhindert das Wachstum der Bakterien, indem es die Bildung der Zellwand hemmt.

Mit der Entwicklung des Penicillins glaubte man, dass alle bakteriellen Infektionskrankheiten bekämpft werden könnten. Der häufige und falsche Einsatz von Antibiotika führte jedoch dazu, dass manche Erreger gar nicht mehr auf das Medikament reagierten: Sie waren resistent geworden. Deshalb sollte in jedem Fall der Arzt entscheiden, ob die Einnahme von Antibiotika sinnvoll erscheint.

Einnahme: In regelmäßigen Abständen auf ärztliche Anweisung einnehmen. Auf keinen Fall die Behandlung vorzeitig beenden, auch wenn eine Besserung des Krankheitszustandes eintritt (Gefahr der Resistenzbildung).
Nebenwirkungen: Je nach Medikament unterschiedliche Nebenwirkungen, besonders im Magen- und Darmbereich.
Warnhinweise: Nie ohne ärztliche Anweisung einnehmen! Bei Patienten, die zu Allergien neigen, besteht die Gefahr einer heftigen Reaktion auf die Wirkstoffe.

So klappt's

„Damit's klappt – eine zur Beruhigung..." ... eine gegen die Schwäche... ...eine gegen die Angst... ...dann klappt's!"

Wenn Medikamente richtig angewendet werden, können sie dem Menschen helfen, wieder gesund zu werden. Falsch angewandte oder falsch dosierte Mittel führen oft zu erheblichen gesundheitlichen Schäden, besonders bei Dauergebrauch. Die dauernde Einnahme von Schmerz- und Beruhigungsmitteln kann sogar zur Abhängigkeit führen.

Vitamin C

Vitamine sind unentbehrlich für unseren Körper. Einige stärken das Immunsystem. Zu den wichtigsten dieser Vitamine gehört das Vitamin C, auch **Ascorbinsäure** genannt. Unser Körper kann es nicht selber bilden, deshalb müssen wir es mit der Nahrung zu uns nehmen. Kiwi, Zitrone, Grapefruit, Zwiebel, Brokkoli, Weißkohl, Kohlrabi, Paprika und Erbsen enthalten reichlich Vitamin C.
Man kann das Vitamin C auch in der Apotheke erhalten. Am besten ist es, wenn man über den Tag verteilt regelmäßige „Vitamin-C-Portionen" zu sich nimmt, insgesamt mindestens 75 bis 100 mg.

Salbei

In den Blättern des Salbeis befinden sich bestimmte Stoffe, die sich gegen Erkältung, Halsschmerzen und Entzündungen in der Mundhöhle bewährt haben. Aus getrockneten Salbeiblättern bereitet man einen Tee, den man trinken, mit dem man aber auch gurgeln kann.
Salbei gehört zu den pflanzlichen Naturheilmitteln, die bei leichten Beschwerden Linderung bringen können. Verstärken sich die Symptome, sollte auf jeden Fall der Arzt aufgesucht werden.

4 Begründe, warum es die meisten Medikamente nur auf Rezept gibt.

5 Man kann vieles tun, um einer Erkältung vorzubeugen. Stelle eine Liste mit möglichen Maßnahmen zusammen.

6 Was sollte man bei der Einnahme von Antibiotika beachten?

Mensch und Gesundheit

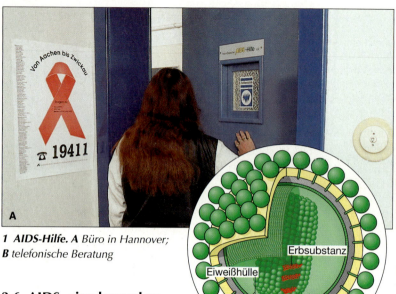

1 AIDS-Hilfe. A Büro in Hannover; **B** telefonische Beratung

3.6 AIDS, eine besondere Infektionskrankheit

Es ist Liebe auf den ersten Blick, als Silvia und Michael sich auf der Schulabschlussfete kennen lernen. Allmählich entwickelt sich daraus eine feste Freundschaft, die beide sehr glücklich macht. Doch dann klagt Michael immer häufiger über Durchfall und Fieber. Nach mehreren Behandlungen, die alle keine deutliche Besserung bringen, wird schließlich die Diagnose gestellt: Michael ist HIV-positiv, d. h. er wird an AIDS erkranken.

2 Modell des HIV

Was weiß man heute über die Infektionskrankheit **AIDS?** Der Erreger ist ein Virus, das **HIV.** Es befindet sich in vielen Körperflüssigkeiten. Aber nur im Blut, in der Samen- und der Scheidenflüssigkeit sind die Viren in so großer Zahl vorhanden, dass man sich anstecken kann. Der Erreger kann nur übertragen werden, wenn die Viren über eine Wunde in der Haut oder der Schleimhaut einen Weg in den Körper finden. Am häufigsten steckt man sich durch ungeschützten Geschlechtsverkehr an.

Die Infektion wird kaum bemerkt. Im Laufe von 2 bis 4 Monaten bildet das Immunsystem Antikörper gegen die Viren. Bei einem AIDS-Test kann man diese Antikörper dann nachweisen: Man ist *HIV-positiv*. Die gebildeten Antikörper schaffen es jedoch nicht, die HI-Viren unschädlich zu machen. Die Viren können sich nämlich so

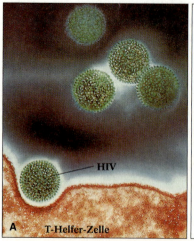

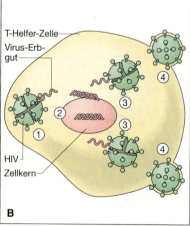

- Lymphknotenschwellung
- Durchfall
- Fieber
- Nachtschweiß
- Gewichtsverlust

3 Verlauf einer HIV-Erkrankung. A Infektion; **B** Viren-Vermehrung in einer T-Helfer-Zelle. ① HIV zerfällt und setzt sein Erbgut frei, ② im Zellkern wird neues HIV-Erbgut gebildet, ③ neue HIV entstehen, ④ HIV werden freigesetzt; **C** Vorstadium

Mensch und Gesundheit

verändern, dass sie von den Antikörpern nicht mehr als „Feinde" erkannt werden.

Die HI-Viren brauchen wie alle Viren lebende Körperzellen, um sich zu vermehren. Und hier zeigt sich die nächste Besonderheit: Das Virus sucht sich nicht irgendeine Körperzelle, sondern es befällt die T-Helfer-Zellen des menschlichen Immunsystems. Es schleust sein Erbgut in das Erbgut der T-Helferzellen. Diese beginnen daraufhin neue Viren zu produzieren statt sie abzuwehren. Die neuen Viren befallen ihrerseits andere Helferzellen.

Dabei nimmt die Anzahl der Helferzellen allmählich immer mehr ab. Dieser Vorgang kann sich über Jahre hinziehen, bis das Immunsystem geschwächt ist.

Nun, im *Vorstadium* zeigen sich erste Anzeichen der Krankheit. Doch die sind es nicht allein, mit denen der Infizierte jetzt zu kämpfen hat. Oftmals erfährt er, dass er von Kollegen und Freunden aus Angst und Unwissenheit verlassen wird oder seine Arbeit verliert. Dann fühlt sich der betroffene Mensch mit all seinen Sorgen und Ängsten allein gelassen. Einrichtungen wie die **AIDS-Hilfe** können in solchen Fällen lebenswichtige Unterstützung leisten.

Auf die Kranken kommen schwere Zeiten zu. Wenn das Immunsystem immer schwächer wird, ist die weitere Vermehrung der HI-Viren kaum mehr zu stoppen. Schließlich bricht das Immunsystem zusammen. Andere sonst harmlose

> **Stichwort**
> **AIDS und HIV**
>
> AIDS = **A**cquired **I**mmune **D**eficiency **S**yndrome = erworbenes Abwehrschwäche-Syndrom
> HIV = **H**uman **I**mmune **D**eficiency **V**irus = Humanes Immunschwäche-Virus

Krankheitskeime und Hautpilze befallen den Infizierten, der diese Erreger nicht mehr bekämpfen kann.
Man bezeichnet dieses Stadium als *Vollbild* der AIDS-Erkrankung. Es führt schließlich zum Tod.

Heute hat man Medikamente entwickelt, die bei einigen HIV-Infizierten die Vermehrung der Viren verlangsamen oder die Infektionen im Endstadium lindern können.

Zur Zeit, im Jahr 2000, gibt es aber weder eine Heilung noch einen wirksamen Impfstoff. Deshalb bleibt die Vermeidung der Ansteckung der einzige Schutz vor dieser tödlichen Infektionskrankheit, die im Jahre 1998 weltweit ca. 30 Millionen Menschen befallen hat.

> AIDS ist eine Infektionskrankheit, die von dem HI-Virus übertragen wird. Dabei wird das Immunsystem so geschwächt, dass zahlreiche Erkrankungen schließlich zum Tode führen.

1 AIDS unterscheidet sich von einer „normalen" Infektionskrankheit. Beschreibe die unterschiedlichen Merkmale.
2 Beschreibe die Vermehrung von HIV anhand der Abbildung 3 B.
3 Warum ist es wichtig, dass ein HIV-infizierter Mensch möglichst frühzeitig von seiner Ansteckung erfährt?
4 Du hast die Geschichte von Silvia und Michael gelesen. Wie sollten die beiden sich deiner Meinung nach verhalten? Wer könnte ihnen helfen?

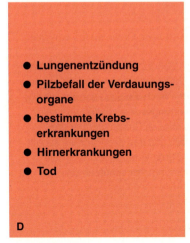

- Lungenentzündung
- Pilzbefall der Verdauungsorgane
- bestimmte Krebserkrankungen
- Hirnerkrankungen
- Tod

D

D Vollbild AIDS

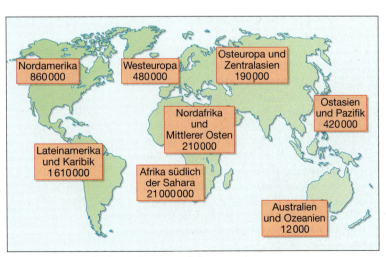

4 Geschätzte Verbreitung der HIV-Infizierten (1998)

Mensch und Gesundheit

Streifzug durch die Medizin

Übertragungswege und Schutz vor HIV-Infektionen

① Durch das gemeinsame Benutzen von Geschirr, Gläsern und Besteck kann man sich nicht anstecken.
② Es ist kein Fall bekannt, bei dem Mücken, Hunde, Katzen oder andere Tiere HIV auf den Menschen übertragen haben.
③ In öffentlichen Schwimmbädern, in der Sauna und auf Toiletten ist eine Ansteckung nicht möglich.
④ Körperkontakte wie Umarmungen, Hände-schütteln, Küssen und Petting bleiben ohne gesund-heitliche Folgen.

⑧ Wenn eine HIV-infizierte Frau ein Baby bekommt, kann das Kind sich während der Schwangerschaft oder der Geburt oder beim Stillen anstecken.
⑨ Wenn Drogenabhängige, von denen einer infiziert ist, Spritzen gemeinsam benutzen, ist das Infektionsrisiko hoch. Einmalspritzen verhindern die Ansteckung mit HIV.
⑩ Die meisten Menschen stecken sich beim unge-schützten Geschlechtsverkehr an. Der Analverkehr ist besonders riskant, weil die Darmschleimhaut sehr

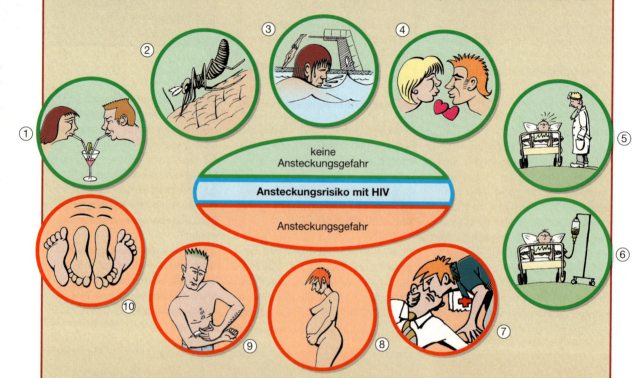

⑤ Bei der Pflege von HIV-infizierten Menschen besteht kein Ansteckungsrisiko, wenn die vorge-schriebenen Hygienemaßnahmen eingehalten werden.
⑥ Als die ersten AIDS-Fälle bekannt wurden, wusste man noch wenig über die Ansteckungsgefahren. Blutkonserven wurden noch nicht auf HIV untersucht und so erhielten einige Menschen mit dem lebens-rettenden Blut auch das tödliche Virus. Heute kann man davon ausgehen, dass das HIV-Ansteckungs-risiko bei Bluttransfusionen sehr gering ist.
⑦ Bei Erste-Hilfe-Maßnahmen wie der Atemspende wird empfohlen, Masken und Schutzhandschuhe zu benutzen.

verletzlich ist. Aber auch beim Oralverkehr kann man sich anstecken.
Der einzige wirksame Schutz vor Ansteckung ist das Kondom, wenn es richtig angewendet wird. Wem die eigene Gesundheit und auch die des Partners wichtig ist, wird sich verantwortungsvoll verhalten und kein Risiko eingehen. Ein offenes Gespräch über das eigene Sexualverhalten und das des Partners schafft Vertrauen und ist eine gute Voraussetzung für die gemeinsame Entscheidung: Wir schützen uns vor AIDS.

Mensch und Gesundheit

Toby – ein Junge kämpft gegen AIDS

Streifzug durch die Sozialkunde

1 Tobias mit seiner Mutter

Tobias war 15 Jahre alt, als er wie viele andere Jugendliche den Mofaführerschein machen wollte. Er träumte davon, kurze Entfernungen mit dem Mofa leichter überwinden zu können. Das Laufen fiel ihm in letzter Zeit immer schwerer. Tobias hatte AIDS.

2 Spaß trotz schwerer Krankheit

Von Geburt an war Toby Bluter und bekam mit 6 Jahren regelmäßig ein Blutgerinnungsmittel gespritzt. Irgendwann war eine mit HIV verseuchte Ampulle dabei, die sein Leben total verändern sollte.

Als Tobias mit 8 Jahren immer häufiger unter Fieber und Erkältungen litt, schließlich eine Lungenentzündung bekam, war es das sichere Zeichen, dass die Krankheit ausgebrochen war. Seit dieser Zeit musste Tobias zahllose Krankenhausaufenthalte hinter sich bringen. Seine Mutter war stets an seiner Seite. Sie klärte ihn über die Krankheit AIDS auf, so gut sie konnte. Sie sprach mit ihm auch über den möglichen Verlauf.

Als die Krankheit weiter fortgeschritten war, konnte Toby kaum noch Nahrung zu sich nehmen. Man legte eine Magensonde, sodass die wichtigsten Nährstoffe zugeführt werden konnten.

Toby wurden weitere künstliche Ausgänge gelegt, damit auch Medikamente leichter verabreicht werden konnten. War Tobias zu Hause, kam jeden Abend ein Pfleger zu ihm, um ca. eine Stunde lang die verschiedenen Medikamentenbeutel anzuschließen. Toby passte genau auf, dass auch nichts vergessen wurde. Während der ganzen Nacht tropften die notwendigen Arzneien in sein Blut. Regelmäßig musste er sich nachts übergeben. Doch damit hatte er sich abgefunden. Toby hatte niemandem von seiner AIDS-Erkrankung erzählt, um es sich nicht noch schwerer zu machen. Es war schon schlimm genug für ihn, dass seine Schulfreunde ihn immer seltener besuchten. Er konnte bei den Spielen nicht mit ihnen mithalten und die vielen Behandlungen machten den Schulbesuch unmöglich.

Trotz der zunehmenden Schwäche wollte sich der lebenslustige Toby nicht unterkriegen lassen. So lernte er eifrig für die theoretische Mofaprüfung, die er problemlos bestand. Erinnerungen an schöne Erlebnisse halfen ihm, schwere Stunden zu überwinden. Dazu gehörte der Besuch im Euro-Disney-Land in Paris. Er genoss jeden Tag dieser Ausflüge, auch wenn er jetzt schon auf den Rollstuhl angewiesen war.

3 Toby im Disney-Land

Mit der Zeit jedoch wurden die Blutwerte von Tobias immer schlechter. Die Wirkung der Medikamente nahm immer mehr ab. Da Toby immer mit seiner Mutter aufrichtig gesprochen hatte, konnten beide den Tod annehmen. Tobias starb friedlich mit 15 Jahren am 1. November 1993.

1 Lies die Geschichte über Tobias.
a) Wie meisterte Tobias trotz AIDS sein Leben?
b) Tobias erzählte anderen Menschen nichts von seiner AIDS-Erkrankung. Welche Gründe könnte er dafür gehabt haben?
c) Vergleiche dein Leben mit den Erfahrungen von Tobias.
d) Welche Ziele hast du für dein Leben?

Mensch und Gesundheit

1 Suchtverhalten

4 Sucht und Drogen

4.1 Sucht hat viele Gesichter

„Morgens brauche ich erst mal eine Zigarette, um richtig wach zu werden." Bestimmt hat jeder schon eine ähnliche Äußerung gehört, ohne dabei an Drogen oder Sucht zu denken. Jede Zigarette enthält jedoch eine Droge: das Nikotin. **Drogen** sind Stoffe, die auf Nerven und Organe einwirken und dadurch unsere Wahrnehmungsfähigkeit, Stimmungen und Reaktionen verändern. Wenn Menschen immer wieder bestimmte Stoffe konsumieren, um eine gewünschte Wirkung zu erzielen, spricht man von **Suchtverhalten.** Ohne die Droge treten *Entzugserscheinungen* auf. Der Mensch ist körperlich und meist auch seelisch abhängig. Körperliche Abhängigkeiten kennen wir von Rauchern, Tabletten- und Heroinsüchtigen und Alkoholikern. Der Besitz und Konsum einiger schädlicher Stoffe ist gesetzlich verboten. Man spricht dann von *illegalen Drogen*.

Es gibt aber auch Süchte, die an keinen Stoff gebunden sind und die nur durch das Verhalten des betroffenen Menschen deutlich werden. Wer z. B. den ganzen Tag bis in den späten Abend hinein arbeitet, sich keine Freizeit mehr gönnt und Freundschaften vernachlässigt, ist arbeitssüchtig. Auch Verhaltensweisen wie Fernsehen, Putzen oder Glücksspiel können sich zur Sucht entwickeln. Die Betroffenen leiden zusätzlich unter sozialen und finanziellen Folgen.
Wenn Süchtige den festen Wunsch haben, „clean" zu werden, ist die Aussicht auf einen erfolgreichen Ausstieg am größten. In Zeiten der körperlichen Entgiftung und der seelischen Entwöhnung brauchen sie ständig intensive Betreuung, um ihren Alltag ohne das Suchtmittel zu meistern.

> Menschen, die an einer Sucht leiden, haben ein krankhaft gesteigertes Verlangen, einen bestimmten Stoff zu konsumieren oder ein bestimmtes Verhalten zu wiederholen.

1 Beschreibe die Situationen in der Abb. 1. Was erwarten die Menschen jeweils von der „Droge"?
2 Nenne Beispiele für legale und illegale Drogen.
3 Nenne Beispiele von Süchten, die an Stoffe gebunden sind und solche, die nicht an Stoffe gebunden sind.
4 Wie könnte sich ein normal arbeitender Mensch zu einem Arbeitssüchtigen entwickeln? Beschreibe

Mensch und Gesundheit

1 Aufforderung zum Mitrauchen

4.2 Rauchen, ein zweifelhafter Genuss

„Möchtest du eine rauchen?" Jeder dritte Jugendliche im Alter zwischen 13 und 16 Jahren nimmt dieses Angebot an. Wenige Jahre später sind einige von ihnen bereits Gewohnheitsraucher geworden. Viele, die einmal damit angefangen haben, kommen vom Rauchen nicht mehr los. Was ist am Rauchen eigentlich so toll?

Viele rauchen, weil es „in" ist oder weil andere aus der Clique auch rauchen. Dann wagt man es nicht, die Zigarette abzulehnen. Manche wollen zeigen, dass sie sich nichts vorschreiben lassen. Sie glauben, mit dem Rauchen ihre Selbstständigkeit beweisen zu müssen.

Andere Jugendliche berichten, dass Rauchen sie entspannt, ihre Müdigkeit nimmt und das Hungergefühl dämpft. Diese Wirkung ist tatsächlich auf das **Nikotin** zurückzuführen, eine Substanz von über 1000 einzelnen Inhaltsstoffen des Zigarettenrauches. Es lässt den Blutdruck ansteigen und das Herz schneller schlagen. Mancher fühlt sich dadurch weniger müde. Nikotin verengt aber auch die feinen Blutgefäße im menschlichen Körper. Die Haut z.B. wird weniger durchblutet und man sieht blass aus. Zusätzlich lässt das eingeatmete Gas **Kohlenstoffmonooxid** den Sauerstoffgehalt im Blut sinken. Manche spüren leichten Schwindel oder Übelkeit bei den ersten Lungenzügen.

In der Lunge werden die Flimmerhärchen, die für die Reinigung der Atemwege zuständig sind, durch die **Teerbestandteile** lahm gelegt. Die Bronchien neigen zu Verschleimungen und Entzündungen. **Krebserkrankungen** der Atemwege sind häufige Folgen. Bei tiefen Lungenzügen können Rauchinhaltstoffe durch die Lungenbläschen in den Blutkreislauf gelangen. Durch jahrelanges Rauchen entstehen krankhafte Veränderungen der Blutgefäße, die schließlich zu **Herzinfarkt** und **Schlaganfall** führen können.

Bedenkt man die gesundheitlichen Gefahren, die mit dem Rauchen verbunden sind, sollte es leicht fallen, gar nicht erst mit dem Rauchen anzufangen. Das Rauchen in öffentlichen Räumen ist meist verboten, weil inzwischen nachgewiesen ist, das auch Passivraucher gesundheitliche Schäden erleiden. Kleinkinder sind in dieser Hinsicht besonders gefährdet.

Teerkondensat zerstört Flimmerhärchen, verursacht Krebs
Nikotin verengt Adern, macht süchtig
Phenole verursachen Raucherhusten
Benzol krebserregend
Blausäure verursacht Atemnot
Stickstoffoxide zerstören Lungenbläschen
Kohlenstoffmonooxid blockiert Sauerstoffaufnahme im Blut
Ammoniak reizt Atemwege
Methanol schädigt das Nervensystem

> Beim Rauchen atmet der Mensch zahlreiche schädliche Stoffe ein. Sie verursachen häufig ernste Erkrankungen. Auch Passivrauchen ist gefährlich.

1 Gib Gründe an, warum es vielen Menschen schwer fällt, nicht zu rauchen.
2 In Amerika werden an Jugendliche keine Tabakwaren verkauft. Wie beurteilst du diese Maßnahme?

Mensch und Gesundheit

Übung — Gefahren des Rauchens

A1 Berechnung zum Zigarettenkonsum

Auf jeder Zigarettenschachtel findest du Mengenangaben für Nikotin (N) und Teerkondensat (K), die in einer Zigarette enthalten sind.

a) Berechne von einer Marke, wie viel Milligramm Teer und Nikotin in den Zigaretten einer Packung enthalten sind.
b) Wie viel Gramm Teer gelangt in die Lunge, wenn ein Raucher 20 Jahre lang täglich eine Packung dieser Zigaretten verbraucht?
c) Vergleiche unterschiedliche Marken miteinander.
d) Wie viel Geld gibt ein Raucher aus, der täglich eine Packung Zigaretten raucht – im Monat, im Jahr in 20 Jahren? Was würdest du dir als Nichtraucher von diesem Geld kaufen?

A2 Forscher schlagen Alarm: Nikotinspuren im Kinderblut

> Forscher in New York untersuchten das Blut von gesunden Kindern, deren Mütter oder Väter ca. 10 Zigaretten täglich in Anwesenheit ihrer Kinder rauchen. Man fand im Kinderblut hohe Konzentrationen von Stoffwechselprodukten des Nikotins und des Teerkondensats. Diese Stoffe gelten als Krebserreger und fördern die Entstehung von Asthma. Seit langem ist bekannt, dass Neugeborene von Raucherinnen ein geringeres Geburtsgewicht haben und später unter Entwicklungsstörungen leiden.

a) Wie sollten sich Raucher und Raucherinnen deiner Meinung nach verhalten, damit sich Kinder gesund entwickeln können?
b) Wie kannst du dich vor dem Passivrauchen schützen?

A3 Zigarettenwerbung

Ich gehe meilenweit für…

Frohen Herzens genießen!

Der Geschmack von Freiheit und Abenteuer!

NATURREIN – VOLLER WÜRZE!

Schlank – rassig – zart!

Ich rauche gern!

a) Was soll der Leser mit den abgebildeten Werbeaussagen verbinden?
b) In der Zigarettenwerbung werden oft junge, gesunde Menschen bei sportlicher Betätigung abgebildet. Zeige Widersprüche zwischen solchen Bildern und den Werbeaussagen und den tatsächlichen Folgen des Rauchens auf.

A4 Argumente gegen das Rauchen

Schüler haben eine Antirauchercollage angefertigt. Vervollständige die Aussage „Ich rauche nicht, weil…" mit möglichst vielen Argumenten. Fertigt selbst eine Collage an.

Mensch und Gesundheit

1 Wochenendparty

4.3 Alkohol kann süchtig machen

Endlich ist Wochenende: Zeit, den Alltagsstress zu vergessen und mit anderen zu feiern. Um schnell in Stimmung zu kommen, gehört für viele Menschen der Genuss von alkoholischen Getränken dazu. Alkohol verteilt sich in kurzer Zeit über das Blut im gesamten Körper und löst vielfältige Reaktionen aus. Dabei kann man die Wirkung von Alkohol für den Einzelnen nicht vorhersagen. Sie ist abhängig von der Grundstimmung des Menschen, von der Alkoholmenge, dem Körpergewicht, dem Geschlecht und der vorher aufgenommenen Nahrung. Alkohol beeinträchtigt auf jeden Fall das zentrale Nervensystem, sodass man sich häufig überschätzt und sein Verhalten nicht mehr kontrollieren kann. Beim Autofahren wird das besonders deutlich. Obwohl die Reaktionsgeschwindigkeit durch den Alkohol vermindert ist, fühlen sich viele „stark" und fahren mit erhöhter Geschwindigkeit. Wer bemerkt, dass er immer wieder Alkohol braucht, um gut drauf zu sein oder sich entspannen zu kön-

nen, gerät in Gefahr, abhängig zu werden. Regelmäßiger Alkoholkonsum schädigt die Leber. Sie kann die Entgiftungsarbeit nicht mehr leisten und schrumpft schließlich. Aber auch die Gehirnfunktionen lassen bei einem Alkoholiker immer mehr nach.

bis 0,5‰

entspannt, redselig, leichte Gehstörungen und Konzentrationsschwäche

0,5 – 1,5‰

Gleichgewichtsstörungen, Selbstüberschätzung, Lallen, Fahruntüchtigkeit

1,5 – 3‰

Rausch, Gedächtnisstörungen, verlängerte Reaktionszeit, Müdigkeit, Übelkeit

2 Wirkungen des Alkohols

> Alkohol ist ein Genussmittel mit Giftwirkung. Alkohol verändert das Verhalten, schädigt die Organe und kann süchtig machen.

1 Mache eine Umfrage in deiner Klasse.
a) Bei welcher Gelegenheit wird Alkohol getrunken?
b) Welche Gründe werden für den Alkoholgenuss am häufigsten angegeben?
c) Warum lehnen es einige ab, Alkohol zu trinken?

2 Der ungefähre Promillegehalt im Blut lässt sich nach einer Formel berechnen:

$$\frac{\text{Alkoholmenge in g}}{\text{Körpergewicht in kg} \cdot K}$$

K für Männer: 0,7, für Frauen: 0,6.

a) Berechne den Promillewert für einen 80 kg schweren Mann bzw. eine 50 kg schwere Frau, wenn beide 3 große Glas Bier und einen Schnaps (insgesamt 45 g Alkohol) trinken.
b) Unfälle als Folge von Alkoholmissbrauch geschehen vorwiegend am Wochenende und während der Nachtstunden. Erkläre.

Mensch und Gesundheit

4.4 Mit Drogen zum Glück?

Love-Parade in Berlin: Aus den Boxen schallt laute Techno-Musik, während sich Tausende von Menschen tanzend und feiernd durch die Straßen treiben lassen. Sie wollen alles ganz intensiv erleben und nichts verpassen. Deshalb gehört es für viele Menschen dazu, mithilfe von Drogen wie *Ecstasy* das Erlebnis zu steigern.

Wenn die Wirkung der Droge eintritt, fühlen sie sich mit der Musik vereint und von allen Mitmenschen geliebt. Stundenlang können sie mit anderen reden und tanzen, ohne müde zu werden und ohne Hunger und Durst zu verspüren. Dieses Glücksgefühl wird durch die künstlich hergestellten Inhaltsstoffe von Ecstasy hervorgerufen, die direkt im Gehirn die Wahrnehmungen und Stimmungen beeinflussen. Manchen Menschen genügt das alles noch nicht. Sie konsumieren auch noch *Alkohol, Haschisch* oder andere Drogen.

Manchmal kommt man nach Einnahme von Ecstasy nicht mehr zur Ruhe, kann nicht schlafen und sich nicht erholen. Dann werden häufig Schlaf- und Beruhigungsmedikamente genommen.
Klingt der Rauschzustand nach Stunden ab, fühlt man sich wie gerädert, die Muskulatur zittert und wer lange nichts getrunken hat, muss sogar Nierenversagen befürchten. Es kann auch zu plötzlichem Blutdruckabfall, Schwindel und Übelkeit kommen.

Trotz dieser lebensbedrohlichen Nachwirkungen suchen einige immer wieder diesen „Kick".

1 Love-Parade in Berlin

Das ganze Denken und Streben richtet sich dann nur noch auf den Erwerb und Konsum solcher Stoffe. Süchtige können nicht mehr unterscheiden, welche Gefühle in ihnen echt sind und welche künstlich erzeugt werden. So verändert das Suchtmittel im Laufe der Zeit die Persönlichkeit. Das Risiko für die eigene Gesundheit wird nicht mehr wahrgenommen und Konflikte im Alltag bleiben ungelöst.

In Schule und Beruf können solche abhängigen Menschen keine Leistung mehr erbringen. Zusätzlich werden die Beziehungen zu Freunden und zur Familie häufig aufgegeben, während die Geldbeschaffung für die Drogen im Vordergrund des täglichen Lebens steht. Kriminelle Handlungen und Prostitution sind nicht selten die Folge.
Gerade Jugendliche, die etwas erleben wollen und bereit sind, vieles auszuprobieren, sind anfällig für die Drogensucht.

> Jeder, der Drogen konsumiert, geht das hohe Risiko ein, seine körperliche und seelische Gesundheit aufs Spiel zu setzen.

1 Drogen können für eine begrenzte Zeit „angenehme" Gefühle vortäuschen.
a) Beschreibe, wie steigender Drogenkonsum die Gesundheit und den Alltag des Drogenabhängigen beeinträchtigt.
b) Wann ist jemand besonders gefährdet, ein Leben mit Drogen zu führen?
2 Beschreibe Situationen aus deinem Alltag, in denen du dich rundum wohl gefühlt hast.

Mensch und Gesundheit

ILLEGALE DROGEN

Pinnwand

Opiate

Opium · Morphium · Codein · Heroin

Herkunft: Aus dem Milchsaft des Schlafmohns wird Opium gewonnen. Daraus werden Morphium, Codein und Heroin hergestellt.
Anwendung: geraucht, gespritzt, inhaliert; Morphium und Codein werden auch legal als Medikamente verwendet
Wirkung: zuerst starkes Glücksgefühl, dann beruhigend, einschläfernd, schmerzstillend; erzeugt Gleichgültigkeit gegenüber Alltagsproblemen
Risiken: schnell eintretende seelische und körperliche Abhängigkeit; Infektionsgefahr durch unsaubere Spritzen mit Hepatitis (Leberentzündung) und HIV (AIDS); vielfältige körperliche Schäden, Gefahr der kriminellen Handlungen zur Geldbeschaffung

Cannabis-Produkte (Haschisch, Marihuana)

Herkunft: aus Blättern, Blüten oder Harz der indischen Hanfpflanze (Cannabis)
Anwendung: geraucht mit Tabak vermischt, als Tee getrunken, in Plätzchen verbacken
Wirkung: je nach Stimmung positive oder negative Verstärkung; Entspannung; veränderte Wahrnehmung von Tönen, Zeit und Raum
Risiken: seelische Abhängigkeit; verminderte Konzentrations- und Leistungsfähigkeit; Depressionen; Übergang zu anderen Drogen

Designer-Drogen

Herkunft: ausschließlich künstlich im Labor hergestellt
Anwendung: meist geschluckt in Pillenform
Wirkung: Glücksgefühl; erhöhte Kontaktbereitschaft; Harmoniegefühl mit der Umwelt; fehlende Müdigkeit; intensives Erleben; Appetitverlust; Unruhe; Harndrang
Risiken: seelische Abhängigkeit; Halluzinationen; Erbrechen; Kreislaufversagen; Austrocknung des Körpers; bleibende Nervosität; Schädigung des Gehirns; psychische Krankheiten

1 Wie erklärst du dir, dass manche Haschischraucher mit der Zeit zu anderen stärkeren Drogen übergehen?

2 Nach einem körperlichen Entzug ist es für viele Drogensüchtige schwer, wieder ein „normales" Leben zu führen. Welche Probleme können sich in Schule und Beruf oder mit ehemaligen Freunden ergeben?

Mensch und Gesundheit

Pinnwand

FUN OHNE DROGEN

Sich fallen lassen

Kannst du dir vorstellen, dich in die Arme deiner Mitschüler fallen zu lassen? Glaubst du, dass die anderen dich auffangen werden? Falls du es ausprobieren kannst: Welches Gefühl hattest du zu Beginn? Wie geht es dir, wenn du zu den „Fängern" gehörst?

Kletterwand

Britta ist schon weit an der Kletterwand nach oben gestiegen. Ein fester Gurt, von dem ein Seil bis nach unten führt, ist um ihren Körper gelegt. Unten steht Bastian. Er hält das Seil fest in seinen Händen und verfolgt jeden Kletterschritt von Britta. Bastian hat gelernt, wie er sich verhalten muss, falls Britta einmal abrutscht. Er weiß aus Erfahrung, dass er sie halten kann. Das ist ein gutes Gefühl für ihn. Wenn Britta nach ihrer Tour wieder unten angekommen ist, werden sie die Rollen tauschen. Klettern ist ein tolles Erlebnis und wirklich Vertrauenssache.

Blindes Vertrauen

Könntest du dich auf ein solches Experiment einlassen? Möchtest du lieber führen oder geführt werden? Wenn du mitgemacht hast: Sprich mit deinem Partner darüber, was für dich angenehm und unangenehm gewesen ist.

1 Beschreibe Verhaltensweisen von Jugendlichen, die mit einem Risiko für ihre Gesundheit verbunden sind.

2 Betrachte die verschiedenen Aktionen auf den Fotos. Wie hoch ist dabei das Risiko für die Betroffenen deiner Meinung nach?

Mensch und Gesundheit

Prüfe dein Wissen

A 1 Zähle aus der folgenden Liste alle Faktoren auf, die unsere körperliche und seelische Gesundheit positiv beeinflussen können.
a) gute Freunde haben;
b) Wohnen in der Nähe einer Autobahn;
c) regelmäßig Sport treiben;
d) vorwiegend Currywurst und Pommes essen;
e) interessantes Hobby haben;
f) täglich rauchen;
g) ständig Probleme mit Freunden und Eltern;
h) gute Leistungen bringen;
i) Fahrradtour machen.

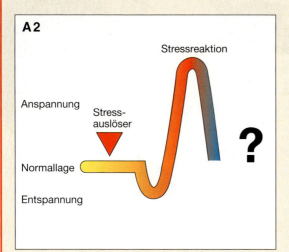

Hier fehlt die letzte Phase eines positiven Stressverlaufs.
a) Wie heißt diese Phase und wie verläuft sie?
b) Wie sieht die letzte Phase beim Dauerstress aus?

A 3 Hier sind die Phasen einer Infektionskrankheit durcheinander gekommen: Ausbruch der Krankheit, Inkubationszeit, Infektion.
a) Bringe sie in die richtige Reihenfolge.
b) Welche Phase fehlt? Ordne sie ein.

A 4 Welche Aufgaben haben folgende Organe bzw. Zellen des Immunsystems? Beschreibe sie jeweils in einem Satz: T-Helfer-Zellen, Plasmazellen, Fresszellen, Killerzellen, Antikörper, Lymphknoten, Thymusdrüse, Milz.

A 5 Die Tollwut ist eine gefährliche Infektionskrankheit, bei der die Viren meist durch den Biss eines infizierten Tieres übertragen werden. Zur Bekämpfung der Tollwut werden „Impfaktionen" in Wäldern durchgeführt. Dazu werden im Frühjahr Fleischköder für Füchse ausgelegt, die abgeschwächte Erreger der Tollwut enthalten.
a) Handelt es sich um eine Schutz- oder Heilimpfung? Begründe deine Antwort.
b) Welche Tiere können Tollwut übertragen? Wähle aus: Hund, Huhn, Kuh, Pferd, Maus, Fuchs, Katze, Karpfen, Wellensittich, Zauneidechse.

A 6 Es gibt viele verschiedene Süchte wie Nikotinsucht, Kaufsucht, Alkoholsucht, Drogensucht, Arbeitssucht, Spielsucht, Sucht nach Süßigkeiten, Medikamentensucht, Computersucht, Fernsehsucht, Fresssucht. Ordne sie nach stoffabhängigen und stoffunabhängigen Süchten.

Hier wird der Teufelskreis einer Abhängigen dargestellt. An welcher Stelle könnte dieser Verlauf unterbrochen werden? Begründe deine Aussage.

Vererbung

1 Drei Generationen einer Familie

2 Familienähnlichkeit: Großvater, Vater und Sohn

1 Grundlagen des Erbgeschehens

1.1 Warum sind Nachkommen ihren Eltern ähnlich?

„Man sieht sofort, dass das deine Schwester ist." „Der Junge ist seinem Vater wie aus dem Gesicht geschnitten." „Telefoniere ich mit der Mutter oder der Tochter?" Solche oder ähnliche Äußerungen hast du bestimmt schon einmal gehört. Sie weisen auf Ähnlichkeiten zwischen Familienmitgliedern hin.

Beim Betrachten alter Fotos sind dir sicher auch zwischen deinen Verwandten Ähnlichkeiten aufgefallen. Übereinstimmungen sind zum Beispiel oft an der Statur, am Gesichtsausdruck, an den Haaren, den Lippen, der Nase und am Haaransatz festzustellen. Ähnlichkeiten können aber nicht nur zwischen Geschwistern oder zwischen Eltern und Kindern bestehen, sondern auch zwischen ihnen und den Großeltern sowie anderen nahen Verwandten.

Familienähnlichkeiten beschränken sich aber nicht nur auf körperliche Merkmale, sondern können auch bei bestimmten Verhaltensweisen, bei ausgeprägten Fähigkeiten und besonderen Veranlagungen beobachtet werden. Wenn sich bei Kindern solche unverwechselbaren Merkmale und Eigenschaften ihrer Eltern wieder finden, sagt man, sie haben sie von ihrer Mutter oder ihrem Vater *geerbt*.

Wenn also Nachkommen ihren Vorfahren in körperlichen Merkmalen und bestimmten Verhaltensweisen ähneln und diese Merkmale wiederum an ihre Nachkommen weitergeben, spricht man von **Vererbung**. Diese Weitergabe von Merkmalen kann über viele Generationen erfolgen.

Für die Erscheinungen und Vorgänge der Vererbung haben die Menschen schon immer nach Erklärungen gesucht. Aber erst im 19. Jahrhundert gelang es Forschern mithilfe von Versuchen an Pflanzen, erste Einblicke in die Gesetzmäßigkeiten der Vererbung zu gewinnen.

> Bei der Vererbung werden elterliche Merkmale auf die Nachkommen übertragen.

1 Werte die Abbildungen 1 und 2 in Hinblick auf Familienähnlichkeiten aus.

Vererbung

Streifzug durch die Geschichte

Ein Mönch entdeckt „Gesetze" des Erbgeschehens

Noch bis Mitte des 19. Jahrhunderts war nicht bekannt, wie sich Merkmale vererben. Erst Versuche des Augustinermönchs Johann Gregor MENDEL mit Gartenerbsen gaben erste Aufschlüsse darüber.
Johann MENDEL kam 1822 im damaligen Österreich als Sohn eines Kleinbauern zur Welt. Trotz Armut und längerer Krankheit absolvierte er das Gymnasium. Wegen seiner körperlichen Schwächen war er für die Landwirtschaft ungeeignet. So trat er 1843 in Brünn dem Augustinerorden bei und nahm den Namen Gregor an. Schon bald fiel dem Abt seine naturwissenschaftliche Begabung auf. Deshalb wurde ihm von 1851 bis 1853 ein Studium der Naturwissenschaften in Wien ermöglicht. 1857 begann MENDEL im Abteigarten seines Klosters mit Vererbungsversuchen. Er wählte die Gartenerbse als Versuchspflanze. Erbsensorten unterscheiden sich z. B. in Blütenfarbe, Samenfarbe und Samenform. Für die Versuche war es besonders wichtig, dass sich Erbsenblüten normalerweise selbst bestäuben, sodass Störungen durch fremde Pollen selten sind. Zudem sind Erbsen leicht anzubauen und haben in kurzer Zeit eine hohe Nachkommenzahl.
Zunächst züchtete er Erbsen 2 Jahre lang, um festzustellen, welche Merkmale bei den Nachkommen immer wieder auftraten. Er experimentierte mit Pflanzen, die sich nur in einem oder wenigen Merkmalen unterschieden. Bei der Kreuzung ging er wie folgt vor: Wollte er zum Beispiel eine rot blühende Pflanze mit einer weiß blühenden kreuzen, entfernte er die noch unreifen Staubblätter der rot blühenden Pflanze. So verhinderte er eine Selbstbestäubung. Dann übertrug er den Blütenstaub reifer Staubblätter der weißen Blüten mit einem Pinsel auf die gewünschte Narbe. Durch Schutzhüllen um die behandelten Blüten verhinderte er eine Fremdbestäubung. Einzelne Merkmale verfolgte er über sechs Generationen. Alle Erscheinungen und Zahlenwerte schrieb er exakt auf. Daraus leitete er dann drei Gesetzmäßigkeiten ab, die später nach ihm benannten mendelschen Regeln. Sie zählen seitdem zu den Grundlagen der Vererbungslehre. 1865 berichtete er erstmals über seine Ergebnisse. Doch sie stießen auf Unverständnis und gerieten in Vergessenheit. MENDEL, der 1868 Abt seines Klosters wurde, starb im Jahre 1884.
Erst um die Jahrhundertwende kamen drei andere Wissenschaftler, der Holländer DE VRIES, der Deutsche CORRENS und der Österreicher TSCHERMAK unabhängig voneinander zu den gleichen Ergebnissen wie MENDEL schon 35 Jahre zuvor.

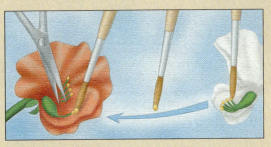
3 Künstliche Bestäubung

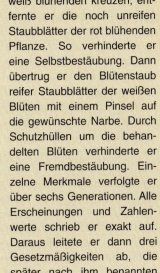
2 Johann Gregor MENDEL (1822–1884)

1 Klostergarten in Brünn

1 Warum wählte MENDEL Erbsen als Versuchspflanzen für seine Vererbungsversuche? Begründe.

Vererbung

1 Kreuzung von Wunderblumen. **A** und **C** Elterngeneration (P); **B** 1. Tochtergeneration (F_1)

1.2 Kreuzungsversuche geben Hinweise auf Erbgesetzmäßigkeiten

Neben Erbsen ist die *Wunderblume* eine beliebte Versuchspflanze für Vererbungsversuche. Diese Zierpflanzen haben verschiedenfarbige Blüten. Für Erbversuche, die zeigen sollen, wie die Blütenfarbe vererbt wird, wählt man meist Exemplare mit weißen und roten Blüten. Rot blühende Pflanzen, die unter sich vermehrt werden und in den folgenden Generationen immer nur rote Blüten hervorbringen, sind **reinerbig**. Reinerbig in Bezug auf die Blütenfarbe sind auch Pflanzen, deren Nachkommen immer weiß blühen.

Werden jedoch die Narben bei rot blühenden Wunderblumen mit Pollen der weiß blühenden Sorte bestäubt und die entstandenen Samen ausgesät, so weisen die direkten Nachkommen die Blütenfarbe rosa auf. Das gleiche Ergebnis wird erzielt, wenn die Narben der weiß blühenden mit dem Pollen der rot blühenden Wunderblumen bestäubt werden.

> **Stichwort**
> **Kreuzung**
> Körperzellen von Lebewesen besitzen pro Merkmal ein Anlagenpaar, Keimzellen enthalten für jedes Merkmal nur eine Erbanlage. Das Zusammenbringen von Erbanlagen bei der Verschmelzung von Keimzellen zweier Lebewesen nennt man Kreuzung.

Alle Nachkommen vereinigen für das Merkmal *Blütenfarbe* die Anlage „weiß" von einem Elternteil und die Anlage „rot" vom anderen Elternteil in ihren Körperzellen. Jedem Merkmal liegen 2 Erbanlagen zugrunde. Die Pflanzen sind **mischerbig**, weil sie jeweils eine Anlage für „rot" und für „weiß" haben. Mischerbige Lebewesen nennt man in der Vererbungslehre *Mischlinge*, *Bastarde* oder *Hybride*. Die rosa Blütenfarbe von Mischlingen liegt zwischen rot und weiß der Eltern. Einen solchen Erbgang bezeichnet man als *zwischenelterliche* oder **intermediäre** Vererbung. MENDEL bevorzugte bei seinen Versuchen *Gartenerbsen*. Als er reinerbig weiß blühende Pflanzen mit reinerbig rot blühenden kreuzte, zeigten alle Mischlinge der 1. Tochtergeneration jedoch keine rosafarbenen Blüten, wie man jetzt vermuten könnte, sondern sie blühten rot. Wie ist das zu erklären? Bei der Gartenerbse überdeckt die Anlage für rote Blütenfarbe die Anlage für weiß. Solche überdeckenden Anlagen werden als **dominant** bezeichnet. Die zurückgetretene Anlage für weiß wird also überdeckt, sie ist **rezessiv**.

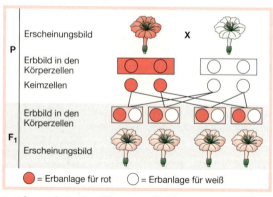

2 Erbgang bei reinerbigen Wunderblumen

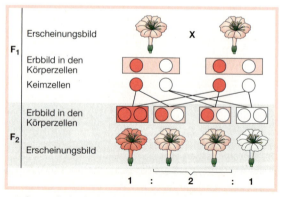

3 Erbgang bei mischerbigen Wunderblumen

Vererbung

4 Kreuzung von Erbsen. **A** und **C** Elterngeneration (P); **B** 1. Tochtergeneration (F₁)

Ob nun die Blütenfarbe der Pflanzen der 1. Tochtergeneration bei der Wunderblume rosafarben oder bei der Gartenerbse rot ist, eines gilt immer: Die Nachkommen reinerbiger Eltern sind in Bezug auf ein beobachtetes Merkmal gleich, einförmig oder uniform. Diesen Sachverhalt beschreibt die *1. mendelsche Regel,* die **Einförmigkeits-** oder **Uniformitätsregel.**

Die beiden bisherigen Erbgänge zeigen die Ergebnisse bei der Kreuzung reinerbiger Pflanzen. Was passiert aber, wenn man die Mischlinge aus der 1. Tochtergeneration untereinander kreuzt?
Bei der Wunderblume erkennt man Mischlinge sofort an ihrer rosa Blütenfarbe, ihrem **Erscheinungsbild.** Ihre Nachkommen jedoch blühen zu einem Viertel rot, zur Hälfte rosa und zu einem weiteren Viertel weiß. Es erfolgt im intermediären Erbgang also eine Aufspaltung im Verhältnis 1:2:1. Auch die ursprünglichen Blütenfarben rot und weiß erscheinen wieder.
Ein anderes Zahlenverhältnis tritt dagegen bei der Kreuzung von Mischlingen der Gartenerbse beim Merkmal Blütenfarbe auf. Bei diesem dominanten Erbgang bilden von 4 Pflanzen in der nächsten Generation 3 Erbsen rote und 1 Erbse weiße Blüten aus. Im Erscheinungsbild findet also eine Aufspaltung im Verhältnis 3:1 statt, wobei auch die ursprüngliche Farbe weiß in reinerbig rezessiver Form wieder zum Vorschein kommt. Die rot blühenden Pflanzen dagegen können mischerbig oder reinerbig sein. Mischerbige Erbsen kommen doppelt so häufig vor wie reinerbig rote oder reinerbig weiße.
In der Kombination der Anlagen, also im **Erbbild,** gleichen sich intermediärer und dominanter Erbgang. Die Gesetzmäßigkeiten bei der Aufspaltung werden in der *2. Mendelschen Regel,* der **Spaltungsregel,** beschrieben.

> **Uniformitätsregel:** *Kreuzt man zwei reinerbige Lebewesen einer Art miteinander, die sich in einem Merkmal unterscheiden, so sind die Mischlinge der 1. Tochtergeneration in diesem Merkmal alle gleich.*
> **Spaltungsregel:** *Kreuzt man Mischlinge der 1. Tochtergeneration untereinander, so spalten sich die Nachkommen in einem bestimmten Zahlenverhältnis auf.*

1 Beschreibe anhand der abgebildeten Erbschemata die verschiedenen Erbgänge. Achte dabei auf den Unterschied zwischen Erscheinungsbild und Erbbild.

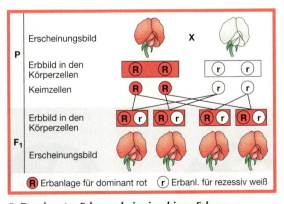

5 *Dominanter Erbgang bei reinerbigen Erbsen*

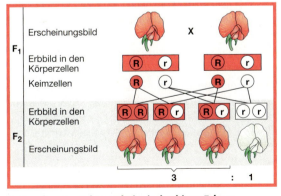

6 *Dominanter Erbgang bei mischerbigen Erbsen*

Vererbung

1.3 Erbanlagen können neu kombiniert werden

Bei seinen Experimenten mit Gartenerbsen stellte sich MENDEL auch die Frage: Wie werden zwei oder mehrere unterschiedliche Merkmale gleichzeitig vererbt? Als Versuchspflanzen benutzte er wieder Erbsen, die sich diesmal in den Merkmalen *Samenfarbe* und *Samenform* unterschieden.

Er führte seine Erbversuche mit Pflanzen durch, deren Samen entweder gelb-rund oder grün-kantig waren. Nach deren Kreuzung überraschte ihn das Ergebnis nicht. Alle Samen der 1. Tochtergeneration, also der direkten Nachkommen der reinerbigen Eltern, sahen gleich aus. Es bestätigte sich die *Uniformitätsregel*. Da alle Samen gelb-rund waren, schloss er aus den Ergebnissen weiter, dass gelb gegenüber grün und rund gegenüber kantig dominant sind. Aus den Samen dieser Mischlinge zog MENDEL nun die nächste Generation heran, die 2. Tochtergeneration. Nach der *Spaltungsregel* trat eine Aufspaltung ein. Doch das Ergebnis war überraschend. Neben den Ausgangsformen gelb-rund und grün-kantig kamen neue Formen vor: gelb-kantig und grün-rund. Es waren also zwei neue Sorten entstanden, die es vorher nicht gegeben hatte. Wie war das zu erklären? Die Anlagen gelb oder grün für das Merkmal Samenfarbe und rund oder kantig für das Merkmal Samenform hatten sich neu kombiniert. Einzelne Anlagen können sich also bei jedem Merkmal unabhängig voneinander vererben. Dies beschrieb MENDEL in seiner 3. Regel, der **Unabhängigkeitsregel**.

Im Kombinationsquadrat erkennt man, dass bei 2 verschiedenen Merkmalen 16 Möglichkeiten der Anlagenkombination möglich sind. Fünf davon treten doppelt auf. Ordnet man die Samen nach ihrem Erscheinungsbild gelb-rund, gelb-kantig, grün-rund und grün-kantig und zählt sie aus, ergibt sich ein Zahlenverhältnis von 9 : 3 : 3 : 1. Von den vier reinerbigen Nachkommen der 2. Tochtergeneration gleichen zwei den Großeltern. Weitere zwei sind Neukombinationen. Die Möglichkeit, dass sich getrennt vorkommende Anlagen in einem Lebewesen reinerbig kombinieren lassen, ist für die Züchtung von großer Bedeutung. Auf diese Weise können Lebewesen mit neuen Eigenschaften gezüchtet werden.

> **Unabhängigkeitsregel:** Kreuzt man Lebewesen, die sich in zwei oder mehreren Merkmalen unterscheiden, so werden die Anlagen unabhängig voneinander vererbt. Dabei entstehen neue Kombinationen.

1 Erkläre anhand der Abbildung 1, wie die beiden neuen Erbsensorten entstanden sind.

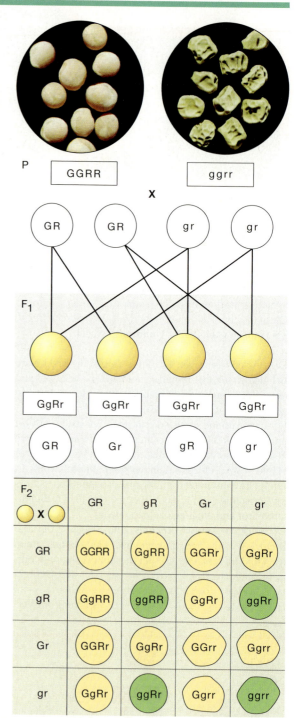

1 Erbgang bei Erbsen mit 2 unterschiedlichen Merkmalen (R = rund, r = runzlig, G = gelb, g = grün)

2 Neue Erbsensorten

Vererbung

Übung

Vererbung

V 1 Weitergabe von Merkmalen

Material: Zeichenkarton in den Farben weiß und rot; Schere; zwei Schalen; Schal

Durchführung: Schneide aus dem roten und weißen Zeichenkarton je 40 Spielmarken, die gleiche Form und Größe haben. Fülle die Schalen mit je 20 roten und weißen Marken. Mische gut durch. Stelle die Schalen vor dir auf. Entnimm mit verbundenen Augen jeweils mit der linken Hand der linken Schale und mit der rechten Hand der rechten Schale eine Marke. Lege sie paarweise ab, bis alle Marken verteilt sind.

Aufgaben: a) Welche verschiedenen Farbgruppierungen sind durch die Paare entstanden?
b) Stelle jeweils die Anzahl gleicher Paare fest.
c) Erkläre, welche mendelsche Regel durch diesen Versuch veranschaulicht wird.

A 2 Kombination von Erbanlagen

Auf dem Kolben des Ziermais erkennt man Körner, die sich in den Merkmalen *Körnerfarbe* und *Körnerform* unterscheiden.

a) Notiere, welche Merkmalspaare auftreten.
b) Zähle die Körner zu jedem Merkmalspaar aus und stelle das Zahlenverhältnis auf.
c) Erkläre, welche mendelsche Regel den Ergebnissen deiner Auswertung zu Grunde liegt.

A 3 Ein besonderer Erbgang

Das Erbschema zeigt die Kreuzung von im Erscheinungsbild und Erbbild unterschiedlichen Mäusen.

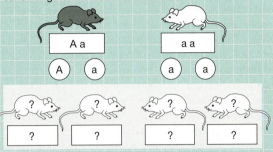

a) Übertrage die Abbildung in dein Biologieheft.
b) Vervollständige das Erbschema in deinem Heft mit Linien. Kennzeichne das Erbbild jeder Maus der Tochtergeneration mit einem Buchstabenpaar.
c) Male die Mäuse der Tochtergeneration im Heft farbig aus und kennzeichne so ihr Erscheinungsbild.
d) Welche Erbanlagen hat jede einzelne Maus im Hinblick auf das Merkmal *Fellfarbe*? Benutze die Begriffe reinerbig, mischerbig, dominant, rezessiv.
e) Vergleiche diesen Erbgang mit der 1. und 2. mendelschen Regel. Was kann man feststellen?

A 4 Erbgang mit zwei Merkmalen

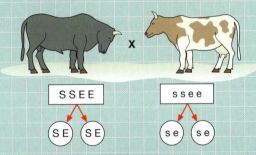

a) Betrachte das Erscheinungsbild. Um welche beiden Merkmale handelt es sich?
b) Wie werden die Merkmale vererbt?
c) Wie sehen die direkten Nachkommen dieser Elterntiere aus? Belege deine Antwort mit einem Erbschema in deinem Biologieheft.
d) Stelle Vermutungen darüber an, welche neuen Erscheinungsformen in der Enkelgeneration auftreten müssen. Belege deine Aussage mit einem Kombinationsquadrat wie auf S. 300.

Vererbung

1.4 Chromosomen – Träger der Erbanlagen

Die von MENDEL durch Kreuzungsversuche entdeckten Gesetzmäßigkeiten der Vererbung haben heute noch Gültigkeit. Durch seine Versuche konnte er nachweisen, dass Merkmale nach bestimmten Regeln vererbt werden. Er vermutete, dass dafür Erbanlagen verantwortlich sind, die über Keimzellen weitergegeben werden. Eine Erklärung, wo diese Anlagen zu finden sind, konnte MENDEL mit seinen Ergebnissen nicht liefern.

Heute weiß man, dass die Erbanlagen, auch **Gene** genannt, in bestimmter Reihenfolge auf **Chromosomen** angeordnet sind. Chromosomen sind Bestandteile im Zellkern einer Zelle. Die Entdeckung von Chromosomen und Genen ist erst durch leistungsfähige Mikroskope möglich geworden. Chromosomen sind unter dem Mikroskop nur erkennbar, wenn sich der Zellkern in der Metaphase der Mitose befindet. Sie verkürzen sich und werden etwa um das 50fache dicker. An einem solchen Chromosom werden zwei Längshälften sichtbar, die *Chromatiden*. Sie hängen an einer Stelle, dem *Centromer*, zusammen. Meist haben die Chromatiden jeweils einen langen und einen kurzen Arm. Jede Tier- oder Pflanzenart hat eine ganz bestimmte Anzahl von Chromosomen. Seit 1956 weiß man,

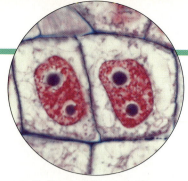

1 Zellteilungsstadien im Bildungsgewebe einer Pflanze (angefärbt)

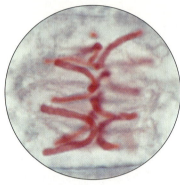

2 Pflanzliche Chromosomen in der Metaphase

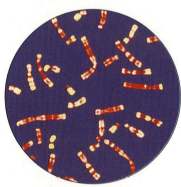

3 Ungeordneter Chromosomensatz des Menschen (Ausschnitt)

dass der Mensch 46 Chromosomen besitzt. Meist gleichen sich zwei Chromosomen in Form und Größe. Man sagt, sie sind **homolog.** Homologe Chromosomen bilden ein Paar. Die 46 Chromosomen des Menschen fügen sich also zu 23 Chromosomenpaaren zusammen.

Jeweils ein Paarling der homologen Chromosomen gehört zu einem **einfachen Chromosomensatz.** In jedem Zellkern einer Körperzelle befindet sich ein **doppelter Chromosomensatz.** Sämtliche Gene auf den vorhandenen Chromosomen enthalten alle Erbinformationen eines Lebewesens. Sie bilden sein **Genom.** Zur Untersuchung von Chromosomensätzen dienen Mikrofotos von Chromosomenpräparaten. Daraus schneidet man die einzelnen Chromosomen heraus und ordnet sie nach Größe und Form. So entsteht ein *Karyogramm*. Anordnung, Gruppierung und Nummerierung in einem Karyogramm sind international festgelegt.

> Die Erbanlage eines Lebewesens liegen verteilt auf den Chromosomen des Chromosomensatzes.

1 Beschreibe mithilfe von Abb. 1 bis 5 den Feinbau von Chromosomen. Achte auf Anzahl, Form, Größe, …

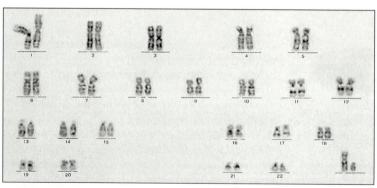

4 Geordneter, doppelter Chromosomensatz des Menschen (Karyogramm, 700fach)

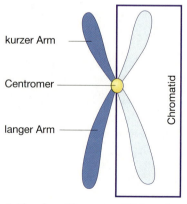

5 Einzelnes Chromosom (Schema)

1.5 Keimzellen werden anders gebildet als Körperzellen

Bei allen Lebewesen, die sich geschlechtlich fortpflanzen, verschmelzen bei der Befruchtung Eizelle und Spermium. Dabei vereinigen sich auch die Chromosomensätze beider Keimzellen. Aus dieser Zelle entwickelt sich das neue Lebewesen.

Enthielten die Keimzellen aber genauso viele Chromosomen wie die Körperzellen, würde sich ihre Anzahl nach der Befruchtung von Generation zu Generation verdoppeln. Daher kommt es bei der Bildung der Keimzellen zur Halbierung der Anzahl der Chromosomen. Diesen Vorgang bezeichnet man als *Reduktionsteilung* oder **Meiose**.

Die Meiose verläuft in zwei unmittelbar aufeinander folgenden Teilungsschritten. Sie beginnt mit dem Sichtbarwerden der Chromosomen. Die homologen Chromosomen rücken eng aneinander, sodass die entsprechenden Chromosomenabschnitte nebeneinander liegen. Die beiden Chromatiden werden erkennbar, aber vom Centromer noch zusammengehalten. Danach ordnen sich die Chromosomenpaare im Mittelbereich des Zellkerns an. Inzwischen löste sich die Kernmembran auf und es bildeten sich die Spindelapparate mit feinen Fäden, die an die Centromeren anhaften. Jetzt trennen sich die homologen Chromosomen wieder. Eine Hälfte wird durch die sich verkürzenden Spindelfasern in Richtung des einen, die andere Hälfte zum entgegengesetzten Spindelpol gezogen. Dabei bleibt es dem Zufall überlassen, welcher Paarling der homologen Chromosomen an welchen der beiden Pole gelangt. Von jedem Chromosom kommt aber jeweils nur ein Paarling in die beiden neu entstehenden Zellen. Dadurch besitzen diese jetzt nur noch einen einfachen Chromosomensatz. Der erste Teilungsschritt, die **1. Reifeteilung,** ist abgeschlossen. Kurz darauf erfolgt die **2. Reifeteilung.** Sie verläuft wie eine Mitose. Es trennen sich die beiden Chromatiden der einzelnen Chromosomen und gelangen in die sich bildenden neuen Zellen. Am Ende der Meiose sind aus einer Zelle mit doppeltem Chromosomensatz vier Zellen mit einfachem Chromosomensatz entstanden.

> Bei der Meiose wird der doppelte Chromosomensatz halbiert, sodass die Keimzellen nur noch einen einfachen Chromosomensatz besitzen.

1 Erkläre mithilfe der Abbildung 1 die Schritte der Meiose.

1 1. und 2. Reifeteilung bei der Entstehung von Keimzellen

Vererbung

 grau, langflügelig

Streifzug durch die Geschichte

Drosophila – eine kleine Fliege wurde zum großen Forschungsobjekt

MENDEL, der Begründer der modernen Erbforschung oder **Genetik,** führte seine Vererbungsversuche nur mit Pflanzen durch. Er erforschte die Weitergabe der Merkmale *Blütenfarbe* sowie *Fruchtform* und *Fruchtfarbe* bei Gartenerbsen. Zu Beginn des 20. Jahrhunderts begannen Forscher Erbgänge anderer Merkmale bei Pflanzen, aber auch bei Tieren zu verfolgen.

Besonders bekannt wurde der amerikanische Biologe Thomas Hunt MORGAN. Er benutzte als Forschungsobjekt nur wenige Millimeter große Fliegen, die *Tau-, Obst-* oder *Fruchtfliege.* Man findet sie auch bei uns auf gärendem oder faulendem Obst. Am bekanntesten ist die *Kleine Essigfliege.* Wissenschaftler nennen sie *Drosophila melanogaster.* Wegen ihrer Bedeutung für die Erbforschung wird sie auch als „Haustier der Erbforscher" bezeichnet. Drosophila lässt sich leicht züchten, vermehrt sich rasch und zahlreich. So bekommen die Forscher schnell aufeinander folgende Generationen mit genügend vielen Lebewesen, an denen sie die Auswirkungen ihrer Kreuzungen feststellen können.

Männliche und weibliche Tiere lassen sich leicht an der Form und Zeichnung des Hinterleibs auseinander halten. Das ist wichtig für eine zügige Auswahl von Zuchttieren.

Von großem Vorteil für Erbversuche ist das Vorhandensein genügend vieler, schnell und deutlich unterscheidbarer Merkmale, die über Generationen verfolgt werden können. Dazu zählen Körperform und -farbe, Länge

1 Thomas Hunt MORGAN (1866–1945)

und Ausprägung des Hinterleibs, Augenfarbe und Flügelform.

Von weiterem Vorteil war, dass Drosophila nur vier Chromosomen besitzt.

Um die Jahrhundertwende richtete sich das Augenmerk der Erbforscher mehr und mehr auf die Zellen der Versuchsobjekte und deren Bestandteile. Eine geringe Anzahl von Chromosomen war deshalb vorteilhaft. Hinzu kam, dass diese kleine Fliege in den Speicheldrüsen

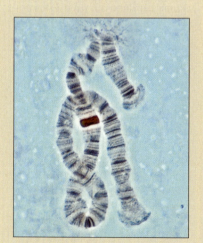

2 Riesenchromosom

außergewöhnlich große Chromosomen besitzt. Diese *Riesenchromosomen* konnten leichter isoliert und mikroskopisch untersucht werden.

Bei seinen Versuchen mit Drosophila kreuzte MORGAN eine grau-langflügelige Form mit einer schwarz-stummelflügeligen Rasse. Alle Nachkommen waren grau-langflügelig. Die Anlagen für grau und langflügelig waren also dominant über schwarz und stummelflügelig.

Diese Mischlinge kreuzte er weiter mit reinerbigen schwarz-stummelflügeligen Tieren. Nach Mendels Unabhängigkeitsregel, die die freie Kombinierbarkeit der Anlagen beschreibt, hätten in der nun folgenden Generation vier verschiedene Erscheinungsformen auftreten müssen. Tatsächlich traten aber nur schwarz-stummelflügelige und grau-langflügelige Fliegen im Verhältnis 1:1 auf. Wurde also die 3. mendelsche Regel durch diesen Versuch widerlegt?

Nein. MORGAN hatte aber etwas Neues herausgefunden. Wegen der geringen Anzahl von Chromosomen lagen die Merkmale Körperfarbe und Flügelform auf demselben Chromosom. Sie waren *gekoppelt.* Alle Erbanlagen eines Chromosoms bilden nämlich eine **Kopplungsgruppe.** Also konnten sie auch nur gemeinsam vererbt werden. Entsprechend war das Erscheinungsbild der gekreuzten Fliegen.

schwarz, langflügelig

schwarz, stummelflügelig

1 Erkläre, unter welchen Voraussetzungen Mendels Unabhängigkeitsregel nur gültig ist.

 grau, stummelflügelig

Vererbung

1.6 Wie der Bauplan der Chromosomen entdeckt wurde

Bei seinen Experimenten mit Taufliegen untersuchte MORGAN alle möglichen Kreuzungsvariationen. Als er mischerbige grau-langflügelige Weibchen mit reinerbigen, rezessiven schwarz-stummelflügeligen Männchen kreuzte, trat etwas Unverhofftes auf. Die Nachkommen kamen nicht in zwei Formen vor,

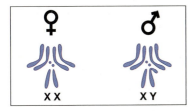

1 Chromosomensatz der Taufliege

was durch die **Genkoppelung** erklärbar gewesen wäre, sondern in vier. Es waren auch grau-kurzflügelige und schwarz-langflügelige Fliegen entstanden. Nach der mendelschen Unabhängigkeitsregel normal, nach dem Prinzip der Genkoppelung aber eigentlich ausgeschlossen. Welche Ursache konnte dieses Ergebnis haben?

MORGAN vermutete, dass die neu entstandenen Tiere aus Eizellen hervorgegangen sein mussten, bei denen die auf einem Chromosom liegenden Erbanlagen „entkoppelt" waren. Heute weiß man, dass gekoppelt vorliegende Gene nicht in jedem Fall gemeinsam vererbt werden.

Während sich homologe Chromosomen in der Anfangsphase der Meiose dicht zusammenlegen, kann es zu Überkreuzungen der Chromatiden kommen. Diese Erscheinung nennt man **Crossing-over**. Bei der anschließenden Trennung können Stücke der verschlungenen und verklebten Chromatiden abbrechen. Wenn sich diese Bruchstücke vertauschen und mit dem anderen Paarling des

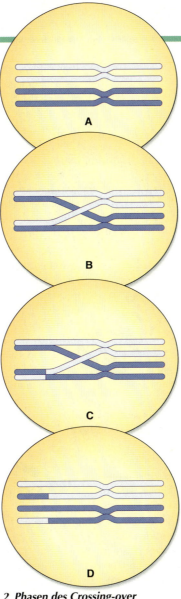

2 Phasen des Crossing-over (Schema)

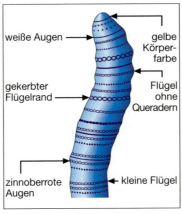

3 Genkarte von einem Chromosom der Taufliege

Chromosoms verwachsen, hat ein *Austausch von Genen* stattgefunden.

Überkreuzungen können an allen Stellen der Chromosomen vorkommen. MORGAN fand heraus, dass Gene umso häufiger getrennt werden, je weiter sie auf einem Chromosom voneinander entfernt liegen. Benachbarte Gene werden nur selten getrennt. Da Gene in einer Reihe liegen, folgerte er, dass man von der Häufigkeit der Tren-

4 Crossing-over (Mikrofoto 3500fach)

nung gekoppelter Gene auf ihren Abstand auf dem Chromosom schließen kann.

Die Häufigkeit des Austausches von Genen durch Crossing-over bezeichnete er als deren *Austauschwert*. Durch die Ermittlung vieler Austauschwerte bestimmte er die relative Entfernung der untersuchten Gene voneinander. So stellte er **Genkarten** vom Chromosom der Taufliege auf.

Heute gibt es andere Methoden, um Genorte auf Chromosomen festzustellen. Zu Beginn des neuen Jahrtausends hat man z. B. alle Gene auf den Chromosomen des Menschen lokalisiert.

> Beim Crossing-over werden Erbanlagen entkoppelt und Gene ausgetauscht. Genkarten zeigen die Lage von Genen auf einem Chromosom.

1 Beschreibe den Vorgang des Crossing-over mithilfe der Abbildungen 2 und 4.

Vererbung

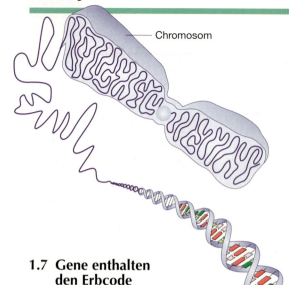

1.7 Gene enthalten den Erbcode

Das gesamte Erbgut eines Lebewesens befindet sich im Zellkern einer Körperzelle. Jede enthält einen vollständigen Chromosomensatz. Wie ist es möglich, dass die Vielzahl der körperlichen Merkmale und Eigenschaften gespeichert und bei der Zellteilung weitergegeben werden kann? Zur Beantwortung dieser Frage muss man den Feinbau der Chromosomen kennen.

Jedes Chromosom besteht aus zwei spiralig umeinander gewundenen Fäden, der **DNA**. DNA ist die Abkürzung für *desoxyribonucleic acid,* der englischen Bezeichnung für *Desoxyribonukleinsäure.* DNA ist ein langer, fadenförmiger Verbund aus Tausenden bis viele Millionen umfassenden Bausteinen, den **Nukleotiden.** Sie bestehen chemisch gesehen aus einem Zuckerbaustein (Desoxyribose), einem Phosphorsäurebaustein und jeweils einer der vier organischen Basen *Adenin* (A), *Guanin* (G), *Cytosin* (C) und *Thymin* (T). Nur durch die Zuordnung einer dieser Basen unterscheiden sich die Nukleotide. Sie haben ähnlich den Buchstaben des Alphabets die Funktion von Schriftzeichen, mit denen alle Erbinformationen eines Lebewesens geschrieben und weitergegeben werden können. Sie sind Grundlage des **Erbcodes.** Nukleotide findet man beim Menschen ebenso wie bei Tieren und bei Pflanzen.

Eine Vielzahl von Nukleotiden bildet einen unverzweigten Doppelstrang, der wendeltreppenartig gewunden ist. Insgesamt erinnert der DNA-Doppelstrang an eine spiralig gedrehte Strickleiter. Die beiden Seile an den Seiten bestehen abwechselnd aus Phosphorsäure- und Zuckerbausteinen. Die Sprossen werden aus den vier Basen gebildet. Zu einer Sprosse gehören immer zwei Basen, die sich gegenüberliegen. Dabei sind nur bestimmte Basenkombinationen möglich. Nur Adenin und Thymin sowie Cytosin und Guanin können jeweils ein Paar bilden. Deshalb sind in einem Doppelstrang die gegenüberliegenden Einzelstränge nicht gleich. Sie entsprechen sich aber wie Schloss und Schlüssel. Kürzere oder längere Abschnitte darauf bilden die **Gene,** Orte für ganz bestimmte Erbanlagen.

Obwohl es nur wenige Basenpaare gibt, lassen die vielfältigen Variationen in Anordnung, Reihenfolge und Länge der Abschnitte unbegrenzte Kombinationsmöglichkeiten zu. Nur so ist es möglich, dass die Fülle der Erbinformationen eindeutig festgelegt ist. Die Erbinformationen werden dabei an die Tochterzellen vollständig und unverändert weitergegeben. Dazu trennt sich der DNA-Doppelstrang an den Bindungsstellen zwischen den Basenpaaren reißverschlussartig auf. Die an den Einzelsträngen befindlichen Basen liegen jetzt frei. Diese Stellen besetzen freie Einzelnukleotide. Sie müssen jeweils zu dem Nukleotidpaarling passen. Schließlich entstehen wieder geschlossene Ketten. So bilden sich aus den zwei Einzelsträngen zwei DNA-Doppelstränge. Sie weisen die gleiche Abfolge der Basenpaare auf wie der ursprüngliche Doppelstrang. Man sagt, die DNA hat sich *identisch verdoppelt.* Dadurch werden bei jeder Zellteilung alle Erbinformationen unverändert und vollständig weitergegeben.

Die Erbinformationen enthalten auch „Rezepte" zum Aufbau von Proteinen. Sie sind für die Bildung von Zellen und Enzymen, die zur Ausbildung der Merkmale eines Lebewesen führen, notwendig.

1 Bau und identische Verdoppelung der DNA

Vererbung

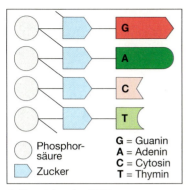
2 Bausteine der DNA

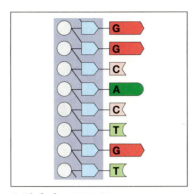
3 Einfacher DNA-Strang

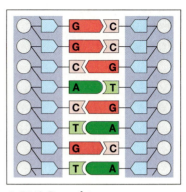
4 DNA-Doppelstrang

Die Bausteine der Proteine sind 20 verschiedene Aminosäuren. Je nach Protein werden sie unterschiedlich untereinander verknüpft. Die Abfolge der Aminosäuren ist schon in der DNA festgelegt. Bei der Proteinbildung öffnet sich der DNA-Doppelstrang an bestimmten Stellen des Chromosoms. Sie sind verdickt und werden als *Puffs* bezeichnet. An die dort getrennten Nukleotide der DNA lagern sich freie, aber dazu passende Nukleotide aus dem Zellplasma an. Sie verbinden sich zu einer Kette und bilden die **Boten-RNA** (**r**ibo**n**ucleic **a**cid). Im Unterschied zur DNA enthält die RNA als Zucker *Ribose* anstatt Desoxyribose und bei den Basen *Uracil* anstatt Thymin. Die in der DNA gespeicherte Erbinformation wird an dieser Stelle auf die Boten-RNA umkopiert.

Die Boten-RNA gelangt dann zu den *Ribosomen,* den „Produktionsstätten" für Eiweiß. Hier dient sie als „Kopiervorlage" für den Aufbau körpereigener Eiweiße. Die dazu notwendigen Aminosäuren werden von der **Träger-RNA** herantransportiert. Die Träger-RNA ist gekennzeichnet durch eine Abfolge von 3 Basen, den so genannten **Basentripletts.** Bei 3 Basen ergeben sich ausreichend viele Kombinationsmöglichkeiten, um jeder der 20 Aminosäuren ein ganz bestimmtes Basentriplett zuordnen zu können.

Die vorgegebene Reihenfolge der Basen auf der Boten-RNA wird nun in den Ribosomen von den Basentripletts der Träger-RNA abgetastet. An den entsprechenden Stellen lagert sich jeweils nur die „passende" Träger-RNA mit der entsprechenden Aminosäure an. Jede Aminosäure bekommt auf diese Weise ihren richtigen Platz. Bei der nachfolgenden Verknüpfung der Aminosäuren entstehen neue Proteinketten. Später löst sich die Träger-RNA vom Strang der Boten-RNA ab. Danach trennt sich die Träger-RNA von der Proteinkette. Die Proteinbildung, die durch das Erbgut vorgegeben wurde, ist erfolgt.

> Die DNA enthält die in den Chromosomen gespeicherten Erbinformationen. Sie bildet einen Doppelstrang und kann sich identisch verdoppeln. In der Erbinformation ist der Bau der körpereigenen Proteine verschlüsselt.

1 Nenne die Basen, die sich jeweils an Adenin, Guanin, Cytosin und Thymin anlagern können.
2 Bei welchem Vorgang der Zelle wird der DNA-Strang verdoppelt?
3 Entwirf mithilfe der Ziffern 0, 1 und 2 Buchstabentripletts. Schreibe das Alphabet, dann deinen Namen.

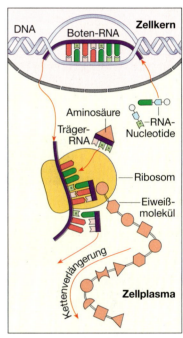
5 **Proteinbildung.** Ablesen des Erbcodes

6 *Riesenchromosom mit Puffs*

Vererbung

Übung   **Erbinformationen**

V1 Bausteine der DNA

Diese Aufgabe eignet sich besonders als Gruppenarbeit.

Material: 1 Bogen unliniertes Papier; Bleistift; Lineal; Zirkel oder Kreisschablone; Schere; 1 Sortiment Farbstifte; Kopiergerät

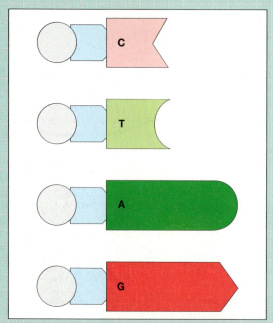

Durchführung: Zeichne die abgebildeten Symbole auf ein Blatt unliniertes Papier. Kopiere die so entstandene Vorlage etwa 10-mal. Färbe die Bausteine entsprechend der Abbildung und schneide sie aus.

Aufgaben: a) Zeichne in dein Heft einen etwa 2,5 cm breiten und 20 cm langen Streifen. Färbe ihn violett. Klebe nun einzelne Nucleotide auf und erstelle einen einfachen DNA-Strang wie in Abb. 3 (S. 307).
b) Ergänze den DNA-Einzelstrang zu einem DNA-Doppelstrang, indem du passende Nucleotide auf der gegenüber liegenden Seite aufklebst.

V2 DNA und ihre identische Verdoppelung

Material: Vorlage für Nucleotid-Symbole aus V1; ca. 10 m Bindfaden; 3 Bogen Zeichenkarton oder dünne Pappe; ca. 50 Büroklammern; Schere; Klebstoff; 1 Sortiment Farbstifte; 2 Kartenständer; Kopiergerät

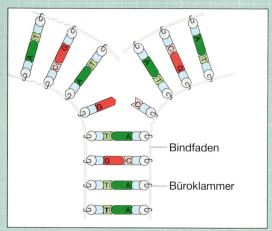

Durchführung: Vergrößere beim Kopieren die Nucleotid-Symbole aus V1. Klebe sie auf Karton und schneide aus. Miss zwei Bindfäden von etwa 3 m Länge ab. Befestige die Nucleotid-Symbole mit Büroklammern daran. Hänge den so entstandenen DNA-Doppelstrang zwischen den Kartenständern auf.

Aufgaben: a) Ziehe den Doppelstrang an einem Ende etwa zur Hälfte reißverschlussartig auseinander. Ergänze die Einzelstränge mit weiteren Symbolen, Büroklammern und Bindfaden zu Doppelsträngen.
b) Erkläre mithilfe deines Modells den Begriff „identische Verdoppelung" der DNA.

A3 Kombinationsmöglichkeiten bei Basentripletts

Es gibt 20 verschiedene Arten Aminosäuren. Jede besitzt ein eigenes Basentriplett.

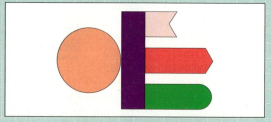

a) Wie viele Aminosäuren könnten festgelegt werden, wenn jeder Aminosäure nur eine Base zugeordnet wäre? Wie ist das Ergebnis bei zwei und drei Basen?
b) Kombiniere und zeichne 20 verschiedene Tripletts.

Vererbung

1.8 Was sind Mutationen?

Amseln haben ein dunkles Gefieder, doch es sind auch schon Exemplare mit weißem Federkleid gesehen worden. Solche *Albinos* sind aus der Brut schwarz gefiederter Eltern hervorgegangen. Ein Farbstoffmangel ist die Ursache für ihre Weißfärbung.

2 Amsel. A *Normalform;* **B** *Mutante*

Das Auftreten von Albinos ist ein Beispiel dafür, dass sich das Erscheinungsbild von Lebewesen sprunghaft verändern kann. Bleibt diese Veränderung erhalten und wird auf nachfolgende Generationen vererbt, spricht man von einem *Erbsprung* oder einer **Mutation.** Den Träger des neuen Merkmals bezeichnet man als *Mutante*. Aber nicht nur Tiere, sondern auch Pflanzen mutieren. So sind z. B. rote Blätter bei Buchen nicht aus einer Neukombination verschiedener Merkmale hervorgegangen, sondern sind auf eine Mutation zurückzuführen. Bei *Blutbuchen* wird das Chlorophyll durch den im Zellsaft gelösten Farbstoff Anthocyan überlagert. Bleibende Veränderungen für folgende Generationen haben also nur Mutationen in den Keimzellen.

Wenn bei jeder Zellteilung die Erbinformation immer wieder kopiert, umgeschrieben und identisch verdoppelt wird, können dabei auch Fehler auftreten. Mutationen kommen deshalb bei allen Lebewesen ständig vor. Manchmal beginnen Zellen nach diesem Vorgang ungehemmt zu wachsen und bilden einen Tumor. Dann ist Krebs im Körper dieses Lebewesens entstanden.

Obwohl Mutationen meist sprunghaft, zufällig und ohne erkennbaren Grund auftreten, weiß man, dass bestimmte Einflüsse Mutationen auslösen können. Solche Faktoren befinden sich in unserer Umwelt oder werden künstlich erzeugt. Zu diesen **Mutagenen** gehören bestimmte Chemikalien, Radioaktivität, Röntgenstrahlung und UV-Strahlen. Sie lösen in der Regel jedoch keine gezielten Mutationen aus.

Die Auswirkungen von Mutationen können für die nachfolgenden Lebewesen nützlich, aber auch schädlich oder gar tödlich sein. Viele Mutationen sind neutral, d. h. sie zeigen keine Auswirkungen.

Das Erbgut kann auf verschiedene Weise durch Mutationen verändert werden. Ändert sich die Anzahl der Chromosomen, liegt eine **Genommutation** vor. Veränderungen, die ein einzelnes oder auch mehrere Chromosomen betreffen, bezeichnet man als **Chromosomenmutation.** Eine **Genmutation** dagegen ist gekennzeichnet durch Verlust, Hinzufügung oder Austausch von Basen im DNS-Strang.

> Mutationen verändern die Erbinformationen. Mutagene Faktoren können Mutationen auslösen. Man unterscheidet Genmutationen, Chromosomenmutationen und Genommutationen.

1 Nenne Beispiele für Mutationen im Tier- und Pflanzenreich.
2 Nenne Beispiele für nützliche und schädliche Mutationen.

1 Buchen. A *Rotbuchen;* **B** *Blutbuche (Mutante)*

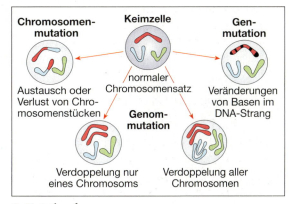

3 Mutationsformen

Vererbung

Pinnwand

MUTATIONEN

Albinismus beim Menschen

Albinismus ist eine Erbkrankheit, bei der Haut und Haare weiß bleiben. Die Augen haben eine hellblaue Iris und erscheinen rötlich. Albinismus beruht auf einer Störung bei der Bildung von Farbpigmenten. Die betroffenen Menschen sind sehr lichtempfindlich, was in einer sonnenreichen Region wie Afrika sehr hinderlich ist. Albinismus geht auf eine Mutation zurück.

Wie ist es zur Farbenvielfalt bei Blumen gekommen?

Infolge von Mutationen treten Farbveränderungen in den Blüten auf. Solche Mutationen sind neutral, da sie für die betreffenden Pflanzen ohne wesentliche Bedeutung sind. Die meisten Unterschiede zwischen Individuen einer Art sind auf neutrale Mutationen zurückzuführen. Die Vielfalt der Blütenfarben bei Tulpen ist ein Beispiel dafür. Der übrige Bauplan und die Grundfunktionen der Blüten sind unverändert.

Down-Syndrom

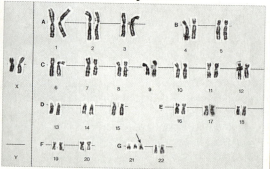

Geordnetes Karyogramm beim Down-Syndrom

1. Betrachte das geordnete Karyogramm. Finde heraus, welche Veränderung im Chromosomensatz stattgefunden hat.

2. Positive Mutationen geben einem Lebewesen bessere Überlebenschancen, negative eher schlechtere. Beurteile danach Beispiele bei Pflanzen und Tieren im Buch.

3. Welchen Typ von Mutationen findest du auf dem Pinnzettel „Mutationen als Auslöser für Krankheiten"?

Mutationen als Auslöser für Krankheiten

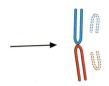

Chromosom 22

Chromosom 9

Eine Mutation wie in der Abbildung dargestellt ist Ursache für eine bestimmte Leukämieform. Außer diesem Blutkrebs werden auch andere Krebsarten wie Lungen-, Haut- und Hodenkrebs auf Mutationen zurückgeführt.

Besondere Katzenrassen

Manx-Katzen sind durch eine Genmutation infolge extremer Inzucht entstanden. Neben der Schwanzlosigkeit bestehen Skelettmissbildungen und andere Fehlbildungen. Manx-Katzen sind in diesem Gen nie reinerbig, da dann die Feten schon im Mutterleib absterben.
Die **Sphinx** ist eine Katze ohne Fell. Diese Rasse wird seit 1966 aus einer mutierten Katze gezüchtet, die in Kanada zur Welt kam. Der Wunsch nach immer neuen Rasseattraktionen führt dazu, dass man auch Tiere weiter züchtet, die unter natürlichen Bedingungen nicht lebensfähig wären.

Vererbung

Tschernobyl – ein Reaktorunfall und seine Folgen

Streifzug durch die Sozialkunde

1 Atomkraftwerk von Tschernobyl (Ukraine)

Am 26. April 1986 ereignete sich im Atomkraftwerk von Tschernobyl, einem Ort in der Ukraine, der bisher schwerste Reaktorunfall. Eine Kette von Fehlern führte dazu, dass ein Reaktorblock außer Kontrolle geriet. Bei der folgenden nuklearen Explosion wurde hochradioaktives Material freigesetzt und bildete mit Dampf und Rauch eine „strahlende" Wolke. Diese breitete sich in nordwestlicher Richtung über Mitteleuropa aus. Bei diesem **g**rößten **a**nzunehmenden **U**nfall (GAU) starben sofort 31 Menschen an Verbrennungen und akuter Strahlenkrankheit. Dazu kamen etwa 300 schwere Krankheitsfälle beim Betriebspersonal sowie bei Feuerwehrleuten und Soldaten, die Hilfe leisteten. Von etwa 800 000 Menschen, die nach und nach am zerstörten Reaktor eingesetzt wurden, sind bis heute mehr als 10 000 gestorben. Nach Untersuchungen der Weltgesundheitsorganisation WHO haben über 125 000 Personen gesundheitliche Schäden davongetragen. Dazu hat die radioaktive Verseuchung des Acker- und Waldbodens, der Nutz- und Wildtiere sowie des Oberflächen- und Grundwassers beigetragen.

Eine Sperrzone von 30 km im Umkreis vom Reaktor bleibt für Jahrzehnte verstrahltes Gebiet. Außerhalb davon gibt es große Gebiete, die landwirtschaftlich nicht genutzt werden können. Sie liegen dort, wo Niederschläge aus der radioaktiven Wolke nieder gingen. Über 400 000 Menschen aus etwa 2000 Orten mussten umgesiedelt werden und verloren ihre Heimat.

Die Strahlenschäden beschränken sich nicht nur auf die unmittelbare Umgebung des Reaktors. Bewohner aus weiter entfernt liegenden strahlenbelasteten Gebieten leiden z. B. viel häufiger unter bösartigen Tumoren als andere. Dazu kommen überdurchschnittlich viele Haut- und Blutkrankheiten, z. B. Leukämie.

Kinder aus stark belasteten Gebieten haben eine Immunabwehrschwäche. Häufig wird über Missbildungen bei Neugeborenen berichtet. Die radioaktive Strahlung greift die DNA an. Weil sich Radioaktivität nur langsam abbaut, ist auch in Zukunft mit Erkrankungen und missgebildeten Kindern zu rechnen.

Gefahren gehen immer noch vom einbetonierten Reaktor aus. Seine Betonmauern sind brüchig geworden, sodass Strahlung frei kommt. Wegen der katastrophalen Folgen eines nuklearen Atomunfalls und seiner langfristigen Auswirkungen auf Gesundheit und Leben auch Ungeborener sind viele Menschen heute vorsichtig in der Beantwortung der Frage, ob Atomkraft auch in Zukunft eingesetzt werden soll, um unseren Energiebedarf zu decken.

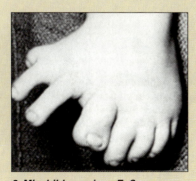

2 Missbildung eines Fußes

1 Beschreibe Langzeitgefahren radioaktiver Strahlung.

Vererbung

1 Standort-Modifikationen bei Hortensien. A Boden kalkhaltig; B sauer

1.9 Modifikationen beeinflussen das Erscheinungsbild

Gartenfreund König hat ein Problem. Letztes Jahr pflanzte er rot blühende Hortensien. Nun wundert er sich, dass einige Exemplare plötzlich blaue Blüten zeigen. Wie ist das zu erklären?

Die Ausprägung der Blütenfarbe bei Hortensien ist nicht allein durch die Erbinformation festgelegt, sondern kann innerhalb bestimmter Farbbereiche schwanken. Da sich nur Blüten an einem ganz bestimmten Standort veränderten, müssen Umwelteinflüsse eine Rolle gespielt haben. Ein Blick in ein Gartenfachbuch ergab dann die Lösung: Hortensien nehmen auf kalkhaltigen Böden rote, auf sauren Böden blaue Blütenfarbe an. Solche Unterschiede, die unter dem Einfluss der Umwelt entstehen, werden als **Modifikationen** bezeichnet. Modifikationen wirken sich nicht auf die Erbinformation aus und sind nicht vererbbar.

Solche **Standort-Modifikationen** findet man bei fast allen Pflanzen. Eine Buche, die frei steht, hat eine andere

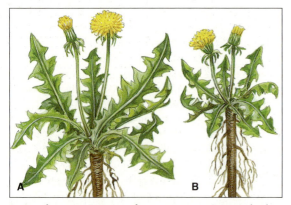

2 Standorte vom Löwenzahn. A Fettwiese; B Magerboden

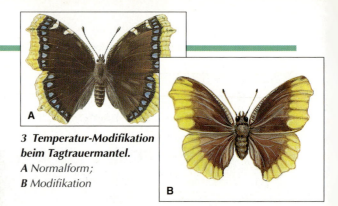

3 Temperatur-Modifikation beim Tagtrauermantel.
A Normalform;
B Modifikation

Form als die, die in einem dichten Bestand wächst. Löwenzahnpflanzen auf einer Weide haben üppigen Blattwuchs und sind groß, während die zwischen Pflastersteinen klein und mit liegender Blattrosette anzutreffen sind. Löwenzahnpflanzen haben also eine große **Variationsbreite** in der Ausprägung ihrer Gestalt. Modifikationen findet man auch bei Schmetterlingen. Das Aussehen eines Tagtrauermantels z. B. wird während der Entwicklungsphase beeinflusst. Weicht während des Puppenstadiums die Umgebungstemperatur vom Normalmaß ab, wirkt sich das auf die Leuchtkraft und Musterung der Flügel aus. Solche **Temperatur-Modifikationen** kennt man auch bei anderen Tieren.

Bei allen Modifikationen setzen die Erbanlagen aber die Grenzen, innerhalb derer Lebewesen sich verändern können.

> Das Erscheinungsbild von Lebewesen wird geprägt durch Erbinformationen und Umwelteinflüsse. Umweltbedingte Ausprägungen bezeichnet man als Modifikationen. Sie sind nicht vererbbar und finden nur innerhalb erblich festgelegter Grenzen statt.

1 Sammle verschieden große Blätter der Rotbuche oder eines anderen Laubbaumes. Miss ihre Länge. Stelle die Variationsbreite fest.

4 Rotbuchen. A einzeln stehend; B im Bestand

Mutationen – Modifikationen

Übung

A 1 Chromosomenmutationen

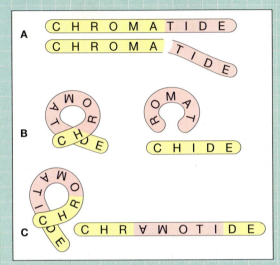

Die Teilabbildungen stellen schematisiert Veränderungen an einzelnen Chromosomen dar.
a) Beschreibe, wie und an welchen Stellen Chromosomenbrüche entstehen können.
b) Was geschieht jeweils mit den entstandenen Bruchstücken? Erkläre mithilfe der Abbildungen.

A 2 Größenvariationen bei Gartenbohnen

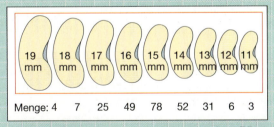

Die abgebildeten Bohnen stammen von einer Pflanze. Alle Samen sind erbgleich, da Bohnen Selbstbestäuber sind. Die Auszählung und Messung von 255 Bohnen ergaben die aufgeführten Werte.
a) Was verdeutlicht die Abbildung? Beschreibe.
b) Fertige ein Säulen- oder Kurvendiagramm an.
c) Was veranschaulicht dein Diagramm? Erkläre.
d) Wie groß ist die Variationsbreite der Bohnensamen?
e) Stelle Vermutungen darüber an, was geschehen würde, wenn entweder nur die kleinsten oder nur die größten Samen wieder zur Aussaat kämen?

A 3 Genmutationen

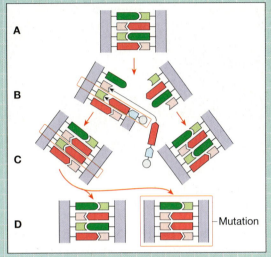

Genmutationen verändern unmittelbar die DNA.
a) Erkläre anhand der Abbildung eine Genmutation.
b) Beschreibe mithilfe der Abbildung weitere Formen von Genmutationen. Denke an Vertauschung, Verlust oder Hinzufügung von Nucleotiden.

V 4 Vererbung oder Modifikation?

Material: Papierbogen mit Rechenkaros; schwarzer Filzstift; Bleistift; Lineal; Stoppuhr; Kopiergerät

Durchführung: Zeichne mit dem Filzstift 2 Labyrinthe wie in der Abbildung dargestellt. Stelle eine ausreichende Menge Kopien her. Teste Mitschüler, die so schnell wie möglich mit dem Bleistift vom Start bis zum Ziel eine Linie ziehen sollen, ohne die Begrenzung zu überzeichnen.

Aufgaben: a) Befrage die Testperson, ob sie Rechts- oder Linkshänder ist und notiere.
b) Lass die Linie erst mit der rechten, dann mit der linken Hand zeichnen. Stoppe jeweils die Zeit.
c) Stelle fest, ob es Rechts- bzw. Linkshänder gibt, die mit der jeweils anderen Hand schneller und genauer zeichnen. Welchen Grund könnte das haben?

Vererbung

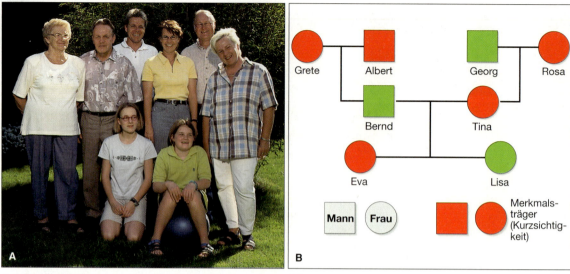

1 Drei Generationen einer Familie (A) und ihr Stammbaum (B)

2 Vererbung beim Menschen

2.1 Methoden der Erbforschung

Heute ist es selbstverständlich, dass man beim Züchten von Pflanzen und Tieren die Regeln der Vererbung beachtet. Die Kenntnisse wurden durch Versuche an Pflanzen und Tieren gewonnen. Experimente wie bei Pflanzen und Tieren sind jedoch aus ethischen Gründen beim Menschen verboten. Trotzdem weiß man, dass z. B. körperliche Merkmale, bestimmte Fähigkeiten, Verhaltensweisen und sogar Krankheiten nach bestimmten Regeln von den Eltern auf die Kinder weitergegeben werden können. Wie ist man zu diesen Erkenntnissen gekommen?

Eine wichtige Methode ist die Untersuchung von *Stammbäumen* verwandter Familien. Bei dieser **Stammbaumanalyse** verfolgt man die Nachkommen eines Paares über mehrere Generationen. So erhält man umfangreiche *Sippentafeln,* anhand derer sich z. B. die Vererbung eines bestimmten Merkmals über mehrere Generationen verfolgen lässt. Auf diese Weise gewinnt man Hinweise auf die Erblichkeit von Merkmalen und wie diese vererbt werden.

Eine andere Methode ist die **Zwillingsforschung.** Eineiige Zwillinge sind aus einer einzigen befruchteten Eizelle hervorgegangen und besitzen daher dasselbe Erbgut. Durch Vergleiche lässt sich feststellen, inwieweit die Umwelt einen Einfluss auf die Ausbildung eines Merkmals oder einer Eigenschaft hat.

Die moderne Erbforschung bedient sich auch der **Genanalyse.** Dabei versucht man herauszufinden, welche Gene zur Ausprägung bestimmter Merkmale führen. Die Forscher hoffen in der nächsten Zeit die über 100 000 Gene einer menschlichen Körperzelle identifizieren zu können.

> Familien- und Zwillingsforschung sowie Genanalysen sind Methoden der Erbforschung beim Menschen.

1 Eine wichtige Methode zur Untersuchung menschlicher Erbgänge ist z. Zt. die Stammbaumanalyse. Begründe mithilfe der Abb. 1.

2 Genanalyse nach Zerlegung der DNS

Vererbu..

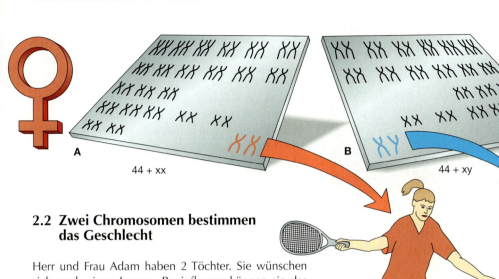

2.2 Zwei Chromosomen bestimmen das Geschlecht

Herr und Frau Adam haben 2 Töchter. Sie wünschen sich noch einen Jungen. Beeinflussen können sie das jedoch nicht. Wie wird das Geschlecht festgelegt?
Wie die Abbildungen 1A und 1B zeigen, besitzt jede Körperzelle von Mann und Frau 46 Chromosomen. Sie enthalten die gesamten Erbanlagen. Die Chromosomen lassen sich zu 23 Paaren anordnen. Bis auf das 23. Paar sind die Chromosomen eines Paares sowohl im Aussehen als auch in der Größe gleich. Nur das letzte Paar unterscheidet sich bei Mann und Frau. Bei der Frau sehen die Paarlinge gleich aus. Diese werden *XX-Chromosomen* genannt. Beim Mann sind die Paarlinge in Größe und Gestalt ungleich. Das größere ist das *X-Chromosom*, das kleinere heißt *Y-Chromosom*. Es sind die **Geschlechtschromosomen**.
Bei der Bildung der Keimzellen – der Reifeteilung – erhält jede nur den einfachen Chromosomensatz von 23 Chromosomen. Neben den Chromosomen 1 bis 22 enthalten die Spermien entweder ein X- oder ein Y-Chromosom, die Eizellen ein X-Chromosom.
Ob aus einer befruchteten Eizelle ein Junge oder ein Mädchen entsteht, wird allein durch das Spermium entschieden. Vereinigt sich ein „Y-Spermium" mit einer Eizelle, entwickelt sich daraus ein Junge. Vereinigt sich dagegen ein „X-Spermium" mit einer Eizelle, entsteht daraus ein Mädchen. So wird schon bei der Befruchtung der Eizelle das Geschlecht eines Menschen festgelegt.

> Das Geschlecht wird durch die Kombination von X- und Y-Chromosomen bei der Befruchtung der Eizelle durch ein Spermium festgelegt.

1 Der statistische Mittelwert von Jungen- und Mädchengeburten ist über die Jahre etwa gleich bleibend 1:1. Erläutere, wie dieser zustande kommt.

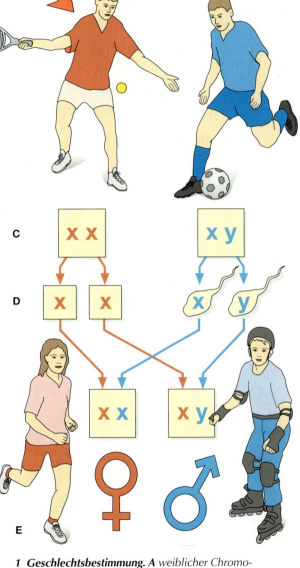

1 Geschlechtsbestimmung. A weiblicher Chromosomensatz (geordnet); **B** männlicher Chromosomensatz (geordnet); **C** Geschlechtschromosomen in den Körperzellen; **D** Keimzellen mit Geschlechtschromosom; **E** Nachkommengeneration

Vererbung

1 Roller und Nichtroller

2.3 Erbregeln gelten auch für den Menschen

Versuche einmal, deine Zunge wie in Abb. 1 zu rollen. Gelingt dir das, gehörst du zu den „Rollern", wenn nicht, dann bist du ein „Nichtroller". Die Fähigkeit, die Zunge zu rollen, ist erblich und kann nicht erlernt werden. Sie beruht auf einem *dominanten Erbgang*. Die Anlage für „Roller" dominiert über die Anlage für „Nichtroller".

Auch die Blutgruppe wird vererbt. Ein Blick in den Blutspenderausweis oder in den Notfallausweis zeigt, welcher Blutgruppe man angehört. Du besitzt eine der Blutgruppen A, B, AB oder 0. Die Kenntnis der jeweiligen Blutgruppe ist zum Beispiel bei einer Bluttransfusion zwingend erforderlich.
Die Ausbildung der Blutgruppeneigenschaften wird durch die **Gene A, B** oder **0** gesteuert. Von den drei möglichen Genen besitzt jeder Mensch nur zwei für seine Blutgruppe. Die eine Erbanlage stammt vom Vater, die andere von der Mutter. Die Weitergabe der Merkmale erfolgt nach dem *dominanten Erbgang*. Dabei sind die Anlagen für A und B **dominant** gegenüber der Anlage 0. Eine besondere Erscheinung ist die Tatsache, dass die Anlagen für A und B gleichberechtigt nebeneinander liegen.
Besitzt jemand die Blutgruppe A, so kann das Erbbild AA oder A0 sein, da A über 0 dominiert. Hat jemand die Blutgruppe B, ist das Erbbild entweder BB oder B0. Bei der Blutgruppe 0 dominieren weder A noch B. Das Erbbild ist 00. Nur bei der Blutgruppe AB erscheint auch das Erbbild AB. Wenn du also deine Blutgruppe und die deiner Eltern und Geschwister kennst, kannst du Rückschlüsse auf die jeweiligen Erbgänge der vorkommenden Blutgruppen ziehen.
Die Blutgruppe bleibt zeitlebens erhalten. Sie unterliegt keinen Umwelteinflüssen.

Neben dem AB0-System gibt es weitere Bluteigenschaften, die nach den Erbregeln von Generation zu Generation weitergegeben werden. Dazu gehört der **Rhesus-Faktor.** Der Rhesus-Faktor spielt bei der Blutübertragung eine wichtige Rolle. Erhält z. B. ein rhesus-negativer Mensch rhesus-positives Blut, können sich in seinem Blut Antikörper gegen den Rhesus-Faktor Rh^+ bilden. Bei einer erneuten Blutübertragung würde es zu einer Verklumpung des Blutes und zu ernsthaften gesundheitlichen Folgen kommen.
In Deutschland sind etwa 85 % der Bevölkerung *rhesus-positiv* (Rh^+) und etwa 15 % *rhesus-negativ* (rh^-). Die Anlage Rh^+ dominiert gegenüber rh^-. Auch für den Rhesus-Faktor hat jeder von uns 2 Anlagen. Wenn wir rhesus-positiv sind, kann das Erbbild reinerbig Rh^+Rh^+ oder gemischterbig Rh^+rh^- sein.

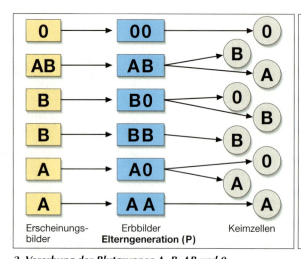

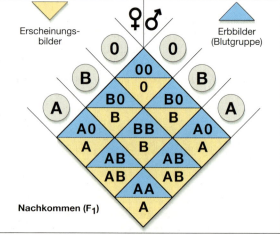

2 Vererbung der Blutgruppen A, B, AB und 0

Vererbung

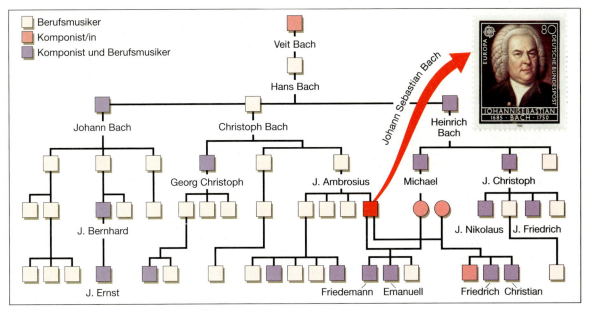

3 Musikalische Begabungen in der Familie BACH

Viele körperliche Merkmale wie Bluteigenschaften oder Fähigkeiten wie Zungenrollen werden also von Generation zu Generation unbeeinflusst durch die Umwelt weitergegeben. Wie aber sieht es mit den *geistigen, seelischen, künstlerischen* und *handwerklichen Begabungen* aus? Antworten auf diese Frage liefern uns Stammbaumanalysen. Der Stammbaum der Familie BACH zum Beispiel legt die Vermutung nahe, dass die Anlage zu einer *musikalischen Begabung* auf erblichen Grundlagen beruht. Johann Sebastian Bach (1685–1750) war ein begabter Organist und Komponist, dessen Werke noch heute weltweit gespielt werden. Über viele Generationen gab es in der Familie Bach begabte Komponisten und Berufsmusiker.

Aber auch in den eigenen Familien kann man Beispiele für die Vererbung von Anlagen bestimmter Begabungsrichtungen finden. Über mehrere Generationen lassen sich z. B. handwerkliche, musikalische, naturwissenschaftliche oder pädagogische Begabungen nachweisen. Die Anlagen sind jedoch genetisch nicht so festgelegt wie bei den körperlichen Merkmalen. Sie verteilen sich auf verschiedene Gene und weisen daher bestimmte Variationsbreiten auf. Die Ausbildung der spezifischen Begabungen hängt ganz entscheidend von der Erziehung und den Umwelteinflüssen ab, aber auch von dem Willen des Einzelnen, seine Anlagen zu nutzen.

> Bestimmte körperliche Merkmale wie Bluteigenschaften werden nach den Erbregeln vererbt und bleiben zeitlebens in der gleichen Ausprägung erhalten. Geistig-seelische Eigenschaften unterliegen sowohl der Vererbung als auch den Einflüssen von Erziehung und Umwelt.

1 Die Mutter hat die Blutgruppe 0, der Vater die Blutgruppe AB. Nenne Blutgruppen, die ihre Kinder haben könnten, und fertige ein Erbschema an.
2 Berichte, warum in der Familie BACH fast ausschließlich Männer begabt zu sein schienen. Denke dabei an die Zeit, in der Bach lebte (18. Jhdt.).
3 Nimm Stellung zu den Aussagen in Abbildung 4.

> Hohlkreuz von meinem Vater, X-Beine von meiner Mutter, ständiger Hunger von Onkel Günther. Kann mir vielleicht einer sagen, wie ich diese Erbschaft wieder los werde?

> Ich habe in Mathe immer eine Eins. Meine Mutti und meine Oma hatten das auch. Hier sieht man, dass ich ein paar mathematische Gehirnwindungen geerbt habe.

4 Vererbt oder erworben? (Schüleräußerungen; 13 Jahre)

Vererbung

2.4 Erbe oder Umwelt: Ergebnisse der Zwillingsforschung

In welchem Maße bestimmen Erbgut und Umwelt das Aussehen und die Eigenschaften eines Menschen? Mit dieser Frage beschäftigen sich Wissenschaftler seit mehreren Jahrzehnten. Bislang ist man jedoch zu keinem allgemein gültigen Ergebnis gekommen.

Einen wichtigen Beitrag zur Klärung dieser Frage liefern Ergebnisse der **Zwillingsforschung.** Es gibt zwei Typen von Zwillingen, die auf unterschiedliche Weise entstehen. *Zweieiige Zwillinge* bilden sich aus zwei Eizellen, die jeweils durch eine Samenzelle befruchtet werden. Sie besitzen ein unterschiedliches Erbgut und ähneln sich daher nicht mehr als andere Geschwister. *Eineiige Zwillinge* dagegen entstehen aus einer befruchteten Eizelle. In einem sehr frühen Stadium der anschließenden Entwicklung teilt sich diese und es bilden sich zwei erbgleiche Nachkommen. Durch ihre genetische Übereinstimmung gleichen sich eineiige Zwillinge so sehr, dass selbst Eltern oft Schwierigkeiten haben, sie voneinander zu unterscheiden.

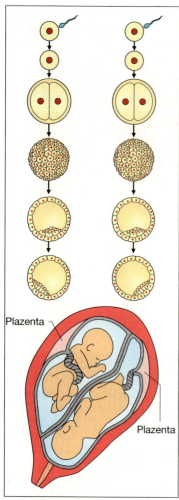

1 Zwillingsbildung bei zweieiigen Zwillingen

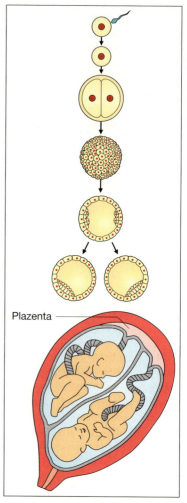

3 Zwillingsbildung bei eineiigen Zwillingen

2 Zweieiige Zwillinge

4 Eineiige Zwillinge

Vererbung

Bei der Zwillingsforschung konzentrieren sich die Untersuchungen vor allem auf eineiige Zwillinge, die gemeinsam groß geworden sind und solche, die kurz nach der Geburt voneinander getrennt wurden und in verschiedenen Umwelten aufgewachsen sind. Bei Letzteren – so vermuten Wissenschaftler – müssen z. B. Unterschiede in körperlichen, geistigen und seelischen Merkmalen auf die verschiedenen Umwelteinflüsse zurückzuführen sein, da sie dasselbe Erbgut besitzen.

Berühmt geworden sind die Zwillingsbrüder Jim Springer und Jim Lewis aus den USA. Beide wurden als Babys voneinander getrennt und wussten 39 Jahre nichts voneinander. Trotzdem wiesen sie nicht nur körperliche Übereinstimmungen auf, sondern auch solche in ihren Lebensläufen, ihrem Charakter und in ihren Gewohnheiten. Beide waren Heimwerker, Kettenraucher und Nägelkauer. Jeder baute sich vor seinem Eigenheim um einen Baum eine Bank. Beide hatten zunächst in einer Tankstelle gearbeitet und später als Hilfssheriff gedient. Ihren Urlaub verbrachten sie mit ihren Familien wiederholt am selben Strand in Florida.

Solche Ähnlichkeiten bedeuten aber nicht, dass ganze Lebensläufe komplett genetisch vorbestimmt sind. Aus vielen vergleichenden Untersuchungen schließt man heute, dass körperliche Merkmale wie Gestalt, Körpergröße, Aussehen sowie Veranlagung zu bestimmten Krankheiten weitestgehend genetisch bedingt sind. Die Umwelt hat darauf nur einen geringen Einfluss. Solche Merkmale, die überwiegend auf das Erbgut zurückzuführen sind, bezeichnet man als **umweltstabil**. Das Körpergewicht dagegen hängt sehr stark von der Umwelt ab. Hier spielen die jeweiligen Essgewohnheiten eine Rolle. Merkmale, die auf eine umweltbedingte Veränderlichkeit hinweisen, nennt man **umweltlabil**.

Schwieriger ist die Beurteilung, in welchem Umfang Interessen, Begabungen und Verhaltensweisen vererbbar sind und welchen Anteil daran das persönliche Umfeld hat. Ergebnisse von Intelligenztests, die z. B. logisches Denken, Zahlenverständnis und Merkfähigkeit feststellen, zeigten, dass gemeinsam aufgewachsene eineiige Zwillinge geringere Unterschiede aufwiesen als getrennt aufgewachsene eineiige Zwillinge. Bei gemeinsam aufgewachsenen zweieiigen Zwillingen war der Unterschied noch größer.

Diese Beispiele zeigen, dass insbesondere bei geistigen Fähigkeiten vom Erbgut eine Bandbreite vorgegeben wird, innerhalb derer sich Umwelteinflüsse fördernd oder hemmend auswirken. Nicht ein einzelnes Gen, sondern in der Regel das Zusammenwirken mehrerer Gene sind für die Merkmalsausprägung verantwortlich.

5 *Zwillingspaar Jim Springer und Jim Lewis*

Mit der Zwillingsforschung versucht man, die erbbedingten und umweltbedingten Anteile an der Veränderlichkeit von Merkmalen beim Menschen festzustellen.

1 Beschreibe die Entstehung eineiiger und zweieiiger Zwillinge anhand der Abbildungen 1 und 3.
2 Informiere dich im Internet über Ergebnisse der Zwillingsforschung. Berichte.
3 Erbe und Umwelt bestimmen den Menschen. Begründe diese Feststellung mithilfe des Informationstextes und ggf. Informationen aus dem Internet.

Vererbung

1 Farberkennen von Normalsichtigen

2 Farberkennen von Rot-Grün-Blinden

2.5 Vererbte und angeborene Behinderungen und Krankheiten

Normalsichtige können bei der Obstschale in Abbildung 1 ohne Schwierigkeiten die Farben Rot, Grün, Orange und Braun richtig erkennen. Für manche Menschen dagegen erscheinen die Tomate und der grüne Apfel in ganz anderen Farbtönen, während sie Orange und Braun ähnlich wahrnehmen wie Normalsichtige.

Bei dieser Fehlsichtigkeit handelt es sich um die **Rot-Grün-Schwäche,** in der stärker ausgeprägten Form um die **Rot-Grün-Blindheit.** Den davon Betroffenen fehlen die entsprechenden farbempfindlichen Zellen in der Netzhaut. Etwa 1% aller Männer sind rot-grün-blind und etwa 2% grün-blind. Rund 8% der Männer und 0,5% der Frauen besitzen eine Schwäche in der Unterscheidung von Rot und Grün. Wenn du in Abb. 3 A eine Ziffer, bei 3 C jedoch keine Ziffer entdeckst, so kannst du Farben vermutlich normal sehen.

Die Farbfehlsichtigkeit gehört zu den Erbkrankheiten, die *rezessiv* vererbt werden. Die Erbanlagen für die Unterscheidung von Rot und Grün liegen auf dem X-Chromosom, das neben dem geschlechtsbestimmenden Gen noch über 100 Gene für weitere Merkmale besitzt. Trifft bei der Befruchtung einer Eizelle ein X-Chromosom mit einem defekten Gen für das Farbensehen mit einem Y-Chromosom zusammen, kommt es bei dem männlichen Nachkommen zur Ausbildung der Rot-Grün-Blindheit; denn das Y-Chromosom hat kein entsprechendes Gen für Farbtüchtigkeit. Frauen mit einem rezessiven Gen für Rot-Grün-Blindheit auf einem X-Chromosom dagegen sind farbtüchtig, da das entsprechende zweite X-Chromosom die dominante Anlage für normales Farbensehen besitzt. Nur wenn beide X-Chromosomen die Anlage für die Fehlsichtigkeit haben, tritt bei Frauen die Rot-Grün-Blindheit auf. Da die Vererbung auf das X-Chromosom zurückzuführen ist, bezeichnet man den Erbgang als *geschlechtschromosomen-gebunden*.

Wenn wir uns die Ahnentafeln europäischer Adelshäuser ansehen, fallen uns Angehörige auf, die an der **Bluterkrankheit** leiden. Aber nicht nur Könige und Zaren sind von dieser Krankheit betroffen. Allein in Deutschland schätzt man die Zahl auf rund 7500. Die Krankheit äußert sich in dem Fehlen eines Blutgerin-

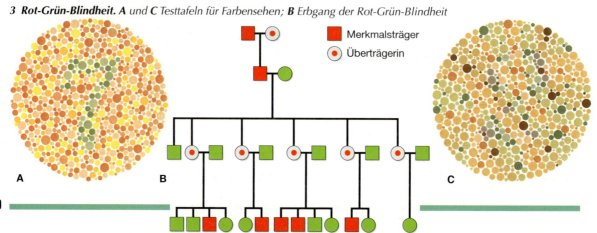

*3 Rot-Grün-Blindheit. **A** und **C** Testtafeln für Farbensehen; **B** Erbgang der Rot-Grün-Blindheit*

Vererbung

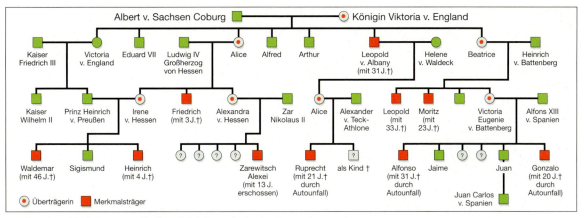

4 *Bluterkrankheit im europäischen Adel* (Ausschnitt des Stammbaumes)

nungsfaktors. Schon geringste Verletzungen können lebensbedrohende Blutungen hervorrufen. Bei der Bluterkrankheit handelt es sich um eine Erbkrankheit, von der in der Regel nur Männer betroffen sind. Sie wird durch ein defektes rezessives Gen auf dem X-Chromosom hervorgerufen. Da dem Y-Chromosom ein entsprechendes Gen fehlt, erbt der männliche Nachkomme von seiner Mutter die Bluterkrankheit. Die äußerlich gesunde Frau ist nur Gen-Überträgerin für die Krankheit. Auch die Bluterkrankheit ist eine *geschlechtschromosomen-gebundene Erbkrankheit*.

Früher starben die Bluterkranken schon recht früh. Noch um 1960 betrug die allgemeine Lebenserwartung nur etwa 20 Jahre. Inzwischen hat man jedoch einen Gerinnungsstoff gewonnen, den man den Bluterkranken medikamentös verabreichen kann. Dadurch ist die Erbkrankheit nicht mehr so lebensbedrohlich wie früher.

Mukoviszidose ist mit einem Auftreten von 1:2000 die häufigste Erbkrankheit in Deutschland. Aufgrund eines Gendefektes auf dem Chromosom Nr. 7 ist u. a. die Drüsentätigkeit der inneren Organe gestört. Statt flüssiger Sekrete werden zähflüssige Schleime abgegeben. Sie führen zu Verschleimungen der Atmungsorgane und im Verdauungstrakt.

Mukoviszidose wird *rezessiv* vererbt. Sie tritt daher nur bei Nachkommen auf, wenn deren beider Elternteile ein defektes Gen weitergeben. Etwas 3–5 % der Bevölkerung sind Träger des Gendefektes, ohne selbst daran zu erkranken.

Eine Krankheit, die *dominant* vererbt wird, ist die **Kurzfingrigkeit.** Bei den davon Betroffenen sind einzelne oder mehrere Fingerglieder verkürzt oder miteinander verwachsen. Bei einer anderen Form dieser Krankheit fehlt je eins der Fingerglieder ganz.

Eine *angeborene,* nicht vererbte Behinderung ist das **Down-Syndrom.** Äußere Merkmale sind u. a. ein kleiner Kopf, ein flaches, kurzes Genick und ein flacher Hinterkopf. Hinzu kommt eine geistige Unterentwicklung. Die Krankheit ist deshalb so „tückisch" weil sie spontan auftritt. Sie beruht auf einem vom Normalen abweichenden Chromosomensatz. Das Chromosom Nr. 21 hat sich bei der Meiose nicht getrennt und ist nach der Befruchtung dreifach statt zweifach vorhanden. Eine früh einsetzende Therapie kann die Behinderung lindern helfen.

> Erbkrankheiten können dominant oder rezessiv vererbt werden. Das Down-Syndrom ist eine angeborene Krankheit.

1 Erläutere Abb. 3.
2 Zeichne ein Erbschema der Mukoviszidose, bei der beide Elternteile als Überträger der Krankheit Nachkommen haben.
3 Zeichne die Erbbilder zu Abb. 5. Erläutere diese.

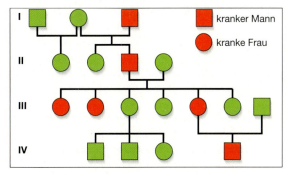

5 *Erbgang der Kurzfingrigkeit*

Vererbung

Streifzug durch die Medizin: Vorsorgeuntersuchungen

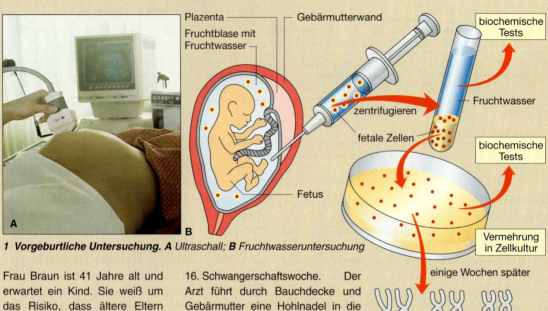

1 Vorgeburtliche Untersuchung. *A Ultraschall; B Fruchtwasseruntersuchung*

Frau Braun ist 41 Jahre alt und erwartet ein Kind. Sie weiß um das Risiko, dass ältere Eltern eher ein Kind mit Down-Syndrom bekommen als jüngere. Sie sucht daher einen Arzt zu einer Vorsorgeuntersuchung auf. Welche Möglichkeiten gibt es bei einer *vorgeburtlichen Untersuchung*?

Die **Ultraschall-Untersuchung** wird bei nahezu allen Schwangerschaften angewandt. Sie erlaubt einen Blick in den Bauch der Schwangeren mit dem Fetus in der Fruchtblase. Mit ihrer Hilfe erhält der Arzt Hinweise auf mögliche Wachstumsstörungen oder schwere Missbildungen der Wirbelsäule oder Gliedmaßen. Wenn es solche Hinweise gibt, ermöglichen weitere Untersuchungen – z. B. des Fruchtwassers – sich Klarheit zu verschaffen.

Zur vorgeburtlichen Erkennung von Krankheiten gehört u.a. die **Fruchtwasseruntersuchung.** Sie erfolgt in der Regel nicht vor der 16. Schwangerschaftswoche. Der Arzt führt durch Bauchdecke und Gebärmutter eine Hohlnadel in die Fruchtblase und saugt damit eine kleine Menge Fruchtwasser ab. Dieses enthält immer auch einige abgestoßene Zellen des Fetus. Biochemische Tests des Fruchtwassers ergeben Hinweise auf eventuell vorliegende erbbedingte Stoffwechselstörungen. In einer besonderen Behandlung werden auch die fetalen Zellen überprüft. Dazu müssen sie 2–3 Wochen in einem Nährmedium kultiviert und vermehrt werden. Anschließend werden die Zellen entnommen und untersucht. Die in den Zellkernen enthaltenen Chromosomen werden dabei auf Störungen wie das Down-Syndrom geprüft. Auch biochemische Störungen der Zellfunktion lassen sich auf diese Weise diagnostizieren. Dadurch ist es gelungen, über 50 Stoffwechseldefekte anhand verminderter Enzymtätigkeiten zu analysieren.

Zu rascheren Ergebnissen führt die **Plazentagewebeuntersuchung.** Dabei wird eine Hohlnadel durch den Muttermund eingeführt und eine Probe vom Plazentagewebe genommen. Diese Methode kann schon nach der 9. Schwangerschaftswoche angewandt werden. Beide Methoden sind nicht ganz risikolos. In etwa 1% der Fälle kommt es zu einer Fehlgeburt.

Neugeborene werden heute daraufhin getestet, ob bei ihnen die Stoffwechselstörung **Phenylketonurie** vorliegt. Unter etwa 10 000 Neugeborenen findet sich eines mit dieser Erbkrankheit. Aufgrund eines Gendefekts wird eine bestimmte Aminosäure nicht abgebaut. Bei Nichtbehandlung kommt es zu schweren Gehirnstörungen, die durch eine entsprechende Diät vermieden werden können.

Vererbung

ERBGESUNDHEITSPFLEGE EINST UND GENETISCHE BERATUNG HEUTE

Pinnwand

Liebe Petra,

vor einiger Zeit habe ich dir berichtet, wie sehr ich mich darüber freue, dass ich schwanger bin. Nach einer Fruchtwasseruntersuchung wurde nun festgestellt, dass ich ein Kind mit Down-Syndrom bekommen werde. Ich bin ganz verzweifelt. Was würdest du an meiner Stelle tun? Ich möchte so gerne mit dir reden.

Deine Ines

Genetische Beratung

Die genetische Beratung sollte von solchen Personen in Anspruch genommen werden, die sich Nachwuchs wünschen oder bereits schwanger sind, wenn u. a.
- ein oder beide Partner an einer Erbkrankheit leiden;
- in der Verwandtschaft eines Partners bestimmte Krankheiten gehäuft auftreten;
- gesunde Eltern ein Kind mit einer genetisch bedingten Behinderung haben;
- die Frau bereits mehrere Fehlgeburten hatte;
- sich ältere Ehepaare über mögliche Risiken von Mutter und Kind informieren wollen;
- Frau und/oder Mann schädigenden Umwelteinflüssen wie Strahlungen, Suchtmitteln oder möglichen mutationsauslösenden Medikamenten ausgesetzt waren.

Sie werden in der Beratung über Möglichkeiten und Risiken von vorgeburtlichen Untersuchungen aufgeklärt. Außerdem werden ihnen Alternativen der Reaktion auf eine vorgeburtliche Schädigung und deren Folgen dargestellt.

Erbgesundheitspflege im 3. Reich (1933-1945)

Am 14.7.1933 beschloss die Reichsregierung unter Hitler das **„Gesetz zur Verhütung erbkranken Nachwuchses"**. Es zielte darauf ab, durch Unfruchtbarmachung (Sterilisation) erbkranker Menschen der Zunahme ungünstiger Erbanlagen entgegenzuwirken. Als erbkrank im Sinne des Gesetzes wurden u.a. angesehen:
angeborener Schwachsinn, Schizophrenie, manisch-depressives Irresein, erbliche Fallsucht (Epilepsie), erblicher Veitstanz (HUNTINGTONsche Krankheit), erbliche Blindheit und Taubheit, schwere körperliche Missbildungen.
Nach dem Gesetz konnte die Sterilisation gegen den Willen der Betroffenen durchgeführt werden. Ab 1933 begann man mit Zwangsverwahrung, Zwangsarbeit und Zwangssterilisation. Allein zwischen 1934 und 1936 wurden rund 167 000 Menschen sterilisiert. Mit Erlass vom 1. 9. 1939 ermächtigte Hitler die Ärzte, unheilbar Kranken den „Gnadentod" zu gewähren. Darauf wurden tausende Kranke, viele davon Kinder, in mehreren Tötungsanstalten ermordet.

Aus dem Grundgesetz für die Bundesrepublik Deutschland

„Die Würde des Menschen ist unantastbar. Sie zu achten und zu schützen ist Verpflichtung aller staatlichen Gewalt." [Art.2(2)]

„Alle Menschen sind vor dem Gesetz gleich." [Art.3(1)]

„Den genetisch vollkommenen, den idealen und völlig gesunden Menschen hat es wohl nie gegeben und kann es auch gar nicht geben." (Prof. Dr. BAITSCH), Institut für Humangenetik und Anthropologie in Freiburg; 1969

1 Petra besucht Ines. Schreibe ein mögliches Zwiegespräch auf.

2 Nenne heutige Möglichkeiten der genetischen Beratung und ihre Bedeutung.

3 Nenne Gründe, die das Zitat von BAITSCH stützen.

4 Vergleiche Erbgesundheitspflege im 3. Reich mit dem Grundgesetz und der genetischen Beratung heute.

Vererbung

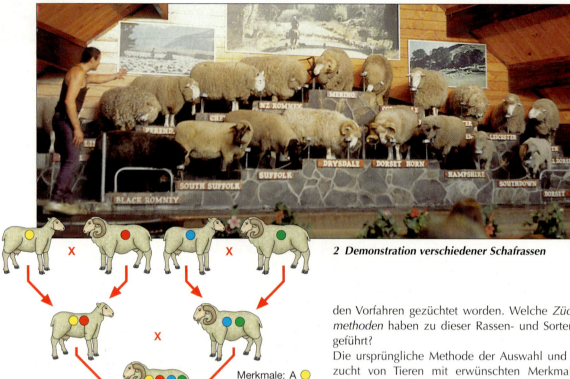

2 Demonstration verschiedener Schafrassen

1 Kombinationszüchtung

Merkmale: A ●
B ●
C ●
D ●

3 Der Mensch nutzt die Kenntnisse der Vererbung

3.1 Herkömmliche Methoden der Tier- und Pflanzenzucht

Schon vor mehreren tausend Jahren begann der Mensch, Wildtiere wie zum Beispiel Wildschafe zu halten und zu vermehren. So konnte er sich ständig mit Nahrung und auch mit Rohstoffen für die Bekleidung versorgen. Bald begann er, ausgewählte Tiere mit gutem Fleischansatz oder guter Wollbildung gezielt zu vermehren. Dabei entstand eine Vielzahl von Rassen. So gibt es heute zum Beispiel Rassen mit verschiedenartigem Fell, an unterschiedliche Klimabedingungen angepasste Rassen und Tiere mit einer Kombination verschiedener Merkmale. Bei anderen Nutztieren wie Rindern, Schweinen oder Hühnern kann man ebenfalls eine solche Rassenvielfalt feststellen. Auch unsere heutigen Nutz- und Zierpflanzen sind aus wild lebenden Vorfahren gezüchtet worden. Welche *Züchtungsmethoden* haben zu dieser Rassen- und Sortenvielfalt geführt?

Die ursprüngliche Methode der Auswahl und Weiterzucht von Tieren mit erwünschten Merkmalen bezeichnet man als **Auslesezüchtung.** Durch ständige Auslese über viele Generationen hinweg kam es zu *Merkmalsänderungen* und es entstanden Individuen, die die entsprechenden Merkmale weitervererbten. So waren neue Rassen entstanden. Diese Züchtungsmethode ermöglichte es, Tiere und Pflanzen mit Eigenschaften zu züchten, die dem Menschen nützlich erschienen.

Durch die Kenntnisse der mendelschen Regeln betrat der Mensch mit Beginn des 20. Jahrhunderts neue Wege der Züchtung. Bei der **Kombinationszüchtung** kreuzte man verschiedene Rassen oder Sorten, um Merkmale einer Rasse gezielt mit Merkmalen anderer Rassen zu kombinieren. Beim Weizen wurde eine ertragreiche Sorte mit einer gegen Kälte widerstandsfähigen Sorte gekreuzt. So entstand eine neue Sorte, die auch in kälteren Regionen angebaut werden kann und hohe Erträge liefert. Bei Nutztieren erhielt man durch Kombinationszüchtungen Rassen, die Eigenschaften wie hohe Milchleistung, Fleischertrag, Fruchtbarkeit, gute Futterverwertung und Umweltverträglichkeit miteinander vereinen.

Um die gewünschten Eigenschaften bei Nutztieren zu erreichen, wird als besondere Form der Kombinationszüchtung die *Inzucht* angewandt. Man kreuzt dabei nahe miteinander verwandte Tiere. Da diese in vielen Genen übereinstimmen, erzielt man so schnell eine Reinerbigkeit oder *reine Linien* im Hinblick auf die gewünschten Merkmale. Die reinerbigen Tiere werden

Vererbung

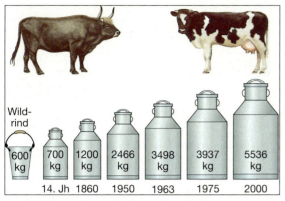

3 Milchleistung beim Rind im Jahresdurchschnitt

Am Beispiel des Weizens lässt sich gut die Entstehung einer Kulturpflanze aus Wildformen nachvollziehen. Ausgrabungen zeigen, dass bereits vor 8000 Jahren Ackerbauern im vorderen Orient Weizen der *Einkorngruppe* anbauten. Er besaß jedoch nur Ähren mit wenigen Körnern und brüchigen Spindeln.

Durch Einkreuzen von Wildgräsern entstand zunächst der ertragreichere *Wildemmer*. Dabei nutzt man die Erscheinung der **Polyploidie** aus, das heißt, dass beim Kreuzen mehrfache Chromosomensätze entstehen. Polyploide Pflanzen sind häufig widerstandsfähiger und ertragreicher als solche mit dem „normalen" doppelten Chromosomensatz. Eine planmäßige Weiterzucht führte zu den heutigen Weizensorten mit hohen Erträgen, festen Ährenspindeln und weiteren gewünschten Eigenschaften. Mit dem Zurückdrängen der Wildmerkmale sind allerdings auch günstige Anlagen der Ursprungsform verloren gegangen. Dazu gehört unter anderem die Unempfindlichkeit gegen Krankheiten und Schädlinge.

zur Weiterzucht verwendet. Allerdings besteht dabei auch die Gefahr, dass unerwünschte Gene reinerbig weitergegeben werden. Deshalb sind Inzuchtrassen oft weniger vital und weisen eine eingeschränkte Fruchtbarkeit auf.

Bei der Kreuzung zweier Inzuchtlinien beobachteten Züchter dagegen, dass die Nachkommen gegenüber ihren Eltern häufig ertragreicher und vitaler sind. Man nennt diese Erscheinung *Heterosis-Effekt*. Bei dieser **Heterosis-Züchtung** entstehen als Nutztiere oder Saatgut so genannte *Hybriden* von großer Leistungsfähigkeit. Allerdings verliert sich in den nachfolgenden Generationen dieser Heterosis-Effekt und muss daher immer wieder neu durch Kreuzung von Inzuchtlinien erzeugt werden.

> Durch Auslese und Kreuzung züchtet der Mensch Nutztiere und Nutzpflanzen. Ständige Inzucht führt zu Reinerbigkeit bei gewünschten Merkmalen.

1 Beschreibe die Kombinationszüchtung anhand der Abbildung 1.

2 Erkläre den Vorgang des Einkreuzens von Merkmalen anhand der Abbildung 4.

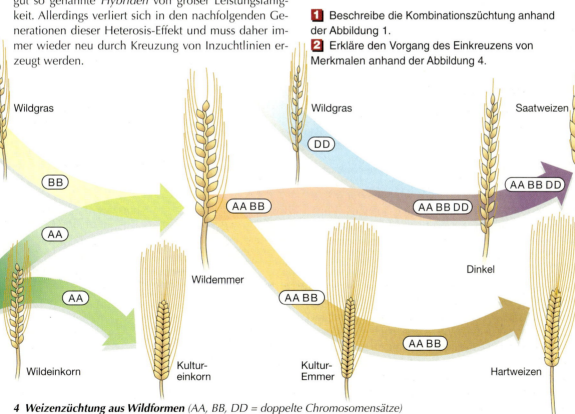

4 Weizenzüchtung aus Wildformen (AA, BB, DD = doppelte Chromosomensätze)

Vererbung

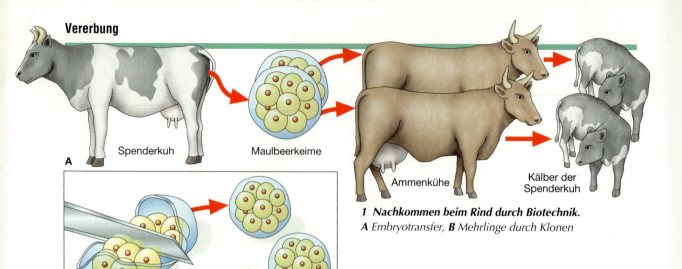

1 Nachkommen beim Rind durch Biotechnik.
A Embryotransfer, B Mehrlinge durch Klonen

3.2 Biotechnik in der Tier- und Pflanzenzucht

In der heutigen Tierzucht ist man bemüht, wertvolle Eigenschaften und hohe Leistungen von Nutztieren gezielt und in kurzer Zeit an Tiere der folgenden Generation weiterzugeben. Außerdem sollen möglichst viele Nachkommen mit den gewünschten Eigenschaften erzeugt werden. Mit herkömmlichen Zuchtmethoden ist dieses Ziel nur über viele Jahre zu erreichen. Deshalb hat man dazu verschiedene biotechnische Verfahren entwickelt.

In der Rinderzucht zum Beispiel werden leistungsfähige Rinder gesucht, die sich durch hohe Milchleistung, harmonischen Körperbau und gute Fleischqualität auszeichnen. Von diesen Tieren versucht man möglichst viele Nachkommen zu erhalten. In besonderen Besamungsstationen hält man als „Samenspender" Bullen, die die gewünschten Eigenschaften vererben. Ihr Sperma wird verschickt und mithilfe der **künstlichen Befruchtung** auf viele Kühe übertragen. Auf diese Weise ist es möglich, dass ein Bulle der Erzeuger von 100 000 Kälbern sein kann. Etwa 95 % aller Rinder in Deutschland werden heute künstlich besamt.

Bei Hochleistungszuchtkühen lässt sich durch eine Hormonbehandlung die gleichzeitige Reifung mehrerer Eizellen auslösen. Etwa 7 Tage nach der künstlichen Besamung werden die sich bildenden Embryonen im 64-Zellen-Stadium aus der Gebärmutter einer Spenderkuh herausgespült. Anschließend werden sie in die Gebärmutter anderer nicht so wertvoller Kühe eingesetzt, welche die Kälber austragen.

> **Stichwort**
> **Biotechnik**
> Die Biotechnik behandelt den Einsatz biologischer Prozesse im Rahmen technischer Verfahren und industrieller Produktion. Dazu gehören zum Beispiel die Produktion von Jogurt durch Bakterien, die Herstellung von Antibiotika durch Pilze, Klonen und die Gentechnik.

Auf diese Weise lässt sich die Anzahl der Nachkommen von Hochleistungsrindern erheblich erhöhen. Dieses Verfahren bezeichnet man als **Embryo-Transfer**. Eine weitere schnelle Vervielfachung kann man dadurch erreichen, dass man solche und ähnliche Stadien des Embryos teilt. Die genetisch identischen Hälften werden in die Gebärmutter von Ammenkühen übertragen und entwickeln sich dort zu zwei genetisch gleichen Kälbern, den **Klonen**.

Klone lassen sich heute nicht nur aus embryonalen Zellen, sondern auch aus Körperzellen erwachsener Tiere erzeugen. 1996 entnahmen schottische Wissenschaftler einem Schaf eine unbefruchtete Eizelle, saugten mit einer Pipette den Zellkern ab und erhielten so eine entkernte Eizelle ohne Erbinformationen. In diese transportierten sie den Zellkern einer Körperzelle aus dem Euter eines erwachsenen Schafes. Zu diesem Zwecke führten sie die Kernspenderzelle mit der kernlosen Eizelle zusammen

2 Klonen eines ausgewachsenen Schafes

und vereinigten beide durch elektrische Impulse. Anschließend wurde die Zelle in eine Nährlösung übertragen und wuchs dort zu einem vielzelligen Keim heran. Man pflanzte diesen in die Gebärmutter eines Leihmutterschafs. Tragzeit, Geburt und anschließende Entwicklung verliefen normal wie bei einem natürlich gezeugten Schaf.

Diese Methode des Klonens hat bisher nur wissenschaftliche Bedeutung. Bei Pflanzen dagegen wird eine andere Form der Herstellung von Klonen im großen Maßstab angewendet. So kultiviert man zum Beispiel unreife Pollen einer Kartoffel auf geeigneten Nährböden. Aus diesen entwickeln sich Zellhaufen und schließlich Pflänzchen, deren Zellen nur den einfachen Chromosomensatz besitzen. Bestreicht man nun das Bildungsgewebe der Knospen dieser Pflänzchen mit *Colchicin*, dem Gift der Herbstzeitlosen, so werden bei der Mitose keine Spindelfasern gebildet. Dies bewirkt eine Verdoppelung der Chromosomenzahl. Die Pflänzchen haben jetzt einen völlig gleichen Chromosomensatz und sind demnach in allen Eigenschaften reinerbig. So lassen sich aus einer Mutterpflanze durch Klonen unbegrenzte Mengen erbgleicher Nachkommen erzeugen. Der Nachteil liegt in dem Verlust der genetischen Vielfalt, weil keine Kombination von unterschiedlichem Erbgut mehr stattfindet.

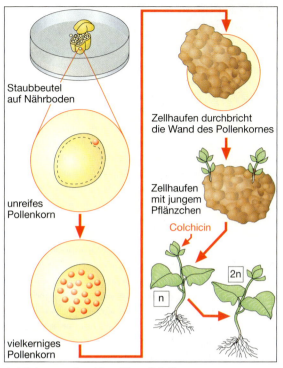

3 Züchtung reinerbiger Kartoffelpflanzen
(n = einfacher Chromsomensatz; 2n = doppelter Chromosomensatz)

> Embryotransfer und Züchtung genetisch identischer Nachkommen durch Klonen sind biotechnische Methoden der Tier- und Pflanzenzucht.

1 Nenne Vorteile der künstlichen Besamung.
2 Nenne Befürchtungen, die das Klonen von Körperzellen hervorrufen könnten. Denke an mögliche Anwendungen beim Menschen.

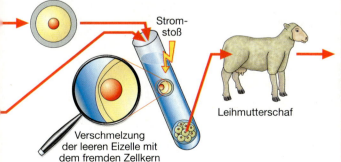

4 Leihmutterschaf mit Klon

Vererbung

3.3 Das Prinzip der Gentechnik

In der Biotechnik wird nicht nur mit Zellen gearbeitet, sondern auch gezielt in das Erbgut eingegriffen. Mithilfe der **Gentechnik** werden Gene von einem Lebewesen auf ein anderes übertragen. Da der Aufbau des Erbgutes bei allen Lebewesen sehr ähnlich ist, können dabei auch Gene von anderen Arten übertragen werden. Durch diese Methode kann man z. B. menschliches Insulin in großen Mengen produzieren, das zur Behandlung von Diabetes benötigt wird.

Dabei gewinnt man zunächst aus menschlichen Spenderzellen DNA und spaltet diese mit „Schneide-Enzymen" auf. Danach werden DNA-Abschnitte mit der Erbinformation für die Bildung von Insulin isoliert. Diese Gene werden nun in das Erbgut von Colibakterien „geschmuggelt". Hierfür benutzt man **Plasmide,** ringförmige DNA-Moleküle, die sich im Zellplasma der Bakterien befinden. Sie lassen sich aus den Bakterien isolieren. Mithilfe von „Schneide-Enzymen" und „Binde-Enzymen" kann man solche Plasmide aufspalten und in die Schnittstelle das fremde Gen mit der Erbinformation „Insulin" einsetzen. Es entsteht so ein verändertes Plasmid mit einer neu kombinierten DNA.
Das neu kombinierte Plasmid wird nun in die Wirtszelle, ein Colibakterium, geschleust. Man spricht hierbei auch von einem **Gentransfer.** Die Wirtszelle erkennt die „Bauanleitung" für das menschliche Insulin und produziert nun das gewünschte Hormon. In einem weiteren technischen Verfahren lässt man die Bakterien wachsen und sich vermehren. Sind sie „reif", werden die Bakterien abgetötet und das Insulin aus der Zellmasse isoliert.

Nach deren Reinigung und Aufbereitung steht es Diabetikern für ihre Behandlung zur Verfügung.

> Mithilfe der Gentechnik ist es möglich, Teile von Erbinformationen einer Art auf eine andere zu übertragen und dort wirken zu lassen.

1 Erläutere das Prinzip der Gentechnik anhand der Abbildung 1.
2 Welche Merkmale machen Bakterien zu bevorzugten Forschungsobjekten der Gentechnik? Denke z. B. dabei an die Vermehrung und an die Verteilung der DNA.

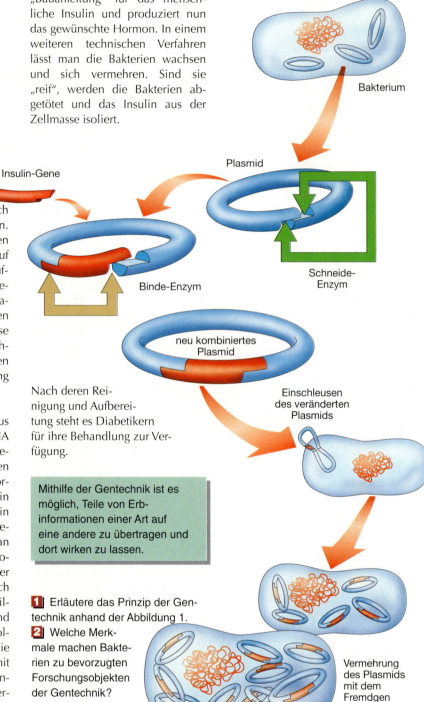

1 Gentechnische Herstellung von Insulin

Vererbung

3.4 Gentechnik auf dem Vormarsch

Obwohl gentechnische Methoden erst seit einigen Jahrzehnten angewandt werden, haben sich schon vielfältige Nutzungsmöglichkeiten ergeben. In der Medizin werden gentechnisch Medikamente erzeugt und erste Versuche zur Therapie von Erbkrankheiten unternommen. Auch in der Tier- und vor allem der Pflanzenproduktion spielen gentechnische Verfahren als Ergänzung der herkömmlichen Methoden eine zunehmend wichtigere Rolle.

Während in der herkömmlichen Tier- und Pflanzenzucht meist Erbgut innerhalb derselben Art neu kombiniert wird, entstehen durch die Übertragung von Genen anderer Arten **transgene Organismen,** die mit den herkömmlichen Methoden nicht gezüchtet werden können. Dem Raps zum Beispiel, einem wichtigen Lieferanten pflanzlicher Öle, wird ein Gen einer anderen Art übertragen. Es bewirkt eine Resistenz gegen Unkrautvernichtungsmittel, die Herbizide. So entsteht eine transgene *herbizidresistente* Rapssorte, bei deren Anbau unerwünschte Wildkräuter bekämpft werden können, ohne den Raps zu schädigen. Auch bei anderen Nutzpflanzen wie Mais und Baumwolle wird dieses Verfahren angewandt.

Da die Zusammensetzung des Rapsöls nicht immer den Ansprüchen der Industrie genügte, wollte man auch die Zusammensetzung des Öls an Fettsäuren verändern. In das Erbgut des Raps wurde daraufhin ein Gen des Lorbeerbaums eingeschleust. Es gelang dadurch, eine transgene Rapssorte mit *veränderten Inhaltsstoffen* zu züchten.

Ein wichtiges Züchtungsziel der Gentechniker besteht darin, Kulturpflanzen zu züchten, die gegenüber Schadinsekten resistent sind. Allein beim Mais entstehen in den USA jährliche Schäden in Höhe von rund 500 Mio. Dollar durch Insektenfraß. In Versuchen ist es gelungen, bei bestimmten Bakterien einen DNA-Abschnitt zu isolieren und mit einem „Giftstoff-Gen" zu verbinden. Anschließend werden sie in die Maispflanzen eingebracht. Dort wird das Gen in das Erbgut der Maispflanze übertragen, die dann ihr eigenes Insektizid produziert. Schadinsekten, die von diesem genetisch veränderten Mais fressen, sterben. Der Gentechnik ist es so gelungen, *insektenresistente* Pflanzen zu züchten. Durch gentechnische Veränderungen lässt sich auch die Haltbarkeit von Nahrungsmitteln verbessern. So werden Tomaten für den Handel in der Regel geerntet, wenn sie noch grün sind. Reife Tomaten dagegen werden schnell matschig. Ziel war es daher, Tomaten zu züchten, die an den Sträuchern ausreifen, das volle Aroma entfalten und sie gleichzeitig haltbar zu machen. Den Gentechnikern ist es gelungen, das Gen für ein Enzym auszuschalten, das für die Aufweichung der Schale verantwortlich ist. Die gentechnisch veränderten Tomaten, auch „Anti-Matsch-Tomaten" genannt, wurden 1994 erstmals in den USA für den Verzehr freigegeben.

1 Versuchsfeld mit gentechnisch verändertem Raps

2 Baumwolle. **A** *herbizidresistent;* **B** *nicht herbizidresistent*

Auch in der Tierzucht werden gentechnische Verfahren erprobt. Wissenschaftler arbeiten seit Jahren daran, **transgene Nutztiere** zu züchten. Die Versuche zielen unter anderem darauf ab, das Wachstum der Tiere zu steigern, die Muskelmasse zu vergrößern, das Fleisch-Fett-Verhältnis zu verändern, eine erhöhte Widerstandsfähigkeit gegenüber Krankheiten zu erreichen sowie Tiere für die Produktion von Wirkstoffen zu erzeugen, die als Arzneimittel benötigt werden. Bei Fischen erwiesen sich solche Versuche als besonders erfolgreich.

3 Anti-Matsch-Tomaten

Vererbung

Karpfen versah man mit einem „Wachstumsgen" aus Forellen. Dadurch gelang es, das Gewicht der transgenen Karpfen um mehr als 20% gegenüber „normalen" Karpfen zu erhöhen. Lachsen baute man ein „Frostschutzgen" aus Polarfischen ein und erreichte dadurch, dass die transgenen Lachse in polaren Gewässern erheblich größer wurden als ihre Artgenossen.

Ein weiteres Anwendungsgebiet der Gentechnik ist das „Gen-Pharming". Dabei erzeugt man transgene Tiere, die bestimmte menschliche Enzyme und andere Proteine produzieren und in ihre Milch abgeben.
Die Wirkstoffe werden für die Behandlung bestimmter Krankheiten benötigt und lassen sich nicht in ausreichender Menge aus Blutplasma gewinnen. Auf diese Weise kann man zum Beispiel tausenden von Menschen helfen, die an einer lebensbedrohenden Atemnot leiden.
Auch die wirtschaftliche Bedeutung ist erheblich. Wissenschaftler haben errechnet, dass z. B. eine Ziege Stoffe im Wert von 2,5 Mio. Euro pro Jahr produzieren kann.

Die Herstellung von Insulin durch Bakterien – wie auf S. 328 beschrieben –, ist eine der bekanntesten Anwendungen der Gentechnik. Dieses Hormon wird von Diabetikern zur Regulierung ihres Blutzuckerspiegels benötigt. Das früher benutzte Insulin aus Schlachttieren führte immer wieder zu Unverträglichkeitsreaktionen. Insulin aus gentechnischer Herstellung dagegen ist mit menschlichem Insulin identisch und deshalb gut verträglich. In ähnlicher Weise werden heute Medikamente zum Behandeln von Bluterkrankheit, Hepatitis und anderer schwerer Erkrankungen hergestellt.

Seit das Ziel nicht mehr fern ist, sämtliche Gene des Menschen entschlüsselt zu haben, wird man versuchen, Gene zu „reparieren", die für bestimmte lebensbedrohende Krankheiten verantwortlich sind. Hierbei bedient man sich der **Gentherapie,** bei der man durch gezielte Übertragung von Erbmaterial in die Zellen eines kranken Menschen die Krankheit heilen oder zumindest lindern möchte. Einige Erfolg versprechende Versuche gibt es bereits. Die Gentherapie steht jedoch erst am Anfang.

Neben den vielen Möglichkeiten, die die Gentechnik bietet, sehen viele Kritiker aber auch Risiken. Die Anti-Matsch-Tomate zum Beispiel besitzt ein Resistenzgen gegen ein bestimmtes Antibiotikum. Es wird befürchtet, dass dieses Gen beim Verzehr auf im Menschen lebende Bakterien übertragen werden könnte, sodass diese von dem Antibiotikum nicht mehr angegriffen werden. Außerdem befürchtet man allergische Erscheinungen beim Verzehr gentechnisch erzeugter Lebensmittel. Gentechnisch veränderte Produkte unterliegen daher nach der *Novel-Food-Verordnung* des Europaparlaments von 1997 der Genehmigung und müssen gekennzeichnet werden.

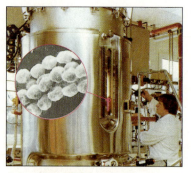

4 Insulinproduktion durch gentechnisch veränderte Bakterien

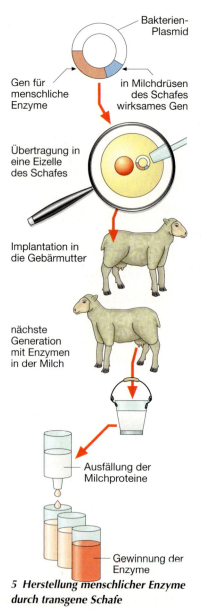

5 Herstellung menschlicher Enzyme durch transgene Schafe

> Durch die Schaffung transgener Nutzpflanzen und Nutztiere zielt die Gentechnik auf die Qualitäts- und Leistungssteigerung ab. Gentechnik dient auch der menschlichen Gesundheit.

1 Vergleiche herkömmliche Züchtungsmethoden mit denen der Gentechnik.
2 Beschreibe ein Verfahren zur Herstellung pharmazeutisch wichtiger Enzyme anhand von Abbildung 5.
3 Begründe, warum gentechnisch erzeugte Produkte gekennzeichnet werden müssen.

Vererbung

Pinnwand

GENTECHNIK – CHANCEN UND RISIKEN

Chinesische Wissenschaftler wollen bedrohte Pandabären klonen
WZ 30. 11. 1999

... Nach Jahren der Abholzung und Besiedlung der chinesischen Bambus-Waldgebiete ist der Bambus fressende Panda, der seit 500 000 Jahren in China seine Heimat hat, vom Aussterben bedroht. Um Chinas bedrohtes Maskottchen vor dem Untergang zu bewahren, wollen Wissenschaftler den Panda durch Klonen vermehren. Seit 1997 arbeitet Professor Chen an dem Projekt. Erstmals ist es ihm gelungen, einen Pandaembryo zu klonen. Er baute dazu die Erbanlagen eines toten Pandas in die entkernte Eizelle eines japanischen weißen Kaninchens ein. Im Bauch eines anderen Kaninchens sind daraus Panda-Embryozellen gewachsen. Jetzt plant Chen, für den Embryo ein geeignetes Muttertier zu finden. Welches Tier es sein könnte, hält der Wissenschaftler geheim.

1 Sammle weitere Argumente pro und contra Gentechnik. Berücksichtige die Bereiche Eingriffe beim Menschen, Nahrungsmittelproduktion und Arzneimittelproduktion.

Mögliche biotechnische Eingriffe am Menschen
(nach deutschem Recht verboten)

Selektion im Labor

Vorgehen	Schema	Chancen/Risiken
Ein genetischer Test des Embryos zeigt, ob Gene vorhanden sind, die zur Ausprägung von Erbkrankheiten führen können. Nur solche Embryonen werden in die Gebärmutter implantiert, die das defekte Gen nicht im Erbgut tragen.		Verhinderung erbkranken Nachwuchses; Ethische Bedenken: Darf man bestimmen, welcher Embryo weiterleben darf und welcher nicht?

Reparatur aus der Spritze

Vorgehen	Schema	Chancen/Risiken
Menschen mit einer Erbkrankheit wird ein intaktes Gen in kranke Zellen eingeschleust.	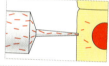	Heilung bisher nicht behandelbarer Erbkrankheiten; Auftreten unbekannter Nebenwirkungen

Einbau von Resistenzgenen

Vorgehen	Schema	Chancen/Risiken
Ein Gen, das Schutz vor Krankheiten wie AIDS gewährt, wird ins Erbgut einer befruchteten Eizelle geschleust.	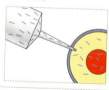	Schutz vor gefährlichen Krankheiten ohne Impfung; Gefahr von Wechselwirkungen mit anderen Genen

Pro und contra Gentechnik
– Argumente –

Die Erzeugung schädlingsresistenter Nutzpflanzen verringert den Bedarf an Herbiziden und Insektiziden.

Das in langen Zeitepochen entstandene biologische Gleichgewicht könnte durch gentechnisch veränderte Tiere und Pflanzen gestört werden.

Arzneimittel können z. B. durch Bakterien in großer Menge kostengünstig produziert werden.

Gentechnisch veränderte und für den Menschen gefährliche Mikroben könnten aus den Labors entweichen.

Eingriffe in das Erbgut des Menschen könnten viele Krankheiten verhindern oder heilen.

Eingriffe in das menschliche Erbgut könnten zu einer gezielten „Menschenzüchtung" führen.

Vererbung

Prüfe dein Wissen

Vererbung

A1 MENDEL führte Vererbungsversuche hauptsächlich mit Gartenerbsen durch. Finde zutreffende Gründe heraus.
a) Bei Erbsen entfallen Störungen durch Fremdpollen.
b) Erbsen sind nicht zweihäusig.
c) Erbsen haben eine kurze Generationsfolge.
d) Die Nachkommenzahl ist hoch.
e) Im Klostergarten von Brünn war es zu schattig für andere Pflanzen.
f) Erbsen weisen deutlich unterscheidbare Merkmale auf.
g) Erbsen benötigen kaum Dünger.
h) Merkmale von Erbsen lassen sich über Generationen verfolgen.

A2 a) Das folgende Erbschema vom zwischenelterlichen Erbgang bei Löwenmäulchen weist im Erscheinungsbild Fehler auf. Finde sie.
b) Nach welcher mendelschen Regel verläuft der Erbgang?
c) Entscheide für jede Blüte der F_2-Generation, ob sie reinerbig oder mischerbig ist.

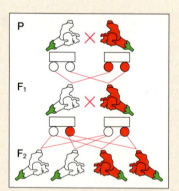

A3 Wenn Mischlinge, die sich in einem Merkmal unterscheiden, miteinander gekreuzt werden, so spalten die Nachkommen in einem bestimmten Zahlenverhältnis auf. Welche tritt bei einem dominant-rezessiven Erbgang auf?
a) 3:1   c) 1:2:1
b) 1:1   d) 9:3:3:1

A4 Es werden Mischlingshühner mit schwarz-weiß gesprenkeltem Gefieder gekreuzt.
a) Wie mögen die Vorfahren ausgesehen haben, wenn ein zwischenelterlicher Erbgang vorliegt?
b) Welche Gefiederfarben werden bei den Nachkommen auftreten?
c) Wie ist bei den Nachkommen das Zahlenverhältnis zwischen Reinerbigkeit und Mischerbigkeit?

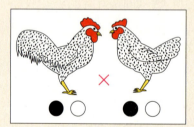

A5 Ein reinerbiges Meerschweinchen mit glattem Fellhaaren und weißer Fellfarbe wird mit einem reinerbigen Tier, das rauhaarig und schwarz ist, gekreuzt. Rauhaarig ist dominant über glatt und weiß ist rezessiv gegenüber schwarz.

a) Welche mendelsche Regel kommt zur Anwendung?
b) Welche neuen Zuchtformen sind bei den Nachkommen zu erwarten?
c) Gib an, wie viele verschiedene Erscheinungsbilder bei den Nachkommen auftreten werden.

A6 Nenne mindestens 3 Gründe, warum Taufliegen zu den bevorzugten Lebewesen der Erbforschung gehört.

A7 Welche Vorgänge sind in der Abbildung dargestellt?

A8 a) Welche Bildunterschrift könnte unter der Zeichnung stehen?

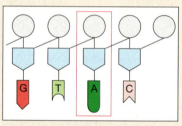

b) Wie bezeichnet man das rot eingerahmte Element?
c) Wie heißen die mit Buchstaben gekennzeichneten Bestandteile?

A9 Die abgebildeten Schweine sind Geschwister, wurden aber auf unterschiedlichen Höfen gehalten.
a) Welcher Unterschied ist erkennbar?
b) Nenne Gründe dafür.
c) Wie bezeichnet man diese Erscheinung mit Fachausdruck?

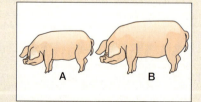

A 10 Nenne drei Methoden der Erbforschung beim Menschen.

A 11 Das Geschlecht des Menschen steht fest
a) bei der Geburt des Kindes,
b) im Verlauf der Entwicklung im Mutterleib,
c) bei der Befruchtung der Eizelle durch ein Spermium,
d) wenn 2 Geschlechtschromosomen sich vereinigen.

A 12 Welche Aussagen treffen zu? Die Anzahl der menschlichen Chromosomen je Körperzelle beträgt
a) 23, b) 46, c) 69, d) 92, e) ist verschieden.

A 13 Eineiige Zwillinge entstehen, wenn
a) ein Spermium 2 Eizellen gleichzeitig befruchtet;
b) je ein Spermium eine Eizelle befruchtet;
c) ein aus einer befruchteten Eizelle hervorgegangener Keim sich teilt und beide Teile sich getrennt entwickeln;
d) eine erbliche Veranlagung bei Mann oder Frau vorliegt.

A 14 Welche Aussagen treffen zu? Ergebnisse der Zwillingsforschung zeigen, dass
a) Intelligenz vererbt wird;
b) körperliche Merkmale wie Haar- und Augenfarbe vererbt werden;
c) zahlreiche geistige und körperliche Merkmale durch das Zusammenwirken mehrerer Gene bestimmt werden.

A 15 Vererbung der Blutgruppen.
a) Welche Blutgruppen des Menschen gibt es?
b) Nenne die möglichen Erbbilder zu den Blutgruppen der Eltern des abgebildeten Stammbaumes.

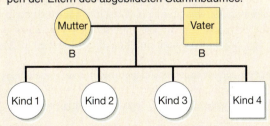

c) Nenne die möglichen Blutgruppen der Kinder mit den entsprechenden Erbbildern.
d) Ein Kind hat die Blutgruppe AB. Welche Schlussfolgerungen ziehst du daraus?

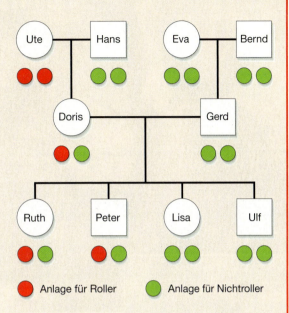

A 16 Die Fähigkeit zum Zungenrollen wird vererbt.
a) Schreibe auf, wer in dem abgebildeten Stammbaum Roller und wer Nichtroller ist.
b) Gib an, ob das Merkmal Zungenrollfähigkeit zwischenelterlich, dominant oder rezessiv vererbt wird.

A 17 Ordne die folgende Aussage einem dieser Begriffe zu: Auslesezüchtung, Kombinationszüchtung, Heterosis-Effekt.

„Durch die Kreuzung einer ertragreichen Sorte mit einer kälteresistenten Sorte entstand eine Weizensorte, die auch in nördlichen Gebieten gewinnbringend angebaut werden kann."

A 18 Welche Aussage trifft zu? Inzucht
a) ist die künstliche Besamung von Nachkommen mit Spermien des Vaters;
b) ist die Fortpflanzung zwischen Individuen, die näher miteinander verwandt sind;
c) bedeutet die Geschwisterpaarung zur Heranzüchtung reinerbiger Merkmale.

A 19 Finde zutreffende Aussagen heraus. Transgene Lebewesen
a) sind durch Klonen entstanden;
b) besitzen eine oder mehrere Gene einer anderen Art;
c) sind das Ergebnis eines Embryotransfers;
d) erhielten DNA von einem anderen Organismus.

Verhalten

1 Jane GOODALL hat das Vertrauen „ihrer" Schimpansen gewonnen

1 Verhalten – was ist das?

Die Verhaltensforscherin Jane GOODALL lebte mehr als 25 Jahre mit Schimpansengruppen in Afrika zusammen. Die Schimpansen waren mit der Forscherin vertraut und sahen sie wie ein Mitglied ihrer Gruppe an. So konnte sie die Tiere im alltäglichen Zusammenleben jederzeit beobachten. Sie protokollierte die unterschiedlichen Körperhaltungen und Bewegungen, die Schimpansen in bestimmten Situationen machen. Dazu gehört z. B. die Suche nach Nahrung, die Aufzucht der Jungtiere oder die Begegnung mit Feinden. Da die Forscherin alle Tiere der Gruppe kannte, konnte sie genau feststellen, welche Beziehungen zwischen den einzelnen Mitgliedern der Schimpansengruppe bestanden und mit welchen Körperhaltungen und Lauten sie sich untereinander verständigten. Gleichzeitig erforschte sie, auf welche Weise die Schimpansen auf die unterschiedlichen Reize aus ihrer Umwelt reagierten. Solche Aktionen und Reaktionen werden als **Verhalten** bezeichnet.

Tiere und auch Menschen äußern in jeder Situation bestimmte Verhaltensweisen. Dabei zeigt jede Art ihr typisches Verhalten. Deshalb dürfen z. B. Beobachtungen an Tieren nicht ohne weiteres auf den Menschen übertragen werden.

> Als Verhalten bezeichnet man die Gesamtheit aller Bewegungen, Körperhaltungen und Lautäußerungen eines Tieres oder des Menschen.

2 Verhalten bei Schimpansen.
A Kontaktaufnahme; B Drohen

1 Beschreibe die in Abbildung 2 dargestellten Verhaltensweisen der Schimpansen. Achte auf Gesichtsausdruck und Körperhaltung.

BERÜHMTE VERHALTENSFORSCHER

Irenäus EIBL-EIBESFELDT

Irenäus EIBL-EIBESFELDT (geb. 1928) erforscht und vergleicht die Entwicklung von Verhaltensweisen bei Tieren und Menschen. Er beobachtete und filmte das Verhalten von Naturvölkern. Um diese scheuen Menschen in ihrem Verhalten ungestört filmen zu können, verwendete er für seine Kamera ein Winkelobjektiv, mit dem er „um die Ecke" filmen konnte. Anhand solcher Filmaufnahmen konnte er Verhaltensweisen von „Naturvölkern" mit denen der „zivilisierten" Menschen vergleichen. So ließ sich angeborenes und erlerntes Verhalten des Menschen unterscheiden und erklären.

Konrad LORENZ

Konrad LORENZ (1903 - 1989) gilt als Mitbegründer der Verhaltensforschung. Durch Versuche und Beobachtungen an gezähmten Tieren wie Graugänsen erklärte er den Ablauf von angeborenem Verhalten. Als er zum Beispiel das Schlüpfen von Küken beobachtete, stellte er fest, dass die Küken ihn als „Muttertier" ansahen und ihm anschließend folgten. Es ist ihnen angeboren, sich nach dem Schlüpfen ein sich bewegendes Lebewesen als „Muttertier" einzuprägen. Für seine Forschungen erhielt der Zoologe den Nobelpreis.

Karl RITTER VON FRISCH

Karl RITTER VON FRISCH (1886 - 1982) erforschte, wie zum Beispiel Fische und Honigbienen hören und sehen. In Langzeitversuchen kennzeichnete er Honigbienen und entdeckte, dass sich Bienen durch Bewegungsabläufe auf den Waben über den Standort von Futterquellen verständigen können. Er entschlüsselte diese „Sprache" der Honigbienen. Zusammen mit Konrad Lorenz erhielt er den Nobelpreis.

Dian FOSSEY

Dian FOSSEY (1932 - 1985) lieferte wichtige wissenschaftliche Beiträge zum Verhalten der vom Aussterben bedrohten Berggorillas. Um das Vertrauen der Tiere für ihre Forschungen zu gewinnen, lebte sie viele Jahre in einem Beobachtungsgebiet in Ruanda mit Gruppen von Berggorillas zusammen. Bis zu ihrer Ermordung durch Wilderer in Ruanda setzte sie sich sehr engagiert für den Schutz der Berggorillas ein.

1 Nenne Gründe, warum es zum Beispiel für die Forschungen von J. GOODALL und D. FOSSEY wichtig war, zunächst das Vertrauen der Tiere zu gewinnen.

Verhalten

1 Haussperling bei der Futtersuche

2 Verhaltensweisen bei Tieren

2.1 Wir beobachten das Verhalten der Haussperlinge

Wem sind sie nicht schon einmal in Parkanlagen, Gärten, auf Straßenplätzen oder dem Schulhof aufgefallen – die kleinen *Haussperlinge*, die auch Spatzen genannt werden? In kleinen Gruppen lassen sie sich einer nach dem anderen auf dem Boden nieder, hüpfen flink umher, suchen pickend nach Nahrung und wenn man sich bewegt oder ihnen zu nahe kommt, fliegen sie rasch davon. Beobachten wir das Verhalten der Haussperlinge genauer.

Haussperlinge verbringen Herbst und Winter in mehr oder weniger großen Gemeinschaften. Der Tag der Haussperlinge beginnt bei Sonnenaufgang mit dem typischen „Tschilp"-Gesang. Anschließend geht der Schwarm auf Nahrungssuche. Meist um die Mittagszeit ruhen und singen Haussperlinge. Besonders bei trockenem und sonnigem Wetter kann man Haussperlinge zur Gefiederpflege beim Baden beobachten. An sandigen Stellen stäuben sie ihr Gefieder ein, in Pfützen oder an flachen Wasserstellen verteilen sie mit heftigem Flügelschlagen Wasser über das Gefieder. Bis Sonnenuntergang wird wieder Nahrung gesucht. An ihren Schlafplätzen kann man nochmals ihren Gesang hören.

Das Verhalten der Haussperlinge wird vom Tagesrhythmus und der Beschaffenheit ihres Lebensraumes beeinflusst. Finden Haussperlinge zum Beispiel wenig Nahrung, verkürzt sich ihre mittägliche Ruhepause oder entfällt sogar. Ebenso bestimmen äußere Einflüsse wie Jahreszeit, Temperatur und Klima ihr Verhalten. Solche Einflüsse wirken auf die innere Stimmung der Tiere und beeinflussen ihre **Handlungsbereitschaft** zu einem bestimmten Verhalten. Die Handlungsbereitschaft legt fest, ob eine Verhaltensweise ausgeführt wird

Fliegen

Singen

Fressen

Ruhen

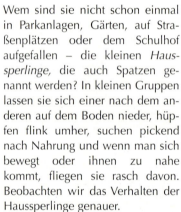
Putzen

Sand- oder Staubbaden

2 Verhaltensweisen von Haussperlingen

Verhalten

und mit welcher Ausdauer das Verhalten stattfindet.

Hat ein Haussperling Hunger, beginnt er mit der Suche nach Körnern, Samen, Obst, Insekten oder Krumen. Ist die entsprechende Handlungsbereitschaft vorhanden, wirkt zum Beispiel Futter wie ein **Reiz.** Hat der Haussperling etwas Fressbares wahrgenommen, wirkt dieser Futterreiz auf einen „inneren" angeborenen Auslösemechanismus (AAM). Dieser „filtert" je nach Handlungsbereitschaft und Erfahrung diesen Reiz aus einer Vielzahl von Umweltreizen aus und löst dadurch ein entsprechendes Verhalten aus – der Haussperling pickt nach dem Futter. Reize, die eine bestimmte Verhaltensweise auslösen können, werden auch als **Schlüsselreize** bezeichnet.

Werden im Frühjahr die Tage länger und steigen die Temperaturen, beginnt die Fortpflanzungszeit der Haussperlinge. Die Männchen sammeln Pflanzenhalme, die als Baumaterial für das kugelige Nest dienen. Es wird meist in Gebäudenischen, Baumhöhlen oder Nistkästen errichtet. Gleichzeitig kann man Ende März das *Balzverhalten* beobachten. Mit hängenden Flügeln und hochgestelltem Schwanz nähert sich ein Männchen laut tschilpend und hackt mit seinem Schnabel nach einem Weibchen. Ist das Weibchen nicht zur Begattung bereit, droht es mit erhobenem Kopf und geöffnetem Schnabel. Meist werden durch das lautstarke Tschilpen weitere Männchen angelockt, die auch das Weibchen balzend umhüpfen und so lange verfolgen, bis das Weibchen flieht. In dieser Balzstimmung wirkt ein Weibchen und sein Verhalten auf Männchen wie ein Reiz, der das Balzverhalten der Männchen auslöst. Solche Schlüsselreize, die von Artgenossen ausgehen und eine bestimmte Verhaltensreaktion hervorrufen können, werden als **Auslöser** bezeichnet.

Ist der „Rohbau" des Nestes fertig, werben die Männchen durch lautes Tschilpen in der Nähe des Nestes um ein Weibchen. Diese Rufe der Männchen an ihrem Nestrevier wirken auf begattungsbereite Weibchen als Auslöser und locken sie an. Gleichzeitig dient der Gesang dazu, andere Männchen von diesem fernzuhalten. Ein Haussperlingspärchen brütet bis zum Herbst 2- bis 3-mal und zieht jeweils etwa 4 bis 6 Junge auf. Danach schließen sich die Sperlinge wieder zu Schwärmen zusammen.

> Verhalten wird durch eine Handlungsbereitschaft beeinflusst. Liegt die Bereitschaft zum Handeln vor, wirken Schlüsselreize auf einen angeborenen Auslösemechanismus und können eine bestimmte Verhaltensweise hervorrufen.

1 Betrachte die Abbildung 2.
a) Welche Handlungsbereitschaft könnte bei den jeweiligen Verhaltensweisen der Haussperlinge zugrunde liegen?
b) Durch welche Schlüsselreize könnten die jeweiligen Verhaltensweisen ausgelöst werden?

Füttern

Nestbau

Nistplatzsuche

Balzen

Wasserbaden

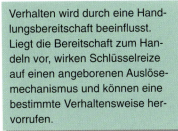
Zanken

Verhalten

1 Stichlinge

2.2 Das Fortpflanzungsverhalten der Stichlinge

Stichlinge leben in Bächen, Gräben und Teichen. Im Herbst und Winter durchziehen sie in Schwärmen die Gewässer. Im Frühjahr, wenn die Tage länger werden und die Temperatur ansteigt, nimmt die Handlungsbereitschaft zur Paarung zu. Die Fortpflanzungszeit der Stichlinge beginnt. Dies ist besonders bei den Stichlingsmännchen zu beobachten.

Nach und nach sondern sich Männchen von ihrem Schwarm ab und suchen flache und warme Gewässerabschnitte mit Pflanzenbewuchs auf. Gleichzeitig verändert sich allmählich ihr Aussehen. Der ansonsten unscheinbar olivgrün gefärbte Rücken beginnt hellgrünbläulich zu glänzen. Kehle und Brust färben sich leuchtend rot.

Hat ein Männchen eine geeignete Stelle gefunden, gründet es dort sein **Revier**. Es sammelt Pflanzenteile und verbaut sie zu einer kugeligen Nesthöhle.

Erscheint ein anderes Männchen in der Nähe des Reviers, wird es meist vom Revierbesitzer vertrieben. Erscheint dagegen ein fortpflanzungsbereites Weibchen in einem Revier, kann man das in der Abbildung 2 dargestellte Fortpflanzungsverhalten der Stichlinge beobachten. Wie bei einer Kettenreaktion folgen die einzelnen Verhaltensweisen von Weibchen und Männchen aufeinander. Bei einer solchen **Handlungskette** ist die vorherige Verhaltensweise des einen Geschlechtspartners jeweils der **Auslöser** für eine Verhaltensreaktion des anderen.

> Bei einer Handlungskette folgen einzelne Verhaltensweisen aufeinander. Dabei ist jede Verhaltensweise Auslöser für die folgende Verhaltensreaktion.

1 Beschreibe die Handlungskette beim Fortpflanzungsverhalten des Stichlings anhand der Abb. 2.

2 Nenne Einflüsse, die auf die Handlungsbereitschaft der Stichlinge zur Fortpflanzung einwirken können.

3 Nenne die Auslöser, auf die fortpflanzungsbereite Männchen und Weibchen reagieren können.

Männchen			Weibchen
im Revier	①	→ ②	erscheint
Zickzacktanz	③	⇄ ④	zeigt den dicken Bauch
führt zum Nest	⑤	→ ⑥	folgt
zeigt den Nesteingang	⑦	→ ⑧	schwimmt ins Nest
Schnauzentriller	⑨	→ ⑩	laicht ab
besamt	⑪	→ ⑫	verlässt Revier

2 Fortpflanzungsverhalten der Stichlinge

2.3 Angeborenes und erlerntes Verhalten

Eichhörnchen sind geschickte „Nussknacker". Sie benötigen meist weniger als eine Minute, um an den Nusskern zu gelangen. Beim Öffnen der harten Nussschale zeigt jedes Eichhörnchen seine eigene Nagetechnik. Manche Eichhörnchen nagen an einer Stelle der Schale ein Loch, andere nagen eine Rille und sprengen die Schale in zwei Hälften. Wie kommt es zu solch unterschiedlichem Verhalten beim Öffnen der Nüsse?

Um dies herauszufinden, zog der Verhaltensforscher Irenäus EIBL-EIBESFELDT gerade geborene Eichhörnchen so auf, dass sie nichts von Artgenossen hören oder sehen konnten. Er fütterte diese isolierten Eichhörnchen in den ersten 9 Wochen nur mit Milch und breiiger Nahrung.

Anschließend gab er den Eichhörnchen Nüsse, Steine und nussgroße Gegenstände wie Kugeln und Würfel aus Holz oder Ton in den Käfig. Die Eichhörnchen nahmen alle Gegenstände zwischen die Vorderpfoten und begannen sie zu benagen. Sie reagierten auf diese Reize, ohne sie vorher kennen gelernt zu haben. Das Benagen von Gegenständen, die etwa Nussgröße haben, scheint Eichhörnchen **angeboren** zu sein. Eine solche Reaktion wird als **instinktives Verhalten** bezeichnet.

Bei weiteren Beobachtungen der Eichhörnchen zeigte sich, dass sie nach kurzer Zeit nur noch Haselnüsse benagten. Je mehr Nüsse sie geöffnet hatten, desto geschickter und schneller gelangten sie an den Nusskern. Dabei entwickelte jedes Eichhörnchen durch seine Erfahrungen beim Nüsseöffnen eine eigene Technik. Die Eichhörnchen hatten ihr Verhalten verändert und **erlernt**, auf welche Weise sie schnell an den Kern einer Haselnuss gelangen konnten. Einen nussähnlichen Gegenstand zu benagen ist den Eichhörnchen also angeboren. Die Fertigkeit, eine Nuss zu öffnen, ist dagegen erlernt.

> Das Verhalten der Tiere setzt sich aus angeborenen und erlernten Anteilen zusammen.

1 Beschreibe, welche Techniken die Eichhörnchen zum Nüsseöffnen anwenden.

2 Erkläre, warum die Eichhörnchen im Verlauf des Versuchs nur noch die Nüsse und nicht andere nussähnliche Gegenstände benagen.

3 Um in Versuchen zu erforschen, welche Verhaltensanteile angeboren und welche erlernt sind, müssen die Tiere isoliert von Artgenossen aufgezogen werden. Begründe.

1 Eichhörnchen beim Nüsseöffnen

2 Zunehmende Fertigkeiten bei den „Nussknackerversuchen" mit Eichhörnchen

Verhalten

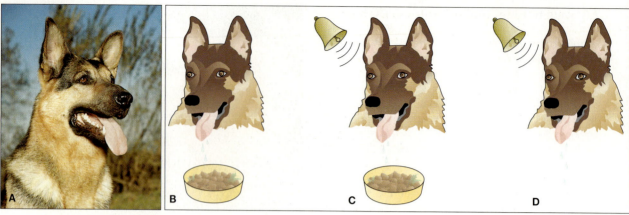

1 PAWLOWs Versuch zur Entstehung bedingter Reflexe

2.4 Wie Tiere lernen

Sehen oder riechen Hunde Futter, fließt verstärkt Speichel im Maul zusammen. Diese Körperreaktion der Hunde ist *angeboren* und wird als **unbedingter Reflex** bezeichnet. Der russische Forscher Iwan PAWLOW beobachtete um 1900 Hunde bei der Fütterung. Er untersuchte, ob sich dieser unbedingte Reflex anders als durch Futter auslösen lässt. Einige Tage ließ er während der Fütterung der Hunde eine Glocke ertönen. Als die Hunde nach diesen Versuchen nur noch den Glockenton ohne Futter hörten, reagierten sie ebenfalls mit verstärktem Speichelfluss. Sie hatten gelernt, den Reiz „Futter" durch den Reiz „Glocke" zu ersetzen. Der verstärkte Speichelfluss, der durch den Glockenton ausgelöst worden war, war zu einem *erworbenen* oder **bedingten Reflex** geworden. Auch die Verhaltensweisen der Hunde hatten sich in den Versuchen verändert. Hörten sie den Glockenton, begannen sie um Futter zu betteln. – Die Hunde hatten durch **Erfahrung** gelernt.

Dieses Lernen durch Erfahrung ist nur eine von mehreren Möglichkeiten, wie Tiere lernen können. Nach dem Schlüpfen von Entenküken kann man zum Beispiel

> **Stichwort**
> ### Reflex
> Ein Reflex ist eine unbewusste angeborene Reaktion, die auf einen bestimmten Reiz hin stets in gleicher Weise abläuft.

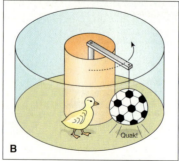

*2 Entenküken. **A** sie folgen ihrer Mutter; **B** sie folgen einem Ball in einem Prägungsversuch*

beobachten, dass sie stets ihrer Mutter nachfolgen. Den Entenküken ist *angeboren,* kurz nach dem Schlüpfen allem zu folgen, was sich in ihrer Nähe bewegt und Laute ähnlich denen einer Ente von sich gibt. Wie das dazugehörige Lebewesen aussieht, müssen sie *lernen.* Ist es nicht das Muttertier, sondern zum Beispiel ein Mensch oder ein Ball, der entsprechende Laute von sich gibt, folgen die Küken diesem „Muttertier" nach. Diese **Prägung** zum Nachfolgen ist ein spezieller Lernvorgang, der nur innerhalb einer kurzen Entwicklungsphase nach dem Schlüpfen stattfindet.

Durch Prägung lernen jedoch nicht nur Jungtiere ihre Eltern, sondern auch Eltern ihre Jungen kennen. Bei vielen Vogelarten wie Möwen oder Säugetieren wie Antilopen werden die Elterntiere auf ihren Nachwuchs geprägt. So können sie innerhalb einer Brutkolonie oder Herde ihr Junges sofort von den vielen anderen Jungtieren unterscheiden.

Wenn Entenküken dem Muttertier folgen, beobachten sie zum Beispiel, was ihre Mutter frisst. Anschließend fressen sie die gleiche Nahrung. So lernen sie durch **Nachahmung** geeignetes Futter von ungeeignetem zu unterscheiden. Durch Nachahmung werden

Verhalten

bestimmte Verhaltensweisen an die jeweiligen Nachkommen weitergegeben. So entstehen Traditionen im Verhalten der Tierarten. Auf diese Weise lernen zum Beispiel die meisten Singvögel ihren typischen Gesang oder lernen Schimpansen in bestimmten Gegenden den Gebrauch von Ästchen, um damit nach Termiten zu angeln.

Nicht nur Jungtiere, sondern auch viele ausgewachsene Tiere erkunden und untersuchen die Gegenstände in ihrer Umgebung. Neugierig und scheinbar furchtlos betrachten, beriechen oder untersuchen sie unbekannte Gegenstände und versuchen, sie zu berühren. Dieses *Erkundungs- und Neugierverhalten* der Tiere führt dazu, dass die Tiere durch *Versuch und Irrtum* in ihrem Lebensraum Erfahrungen sammeln. Wird zum Beispiel ein Reh an bestimmten Stellen seines Lebensraumes gestört oder bedroht, macht es an dieser Stelle negative Erfahrungen. Es lernt, solche Stellen zu meiden. Findet ein Reh bei seiner Nahrungssuche eine besonders ergiebige Stelle und wird dort mit ausreichendem Futter belohnt, hat es eine positive Erfahrung gemacht.

Durch dieses **Lernen am Erfolg** wird sich das hungrige Tier zukünftig an dieser Stelle bevorzugt aufhalten, um nach Nahrung zu suchen. Solche Belohnungen verstärken ein bestimmtes Verhalten. Durch Bestrafungen dagegen kann ein bestimmtes Verhalten der Tiere gehemmt werden.

Besonders bei jungen Säugetieren kann man beobachten, dass sie miteinander spielen. Hierbei sammeln sie scheinbar spielerisch Erfahrungen. So lernen junge Katzen bewegliche Gegenstände kennen, die sie nach einiger Zeit mit angeborenen Bewegungsabläufen „erbeuten". Bei solchem *Spielverhalten* werden angeborene Verhaltensweisen eingeübt, miteinander kombiniert und mit Erlerntem verbunden. Die Tiere erlernen Bewegungsabläufe und somit Verhaltensweisen, die später für ihren Nahrungserwerb, die Verständigung mit Artgenossen, den Angriff oder die Flucht notwendig sein können.

Bestimmte Reize lösen bei Tieren eine angeborene Fluchtreaktion aus. Viele Tiere flüchten vor Menschen. Doch kann man beobachten, dass zum Beispiel sonst menschenscheue Greifvögel sich in Städten oder an Autobahnen aufhalten. Diese Tiere haben gelernt, dass das Auftreten des Menschen für sie keine Folgen hat und sie gewöhnten sich an den Menschen. Diese Tiere haben durch **Gewöhnung** ihr Verhalten geändert und gelernt, dass Reize, die ansonsten Gefahr bedeuten, für sie keine Bedeutung mehr haben.

3 Schimpansen lernen durch Nachahmung das Termitenangeln

4 Spielverhalten

5 Ein Turmfalke hat sich an Straßenlärm gewöhnt

> Tiere können durch Prägung, Erfolg, Nachahmung und Gewöhnung lernen. Diese Lernformen werden auch miteinander kombiniert.

1 Für das Lernen der meisten Tiere ist es notwendig, dass sie von Eltern aufgezogen werden oder mit Artgenossen aufwachsen. Nenne Beispiele und erläutere.

2 Nenne aus deiner Erfahrung Beispiele für das Lernen bei Tieren. Erkläre, auf welche Art diese Tiere gelernt haben könnten.

3 Bei der Dressur werden gewünschte Verhaltensweisen von Tieren belohnt. Tiere lernen so, diese Verhaltensweisen auf ein bestimmtes Signal hin auszuführen. Nenne eine Form des Lernens, die bei der Dressur eine Rolle spielt. Erläutere.

4 Nenne Beispiele für Dressurleistungen von Tieren, die für den Menschen von Nutzen sind.

Verhalten

1 Orang-Utan klettert auf Kisten, die er aufgestapelt hat

2.5 Tiere können einsichtig handeln

Wie verhält sich ein hungriger Schimpanse, wenn er zum Beispiel über sich eine Banane hängen sieht, sie aber nicht erreichen kann? Dieser Frage ging der Forscher Wolfgang KÖHLER nach. In einem Käfig mit mehreren Kisten stellte er einen Schimpansen vor dieses Problem. Der Schimpanse hatte vorher spielerische Erfahrungen im Umgang mit nur einer Kiste gemacht. Bei diesem Versuch schob er sofort eine der Kisten unter die Banane, kletterte auf die Kiste und streckte sich nach der Banane, die er jedoch noch nicht erreichen konnte. Der Schimpanse setzte sich hin und schaute eine Weile zwischen der Banane, der Kiste unter der Banane und den übrigen Kisten hin und her. Dann ging er zielstrebig zu den anderen Kisten, rückte sie unter der Banane zusammen, stapelte sie aufeinander, kletterte auf den Stapel und ergriff die Banane.

Der Schimpanse hatte ohne vorheriges Ausprobieren die Lösung des Problems geplant. Erst danach hat er einzelne Handlungen ausgeführt, um zu seinem Ziel zu gelangen. Solches Verhalten wird als **einsichtiges Verhalten** bezeichnet.

KÖHLERs Versuche zum einsichtigen Handeln hat man mit anderen Menschenaffen wie Orang-Utans und Gorillas durchgeführt. Auch hier zeigten die Tiere, dass sie Kisten aufstapeln können, um an Futter zu gelangen, das über ihnen hängt. Zur Lösung von Problemen können sie **Werkzeuge** herstellen und gebrauchen. So gelingt es ihnen, hohle Stöcke mit unterschiedlichen Durchmessern ineinander zu stecken, um entfernte Futterbrocken zu angeln, Äste als Kletterhilfen abzubrechen und zu entlauben oder Zweige mit den Zähnen anzuspitzen, um Nahrung aufzuspießen.

Solche Nachweise einsichtigen Verhaltens von Tieren sind nur in Gefangenschaft durchzuführen. Im natürlichen Lebensraum ist nicht zu unterscheiden, ob ein bestimmtes Verhalten durch Einsicht oder Nachahmung zu Stande gekommen ist.

> Einsichtiges Verhalten liegt vor, wenn ein Tier die Lösung eines Problems ohne vorherige Übung plant und anschließend zielgerichtet ausführt.

1 Betrachte Abb. 2 A bis E. Beschreibe den Versuchsverlauf. Woran erkennt man das einsichtige Handeln des Orang-Utan?

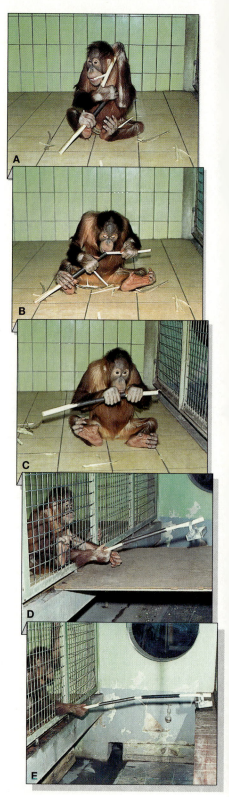

2 Werkzeugherstellung und Werkzeuggebrauch beim Orang-Utan

Verhalten

2.6 Wie Tiere zusammenleben

Viele Säugetierarten leben zusammen mit Artgenossen in Gruppen. Meist leben die Gruppenmitglieder von Geburt an miteinander und kennen sich „persönlich". Zu einem solchen *sozialen Verband* gehören Männchen, Weibchen, Alte und Junge, Starke und Schwache, Freunde und Fremde. Alle diese verschiedenen „Persönlichkeiten" halten zusammen und müssen sich untereinander verständigen, wenn zum Beispiel Nahrung gesucht und aufgeteilt wird, Ruhe- oder Schlafplätze aufgesucht werden, die Fortpflanzungszeit beginnt oder Feinde drohen.

Betrachten wir zum Beispiel das Zusammenleben in einer Gruppe von Berberaffen. Die Berberaffen in Nordafrika und Gibraltar leben in Felslandschaften mit niedrigem Baumbewuchs. In dieser Gruppe nimmt jedes Mitglied eine bestimmte Position ein. In einer solchen sozialen **Rangordnung** gibt es Anführer: ein Leittier für die Weibchen und eines für die Männchen. Diese ranghöchsten Tiere sind meist die erfahrensten und stärksten. Die übrigen Mitglieder sind ihnen je nach Geschlecht in Abstufungen untergeordnet. Diese Abstufungen kann man an ihren Aufenthaltsorten feststellen. Ranghöhere bewegen sich tagsüber vorwiegend auf freien Bodenflächen, Rangniedere halten sich länger als die Hälfte des Tages zurückgezogen in Bäumen oder Felsnischen auf. Die Rangniedrigsten leben fast nur zurückgezogen in abgelegenen Bereichen.

Die Rangordnung kann man auch bei der Fellpflege beobachten. Ranghöhere Tiere lassen sich häufig von Untergeordneten das Fell durchkämmen, während umgekehrt Rangniedere nur aus „Gnade" von Höhergestellten gepflegt werden. Dies dient nicht nur zur Entfernung von Hautschuppen und Fellparasiten, sondern auch zur sozialen Kontaktpflege untereinander.

1 Verhaltensweisen der Berberaffen.
A *Imponierverhalten;* B *Drohverhalten;* C *Demutverhalten*

Die Anführer mit gepflegtem Fell versuchen stets ihre Gruppe im Blick zu haben. Durch ihre Körperhaltung und ihren Gesichtsausdruck zeigen sie den Übrigen ihre Rangposition an. Sie zeigen **Imponierverhalten**. Sollte zum Beispiel an einer Futterstelle ein Mitglied die Rangfolge übersehen haben, kann es zu Streitigkeiten kommen. Mit erhobenem Kopf blickt der Ranghöhere den Gegner direkt an, hebt die Augenbrauen, öffnet wie gähnend das Maul und zeigt dabei seine Zähne. Dieses **Drohverhalten** soll den Angreifer einschüchtern. Wirkt die Drohhaltung, wendet der Unterlegene mit ängstlichem Gesichtsausdruck den Blick vom Rivalen ab. Er wirft sich auf den Bauch oder wendet ihm als Zeichen seiner Unterwerfung sein Hinterteil zu. Der Unterlegene zeigt damit **Demutverhalten**. Lässt sich jedoch der Rivale durch Drohen nicht einschüchtern, kann es zu einem lautstarken *Beißkampf* kommen.

Da die Rangordnung nicht starr festgelegt ist, muss jedes Gruppenmitglied seine Rangstellung behaupten. Dabei kann es zu Rangordnungsstreitigkeiten kommen. Solch **aggressives Verhalten** untereinander ist teilweise auch von den Lebensbedingungen abhängig. Herrscht zum Beispiel Nahrungsmangel oder wird die Anzahl der Gruppenmitglieder in ihrem Lebensbereich zu groß, nehmen meist die aggressiven Verhaltensweisen zu.

> In Tierverbänden wird die Rangordnung weitgehend durch Imponierverhalten, Demutverhalten und Drohverhalten geregelt.

1 Beschreibe die Verhaltensweisen der Berberaffen anhand der Abbildungen.

Verhalten

3 Verhaltensweisen beim Menschen

3.1 Angeborenes Verhalten

„Ein Lächeln verbindet alle Menschen miteinander." Mit diesem Motto könnte man eine Verhaltensweise beschreiben, mit der Menschen zum Beispiel Freude, Glück oder Zufriedenheit zum Ausdruck bringen und freundlichen Kontakt aufnehmen wollen. Den Gesichtsausdruck beim **Lächeln** kann man bei Menschen in allen Kulturen beobachten. Auch taubblind geborene Kinder, die nie etwas gehört oder gesehen haben, zeigen die gleiche *Mimik* beim Lächeln. Das Lächeln ist also eine **angeborene Verhaltensweise** des Menschen. Ebenso gehört die Mimik bei Trauer, Ärger, Wut, Ablehnung, Aufmerksamkeit oder beim „Flirten" zu den angeborenen Verhaltensweisen.

Angeborene Verhaltensweisen wie das Lächeln zeigt schon ein Säugling. Mit dem Lächeln äußert er seinen Wunsch nach Aufmerksamkeit und Zuneigung der Erwachsenen. Aber auch durch Weinen will er Kontakt aufnehmen. Hat ein Säugling Hunger oder fühlt er sich nicht wohl, schreit und weint er. Dieses **Schreiweinen** kann aber auch dadurch ausgelöst werden, dass der Säugling sich verlassen fühlt. Wenn man einen schreienden Säugling in die Arme nimmt, ihn liebkost oder ihn anlächelt und mit ihm spricht, beruhigt er sich meist. Offenbar gehört zum **Kontaktverhalten** eines Säuglings daher auch, *Hautkontakt* und *Blickkontakt* zu seinen Bezugspersonen zu haben. In seiner vertrauten Umgebung und in der Nähe vertrauter Personen fühlt er sich offensichtlich wohl und entwickelt ein *Vertrauensverhältnis* zu seiner Umwelt und seinen Bezugspersonen.

1 Lächeln

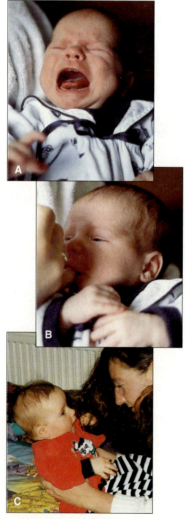

2 Angeborene Verhaltensweisen.
A Schreiweinen; B Saugreflex;
C Handgreifreflex

Auch viele Körperbewegungen des Säuglings sind angeboren und nach der Geburt zu beobachten. Wird der Säugling an die Brust gelegt, bewegt er den Kopf hin und her. Er tastet mit Mund und Wangen über die Brust. Hat er die Brustwarze berührt, umschließt er sie mit den Lippen und macht mit Mund und Zunge Saugbewegungen. Dieser **Saugreflex** kann aber auch ausgelöst werden, wenn man die Wangen oder den Mund des Säuglings berührt.

Berühren die Handflächen des Säuglings einen Gegenstand, wird er sofort von seinen Fingern umschlossen. Dieser **Handgreifreflex** wird auch bei der Berührung durch Haare ausgelöst. Bei den Vorfahren des Menschen diente der Handgreifreflex vermutlich zum Festklammern im Fell der Mutter.

Diese angeborenen Verhaltensweisen werden in der weiteren Entwicklung des Säuglings durch erlernte Körperbewegungen ergänzt und miteinander verknüpft.

> Viele Verhaltensweisen des Menschen sind angeboren. Schreiweinen, Handgreifreflex und Saugreflex sind angeborene Verhaltensweisen von Säuglingen.

[1] Nicht nur durch Sprache, sondern auch durch Mimik und Körperhaltung kann man sich verständigen. Versuche ein bestimmtes Gefühl, zum Beispiel Angst, Freude, Ärger, Überheblichkeit, durch Gesichtsausdruck und Körperhaltung auszudrücken.
Wie haben die Beobachter deine Mimik und Körperhaltung verstanden?
[2] Welche Bedeutung haben Bezugspersonen und eine vertraute Umwelt für den Säugling?
[3] Auf welche Weise kann man dem Neugierverhalten und dem Kontaktbedürfnis des Säuglings entgegenkommen? Nenne verschiedene Maßnahmen und Verhaltensweisen der Erwachsenen.

3.2 Lernen und Gedächtnis

Lernen verbinden viele nur mit Schule. Doch schon bevor ein Kind eine Schule besucht, hat es bereits vieles gelernt und auch nach der Schulzeit lernen wir ständig weiter. Lernen findet in jeder Situation im Leben eines Menschen statt.

Bereits Säuglinge und Kleinkinder erforschen ihre Umgebung und probieren den Umgang mit den verschiedensten Gegenständen und Spielzeugen aus. Mit diesem angeborenen *Neugier- und Spielverhalten* lernen sie viel über ihre Umwelt. Bei einem Puzzle zum Beispiel machen sie anfangs mehrere Versuche, um einzelne Puzzleteile in die zugehörigen Aussparungen zu legen. Haben sie durch *Versuch und Irrtum* das passende Puzzleteil gelegt, empfinden die Kinder Freude darüber, das Problem erfolgreich gelöst zu haben. Dieses **Lernen am Erfolg** wird häufig durch Lob der Erwachsenen belohnt.

Kinder beobachten die Personen in ihrer Umgebung genau. Anschließend versuchen besonders Kleinkinder wie ihre erwachsenen „Vorbilder" mit Werkzeugen oder anderen Gegenständen umzugehen. Die Kinder lernen durch **Nachahmung.** Häufig ahmen besonders Kinder auch typische Verhaltensweisen, Ansichten oder „Sprüche" von Erwachsenen oder Gleichaltrigen nach.

In vielen Problemsituationen, zum Beispiel bei technischen oder mathematischen Aufgabenstellungen, muss man zur Lösung vorher Lösungsstrategien überlegen, das Problem gezielt aufgliedern und Zusammenhänge herstellen. Bei diesem Lernen durch **Einsicht** zeigt der Mensch seine Fähigkeit, vorausschauend zu planen und zu handeln. Zum Lernen gehört auch, dass das, was man lernen will, ins Gedächtnis gelangt und dort gespeichert wird. Beim Lernen werden hauptsächlich Augen, Ohren und Hand als *Eingangskanäle* zum Gehirn benutzt. Lernt man zum Beispiel Vokabeln, kann man sie lesen, sich vorlesen lassen oder schreiben. Je nach *Lerntyp* kann man die Vokabeln besser im Gedächtnis behalten, die man gelesen, gehört oder selbst geschrieben hat. Man kann aber auch die Vokabeln auf eine Kassette aufnehmen, das Band abspielen und die Vokabeln zusätzlich abschreiben. Dabei nutzt man zum Lernen mehrere Eingangskanäle. Durch dieses *mehrkanalige Lernen* gelangen Informationen auf verschiedenen Wegen ins Gedächtnis. Mehrkanaliges Lernen steigert oft den Lernerfolg.

Alle aufgenommenen Informationen bleiben für etwa 15 Sekunden erhalten. In diesem **Kurzzeitspeicher** werden die Informationen nach ihrer Bedeutung ausgefiltert. Informationen, die für das Lernen keine besondere Bedeutung haben, werden ausgesondert und gehen verloren. Informationen, die von Bedeutung sind oder sich mit bereits Gelerntem verknüpfen lassen, gelangen in den **mittelfristigen Gedächtnisspeicher.** Dort bleiben die aufgenommenen Informationen für einige Stunden bis Tage erhalten.

Doch diese Informationen sind erst endgültig und lebenslang gespeichert, wenn sie in den **Langzeitspeicher** übergegangen sind. Um diesen Übergang zu erleichtern, müssen zum Beispiel die mittelfristig gespeicherten Vokabeln regelmäßig wiederholt, eingeübt und angewendet werden. Nur an die im Langzeitspeicher gespeicherten Vokabeln kann man sich auch später noch erinnern.

Im Gehirn werden neue gelernte Erfahrungen und Lerninhalte mit gespeichertem Wissen verknüpft und wiederum gespeichert. So lernt der Mensch ständig dazu und erweitert seinen Wissensstand. Entwicklungen und Veränderungen auf den Gebieten der Wissenschaft, Technik, Wirtschaft, Natur und Kultur machen es notwendig, dass man ständig Neues dazulernen muss, um neue Problemstellungen zu bewältigen und sich orientieren zu können. Man muss also lebenslang lernen.

1 Wie viel bleibt im Gedächtnis, wenn wir etwas…

- lesen: 10 %
- hören: 20 %
- sehen: 30 %
- hören und sehen: 50 %
- selbst sprechen: 70 %
- selbst ausprobieren und ausführen: 90 %

> Der Mensch lernt sein Leben lang durch Lernen am Erfolg, Nachahmung und besonders durch Einsicht. Mehrkanaliges Lernen erleichtert die Speicherung des Gelernten im Langzeitspeicher und die ständige Wissenszunahme.

1 Nenne Situationen, in denen Menschen durch Erfolg, Nachahmung oder Einsicht lernen. Erkläre.

2 Berichte, auf welche Weise du erfolgreich Vokabeln lernst.

Verhalten

Übung — **Lernen und Gedächtnis**

V1 Lernen durch Lesen und Hören

Aufgaben A
35 × 4
83 + 38
124 − 55
12 × 11
7 × 13
4^3
2^5
13 + 15 − 10
3 × 4 − 5
20 % von 60

Material: Stoppuhr; 20 Notizzettel (Karteikarten); Schreibmaterial
Durchführung: Legt Rollen von Testpersonen und Versuchsleiter fest. Der Versuchsleiter schreibt für jeden der beiden Tests jeweils 10 Begriffe aus unterschiedlichen Bereichen wie Tiere, Pflanzen, Städte, Länder, Gewässer oder Gegenstände des Alltags auf die Notizzettel (pro Notizzettel nur ein Begriff).
Test-Lesen: Der Versuchsleiter legt die beschrifteten Notizzettel verdeckt vor die Versuchsperson. Danach deckt er die Notizzettel nacheinander so auf, dass die Versuchsperson nur jeweils 2 Sekunden lang den Begriff lesen kann. In den nächsten 30 Sekunden löst die Versuchsperson Aufgaben A. Anschließend schreibt die Versuchsperson innerhalb von 30 Sekunden möglichst viele der gelesenen Begriffe auf.
Test-Hören: Der Versuchsleiter liest der Versuchsperson im Abstand von jeweils 2 Sekunden jeden Begriff einmal langsam und gut verständlich vor. In den nächsten 30 Sekunden löst die Versuchsperson möglichst viele der Aufgaben B. Anschließend schreibt die Versuchsperson innerhalb von 30 Sekunden möglichst viele der gehörten Begriffe auf.

Aufgaben B
45 × 4
63 + 38
134 − 65
11 × 13
6 × 14
3^4
5^3
14 + 16 − 10
3 × 5 − 6
20 % von 80

Aufgaben: a) Notiert die Anzahl der Begriffe, die die Testperson nach dem Lesen und dem Hören richtig behalten hat.
b) Vergleicht die Ergebnisse der beiden Tests.
c) Führt den Versuch mit vertauschten Rollen durch.
d) Vergleicht die Ergebnisse mit denen eurer Mitschülerinnen und Mitschüler.
e) Wie sind die Ergebnisse zu erklären?

V2 Lernen mit und ohne Störungen

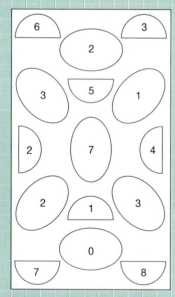

Aufgabe 1: Verdopple die Summe der Zahlen in den Halbkreisen und teile diese durch die Summe der Zahlen in den Ellipsen.

Material: Stoppuhr; Kassettenrekorder (oder Walkman/Discman)
Durchführung: Löse die Aufgabe 1 und notiere, wie viel Zeit du zur richtigen Lösung benötigst.
Spiele ein Musikstück sehr laut (mit Kopfhörer). Löse während der Musik die Aufgabe 2 und notiere wie viel Zeit du zur richtigen Lösung benötigst.
Aufgaben: a) Vergleiche deine beiden Messwerte.
b) Vergleiche deine Messwerte mit den Ergebnissen deiner Mitschülerinnen und Mitschüler.
c) Welche Folgerungen ziehst du aus den Ergebnissen für dein persönliches Lernen?

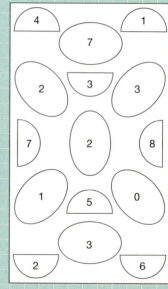

Aufgabe 2: Verdopple die Summe der Zahlen in den Halbkreisen und teile diese durch die Summe der Zahlen in den Ellipsen.

Verhalten

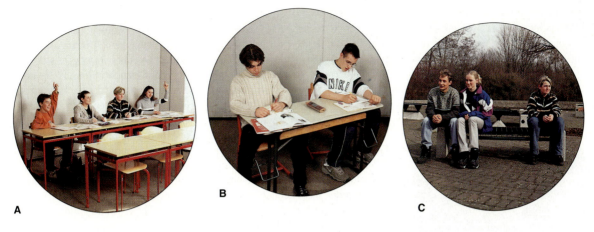

1 Aus dem Schulalltag. A Wandkontaktverhalten; **B** Territorialverhalten; **C** Individualdistanz

3.3 Verhaltensbeobachtungen beim Zusammenleben

Die Schule ist ein Ort, an dem viele Schülerinnen und Schüler unterschiedlichen Alters mit unterschiedlichen Erfahrungen, verschiedenem Charakter und oftmals aus mehreren Nationen einen großen Teil des Tages miteinander verbringen. Beim Zusammenleben der Jugendlichen in der Schule kann man eine Vielzahl von Verhaltensweisen beobachten.

Betreten Schülerinnen und Schüler einen Klassen- oder Fachraum, ohne dass eine Sitzordnung vorgeschrieben ist, werden zuerst meist die hintersten Sitzplätze, danach die an der Fensterseite und in Wandnähe besetzt. Dieses **Wandkontaktverhalten** verleiht Sicherheit, da man keine „Blicke im Rücken" hat und sich nicht eingeengt fühlt. Wandkontaktverhalten kann man auch bei der Belegung von Sitz- oder Stehplätzen in Straßenbahnen, Bussen, Fahrstühlen, Lokalen oder bei Schulfeten beobachten.

In nahezu allen Klassen besteht eine Sitzordnung. Hierbei beansprucht jeder seinen Arbeitsplatz. Werden Stuhl oder Arbeitstisch vertauscht, kommt meist der spontane Ausruf: „Der gehört mir!" Solche oder ähnliche Äußerungen zeigen, dass Menschen bestimmte Gegenstände oder Gebiete als ihr Eigentum betrachten. Sie unterscheiden zwischen „Mein und Dein". Solche Besitzansprüche gehören zum **Besitzverhalten** des Menschen.

Häufig kann man beobachten, dass Schülerinnen oder Schüler in die Mitte des Arbeitstisches ein Etui, ein Lineal, ein Buch oder andere Gegenstände legen. Manche markieren sogar als Abgrenzung die Tischmitte mit einem Bleistiftstrich. Sie beanspruchen ein bestimmtes Territorium oder Revier. Solches **Territorialverhalten** zeigt sich auch auf dem Schulhof, wenn Gruppen oder Klassen ein bestimmtes Gebiet als Spiel- oder Aufenthaltsort einnehmen. Auch in anderen Situationen kann man Territorialverhalten beobachten. An Badeplätzen zum Beispiel halten einzelne Gruppen räumlichen Abstand voneinander. Viele markieren ihr Revier durch Handtücher, Sonnenschirm oder Sandburgen. Auch Abgrenzungen von Grundstücken durch Zäune, Hecken oder Mauern sind Zeichen für das Territorialverhalten des Menschen.

Sitzen mehrere Jugendliche, die sich weniger gut kennen, vor Schulbeginn oder in den Pausen auf einer Bank oder niedrigen Mauer, halten sie meist einen bestimmten Abstand voneinander. Jeder scheint einen Raum um sich zu beanspruchen, in dem er keinen „Fremden" duldet. Das Einhalten dieser **Individualdistanz** kann man zum Beispiel auch beobachten, wenn man in einer Warteschlange ansteht, an einer Haltestelle wartet oder einen Sitzplatz in einem Wartezimmer auswählt.

Treffen jedoch Jugendliche zusammen, die befreundet und miteinander vertraut sind, suchen sie oftmals die Nähe zueinander. Beim Umgang zwischen vertrauten Personen, Freundinnen und Freunden werden meist die Grenzen bei Besitz, Territorium und Individualdistanz aufgehoben oder abgeschwächt.

In einer Klassengemeinschaft versuchen häufig einzelne Mitglieder das Interesse der anderen auf sich zu ziehen. Sie heben sich zum Beispiel durch interessante und clevere Äußerungen, durch Wissen und Leistungen oder durch besondere Talente oder Verhaltensweisen aus der Gemeinschaft hervor. Da gibt es diejenigen, die von vielen geachtet werden, und solche, die weniger Beachtung finden. So nimmt jedes Mitglied in der Klassengemeinschaft eine bestimmte soziale Stellung ein. Diese **Rangordnung**

Verhalten

gibt ihnen einen entsprechenden Platz innerhalb der Gemeinschaft. Oft bewirken auch Geschlecht und Alter eine Rangstellung. Die Abfolge der Rangstellung ist nicht starr. Durch seine individuellen Fähigkeiten muss jeder in einer Gemeinschaft seine Rangstellung immer wieder beweisen. Gleichzeitig kann er in der Rangstellung auf- oder auch absteigen. Dabei zeigen sich häufig bestimmte Verhaltensweisen, die als **Aggressionsverhalten** zusammengefasst werden.

2 Imponierverhalten

Manche Jugendlichen versuchen sich zum Beispiel durch besondere Kleidung, neueste Trends, bestimmte Attribute oder „cooles" Verhalten von anderen abzuheben. Sie wollen so die Aufmerksamkeit der anderen auf sich lenken. Durch solches **Imponierverhalten** will man meist seine Rangstellung demonstrieren oder aber eine hohe Rangposition vortäuschen.

Gelegentlich schließen sich Jugendliche zu Gruppen oder Cliquen zusammen. In Interessen- oder Fangemeinschaften versuchen sie zum Beispiel häufig durch gleiche Fan- oder Statussymbole, Parolen oder Verhaltensweisen zu imponieren. Solche *Gruppenbildung* kann aber auf Außenstehende einschüchternd und bedrohlich wirken.

Aggressive Verhaltensweisen kann man besonders gut in *Streitsituationen* beobachten. Dabei geht es meist darum, sich zu behaupten oder Ansprüche auf Besitz oder Recht geltend zu machen. Streiten sich zum Beispiel zwei Schülerinnen oder Schüler auf dem Schulhof, stehen sich die Rivalen meist hoch aufgerichtet gegenüber und schauen sich laut schreiend mit zornig verzerrten Gesichtern an. Zu diesem *Drohverhalten* gehören auch geballte Fäuste, angedrohte Schlag- oder Tretbewegungen oder das Lächerlichmachen des Rivalen. Dabei ist nicht immer ausgeschlossen, dass die „angedrohte" Kampfbereitschaft in körperliche Angriffe übergehen kann.

Der bedrohte oder eingeschüchterte Rivale zeigt oft seine Unterlegenheit an, indem er sich zum Beispiel

3 Streitende Schüler

demütig „klein" macht und sich abwendet. Durch solches **Beschwichtigungsverhalten** versucht er, weitere Aggressionen von sich abzuwenden. Auch Händereichen und eine Entschuldigung wirken als Beschwichtigung.

Bei der Frage nach den Ursachen von Aggression weisen viele Forschungen aus Psychologie und Verhaltensforschung darauf hin, dass jedem Menschen eine gewisse Bereitschaft zu aggressivem Verhalten angeboren ist. Gleichzeitig zeigt sich aber auch, dass es von den persönlichen Lebenserfahrungen abhängig ist, inwieweit sich Aggresssion äußert. Der Mensch kann also lernen, mit Aggression umzugehen. So versuchen einige ihre Aggression, die sich häufig auch durch „Frust" oder Ärger aufgestaut haben kann, zum Beispiel durch Meditation, körperliche Betätigung, rhythmisches Laufen oder Tanzen abzubauen und zu kanalisieren. Ebenso kann jeder lernen, Verständnis für andere aufzubringen und so tolerant zu sein, wie es heute in jeder Gemeinschaft von Menschen selbstverständlich sein sollte.

> Im Zusammenleben kann man Verhaltensweisen wie Wandkontaktverhalten, Besitzverhalten, Territorialverhalten und Individualdistanz beobachten. In der Rangordnung in Gemeinschaften zeigt sich Aggressionsverhalten in Form von Imponieren, Drohen und Gewalt. Man kann lernen, mit Aggression umzugehen und sie ohne den Einsatz körperlicher Gewalt abzubauen.

1 Nenne Beispiele für Verhaltensweisen im Zusammenleben. Führe Beobachtungen zum Beispiel auf Kinderspielplätzen, in der Schule, in Schwimmbädern, Parkanlagen, Einkaufszentrum… durch.
2 Wie versuchst du, mit Wut oder „Frust" umzugehen? Nenne Beispiele und berichte.

4 Abbau von Aggression

Verhalten

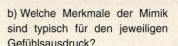

A1 Was gehört zum Verhalten eines Menschen oder Tieres? Finde das Zutreffende heraus:
a) alle erkennbaren Bewegungen,
b) die Körpergestalt,
c) die Körperhaltungen,
d) die Lautäußerungen,
e) Reizbarkeit.

A2 Verhalten von Tieren soll nicht vermenschlicht beschrieben werden.

a) Welches Verhalten ist in der Abbildung dargestellt?
b) Welche der folgenden Sätze kann man benutzen, um Verhaltensweisen von Hausspatzen zu beschreiben?
1) Sie hüpfen flink umher.
2) Sie stäuben ihr Gefieder ein.
3) Sie haben panische Angst.
4) Sie baden mit großem Spaß.
5) Sie gehen auf Nahrungssuche.
6) Sie verstecken sich.

A3 Ordne die folgenden Teilaussagen so an, dass der Ablauf einer angeborenen Verhaltensweise erklärt wird.
a) Das Tier nimmt einen Schlüsselreiz wahr.
b) Eine bestimmte Verhaltensweise wird ausgelöst.
c) Das Tier zeigt Handlungsbereitschaft.
d) Der Reiz wirkt auf den angeborenen Auslösemechanismus.
e) Das Tier sucht nach einem Reiz.

A4 Was versteht man unter einer Handlungskette? Erkläre und gib ein Beispiel an.

A5 Auf welche Weise lernen Tiere? Nenne drei Formen und belege sie jeweils mit einem Beispiel.

A6 Durch welche Verhaltensweisen kann die Rangordnung in Tiergemeinschaften geregelt und Streit weitgehend vermieden werden?

A7 Seeottern öffnen Muscheln, ihre Hauptnahrung, indem sie sich einen Stein auf den Bauch legen und die Muscheln daraufschlagen. Dieses Verhalten ist nicht angeboren. Pfleger müssen jungen elternlosen Seeottern in Gefangenschaft zeigen, wie sie die Muscheln öffnen können. Auf dem Rücken schwimmend machen die Pfleger den Ottern mehrmals vor, wie ein Stein auf dem Bauch als Amboß benutzt werden kann. Anschließend werden die Seeottern jeweils mit dem Muschelfleisch gefüttert.
a) Auf welche Weise lernen Seeottern Muscheln öffnen?
b) Warum werden die Seeottern bei den Lernversuchen mit Muschelfleisch gefüttert?

A8 Die Merkmale in der Gesichtsmimik der Zeichen A–C zeigen ein bestimmtes Verhalten und lösen beim Betrachter bestimmte Gefühle und Empfindungen aus.

a) Welchen Eindruck vermitteln die Zeichen?
b) Welche Merkmale der Mimik sind typisch für den jeweiligen Gefühlsausdruck?

A9 Welche der aufgeführten Aussagen kannst du als Tipps für erfolgreiches Lernen weitergeben?
a) Der Lernstoff sollte über möglichst viele Sinne aufgenommen werden.
b) Man sollte im Unterricht nur still zuhören und seine Hausaufgaben anfertigen.
c) Wenn man kurz vor einer Klassenarbeit lernt, kann man den Lernstoff besser im Langzeitgedächtnis behalten.
d) Man sollte Gelerntes regelmäßig wiederholen und anwenden.
e) Zum erfolgreichen Lernen ist es egal, ob, wann und wo man seine Hausaufgaben macht.

A10 Welches Verhalten kann man beobachten, wenn Menschen einen ihnen unbekannten Raum betreten. Finde zutreffendes heraus.
a) Fluchtverhalten
b) Wandkontaktverhalten
c) Aggressionen
d) Distanzverhalten
e) Territorialverhalten
f) Sozialverhalten

A11 Welche der folgenden Aussagen sind zutreffend, welche nicht?
a) Aggressionen werden von persönlichen Erfahrungen beeinflusst.
b) Aggressionen sind angeboren und deshalb kann man nichts ändern.
c) Aggressionen sind weitgehend angeboren, aber man kann lernen, damit umzugehen.

Evolution

1 Fund und Freilegung des Skeletts eines Raubsauriers

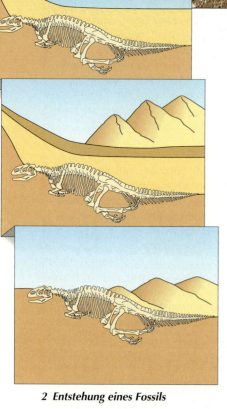

2 Entstehung eines Fossils

1 Lebewesen haben sich entwickelt

1.1 Fossilien – Zeugen der Vorzeit

1971 – Mongolei – Wüste Gobi: Unter großen Mühen hat sich eine Expedition in dieses abgelegene Gebiet vorgekämpft. Es gilt Berichte über Funde von Dinosaurierknochen zu überprüfen, denn vor 100 Millionen Jahren lebten hier Saurier. Damals herrschte dort tropisches Klima, in dem diese Reptilien ideale Lebensbedingungen vorfanden.

Die Funde übertrafen die Erwartungen bei weitem! So fand man das Skelett eines riesigen Raubsauriers, der am Ufer eines Gewässers gestorben war. Sand und Schlick hatten den Körper schnell bedeckt. Die Weichteile zersetzten sich bald. Immer mächtiger werdende Sand- und Schlammschichten, das *Sediment*, wandelten die Knochen des Skeletts langsam in Gestein um. Dabei wurden die Knochen durch Sickerwässer im Gestein aufgelöst und durch Mineralsalze ersetzt. So entstand ein naturgetreuer *Abdruck*. Bewegungen der Erdkruste sorgten später dafür, dass derart versteinerte Reste wieder an die Erdoberfläche kamen, sodass sie von Regen und Wind freigelegt werden konnten.

Derartige Überreste vergangener Lebewesen bezeichnet man als **Fossilien**. Dies können z. B. der Abdruck einer Muschel im Gestein, versteinerte Hartteile wie Panzer, Schalen oder Knochen oder auch im Schlamm zu Stein gewordene Fußspuren sein. Je feiner das Sediment ist, desto mehr Einzelheiten kann man an den Fossilien erkennen. Auf allen Erdteilen wurden solche Funde gemacht.

Stichwort
Evolution
Unter Evolution versteht man die Entwicklung der Lebewesen im Laufe der Erdgeschichte.

Versteinerte Überreste ausgestorbener Lebewesen nennt man Fossilien. Sie geben Auskunft über das Leben in vorgeschichtlicher Zeit.

1 Erkläre anhand der Abbildung 2 die Entstehung eines Fossils.

Verhalten

FOSSILIEN

Pinnwand

Inkohlung

Vor 340 Mio. Jahren wuchsen auf der Nordhalbkugel der Erde riesige Sumpfwälder. Blätter und abgestorbene Pflanzen versanken im wassergetränkten Grund und wurden zu Torf. Durch den Druck aufgelagerter Gesteine wandelten sie sich langsam zu Kohle um.

Abdruck eines Trilobiten

Trilobiten hatten vor 600 - 500 Mio. Jahren ihre größte Verbreitung. Der Panzer dieser Tiere versteinerte und blieb als Abdruck erhalten. Trilobiten gehören zu den häufigsten Versteinerungen.

Steinkern eines Ammoniten

Ammoniten waren mit den Tintenfischen verwandt, hatten aber ein schneckenähnliches Gehäuse. Wurde ein solches Gehäuse mit Ablagerungen ausgefüllt, entstand ein innerer Abdruck. Ammoniten lebten vor 360 - 100 Mio. Jahren.

Einschluss in Bernstein

Bernstein ist das gehärtete Harz von Nadelbäumen. Setzte sich ein Kleintier, z. B. eine Fliege, auf das frische Harz, so wurde es luftdicht eingeschlossen. So erhält man ein Bild von der Kleintierwelt aus der Zeit von vor 40 - 30 Mio. Jahren.

Fossilien von morgen

Die **Fußspuren** von ausgestorbenen Lebewesen liefern uns Informationen über Fortbewegung und Zusammenleben. Diese Abdrücke stammen von großen Pflanzen fressenden Sauriern, die vor über 100 Mio. Jahren in Herden lebten.

1 Betrachte die Abbildung „Fossilien von morgen". Welche Teile der abgebildeten Lebewesen und Dinge könnten als Fossil erhalten bleiben?

351

Evolution

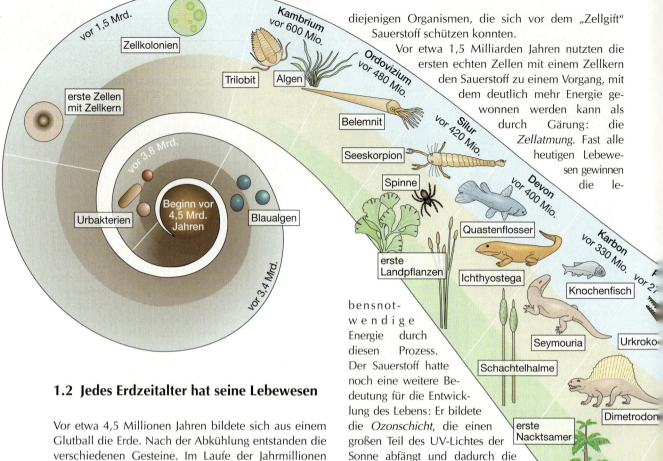

1.2 Jedes Erdzeitalter hat seine Lebewesen

Vor etwa 4,5 Millionen Jahren bildete sich aus einem Glutball die Erde. Nach der Abkühlung entstanden die verschiedenen Gesteine. Im Laufe der Jahrmillionen verwitterten sie wieder und lagerten sich abwechselnd mit neu gebildetem vulkanischem Gestein in mächtigen Schichten übereinander ab.

Untersuchungen unterschiedlich alter Gesteinsschichten zeigen, dass jede Schicht unterschiedliche Fossilien enthält. Das bedeutet, dass in vielen Millionen Jahren eine Entwicklung der Lebewesen, die **Evolution,** abgelaufen sein muss. In denselben Schichten findet man überall auf der Erde aber ähnliche Fossilien. In einem bestimmten Erdzeitalter muss es also überall ähnlich weit entwickelte Lebewesen gegeben haben.

Fossilien erster Lebensformen findet man schon in 3,8 Milliarden Jahre alten Gesteinen. Diese Lebewesen ernährten sich durch *Gärung* von organischen Substanzen. Energiegewinnung durch Gärung findet man heute noch bei vielen Bakterien und Hefepilzen.

600 Millionen Jahre später begannen spezialisierte Bakterien, die *Cyanobakterien* oder „Blaualgen", sich ihre Nährstoffe mithilfe der Fotosynthese selbst herzustellen. Bei diesem Prozess tauchte zum ersten Mal *Sauerstoff* in der Atmosphäre auf. Freier Sauerstoff wirkte auf die damaligen Lebewesen giftig. Diese tief greifende Veränderung der Umwelt überlebten nur diejenigen Organismen, die sich vor dem „Zellgift" Sauerstoff schützen konnten.

Vor etwa 1,5 Milliarden Jahren nutzten die ersten echten Zellen mit einem Zellkern den Sauerstoff zu einem Vorgang, mit dem deutlich mehr Energie gewonnen werden kann als durch Gärung: die *Zellatmung.* Fast alle heutigen Lebewesen gewinnen die lebensnotwendige Energie durch diesen Prozess. Der Sauerstoff hatte noch eine weitere Bedeutung für die Entwicklung des Lebens: Er bildete die *Ozonschicht*, die einen großen Teil des UV-Lichtes der Sonne abfängt und dadurch die Existenz vieler Lebensformen erst ermöglicht.

Im **Kambrium** erschienen Vertreter fast aller Tierstämme, die wir heute kennen. Die Ursachen dieser „Faunenexplosion" ist bis heute unbekannt. Unter den Lebewesen des Kambriums waren viele Gliedertiere, die schon über einen festen Panzer verfügten. Dieser Panzer war als Verdunstungsschutz Voraussetzung für eine Besiedlung des Landes durch Gliedertiere, die im **Silur** stattfand.

Im selben Zeitalter tauchten die ersten Landpflanzen auf. Auch sie mussten zahlreiche Angepasstheiten aufweisen, um den Lebensraum Land besiedeln zu können. Dazu gehören ein Stützgewebe, ein Verdunstungsschutz in Form einer festen Rinde, Wasserleitungsbahnen, Spaltöffnungen zur kontrollierten Aufnahme und Abgabe von Gasen und Mechanismen, die eine Fortpflanzung unabhängig vom Wasser ermöglichten.

Im **Silur** und **Devon** lebten die Vorfahren der Landwirbeltiere, die *Quastenflosser.* Sie hatten muskulöse Brust- und Bauchflossen mit einem handähnlichen Skelett und verfügten über Kiemen oder Lungen. Im

Evolution

Devon erschienen auch die ersten *Amphibien,* wie z. B. der Urlurch *Ichthyostega.* Diese Tiergruppe verbrachte zwar einen großen Teil ihres Lebens an Land, war aber mit der feuchten Haut ohne Verdunstungsschutz und den Eiern ohne Schale weiterhin auf das Wasser angewiesen. Erst die *Reptilien* mit ihrer verhornten, wasserundurchlässigen Haut und den durch eine pergamentartige Schale geschützten Eiern konnten vollständig an Land leben. Erste Vertreter dieser Gruppe, wie das Urreptil *Seymouria,* fanden sich im Karbon. Dieses Zeitalter war geprägt durch riesige Sumpfwälder aus Baumfarnen, die heute einen großen Teil unserer Kohlevorräte bilden.

Die Erdzeitalter vom **Perm** bis zur **Kreide** wurden von *Sauriern* beherrscht. Diese Reptilien besiedelten mit fliegenden, laufenden und schwimmenden Formen alle Lebensräume der Erde mit Ausnahme der Polargebiete. Am Ende des **Jura** entstanden unter den Dinosauriern die größten und schwersten Landwirbeltiere aller Zeiten wie z. B. der über 50 t schwere *Brachiosaurus.* Gegen Ende der Kreidezeit starben die Saurier in erdgeschichtlich kurzer Zeit aus. Als Ursache vermutet man den Einschlag eines riesigen Meteoriten mit zahlreichen Vulkanausbrüchen als Folge, wodurch das Klima verändert wurde. Zur gleichen Zeit wie die Saurier lebten aber auch schon Säugetiere auf der Erde. Ihre Vorfahren gehen auf säugetierähnliche Reptilien wie den *Cynognathus* zurück, der in der **Trias** lebte.

Die Entwicklung der Säugetiere ist ein Beispiel dafür, wie nicht nur die Wechselbeziehung zwischen Umwelt und Lebewesen die Evolution beeinflusst, sondern auch die Beziehungen der Lebewesen untereinander. Solange die Saurier die Welt beherrschten, blieben die Säugetiere klein und unscheinbar. Erst nach dem Verschwinden der Saurier konnten sich die Säugetiere im **Tertiär** zu großer Artenfülle entwickeln, wobei sie alle ökologischen Nischen der Dinosaurier besetzten. Ihre Warmblütigkeit ermöglichte ihnen sogar die Besiedelung der Polargebiete. Innerhalb der Evolution der Säugetiere findet man eine außergewöhnliche Entwicklung des Gehirns. Das Vorderhirn, das besonders für Lernvorgänge eine zentrale Rolle spielt, wurde im Lauf der Evolution immer größer und überwölbt beim Menschen als Großhirn alle anderen Hirnteile. Diese Entwicklung erlaubt es dem Menschen, dessen frühe Vorfahren erst vor etwa 4 Millionen Jahren erschienen, seine Umwelt wie kein Lebewesen vor ihm an seine Bedürfnisse anzupassen.

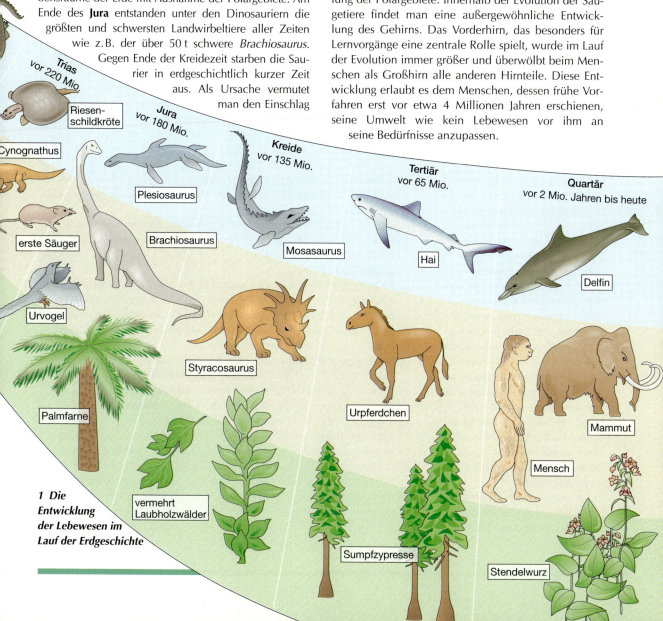

1 Die Entwicklung der Lebewesen im Lauf der Erdgeschichte

Evolution

Jedes Erdzeitalter ist durch charakteristische Gruppen von Pflanzen und Tieren gekennzeichnet. Die Entwicklung der Lebewesen wird durch Wechselbeziehungen untereinander und mit der Umwelt beeinflusst.

Auf Fossilienjagd

Übung

1 Fossiliensuche. A *im Steinbruch;* **B** *Freischlagen eines Fossils*

1 Man unterscheidet vier große Erdzeitalter: **Erdurzeit** (Entstehung der Erde bis vor 600 Mio. Jahren), **Erdaltertum** (vor 600–220 Mio. Jahren), **Erdmittelalter** (vor 220–70 Mio. Jahren) und **Erdneuzeit** (vor 65 Mio. Jahren bis heute). Ordne in einer Tabelle die in Abb. 1 (S. 352) aufgeführten Zeitalter diesen großen Erdzeitaltern zu.

2 Stell dir vor, du müsstest ein Regal bauen, das für je 100 Mio. Jahre seit der Entstehung der Erde ein Regalbrett hat.
a) Wie viele Regalböden wären das?
b) Wie viele Regalböden davon wären mit Lebewesen bzw. Fossilien besetzt?
c) Ordne in dieses Regal folgende Lebewesen ein: Trilobiten, die ersten Landpflanzen, Mammut, Urvogel.

3 Verfolge anhand der Abbildung 2 (S. 354) die Abstammung der Kriechtiere zurück. Berichte.

4 Beschreibe die Einflüsse, die das Auftreten von Sauerstoff auf die Evolution der Lebewesen hatte.

5 Nenne fünf Bedingungen für die Besiedlung des Landes durch Pflanzen.

6 Aus Fossilfunden ist bekannt, dass auch einige Dinosaurierarten über ein Federkleid verfügten, obwohl sie nicht fliegen konnten.
a) Welche Funktion könnte es bei ihnen gehabt haben? Denke dabei auch an die Daunenfedern bei Vögeln.
b) Beschreibe einen ähnlichen Funktionswechsel bei der Besiedlung des Landes durch Tiere.

Bei einer Exkursion in einen Steinbruch ist eine Kontaktaufnahme mit dem Betreiber notwendig. Dieser ermöglicht oft auch eine Führung und zeigt Orte, an denen gefahrlos gesucht werden darf.
Achte auf deine persönliche Sicherheit, sie ist immer wichtiger als jedes Fossil! Sei vorsichtig bei wackelnden und rutschenden Steinen! Achte beim Losschlagen von Funden immer darauf, dass du vom Fossil wegarbeitest und dich selbst und andere nicht durch Hammerschläge und Steinsplitter verletzt.

Material: *Für unterwegs:* Arbeitshandschuhe; Hammer; Meißel; Plastiktüten; Schreibzeug; Lupe; feste Schuhe; möglichst Helm und Schutzbrille
Für die Präparation: harte und weiche Pinsel; Kleister oder Klarlack; Alleskleber; Kärtchen für eine Beschriftung; Nachschlagewerke aus der Bücherei

Durchführung:
Im Steinbruch: Suche im Abraum; das sind Halden nicht genutzter Gesteinsbrocken. Hier ist die Fundwahrscheinlichkeit am größten. Schlage mit dem Hammer größere Steine auf. Bewahre jedes Fundstück in jeweils einer Plastiktüte auf und lege ein Kärtchen mit Ort, Datum, Fundskizze und Name des Finders bei.
In der Schule: Entferne in der Klasse vorsichtig störende Teile des Gesteins, pinsele den Staub weg und klebe lose Teile sorgfältig wieder an. Überziehe die Fossilien mit Klarlack, dadurch sicherst du sie vor Beschädigungen. Suche deine Funde in Nachschlagewerken, bestimme sie in Ruhe genauer und ergänze das Fundkärtchen.

Aufgabe: Bereite mit der Klasse eine Ausstellung vor. Ordne dazu deine Fundstücke auf einem langen Tisch. Beschrifte sie und gib das ungefähre Alter an. Fotos, Skizzen und Bildmaterial zeigen die Fundorte. Suche in Büchern Informationen über die Umwelt deiner Fossilien zu deren Lebzeiten und lege ein bis zwei Bücher aufgeschlagen dazu. Ergänze, wenn möglich, deine Funde mit Stücken aus der Schulsammlung.

Evolution

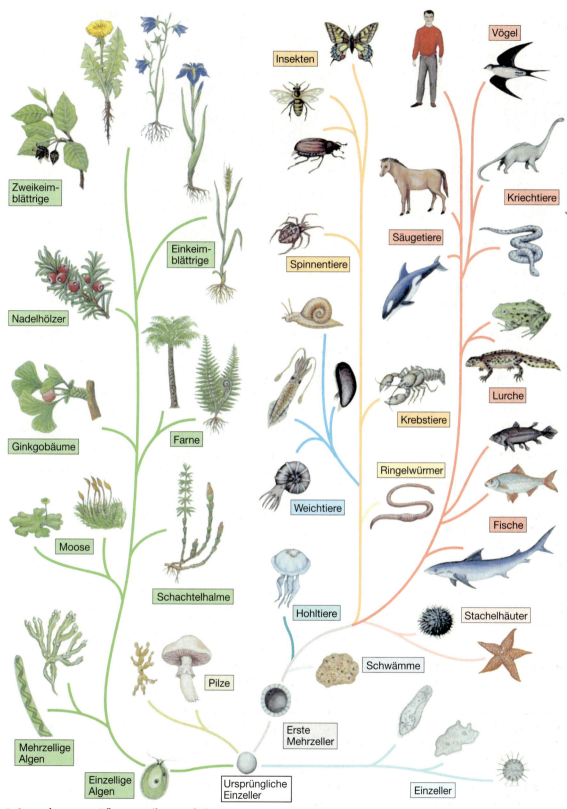

2 Stammbaum von Pflanzen, Pilzen und Tieren

Evolution

1 Archaeopteryx.
A *Rekonstruktion;*

3 Belege für die Evolution

3.1 Archaeopteryx – ein Brückentier

1877 entdeckte man in der Nähe von Eichstätt in Bayern in Gesteinsschichten des Jurakalkes das Skelett eines elsterngroßen Tieres. Federn waren zu erkennen, Flügel und ein Vogelkopf mit großen Augen. Es besaß aber auch einen langen, knöchernen Reptilienschwanz, Krallen an den Flügeln und Zähne im Schnabel.

Nähere Untersuchungen zeigten dann noch einen vogelähnlichen Schultergürtel und zu einem *Gabelbein* verwachsene Schlüsselbeine. Dies findet man heute nur bei den Vögeln. Außerdem hatte das Tier eine Wirbelsäule mit Wirbeln, die nicht verwachsen sind, und *Bauchrippen*. Dies sind typische Reptilienmerkmale. Das seltsame Tier schien wie ein Puzzle aus Einzelteilen der Vögel und der Reptilien zusammengesetzt zu sein. Man hatte eine **Übergangsform** zwischen beiden Gruppen gefunden, den **Archaeopteryx**. Dieser Name bedeutet auf Deutsch **Urvogel**.

Der Fund war deshalb von großer Bedeutung, weil er einen Beleg für die allmähliche Entwicklung der Arten darstellt. Funde von Tieren, die Merkmale von zwei Tiergruppen zeigen, sind sehr selten. Solche Tiere werden **Brückentiere** genannt.

> Der Archaeopteryx zeigt Merkmale der Reptilien und Merkmale der heutigen Vögel. Er ist ein Brückentier zwischen beiden Gruppen.

1 Betrachte die Abb. 2. Nenne jeweils die Merkmale des Archaeopteryx, die auf eine Verwandtschaft mit den Vögeln, und diejenigen, die auf eine Verwandtschaft mit den Reptilien hindeuten.

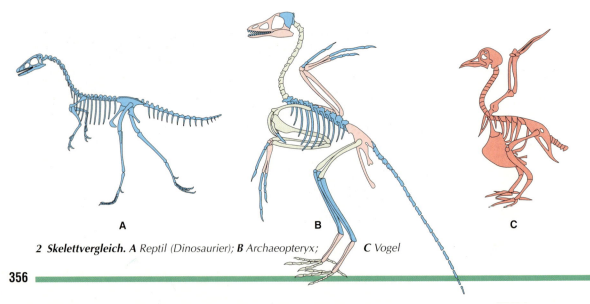

2 Skelettvergleich. A *Reptil (Dinosaurier);* **B** *Archaeopteryx;* **C** *Vogel*

Evolution

1 Schnabeltier. A Männchen; B Hinterbein mit Giftdrüse

3.2 Lebende Übergangsformen

Als im 19. Jahrhundert das erste ausgestopfte **Schnabeltier** nach Europa gebracht wurde, dachte man zunächst an einen Scherz: Jemand schien einen Entenschnabel an einen fellüberzogenen Körper geklebt zu haben. Doch ein solches Tier gibt es tatsächlich. Es hat Merkmale von Reptilien und von Säugetieren.

Genauere Untersuchungen von Schnabeltieren brachten erstaunliche Ergebnisse: Das Schnabeltier, ist warmblütig, kann seine Körpertemperatur aber nur mit großen Schwankungen auf etwa 30 °C halten. Es hat nur eine hintere Körperöffnung, die Kloake, die gleichzeitig Ausscheidungs- und Geschlechtsöffnung ist wie bei Reptilien. Außerdem besitzen die Männchen einen Giftsporn an den Hinterfüßen, der mit Giftzähnen bei Schlangen vergleichbar ist. Es legt Eier mit weicher, lediger Schale wie ein Reptil, seine Jungen ernährt es aber wie ein Säugetier mit einer milchartigen Flüssigkeit, die von besonderen Drüsen an Brust und Bauch gebildet wird. Es besitzt keine Zitzen, sondern die „Milch" sickert in das Fell, wo sie von den Jungen aufgeleckt wird. Wegen dieser Kombination von Merkmalen betrachtet man das Schnabeltier als eine **Übergangsform** zwischen Reptilien und Säugern.

1938 kamen sensationelle Meldungen aus Südafrika. Fischern der Komoren-Inseln war ein seltener Fang gelungen: In großer Tiefe fingen sie einen 1,5 m langen Fisch mit stielförmigen Brustflossen. Der Fang wurde der südafrikanischen Zoologin COURTNEY-LATIMER übergeben. Sie erkannte die Einzigartigkeit des Fundes und zog den Fischexperten Prof. SMITH zu Rate. Dieser erkannte in dem Tier sofort einen **Quastenflosser** – der seit 400 Millionen Jahren als ausgestorben galt, aber durch Fossilien gut bekannt war. Er nannte den Fisch zu Ehren der Zoologin *Latimeria*. Diese Fische leben in großer Tiefe vor den Komoren und einigen indonesischen Inseln. Sie benutzen ihre gestielten Flossen zum Steuern und Balancieren.

Die Quastenflosser haben in ihren Flossen schon ein Gliedmaßenskelett, das dem der Lurche ähnelt. Ein Vorfahre der heute noch lebenden Quastenflosser lebte in flachen Gewässern. Er benutzte die Flossen vielleicht, um kurze Strecken über das Land zu kriechen. Bei diesem Vorfahren handelt es sich wiederum um eine Übergangsform, diesmal zwischen Fisch und Lurch.

> Schnabeltier und Quastenflosser zeigen Merkmale von jeweils zwei verschiedenen Tiergruppen. Man bezeichnet sie deshalb als lebende Übergangsformen.

1 Schnabeltier und Quastenflosser sind Brückentiere. Erläutere diese Aussage.

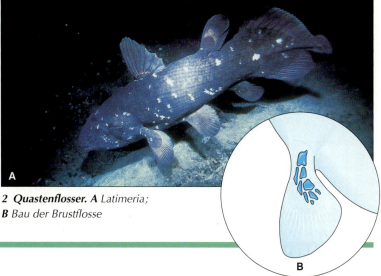

2 Quastenflosser. A *Latimeria*; B Bau der Brustflosse

357

Evolution

1 Skelett eines Urpferdes aus der Grube Messel (etwa 50 Millionen Jahre alt)

3.3 Vom Urpferd zum heutigen Pferd – eine lückenlose Ahnenreihe

Pferde stehen dem Menschen als Reittiere heute besonders nahe. Trotzdem würde keiner die Urahnen der Pferde als deren Verwandte erkennen, wenn ihm ein solches hasengroßes Tier begegnen würde, dessen Skelett in der Abb. 1 dargestellt ist.

Die Entwicklungsgeschichte der Pferde ist anhand von Fossilfunden gut bekannt. So fand man in Messel bei Darmstadt und in Nordamerika nicht nur Fossilien erwachsener Tiere, sondern auch von Fohlen und trächtigen Stuten. Bei einzelnen Exemplaren sind die Körperumrisse und sogar der Mageninhalt noch zu erkennen. Man kennt deshalb nicht nur die Gestalt vieler Vorfahren der Pferde, sondern weiß auch einiges über ihre Lebensweise. Das Urpferd **Hyracotherium** zum Beispiel lebte im Unterholz dichter Wälder. Seine Vorderfüße mit vier Zehen und die Hinterfüße mit drei Zehen waren für das Laufen auf den weichen Waldböden gut geeignet. Es fraß weiche Blätter und Früchte, die es mit seinen spitzhöckerigen Zähnen zerkleinerte.

Im Laufe der Zeit veränderte sich das Klima, die warmen Wälder verschwanden und Grassteppe breitete sich aus. Die Pferdefossilien aus dieser Zeit sehen unseren Pferden schon ähnlicher. So haben sich beim ponygroßen, noch Laub fressenden **Merychippus** die Gliedmaßen gestreckt. Auch der Hals und der Schnau-

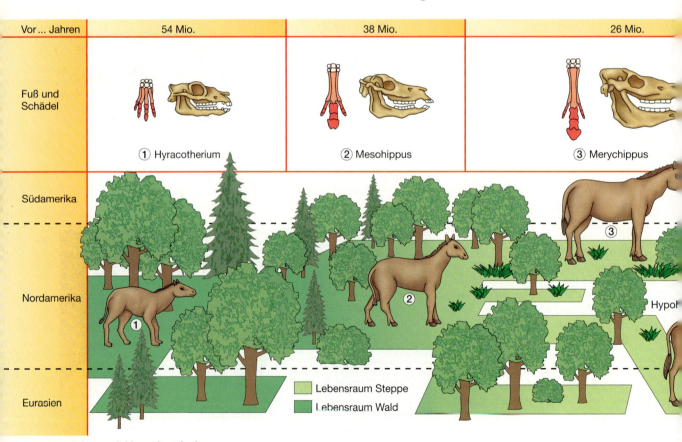

2 Die Entwicklung des Pferdes

Evolution

zenteil des Schädels sind länger geworden. Man findet bei ihnen Zähne, deren Oberflächen flacher als die von Eohippus waren. Sie sind besser zum Zermahlen der härteren Gräser geeignet.

Mit **Pliohippus** hatte sich das Pferd zu einem schnellen Steppentier entwickelt. Es war jetzt ein Zehengänger auf nur einer Zehe, die von einem Huf geschützt wurde. Die Eiszeiten führten fast zu seinem Aussterben, doch überlebten in den Steppen im Süden Eurasiens die direkten Vorfahren von **Equus**, dem heutigen Pferd. Vor etwa 10 000 Jahren gelang es dann dort den Menschen, das Pferd zu zähmen und als Reit- und Zugtier zu benutzen.

Man darf sich die Entwicklung des Pferdes nicht gradlinig vorstellen. Immer wieder entstanden Formen, die aufgrund von Klimaveränderungen später ausstarben, wie z. B. **Hypohippus** vor 5 Millionen Jahren.

In Nordamerika, ihrer Urheimat, verschwanden die Pferde mit der letzten Eiszeit. Dorthin gelangte das Pferd erst wieder im 16. Jahrhundert – mit dem Schiff. Die Spanier brachten es aus Europa mit. Ihnen entliefen bald die ersten Tiere. Diese verwilderten schnell und fanden in den großen Steppengebieten des Westens ideale Lebensbedingungen. Hier trafen sie dann auf die Indianer, die seit dem 18. Jahrhundert die „Mustangs" erneut zähmten.

> Die Entwicklung des Pferdes vom hasengroßen Waldtier über Gras fressende Steppentiere zum heutigen Pferd lässt sich über 54 Millionen Jahre zurückverfolgen. Diese Entwicklung verlief nicht geradlinig und zielgerichtet.

1 Verfolge die Entwicklung des Pferdes in Abbildung 2. Welches der abgebildeten Tiere gehört nicht zu den Vorfahren des heutigen Pferdes?

2 Nenne Gründe, warum die Vorfahren der Pferde im Laufe der Entwicklung immer größer wurden? Denke dabei an die Lebensräume.

3 Vergleiche Abbildungen und Text! Trage dazu für jede Form der Pferdeahnenreihe Aussehen, Umwelt und Nahrung in eine Tabelle ein. Achte auf die Zeitleiste.

4 Beschreibe, wann die Vorfahren der Pferde welche Erdteile besiedelten.

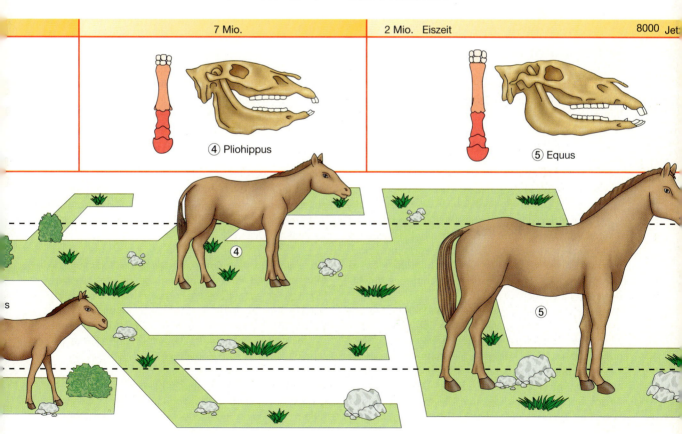

④ Pliohippus ⑤ Equus

Evolution

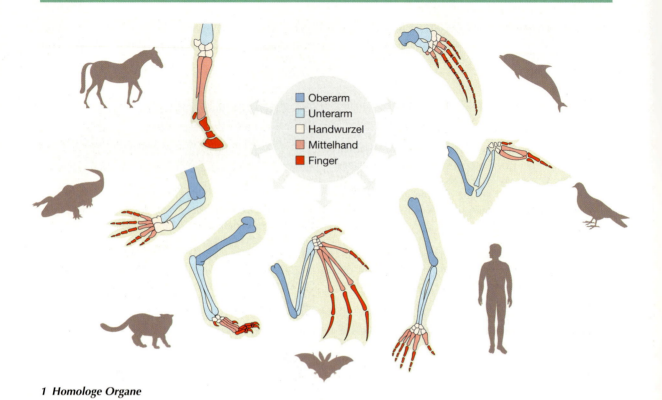

1 Homologe Organe

4 Verwandt oder nur ähnlich?

Beim Betrachten der Vorderbeine eines Vogels, einer Katze und eines Maulwurfs fallen einem zuerst die Unterschiede und nicht die Gemeinsamkeiten auf. Und doch weisen die Vordergliedmaßen auch aller anderen Wirbeltiere den gleichen *Grundbauplan* auf. Sie setzen sich aus Oberarmknochen, Elle und Speiche, sowie Handwurzel-, Mittelhand- und Fingerknochen zusammen. Obwohl die Funktionen wie Fliegen, Laufen, Graben oder Greifen unterschiedlich sind, ist der Aufbau dieser Gliedmaßen doch ähnlich. Solche Organe, die trotz unterschiedlicher Funktion im Grundbauplan übereinstimmen, nennt man **homologe Organe.** Sie sind ein Hinweis auf die stammesgeschichtliche Verwandtschaft.

Ähnliche Homologien gibt es auch bei anderen Gruppen von Lebewesen. So sind z. B. das Sprungbein einer Heuschrecke, das Laufbein eines Käfers und das Sammelbein einer Biene homolog. Sie stimmen jeweils im Grundbauplan überein, auch wenn sie verschieden aussehen. Selbst so unterschiedliche Gebilde wie die Flügel eines Schmetterlings und die einer Biene sind homolog. Wenn verschiedene Lebewesen homologe Organe aufweisen, lässt dies auf gemeinsame Vorfahren schließen, die vor vielen Millionen Jahren lebten.

Jedoch bedeutet gleiches Aussehen oder gleiche Funktion nicht immer eine stammesgeschichtliche Verwandtschaft. So graben Maulwurfsgrille und Maulwurf beide unterirdische Gänge, in denen sie Würmer und Insekten jagen. Dabei dienen die *Grabbeine* des Maulwurfs und der Maulwurfsgrille dem gleichen Zweck, doch ist ihr Aufbau vollkommen unterschiedlich. Beim Maulwurf sind es typische Wirbeltiergliedmaßen mit einem Knochenskelett und bei der Maulwurfsgrille ein abgewandeltes Insektenbein mit einem Außenskelett aus Chitin. Organe, die eine ähnliche Funktion, aber eine unterschiedliche Herkunft haben, bezeichnet man als **analoge Organe.**

Ein gleicher Lebensraum mit gleichen Bedingungen führte für Hai, Delfin und auch für den ausgestorbenen Fischsaurier zu auffälligen körperlichen Übereinstimmungen. So zeigen diese schnell schwimmenden Räuber des Meeres alle eine ähnliche Körperform, obwohl sie nicht eng miteinander verwandt sind. Diese Erscheinung nennt man **Konvergenz.**

Bei einigen Lebewesen sind Organe so weit zurückgebildet, dass sie keine erkennbare Funktion mehr erfüllen. Sie lassen sich jedoch von gebrauchsfähigen Organen ihrer stammesgeschichtlichen Vorfahren ableiten. So findet man bei Bartenwalen noch Reste vom

Evolution

Becken und vom Oberschenkel, obwohl längst keine Hinterbeine mehr ausgebildet werden. Diese Organreste nennt man **rudimentäre Organe.** Sie belegen die Verwandtschaft der Wale mit vierbeinigen Säugetieren. Die hinteren Gliedmaßen wurden im Laufe der stammesgeschichtlichen Entwicklung bei der Anpassung an das Leben im Wasser zurückgebildet.

> Homologe Organe und rudimentäre Organe geben Hinweise auf eine stammesgeschichtlich nahe Verwandtschaft von Lebewesen. Analoge Organe und Konvergenz sind nur eine Anpassung an eine gleiche Funktion, sie weisen nicht auf eine Verwandtschaft hin.

2 **Analoge Organe (Grabbeine). A** Maulwurf; **B** Maulwurfsgrille

1 Vergleiche die Vordergliedmaßen in Abb. 1. Beschreibe und erkläre Bau und Funktion.

2 Die Flügel eines Schmetterlings sind Ausstülpungen der Haut, die mit Chitin überzogen sind. Vergleiche sie mit Vogelflügeln.

3 Bei Seelöwen und Walrossen findet man auf den Flossen Reste von Fuß- bzw. Fingernägeln. Was kann man daraus über deren Entwicklung schließen?

4 Betrachte die Vorderflosse des Wals in Abb. 4 und vergleiche sie mit den Vordergliedmaßen in Abb. 1. Entscheide, ob es sich um ein homologes oder analoges Organ handelt.

5 Männer haben eine mehr oder weniger starke Brust- und Rückenbehaarung. Die Körperbehaarung zählt zu den rudimentären Erscheinungen beim Menschen. Worauf ist sie zurückzuführen? Berichte.

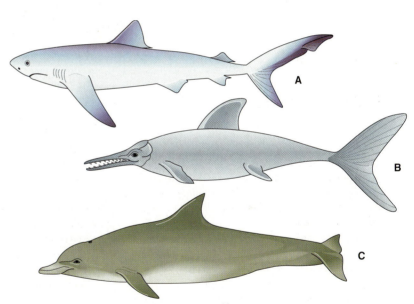

3 **Konvergenz. A** Hai; **B** Fischsaurier; **C** Delfin

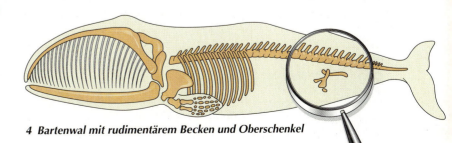

4 **Bartenwal mit rudimentärem Becken und Oberschenkel**

Evolution

Streifzug durch die Chemie

Wie kann das Leben entstanden sein?

Blitze, Regen, Vulkanausbrüche, dampfende Lagunen und Erdspalten – dies ist das Bild, das Geologen von der Frühzeit der Erde zeichnen. Zu dieser bedrohlichen Umgebung kam noch eine Atmosphäre, die aus Wasserdampf (H_2O), Wasserstoff (H_2), Schwefelwasserstoff (H_2S), Methan (CH_4) und Ammoniak (NH_3) bestand, jedoch noch keinen Sauerstoff (O_2) enthielt.

Für uns ein lebensfeindliches Bild – und doch sollen in dieser Umgebung die Grundbausteine des Lebens entstanden sein: Aminosäuren als Bausteine der Eiweiße sowie Zucker und stickstoffhaltige Basen als Bausteine für die RNA und DNA.

1953 gelang es einem jungen amerikanischen Studenten in einem einfachen Versuch die Bedingungen auf der Urerde nachzuahmen. Stanley MILLER mischte aus den bekannten Ausgangssubstanzen eine „Uratmosphäre". Er erhitzte das Wasser, erzeugte künstliche Blitze durch Elektroden und bestrahlte seine „Uratmosphäre" mit UV-Licht. Zu seiner Überraschung erhielt er schon nach wenigen Stunden in seiner „Ursuppe" die Substanzen, die als Grundbausteine für das Leben angesehen werden: Aminosäuren, Zucker und Basen der RNA.

Dies beweist, dass die Bildung von einfachen organischen Substanzen schon vor 4,5 Milliarden Jahren möglich war. Niemand weiß, ob dies tatsächlich so geschehen ist, doch die Ergebnisse von Gesteinsuntersuchungen stützen diese Vorstellungen. Eine solche Entstehung von organischen Stoffen aus anorganischen Substanzen bezeichnet man als **chemische Evolution**.

Wie es weiterging und wie mit Bakterien und Blaualgen die **biologische Evolution** begann, ist unbekannt. Nach einem Modell des Nobelpreisträgers Manfred EIGEN organisieren Ketten von RNA-Bausteinen die Herstellung bestimmter Eiweiße. Darunter könnten in den vielen Millionen Jahren auch einige gewesen sein, die sich zu kleinen Kügelchen zusammenschlossen. Ein solches Gebilde aus Eiweißhülle und RNA-Kern könnte sich zur „Urzelle" weiterentwickelt haben.

Die Wahrscheinlichkeit, dass sich die Bausteine der Eiweiße und RNA bzw. DNA in der „Ursuppe" zufällig so zusammenfügten, dass dann die Urformen des Lebens entstanden, erscheint klein. Doch darf man nicht vergessen, dass die Natur Hunderte von Millionen Jahre Zeit hatte und unendlich viele chemische Verbindungen entstanden und sich auch wieder lösten.

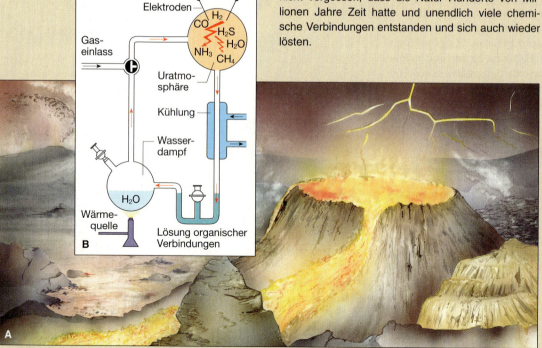

1 So könnten die Bausteine des Lebens entstanden sein. **A** Schema einer Urlandschaft; **B** MILLER-Apparatur

5 Ursachen der Evolution

5.1 Die Evolution der Evolutionstheorien

1 Entstehung des Giraffenhalses nach LAMARCK

Nach der Schöpfungslehre der Bibel schuf Gott die Welt mit allen Lebewesen in sechs Tagen. Auf dieser Grundlage beruht die bis ins 19. Jahrhundert gültige Theorie von der **Konstanz der Arten.**

Jean-Baptiste de LAMARCK (1744–1829) entwickelte als einer der ersten Forscher die Vorstellung von der Entwicklung der Lebewesen, deren **Evolution.** Nach seiner Theorie haben alle Lebewesen eine gemeinsame Geschichte. Sie stehen über lange Verwandtschaftsketten miteinander in Beziehung. Die Lebewesen passten sich während ihrer Entwicklung jeweils den wechselnden Umweltbedingungen an. So soll der lange Giraffenhals dadurch entstanden sein, dass die Vorfahren der heutigen Giraffen die Hälse zum Fressen nach oben reckten und diese dadurch immer länger wurden. Das „Bedürfnis", an die Blätter der Bäume zu kommen, soll zur Verlängerung des Halses beigetragen haben. Diese erworbene Eigenschaft sollte dann auf die Nachkommen vererbt werden. Entsprechend nannte man seine Lehre die Theorie der **Vererbung erworbener Eigenschaften.** Sie gilt heute als widerlegt.

Auch zu Zeiten von Charles DARWIN (1809–1882) glaubte man noch, dass Gott jede Art so geschaffen hatte, dass sie an ihren Lebensraum am besten angepasst ist. DARWIN vertrat nach seinen Untersuchungen so wie LAMARCK die Ansicht, dass sich alle Arten aus früheren Formen entwickelt haben, doch ging er von anderen Ursachen für die Entstehung der Arten aus. Er nannte seine Theorie die **Entstehung der Arten durch natürliche Zuchtwahl.** Danach sind die Nachkommen eines Elternpaares nicht gleich, sondern unterscheiden sich immer etwas. Es treten auch immer wieder Lebewesen mit neuen Merkmalen auf. In der jeweiligen Umwelt überlebten von der Fülle der Nachkommen diejenigen, die am besten angepasst sind, die „fittesten", wie Darwin schrieb. So verändern sich die Arten langsam und irgendwann sind neue Arten entstanden. Dieser Prozess läuft über viele Generationen ab und führt nach und nach zu Veränderungen. Für unser Beispiel bedeutet dies, dass aus einer Giraffenpopulation mit unterschiedlich langen Hälsen diejenigen mit den längeren Hälsen auch in schlechten Zeiten noch Nahrung finden werden, da sie auch die höher wachsenden Blätter noch erreichen. Sie sind dann besser genährt und werden sich vermehrt fortpflanzen und den längeren Hals ihren Nachkommen vererben. Darwins Theorie ist in weiten Teilen heute noch gültig.

> In den letzten 200 Jahren lösten sich die folgenden Evolutionstheorien ab: Die Theorie von der Konstanz der Arten, LAMARCKs Theorie der Vererbung erworbener Eigenschaften und die noch heute gültige Abstammungslehre DARWINs.

1 Auf den Kerguelen, ständig sturmumtosten Inseln in der Nähe der Antarktis, gibt es viele flügellose Insekten. Erkläre ihre Entstehung nach den Theorien von LAMARCK und DARWIN. Bewerte.

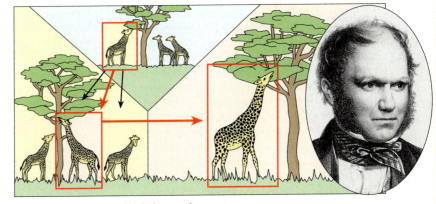

2 Entstehung des Giraffenhalses nach DARWIN

Evolution

1 *Birkenspanner in ihrer Umwelt.* **A** *helle Variante auf verrußtem Birkenstamm;* **B** *dunkle Variante auf hellem Stamm*

5.2 Die Entstehung von Arten

Birkenspanner sind nachtaktive Schmetterlinge, die tagsüber auf Birkenstämmen ruhen. Auf der hellen Rinde sind sie durch ihre hellen, gesprenkelten Flügel vor Insekten fressenden Vögeln gut getarnt. Durch **Mutation** entstehen immer wieder dunkle Formen. Sie werden von Vögeln, die sich von Insekten ernähren, schnell entdeckt und verzehrt.

Während der Industrialisierung in Großbritannien färbten sich in der Nähe der Industriegebiete die Birkenstämme durch Ruß dunkel. Jetzt waren die schwarzen Birkenspanner im Vorteil. Sie überlebten und vermehrten sich, da nun die hellen Formen den Vögeln zum Opfer fielen. Schon 1895 fing man in der Nähe von Manchester zu 95% schwarze Tiere. In Reinluftgebieten blieben jedoch die hellen Birkenspanner in der Überzahl. Mit dem Niedergang der britischen Kohleindustrie und dem Schließen der Zechen seit 1970 wurde die Luft auch in der Nähe der Industriestandorte wieder sauberer und die Birkenstämme wurden wieder hell. Jetzt waren die weißen Birkenspanner wieder im Vorteil und der Anteil der dunklen Form ging zurück. Dies Beispiel zeigt uns, dass von den Nachkommen einer Art nur diejenigen überleben, die an ihre Umgebung optimal angepasst sind. Nur sie können die jeweiligen Merkmale dann an ihre Nachkommen weitergeben. Diese Auslese durch die Umwelt bezeichnet man als **Selektion.** Mutation und Selektion sind Mechanismen, die bei der Entstehung von neuen Arten eine Rolle spielen. Sie allein reichen dazu aber nicht aus.

Als die Eiszeiten Europa mit Gletschern überzogen, wurde die dort lebende Tierwelt in zwei Gruppen getrennt. Die eine wich nach Südwesten aus, die andere nach Südosten. Während der langen Phase der Eiszeiten waren beide Gruppen voneinander isoliert. Sie konnten sich nicht untereinander fortpflanzen. Dies traf z. B. für den gemeinsamen Vorfahren der Ameisen fressenden Grün- und Grauspechte zu. In ihren Rückzugsgebieten traten in beiden Gruppen unterschiedliche Mutationen auf. Da sie in getrennten Gebieten lebten, unterlagen sie auch einer unterschiedlichen Selektion. Dadurch veränderten sich die Gruppen.

Dem schmelzenden Eis folgend breiteten sie sich dann wieder nach Norden aus und stießen in Mitteleuropa aufeinander. Hier stellte sich dann heraus, dass die beiden Gruppen nach der langen Trennung sich nicht mehr untereinander fortpflanzen können. Zwei **Arten** waren entstanden. Außer durch Eis können Lebewesen auch durch Meere, Wüsten oder Gebirge getrennt sein. Diese geografische **Isolation** ist neben Mutation und Selektion eine weitere Voraussetzung für die Entstehung neuer Arten.

Auch die Vorfahren der Krähen wurden durch die Eiszeit in zwei Gruppen getrennt. Sie trafen ebenfalls nach der Eiszeit etwa an der Elbe wieder aufeinander. Hier siedeln heute östlich der Elbe die Nebelkrähen mit grauen Gefiederteilen und westlich die vollkommen schwarzen Rabenkrähen. Manchmal kommt es

Evolution

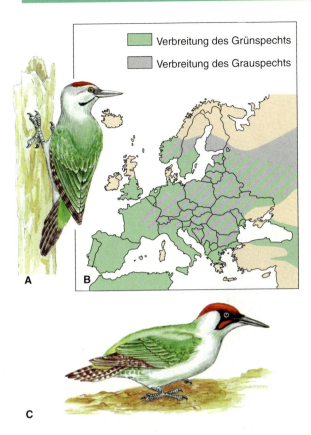

*2 Verbreitung von Grünspecht und Grauspecht. **A** Grauspecht; **B** Verbreitungskarte; **C** Grünspecht*

zwischen Tieren von beiden Gruppen zur Fortpflanzung. Es sind also keine Arten entstanden, sondern nur **Rassen**. Die Ursache liegt wahrscheinlich darin, dass die Krähen weniger Generationen getrennt waren als die Spechte, da Krähen erst im dritten Lebensjahr geschlechtsreif werden.

> Arten entstehen durch eine Kombination der Faktoren Mutation, Selektion, Isolation und Zeit.

1 Nenne Faktoren, die zu einer Entstehung von Arten führen und erläutere sie.

2 In einem Wald mit verrußten Birken werden markierte dunkle und helle Birkenspanner im Verhältnis 3:1 ausgesetzt. Nach einigen Tagen fängt man die überlebenden wieder ein. Jetzt hat sich das Verhältnis dunkel zu hell auf 6:1 verschoben.
a) Erkläre das Versuchsergebnis.
b) Stelle Vermutungen an, wie das Ergebnis in einer unbelasteten Gegend ausgesehen hätte.

Evolution — Übung

V 1 Evolutionsspiel

Material: Eine Rasenfläche von 2 × 2 m oder ein entsprechender Teppichboden mit Muster; verschiedenfarbige Spielfiguren (dem Untergrund angepasste und auffällige Farben), z.B. 5 cm lange Wollfäden in grün und rot als Wurmmodell für die Rasenfläche.
Hinweis: Die Spielfiguren werden im Spiel mehrfach verwendet, trotzdem sollten von jeder Farbe etwa 250 Stück bereitstehen.

Durchführung: 1. Je 100 Fäden (die 1. Generation) in Grün, das im Farbton in etwa zur Unterlage passt, und in Rot, werden von einer Schülergruppe unsystematisch auf dem Rasen verteilt.
2. 5 Schüler (die „Räuber"), die der Verteilung nicht zugesehen haben, suchen in möglichst kurzer Zeit je 30 Fäden. Ein Protokollführer notiert anschließend die Suchergebnisse.
3. Die nicht erbeuteten Spielfiguren vermehren sich jetzt, d.h. zu jedem Faden kommen 3 Fäden der gleichen Farbe hinzu (2. Generation). Die neuen Spielfiguren werden erneut verteilt und erneut erbeutet (mindestens 4 Generationen durchspielen).

Aufgaben: a) Fertige ein Spielprotokoll über mehrere Generationen an.
b) Welche Aussagen bezüglich der Selektion sind hier möglich?
c) Variiere das Spiel durch unterschiedliche Größe und Form der Spielfiguren.
d) Spiele auch das Auftreten von Mutationen durch, z.B. längere oder kürzere Fäden. Finde eigene Beispiele und probiere sie aus.

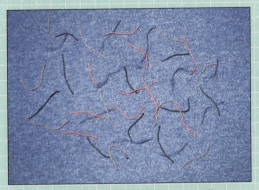

1 Hier sind je 10 Fäden in 4 Farben verteilt. Welche siehst du zuerst?

Evolution

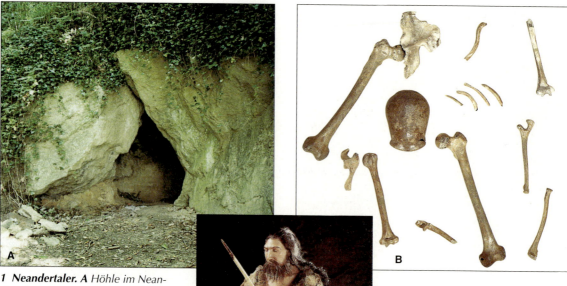

1 Neandertaler. A Höhle im Neandertal; B Knochenfund aus dem Neandertal; C Rekonstruktion eines Neandertalers

6 Entwicklung des Menschen

6.1 16 Knochen verändern das Weltbild

Im August des Jahres 1856 schaufelten zwei Steinbrucharbeiter Lehm und Sand aus der Feldhofer Grotte im Neandertal. Dabei machten sie einen Fund, der aus 16 ungewöhnlichen Knochen bestand.

Johann Carl FUHLROTT, ein Lehrer und Naturforscher aus dem benachbarten Elberfeld, erkannte sofort, dass es sich um die Knochen eines Menschen handelte. Dieser Menschentyp musste eine kräftige Muskulatur und ein sehr robustes Skelett gehabt haben. Größer als 160 cm konnte er nicht gewesen sein. Der Schädel unterschied sich durch Knochenwülste über den Augenhöhlen deutlich von unserem Schädel. FUHLROTT erklärte, dass es Skelettteile eines urtümlichen, von uns verschiedenen Menschen seien. Dieser habe in der letzten Eiszeit gelebt. In Anlehnung an den Fundort nannte er diesen vor langer Zeit ausgestorbenen Menschentyp **Neandertaler**.
Damit setzte FUHLROTT voraus, dass der Mensch sich aus Vorfahren entwickelt haben musste. Dies stand in klarem Widerspruch zur biblischen Schöpfungsgeschichte, an die damals uneingeschränkt geglaubt wurde. Auch bedeutende Wissenschaftler wie der Mediziner Rudolf VIRCHOW widersprachen ihm. Sie nahmen an, dass der auffällige Bau der gefundenen Knochen auf krankhafte Veränderungen zurückzuführen sei.

1859 wurde FUHLROTT in seiner Auffassung durch Charles DARWIN unterstützt. Aber erst, nachdem an vielen anderen Orten menschliche Fossilien gefunden wurden, setzte sich die Erkenntnis durch, dass der Jetztmensch sich aus anders aussehenden Vorfahren entwickelt hat. Heute nimmt man an, dass der Neandertaler wohl nicht zu unseren direkten Vorfahren gehört. Aber er hat viele tausend Jahre neben dem Jetztmenschen gelebt, bis vor ca. 30 000 Jahren die letzten Vertreter seiner Art verschwanden.

> Die Entdeckung des Neandertalers war der erste Hinweis darauf, dass der heutige Mensch sich aus anders aussehenden Vorfahren entwickelt hat.

1 FUHLROTTs Entdeckung wurde erst nach einigen Jahren anerkannt. Nenne hierfür Gründe.
2 Erstelle einen Steckbrief eines Neandertalers.
3 Suche im Internet nach aktuellen Informationen zum Thema „Neandertaler".

Evolution

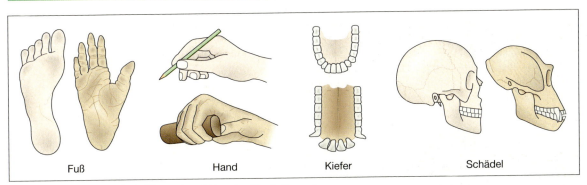

1 Vergleich von Mensch (hellbraun) und Bonobo (dunkelbraun)

6.2 Von Affen und Menschen

Das Affenhaus im Zoo ist für alle Besucher immer ein besonderer Anziehungspunkt. Sind die Gehege deshalb so attraktiv, weil die Besucher im Hinblick auf Gestalt und Verhalten der Tiere eine gewisse Ähnlichkeit mit sich selbst beobachten?

Tatsächlich weisen keine anderen Lebewesen so viele Gemeinsamkeiten mit uns auf wie die Menschenaffen. Untersuchungen des Erbgutes haben gezeigt, dass der Mensch und der erst in diesem Jahrhundert entdeckte *Bonobo* (Zwergschimpanse) eine genetische Übereinstimmung von mehr als 98% aufweisen. Auch der Körperbau der Menschenaffen ähnelt sehr dem der Menschen.

Es gibt aber auch deutlich erkennbare Unterschiede. Wer von uns kann schon mit den Füßen eine Banane schälen? Für den Bonobo ist dies kein Problem. Seine *Füße* sind sehr beweglich und so gebaut, dass die großen Zehen allen anderen Zehen des Fußes gegenübergestellt werden können. Diese Greiffüße sind eine Angepasstheit an ihren natürlichen Lebensraum. Bonobos bewegen sich mit allen Vieren kletternd und schwingend durch die Baumkronen.

Die Füße des Menschen sind als Standfüße ausgebildet und ermöglichen uns den aufrechten Gang. Das vom Fußskelett ausgebildete Gewölbe mindert die bei jedem Schritt auftretenden Erschütterungen.

Auch die *Wirbelsäule* des Menschen fängt Stöße gut auf. Sie ist doppelt-s-förmig gebogen und somit optimal an den aufrechten Gang angepasst. Die c-förmige Wirbelsäule des Bonobos führt dazu, dass der Schwerpunkt des Tieres außerhalb des Körpers liegt. Sie erlaubt nur für kurze Strecken, auf den Hinterbeinen aufgerichtet zu laufen.

Beim *Schädel* des Menschen fällt der Hirnschädel auf, der ausreichend Platz für das große Gehirn bietet. Der Gesichtsschädel ist flach, Kiefer und Gebiss sind wenig ausgeprägt. Am Bonoboschädel hingegen werden die vorspringende Schnauze und große Wülste über den Augen deutlich. Das Gebiss ist durch kräftige Eckzähne gekennzeichnet, der Hirnschädel bleibt viel kleiner als der des Menschen.

Die *Hände* des Bonobos ermöglichen das Ergreifen von Gegenständen, geschicktes Klettern und den Vierfüßergang auf dem Erdboden. Doch nur der Mensch kann seinen Daumen den übrigen vier Fingern genau gegenüberstellen und Materialien und Werkzeuge mit einzigartiger Präzision handhaben.

Aus solchen Vergleichen zwischen Menschen und Menschenaffen schließen die Wissenschaftler heute, dass beide einen gemeinsamen Vorfahren hatten.

> Vergleichende Untersuchungen an Menschenaffen und Menschen deuten darauf hin, dass sie entwicklungsgeschichtlich gemeinsame Vorfahren haben.

2 Skelette. **A** Mensch; **B** Bonobo

1 Vergleiche Schädel, Hände, Füße und Wirbelsäulen eines Menschen und eines Bonobos anhand der Abbildungen. Stelle die Unterschiede in einer Tabelle zusammen.

Evolution

6.3 Woher kommt der Mensch?

Wie die Entwicklung zum Menschen ablief, ist bis heute nicht endgültig geklärt. Doch auf der Grundlage vieler Fossilienfunde kann man sich schon eine recht genaue Vorstellung davon machen.

Vor ca. 20 Millionen Jahren lebten Tiere auf die Bäume und entdeckten den Boden als Lebensraum. Aus ihnen entstanden die Urahnen des Menschen. Diese *Vormenschen* vom Typ **Australopithecus** („Südaffe") richteten sich auf. So konnten sie Feinde früher entdecken. Ihre Hände dienten nun nicht mehr der Fortbewegung. Wahrscheinlich benutzten sie schon Stöcke, Steine und Knochen als Werkzeuge. Die frühesten Spuren des aufrechten Ganges sind ca. 3,75 Millionen Jahre alt. Etwas jünger sind die Knochen, die 1974 in der äthiopischen Afar-Wüste gefunden wurden. Sie gehören einem Vormenschen der Art **Australopithecus afarensis** („Südaffe aus Afar"). Über lange Zeiträume lebte er gemeinsam mit **Australopithecus africanus** („Afrikanische Südaffe") und **Australopithecus robustus** (Robuster Südaffe).

Diese beiden Vormenschenarten starben ohne Nachfahren aus. Von Australopithecus afarensis hingegen nimmt man an, dass er der Vorfahre der echten Menschen war. Als erste Art der *Frühmenschen* entwickelte sich **Homo habilis**

1 Die Entwicklung der Menschen

Bäumen in den Wäldern Ostafrikas. Sie sahen den heutigen Gorillas und Schimpansen ähnlich. Zu ihnen gehörte der etwa paviangroße **Proconsul**. Er kann wohl als der gemeinsame Vorfahre der Menschen und Menschenaffen angesehen werden.

Die Tiere, die überwiegend auf den Bäumen lebten, entwickelten sich zu Gorillas, Schimpansen, Bonobos und auch Orang-Utans. Andere verließen auf Dauer

(„Geschickter Mensch"). Er konnte bereits einfache Werkzeuge herstellen und benutzen. Allerdings wies er noch viele Gemeinsamkeiten mit den Australopithecinen auf. Sein Gehirn war klein und seine Körperhaltung und seine Fortbewegung waren noch nicht so weit entwickelt wie bei der nachfolgenden Menschengruppe.

Bedingt durch das vorteilhafte Klima entstand auch die nächste Menschenart in Afrika. **Homo erectus** („Aufrecht gehender Mensch") fertigte verschiedene Faustkeile und nutzte als Erster das Feuer. Dadurch wurde es ihm möglich, auch in die kälteren Regionen in Europa und Asien einzuwandern. Die Angehörigen dieser Art waren ungewöhnlich groß und konnten bereits verschiedene Wildarten jagen. Sie lebten für längere Zeit an einem Ort und bauten Hütten aus Zweigen mit einem Stützpfosten in der Mitte.

Evolution

Die zunehmenden Fähigkeiten in der Entwicklung unserer Vorfahren sind in der Entwicklung des Gehirns begründet. So hatte Australopithecus afarensis noch ein Gehirnvolumen von etwa 500 cm³, während Homo habilis schon ein Hirnvolumen von etwa 1000 cm³ aufwies.

Aus bestimmten Formen des Homo erectus entwickelten sich wohl wiederum in Afrika die ersten Vertreter von **Homo sapiens** („Wissender Mensch"). Sie besiedelten zunächst insbesondere den vorderen Orient sowie West- und Mitteleuropa. Die Knochenfunde, die FUHLROTT identifizierte, gehören zur Unterart **Homo sapiens neanderthalensis** („Neandertaler"). Von ihrem massigen Körperbau darf man sich nicht dazu verleiten lassen, nur plumpe Kraftpakete zu vermuten. Im Gegenteil – sie können schon als sehr intelligent betrachtet werden. Sie hatten das größte Hirnvolumen aller Menschenarten. Viele Werkzeuge wurden geschickt angefertigt. Steinmesser, Schaber, Stichel, Faustkeile und Speerspitzen zeigen, welche vielfältigen Arbeiten schon mit speziell dafür produzierten Geräten erledigt werden konnten.

Die Neandertaler waren die Ersten, die es unter den Bedingungen der Eiszeit dauerhaft in fast allen Gebieten unseres Kontinents aushielten. Sie waren sicherlich die ersten wirklichen Europäer.

Neandertaler lebten in Gruppen von 20 bis 30 Personen. Sie sammelten Wurzeln, Waldfrüchte, Beeren, Nüsse, Eier, Muscheln, Krebse und selbst Insekten. Mammute, Hirsche, Rentiere, Wildpferde, Bisons und Auerochsen, aber auch kleine Säugetiere und Vögel wurden gejagt. Als Nomaden folgten die Neandertaler ihrer Beute und blieben meist nur wenige Wochen an einem Ort. Sie waren keineswegs Höhlenmenschen.

Vielmehr lebten sie während ihrer Wanderungen in Zelten aus Tierhäuten. Vor etwa 30 000 Jahren verschwanden sie, nachdem sie zuvor lange Zeit mit anderen Menschenarten von Typ Homo erectus und den ersten *Jetztmenschen* unserer Unterart **Homo sapiens sapiens** („Wissender Mensch") zusammengelebt hatten. Im Verlauf von wenig mehr als 25 000 Jahren besiedelte nun Homo sapiens sapiens alle Erdregionen und kann heute in der Arktis genauso überleben

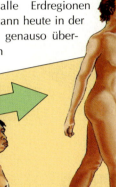

wie im tropischen Regenwald. Wir jetzigen Menschen zeigen einzigartige kulturelle, wissenschaftliche und technische Fähigkeiten. Deshalb beherrscht Homo sapiens sapiens als zur Zeit einzige lebende Menschenart die Welt.

> Aus Vormenschen vom Typ Australopithecus gingen die ersten Menschen hervor. Über die Frühmenschen Homo habilis und Homo erectus entstand der Jetztmensch Homo sapiens sapiens. Als erste Menschenart ist er in der Lage, alle Regionen und Klimazonen der Erde zu bewohnen.

1 Beschreibe anhand des Stammbaums (S. 371), wie die Entwicklung zum heutigen Menschen verlief. Beschreibe auch die Entwicklung der Schädel.

2 Schon vor über einer Million Jahren lernten unsere Vorfahren das Feuer zu gebrauchen. Welcher Zusammenhang besteht zwischen dieser Fähigkeit und der Besiedelung Mitteleuropas durch den Menschen? Beschreibe.

Evolution

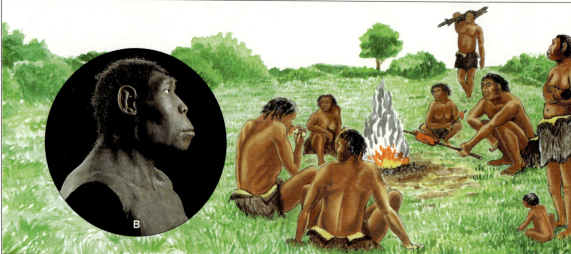

2 Lebensbilder aus der Geschichte der Menschheit.
A *Australopithecus afarensis;* **B** *Homo erectus;* **C** *Homo sapiens neanderthalensis*

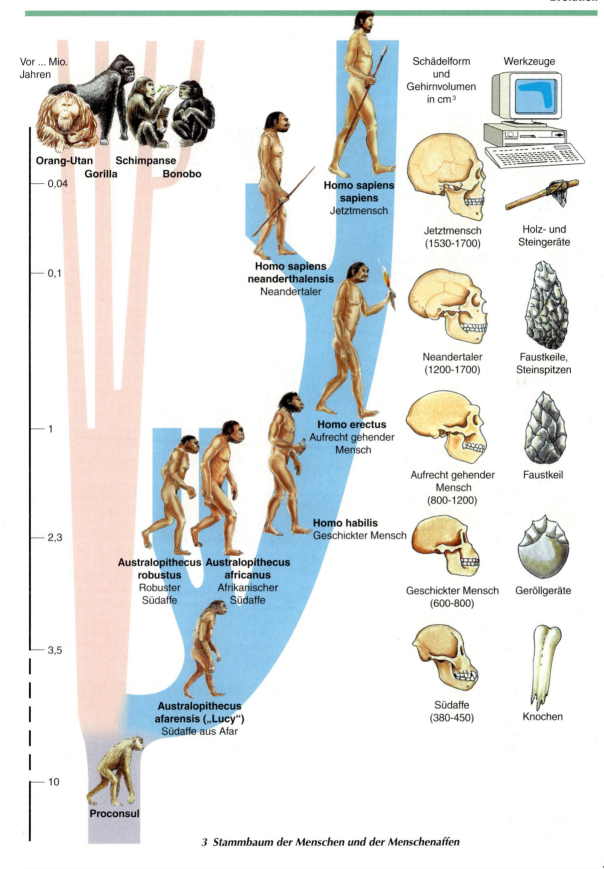

3 Stammbaum der Menschen und der Menschenaffen

Evolution

Pinnwand

UNSERE VORFAHREN

Rekonstruieren – aber wie?

Aus gefundenen Skelettteilen versuchen Wissenschaftler das Aussehen der Vorfahren des Menschen zu rekonstruieren. Dazu werden Gipsabgüsse der gefundenen Knochen gefertigt. Nicht gefundene Knochen werden durch Vergleiche mit anderen Funden ergänzt. Anschließend modelliert man Nasenknorpel, Muskeln und Haut in Plastilin. Die dazu nötigen Maße und Informationen liefern Datenbanken, die nach Ultraschall-Untersuchungen heutiger Menschen erstellt wurden. Von dieser Figur wird nun in einem weiteren Arbeitsschritt ein Abdruck mit einem gummiartigen Material genommen. In dieses lassen sich die Augen und die Haare einsetzen. Ganz zum Schluss wird die Hautfarbe aufgesprüht, die die Wissenschaftler für die wahrscheinlichste halten. Auf diese Art und Weise können unsere Vorfahren ziemlich genau rekonstruiert werden.

„Lucy" wird entdeckt

Der Amerikaner Donald Johanson suchte mit vielen Mitarbeitern im Jahre 1974 in der Afar-Wüste im Osten Afrikas nach Überresten unserer frühesten Vorfahren. Dort werden durch seltene, aber starke Regenfälle immer wieder Fossilien freigespült. Wie an allen anderen Arbeitstagen war Johanson mit seinem Assistenten Gray auf der Suche nach Fossilien, als sie etwas Besonderes entdeckten. „Mein Gott!", rief Gray und hob es auf. Es war die Rückseite eines kleinen Schädels. Daneben fand er unter anderem einen Hüftknochen und den Teil eines Oberschenkelknochens, einen vollständigen Beckenknochen und ein Kreuzbein. Ein solches Skelett war noch nie gefunden worden. Es gilt als ein Überrest unserer ältesten bekannten Vorfahren, die aufrecht gingen. Abends feierten die Wissenschaftler und hörten dabei immer wieder den Beatles-Song „Lucy in the Sky with Diamonds". Da Johanson anhand des Beckenknochens vermutete, dass es sich wegen der großen Beckenöffnung um die Knochen eines weiblichen Wesens handelte, gab er dem Skelett den Namen „Lucy".
Neuere Erkenntnisse deuten darauf hin, dass es wohl doch ein männliches Skelett war. Inzwischen wurden aber auch andere, weibliche Skelette dieser Vormenschenart gefunden.

Erste Spuren

Bei Laetolie in Tansania fanden Wissenschaftler menschliche Fußspuren. Diese zeigten, dass schon vor 3,75 Millionen Jahren Vormenschen aufrecht gingen. Die Spuren entstanden als Abdrücke in Vulkanasche, die vom Regen durchnässt worden war. Sie wurden von der Sonne steinhart gebrannt und anschließend mit Sand bedeckt, bis sie 1976 entdeckt und freigelegt wurden.

[1] Welchen wissenschaftlichen Namen trägt „Lucy"?
[2] Nenne die Knochen des gefundenen Skelettes, die gut zu erkennen sind.
[3] Erkläre, warum die Fußspuren von Laetoli solange erhalten blieben.

Aus der Steinzeit direkt zu uns

Streifzug durch die Geschichte

1 Betrachtung der Mumie am Gletscher

19. September 1991. Die deutschen Bergsteiger Erika und Helmut Simon entdecken in den Ötztaler Alpen eine leblose Gestalt, die in dem Gletschereis eingebettet ist. Die schnell verständigte Polizei prüft den Fund und lässt ihn durch Archäologen bergen. Die anfängliche Vermutung bestätigte sich rasch. Bei der Gestalt handelt es sich um die Mumie eines Mannes, deren Alter auf mindestens 5000 Jahre geschätzt wird. Der im Gletschereis konservierte Steinzeitmensch gibt uns einmalige Informationen über unsere Vorfahren aus dieser Epoche. Die ebenfalls erhaltene Ausrüstung sowie weitere Funde ermöglichen uns eine genaue Vorstellung vom Leben in dieser Zeit.

„Ötzi", so wurde der Gletschermann bald nach seinem Fundort benannt, war wahrscheinlich ein Hirte, der seine Schaf- und Ziegenherden auf die Hochweiden des Ötztals trieb. Seine Heimat war ein kleines Dorf in einem Alpental Südtirols. Durch den Anbau von Nutzpflanzen und die Zucht von Nutztieren konnten viele Menschen ernährt werden. In den mit dichten Wäldern bewachsenen Tälern lebten Wildtiere, die von den Dorfbewohnern gejagt wurden. Männer und Frauen wohnten in Holzhäusern, die mit einem Strohdach versehen auf einem Steingerüst standen. Die Menschen konnten schon Kupfer schürfen und bearbeiten. Auf den Äckern wurden Zugtiere und Pflüge eingesetzt und das Rad wurde schon bei allen Transportaufgaben selbstverständlich verwendet.

Der Gletschermann trug zweckmäßige Lederkleidung und einen Regenumhang aus Grasgeflecht. Eine Gürteltasche enthielt viele nützliche Werkzeuge wie eine Knochenahle zum Bohren und Nähen, ein Feuerzeug aus Zunder und Feuerstein sowie Feuersteingeräte zum Schneiden, Schaben und Bohren. Als Waffen dienten mit großer Perfektion gefertigte Pfeile und ein Bogen. „Ötzi" besaß auch ein Beil mit einer Kupferklinge.

Der Mann aus dem Ötztal war optimal ausgerüstet. Er kam in seiner Gebirgsheimat gut zurecht – bis ein Pfeil sein Schulterblatt durchschlug und er verblutete.

2 Leben in der Steinzeit. **A** Dorf vor etwa 5300 Jahren; **B** Rekonstruktion des Gletschermannes

Evolution

1 Faustkeil

2 Kupfermesser

3 Laserskalpell

6.4 Die kulturelle Entwicklung des Menschen

Vom Faustkeil zum Laserskalpell, von der Höhlenzeichnung zum Internet: Diese Fortschritte machen deutlich, dass sich die Menschen nicht nur körperlich veränderten. Sie entwickelten sich auch geistig weiter. Bedingt durch die besondere Ausprägung des Großhirns erwarben unsere Vorfahren besondere Fertigkeiten, die sich im Laufe der Zeit immer weiter verfeinerten.

Durch die Aufrichtung ihres Körpers hatten die Menschen die Arme frei. Dadurch war es ihnen möglich, Geräte zu handhaben. Als erste **Werkzeuge** wurden Knochen und Steine so benutzt, wie sie gefunden wurden. Im Verlauf der Zeit lernten unsere Vorfahren dann, Steine und Stöcke so zu bearbeiten, dass neue Geräte entstanden. Die ältesten uns bekannten Geräte sind 2,5 Mio. Jahre alt. Sie stammen von frühen Vertretern des Homo habilis. Mit Steinwerkzeugen konnten Menschen Tiere erlegen, Felle schneiden, Nahrung zerkleinern und weitere Werkzeuge herstellen. Ein Beispiel dafür ist der *Faustkeil*.

Alle früheren Menschenarten arbeiteten mit Steinwerkzeugen. Erst vor wenigen tausend Jahren lernten unsere Vorfahren, Metall zu bearbeiten. So entstanden leistungsfähige Werkzeuge, die sich gegen Steingeräte durchsetzten. Heute ermöglicht uns die Lasertechnologie sogar, das Licht als Schneidewerkzeug zu verwenden.

Gleichzeitig mit dem Werkzeuggebrauch entwickelte sich die **menschliche Sprache.** Durch sie wurde es möglich, dass Jäger untereinander genaue Absprachen trafen. Mit einer vereinbarten Strategie konnten sie so auch Großwild wie Mammuts und Auerochsen erlegen. Sprache und Schrift ermöglichen uns, gewonnene Erfahrungen weiterzugeben. So baut jede Generation auf den Erfahrungen der vorherigen auf, was den Fortschritt beschleunigt. Durch die Erfindung des Buchdrucks konnten schließlich sehr viele Menschen auf einmal dieselben Informationen beziehen. Dieser Prozess wird heute durch Computer und weltweite Nachrichtennetze extrem beschleunigt. Über Kontinente hinweg werden in wenigen Sekunden Nachrichten ausgetauscht. Nahezu das gesamte Wissen der Menschheit steht an jedem Ort der Welt zur Verfügung.

4 Schriftzeichen (Ton)

5 Bücherstapel

6 Weltweite Information

Evolution

7 Höhlenmalerei

8 Venusfigürchen

9 Moderne Kunst

Neben diesen Entwicklungen haben wir zahlreiche Hinweise auf das **künstlerische Schaffen** unserer Vorfahren. In Höhlen und an Felswänden gibt es viele steinzeitliche Malereien, von denen einige über 30 000 Jahre alt sind. Immer wieder haben die steinzeitlichen Menschen versucht, ihre Jagdtiere in Zeichnungen darzustellen. Bis heute zeigt sich das künstlerische Schaffen des Menschen in den Bereichen von Musik, Malerei und Bildhauerei.

Auch **religiöse Vorstellungen** entwickelten sich im Laufe der kulturellen Evolution. Die frühen Höhlenmalereien dienten wohl dazu, Macht über Jagdbeute zu erlangen; die weiblichen Figuren werden als Fruchtbarkeitsgöttinnen gedeutet. Religiöse Rituale sind uns schon aus der Altsteinzeit bekannt. So pflegten die Neandertaler einen Höhlenbärenkult. Die Schädel der erlegten Tiere wurden gestapelt und nach bestimmten Regeln beigesetzt. Grabbeigaben wie zum Beispiel Nahrungsmittel, Waffen und Werkzeuge neben den Skeletten verstorbener Neandertaler weisen darauf hin, dass diese Menschen bereits eine Vorstellung vom Leben nach dem Tode hatten.

Aus Nordeuropa und Südengland sind uns beeindruckende Steinzeitbauten bekannt, die sicherlich religiösen Zwecken dienten. Es kann teilweise heute noch nicht erklärt werden, wie die damaligen Menschen in der Lage waren, die riesigen Felsbrocken zu Bauwerken zusammenzufügen.
Bis heute versuchen die Menschen, den religiösen Vorstellungen durch beeindruckende Bauten wie Kathedralen, Tempel und Moscheen Ausdruck zu verleihen.

> Die kulturelle Evolution des Menschen ist gekennzeichnet durch die Entwicklung von Werkzeugen, Sprache, Kunst und religiösen Vorstellungen.

1 Warum finden wir steinzeitliche Malereien insbesondere in Höhlen und unter überhängenden Felswänden?
2 Durch welche körperlichen Veränderungen wurde die geistige Entwicklung ermöglicht?
3 Nenne Beispiele, an denen deutlich wird, was Schrift und Sprache für den Menschen bedeuten.
4 Wieso deuten Grabbeigaben auf eine Vorstellung von einem Leben nach dem Tode hin?

10 Bestattung eines Neandertalers

11 Stonehenge

12 Kölner Dom

Evolution

5.5 Vielfalt der Menschen

In einer Statistik einer Realschule in Nordrhein-Westfalen hat sich gezeigt, dass Schülerinnen und Schüler aus insgesamt 17 verschiedenen Nationen diese Schule besuchen. Entwicklungsgeschichtlich gesehen gehören sie alle zu den **Jetztmenschen** (Homo sapiens sapiens). Alle Menschen dieser Erde haben die gleiche Grundgestalt und können sich als Erwachsene untereinander fortpflanzen. Doch offensichtlich gibt es auch Unterschiede wie zum Beispiel die Hautfarbe, die Form von Lippen und Augen und die Struktur der Haare. Wie kommt es zu solchen Unterschieden?

Als die Menschen ihre Urheimat Afrika verließen und neue Lebensräume besiedelten, entstanden Gruppen, die durch Meere, Wüsten, Gebirge oder Eis voneinander **isoliert** waren. Sie wurden durch **Mutation** und **Selektion** unterschiedlich an die jeweilige Umwelt angepasst. In heißen Kontinenten wie zum Beispiel Afrika ist eine stark pigmentierte Haut ein guter Schutz gegen die UV-Strahlung der Sonne. Menschen, bei denen durch Mutation eine dunklere Haut auftrat, waren so gegenüber ihren hellhäutigen Mitmenschen im Vorteil. So könnte sich die dunkle Hautfarbe der Afrikaner durchgesetzt haben. Eine dunkle Haut findet man auch bei den Bewohnern anderer heißer Länder wie Südindien und Australien.

In anderen Gebieten der Welt erwiesen sich andere Merkmale als vorteilhaft und setzten sich durch. Doch die verschiedenen Menschengruppen blieben nicht dauerhaft voneinander getrennt. Schon früh gelangten Menschen verschiedener Regionen durch Handelsreisen, aber auch durch Eroberungszüge und Verschleppungen in Kontakt miteinander. Dabei kam es zu Verbindungen zwischen Frauen und Männern unterschiedlicher Kulturen und verschiedenen Aussehens. Ihre Nachkommen waren den jeweiligen Volksgruppen nicht mehr eindeutig zuzuordnen. Durch Tourismus, Flugverkehr und wirtschaftliche Verknüpfungen sind heute die Kontakte zwischen den Völkern noch viel enger und zahlreicher geworden. So kommt es, dass in allen Kontinenten Menschen mit Merkmalen verschiedener Völker leben.

Obwohl es auch heute noch deutliche Unterschiede gibt, lehnen es die meisten Wissenschaftler ab, die Menschen in verschiedene Rassen einzuteilen.

Die Unterschiede zwischen einzelnen Gruppen führen oft zu Vorurteilen und sogar zu **Rassenkonflikten** oder Kriegen. Um das zu verhindern muss man wissen, dass Menschen zwar Unterschiede aufweisen, aber alle gleich an Würde und Rechten sind.

> Alle auf der Erde lebenden Menschen gehören zu einer Art. In der Evolution sind unterschiedlich aussehende Gruppen entstanden. Die unterschiedlichen Völker sind gleichwertig.

1 Welche Evolutionsfaktoren haben zum Entstehen unterschiedlicher Menschengruppen beigetragen?
2 Warum müssen sich Nordeuropäer anders als viele Einheimische vor der Tropensonne schützen?
3 Welche Gemeinsamkeiten weisen alle heute lebenden Menschen auf?
4 Die meisten Wissenschaftler lehnen heute den Begriff „Rasse" für die Bezeichnung verschiedener Menschengruppen ab. Begründe.

1 Schülerinnen und Schüler einer Realschule

Evolution

Pinnwand

MENSCHEN – FREI UND GLEICH AN RECHTEN UND WÜRDE?

Fremdenfeindlichkeit

Definitionen

Rassismus
Als Rassismus bezeichnen wir weltanschauliche Überzeugungen, nach denen Menschen anderer Völker oder ethnischer Gruppen gegenüber der eigenen als minderwertig eingestuft werden.

Völkermord
Das Verbrechen der Vernichtung einer nationalen, ethnischen, rassischen oder religiösen Gruppe bezeichnet man im Völkerrecht als Völkermord.

Ethnozid
So bezeichnet man die gewollte organisierte Vernichtung der kulturellen Identität von Menschen einer bestimmten ethnischen Gruppe durch politische, soziale und kulturelle Umerziehung.

1 Was könnte auf dem Foto „Fremdenfeindlichkeit" passiert sein? Versuche, dich in die einzelnen Personen hinein zu versetzen und das Geschehen aus ihrer Sicht zu schildern.

2 Lies die Definitionen. Schlage unbekannte Wörter im Lexikon nach. Nenne Beispiele für solche Vorgehensweisen.

3 Nenne Beispiele für Einrichtungen, die über die Einhaltung der Menschenrechte wachen. Benutze dazu Nachschlagewerke oder informiere dich im Internet.

4 Markiere auf einer Weltkarte Regionen, in denen es gegenwärtig zu kriegerischen Auseinandersetzungen zwischen verschiedenen Volksgruppen kommt. Berichte.

Menschenrechte

Die Generalversammlung der **Vereinten Nationen** verkündete 1948 die **Allgemeine Erklärung** der Menschenrechte. Die Würde aller Menschen soll durch Rechte gesichert werden, die in 30 Artikeln festgelegt sind.

Artikel 1
Alle Menschen sind frei und gleich an Würde und Rechten geboren. Sie sind mit Vernunft und Gewissen begabt und sollen einander im Geiste der Brüderlichkeit begegnen.

Artikel 3
Jeder Mensch hat das Recht auf Leben, Freiheit und Sicherheit der Person.

Artikel 5
Niemand darf der Folter oder grausamer, unmenschlicher oder erniedrigender Behandlung oder Strafe unterworfen werden.

Artikel 7
Alle Menschen sind vor dem Gesetz gleich und haben ohne Unterschied Anspruch auf gleichen Schutz durch das Gesetz.

Flüchtlinge

Bis heute werden Menschen wegen ihrer Zugehörigkeit zu bestimmten Volksgruppen verfolgt und vertrieben.

Evolution

1 Ernte früher

2 Moderne Ernte

6.6 Zukunft der Menschheit

Alle Lebewesen sind den Evolutionsfaktoren **Mutation**, **Selektion** und **Isolation** ausgesetzt und werden dadurch der Umwelt angepasst. Nur der Mensch kann seine Entwicklung teilweise selbst beeinflussen.

Dies zeigt sich zum Beispiel an der Entwicklung der Nahrungsmittelproduktion. Durch den Einsatz von ertragssteigerndem künstlichen Dünger, von Pestiziden und besseren Erntemethoden wurde der Ernteertrag, zum Beispiel des Weizens, um ein Mehrfaches gesteigert. Durch das erweiterte Nahrungsangebot und auch durch die verbesserte medizinische Versorgung stieg die Weltbevölkerung stark an. Zur Jahrtausendwende lebten ca. 6 Milliarden Menschen auf der Erde und in jeder Sekunde werden es drei mehr.

In den Industrienationen macht sich der Mensch von seiner Umwelt unabhängig. Moderne Verkehrsmittel bringen ihn heute in kurzer Zeit und über viele Kilometer von Ort zu Ort. Isolierte und zentral beheizte Häuser machen ihn vom Wetter unabhängig. Die Industrie versorgt ihn ohne große Mühe mit notwendigen Gebrauchsgütern und Luxusartikeln.

Doch diese Entwicklung hat auch ihre Schattenseiten. Die notwendige Energie für Verkehr, Heizung und Industrie wird überwiegend aus fossilen Brennstoffen wie Kohle und Erdöl gewonnen. Dabei werden große Mengen an Schadstoffen frei, die die Gesundheit der Menschen sowie Tiere und Pflanzen gefährden. Eine Lösung dieser Probleme erhofft man sich von weiteren technischen Entwicklungen. Auch die **Gentechnik** wird zunehmend Einfluss auf Mensch, Tier und Pflanzen und damit auf unsere Umwelt nehmen. Mit ihrer Hilfe soll das Erbgut von Tieren und Nutzpflanzen so verbessert werden, dass z. B. noch mehr Menschen ernährt werden können. Aber auch hier gibt es Risiken, zum Beispiel wenn in das Erbgut von Menschen eingegriffen wird. Dazu kommt eine große Ungleichheit in der Verteilung der Güter auf der Welt. In den Entwicklungsländern herrschen oft noch Hunger und Armut und sie haben am meisten unter dem starken Bevölkerungswachstum und der Umweltverschmutzung zu leiden. Ob die Menschheit ihre Probleme wie Ungleichheit, Bevölkerungsexplosion und Umweltbelastung lösen kann, wird die Zukunft zeigen.

> Der Mensch beeinflusst seine Evolution selbst. Ob er die mit seinen Fertigkeit verbundenen Risiken beherrschen kann, hängt von ihm selbst ab.

1 Erkläre, warum die Evolutionsfaktoren Mutation, Selektion und Isolation für die Menschen nur noch geringe Bedeutung haben.

2 Interpretiere die Grafiken zu Energiebedarf, Bevölkerungswachstum und CO_2-Ausstoß. Beschreibe mögliche Zusammenhänge.

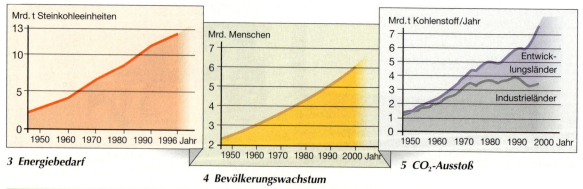

3 Energiebedarf

4 Bevölkerungswachstum

5 CO_2-Ausstoß

Evolution

Prüfe dein Wissen

A1 Bringe die Erdzeitalter in die richtige Reihenfolge und ordne sie der Erdurzeit, dem Erdaltertum, dem Erdmittelalter und der Erdneuzeit zu:
Devon, Jura, Kambrium, Karbon, Ordovizium, Perm, Präkambrium, Quartär, Silur, Tertiär, Trias.

A2 Fossilien als Briefmarkenmotive.
a) Benenne die Motive.
b) Ordne sie in der richtigen zeitlichen Abfolge.
c) Benenne die Zeitalter ihres Vorkommens.

A3 Brückentiere zeigen Merkmale von 2 verschiedenen Tierklassen.
a) Urvogel: nenne je 3 Merkmale der entsprechenden Tierklassen.
b) Schnabeltier: Nenne je 2 Merkmale der entsprechenden Tierklassen.

A4 Es gibt verschiedene Theorien zur Evolution:
1. Die von den Vorfahren erworbenen Eigenschaften werden von Generation zu Generation weitergegeben.
2. Durch natürliche Auslese verändern sich die Arten im Laufe der Generationen.
3. Alle Lebewesen, wie sie heute leben, sind durch einen Schöpfungsakt von Gott geschaffen worden.
a) Wie heißen die zitierten Theorien?
b) Welche der genannten Theorien ist heute allgemein anerkannt?

A5 Wähle aus den folgenden genannten Begriffen die drei aus, die als Ursache für die Bildung neuer Arten in Betracht kommen.
Auslese, Gentransfer, Isolation, Klimawechsel, Klonen, Modifikation, Mutation, Selektion, Vererbung, Züchtung.

A6 Welche der folgend genannten körperlichen Merkmale sind beim Menschen und beim Bonobo übereinstimmend?
Bau der Hand, Anzahl der Knochen, Bau der Wirbelsäule, Anzahl der Zähne, Bau der Füße, Erbgut, Bau des Schädels.

A7 Zu welcher Zeit etwa lebte der mögliche gemeinsame Vorfahre vom Menschen und von Menschenaffen?
a) vor 100 Mio. Jahren,
b) vor 50 Mio. Jahren,
c) vor 10 Mio. Jahren,
d) vor 5 Mio. Jahren.

A8 Stammbaum des Menschen und der Menschenaffen. Benenne die mit Ziffern gekennzeichneten Vertreter.

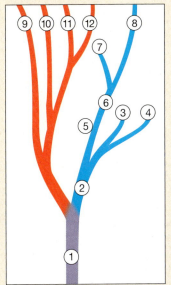

A9 Benenne die folgend dargestellten Werkzeuge und ordne sie zeitlich ein.

Register

Fette Seitenzahlen weisen auf ausführliche Behandlung im Text oder auf Abbildungen hin;
f. = die folgende Seite; ff. = die folgenden Seiten.

A

Abdruck **350**
Abfallgesetz **169**
Abtreibung **268**
Abwasser **121**
Adaptation **214 f.**, 248
Adenin **306**
Aderhaut **215**
Adlerfarn **85**
Adrenalin **190**, 210, **246**, **272**
Aggressionsverhalten **343**, **348**
AIDS 208, 274, **284 f.**, **286 f.**
Akkommodation **216**, **222**
Albinismus **310**
Alge **24**, **119**
Algenblüte **121**, **137**
Alkohol **291 f.**
Allergie 44, **198**, 279
Alterssichtigkeit **220**, 248
Ameisen **92 f.**
Aminosäure **178**, **186**, **307**, 362
Ammoniten **351**
Amöbe **22**, **27**
Ampulle **227**
Amsel **154**, **158**
Amylase **186**
analoges Organ **360**, 361
Androgene **254**
angeborener Auslöse-
   mechanismus (AAM) **337**
Anopheles-Mücke **281**
Antibiotika 189, **283**
Antigen **208**
Antikörper **208**, 284, 295
Aorta **202**
Apfelwickler **43**
Archaeopteryx **356**
Aronstab **64**
Artenschutz **123**
Arterie **202 ff.**
Arteriosklerose **206**
Assel **94**
Asthma **198**
Atmung (grüne Pflanzen) **68**
Atmung 35, **194 f.**, 211
Atropin **236**
Auge 15, 28, **54**, 212, **214 ff.**, **221 ff.**, 248
Augenbraue **214**
Augenfleck **25**, **27**
Augenlid **214**
Augentierchen **25**, **27**
Auslese **379**
Auslesezüchtung **324**, 333
Auslöser **337 f.**
Ausscheidung **192**
Außenverdauung **50**
Austernfischer **132**

B

Bakterien 26, 94, 189, **274 f.**
Baldachinspinne **51**
Ballaststoffe **174**
Balzverhalten **337**
Basentriplett **307 f.**
Bauchatmung **195**, **199**
Bauchspeicheldrüse **184**, 186, 190, 210
Bäumchen-Röhrenwurm **128**
Baummarder **90**
Baumschicht **78**, 90
Baustoffwechsel **174**, 210
Bedeckungsgrad **149**
bedingter Reflex **340**
Befruchtung **260**, **265**
Begabung **317**
Berberaffe **343**
Bergahorn **79**
Bernstein **351**
Beschwichtigungsverhalten **348**
Besitzverhalten **346**
Betriebsstoffwechsel **174**, 210
Bevölkerungswachstum **170**, 191, **378**
Bewegungsnerv **237**
Bienenstaat **33**
Bienenstich **34**
Bienenstock 31, **32**
Bienenwabe **32**
Bindegewebe **21**
Bindehautentzündung **221**
biologisches Gleichgewicht **119**
Biomembran **16**
Biotechnik **326**
Biotop **73**, **172**
Biozönose **73**, **172**
Birkenspanner **364**
Bläschenkeim **260**, 261
Blasentang **125**
Blätterpilz **86**
Blattlaus **42**, 48, 49, 57, **115**
Blattmosaik **83**
Blesshuhn **113**
Blindenschrift **233**
blinder Fleck **215**, **222**
Blut **200 f.**, **204**
Blutbuche **152**, **309**
Blutdruck **205**
Blüte **80**, **81**
Blütenschicht **162**
Bluterkrankheit **320**
Blutgefäß 186, 200, **202**
Blutgerinnung **200**
Blutgruppe **208**, 211, **316 f.**, 333
Blutkreislauf 200, **202**
Blutplasma **197**, **201**
Blutplättchen **200 f.**
Blutserum **201**
Blutspende **208**
Bluttransfusion **208**
Blutzucker **190**, 193
Boden **95 f.**, **143**
Bodenbrüter **91**
Bodenorganismen **94**, **97**
Body-Mass-Index (BMI) **188**
Bonobo **367**, **371**
Borkenkäfer 46, **106**
Borreliose **275**
Boten-RNA **307**
Bronchien **194**
Bronchitis **198**
Brückentier **356**, **379**
Brustatmung **195**, **199**
Buchecker **80**
Buchenwald **74**
Bücherlaus **45**
Buchfink **155**
Bulimie **188**
Buntspecht **91**
Buschbrüter **90**

C

Calcium **180**
Centromer **18**, 302 f.
Chitin 28, 31, 37, **50**
Chlorophyll **11**, **17**, **62**, **83**
Chloroplast 8, **11**, 16, **17**, **24 f.**, **62**
Chromatid **19**, 302 f.
Chromosom **18 f.**, 27, **302**, 304, 306, 332
Chromosomenmutation **309**, **313**
Chromosomensatz **18**, **302**, 303, 315, 321, 327
CORRENS **297**
Cortison **247**
COURTNEY-LATIMER **357**
Crossing-over **305**
Curare **236**
Cyanobakterien **352**

D

Dachs **90**
DARWIN **363**, **366**
DE VRIES **297**
Demutverhalten **343**
Dendrit **234**, 236
Desoxyribonukleinsäure **306**
Desoxyribose **306**
Destruent **100**, **119**
Devon **352**
Dezibel **226**
Diabetes **190**
Dialyse **193**
Diaphragma **267**, 269
Diastole **203**
Dickdarm **185**, 210
Dictyosom **16**
Diffusion **61**, **196**
Dinosaurier 350, **353**
Dioptrien **223**
Distanzverhalten **349**
DNA 17 f., **306**, **308**, 311, 314, 328, **362**
Doldenblütler **38**, **39**
dominant **298**, 316
Doping **247**
Down-Syndrom **310**, **321**, **322**
Drehsinn 213, **228**
Drogen **288**, **292**
Drohverhalten **343**
Drosophila **304 f.**
Druckempfinden **229**
Duales System Deutschland (DSD) **168**
Düne 124, **127**, **138**, 173
Düngung **0**
Dünndarm **184 f.**, 186, 210

E

Ebbe **126**, 173
Eberesche **157**
Ecstasy **292**
EIBL-EIBESFELDT **335**, **339**
Eichelhäher **90**
Eichenwald **74**
Eichhörnchen **148**, **339**
Eierstock **244**, 254, 257, **260**, 269
EIGEN **362**
Einkorn **325**
Einnistung **260**
einsichtiges Verhalten **342**
Einzeller **22**, **26**, 94, **281**
Eiweiß **178**
Eiweißstoff 62, **101**
Eizelle **261**, 303
Elektrokardiogramm (EKG) **203**
Elektronenmikroskop **14**, **16**, **27**
Elektrowahrnehmung **229**
Embryo **260**, **265**, **326**
Empfängnisverhütung **266**
Empfindungsnerv **237**
Endharn **192**, 210
Endknöpfchen **235**
Endoplasmatisches Reticulum **16**, **17**
Energie **64**, **98**, **170**, **175**
Energiefluss **99**
Entstehung der Arten durch natürliche Zuchtwahl **363**
Entwicklung **264**
Entzugserscheinung **288**
E-Nummer **189**
Enzym 17, **186 f.**, 210, 330
Epidermis **62**, **68**
Epilepsie **323**
Erbanlage 298, **302**

Register

Erbbild **299**
Erbcode **306**
Erbforschung **314**, 333
Erbgesundheitspflege **323**
Erbkrankheit **321**
Erbsen **297 ff.**, 332
Erdaltertum **354**
Erdkröte **155**
Erdmittelalter **354**
Erdneuzeit **354**
Erdstängel **108, 111**
Erdurzeit **354**
Erlenbuchwald **75**
Erlenzone **108 f.**, 113
Ernährung **174**
Erscheinungsbild **299**
Esparsette **38**
essenziell **177 f.**
Ethnozid **377**
Evolution **350, 362**
Evolutionsspiel **365**
Evolutionstheorie **363**
Exhibitionist **252, 269**

F

Facettenauge **30**
Fadenwurm **94**
Falter **37**
Familienplanung **266**
Farbsehen **217**
Fassadenbegrünung **163**
Fastfood **182**
FCKW **165**
Feldahorn **157**
Feldheuschrecke **40**
Feldlerche **162**
Fellpflege **343**
Fett 62, 174, **177, 187,** 191
Fettsäure 177, **186,** 187, 210
Fetus **261**
Fibrin **200**
Fichte **79, 103**
Fichtenwald **75**
Fieber **282**
Fischfang 134, **135**
Fledermauskasten **163**
Fliegenpilz **86**
Florfliege **48**
Fluchtverhalten **349**
Fluss-Seeschwalbe **112**
Flut **126,** 173
Follikel **256**
Follikelstimulierendes
 Hormon (FSH) **254, 256,** 259
Forst **104**
Fortpflanzungsverhalten **338**
FOSSEY **335**
Fossilien **350 ff.**, 366, 379
Fotosynthese 17, 25, **63, 67,** 71, 98 f., 151, 352
Frauenhaarmoos **84**
Freisetzendes Hormon (FH) **254**
Frequenz **226**
Fresszelle **278**, 295
Froschlöffel **110**

Fruchtblase **261**, 262
Fruchtkörper **86**
Fruchtwasseruntersuchung **322**
Frühblüher **82 f.,** 172
Frühgeborene **265**
Frühmensch **368**
FSME **275**
Fuchsbandwurm **276**
Fühlersprache **92**
FUHLROTT **366,** 369
Fußpilz **275**

G

Gallenblase **184 f.**, 210
Gallenröhrling **87**
Gärung **352**
Gasaustausch **196**
Gebärmutter **254, 257, 260,** 262
Geburt **260,** 261, 262
Gedächtniszelle **278 f.**
Gehirn 212, 225, 237, **239,** 249, 254
Gehirnerschütterung **243**
Geißeltierchen **25**
gelber Fleck **215**
Gelbkörper **256**
Gelbrandkäfer **116**
Gemeiner Beifuß **145**
Gen **302, 306,** 316 f., 320
Genanalyse **314**
Generationswechsel **85**
genetische Beratung **323**
Genkarte **305**
Genkopplung **305**
Genmutation **309**
Genom **302**
Genommutation 309, **313**
Gen-Pharming **330**
Gentechnik **328, 330 f.,** 378
Gentherapie **330**
Gentransfer **328,** 379
Geruchssinn **230,** 249
Gesamtumsatz **175**
Geschlechtsbestimmung **315**
Geschlechtschromosomen **315,** 333
Geschlechtsorgane 254, **255, 258**
Geschmacksfelder **231**
Gesetz des Minimums **69**
Gestagene **254**
Gewebe **27**
Gewölle **89**
Gezeiten **126,** 173
Glaskörper **215**
Glatthafer **159**
Gleichgewichtsorgane **227**
Glukagon **190,** 210
Glycerin 177, **186,** 187, 210
Glykogen 11, **176,** 190, 272
GOODALL **334**
Gras **161**
Greiffuß **367**
Grille **40**
Große Brennnessel **95**

Großer Brachvogel **132**
Grünalge **24**
Grundumsatz **175,** 210
Grundwasser **166**
grüne Pflanzen 58, **62**
Grüner Knollenblätterpilz **87**
Grünes Heupferd **29**
Grünfink **154**
Gürtel **53**

H

Haar **232**
Hahnenfuß **71**
Hainbänderschnecke **155**
Hainbuche **79**
Halbparasit **70**
Hämoglobin **197**
Handgreifreflex **344**
Handlungsbereitschaft **336,** 349
Handlungskette **338,** 349
Harnleiter **193**
Harnstoff **193,** 210
Haschisch **292 f.**
Haubentaucher **112 f.**
Hausbock **45**
Hausrotschwanz **146**
Haussperling **146,** 336
Haut 192, 212 f., **232 f.,** 248
Hautatmung **53**
Hautkrebs **232**
Hautmuskelschlauch **52**
Hautpilz **274**
Häutung **37,** 41
Hecht **119**
Hecke **154**
Heckenrose **157**
Heidekraut **95**
Heilimpfung **280**
Hering **134**
Heroin **293**
Herpes **275**
Herz **203,** 211
Herzinfarkt **206,** 289
Herzmuschel **128**
Herztransplantation **207**
Heterosis-Züchtung **325**
Heuaufguss **26**
Heuschrecke 40, **57**
Heuschreckenplage **41**
Hirnanhangsdrüse **239,** 244
Hirnhaut **239**
HIV **284 f.**
Hoden **244,** 258, **259,** 269
Höhlenbrüter **90**
Holz **59, 65, 71,** 103
Holzbock **154**
Homo erectus **368,** 370 f.
Homo habilis **368,** 371
Homo sapiens neanderthalensis **369 ff.**
Homo sapiens sapiens **369,** 371, 376
homolog **302,** 303
homologes Organ **360**
Homosexualität **250**
Honigbiene **30,** 35

Honigtau **42, 93**
HOOKE **14**
Hormon 189, **190,** 200, **244,** 246, **247, 254,** 261, 269
Hormondrüsen **244,** 249
Hormonsystem **244**
Hörnerv **225**
Hornhaut **215**
Hornisse **34, 91**
Hummel **34, 39,** 57
Humus **94 f.**
Hunger **191**
HUNTINGTONsche Krankheit **323**
Hybrid **298, 325**
Hyphe **86**
Hypophyse **244, 254,** 256
Hyracotherium **358**

I

Igel **155**
immergrüne Gewächse **83**
Immunisierung **280**
Immunsystem 207, 277, **278 f.,** 285
Impfung **280**
Imponierverhalten **343,** 348
Individualdistanz **346**
Infektionskrankheit **274,** 295
Inkubationszeit **274,** 295
Insekt **28 f.,** 30, 57, **114**
Insektenbestäubung **38**
Insektizid **41**
Insulin **190,** 210, **328,** 330
intermediär **298**
Inzucht **324,** 333
Iris **214**
Isolation **364 f.,** 378 f.

J

Jagd **103**
Jaguar **76**
Jahresring **65**
Jetztmensch **376**
Jungfernzeugung **42**

K

Kabeljau **134**
Kahmhaut **26**
Kambrium **352**
Kapillaren **202 f.**
Kartoffelkäfer **43**
Karyogramm **302,** 310
Katzenfloh **45**
Kehlkopf **194**
Keimbläschen **260**
Keimdrüsen **254,** 269
Kernkörperchen 17, **19**
Kernteilung **19**
Kiebitz **162**
Kiefer **103**
Kiefernbuschhornblattwespe **43**
Kiefernwald **74**

Register

Kieselalge 24
Killerzelle 278, 295
Kilojoule 175
Kinderlähmung 243, 274
Kläranlage 167
Kleiber 90
Kleidermotte 44
Kleiner Fuchs 36, 37
Kleinhirn 239, 249
Klima 142, 151
Klon 326 f.
Kniesehnenreflex 238
KNOLL 14
Knutt 132
Kohlenhydrat 62, 174 f., 176, 186, 191, 210
Kohlenstoffdioxid 165, 170, 196 f., 199, 378
Kohlenstoffkreislauf 100
Kohlenstoffmonooxid 197, 289
Kohlenwasserstoff 164
KÖHLER 342
Kombinationsquadrat 300
Kombinationszüchtung 324, 333
Kompassqualle 125
Kompost 169
Kondom 267, 269
Konstanz der Arten 363
Konsument 98, 100, 118 f., 133
Kontaktverhalten 344
Konvergenz 360, 361
Kopflaus 276
Kopplungsgruppe 304, 332
Körpergewicht 188
Körperkreislauf 202
Krabbenspinne 51
Krankheitserreger 194, 274
Krautschicht 78, 91, 162
Krebserkrankung 289
Kreide 353
Kreislaufwirtschaft 168
Kreuzspinne 50, 57
Kriechsohle 54 f.
Kronenbrüter 90
Krummholzzone 75
künstliche Befruchtung 326
künstliche Besamung 333
Kurzfingrigkeit 321
Kurzsichtigkeit 220, 248
Küstenschutz 127
Kutikula 62
Kwashiorkor 191

L

Lachmöwe 113
Lachs 135
Lagesinn 213, 227
LAMARCK 363
Langerhanssche Inseln 190, 244, 245
Lärche 79
Larve 29, 32, 92
Latimeria 357
Latschenkiefer 75

Laubbaum 59, 152 f.
Laubblatt 71
Laubmoos 84
Laubwald 72 ff., 82, 104, 172
Lebensmittelkreis 183
Leber 184 f., 186, 207, 281, 291
Leberblümchen 95
Lederhaut 215
LEEUWENHOEK 14
Legeröhre 41
Leitbündel 61
Leistungsumsatz 175
Lernen 241, 349
Lernen am Erfolg 341, 345
Lerntyp 345
Libelle 114 f., 119
Lichtbrechung 15
Lichtenergie 63
Lichtmikroskop 10, 16
Lichtsinneszellen 215
Liebe 250
Linse 15, 215 f.
Lipase 187, 210
Lippenblütler 39
LORENZ 335
Losung 89
Löwenmäulchen 332
Löwenzahn 144, 159, 313
Lucy 372
Luftbelastung 164
Luftröhre 194
Lunge 192, 194 f., 199, 207, 211
Lungenbläschen 194, 196
Lungenkrebs 198
Lungenkreislauf 202
Lupe 8, 15
Luteinisierendes Hormon (LH) 254, 256, 259
Lymphe 209
Lymphgefäßsystem 209
Lymphknoten 278, 295
Lymphozyten 209

M

Magen 184 f., 186, 210
Magersucht 188
Maikäfer 29
Mais 60, 62 f.
Maiszünsler 46
Makrele 134
Malaria 274, 281
Maltase 186, 210
Malzzucker 186
Mangelversuch 69
Mantel 54
Manx-Katze 310
Marienkäfer 29, 48, 57, 154
Marihuana 293
Marone 86
Masern 274, 277
Masochist 252, 269
Massenvermehrung 41
Mauer 144
Mauersegler 146
Maulwurf 361

Maulwurfsgrille 361
Meer 124
Meeresverschmutzung 136
Mehlschwalbe 146
Meiose 303
MENDEL 297, 300, 302, 304, 332
MENDELsche Regel 297, 299, 332
menschliche Sprache 374
Menstruation 255 f., 261
Merychippus 358
Mesohippus 358
Metamorphose 115
Metaphase 302
Miesmuschel 128, 130
Milbe 94
MILLER 362
Milz 278, 295
Mimik 344, 349
Mineralstoffe 69, 94, 100, 174, 180 f.
Mineralwasser 182
mischerbig 298
Mischwald 74, 77, 104, 123, 172
Mistel 70
Mitochondrium 16, 17
Mitose 19, 327
Modifikation 312, 379
Monokultur 46, 74, 104
Moos 84, 78, 91
MORGAN 304, 305
Morphium 293
motorischer Nerv 249
Mukoviszidose 321
Müll 168
Mund 186, 210
Mundhöhle 184, 186
Mundschleimhaut 13
Muschel 125, 173
Muskel 196, 237, 249
Muskelspindeln 213
Muskelzelle 21
Mutation 309, 364 f., 376, 378 f.
Muttermund 262
Mykorrhiza 86
Myzel 86

N

Nabelschnur 261, 262
Nachahmung 340, 345
nachhaltige Entwicklung 170
Nacktsamer 81
Nacktschnecke 54, 91
Nadelbaum 81
Nadelwald 75, 172
Nährstoffe 174, 179, 186, 210, 248
Nahrungsbeziehung 99, 133
Nahrungskette 48, 98, 99, 118, 133, 172
Nahrungsnetz 98, 118, 133
Nahrungspyramide 99, 133, 137
Nahrungsvakuole 22

Nase 194, 212 f., 230
Nationalpark 138
Naturschutz 93, 170
Neandertaler 366, 369
Nebennieren 244 ff.
Nervenfaser 234 f.
Nervengewebe 21
Nervenhormone 245
Nervensystem 234, 243, 249
Nervenzelle 21, 234 f., 249
Nesselseide 70
Netzhaut 15, 215 f., 248
Neugierverhalten 341
Neurit 235, 236
Niederschlagsmessung 149
Niere 192, 207, 210
Nikotin 236, 289
Nistgelegenheit 112, 154
Nisthilfen (Insekten) 48, 49
Nitrat 69, 101, 122, 166, 189
Nukleotid 306

O

Ohr 212, 213, 224, 228, 248
Ohrwurm 48, 49
ökologische Nische 91, 112
Ökosystem 72 f., 93, 120, 124, 140, 142, 149, 172
Opium 293
optische Täuschung 219
Orang-Utan 342
Orchidee 76
Organ 21, 27
Organellen 16
Organismus 21
Organspende 207
Osmose 61
Östrogen 254, 256
Ötzi 373
ovales Fenster 224, 227
Ozon 105, 164 f.

P

Paarungsrad 115
Palisadengewebe 68
Panterpilz 87
Pantoffeltierchen 23, 26, 27
Parasit 44, 274, 276
Parasympathikus 242, 249
Partnerschaft 250
PAWLOW 340
Pepsin 187, 210
peripheres Nervensystem 234, 249
Perlpilz 87
Perm 353
Pestizid 46
Petting 251, 269
Pfahlwurzel 81
Pflanzenbestandsaufnahme 149
Pflanzengesellschaft 144
Pflanzengürtel 109
Pflanzenschutzmittel 46, 166
Pflanzenzelle 11, 27

Register

Strauchschicht **78**
Stress **27**, 295
Streuschicht **97**
Stubenfliege **56, 147**
Sucht **288**
Symbiose **86, 93,** 172
Sympathikus **242,** 246, 249
Symptom **274,** 277
Synapse **236**
Systole **203**

T

Tagpfauenauge **155**
Tastempfindlichkeit **233**
Tastsinn **232 f.**
Taube **147 f.**
Tauchblatt **110**
Tauchblattzone **108**
Taufliege **305,** 332
Taumelkäfer **116**
Tausendfüßler **94**
Teer **289**
Teichhuhn **113**
Teichrohrsänger **113**
Temperatursinn **232 f.**
Territorialverhalten **346,** 349
Tertiär **353**
Testosteron **254,** 258 f., 269
T-Helfer-Zelle **278, 285,** 295
Thymin **306**
Thymusdrüse **244, 278,** 295
Thyroxin **245,** 249
tierfangende Pflanzen **70**
Tierstaat **92**
Tierzelle **11,** 27
Tierzucht **324, 326**
Tintenfisch **125**
Tollwut **295**
Totholz **90**
Tracheen **35,** 116
Tracheenkiemen **114**
Träger-RNA **307**
Tränendrüse **214**
transgener Organismus **329**
transgenes Lebewesen **329,** 333
Transpiration **66**
Transplantation **193,** 202
Traubenzucker **17, 63,** 64, **176, 186,** 190
Trauerweide **152**
Treibhauseffekt **165**
Trias **353**
Trilobiten **351**
Trinkwasser **166**
Trommelfell **224**
Tropenkrankheiten **281**
Tropischer Regenwald 58, **72 f., 76, 77**

Trypsin **187**
TSCHERMAK **297**
Tuberkulose **274**
Turmfalke **146**

U

Überdüngung **120 f.**
Überernährung **206**
Überfischung **134**
Übergangsform **357**
Übergewicht **188**
Uferzone **108**
Ultraschall **226, 229**
Ultraschall-Untersuchung **322**
Umweltfaktoren 172
Unabhängigkeitsregel **300**
ungeschlechtliche Fortpflanzung **84**
Uniformitätsregel **299,** 300
Unterernährung **191**
Untergewicht **188**
unvollkommene Verwandlung **41, 115**
Uracil **307**
Uratmosphäre **362**
Urin **192 f.**
Urpferd **358**
Ursuppe **362**
Urvogel **356**
Urwald **104**

V

Vakuole **11,** 16, 24
Variationsbreite **312**
vegetatives Nervensystem **242,** 249
Vene **202 ff.**
Venus-Fliegenfalle **70**
Verdauung **174, 186**
Vererbung **296, 301,** 332, 379
Vererbung erworbener Eigenschaften **363**
Verhalten **334, 339,** 349
Verhütung **267**
Versuch und Irrtum **341**
VIRCHOW **14,** 366
Virus **274 f., 277, 284**
Vitamine **174, 177, 180 f.,** 185, 210, 283
Vogelschutzgebiet **123**
Vogeltränke **163**
Völkermord **377**
vollkommene Verwandlung **37, 115**
Vorhofsäckchen **227**

Vorkeim **85**
Vorland **127**
Vorratsschädling **44**
Vorsorgeuntersuchung **322**

W

Wachstumshormone **245,** 249
Wald **74, 102, 104**
Waldboden **94**
Wald-Champignon **87**
Waldkiefer **81**
Waldmaus **91**
Waldrodung **106**
Waldschäden **105**
Wanderheuschrecke **41**
Wanderratten **146**
Wandkontaktverhalten **346,** 349
Wärmeempfinden **229**
Wasserfloh **119**
Wasserhahnenfuß **110**
Wasserhaltevermögen **96**
Wasserhaushalt **193**
Wasserinsekt **117**
Wasserknöterich **110**
Wasserläufer **114, 115**
Wasserleitung **66**
Wassernutzung **166**
Wasserpest **8, 12,** 58
Wasserschutzgebiet **166**
Wasserskorpion **116**
Wasservogel **112,** 173
Watt **124,** 127, 132, 173
Wattschnecke **128**
Wechseljahre **255**
Wechseltierchen **22**
weiblicher Zyklus **256**
Weideland **127**
Weinbergschnecke **54 f.**
Weißdorn **157**
weiße Blutkörperchen **200 f.,** 211, 278
Weiße Taubnessel **39**
Weißer Steinklee **144**
Weitsichtigkeit **220,** 248
Weizen **325**
Wellhornschnecke **125**
Werkzeug **342, 374**
Wespe **34**
Widderchen **29**
Wiese **158**
Wiesenbocksbart **160**
Wiesenkerbel **160**
Wiesenklee **160**
Wiesen-Margerite **160**
Wiesen-Salbei **159**
Wiesenschaumzikade **29**
Wiesenstorchschnabel **160**

Wildbiene **48 f.**
Wilde Möhre **38**
Wildemmer **325**
Wildverbiss **106**
Wimpertierchen **23**
Wirbellose **28**
Wirbelsäule **367**
Wirkstoffe **174, 180,** 210
Wolfsspinne **51,** 57
Wunderblume **298**
Wurmfarn **85**
Wurzel **60**
Wurzelhaarzone **60**
Wurzelschicht **78,** 162
Wüste **72**

X

X-Chromosom **315,** 320

Y

Yanomami **76**
Y-Chromosom **315,** 320

Z

Zapfen **81, 215,** 248
Zecken **275**
Zeigerpflanzen **95**
Zellafter **23**
Zellatmung **64, 196**
Zelle **8, 11,** 14
Zellhaut **23**
Zellkern **11,** 16, **17 f.,** 22, 24 f.
Zellmembran **11,** 16, 25
Zellmund **23**
Zellplasma 8, **11,** 22, 24
Zellteilung **19,** 27
Zellteilungszone **60**
Zellulose **11**
Zellwand **11,** 16, 24
Zentralnervensystem **234**
Zerstreuungslinse 248
Zirbeldrüse **239, 244**
Zirpapparat **40**
Zoo **148**
Zuckerkrankheit **190**
Zunge 212 f., **230 f.**
Zusatzstoffe **189**
Zwerchfell **194 f.**
Zwiebelzelle **12**
Zwillinge **260, 318,** 333
Zwillingsforschung **314, 318 f.,** 333
Zwischenhirn **254**
Zwischenzellraum **62,** 68
Zwitter **53 f.**
Zwölffingerdarm **184 f.,** 210

Register

Pflanzenzone **120**
Pflanzenzucht **324**
Pfuhlschnepfe 132
Phenylketonurie **322**
Phosphat **69**
Pierwurm **128**
Pille **267**, 269
Pilz **86 f.**, 172
Plankton **122**, 133
Plasmazelle **278**, 295
Plasmid **328**
Plazenta **260 f.**, 318, **322**
Pliohippus **359**
Polkappe **19**
Polyploidie **325**
Prägung **340**
Priel **126**
Primärharn **192**, 210
Proconsul **368**
Produzent **98**, 100, **118 f.**, 133
Progesteron **254**, 256
Promille **291**
Prostituierte **252**, 269
Protein 174, **178**, **186**, 191, 210, 307
Pubertät **255**, 269
Puff **307**
Puls **202**, **204**
pulsierende Vakuole **22 f.**, 25, 27
Punktauge 31, **50**
Pupille **214 f.**
Puppe **32**, **37**, **92**, **115**

Q

Quastenflosser 352, **357**
Queller **129**, 173
Querschnittslähmung **243**

R

Rachen **194**
Rachitis **181**
radioaktive Strahlung **213**
Radnetz **50**
Rangordnung **343**, **346**, 349
Rasen **158**
Raspelzunge **54**
Rasse **364**
Rassismus **377**
Rauchen **289**
räumliches Sehen **216 f.**, 223
Raupe **36**
Recycling **169**
Reduktionsteilung **303**
Reflex **237 f.**, 249, **340**
Regelblutung **256 f.**
Regenwurm **52**, 57, 94
Reiherente **112**
reinerbig **298**, 332
Reiz **212**, 249, **337**
Reiz-Reaktions-Mechanismus **240**, 241
Rekultivierung **123**
Resistenz **47**

Resorption **185**
Revier **338**, **346**
Rezeptor **236**, 244
rezessiv **298**, 320
Rhesusfaktor **208**, 316
Ribose **307**
Ribosom 17, **307**
Richtungshören **225**, **228**
Riechen **229**
Riesenchromosom **304**
Riesentukan **76**
Rindenfelder **241**
RITTER VON FRISCH **335**
RNA **362**
Rohrdommel **113**
Röhrenpilz **86**
Röhricht **108 f.**, 113, 123
Rohrsänger **113**
Röntgenstrahlen **213**
Rosskastanie **152**
Rotauge **119**
Rotbarsch **134**
Rotbuche 71, **80**, **103**, **309**, **312**
rote Blutkörperchen 197, **200 f.**, 208, 211, 281
Rote Lichtnelke **39**
Rote Liste **48**
Rote Waldameise **92**
Rötelmaus **154**
Röteln **282**
Roter Weichkäfer **29**
Rot-Grün-Blindheit **217**, **320**
Rotkehlchen **155**
Rotschenkel **132**
Rückenmark **237**
Rückenschwimmer **114**, 115
rudimentäres Organ **361**
rundes Fenster **225**, 227
RUSKA **14**

S

Sadist **252**, 269
Salbei **283**
Salmonellen **189**
Salzpflanze **129**
Salzwiese **131**, 173
Sammelbein **30 f.**
Sammellinse **248**
Sandklaffmuschel **128**
Saprophyten **86**
Satanspilz **87**
Sauerstoff 58 f., **67**, **196 f.**, 248, **352**
Sauerstoffkreislauf **100 f.**
Säugetier **353**
Saugreflex **344**
Saugrüssel **30 f.**, **36**
saurer Regen **106**
Schädlingsbekämpfung **43**, 45, **46**, 57, **93**
Schädlingsbekämpfungsmittel 137, 189
Schadstoffeintrag **137**
Schall **224**, **226**
Schallwellen 213

Scharfer Hahnenfuß **160**
Schattenpflanze **82**
Scheinfüßchen **22**
Schilddrüse **244 f.**
Schilf **108**, **111**
Schimmelpilz 189
Schimpanse **334**
Schlaganfall **243**, 289
Schlehe **157**
SCHLEIDEN **14**
Schleiereule **146**
Schlickgras **173**
Schlickkrebs **128**
Schließzelle **67**
Schlupfwespe **46**, **47**
Schlüsselblume **159**
Schlüsselreiz **337**, 349
Schmalblättriges Weidenröschen **145**
Schmarotzer **86**
Schmerzsinn **232**
Schmetterling 36 f., **39**, 41, 48, 57
Schmetterlingsblütler **38**
Schnabeltier **357**, 379
Schnecke 54, 57, **94**, **125**, 173, **224**, 227
Schnirkelschnecke **54**
Schnittpräparat **13**
Schnupfen **198**
Schnürring **235**
Scholle **134**
Schreiweinen **344**
Schutzimpfung **280**
Schwammgewebe **68**
Schwammspinner **43**
Schwangerschaft 193, **260 f.**, **263**, **268**
SCHWANN **14**
Schwarzer Holunder **95**
Schwarzerle **79**
Schwefeldioxid 105, **164**
Schweinefinnenbandwurm **276**
Schweißdrüsen **232**
Schwimmblatt **109 f.**
Schwimmblattzone **108 f.**, 113, 123
See **72**, **108**
Seegras **173**
Seehund **137**, **139**
Seelachs **134**
Seepocke 130
Seeringelwurm **128**
Seerose **108**, **111**
Seestern 130
Sehfehler **220**
Sehnerv **215**, 246
Sehpurpur **217**
Sehzentrum **216**, **240**
Seidenfaden **36**
sekundäre Geschlechtsmerkmale **255**, 258
Selbstbefriedigung 269
Selbstreinigung **119**
Selektion **364 f.**, **376**, **378 f.**
sensorischer Nerv **249**
Sexualität **250**

Sexuallockstoff **46**
Siedlungsfolger **146**
Silberfischchen **44**
Silur **352**
Sinnesorgan **212**
Sinneszelle **21**
Skorbut **180**
Skorpion **51**
Smog **164**
Sommerlinde **152**
Sondermüll **169**
Sonnentau **70**
Sozialverhalten **349**
Spaltöffnung **62**, 68, **109 f.**
Spaltungsregel **299**
Speckkäfer **44**
Speicherorgan **82**
Speiseröhre **184**, 210
Spermium **259**, **261**, **269**, 303
Spermienerguss **258**
Sphinx **310**
Spielverhalten **341**
Spinne **50 f.**, 57
Spinnennetz **50**
Spinnwarze **50**
Spinnwebshaut **239**
Spirale **267**, 269
Sporen **84 f.**
Sporenpflanze **85**
Springschwanz **94**
Springspinne **51**
Spülsaum **124**, 173
Spulwurm **276**
Spurenelemente 174, **180 f.**
Staaten bildende Insekten **32 f.**
Stäbchen **215**, 248
Stabheuschrecke **49**
Stachelapparat **31**
Stadt **72**, **139**, **142**, **149**, 173
Stammbaum **314**, **317**, 333, **355**, 379
Stammbrüter **90**
Stammhirn **239**, 249
Stärke **63**, **64**, **68**, **176**
Stechmücke **114 f.**
Steinkern **351**
Steinmarder **147**
Steinpilz **86**
Steinwälzer **132**
Steinzeit **373**
Steuerungshormone **245**
Stichling **338**
Stickstoffkreislauf **101**
Stickstoffoxide 105, **164**
Stieleiche **79**
Stigmen **35**
Stockente **112 f.**, 120
Stoffkreislauf **64**, **67**, **100**, 119
Stofftransport **60**
Stoffwechsel **66**, **174**
Strand **124**, 173
Strandaster **131**, 173
Strandflieder **131**, 173
Strandmelde **131**
Strandnelke **131**, 173
Strandschnecke **128**

Bildquellenverzeichnis

Trotz entsprechender Bemühungen ist es nicht in allen Fällen gelungen, den Rechtsinhaber ausfindig zu machen.
Gegen Nachweis der Rechte zahlt der Verlag für die Abdruckerlaubnis die gesetzlich geschuldete Vergütung.

Titel (Prachtlibelle): Hartl/Okapia; Titel (Seerose): Grzimek/Okapia; 8.1: Minkus; 8.3, 8.4, 8.5: Dr. Jaenicke; 9.1: Pfletschinger/Angermayer; 9.1A: Brockhaus/Silvestris; 9.2: Wothe/ Okapia; 9.2A: Dalton/OSF/Okapia; 9.3: Rabisch; 9.3A: Karly; 9.4: Angermayer; 9.4A: Pfletschinger/Angermayer; 10.1: Dr. Jaenicke; 10.2: Minkus; 11.1A: Dr. Jaenicke; 11.2B: Reschke/Arnold/Okapia; 13.1A, 13.3: Dr. Jaenicke; 16.1: Lichtbildarchiv Dr. Keil; 16.3: Dr. Jaenicke; 17.1: Nussinger; 17.2: G. Fischer Verlag: Hans Kleinig und Peter Sitte: Zellbiologie, 3. Auflage 1992, Stuttgart; 17.3, 17.4: Dr. Jaenicke; 18.1A: Lieder; 18.1C: Andreas Ostrowicki, Prof. Dr. Fritz Vögtle, Dr. Karl-Heinz Weißbart, Universität Bonn; 19.1A–F: Lieder; 22.1A: Väth; 23.1A: NAS/M. Abbey/Okapia; 24.2: Lichtbildarchiv Dr. Keil; 25.2: NAS/M. Abbey/Okapia; 28.1A: Dobers; 28.1B: Wellinghorst; 29.1: Angermayer; 29.2: Dr. Jaenicke; 29.3: Bühler/Silvestris; 29.4: Angermayer; 29.5: Philipp; 29.6: Lond. Sc. Films/OSF/Okapia; 30.1: Pfletschinger/Angermayer; 30.2: Scheuerecher/Mauritius; 31.4, 31.7: Prof. Wanner/Karly; 32.1A: Okapia; 32.1B: Reinhard-Tierfoto; 33.4: Pfletschinger/Angermayer; 34.1: Shale/OSF/Okapia; 34.2, 34.3: Pfletschinger/Angermayer; 36.1A, 36/37.2A–H, 38.1: Dr. Jaenicke; 38.2: Günter/Okapia; 39.1: Rauch/Silvestris; 39.2: Angermayer; 40.1: Dalton/Natural History Photographic Agency; 40.3: Greiner/Greiner + Meyer; 41.5A: Fotostok/NFP bv/IFA-Bilderteam; 41.5B: Angermayer; 42.1A: Pfletschinger/Angermayer; 42.1B: Kranemann/Okapia; 42.1C: Pfletschinger/Angermayer; 43.1: Maier/Okapia. Bilder pur; 43.2: Pfletschinger/Angermayer; 43.3: Sauer/Silvestris; 43.4: Schulz/Silvestris; 44.1: Meyer/Greiner + Meyer; 44.2: Brockhaus/Silvestris; 44.3: Clay/ Okapia; 45.1: Havel/Mauritius; 45.2: Macewen/Okapia; 45.3: Gaugler/Okapia; 46.1: Tönnies; 46.2A: Biologisches Bundesamt für Land- und Forstwirtschaft, Darmstadt; 46.2B: Beuck; 47.2: Günter/Silvestris; 47.4: Kühne, Biologische Bundesanstalt, Kleinmachnow; 48.1A: Dr. Philipp; 48.1B. Günter/Silvestris; 48.1C: Reinhard/Okapia. Bilder pur; 49.li: Dr. Philipp; 49.M. + 49.u.: Dobers; 49.1A: Gust-Fotografie; 49.1B: Büchold/Okapia; 50.o., 50.1A, 50.1C: Pfletschinger/Angermayer; 51.1: Hecker/Silvestris; 51.2, 51.3, 51.4: Pfletschinger/Angermayer; 51.5: NHPA/Silvestris; 52.1A, 54.1A: Pfletschinger/Angermayer; 54.1B: Dobers; 54.1C: Rohdich/Silvestris; 55.2A: Kunz/Greiner + Meyer; 55.2B: Bogon/Wildlife; 55.2C: Harms/Wildlife; 55.4 + 55.5: Pfletschinger/Angermayer; 56.1 Prenzel/Silvestris; 56.4: Vock/Okapia; 58.1A: A.N.T./Silvestris; 58.1B: Dr. Jaenicke; 59.1: Dobers; 59.2: Dr. Schmid/Okapia; 59.3: ISP/Bavaria; 61.4B: Dr. Hofmann; 61.5: Tegen; 62.1A: Reinhard/Okapia; 63.3: Dobers; 64.1A: Prof. Dr. Weber; 66.1: Dr. Jaenicke; 66.2, 66.3, 67.1, 67.2: Tegen; 68.2, 68.3A–D: Dr. Jaenicke; 69.2 (10F): Dr. F.-M. Thomas, Albrecht-von-Haller-Institut für Pflanzenwissenschaften, Göttingen; 70.1: Reinhard-Tierfoto; 70.2: Tönnies; 70.3: Reinhard-Tierfoto; 70.4: Dr. Philipp; 71.1: Dr. Frey; 71.2: Prof. Dr. Weber; 72.1: DLR; 72.1A: Dr. Philipp; 72.1B: Prof. Dr. Weber; 72.1C: Mollenhauer/Okapia; 72.1D: Wellinghorst; 72.1E: Wendler/Okapia; 74.2: Thonig/Mauritius; 74.3: Dr. Philipp; 74.4: Tönnies; 75.5 + 75.6: Dr. Philipp; 75.7: Reinhard/Okapia; 76.1: Walz/Silvestris; 76.2: Dr. Philipp; 76.3: Montford/BIOS/Okapia; 76.4: Harding/Silvestris; 77.2: Kiepke/Naturbild/Okapia; 77.3: Wendler/Okapia; 78.1A: Dr. Philipp; 80.1A: Schacke/Okapia; 80.1B: Tönnies; 80.2: Dr. Pott/Okapia; 81.1A: Silvestris; 81.1B + 81.2: Dobers; 82.1A + 82.1B: Tönnies; 83.3A: Dr. Philipp; 83.3B: Dr. Thomas; 84.1A + 84.1B: Tönnies; 84.3A: Dobers ; 85.1A: Tönnies; 85.1B. Dobers; 86.1B + 86.1C: Reinhard/Okapia; 86.1D: Angermayer; 87.2: Reinhard/Angermayer; 87.3: Radtke; 87.4: Rolfes/Silvestris; 87.5: Reinhard-Tierfoto; 87.6 + 87.7: Heppner/Silvestris; 90.2A: NHPA/Silvestris; 90.2B: Laub/Okapia; 90.2C: Schmidt/Okapia; 90.2D: Lenz/Silvestris; 90.2E: Pfletschinger/Angermayer; 91.2F: Silvestris; 91.2G: Wothe/Silvestris; 91.2H: Reinhard-Tierfoto; 92.1A, 92.1B, 93.1C, 93.1D: Pfletschinger/Angermayer; 94.1 (Lupe): Kage/Okapia; 95.1: Dr. Bleich/Xeniel Dia; 95.2A: Reinhard-Tierfoto; 95.2B: Tönnies; 95.2C: Dr. Philipp; 95.2D: Prof. Dr. Weber; 102.1A + 102.1B: Wellinghorst; 102.1C: Dr. Philipp; 103.1–103.4: Dobers; 103.6: Markmann/Okapia; 104.1: Walz/Silvestris; 104.2: Biblioteca Nazionale Marciana, Venezia; 104.3: Tönnies; 105.1A–105.1D: Dr. Philipp; 106.2: Pott/Okapia; 106.3: Danegger/Okapia; 106.4: Dr. Philipp; 107.1: Reinhard/Okapia; 110.2: Tönnies; 111.2: Beuck; 113.1: Dr. Philipp; 113.4: Arndt/Silvestris; 114.1A: NAS/Eisenbeiss/Okapia; 114.2A: Pfletschinger/Angermayer; 114.3A: Martinez/Silvestris; 114.4A: Pfletschinger/Angermayer; 116.1: NHPA/Silvestris; 116.3 + 116.5: Hecker/Silvestris; 116.6: Bernhardt Apparatebau; 116.7: Manning/Mauritius; 116.8: Silvestris; 116.9: Freund/Okapia; 117.1 + 117.2: Dobers; 117.4: Beuck; 118.1: Wellinghorst ; 120.1: Kuhn/Okapia; 120.2: Dr. Philipp; 120.3: Grzimek/Okapia; 121.6: Fabian; 121.7: Schmidt/Silvestris; 121.8: Dr. Philipp; 122.2: Simper; 123.1A: Wellinghorst; 124.1A: Wernicke/Silvestris; 124.1B: Deutsche Luftbild; 124.1C: Reinhard-Tierfoto; 124.1D: Tönnies; 125.1: Prof. Dr. Weber; 125.2: Dr. Gilbert S. Grant/Okapia; 125.3: Angermayer; 125.4–125.6: Dobers; 125.7: Irsch/Okapia; 126.1: Quedens; 126.2: Schmidtke; 126.3: Quedens; 127.1: Schwirtz/Silvestris; 127.2: Wernicke; 127.3: Wernicke/Silvestris; 127.4: Prof. Dr. Weber; 127.5: Wellinghorst; 127.6: Tönnies; 128.1A: Prof. Dr. Weber; 128.1B: Tönnies; 128.1C: Walz/Silvestris; 129.3A: Dr. Philipp; 129.3B: Reinhard-Tierfoto; 129.3C: Dr. Philipp; 129.3D: Prof. Dr. Weber; 130.1: Dr. Philipp; 130.2 + 130.4: Hecker/Silvestris; 131.2: Dr. Pott/Okapia; 131.3: Dr. Philipp; 131.4: Alberti/Silvestris; 131.5: Prof. Dr. Weber; 132.1: Quedens; 132.2: Usher/Silvestris; 132.3 (6F): entnommen aus: Dreyer/Wartenau, Tiere an Strand und Küste © 1995, Franckh-Kosmos Verlags-GmbH & Co, Stuttgart; 132.4: Beuck; 134.1: Lang/Nordsee; 134.2: Donnezan/IFA-Bilderteam; 135.1: Burkard/Bilderberg; 135.2: NHPA/Silvestris; 135.3: Stephan; 136.1: Dr. Gebhardt/Stern; 136.2A: Dobers; 136.2B: Irsch/Okapia; 137.2C: Witt/Steinhage/dpa; 137.2D: Lange/Silvestris; 138.1C: Wellinghorst; 139.1A. Pfeiffer/dpa; 139.2A: Dr. Philipp; 139.2B: Irsch/Silvestris; 140/141.2: Voigt/Zefa; 140.1A + 140.1B: Dobers; 140.1C: Behrens; 140.1D + 140.1E: Dobers; 140.1F–140.1H: Behrens; 141.1I: Rabisch; 141.1K + 141.1L: Dobers; 141.1M: Rabisch; 141.1N: Dr. Philipp; 142.1A: Dr. Wagner/Silvestris; 143.3: Dobers; 144.1A, 144.1B, 144.2A, 144.2B, 145.4A, 145.4B: Rabisch; 145.5A: Dobers; 145.5B: Dr. Philipp; 146.1: Buchhorn/Silvestris; 146.2, 146.3A, 146.3B: Reinhard-Tierfoto; 146.3C: Bahr/Okapia; 147.1D: Lothar/Silvestris; 147.3E: Reinhard/Okapia; 147.3F: Reinhard-Tierfoto; 147.4: Danegger/Silvestris; 147.5: Vock/Okapia; 148.1: Danegger/Silvestris; 148.2: Schuchardt; 148.3: dpa; 148.4: Behrens; 149.1: Rabisch; 150.1: Möller/Okapia; 150.2: Dobers; 150.3: Rosing/Silvestris; 151.4: Dobers; 151.5: Behrens; 151.6, 152.1, 152.2: Dobers; 152.3 + 152.3: Wellinghorst; 153.1: Schuchardt; 153.2: Stadler/Silvestris; 153.3: Dobers; 153.4: Reinhard/Okapia; 153.5 + 154.1A: Dobers; 154.1B: Wellinghorst; 154.1C: Dobers; 154.1D: Wellinghorst; 156.2: Meyers/Silvestris; 157.1: Tönnies; 157.2: Rabisch; 157.3: Dr. Philipp; 157.4 + 157.5: Rabisch; 158.1A: Hecker/Silvestris; 158.1B: Dobers; 159.1A: Wellinghorst; 159.1B: Pfletschinger/Angermayer; 160.1: Tönnies; 160.3: Irsch/Silvestris; 160.4: Tönnies; 160.5 + 160.6: Wellinghorst; 160.7: Dr. Philipp; 162.1: Fischer/Silvestris; 162.3: FLPA/Silvestris; 163.1: Hanneforth/Silvestris; 163.2: Walz/Silvestris; 163.3: Redeleit/Silvestris; 163.4: Tönnies; 163.5: Wellinghorst; 164.1A: Schwirtz/Silvestris; 164.2B: Zeeb; 165.2: ESOC; 168.1: Lehmann/Silvestris; 168.2: Pelka/Silvestris; 170.1: N. Y. Gold/Zefa; 171.2: Raab Karcher Energieservice GmbH; 174.1: Minkus; 176.1A, 177.1A, 178.1A: Tegen; 179.1: Dr. Jaenicke; 179.2 + 180.1: Tegen; 188.1: Buriel/Science Foto Library/Focus; 189.1: Kühn; 190.1: Fabian; 191.1: Mike Wells; 194.0: Fabian; 198.1: Minkus; 199.1: Tegen; 200.1A: Telner/Okapia; 200.1B: Meckes/Ottawa/eye of science; 200.2: Meckes/eye of science; 204.2A + 204.2B: Behrens; 204.3: Dobers; 205.1A: Behrens; 206.1: Meadows/ Okapia; 207.1: Campbell/Arnold/Okapia; 207.2: Behrens; 208.1A: Cortier/Okapia; 212.1: Minkus; 213.1: Dr. Reinbacher; 214.1A + 214.1B: Behrens; 214.2A + 214.2B: Rabisch; 216.1A, 216.1B, 216.2A, 216.2B: Mathias; 218.1A: Canon Euro-Photo GmbH; 218.2A + 218.2B: Tegen; 219.6: aus: Bild der Wissenschaft „Chip spezial aktiv“; 221.1: Tegen; 221.2: Oerlikon Schweißtechnik; 221.4: ALPINA eyewear; 221.5: Dr. Reinbacher; 222.1 + 222.2: Fabian; 224.2: Behrens; 226.1A + 226.1B: Institut für Wissenschaftliche Fotografie Kage; 227.1: dpa; 228.2: Fabian; 229.2: Schwind/Okapia; 229.4: Zollkriminalamt, Köln; 229.5: Reinhard/Angermayer; 230.1A: Fabian; 231.2: Staatliche Lehr- und Forschungsanstalt für Landwirtschaft, Weinbau und Gartenbau, Neustadt an der Weinstraße; 233.3: Tegen; 236.1: Gordon/OSF/Okapia; 238.3, 240.1A, 240.1C: Behrens; 242.1A: Pictor International; 242.1B: Minkus; 243.1: Breuer/Okapia; 243.3: Dr. Reinbacher; 246.1A–246.1C: Fabian; 247.1: Werner/Silvestris; 247.2: Neufried/Okapia; 247.4: IMA; 250.1A–250.1D: Minkus; 250.1E: Fabian; 251.1F: Behrens; 251.1G: Fabian; 252.1A + 252.1B: Minkus; 252.3: Rühmekorf; 253.1–253.3, 255.1, 256.1A, 256.1B, 258.1: Minkus; 259.1A: Prof. Wanner/Karly; 261.4B: Bromhall/Okapia; 262.1A: Cortier/Okapia; 262.1D: Leiber/Picture Press; 263.1: Minkus; 264.1A: Guenther/Mauritius; 264.1B, 264.1C, 264.1D: Tönnies; 264.1E: Worm; 265.1: Bayer AG; 265.2: Comet-Photo AG/Silvestris; 266.1, 266.3: Minkus; 267.1, 3–5: Schuchardt; 268.1, 270.1: Minkus; 270.2: aus: „Comeback, Mosaik Verlag GmbH, München; 271. (Zentrum): Tönnies; 271. (Umwelt): Lindner/Mauritius; 271. (Medikamente): Matheisel/Silvestris; 271. (Bewegung): Minkus; 271. (Krankheitserreger): Prof. Wanner/Karly; 271. (Nahrung): Reportagebild/Silvestris; 271. (Arbeitsplatz): Lutz/Okapia; 271. (Beziehungen): Minkus; 271. (Wohnung): Wessel-Schulze; 271. (Familie): Deiseroth; 272.1: Minkus; 275.2: Neufried/Okapia; 275.4: Hecker/Silvestris; 275.5: Biophoto/Science Sou/Okapia; 276.1: Institut für Wissenschaftliche Fotografie Kage; 276.2, 276.3: Lieder; 276.4: Cooke/OSF/Okapia; 277.1A: Keystone; 278.1: Minkus; 279.4: Meckes/Institut für Wissenschaftliche Fotografie Kage; 281.1: Bruckner/ Silvestris; 282.1: Behrens; 282.3: LP/Laenderpress; 282.4: Behrens; 283.1: Fabian; 283.3: Pfeiffer/Silvestris; 284.1A + 284.1B: Minkus; 284.3A: Gelderblom/Bayer AG; 287.1–287.3: Müller; 288.1A–288.1E: Minkus; 289.1, 290.4A: Döhring; 291.1: Minkus; 292.1: Krumm/dpa; 292.Rand: Polizei, Broschüre: Wie schützen Sie Ihr Kind vor Drogen?; 293.1: action press; 293.2: Sapountsis/Okapia; 293.3: Schacke/Naturbild/Okapia; 294.1, 294.2: Minkus; 294.3: Zeeb; 296.1: Kerscher/Silvestris; 296.2: Rabisch; 297.1: Schwenk; 297.2: Deutsches Museum; 298.1A–298.1C: Fabian; 299.4A: Hapo/Okapia; 299.4B: Stein GbR; 299.4C: Starke; 301.1: Tegen; 301.2: Häberle; 302.1, 302.2: Lieder; 302.3: Mauritius; 302.4: Robbe/Silvestris; 304.1: Archiv für Kunst und Geschichte; 304.2: Lichtbildarchiv Dr. Keil; 307.6: Lieder; 309.1A. Thonig/Mauritius; 309.1B: Wellinghorst; 309.2A: Hecker/Silvestris; 309.2B: Reinhard/Okapia; 310.1: Reininger/Focus; 310.2: Behrens; 310.3: Ferrero/Nature/Okapia; 310.4: Focus; 310.6: Lanceau/Logis/Okapia; 311.1: dpa; 311.3: aus: Moore, Persand: Embryology, © 1998, W. B. Saunders, Philadelphia; 312.1A, 312.1B: Meyer Blumenvertrieb; 312.4A: Albinger/Silvestris; 312.4B: Reinhard/ Okapia; 313.1A: Fabian; 314.2: Science Photo Library/Focus; 316.1: Behrens; 317.3 (Inset): Dobers; 318.2: Behrens; 318.4: Spaeth/Silvestris; 319.5A + 319.5B: Nichols/Focus; 320.1 + 320.2: Paul Brierly; 322.1A: Rossi/Zefa; 323.1: Cortier/Okapia; 324.2: Dobers; 327.4: dpa; 329.1A: Dr. Jaenicke; 329.1: AgroConcept; 329.2A, 329.2B: aus: Spektrum der Wissenschaft 8/92; 329.3: NAS/Myers/Okapia; 330.4: Behring-Werke; 331.1: Su/ Silvestris; 334.1: Nichols/Focus; 334.2A: Gunther/Bios/Okapia; 334.2B: Lacz/Silvestris; 335.1: Krell; 335.2: Time Life Books, Alexandria; 335.3: Kalas; 335.4: Veit; 336.1: Wildlife; 338.1: Reinhard/Okapia; 339.1: Sohns/Silvestris; 340.1A: Eisfeld/Juniors; 340.2A: FLPA/Silvestris; 341.3: v. Lawick, aus: In the shadow of Men, Collins, London; 341.4: Meyers/Silvestris; 341.5: Silvestris; 342.1: Lichtbildarchiv Dr. Keil; 342.2A–E: Prof. Dr. Lethmate; 343.1A–343.1C: Günnigmann, Tierpark Rheine; 344.1, 344.2A–344.2C: Tönnies; 347.1A–347.1C, 348.1, 348.2: Fabian; 348.3: Minkus; 350.1: Manzoni/Pantarei/ Centro Studi Ricerche Ligabue, Venezia; 351.1: Dr. Sauer/Silvestris; 351.3: Cancalosi/ Okapia; 351.4: Staatliches Museum für Naturkunde; 351.5: Breck/Okapia; 351.6: Dinosaurier-Park Münchehagen; 354.1: De Cuveland/Silvestris; 356.1B: Gohier/Okapia; 357.1A: Klein & Hubert/Okapia; 357.2A: Schauer/Group Fricke//MPIV; 358.1: FIS/Abteilung Messelforschung; 361.2A: Lenz/Silvestris; 361.2B: Wendler/Okapia; 363.1A, 363.2A: Deutsches Museum; 364.1A: Dr. Bishop/Dr. Cook, Liverpool, aus: Spektrum der Wissenschaft: Verständliche Forschung Evolution, 3-922 508-22-7, S. 32; 364.1B: Dr. Bishop/Dr. Cook, Liverpool, aus: Spektrum der Wissenschaft: Verständliche Forschung Evolution, 3-922 508-22-7, S. 32; 365.1: Behrens; 366.1: Eulner; 366.1B: Neanderthal Museum; 366.1C: Rekonstruktion: Elisabeth Daynès, Fotograf: Christian Creutz/Neanderthal Museum; 370.2A + 370.2B: Ernsting/Bilderberg (Wissenschaftliche Rekonstruktion von W. Schnaubelt & N. Kieser WildLife Art Team); 370.2C: Sina Althöfer (Wissenschaftliche Rekonstruktion von W. Schnaubelt & N. Kieser WildLife Art Team); 372.1: Stephan; 372.2: Render/Science Photo Library/Focus; 372.3: The Cleveland Museum of Natural History, Ohio; 373.1: Gamma/Studio X, Limours; 373.2B: Landmann, Romeny-sur-Marne; 374.1: Ehrich/Löbbecke-Museum; 374.2: Archiv für Kunst und Geschichte; 374.3: Steger; 374.4: Helmes; 374.5, 374.6: Behrens; 375.7: Eulner; 375.8: Archiv für Kunst und Geschichte; 375.9: © VG Bild-Kunst, Bonn 2000; 375.10: Schaubelt/Bilderberg; 375.11, 376.1: Eulner; 376.1: Konopka; 377.1: Bax; 377.2: Eulner; 378.1: Tönnies; 378.2: Saaten-Union; 379.1: Dobers